KB078143

강주헌의
번역방법론,

원문에 가까운
번역문을
만드는 법

독자의 1초를 아껴주는 정성 길벗출판사

길벗 IT실용서, IT/일반 수험서, IT전문서, 경제경영서, 취미실용서, 건강실용서, 자녀교육서
더퀘스트 인문교양서, 비즈니스서
길벗이지톡 어학단행본, 어학수험서
길벗스쿨 국어학습서, 수학학습서, 유아학습서, 어학학습서, 어린이교양서, 교과서
페이스북 www.facebook.com/gilbuteztok
네이버 포스트 http://post.naver.com/gilbuteztok
유튜브 https://www.youtube.com/gilbuteztok

강주헌의 번역방법론,
원문에 가까운 번역문을 만드는 법

초판 1쇄 발행 2024년 5월 25일

지은이 강주헌
발행인 이종원
발행처 (주)도서출판 길벗
출판사 등록일 1990년 12월 24일
주소 서울시 마포구 월드컵로 10길 56(서교동)
대표 전화 02) 332-0931
팩스 02) 323-0586
홈페이지 www.gilbut.co.kr

기획 및 책임편집 김효정(hyo@gilbut.co.kr) ○ **외주 편집** 정영주 ○ **디자인** 글리치팩토리
제작 이준호 손일순 이진혁 ○ **마케팅** 이수미 장봉석 최소영 ○ **영업혁신팀** 한준희 ○ **영업관리** 김명자 심선숙
독자지원 윤정아 최희창 ○ **CTP 출력 및 인쇄** 상지사피앤비 ○ **제본** 상지사피앤비

잘못 만든 책은 구입한 서점에서 바꿔 드립니다
이 책은 저작권법에 따라 보호받는 저작물이므로 무단전재와 무단복제를 금합니다
이 책의 전부 또는 일부를 이용하려면 반드시 사전에 저작권자와 (주)도서출판 길벗의 서면 동의를 받아야 합니다
책 내용에 대한 문의는 길벗 홈페이지(www.gilbut.co.kr) 고객센터에 올려 주세요

ISBN 9791140709410(03740) (길벗도서번호 301165) © 길벗
정가 38,000원

강주현의 번역방법론, 원문에 가까운 번역문을 만드는 법

강주현 지음

저자 서문

처음과 끝

어느새 30년 가까이 번역에 종사한 셈입니다. 학교가 아닌 외부 기관에서 일반 직업으로서 번역을 언제부터 시작했는지는 정확히 모르겠습니다. 이른바 IMF 외환위기 이전인 것은 분명합니다. 그렇다고 훨씬 이전은 아닙니다. 그때가 대략 1996년이었다면 일반인들에게 번역을 가르치기 시작한 때는 2002년 봄입니다. 따라서 번역 강의도 어느새 20년을 훌쩍 넘겼습니다. 그만큼 제가 나이를 먹었다는 뜻이겠지요.

한겨레문화센터 담당자가 찾아와서 번역 강의를 제안하던 당시 상황은 아직도 머릿속에 생생합니다. 처음에는 완강히 거절했습니다. 하지만 번역가로서 펍헙 에이전시를 함께 운영하던 동료도 강력히 권하고, 한겨레 담당자의 고집도 대단해서 결국 번역 강의를 시작하게 되었습니다. 따라서 이 책은 30년 동안 직접 번역한 경험과 20년 동안 번역을 강의하며 얻은 교훈을 압축한 것입니다.

번역이 혼자 하는 작업인 것은 분명합니다. 따라서 자칫하면 자기만의 번역론에 빠지기 십상입니다. 이런 점에서도 저는 참으로 운이 좋았습니다. 번역을 강의하며, 번역가들이 어떤 문제로 고민하는지 들을 기회가 많았기 때문입니다. 때로는 그들의 고민을 일축하며 '열심히 연습하면 돼!'라고 면박을 주었지만, 때로는 그들이 고민하는 문제를 어떻게 하면 해결할 수 있을까 생각했고, 그렇게 찾아낸 해법을 제가 번역할 때 적용하기도 했으니까요. 그중 하나가 이 책에 앞서 출간한 『원서, 읽(힌)다』입니다. 번역을 강의하며 자주 받은 질문 중 하나가 '어떤 문법책을 읽으면 좋을까요? 좋은 문법책을 추천해 주십시오.'였습니다. 적어도 제 생각에는 마뜩한 문법책이 없어 직접 쓰기로 했고, 그 결과물이 바로 그 책이었습니다. 이처럼 그 책은 원래 '번역가를 위한 문법'으로 쓴 것입니다. 반면에 이번 책은 전적으로 번역 방법론을 다룬 것입니다. '나는 이렇게 번역했다'와 '나라면 이렇게 번역할 것이다'의 종합판입니다. 가능하면 촘촘하게 설명하려 했지만 부족한 부분이 있을지도 모르겠습니다.

앞서 말한 대로 번역을 강의한 지가 어느덧 20년을 넘었습니다. 하지만 이른바 '빨간펜' 강의를 한 적은 없습니다. 다시 말해, 첨삭 강의를 해 본 적이 없습니다. 그 이유는 자명합니다. 번역에는 정답이 없기 때문입니다. 1장에서 설명되지만 want는 '원하다', '필요하다', '부족하다'라는 세 가능성으로 번역될 수 있습니다. 셋 중 어느 것을 선택하느냐는 전적으로 번역가의 몫입니다. 그럴진대 want를 '원하다'라고 번역했다고 해서, 제 생각에는 '부족하다'가 더 적합하다는 이유로 어떻게 빨간 줄을 긋겠습니까? 이 책에서도 여러 가능성을 제시하거나, 제안 번역을 보여주며 다른 가능성을 생각해 보라고 유도할 뿐입니다.

지금까지 오랫동안 번역을 하면서 한 분야에 집중하여 논픽션에 해당하는 거의 모든 분야를 다루었습니다. 그 때문인지 어떻게 그렇게 여러 분야를 번역할 수 있느냐는 질문을 자주 받았습니다. 하지만 돌이켜 생각하면, 그 이유는 제가 책을 읽는 방식과 밀접한 관계가 있지 않을까 싶습니다. 저는 분야를 가리지 않고 아무 책이나 읽었고, 지금도 마찬가지입니다. 게다가 좋은 책과 그렇지 않은 책을 구분하려고도 하지 않습니다. 솔직히 말하면, 어떤 책이 좋은 책이고 어떤 책이 그렇지 않은 책인지도 모르겠습니다. 저에게는 모든 책이 똑같습니다. 글로 쓰인 것이면 무작정 읽는 게 습관입니다. 따라서 분야의 구분이 저에게는 그렇게 중요하지 않습니다. 이런 글읽기 습관이 번역에도 그대로 반영된 게 아닌가 싶습니다.

이 책에서 논픽션에 속한 거의 모든 부문, 예컨대 자기계발, 인문과 역사, 미술, 경제, 과학, 심지어 소설까지 다룬 것도 제 관심사를 반영한 것입니다. 각 장이 독립된 구성을 띠므로, 각자의 기호에 따라 어느 장부터 읽든 상관없습니다. 하지만 글쓴이로서 난이도를 고려해 글을 읽을 순서를 조언하자면, 인문사회와 자기계발 편을 먼저 읽고, 나머지는 각자의 기호에 따라 선택적으로 읽는 게 좋을 겁니다.

끝으로, 번역하는 방법을 설명하는 데 사용한 텍스트에 대해 말씀드리겠습니다. 역사, 미술, 과학, 경제, 소설은 각 장의 앞부분에 명기했듯이 한결같이 유명한 저자이자 석학의 글을 발췌한 것들입니다. 그 분들의 글은 저작권이 소멸되어 자유롭게 사용할 수 있었습니다. 하지만 오래된 텍스트만을 분석 대상으로 할 수 없어, 재레드 다이아몬드과 조던 피터슨의 책에서 한 꼭지씩을 다루었습니다. 다이아몬드와 피터슨은 따로 저작권료를 청구하지 않고, 번역을 설명하는 텍스트로 자유롭게 사용하는 걸 허락해 주었습니다. 두 저자에게 감사하다는 말을 전하고 싶습니다.

본문의 텍스트만으로 번역을 설명하기에는 부족함이 있을 때 별도의 문장을 인용하였고, 그 문장에는 빠짐없이 출처를 밝혔습니다. 하지만 별도의 표기가 없는 예문은 영국 일간지 『더 가디언』에서 인용한 것입니다. 예문에 출처가 빠져 있다면, 이 신문의 글을 사용했기 때문입니다.

이 책을 쓰는 데 꼬박 1년이 걸렸습니다. 그 1년은 저에게 '손자 이솝의 해'였다고 말해도 과언이 아닙니다. 생후 1년이 조금 지났을 때 심장 수술을 받았지만, 언제 그런 수술을 받았느냐는 듯 튼튼하고 해맑게 커가며 이제는 저에게 즐거움을 주고 있습니다. 그 아이와 그의 부모에게, 또 항상 제 곁을 지키며 재밌게 살자는 집사람 현실, 나날이 너그러워지는 막내에게도 고맙다고 말하고 싶습니다. 이 책을 기획하고 편집한 김효정 씨에게도 감사할 따름입니다.

충주에서
강주헌

차례

32 **인문사회**

대명사 it의 번역어는 '그것'이 아닙니다

재레드 다이아몬드

Comparing Human Societies by Jared Diamond

164 역사

명사구(절)는 문장으로 번역하는 게 좋습니다

허버트 조지 웰스

A Short History of the World

개념어 번역과 옮긴이의 주
'현재완료 + for 기간'의 번역
관계절의 계속적 용법
무생물 주어는 부사구로 번역
숫자의 번역
명사구(절)는 문장으로 번역
고유 명사 표기
명사 + to-V에서 to-V의 이동
생략
대명사가 때로는 명사 앞에 위치
small majority

252 **미술**

문법적인 차이가 곧 문체의 차이입니다

존 러스킨

Pre-Raphaelitism: William Turner

문체의 차이를 고려한 번역

관계 대명사와 계속적 용법으로 쓰인 관계절

전치사 of

까다로운 관계절 번역

소유격으로 시작된 명사구의 번역

주절의 뒤에 쓰인 while절의 처리

영영사전의 풀이를 참조하라

옮긴이 주

402 **과학**

아무리 복잡한 문장도 왼쪽부터 차근차근
쪼개서 더해 가면 풀리기 마련입니다

찰스 다윈

The Origin of Species

492 **경제**

기계적인 번역은 금물입니다.

항상 맥락을 보십시오

존 메이너드 케인스

The General Theory of Employment,
Interest and Money

미래완료

복수의 표현

동격의 of

대명사 it과 this

최적의 번역어를 찾아서

each

one과 the other

전문 용어

thus

강조 용법

부사의 위치

분리 관계절

유사 관계 대명사

일반적인 we

긴 문장은 왼쪽부터 차근차근

엄격히 말하면 의역은 (거의) 없습니다

번역에서 궁금한 것들

꽤 오래전입니다. 네이버에서 개인 블로그를 운영할 때 이웃들에게 번역에 대해 짤막하게 정의해 보라고 요청한 적이 있었습니다. 물론 '번역은 반역'이란 말처럼 기왕에 존재하는 정의는 삼가 달라는 부탁도 곁들였습니다. 많은 이웃이 각자의 생각을 남겨 놓았고, 그중에는 '번역은 거울이다', '번역은 지식의 또 다른 통로이다'와 같이 그 뜻을 이해하려면 약간의 생각이 필요한 정의도 있었습니다. 하지만 가장 재밌고 기억에 남는 정의는 '투련수래이시온'(鬪–練–修–來–易–時–溫)이었습니다. 영어 TranSlaTioN을 기막히게 한자어와 연결한 정의였고, '연습하고 연마하기에 힘쓴다면 편안함과 때때로 따뜻함을 얻게 된다'라는 설명까지 더해 주었습니다. 이 정의는 번역 자체만이 아니라 번역의 전후까지 담아낸 듯합니다. 번역가로 오랜 시간을 살아오며 제가 실제로 경험한 현상을 집약한 듯한 정의이기도 합니다.

내가 생각하는 번역

번역과 관련해 처음 출간한 책(2001년)에서 저는 번역을 '다시 쓰기'라고 규정했습니다. 쉽게 말하면, 영어로 쓰인 글을 우리말로 '다시 쓰는 작업'이 곧 번역이라 한 것입니다. 그럼 이른바 '문법'이란 것을 완벽하게 알아야겠지요. 그런데 문법이란 게 무엇일까요? 저는 문법을 좁은 의미에서 접근합니다. 이런 예를 들어보겠습니다. 지식인 계급에 속하는 철학 교수와 아무런 교육을 받지 못한 무학자, 둘 모두가 영어 사용자라면 서로 대화가 가능할까요? 철학 교수가 어려운 철학 용어를 사용하지 않는다면, 둘 사이의 대화는 얼마든지 가능할 겁니다. 대화가 가능한 이유가 무엇일까요? 같은 문법을 사용하기 때문입니다. 말하자면, 똑같은 방법으로 구성한 문장을 주고받기 때문입니다. 이 둘 중 한 명은 무학자라고 했습니다. 그가 어떻게 영어 문법을 철학자와 같은 수준으로 알까요? 추론 가능한 결론은 하나뿐입니다. 문법이 무지무지하게 쉽다! 둘의 차이는 각자 사용하는 단어에 있습니다. 아마도 현격한 차이가 있을 겁니다.

따라서 제가 번역가 지망생들에게 "영문법이 어렵습니까?"라고 물으면, 대부분은 머뭇거리며 그렇다고 대답합니다. 하지만 속살을 파고 들면 그렇지 않습니다. 저는 교회 청년들과 무척 자주 세속적인 대화를 나눕니다. 그들을 통해 '수포자'만이 아니라 영어를 포기한 '영포자'도 있다는 걸 알게 되었습니다. 왜 영포자가 생겼을까요? 영어 문법이 어려워서요? 그렇지 않습니다. 교회 청년들도 결국 인정하지만, 단어를 공부하지 않기 때문입니다. 단어는 외워야 합니다. 암기라는 작업이 귀찮고 싫기 때문에 영어를 포기하게 되는 겁니다.

이제 번역에서 무엇이 중요한지 알게 되었을 겁니다. 번역에 도전하려는 사람에게 영어 문법은 걸림돌이 아닙니다. 제 말이 믿기지 않을 수도 있을 겁니다. 그렇다면 제가 쓴 전작 『원서, 읽(힌)다』를 읽어 보시기를 권합니다. 번역에서 가장 큰 문젯거리는 단어입니다. 그래서 저는 번역을 '맥락상 가장 적합한 우리말 단어를 찾아내는 작업'이라 정의합니다.

번역가가 고생할수록 독자는 편하다

영어 단어에는 하나의 뜻만이 있는 게 아닙니다. 너무도 당연한 말이지요? 하지만 번역가 지망생에게 어떤 문장을 주고 번역해 보라고 하면, 자기가 알고 있는 뜻을 벗어나지 못합니다. 예를 들어 설명해 보겠습니다. 다음 문장을 번역해 보십시오.

It's not the disability that defines you; it's how you deal with the challenges the disability presents you with.

의사인 제 친구가 보내준 문장이고, 그 친구는 이 문장을 "당신을 규정하는 것은 무능력이 아니고, 당신 앞에 놓여 있는 그 무능력을 어떻게 도전해서 잘 이겨내는가에 달려 있다."라고 번역했습니다. 보통의 평범한 사람은 이 번역이 도무지 이해되지 않을 겁니다. 물론 제 친구도 이렇게 번역하고 흡족하지는 않았을 겁니다. 하지만 disability를 다르게 번역해 보려고 시도조차 하지 않았습니다. 그냥 이 번역으로 만족하고 말았습니다. 제가 '자기가 알고 있는 뜻을 벗어나지 못한다'라고 말한 이유가 이해되십니까? 사전을 뒤적이면 disability에 '장애'라는 뜻이 보입니다. 위의 번역에서 '무능력'을 '장애'로만 바꿔도 전체적인 의미가 확 다가옵니다. 이런 이유에서 제가 번역을 '단어 맞추기'라고 하는 겁니다. 물론 제 친구의 번역에서는 disability만 아니라 전체적으로 다듬어야 할 부분이 많습니다. 다만, 여기에서는 단어 이야기를 하고 있으니 그 부분은 넘어가도록 합시다.

이번에는 위키피디아에서 인용한 한 구절을 보겠습니다. 유명한 역사학자 에릭 홉스봄의 약력이 다음과 같이 소개됩니다.

He became reader in 1959, professor between 1970 and 1982 and an emeritus professor of history in 1982.

눈치가 빠른 독자는 제가 무엇을 묻는 건지 이미 알아챘을 겁니다. 위의 문장에서 reader를 무엇이라 번역하시겠습니까? 가령 "그는 1959년에 독자가 되었고, 1970년부터 1982년까지는 정교수, 1982년에는 명예교수가 되었다."라고 번역하면 어떻겠습니까? 좀 찝찝하지 않습니까? 독자 → 정교수 → 명예 교수? reader가 맥락상 어울리지 않습니다. 사전을 뒤적이면서 이 맥락에 적합한 reader의 뜻을 찾으면, 놀랍게도 '부교수'라는 번역어가 눈에 들어옵니다.

이쯤에서 하나의 원칙이 세워집니다. 여러분이 기존에 알고 있는 뜻으로 번역해서 그 결과가 어색하면, 어색한 결과를 만들어낸 단어의 뜻을 다시 찾으십시오. 맥락에 어울리는 단어를 찾아 번역하는 것만으로도 독자는 훨씬 편하게 글을 읽을 수 있을 겁니다. 앞의 두 예문만 보더라도 그렇지 않습니까? 그래서 저는 번역가 지망생들에게 항상 이렇게 말합니다. 번역가가 고생할수록 독자는 편합니다!

아주 쉬운 예를 들어보겠습니다. 바츨라프 스밀의 『세상은 실제로 어떻게 돌아가는가』에서 인용한 구절입니다.

Steel determines the look of modern civilization and enables its most fundamental functions.

어떻게 번역하셨습니까? 그다지 어렵지 않게 "강철은 현대 문명의 외관을 결정하고, 현대 문명의 가장 기본적인 기능까지 가능하게 해 준다"라고 번역했을 겁니다. 이 번역에서 its를 반복해 번역한 게 눈에 띌 겁니다. 대명사를 번역하지 않은 "강철은 현대 문명의 외관을 결정하고, 가장 기본적인 기능까지 가능하게 해 준다"와 앞의 번역을 비교해 보십시오. 이처럼 때로는 대명사를 구체적으로 번역해 주는 게 더 명료하게 와닿는 경우가 많습니다.

하지만 여기에서 따져 보려는 것은 대명사의 번역 여부가 아닙니다. 이번에는 나폴리언 섀그넌의 『고결한 야만인』에서 인용한 구절을 번역해 보십시오.

This rather complex task required that I know the names of every individual, as well as the names of each parent, each grandparent, etc. Then I had to determine who married whom.

대체로 "이 까다롭고 복잡한 작업을 시작하려면, 모든 구성원의 이름만이 아니라 부모와 조부모의 이름까지 먼저 파악해야 했다. 그런 다음에 누가 누구와 결혼했는지를 ______했다."라고 번역했을 겁니다. 밑줄에 적합한 단어는 무엇일까요? 영어 원문을 보기 전에 우리말 번역만을 보고 밑줄에 적합한 표현을 생각해 보십시오. 이번에는 원문으로 올라갑니다. 밑줄에 해당하는 단어는 determine입니다. 앞의 예문에서 '결정하다'라고 번역했고, 대부분이 determine의 뜻은 '결정하다'로 알고 있습니다. 하지만 이때 determine을 '결정하다'로 번역하면 저는 전능한 존재에 버금가는 존재가 됩니다. 다시 말해, '결정하다'로 번역하면 우리말로 어색한 문장이 된다는 뜻입니다. 이런 경우에 반드시 사전을 검색해 더 적합한 번역어가 있는지 확인해 보라고 말씀드렸습니다. 그렇습니다. '알아내다'가 보일 겁니다. 밑줄에 '알아내다'를 넣으면 완벽한 번역이 됩니다.

내친김에 하나 더 보겠습니다. 영국 일간지 『더 가디언』(2014년 10월 8일)에서 한 구절을 인용해 보겠습니다. 저명한 철학자 슬라보예 지젝(Slavoj Žižek)이 독자들과 나눈 온라인 채팅의 한 부분입니다. 한 독자가 Is happiness important these days? How can we be happy?(요즘에는 행복이 중요합니까? 어떻게 해야 우리가 행복할 수 있을까요?)라고 묻습니다. 이 질문에 지젝은 이렇게 대답합니다.

Happiness was never important. The problem is that we don't know what we really want. What makes us happy is not to get what we want. But to dream about it. Happiness is for opportunists. So I think that the only life of deep satisfaction is a life of eternal struggle, especially struggle with oneself. … If you want to remain happy, just remain stupid. Authentic masters are never happy; happiness is a category of slaves.
(과거에는 행복이 전혀 중요하지 않았다. 현재의 문제는 우리가 진정으로 원하는 게 무엇인지 모른다는 것이다. 우리를 행복하게 해주는 것은 우리가 원하는 걸 얻는 게 아니다. 우리가 원하는 걸 꿈꾸는 것이다. 행복은 기회주의자들에게나 필요한 것이다. 따라서 깊은 만족감

으로 채워진 유일한 삶은 끊임없이 투쟁하는 삶, 특히 자신과 투쟁하는 삶이라는 게 내 생각이다 ... 항상 행복하기를 원한다면 멍청이가 되면 된다. 진정한 주인은 결코 행복하지 않다. 행복은 노예의 몫이다.)

이 예문에서 보려는 것은 want의 번역입니다. 제안한 번역문에서 want는 모두 '원하다'로 번역되었습니다. 이 번역에 누구도 불만이 없을 겁니다. 특히 마지막 문장에서 want가 '원하다'로 번역된 것에는 반론의 여지가 없습니다. 물론 앞부분에 쓰인 want를 '원하다'로 번역한 결과에도 고개가 끄덕여집니다. 하지만 '우리를 행복하게 해주는 것'(What makes us happy)이 뒤에 쓰인 '깊은 만족감'(deep satisfaction)과 연결되고, 그런 만족감이 '끝없는 투쟁'(eternal struggle)과 관계가 있다면, want를 '원하다'라고 번역해도 괜찮은지 약간의 의문이 듭니다. 모두가 알고 있듯이, want에는 '필요하다', '부족하다'라는 뜻도 있습니다. 위의 예문에 관련된 구절은 '현재의 문제는 우리에게 진정으로 필요한 게 무엇인지 모른다는 것이다. 우리를 행복하게 해주는 것은 우리에게 필요한 걸 얻는 게 아니다. 우리에게 필요한 걸 꿈꾸는 것이다.' 혹은 '현재의 문제는 우리에게 정말 부족한 게 무엇인지 모른다는 것이다. 우리를 행복하게 해주는 것은 우리에게 부족한 걸 얻는 게 아니다. 우리에게 부족한 걸 꿈꾸는 것이다.'라고 번역될 수도 있습니다. 번역 자체로는 '원하다'로 번역된 경우와 마찬가지로 조금도 어색하지 않습니다. 번역가에게 문제는 셋 중 하나를 선택해야 한다는 겁니다. 그 선택에는 이른바 맥락이 중요한 역할을 합니다. 여기에서는 '행복 – 진정한 만족감 – 끝없는 투쟁'의 관계를 제대로 보여주는 want의 번역어를 찾아야 합니다. 물론 번역가 개인의 기호가 반영되겠지요. 저라면 세 번째 것('부족하다')을 선택하겠습니다. 기독교인만이 아니라 많은 사람이 들어보았을 구절, '여호와는 나의 목자시니 내가 부족함이 없으리로다'에 해당하는 문장도 바로 'The LORD is my shepherd; I shall not want.'입니다.

제가 이른바 '한 줄 번역' 혹은 단문 번역이 번역 연습에 적합하지 않다고 말하는 이유도 여기에 있습니다. 이 경우에도 the only life of deep satisfaction is a life of eternal struggle이라는 구절이 없다면, 앞에 쓰인 want의 번역으로 세 가지 가능성을 고민할 필요도 없을 겁니다. 뒤에 쓰인 한 문장 때문에 다르게 번역할 가능성을 생각하게 되는 겁니다. 제가 학생들에게 번역을 연습할 바에는 단문 번역보다 단락 번역에 투자하는 게 더 낫다고 말하는 이유가 이쯤이면 이해가 될 겁니다.

knee와 lap

앞에서 다룬 예는 모두 다의어로 분류되는 단어에서 적절한 번역어를 찾아야 하는 경우였습니다. 이번에는 이른바 '동의어'로 분류되는 단어들이 쓰인 예를 보도록 하겠습니다.

She sits on her[=mother's] lap and eats her breakfast.
(그녀는 엄마의 무릎에 앉아 아침을 먹는다)

At first, we see him[=Darwin] sitting in his easy chair, scratching away eagerly upon a board resting on his knee.
(먼저, 그가 안락의자에 앉은 채 무릎 위에 올려놓은 서판에 무언가를 휘갈겨 쓰고 있는 게 보인다)

위의 예는 영국 일간지 『The Guardian』에서 인용한 문장이고, 아래의 예는 마틴 브레이저의 『다윈의 잃어버린 세계』에서 인용한 문장입니다. 제가 여기에서 무엇을 말하려는 것인지는 쉽게 짐작할 수 있을 겁니다. 그렇습니다, lap과 knee에 대한 번역입니다. 사전에서는 둘 모두 '무릎'으로 번역되지만 lap은 '앉았을 때 허리에서 무릎마디까지'라는 설명이 덧붙여집니다. 물론 knee는 '무릎'으로만 번역됩니다. 이쯤 되면, 사전을 열심히 찾아보는 독자는 헷갈리기 시작합니다. 표준국어대사전에서 '무릎'은 '넙다리와 정강이의 사이에 앞쪽으로 둥글게 튀어나온 부분'으로 정의되고, '무릎마디'는 '무릎에 있는 관절'을 가리킵니다. 따라서 lap은 '넙다리의 바깥쪽'이 되어야 하지만, lap을 그렇게 번역한 영한사전은 하나도 없고, 모든 사전에서 이것을 '무릎'으로 번역하고 있습니다. 게다가 의사를 제외하고는 '넙다리'가 어디인지 아는 사람이 얼마나 있을지 모르겠습니다. 또한 lap을 '넙다리'라 번역하는 번역가가 있는지도 의문입니다. 저 자신도 예외가 아닙니다. 어쩌면 영한사전을 볼 때, 표준국어대사전의 정의와 상관없이 우리 의식에서 lap은 '무릎', knee는 '무릎마디'로 굳어버린 듯한 기분이 들기도 합니다.

여하튼 lap과 knee를 모두 '무릎'이라 번역한다는 전제하에 위의 두 번역에 대해 생각해 보려 합니다. 아기가 엄마의 무릎에 앉아 밥을 먹는 모습을 머릿속에 그려보면 lap이 쓰인 게 맞습니다. 아기가 엄마의 '넙다리'에 앉아야 편하지 않겠습니까. 이번에는 두 번째 예문을 봅시다. 그가 안락의자에 앉아, 무릎 위에 서판을 올려놓고 무언가를 끄적이고 있습니다. 그 모습을 머릿속에 그려 보십시오. 서판이 올려진 무릎이 lap일까요, knee일까요? 원문에서는 knee입니다. '그냥' 앉아서, 무릎(혹은 무릎마디)에 서판을 올려놓고 글을 쓸 수 있을까요? 제가 '그냥'에 홑따옴표를 쓴 이유를 아시겠습니까? 연체동물이 아니면, 이런 자세로 글을 쓰는 게 무척 불편할 겁니다. 만약 lap을 사용했다면 그런대로 이해가 됩니다. 서판을 '무릎'(넙다리)에 올려놓고 글을 쓰는 게 충분히 가능하니까요. 하지만 원문에는 knee가 쓰였습니다. 안락의자에 '어떻게' 앉아야, 무릎에 서판을 올려놓고 그런대로 편하게 글을 쓸 수 있을까요? 쪼그려 앉거나, 무릎을 세우고 앉아야 하지 않을까요? 그냥 앉아서는 안 됩니다. 적어도 제 생각에는 그렇습니다. 현재 lap과 knee는 우리말에서 구분 없이 '무릎'으로 번역되는 게 사실입니다. 한편 독자는 한국어로 쓰인 글을 읽기 때문에 영어에서

lap이 쓰였는지 knee가 쓰였는지 알 수 없습니다. 맥락으로 미루어 짐작할 수밖에 없습니다. 위의 예에서 아기가 앉은 엄마의 무릎은 lap일 거라 쉽게 짐작되고, 실제로 원문과도 맞아떨어집니다. 하지만 두 번째 예의 번역을 보면 knee보다 lap이 더 어울릴 것 같습니다. 그렇다면 번역이 원문의 의도를 담아내지 못했다는 뜻입니다. 이때 번역을 '그가 안락의자에 쪼그려 앉은 채'라고 수정하면, 무릎을 lap보다 knee라 생각할 독자가 더 많아질 겁니다. 이른바 '행간 번역'이란 게 이런 것이 아닐까 싶습니다.

이번에는 우리가 거의 기계적으로 '모든'이라 번역하는 두 단어, all과 every가 쓰인 예를 살펴보겠습니다.

As every teacher knows, though, if you have a good group of students, education is also about students imparting knowledge to their supposed teachers and challenging their assumptions.
(모든 교사가 알고 있듯이, 훌륭한 학생들을 상대할 경우에 교육은 학생들이 이른바 교사에게 지식을 전달하며 교사의 가정에 도전하는 과정이기도 하다)

I firmly believe, as all teachers do, that every child deserves the right to be treated equally and to receive the same quality of education as everyone else.
(모든 교사가 그렇듯이, 나도 모든 아이는 똑같이 대해지고, 질적으로 동일한 교육을 받을 권리가 있다고 굳게 믿는다)

위의 예문은 재레드 다이아몬드의 '왜 어떤 사회는 재앙적 결정을 내리는가?'라는 글에서 인용한 것이고, 아래의 것은 역시 영국 일간지 『The Guardian』에서 인용한 예문입니다. 두 경우에서 all과 every를 구분하지 않고 둘 다 '모든'이라 번역해도 크게 달라지는 것은 없습니다. 실제로 케임브리지 사전에서 every는 '어떤 집단의 모든 구성원을 가리킬 때 사용된다'(used when referring to all the members of a group of three or more)라고 설명되어 있고, all은 '어떤 집단의 전체'(the complete amount or number)라 설명돼 있습니다. 이런 관점에서 보면 all과 every를 굳이 구분해서 번역할 필요는 없는 것 같습니다.

하지만 콜린스 사전에서는 케임브리지와 같은 정의 외에도 every에 '하나하나'(each one)라는 뜻이 있다고 덧붙이고 있습니다. 제 생각에는 적어도 위의 두 예문에서 every teacher와 all teachers는 다른 식으로 번역되어야 마땅할 것 같습니다. 그렇다면 '모든 교사가 알고 있듯이'보다 '교사라면 누구나 알고 있듯이'라고 번역하는 편이 훨씬 더 나을 겁니다. 물론 두 번째 예문에서도 every child를 '모든 어린아이'가 아니라 '어린아이는 누구나'로 번역하는 게 좋지 않을까요?

여기에서 수수께끼 하나를 풀어 볼까요? I really think (**) teacher(s) deserve to be paid way more.에서 **에는 all과 every 중 어느 것이 더 어울릴까요? 답을 말하기 전에, 이 예문에서 way는 '부사'로 쓰였습니다. 본문에도 나오지만 정확하고 쉬운 번역을 위해서는 단어가 어떤 품사로 쓰였는가를 파악하는 것도 무척 중요합니다. **에 들어갈 적합한 단어는 all입니다. 그 이유를 곰곰이 생각해 보면 납득이 될 겁니다("나는 모든 교사가 훨씬 더 많은 보수를 받아야 마땅하다고 있다고 생각한다").

'다의어'의 경우와 달리, '동의어'로 쓰인 단어를 어떻게 처리할 것이냐는 문제는 결국 '행간 번역'으로 연결되기도 합니다.

의역과 직역

번역가에게 제기되는 또 하나의 문제로는 의역과 직역이 있습니다. 번역학을 연구하는 학자들의 주장에 따르면, 직역은 "원문의 표현을 최대한 모방해서 번역하는 것"이고, 의역은 "언어적 표현보다 말의 의미를 번역하는 것"입니다. 무슨 뜻인지 알쏭달쏭합니다. 여하튼 이 정의에서 눈에 띄는 것은 '표현'과 '의미'입니다. 원문의 '표현'을 따라가면 직역이고, '의미'를 따라가면 의역입니다. 단순화하면 '표현'은 겉모습이고, '내용'을 알맹이입니다. 이렇게 보면, 영어를 우리말로 번역할 때 직역이 얼마나 가능할지 모르겠습니다.

앞에서 all과 every의 차이에 대해 언급하며, every teacher를 '교사라면 누구나'라고 번역했다고 해서 의역이라 말할 사람은 없을 겁니다. 하지만 조건문이 더해지면서 원문의 '표현'이 파격적으로 달라졌습니다. 또 저는 앞에서 sit를 단순히 '앉다'보다는 '쪼그려 앉다'가 더 낫지 않겠느냐고 말했습니다. 이렇게 '쪼그려 앉다'라고 번역한다면 이건 직역일까요, 의역일까요? 원문에는 없는 '쪼그려'가 들어갔다고 해서 의역에 해당한다고 말하고 싶은 독자가 있을지도 모르겠습니다. 어쩌면 직역과 의역을 위의 주장처럼 구분하는 학자도 의역이라 분류할지 모르겠습니다. 하지만 제 기준에서는 결코 의역이 아닙니다. 앞에서도 설명했듯이, sit와 knee와 scratch를 복합적으로 분석한 결과, 즉 각 단어에 숨은 의미까지 찾아낸 번역으로 직역에 가깝다는 게 제 생각입니다.

이쯤에서 제기되는 의문이 road-to-Damascus와 같은 단어의 번역입니다. 에릭 와이너의 『소크라테스 익스프레스』에서 한 구절을 인용해 보겠습니다. 철학서라지만 사용된 단어도 쉽고, 글쓰기도 간결해서 좋습니다. 이 책에서 Durant's words elicited no thunderclap of revelation, no road-to-Damascus moment는 "듀란트의 글이 우레와 같은 깨달음이나 갑작스러운 계시를 끌어낸 것은 아니다"라고 번역됩니다. road-to-Damascus moment가 '갑작스런 계시'라고 번역되었습니다. 이 번역은 의역일까요, 직역일까요? 이른바 직역을 하면 '다마스쿠스로 가는 길을 걷는 순간'이 됩니다. 하지만 사전을 보면 road-to-Damascus를 숙어로 취급하여 'An important point in someone's life where a great change, or reversal, of ideas or beliefs occurs'(삶에서 극적인 변화가 일어나는 중요한 순간)으로 설명됩니다. 사전에 풀이된 뜻을 그대로 옮긴 건 직역일까요, 의역일까요? 점점 어려워지지요? 그래도 road-to-Damascus의 경우 기독교인이라면 사도 바울이 다마스쿠스로 가는 도중에 예수를 보고 회개한 순간을 쉽게 떠올릴 수 있어, 앞의 풀이가 의역으로 느껴지지 않을 수 있습니다.

이렇게 사전에도 풀이되어 있지만 상식적인 추론으로도 새로운 의미를 찾는 게 가능한 다른 예를 들어 보겠습니다. 폴 케네디의 『대해전』에서 인용한 문장입니다.

Much of the world still seemed to be Europe's oyster; the Nazis' complaint was only that they didn't have a share of it.
(거의 모든 세계가 여전히 유럽의 땅인 듯했다. 나치의 불만은 거기에서 한몫을 차지하지 못한다는 것에 불과했다)

the world is your oyster는 셰익스피어의 『윈저의 즐거운 아낙네들』에서 유래한 숙어라고 합니다. 물론 위의 문장에서 '거의 모든 세계가 여전히 유럽의 굴인 듯했다'라고 번역하면 아리송합니다. 이 번역은 '다마스쿠스로 가는 길에 맞이한 순간'이란 번역과 전혀 다릅니다. '다마스쿠스로 가는 길에 맞이한 순간'이란 번역은 적어도 기독교인에게 '삶의 극적인 전환점'으로 받아들여집니다. 하지만 '유럽의 굴'은 차원이 다릅니다. 어떤 의미에서는 직역도 아니고 아무것도 아닙니다. 엄격히 말하면, 제가 앞서 말한 대로 사전을 열심히 찾아보지 않은 채 번역한 것이기도 합니다. 한 영한사전에서는 oyster가 one's oyster라는 표현으로 쓰이며 '마음대로 할 수 있는 것, 매우 좋아하는 것'이란 뜻을 갖는다고 설명하기 때문입니다. 그럼 위의 문장에서 Europe's oyster는 제가 1.2에서 언급한 예가 됩니다. 그럼 '유럽이 마음대로 할 수 있는 것' → '유럽의 땅'으로 전환하더라도 의역이라 할 수 있을지 의문입니다.

결국 숙어로 규정되는 표현의 번역은 직역일까요, 의역일까요? 쉽게 대답하기 힘들 겁니다. 그래도 학문적 분류를 넘어 현장의 필요성에 따라 정의를 내려야 한다면, 숙어를 사전적으로 풀이하는 번역은 직역의 범주에 넣는 편이 나을 겁니다. 그렇지 않으면 의역이 너무 많아집니다. 그렇다고 숙어를 구성하는 단위를 개별적으로 분석해 그 뜻을 설명하면서 의역이 아니라 직역이라 설명할 수야 없지 않겠습니까. 예컨대 look after는 '돌보다, 보살피다'로 번역됩니다. 따라서 숙어의 번역이 직역에 속한다고 규정하지 않을 경우, look after의 번역은 의역이란 생각이 들 겁니다. 하지만 look은 '눈여겨보는 행위'이고, after는 '뒤쫓아 다니는 행위'와 관련됩니다. 그렇다면 look after the boy는 '그 소년을 뒤쫓아 다니며 눈여겨보는 행위'입니다. 그렇다면 '그 소년을 보살피다'가 의역일까요? 그렇지 않을 겁니다. 이런 이유에서 숙어의 번역은 직역에 속한다고 규정하는 게 전반적으로 편할 것이라 생각합니다.

하지만 숙어로 설명되지 않아, 상식을 동원해 번역해야 할 경우가 있습니다. 역시 바츨라프 스밀의 『세상은 실제로 어떻게 돌아가는가』에서 인용한 문장입니다.

Today's furnaces are large, pear-shaped vessels with an open top used to charge up to 300 tons of hot iron, which gets blasted with oxygen blowin in from both top and bottom.
(요즘의 용광로는 커다란 조롱박 모양이다. 열린 윗부분을 통해 뜨거운 철이 300톤까지 투입될 수 있고, 투입된 뜨거운 철은 위와 아래, 양쪽에서 유입되는 산소에 의해 폭발한다)
여기에서 궁금한 것은 pear-shaped를 어떻게 번역하느냐는 겁니다.

사전적으로 번역하면 '배 모양'입니다. 예, 맞습니다. 우리가 먹는 배를 가리킵니다. 그런데 우리가 알고 있는 배는 사과처럼 둥글지만 스밀이 말하는 배, 즉 서양 배는 아랫부분이 커서 조롱박처럼 생겼습니다. 따라서 '요즘의 용광로는 배처럼 생겼다'라고 번역하면, 이것이 틀린 번역은 아니겠지만 독자에게 엉뚱한 모습의 용광로를 알려주는 셈이 됩니다. 이때 우리에게는 두 가지 선택이 있습니다. 하나는 '요즘의 용광로는 서양 배처럼 생겼다'이고, 다른 하나는 '요즘의 용광로는 조롱박처럼 생겼다'입니다. 전자가 직역이라면, 후자는 의역일 겁니다. 서양 배가 어떻게 생겼는지 모르는 독자는 많겠지만, 조롱박의 생김새를 모르는 독자는 거의 없을 겁니다. 이런 이유에서 의역을 '의미 전달에 초점을 맞춘 번역'이라 하는 게 아니겠습니까. 궁극적으로 제가 생각하는 의역은 이런 것에 국한됩니다. 다시 말해, 사전을 열심히 뒤적이면 거의 모든 문장을 직역으로 옮겨놓더라도 독자가 편하게 읽을 수 있는 번역이 가능하다는 겁니다.

여기에서는 단어를 중심으로 직역과 의역의 차이를 설명했지만, 문장 구조도 다를 바가 없습니다. 문장 구조에서도 의역보다 직역을 중시하게 되는 이유는 각 장에서 차근차근 설명드리겠습니다.

Comparing Human Societies by Jared Diamond

재레드 다이아몬드

대명사 it의 번역어는 '그것'이 아닙니다

Chapter 5. Risk assessment: what can we learn from traditional peoples?

(1) In this chapter I'll discuss how we assess risks and dangers; the ways in which we systematically overestimate some types of risks, and systematically underestimate other types of risks; in particular, our tendency to ignore the danger of actions that carry only a low risk each time that we perform that action, but that we are likely to perform thousands of times; and what we can learn from how traditional peoples, like New Guineans, assess risks.

5. 위험 평가: 전통 사회에서 우리는 무엇을 배울 수 있을까?

이번에는 위험을 평가하는 방법에 대해 알아보려 합니다. 이상하게도 우리는 어떤 유형의 위험은 습관적으로 과대평가하는 반면에 어떤 유형의 위험은 습관적으로 과소평가합니다. 특히 우리는 어떤 행동을 끊임없이 반복하지만 그 행동에 수반되는 위험이 무척 낮을 경우 그 위험 자체를 무시하는 경향이 있습니다. 그런데 뉴기니인 같은 전통 사회의 원주민이 위험을 평가하는 방법에서 우리는 무엇을 배울 수 있을까요?

출처 : Comparing Human Societies by Jared Diamond

° 이 글은 재레드 다이아몬드가 로마 루이스대학교의 교수들과 학생들을 대상으로 한 강연 내용을 옮긴 것입니다. 따라서 경어를 사용해 번역했습니다. 또한 강연에서 피할 수 없는 중언부언도 간결하게 처리했습니다. 이에 대해서는 그때그때 다시 언급하도록 하겠습니다.

° In this chapter I'll discuss ...로 시작되는 이 단락은 정확히 말해 하나의 문장으로 이루어졌습니다. 세미콜론으로 명사절이 접속되어 있습니다. 따라서 세미콜론을 쉼표로 교체하면 I'll discuss / how we assess ... / the ways in which we systematically ... / (in particular) our tendency to ignore the danger of actions that carry only a low risk each time that we perform that action, but that we are likely to perform thousands of times / and what we can ...이 됩니다. 결과적으로 세미콜론이 사용됨으로써 각 명사절의 독립성이 더 강조된 것이라 생각하면 됩니다. 문제는 세미콜론으로 연결된 명사절들을 어떻게 번역하느냐는 겁니다. 그냥 쉼표가 쓰인 것처럼 번역하면 뭔가 아쉽습니다. 각 명사절의 독립성이 전혀 나타나지 않습니다. 그래서 제가 선택한 방법은 각 명사절을 독립절로 번역하는 것이었습니다.

° **risks and dangers**는 어떻게 번역해야 할까요? risk의 사전적 정의에 따르면 'the possibility of suffering harm'(해코지를 당할 가능성) 혹은 'a factor involving uncertain danger'(불확실한 위험 요인)란 뜻을 갖지만 때로는 danger(위험)와 동의어로도 쓰입니다. 따라서 엄격히 번역하자면 '위험성과 위험'이 되겠지만, 제목에 쓰인 risk assessment는 대부분의 경우 '위험 평가'로 번역되고, 심리학에서는 '위험성 평가'

Chapter 5. Risk assessment: what can we learn from traditional peoples?

(1) In this chapter I'll discuss how we assess risks and dangers; the ways in which we systematically overestimate some types of risks, and systematically underestimate other types of risks; in particular, our tendency to ignore the danger of actions that carry only a low risk each time that we perform that action, but that we are likely to perform thousands of times; and what we can learn from how traditional peoples, like New Guineans, assess risks.

로 번역되기도 합니다. 따라서 risk와 danger를 구분하지 않고, 뭉뚱그려 '위험'이라 번역하더라도 크게 잘못된 것은 아니라고 생각합니다.

° **some types of risks**, and systematically underestimate **other types of risks.** 이렇게 'some + 명사 ... other + 명사'가 쓰였을 때 기계적으로 "어떤 명사는 ... 다른 명사는 ..."라고 번역하는 건 그다지 바람직하지 않아 보입니다. 우리말에서는 결코 그런 식으로 말하지 않으니까요. 예컨대 빵이 책상 위에 잔뜩 쌓여 있다고 합시다. 이럴 때 "어떤 빵은 맛있고, 다른 빵은 맛이 없다"라고 말합니까, 아니면 "어떤 빵은 맛있고, 어떤 빵은 맛이 없다"라고 말합니까? 우리말에선 항상 후자일 겁니다. 그것이 단지 영어식 표현에서는 some ... other ~로 쓰이는 것뿐입니다. 따라서 제가 "어떤 유형의 위험은 ... 어떤 유형의 위험은 ..." 이라 번역한 이유를 이해할 수 있을 겁니다. 실제로 이런 번역이 더 우리말답고 자연스럽습니다.

° in particular, our tendency to ignore the danger of actions that carry only a low risk each time that we perform that action, **but that** we are likely to perform thousands of times는 구조적으로 약간 복잡합니다. but that ...에서 that의 품사가 뭘까요? 찾아내셨습니까? 저자가 무척 친절해서 문장에서 기능적 차이가 있을 때마다 쉼표로 구분해 놓은 것처럼 보입니다. 적어도 여기에서는 그렇습니다. 하지만 모든

저자가 다이아몬드처럼 친절하지는 않습니다. 그렇게 보면 but that ...에서 that은 가장 앞에 쓰인 ... the danger of actions that carry ...의 that과 같은 관계 대명사입니다. 하지만 이때의 that은 주어 역할을 하고, but that ...에서 that은 perform의 목적어 역할을 한다고 봐야 합니다. 물론 thousands of times는 앞에 전치사가 생략된 부사구(전치사구)입니다. 마이크로소프트닷컴에서 인용한 Same email comes in thousands of times in Outlook from gmail에서 보듯이 여기에서도 전치사 in이 생략된 것으로 보면 충분할 것이고, thousands of times를 굳이 '수천 번'이라 번역할 필요도 없습니다. '수없이', '무수히'라고 번역해도 됩니다. 아니면 예로 제시한 번역처럼 '끊임없이'라 해도 괜찮을 듯합니다.

° ... risks and dangers; ... other types of risks; ... thousands of times; ... like New Guineans, assess risks. 전체 번역에서는 세미콜론으로 연결된 네 문장을 독립적으로 번역했고, 특히 마지막 명사절은 아예 의문문으로 옮겼습니다. 물론 이때 what ...이 관계절인지, 간접 의문절인지는 불분명합니다. 하지만 어쨌든 명사 역할을 하는 것은 똑같습니다. 개인적으로는 간접 의문절로 번역하는 게 낫다는 생각에 의문문으로 번역했습니다.

(2) I'll begin by telling you a story of something that happened to me early in my career of working in New Guinea, and what it taught me about New Guineans' attitude towards danger. At the time that this story happened, I was inexperienced about the specific dangers of New Guinea. I was inexperienced about danger in general, because I was young, only 28 years old, and I had an attitude that is common among young people, like my own 27-year-old sons. I felt that I was indestructible, and that older people like my parents worried too much about danger, and that dangers might cause harm to them but that they wouldn't cause harm to a young strong person like me.

내가 뉴기니에서 작업하던 초창기에 경험했던 사건에 대한 이야기로 시작해 보려 합니다. 또 그 사건을 통해 위험에 대처하는 뉴기니인의 자세에 대해 내가 무엇을 배웠는지도 말씀드리겠습니다. 그 사건이 일어났을 때 나는 뉴기니라는 땅에 어떤 위험이 있는지도 몰랐습니다. 당시 28세의 젊은 나이였던 까닭에 전반적인 위험에 대해서도 큰 인식이 없었습니다. 말하자면, 위험에 대한 인식에서 요즘의 젊은이들과 다를 바가 없었습니다. 나는 금강불괴라고 생각했고, 우리 부모님을 포함해 연장자들이 지나치게 위험을 겁낸다고 생각했습니다. 또 위험이 노인들에게는 해를 끼칠 수 있어도 나처럼 강한 젊은이에게는 어떤 해도 끼칠 수 없을 거라 생각했습니다.

° **early in my career of working in New Guinea**에서는 working을 어떻게 분석하느냐가 관건입니다. 제가 번역에서 특히 강조하는 부분 중 하나가 전치사 of입니다. 전치사 of에는 그야말로 무궁무진한 뜻이 있습니다. 무작정 '의'라고 번역하면, 번역된 문장을 이해하는 데 참으로 난감해질 때가 적지 않습니다. 그럴 경우 이른바 '동격의 of'를 적용해 보라고 권합니다. 이 경우도 마찬가지입니다. "내 경력 = 뉴기니에서의 연구"라는 등식이 성립합니다. 재레드 다이아몬드의 주된 연구지가 뉴기니인 것도 사실입니다. 따라서 이 구절은 "내가 뉴기니에서 연구하던 경력의 초기"가 됩니다. 이 번역은 work를 어떻게 번역하느냐에 따라 다양하게 바뀔 수 있습니다. 예컨대 "내가 뉴기니에서 작업하던 초창기"도 그중 하나입니다.

° **what it taught me about New Guineans' attitude towards danger**가 telling you에 연결되면서 a story of something ...과 등위 접속된 명사구라는 건 굳이 언급할 필요가 없을 겁니다. 이 둘을 번역에서 등위 접속하지 않고, 따로 떼어 번역한 것은 가독성을 높이기 위한 시도만이 아니라, 앞서 언급한 대로 이 글은 강연을 옮긴 것이란 점을 반영한 것이기도 합니다.

° **At the time that this story happened**에서 that은 무엇일까요? that 이하는 완벽한 문장입니다. 따라서 that은 관계 대명사가 될 수 없습니다. 그렇다고 이른바 '동격의 that'도 아닙니다. the time = this story happened가 성립될 수 없기 때문입니다. 그럼 답은 하나밖에 없습니다. 관계 부사로 쓰인 that입니다. 따라서 이 문장은 At the time

(2) I'll begin by telling you a story of something that happened to me early in my career of working in New Guinea, and what it taught me about New Guineans' attitude towards danger. At the time that this story happened, I was inexperienced about the specific dangers of New Guinea. I was inexperienced about danger in general, because I was young, only 28 years old, and I had an attitude that is common among young people, like my own 27-year-old sons. I felt that I was indestructible, and that older people like my parents worried too much about danger, and that dangers might cause harm to them but that they wouldn't cause harm to a young strong person like me.

when this story happened로 바꿔 써도 무방합니다.

°specific은 special로 착각해서 번역해서는 안 됩니다. 이쯤에서 직역과 의역에 대해 잠깐 이야기해 보려 합니다. I was inexperienced about the specific dangers of New Guinea를 이른바 직역하면 '나는 뉴기니의 특유한 위험에 대해 경험이 없었다'가 될 겁니다. 참으로 어색한 번역입니다. 일단 사전에 쓰인 정의를 사용할 때 직역이라면 inexperienced에는 '세상 물정에 어둡다'라는 뜻이 있습니다. 그러니까 inexperienced about ...이면, "...에 대해 잘 모른다"라는 뜻입니다. 또 the specific dangers of New Guinea는 "뉴기니에 고유하게 존재하는 위험"이 될 겁니다. 이 둘을 결합하면 "나는 뉴기니라는 땅에 어떤 위험이 있는지도 몰랐습니다"가 되는데, 이렇게 번역한 걸 무작정 의역이라 단순화할 수는 없을 겁니다. 이 맥락에 가장 적합한 한국어를 찾아내려 노력한 결과라 보는 편이 더 타당합니다. 특히 뒷문장에 쓰인 inexperienced와 연결해 보면 '경험'이란 번역이 더욱 어색하게 느껴질 겁니다. 그런데 뒷문장의 inexperienced는 '모른다'로 번역하지 않고 '인식이 없다'라고 번역했습니다. 그 이유는 저자가 동일한 단어를 썼다고 해서 번역까지 똑같은 단어를 반복할 필요가 없다고 생각했기 때문입니다. 좋은 글을 쓰려면 똑같은 단어의 반복을 피해야 한다고 학교에서 배우지 않았습니까? 이런 번역은 재레드 다이아몬드의 글을 더욱 빛나게 해 줍니다.

° **indestructible**을 금강불괴로 번역했습니다. 이런 번역어를 생각해 낸 과정은 inexperienced를 '모르다'라고 번역하게 된 과정과 다를 바가 없습니다. 그럼 어떻게 indestructible이 금강불괴가 되었을까요? 그 답을 직접 구해 보십시오. 그래야 다른 단어에 대해서도 다른 맥락에서 이런 식으로 번역할 수 있을 겁니다. 분명히 말하지만, 제가 이 책을 쓴 동기는 '모든 번역가를 강주헌으로 만들려는 것'이 아닙니다. 각자가 나름의 방식으로 더 훌륭하게 번역하는 방법을 깨닫도록 돕는 게 이 책의 목적입니다.

° ... I was indestructible, and **that** older people like my parents worried too much about danger, and **that** dangers might cause harm to them but **that** they wouldn't cause harm to a young strong person like me.에서 접속사 that은 모두 felt의 목적어로 사용된 것이며, 등위 접속되었습니다. 그런데 번역에서는 두 문장으로 나누었습니다. 원문이 한 문장이라고 해서 번역문까지 꼭 한 문장일 필요는 없습니다. 그 이유는 차근차근 이야기하겠습니다. 한꺼번에 말하면, 글을 쓰는 제겐 특별히 어려울 게 없지만 받아들이는 독자들이 너무 힘들지 않겠습니까. 일단, 영어의 구조와 우리말의 구조는 다르기 때문이라는 점만 짚고 넘어갑시다.

(3) The story happened when I was camping with a group of New Guineans in forest on a New Guinea mountain, studying birds. I had finished surveying birds at low elevations, and we were ready to move up the mountain to a higher elevation where I could survey mountain birds. When we had climbed up to a higher elevation by mid-afterrnoon, it was time for me to pick a campsite where we would stay for the next week.

내가 새를 관찰하며 뉴기니 산악지대의 숲에서 뉴기니 사람들과 함께 지낼 때 그 사건이 있었습니다. 내가 낮은 고도에서 새 관찰을 끝낸 후, 우리는 산새들을 관찰하려고 더 높은 고도로 올라갔습니다. 높은 고도에 도착했을 때 (이미) 오후 중반경이어서 곧바로 나는 우리가 다음 일주일을 보낼 만한 캠프장을 찾아야 했습니다.

° The story happened **when** I was camping with a group of New Guineans in forest on a New Guinea mountain, studying birds. 이 문장에서 when-절을 번역한 순서는 제가 평소에 말하던 원칙을 벗어났습니다. V-ing가 주절(혹은 상위절)의 뒤에 쓰이면, '주절 → V-ing'의 순서로 번역하는 게 좋다고 말했었지요. 그런데 이 경우에는 V-ing에 해당하는 studying birds가 먼저 번역되었습니다. 그 이유는 여기에서 말하려는 the story가 '야영'에 관한 것이지, '새의 관찰'과는 직접적인 관계가 없기 때문입니다. 이처럼 글의 맥락에 따라, 원칙을 바꿔야 할 때가 있다는 걸 명심하시기 바랍니다.

° I **had finished** surveying birds at low elevations, and we **were** ...의 앞 문장에서는 시제가 뜬금없이 과거완료로 쓰였습니다. 그런데 바로 뒤에 연결되는 문장은 단순히 과거로 쓰였습니다. 그렇다면 저자가 시제에 변화를 준 의도를 충분히 짐작할 수 있습니다. 굳이 바꿔 쓴다면 After I had finished surveying birds at low elevations, we were ready to move up the mountain to a higher elevation ...이 될 겁니다.

° **When we had climbed up to a higher elevation by mid-afterrnoon** ...의 시제가 과거완료로 쓰인 것도 앞 문장과 똑같은 이유에서입니다. 여하튼 이 문장은 시제의 쓰임새가 무척 흥미롭습니다. '과거완료 – 과거 – 과거의 미래'가 골고루 쓰였습니다. 시간을 표현할 때 이런 차이가 드러나도록 번역할 수 있어야 합니다.

(3) The story happened when I was camping with a group of New Guineans in forest on a New Guinea mountain, studying birds. I had finished surveying birds at low elevations, and we were ready to move up the mountain to a higher elevation where I could survey mountain birds. When we had climbed up to a higher elevation by mid-afternoon, it was time for me to pick a campsite where we would stay for the next week.

°**it was time for me to** pick a campsite ...를 살펴볼까요. it is time to do ...는 자주 쓰이는 표현입니다. 이 경우에는 의미상 주어(for me)가 쓰였습니다. 이 의미상 주어를 반드시 나타내야 한다면, "... 우리가 다음 일주일을 보낼 만한 캠프장을 내가 찾아나서야 했습니다"가 될 겁니다. 여기에서 it is time to do ...에 내포된 '시간'이란 표현이 제 번역에서 빠졌다고 지적할 사람이 있을 겁니다. 맞습니다. 사전적 정의대로 "... 할 시간이었다"라고 번역하지 않았습니다. 그런데 it is time to do ...에는 '이제'라는 개념이 숨어 있습니다. 그 개념을 명확히 드러내고 싶었습니다. 그래서 앞 문장의 번역도 약간 비틀었습니다. 아니, 정확히 말하면 어순을 최대한 살려 보았습니다. "우리가 오후 중반경에 되어서야 높은 고도에 도착했다"로 번역하지 않고, "우리가 높은 고도에 도착했을 때 (이미) 오후 중반경이어서"라고 번역했습니다. 그럼 시간의 표현이 바로 다음 문장과 연결됩니다. 이때 '이제'에 해당하는 '곧바로'를 앞에 두고 뒷 문장의 번역을 시작했습니다. 이런 식으로, 제 생각에는 약간 어색한 "...할 시간이었다"라는 표현을 지워버렸습니다. 제 설명이 부족하지 않았기를 바랍니다. 여러분도 직접 곰곰이 생각해 보십시오.

(4) I picked out what I thought would be a wonderful campsite. It was under a tall, big, straight, beautiful tree. The tree was on a broad area of the mountain ridge, where there was lots of room for me to walk around watching birds. Nearby on one side, the ridge dropped off steeply, so that I would be able to stand there, and look out over the open valley, and watch hawks and swifts and parrots flying across the valley. And so I asked my New Guinea friends to put up our tents underneath that big tree.

나는 정말 멋진 캠프장이라 할 만한 곳을 찾아냈습니다. 굵은 줄기가 직선으로 곧게 뻗은 아름다운 나무 아래였습니다. 그 나무는 평평한 산등성이 한쪽에 우뚝 서 있어, 내가 이리저리 돌아다니며 새를 관찰하기에도 적합한 곳이었습니다. 또 근처에는 깊은 계곡으로 가파르게 떨어지는 절벽이 있어, 그곳에 서면 확 트인 골짜기가 내려다보였고, 골짜기를 가로지르는 매와 칼새와 앵무새를 관찰할 수 있었습니다. 그래서 나는 뉴기니 친구들에게 그 큰 나무 아래에 천막을 설치하라고 말했습니다.

°**I picked out**부터 봅시다. 앞에서는 pick a campsite, 이번에는 I picked out what ...이 쓰였습니다. 대체 이 둘은 어떤 차이가 있고, 그 차이를 번역에서 어떻게 반영해야 할까요? 둘 모두 '선택'이란 점에서는 같습니다. 하지만 pick out에는 물리적 행동이 더해지는 의미가 있다는 데 주목할 필요가 있습니다. pick과 pick out의 차이는 곧 look for와 find의 차이입니다. 누군가 인터넷에서 이 둘의 차이를 이런 식으로 설명했더군요. 예문이 좋아서 그대로 인용해 보렵니다.

- I'm a very indecisive person. It's always hard to pick what to eat at a restaurant. (나는 무척 우유부단한 사람이다. 식당에 가면 무엇을 먹어야 할지 고르는 게 항상 어렵다)
- I picked out the best apples from the bucket. (나는 양동이에서 제일 좋은 사과들을 골라냈다)

°**what I thought would be a wonderful campsite**에서 I thought는 무엇이고, would의 주어는 무엇일까요? 이때 thought에 연결되어야 할 종속 접속사 that은 또 어디로 사라진 걸까요? 간략히 정리하면, '... 선행사 – 관계사 – S + think 계통의 동사 – 동사2 ...'라는 구조에서 동사2의 주어가 관계사가 됩니다. 'S + think 계통의 동사'는 좌우로 쉼표가 쓰일 수 있지만, 불친절한 저자는 이 구절을 쉼표로 감싸지 않습니다. 그리고 제 경험에 따르면, 적어도 이 구절을 쓸 때는 대다수의 작가가 불친절합니다. 반드시 기억할 것은 think 계통의 동사와 연결되는 접속사 that은 이 구조에서 반드시 생략된다는 겁니다. 끝으로 이 문장에서는 '선행사 – 관계사'가 결합되어 what으로 쓰였습니다. 이에 대해서는 별도의 설명이 필요없겠지요.

(4) I picked out what I thought would be a wonderful campsite. It was under a tall, big, straight, beautiful tree. The tree was on a broad area of the mountain ridge, where there was lots of room for me to walk around watching birds. Nearby on one side, the ridge dropped off steeply, so that I would be able to stand there, and look out over the open valley, and watch hawks and swifts and parrots flying across the valley. And so I asked my New Guinea friends to put up our tents underneath that big tree.

° **It was under a tall, big, straight, beautiful tree**에서 it = campsite일 겁니다. 이때 it을 굳이 번역하지 않았습니다. 우리말이 '단락' 중심이어서 때로는 주어를 생략하고 번역하는 게 더 나을 수 있다는 것이 여기에서도 입증됩니다. it을 '그것'이라 번역한다면 최악일 것이고, '그 캠프장'이라 구체적으로 언급하며 번역한 뒤에 제안 번역과 비교해 보십시오.

° **for me to walk around watching birds**는 lots of room을 수식하는 형용사적 용법의 to-V로 쓰였습니다. 이 to-V에서 watching birds는 당연히 V-ing, 즉 walk around 뒤에 붙는 분사절입니다. 따라서 순서대로 번역하는 게 훨씬 더 자연스럽습니다. 자, 질문입니다. 걸어다니면서 새를 관찰합니까, 아니면 새를 관찰하면서 걸어다닙니까? 왜 제가 원문에 쓰인 순서대로 번역하는 게 낫다고 하는지, 그 이유를 여기에서 다시 확인할 수 있을 겁니다.

° **the ridge dropped off steeply**에서 off가 부사라는 건 쉽게 알 수 있을 겁니다. off가 전치사라면 바로 뒤에 명사가 쓰여야 하니까요. 이때 off는 '갑자기'쯤으로 번역하면 됩니다. 아니면 그에 해당하는 의태어를 더해 '깊은 계곡으로 가파르게 툭 떨어지는 절벽이 있어'라고 번역해도 좋습니다. 그런데 여기에서 계곡과 절벽이란 번역어가 어떻게 나왔는지 궁금할 겁니다. 이 문장을 곧이곧대로 번역하면 '산등성이가 가파르게 툭 떨어지다'가 됩니다. 그런데 바로 뒤에 valley라는 단어가

나옵니다. 이 문장과 the open valley(확 트인 골짜기)를 연결하고 싶었습니다. 그래서 '깊은 계곡으로'를 덧붙였습니다.

° ... and **watch hawks and swifts and parrots flying across the valley**는 지각동사 watch가 flying across the valley와 연결되는 문장입니다. across를 '가로지르다'라고 번역하는 건 당연합니다.

(5) Much to my surprise, my New Guinea friends became agitated. They said that it was dangerous to sleep under that tree, and that they were afraid to sleep there, and they would rather sleep 100 meters away out in the open than sleep in a tent under that tree. But the tree seemed perfectly safe to me. When I asked them why they didn't want to sleep under it, they said, "Look! This tree is dead! It might fall over on us and kill us!"

그런데 놀랍게도 뉴기니 친구들이 불안한 표정을 지으며 그곳에 천막치기를 거부했습니다. 그 큰 나무 아래에서 잠을 자는 건 위험하다는 것이었습니다. 그래서 거기서 잠자긴 무섭다며, 100미터쯤 떨어진 공터에서 자겠다고 말했습니다. 하지만 내가 보기에 그 나무는 정말 안전했습니다. 그래서 내가 그들에게 그 나무 아래에서 자고 싶지 않은 이유가 뭐냐고 묻자, 그들은 "봐요! 죽은 나무잖아요! 우리를 덮쳐 죽일 수도 있다고요!"라고 대답했습니다.

° **Much to my surprise**는 당연한 말이겠지만 to my surprise(놀랍게도)에 부사 much가 더해져 강조된 것입니다. 그런데 재밌는 것은 'to one's + 감정 명사'가 이런 부사구로 쓰인다는 겁니다. to one's surprise (astonishment, amazement)가 모두 '놀랍게도'라는 뜻으로 쓰이는 건 자주 보았을 겁니다. 여기에서 '감정 명사'라고 말했듯이 to one's regret(유감스럽게도), to one's sorrow(슬프게도)라는 형태로 자주 눈에 띄는 편입니다. To his sorrow, leaving his former life won't be so easy. (Kris Michaels, Shadow World) (유감스럽게도 그가 과거의 삶을 버린다는 건 쉽지 않을 것이다) 번역에서 보듯이, one's는 번역하지 않는 편이 낫습니다. one이 누구인지는 뒤에 이어지는 문장에서 자연스레 밝혀지기 때문입니다.

° **it was dangerous to sleep** ...에서 it이 비인칭 주어인 것은 굳이 말할 필요도 없겠지요. 두 번째 문장의 that ...은 모두 said의 목적어로 쓰인 that-절이며, 두 번째와 세 번째 that 앞에 쓰인 and는 등위 접속사입니다. 영어가 이렇게만 쓰인다면 정말 번역가는 문법적으로 고민할 게 없을 겁니다. 이 문장의 번역에서 진짜 고민거리는 세 번째 that-절부터 than-이하까지입니다. 이 문장에 would rather ... than ~이 쓰인 것은 보일 겁니다. 그런데 than-이하를 번역하면 "그 나무 아래에 친 텐트에서 자느니"가 됩니다. 이렇게 번역하면, 두 번째 문장의 '나무 아래에서 자는 것'이 그 형태만 조금 달라졌을 뿐, 무려 세 번이나 반복됩니다. 물론 이 책이 강연을 기반으로 한 것이다 보니 이렇게 표현되었을 겁니다. 하지만 번역에서 '동일한 행위'를 하나의 문장에서 세 번이나 반복할 필요가 있는지는 의문입니다. 그래서 than-이하의 번역을 '날려버렸습니다'. 그래도 조금도 이상하지 않지요?

(6) I looked up at the tree. I had to agree, "Yes, it's dead!" But I told my New Guinea friends, "Look, this is a huge tree. It has been standing here dead for many years. It's still going to be standing here dead for many more years. This tree will certainly not fall over this week, just when we happen to be sleeping under it. It's perfectly safe for us to sleep here."

나는 그 나무를 꼼꼼히 뜯어보았습니다. 그들의 지적에 동의할 수밖에 없었습니다. "그래, 맞아요. 죽은 나무가 맞네요." 하지만 나는 뉴기니 친구들에게 다시 이렇게 말했습니다. "엄청나게 큰 나무예요. 죽은 후로도 오랫동안 여기 서 있었어요. 앞으로도 오랫동안 여기 그대로 서 있을 거예요. 적어도 이번 주에는 절대 쓰러지지 않을 거예요! 그러니까 여기에서 잠을 자도 안전하다고요!"

° **looked up at** the tree에서 up과 at을 명확히 구분해서 번역할 수 있어야 합니다. 그러자면 up과 at의 품사를 구분할 수 있어야 하고요. up은 당연히 부사이고, at은 전치사로 look at을 생각하면 됩니다. 제안 번역에서는 up을 구태여 번역하지 않았지만, 명확히 하려면 '나는 고개를 들어 그 나무를 꼼꼼히 뜯어보았습니다'라고 번역해야 할 겁니다. '꼼꼼히 뜯어보다'는 look at을 더 구체적으로 번역한 것에 불과합니다. 또 나무를 꼼꼼히 뜯어보려면, 고개를 위로 치켜드는 건 당연해서 up의 번역을 슬쩍 날린 것으로 보면 됩니다.

° **It has been standing here dead for many years.** '완료형 + for 시간'의 번역은 항상 흥미롭습니다. 이 형태의 번역은 '완료형 + since 시간'으로 번역할 가능성을 항상 염두에 두고, 더 자연스러운 쪽을 선택하는 게 좋습니다. 그렇게 이 문장을 풀어 보면 '이 나무는 오랫동안 죽은 채로 여기에 서 있었다'로 번역됩니다. 좀 어색하지 않습니까? 앞에서 언급한 대로 since를 이용하면 '이 나무는 오래전부터 죽은 채로 여기에 서 있었다'가 됩니다. 이 둘을 적절히 결합한 것이 왼쪽의 제안 번역입니다. 궁극적으로 그렇게 번역이 바뀐 과정을 짐작하는 건 그다지 어렵지 않을 겁니다.

° ... this week, **just when we happen to be sleeping under it**에서 this week = just when임을 파악해야 할 것이고, 이 둘은 선행사와 관계 부사로 보면 됩니다. 더구나 when 앞에 쉼표까지 있으므로, 이른바 계속적 용법으로 번역하는 게 편하고, 독자의 이해에도 도움이 됩니다.

(7) But my New Guinea friends still insisted that it was unsafe to sleep under that tree. They refused to sleep there. At the time, I thought that their fears were greatly exaggerated, verging on what we call paranoia. Paranoia is a psychological term for greatly exaggerated fears. If someone is paranoid, they should not be congratulated on being appropriately cautious. Instead, they should go see a psychologist or a psychiatrist who will help them overcome their exaggerated fears. But nothing that I said could convince my New Guinea friends. At my insistence, they put up a tent underneath that dead tree for me, but they left me to sleep in that tent while they slept 100 meters away. At the end of that week of my sleeping under that tree, I was still alive, and the tree hadn't fallen over on me. That confirmed my opinion that my New Guinea friends were being paranoid.

그러나 뉴기니 친구들은 여전히 그 나무 아래에서 자는 건 안전하지 않다고 우겼고, 결국 그곳에서 잠을 자지 않았습니다. 당시 나는 그들의 두려움이 지나치게 과장된 것이고, '편집증'에 가깝다고 생각했습니다. 편집증은 지나치게 부풀려진 두려움을 뜻하는 심리학 용어입니다. 편집증에 걸린 사람은 적절한 수준으로 조심하고 신중하게 행동하는 게 아닙니다. 당장 심리학자나 정신과 의사를 찾아가, 과장된 두려움을 극복하기 위한 치료를 받아야 합니다. 하지만 뉴기니 친구들은 내 말을 들은 척도 하지 않았습니다. 여하튼 내 고집에 그들은 죽은 나무 아래에 나를 위한 천막을 쳤지만, 천막에는 나만 남겨두고 자기들은 100미터쯤 떨어진 곳에서 잠을 잤습니다. 일주일 내내 나는 그 나무 아래에서 잠을 잤지만 멀쩡하게 살아남았습니다. 그 나무가 쓰러져 나를 덮치지 않았으니까요. 뉴기니 친구들이 편집증 환자라는 내 생각에 확신을 더해주는 증거였습니다.

(7) But my New Guinea friends still insisted that it was unsafe to sleep under that tree. They refused to sleep there. At the time, I thought that their fears were greatly exaggerated, verging on what we call paranoia. Paranoia is a psychological term for greatly exaggerated fears. If someone is paranoid, they should not be congratulated on being appropriately cautious. Instead, they should go see a psychologist or a psychiatrist who will help them overcome their exaggerated fears. But nothing that I said could convince my New Guinea friends. At my insistence, they put up a tent underneath that dead tree for me, but they left me to sleep in that tent while they slept 100 meters away. At the end of that week of my sleeping under that tree, I was still alive, and the tree hadn't fallen over on me. That confirmed my opinion that my New Guinea friends were being paranoid.

°**At the time** 대신 at that time이 쓰였다면 더 자신 있게 '그때' 혹은 '당시'라고 번역했을 겁니다. 하지만 정관사 the도 지시 형용사 that에 버금가는 한정어입니다. 물론 지시 형용사 this가 사용되기도 합니다. At this time 'curse' embraced variously the vengeance of a deity, excommunication by the Church, and the uttering of a profane oath. (Susie Dent, An Emotional Dictionary) (당시 curse는 신의 복수, 교회의 파문, 신성모독적인 맹세 등 다양한 뜻으로 사용되었다)

°**verging on what we call paranoia**처럼 V-ing가 S1 –V1 that S2 –V2 ... 뒤에 쓰일 때는 V-ing가 V1과 V2 중 어느 것과 관련된 것인지 판단하는 게 중요합니다. 무척 사소한 문제이지만 결코 가볍게 넘겨서는 안 됩니다.

°**someone**을 대신할 대명사는 무엇일까요? someone은 어원상 some + one으로 분석되므로 당연히 단수로 취급되어 he/she가 대명사여야 마땅합니다. 아마 대부분 학교에서 그렇게 배웠을 겁니다. 그런데 If someone is paranoid, they should not be congratulated on being appropriately cautious.를 보면 대명사 they는 someone을 대신하

고 있는 게 분명합니다. 대체 왜 이런 변화가 생겼을까요? 그렇다고 someone이 복수로 변한 것도 아닙니다. 이른바 '단수 they'이고, 사물을 가리키는 중성 대명사 it에 대응하는 '사람을 가리키는 중성 대명사'입니다. 요즘에는 If someone is paranoid, he or she should ...로도 거의 쓰이지 않습니다. 이렇게 중성 단수 대명사인 they가 눈에 띄게 쓰이는 이유는 양성평등 운동의 영향이 아닐까 싶습니다. someone 같은 부정 대명사만이 they로 대신되는 것은 아닙니다. 다음 예에서 보듯이 a happy country-dweller처럼 분명히 단수 명사인 것도 남녀의 구분을 초월하겠다는 뜻에서 they라는 대명사로 대체됩니다.
It [This word] conjures up an image of a happy country-dweller, straw drooping from their lips and a donkey's battered straw hat keeping off the bees, ambling along some country lane singing a tuneless 'dumdeedumdee'. (Susie Dent, An Emotional Dictionary) (행복한 나라에 사는 사람이 입가에 밀짚을 늘어뜨린 채 당나귀가 짓밟아 납작해진 밀짚모자로 벌들을 쫓고, 시골길을 따라 느긋하게 걸으며 나직하게 dumdeedumdee라 흥얼거리는 모습을 떠올려준다)

° **they should go see a psychologist or a psychiatrist who will help them overcome their exaggerated fears.** go see a doctor라는 표현은 회화체에서 많이 보았을 겁니다. 물론 정통 문법에서는 they should go to see a psychologist ...가 되어야 하겠지만, go와 come이 to-없이 동사와 연결되며 사용되는 경우가 더 많습니다. 두 동사가 아무런 연결사도 없이 연결되는 게 부담스럽다면 they should go and see a psychologist ...로 쓰는 게 더 나을 겁니다. 여하튼 이 책은 실제

(7) But my New Guinea friends still insisted that it was unsafe to sleep under that tree. They refused to sleep there. At the time, I thought that their fears were greatly exaggerated, verging on what we call paranoia. Paranoia is a psychological term for greatly exaggerated fears. If someone is paranoid, they should not be congratulated on being appropriately cautious. Instead, they should go see a psychologist or a psychiatrist who will help them overcome their exaggerated fears. But nothing that I said could convince my New Guinea friends. At my insistence, they put up a tent underneath that dead tree for me, but they left me to sleep in that tent while they slept 100 meters away. At the end of that week of my sleeping under that tree, I was still alive, and the tree hadn't fallen over on me. That confirmed my opinion that my New Guinea friends were being paranoid.

로 쓰인 문장을 분석해 적절한 번역어를 찾는 방법을 다루는 게 목적이므로, 이에 대해서는 더 길게 얘기하지 않겠습니다. 이 문장의 번역을 보면, 이른바 관계절의 제한적 용법인데도 관계절을 '결과'로 번역했습니다. 그 이유는 시제에 있습니다. 관계절이 상위절의 결과입니다. 시제가 현재-미래로 명확히 구분되었기 때문에, '의사를 찾아감 → 도움을 받음'이라는 사건의 순서를 분명히 드러내 주는 것도 좋겠다는 생각을 반영한 결과가 제안 번역입니다.

° **they left me to sleep in that tent while they slept 100 meters away.** leave somebody to do는 '...가 to do하게 내버려두다'라는 뜻이므로 to do의 주어는 somebody가 됩니다. to-V의 (의미상) 주어는 가장 가까이 위치한 명사라는 걸 기억해 두면, 번역이 한결 쉬워질 겁니다. 구조적으로 요약하면, N1 V1 to do에서 to do의 주어는 N1이고, N1 V1 N2 (to) do에서 to do의 주어는 N2입니다. to를 괄호로 감싼 이유는 V1이 사역동사나 지각동사인 경우를 고려해서입니다.

they slept 100 meters away도 흥미롭습니다. 여기에서 100 meters away는 장소를 나타내는 부사구가 될 것이고, 100 meters는 they slept (100 meters) away와 같이 away를 수식하는 부사로 보면 모든 단어의 쓰임새가 한눈에 들어올 겁니다.

° At the end of that week of **my sleeping under that tree**를 분석해 봅시다. at the end of ...자체는 '...가 끝났을 때'라고 번역하는 게 최상일 겁니다. the week = my sleeping under that tree로, 앞의 of는 동격의 of로 보면 충분할 것이고, my sleeping under that tree는 전치사 of의 목적어로서 '동명사절'입니다. 따라서 소유격으로 쓰인 my가 동명사절의 주어겠지요. 이쯤에서 기억을 더듬어 보십시오. 문장과 명사절의 상관관계를 설명할 때 명사절에서 가장 앞에 쓰인 소유격은 주어로 번역되어야 한다고 말했을 겁니다. 결국 동명사절도 '명사'절이므로 이 원칙이 그대로 적용된 것이라 생각하면 됩니다.

° **the tree hadn't fallen over on me**의 시제가 과거완료인 것에 주목할 필요가 있습니다. 시제의 변화에 주목하지 않고, "일주일 내내 나는 그 나무 아래에서 잠을 잤지만 멀쩡하게 살아남았고, 그 나무는 쓰러져 나를 덮치지 않았습니다."라고 번역하더라도 크게 문제될 것은 없습니다. 하지만 뒷문장에 과거완료가 쓰인 이유가 반영돼 있지 않습니다. 물론 저자가 사건의 순서를 고려해 the tree didn't fall over on me, and I was still alive라고 썼더라면 당연히 "그 나무는 쓰러져 나를 덮치지 않고 나는 결국 살아났습니다"라고 번역했을 겁니다. 하지만 저자는 왜 두 문장의 순서를 바꾸었을까요? At the end of that week of my sleeping under that tree의 상황이 I was still alive였기 때문입니다. '내가 살은 남은 이유'는 뒤에 덧붙일 수밖에 없었고요. 따라서 그 문장은 시제가 과거완료로 표현될 수밖에 없었습니다. 그렇다면 번역에서도 '이유'를 뚜렷이 드러내는 편이 더 낫지 않겠습니까.

(8) But then, as the months and years passed, I got more experience in New Guinea. Every night that I sleep out in New Guinea forests, I hear the sound of a dead tree crashing to the ground, somewhere in the forest. As I walk around watching birds during the day, every day I hear a dead tree crashing somewhere. I began to think about the sounds of those dead trees crashing. Eventually, I did the calculation. Suppose that you develop the bad habit of sleeping underneath a dead tree. Suppose that the risk of that dead tree falling down, on the particular night that you happen to be sleeping under it, is just one in 1,000. Suppose that you have the bad habit of sleeping every night under a dead tree. Then after three years, which means three times 365 or 1,065 nights, each night with a risk of one in 1,000 of the tree falling on you and killing you - after three years, you can expect to be dead. New Guineans whose lifestyle involves sleeping in the forest have learned not to sleep under dead trees. They learn from the fates of incautious New Guineans who made the mistake of sleeping under dead trees.

하지만 그 후로 많은 시간이 지나고 뉴기니에서의 경험도 축적되었습니다. 이제는 뉴기니의 숲에서 밤을 보낼 때마다 숲 어딘가에서 죽은 나무가 쓰러지며 땅을 때리는 소리가 내 귀에 들립니다. 낮에 주변을 돌아다니며 새를 관찰할 때에도 어딘가에서 죽은 나무가 쓰러지는 소리가 들립니다. 언젠가부터 나는 죽은 나무가 쓰러지며 땅을 때리는 소리에 대해 생각하기 시작했고, 결국에는 이런 계산까지 해 보았습니다. 가령 여러분이 죽은 나무 아래에서 잠을 자는 나쁜 습관이 몸에 뱄다고 해 봅시다. 또 여러분이 죽은 나무 아래에서 잠을 청한 특정한 날에, 그 죽은 나무가 쓰러질 가능성이 1,000분의 1이라고 해 봅시다. 그럼 여러분이 매일 밤 죽은 나무 아래에서 잠을 잔다면 어떻게 될까요? 그렇게 3년이 지나면, 3 × 365이므로 1,065번의 밤을 죽은 나무 아래에서 보낸 셈입니다. 매일 밤, 나무가 쓰러져 여러분을 덮칠 가능성은 1,000분의 1입니다. 그럼 3년 후에 여러분은 싸늘한 시체로 변해 있을 수 있습니다. 생활방식 때문에 숲에서 잠을 자는 경우가 많은 뉴기니 사람들이 죽은 나무 아래에서 잠을 자지 않는 이유가 여기에 있습니다. 뉴기니 사람들은 부주의한 사람들에게 닥친 운명을 통해, 죽은 나무 아래에서는 잠을 자지 않아야 한다는 교훈을 배웠던 것입니다.

(8) But then, as the months and years passed, I got more experience in New Guinea. Every night that I sleep out in New Guinea forests, I hear the sound of a dead tree crashing to the ground, somewhere in the forest. As I walk around watching birds during the day, every day I hear a dead tree crashing somewhere. I began to think about the sounds of those dead trees crashing. Eventually, I did the calculation. Suppose that you develop the bad habit of sleeping underneath a dead tree. Suppose that the risk of that dead tree falling down, on the particular night that you happen to be sleeping under it, is just one in 1,000. Suppose that you have the bad habit of sleeping every night under a dead tree. Then after three years, which means three times 365 or 1,065 nights, each night with a risk of one in 1,000 of the tree falling on you and killing you – after three years, you can expect to be dead. New Guineans whose lifestyle involves sleeping in the forest have learned not to sleep under dead trees. They learn from the fates of incautious New Guineans who made the mistake of sleeping under dead trees.

°**Every night that I sleep out in New Guinea forests**에서 that은 관계 부사로 보면 됩니다. 굳이 바꾸자면 Every night when I sleep out in New Guinea forests로 바꾸어 써도 큰 상관은 없습니다. 물론 sleep out in New Guinea forests에서 out은 sleep과 관련된 부사이고, in은 New Guinea forests를 수식하는 전치사입니다.

°**I hear the sound of a dead tree crashing to the ground, somewhere in the forest**에서 hear와 crashing을 지각동사와 V-ing의 관계로 보면 잘못된 분석입니다. 여기에서 crashing은 hear와 아무런 관계가 없습니다. 오히려 the sound = a dead tree crashing to the ground입니다. 다시 말하면 이때의 of는 이른바 '동격의 of'이고, a dead tree crashing to the ground는 동명사절로 of의 목적어입니다. 동명사절 내에서는 a dead tree가 주어이고, crashing은 동명사, to the ground는 동명사로 쓰인 crashing의 부속어가 됩니다. 물론 the sound of a dead tree crashing to the ground 전체가 hear의 목적어입니다. 바로 다음 문장 I began to think about the sounds of those dead trees crashing의 경우도 똑같습니다. ... think about / [the sounds of those dead trees crashing] 여기에서도 those dead trees가 동명사절의 주어로 쓰였다고 생각하면 됩니다. 동명사절에서 주어가 일반 명사인 경우에는 대명사와 달리 소유격으로 쓰일 필요가 없습니다.

° **As I walk around watching birds during the day ...** 지금까지 '주절 + V-ing ...'의 형태에서 번역은 '주절 → V-ing'라는 순서로 하는 게 좋다고 했습니다. 이 원칙에 따르면 앞서 제안 번역에서도 보았듯이 '낮에 주변을 돌아다니며 새를 관찰할 때'라고 번역해야 합니다. 그런데 이 경우에는 '낮에 새를 관찰하고 돌아다닐 때'라고 번역하더라도 큰 차이가 느껴지지 않습니다. 어차피 별 차이가 없다면, 우리 독자도 미국 독자와 똑같은 순서대로 읽어가는 편이 더 낫지 않겠습니까? 번역가가 학교에서 배운 대로 굳이 뒷문장부터 번역할 이유가 전혀 없습니다.

° **I hear a dead tree crashing somewhere.** 이번에는 '지각동사 – 목적어 – V-ing ...' 형태의 구문으로 쓰였습니다. crash가 원형이 아니라 V-ing로 쓰인 이유는 '동시성'을 강조하기 위한 것이라 볼 수 있겠지요.

° **Eventually, I did the calculation.** 저자가 계산을 했습니다. calculation을 무엇이라 번역해야 할지 고민이 많았을 겁니다. 이 단락에서 calculation을 번역하려면 뒤의 suppose that ...이 별개의 가정이 아니라 연결된 가정이란 걸 파악해야 합니다. 또 뒷부분에 실제 계산이 나옵니다. 더구나 calculation이 단수로 쓰인 것도 번역에 도움이 됩니다. 하나의 계산밖에 없으니까요. 따라서 calculation에 내재한 '추정', '예상' 등의 뜻은 배제됩니다.

(8) But then, as the months and years passed, I got more experience in New Guinea. Every night that I sleep out in New Guinea forests, I hear the sound of a dead tree crashing to the ground, somewhere in the forest. As I walk around watching birds during the day, every day I hear a dead tree crashing somewhere. I began to think about the sounds of those dead trees crashing. Eventually, I did the calculation. Suppose that you develop the bad habit of sleeping underneath a dead tree. Suppose that the risk of that dead tree falling down, on the particular night that you happen to be sleeping under it, is just one in 1,000. Suppose that you have the bad habit of sleeping every night under a dead tree. Then after three years, which means three times 365 or 1,065 nights, each night with a risk of one in 1,000 of the tree falling on you and killing you – after three years, you can expect to be dead. New Guineans whose lifestyle involves sleeping in the forest have learned not to sleep under dead trees. They learn from the fates of incautious New Guineans who made the mistake of sleeping under dead trees.

° **Suppose that ...**의 번역도 중요합니다. '... 라고 가정해 보자'라고 번역하더라도 번역 자체가 잘못된 것은 아닙니다. 하지만 저는 이런 번역을 그다지 높게 평가하지 않습니다. 번역이 정확하면 그만이지, 괜찮게 평가하지 않는 이유가 뭐냐고요? 우리말의 특징 때문입니다. '... 라고 가정해 보자'라고 번역하면, 우리 독자는 ...에 해당하는 부분이 가정이라는 걸 나중에야 알게 됩니다. 그러나 미국 독자는 suppose를 보는 순간부터 가정이라는 걸 알게 됩니다. 따라서 문장, 더 나아가 단락 전체를 이해하기가 한결 쉽습니다. 우리가 그렇게 번역하지 못할 이유가 무엇입니까? '가령', '예컨대'라는 부사로 시작하면 되지 않겠습니까? 이런 식으로, 우리 번역도 원문에 가깝게 조절해 가야 합니다.

° **the bad habit of sleeping underneath a dead tree. / the risk of that dead tree falling down, / the bad habit of sleeping every night under a dead tree.** 세 구절의 공통점을 찾을 수 있겠습니까? 맞습니다. 앞에서도 보았던 '명사 of – 동명사절'입니다. 다만 동명사절에 의미상 주어가 없을 뿐입니다. 이때 명사구들은 suppose that–절 안에서 각각 주어나 목적어로 쓰였습니다. 그런데 조금 아래에 있는 with a risk of one in 1,000 of the tree falling on you and killing you가 보이십니까? 이 전치사구는 어떻게 분석해야 할까요? 이걸 묻는 이유는 of가 두 번 쓰였기 때문입니다. 치밀하게 분석하면 이렇게 됩니다. 이때 risk는 '사고 발생의 가능성', '위험률'이란 뜻입니다. 따라서 a risk = one in 1,000(1,000분의 1의 가능성) 및 a risk of one in 1,000 = the tree falling on you and killing you라는 두 개의 동격이 만들어집니다. 이 둘을 적절히 조절해 번역하면 될 겁니다. 이렇게 분석하면서 번역하니까, 번역 자체가 재밌지 않습니까? 게다가 독자에게도 명확한 의미를 전달할 수 있고요. 독자에게 의미를 명확히 전달한다고 해서 의역한 것이라 생각하지는 마십시오. 지금까지 제가 번역의 기법으로 소개한 것을 '의역하는 방법'이라 생각하는 독자가 있다면 출발점부터 어긋난 겁니다. 앞으로 돌아가, 처음부터 다시 읽는 게 나을 겁니다.

° **which means**에서 which의 선행사는 three years입니다. 이때는 관계 부사가 아닙니다. 그냥 관계 대명사로 쓰인 which입니다.

° **lifestyle involves sleeping in the forest.** '생활방식이 숲에서 자는 걸 포함한다' → '생활방식에 숲에서 잠자는 게 포함된다' 이렇게 바꿔도 여전히 어색하지요? 어차피 주어가 무생물이어서 이것을 부사구로 번역할 거라면 '생활방식 때문에'라고 변형하지 못할 이유가 없겠지요. 항상 생각을 열어놓고 다양한 각도에서 궁리해 보십시오. 그럼 이 문장이 최종적으로 '생활방식 때문에 숲에 잠을 자는 경우가 많은 뉴기니 사람'이라 번역된 과정을 역으로 추적할 수 있을 겁니다.

(8) But then, as the months and years passed, I got more experience in New Guinea. Every night that I sleep out in New Guinea forests, I hear the sound of a dead tree crashing to the ground, somewhere in the forest. As I walk around watching birds during the day, every day I hear a dead tree crashing somewhere. I began to think about the sounds of those dead trees crashing. Eventually, I did the calculation. Suppose that you develop the bad habit of sleeping underneath a dead tree. Suppose that the risk of that dead tree falling down, on the particular night that you happen to be sleeping under it, is just one in 1,000. Suppose that you have the bad habit of sleeping every night under a dead tree. Then after three years, which means three times 365 or 1,065 nights, each night with a risk of one in 1,000 of the tree falling on you and killing you – after three years, you can expect to be dead. New Guineans whose lifestyle involves sleeping in the forest have learned not to sleep under dead trees. They learn from the fates of incautious New Guineans who made the mistake of sleeping under dead trees.

ㅇ **... made the mistake of sleeping under dead trees.** 여기에서도 the mistake of sleeping under dead trees는 '명사 of – 동명사절'입니다. 이 단락에서는 유난히 '명사 of – 동명사절' 구문이 많이 쓰였습니다. 이 기회에 이런 구문을 어떻게 번역하는 게 가장 좋은지 확실히 공부해 두십시오. 특히 이 문장에서 mistake가 동사로 쓰일 때 명사만을 목적어로 취한다는 한계를 해결하기 위해 make the mistake ...를 쓴 것에 주목하면, 나중에 영작하는 데도 도움이 될 겁니다.

(9) What I had at first thought was paranoia on the part of my New Guinea friends now made perfect sense to me. I now don't think of that attitude as paranoia, but instead as something that I call "constructive paranoia." By "constructive paranoia," I mean a cautious attitude that is not exaggerated, but that is appropriate. That attitude of constructive paranoia is the most important lesson that I learned from my work in New Guinea. It's the lesson about how to deal with a certain type of danger: namely, the cumulative risk of repeatedly doing something that carries only a low risk each single time that you do it, but that will eventually catch up with you and kill you if you do it frequently enough.

내가 처음에 뉴기니인들의 편집증이라 생각했던 행동들이 지금은 완전히 이해됩니다. 지금은 그런 행동을 편집증이라 생각하지 않습니다. 내가 만든 명칭이지만 '건설적인 편집증'(constructive paranoia)이라 생각합니다. '건설적인 편집증'은 터무니없는 과민 반응이 아니라 나름대로 타당성을 지닌 조심스런 자세를 뜻합니다. 건설적인 편집증이란 마음가짐은 내가 뉴기니에서 연구하며 배운 가장 중요한 교훈으로, 특정한 유형의 위험을 해소하는 방법에 대한 교훈입니다. 예컨대 한 번 행할 때는 위험 수준이 무척 낮지만 그 행동을 반복하면 위험의 가능성이 누적되므로 결국에는 그 행위로 인해 여러분이 죽음을 맞을 가능성이 커지지 않겠습니까.

°**What I had at first thought was paranoia on the part of my New Guinea friends**가 첫 문장에서 주어로 쓰인 것은 어렵지 않게 분석할 수 있을 겁니다. 이 주어와 관련된 술어는 made perfect sense to me입니다. 그런데 앞에서 말한 문법 규칙을 여기에서 찾아낼 수 있겠습니까? '... 선행사 – 관계사 – S + think 계통의 동사 – 동사2 ...'라는 규칙입니다. 여기에서는 '선행사 – 관계사'가 약간 변형되어 what으로 쓰였습니다. 요컨대 여기에서도 'S + think 계통의 동사', 즉 I had at first thought를 따로 떼어 생각하면 모든 게 쉬워집니다.

'on the part of + 사람'은 번역하기가 참으로 까다롭습니다. 사전적 의미로 번역하면 우리말답지 않은 때가 많기 때문입니다. 사전적 의미를 무시하고, 단순히 of로만 번역하는 게 자연스럽고, 이해하기도 쉬울 때가 많습니다. 이 경우도 그렇지만 다음 예문도 마찬가지입니다. A reluctance on the part of Boris Johnson to overly impinge on the rights of "free-born Englishmen" also influenced government strategy. (29 Apr 2020) 사전적 정의를 적용한 '보리스 존슨에 의한 거부'도 나쁘지는 않지만 '보리스 존슨의 거부'라고 번역해도 존슨이 거부의 주체라는 게 드러나지 않습니까? 그런데도 굳이 문장을 복잡하게 비틀 필요가 있을까요? 따라서 위의 예문은 "자유롭게 태어난 영국인의 권리를 침해하지 않으려는 보리스 존슨의 저항감도 정부 정책에 영향을 주었다"로 번역하는 게 좋을 겁니다.

°**... made perfect sense to me.** make sense = become clear. 이렇게 분석하면 번역하기가 한결 쉬워집니다. made perfect sense to me → became perfectly clear to me(나에게는 완벽할 정도로 분명해졌다)가

(9) What I had at first thought was paranoia on the part of my New Guinea friends now made perfect sense to me. I now don't think of that attitude as paranoia, but instead as something that I call "constructive paranoia." By "constructive paranoia," I mean a cautious attitude that is not exaggerated, but that is appropriate. That attitude of constructive paranoia is the most important lesson that I learned from my work in New Guinea. It's the lesson about how to deal with a certain type of danger: namely, the cumulative risk of repeatedly doing something that carries only a low risk each single time that you do it, but that will eventually catch up with you and kill you if you do it frequently enough.

됩니다. 이보다 더 쉽게 분석해서 번역할 방법이 있을까요?

°**That attitude of constructive paranoia**는 어떻게 번역하겠습니까? '건설적 편집증의 이런 마음가짐'이라고 하시겠습니까? 이런 번역은 현장에서도 가장 자주 눈에 띄는 실수 중 하나라 해도 과언이 아닙니다. 이러한 경우 대개 '동격의 of'로 번역하면 큰 무리 없이 교정됩니다. 따라서 '건설적인 편집증이란 마음가짐'으로 옮길 수 있습니다.

°**It's the lesson** ...에서 주어로 쓰인 It은 대명사로 that attitude of constructive paranoia를 가리킵니다. 이때 It을 '그것'이라 번역하는 건 그다지 바람직하지 않습니다. "건설적인 편집증이란 마음가짐은 내가 뉴기니에서 연구하며 배운 가장 중요한 교훈입니다. 그것은 특정한 유형의 위험을 해소하는 방법에 대한 교훈입니다." 물론 '건설적인 편집증이란 마음가짐'이라 구체적으로 번역해도 상관없지만, 그렇게 하면 번역문이 너무 길게 늘어져 원문의 간결함을 반영하지 못합니다. 그렇다고 우리말은 단락 중심이란 점을 살려서 주어 자체를 번역하지 않는 방법을 사용할 수도 있겠지만, 그 결과도 그다지 와닿지 않습니다. "건설적인 편집증이란 마음가짐은 내가 뉴기니에서 연구하며 배운 가장 중요한 교훈입니다. 특정한 유형의 위험을 해소하는 방법에 대한 교훈입니다." 따라서 제안 번역에서 보듯이, It's the lesson ...을 따로 끊어 번역하지 않고, 앞 문장과 연결해 번역했습니다. 3가지 결과

를 나란히 두고 비교해 보십시오. 그럼 의문이 생깁니다. 원문의 마침표를 무시해도 되느냐는 의문입니다. 제 생각에는 영어 원문에 쓰인 마침표 수와 번역문의 마침표 수가 일치해야 할 필요는 없습니다. 그렇다고 멋대로 마침표를 무시하라는 뜻은 아닙니다.

° **a certain type** of danger에서 a certain은 명사를 수식할 때 다양한 뜻으로 쓰여, 그중 어떤 뜻을 선택해야 할지 힘들 수 있습니다. of를 기계적으로 '의'라 번역하면 안 되듯이, a certain도 무작정 '어떤'이라 번역하지 말고, '특정한'으로 번역해야 옳은 경우도 있다는 걸 명심해야 합니다. Quora.com에서 인용한 다음 예문에서 a certain은 어떻게 처리하시겠습니까? Is an adaptation in an organism in a certain environment cause changes in the gene? '어떤 환경'이 낫겠습니까, '(어떤) 특정한 환경'이 낫겠습니까? 저라면 후자를 선택하겠습니다. 이처럼 번역에는 더 나은 번역어를 찾으려는 수고가 항상 필요합니다.

° namely, **the cumulative risk of repeatedly doing something that** ...은 a certain type of danger에 대한 설명입니다. 콜론이 구체적인 설명을 이끄는 문장 부호이기도 하지만, namely로도 알 수 있습니다. a certain type of danger = the cumulative risk가 됩니다. 특정한 유형의 위험이 '누적되는 위험 가능성'입니다. 이때의 of도 '동격의 of'로 분석해야 할 겁니다. 다음으로 해결해야 할 문제는, but that will eventually catch up with you ...에서 but 다음에 쓰인 that의 정체를 찾아내는 겁니다. 당연한 말이겠지만, 앞의 that과 같은 관계 대명사로 쓰인 that입니다. 그런데 제안 번역이 좀 파격적으로 보일 수도 있

(9) What I had at first thought was paranoia on the part of my New Guinea friends now made perfect sense to me. I now don't think of that attitude as paranoia, but instead as something that I call "constructive paranoia." By "constructive paranoia," I mean a cautious attitude that is not exaggerated, but that is appropriate. That attitude of constructive paranoia is the most important lesson that I learned from my work in New Guinea. It's the lesson about how to deal with a certain type of danger: namely, the cumulative risk of repeatedly doing something that carries only a low risk each single time that you do it, but that will eventually catch up with you and kill you if you do it frequently enough.

을 겁니다. 일단 risk를 단순히 '위험'이라 번역하지 않고 '위험의 가능성'이라 번역했습니다. 그 이유는 cumulative에 있습니다. 이제 이 문장을 의미 단위별로 번역해 보겠습니다. "누적되는 위험 가능성 = 한 번 행할 때는 위험 수준이 무척 낮은 것을 반복해서 하기 + 충분히 자주 하면 결국에는 당신의 발목을 잡아 당신을 죽이는 것을 반복해서 하기"가 됩니다. '반복해서 하기'가 반복해서 쓰여서 그대로 번역하면 바람직하지 않을 것 같습니다. 이런 이유에서 but 이하를 "여러분이 죽음을 맞을 가능성이 커진다"로 번역했습니다. 끝으로, 여기에서 '여러분'이 선택된 이유는 이 글의 원 형태가 강연이기 때문입니다.

(10) My cautious attitude towards danger drives many of my American and European friends crazy. The Americans and Europeans who best understand my attitude of constructive paranoia are friends whose lifestyle exposes them repeatedly to danger, and made them learn, as I did, from the deaths of incautious friends. One of my English friends who shares my attitude of constructive paranoia was an unarmed policeman (a "bobby") on the streets of London, where there are armed criminals. My unarmed bobby friend had to learn to recognize potentially dangerous people very quickly. Another friend who shares my attitude of constructive paranoia is a fishing guide who takes fishermen rafting down white-water rivers, and who has learned from watching incautious guides get killed. Still another friend who shares my attitude of constructive paranoia pilots small airplanes. Quite a few of his and my friends who were incautious pilots eventually got killed. All of us learned the attitude of constructive paranoia, just as have my New Guinea friends.

위험을 조심스레 대하는 내 태도에 미국과 유럽의 많은 친구들은 짜증을 내기도 합니다. 하지만 미국과 유럽에 살더라도 생활 방식 때문에 어쩔 수 없이 위험에 반복해 노출되는 친구들, 또 부주의한 동료의 죽음으로부터 신중한 자세의 중요성을 깨달은 친구들은 내 건설적인 편집증을 너그럽게 이해해 줍니다. 런던의 길거리에서 비무장 경찰관으로 근무하는 영국인 친구가 있습니다. 런던 거리에는 무장한 범죄자들이 많은 까닭에 그 경찰관 친구는 잠재적 위험을 지닌 사람을 신속하게 알아내는 방법을 터득해야 했습니다. 또 낚시꾼들을 급류가 흐르는 곳까지 데려주는 게 본업이지만 부주의한 안내인들이 실수로 죽는 것을 보고는 건설적인 편집증을 갖게 된 낚시 안내인 친구도 있습니다. 소형 비행기를 조종하는 친구 역시 건설적인 편집증 덕분에 지금까지 살아 있는 듯합니다. 적잖은 조종사가 부주의한 까닭에 제명에 죽지 못하는 걸 목격했거든요. 요컨대 뉴기니 친구들이 그랬듯이, 우리도 모두 경험을 통해 건설적인 편집증의 중요성을 깨달았습니다.

(10) My cautious attitude towards danger drives many of my American and European friends crazy. The Americans and Europeans who best understand my attitude of constructive paranoia are friends whose lifestyle exposes them repeatedly to danger, and made them learn, as I did, from the deaths of incautious friends. One of my English friends who shares my attitude of constructive paranoia was an unarmed policeman (a "bobby") on the streets of London, where there are armed criminals. My unarmed bobby friend had to learn to recognize potentially dangerous people very quickly. Another friend who shares my attitude of constructive paranoia is a fishing guide who takes fishermen rafting down white-water rivers, and who has learned from watching incautious guides get killed. Still another friend who shares my attitude of constructive paranoia pilots small airplanes. Quite a few of his and my friends who were incautious pilots eventually got killed. All of us learned the attitude of constructive paranoia, just as have my New Guinea friends.

° ... drives **many of** my American and European friends crazy에서 'drive somebody – 형용사'는 '...을 ~로 만들다(몰아가다)'라는 뜻이어서, drive 대신 make가 쓰이더라도 큰 차이는 없지만 drive가 더 실감나게 느껴지는 건 사실입니다. 그러나 drive와 make의 차이를 드러내려고, 첫 문장에서 주어를 부사적으로 번역한 것만은 아닙니다. 바로 다음 문장에서도 보겠지만, 주어가 무생물인 경우에는 '부사적'으로 번역하는 게 더 우리말답게 느껴지는 경우가 많습니다. 물론 이 방법이 무조건 다 적용되는 건 아닙니다. 때로는 무생물을 주어로 번역하는 게 자연스럽고 시적으로 느껴지는 경우도 많습니다.

many of와 many는 어떤 차이가 있을까요? 일단 many my American and European friends는 성립하지 않습니다. 소유 형용사는 언제나 가장 앞머리를 차지하는 한정사이기 때문입니다. 따라서 my many American and European friends라고 쓰면 간단할 듯한데 왜 many of my American and European friends라고 썼을까요? 둘 사이에는 상당한 차이가 있습니다. my many American and European friends가 쓰이면 '내 모든 친구를 짜증나게 한다'는 뜻이 됩니다. 반면에 many of my American and European friends는 '내 친구 중 다수를 짜증나게 한다'는 뜻입니다. 따라서 many of ...라는 명사를 선불리 '많은

...'이라 번역하며, 미묘한 차이를 묵살해서는 안 됩니다. 쉽게 말해, 'many of 명사'는 'one of 명사'와 다르지 않습니다.

° **my attitude of constructive paranoia**에서 '동격의 of'가 쓰였다는 걸 신속히 파악할 수 있어야 합니다. 뒤에서 되풀이되는 똑같은 어구도 마찬가지입니다. 특히 마지막 문장에서 the attitude of constructive paranoia도 '동격의 of'가 사용된 경우입니다.

° **whose lifestyle exposes them repeatedly to danger**에서도 lifestyle을 '생활방식 때문에'라고 부사적으로 번역했습니다. 관계절 자체는 '생활방식이 그들을 반복해서 위험에 노출하다'라고 번역해도 그다지 어색하지 않습니다. 하지만 이 번역을 선행사 friends와 연결하려고 하면 어색해집니다. 결국 무생물 주어라고 해서 무작정 부사적으로 번역하는 게 아니라, 주변 맥락을 살펴가며 이 원칙을 적용해야 할 겁니다.

° ... **made them learn** from the deaths of incautious friends에서는 사역동사 make가 쓰였고, 여기에서 made의 주어는 당연히 lifestyle일 겁니다. 그런데 두 번째 문장의 번역을 보면 조금 파격적으로 느껴질지도 모르겠습니다. 원문을 그대로 번역하면 도무지 우리말처럼 느껴지지 않습니다. "내 건설적인 편집증을 너그럽게 이해해 주는 미국인들과 유럽인들은, 생활방식 때문에 위험에 반복해 노출되는 친구들, 또 부주의한 동료의 죽음으로부터 신중한 자세의 중요성을 깨달

(10) My cautious attitude towards danger drives many of my American and European friends crazy. The Americans and Europeans who best understand my attitude of constructive paranoia are friends whose lifestyle exposes them repeatedly to danger, and made them learn, as I did, from the deaths of incautious friends. One of my English friends who shares my attitude of constructive paranoia was an unarmed policeman (a "bobby") on the streets of London, where there are armed criminals. My unarmed bobby friend had to learn to recognize potentially dangerous people very quickly. Another friend who shares my attitude of constructive paranoia is a fishing guide who takes fishermen rafting down white-water rivers, and who has learned from watching incautious guides get killed. Still another friend who shares my attitude of constructive paranoia pilots small airplanes. Quite a few of his and my friends who were incautious pilots eventually got killed. All of us learned the attitude of constructive paranoia, just as have my New Guinea friends.

은 친구들입니다." 이 번역에서 '친구'라는 단어가 그다지 마음에 들지 않습니다. 우리말에서 '친구'는 반드시 '오랫동안 사귄 사람'만을 가리키지 않습니다. '나이가 비슷하거나 아래인 사람을 친근하게 이르는 말'이기도 합니다. 하지만 이 문장에서 friend는 재레드 다이아몬드의 '친구'인 게 분명합니다. 이런 약간의 오차를 해결하고 싶어, 번역을 약간 비틀었습니다. 제안 번역을 잘 보고, 이것을 어떻게 비틀었으며, 그 이유가 무엇이었을지 스스로 판단해 보십시오. 그다지 어렵지 않습니다.

° **who takes fishermen rafting down white-water rivers**를 제대로 번역하려면 rafting의 쓰임새를 정확히 파악해야 합니다. 일단 raft down white-water rivers(뗏목을 타고 급류가 흐르는 강 아래로 내려가다)가 V-ing로 변형된 것으로 분석할 수 있습니다. 그럼 '낚시꾼들을 데리고 급류가 흐르는 강 아래로 내려가다'가 됩니다. 이 번역을 앞의 선행사와 연결하는 게 부담스러워, 간략하게 요약한 것이 '낚시꾼들을 급류가 흐르는 곳까지 데려다주는 것'입니다. 의미엔 별 차이가 없으면서 더 간략하게 정리된 것 같지 않습니까.

° from **watching incautious guides get killed.** 지각동사 watch와 동사 원형 get이 사용된 예이고, watching incautious guides get killed는 당연히 전치사 from의 목적어로 쓰인 동명사절입니다.

° Still another friend who shares my attitude of constructive paranoia **pilots small airplanes**를 곧이곧대로 번역하면 "내 건설적인 편집증을 공유하는 또 다른 친구는 소형 비행기를 조종한다"가 될 겁니다. 이렇게 번역하면 동일한 형식의 문장이 반복되어 지루한 기분이 들 수 있습니다. 그래서 이 글이 강연문이라는 점까지 고려하여 번역에 약간의 변화를 주었습니다.

° **Quite a few of his and my friends**는 Quite a few of his (friends) and my friends이고, Quite a few는 앞에서 보았던 many of ...의 many와 쓰임새가 똑같습니다.

° **just as have my New Guinea friends**는 just as my New Guinea friends have learned the attitude of constructive paranoia로 봐야 할 겁니다. just as ...는 '...인 것처럼'으로 번역하면 충분합니다.

(11) But there obviously must be big differences between how one thinks about dangers in New Guinea and other traditional societies, compared to how one thinks about dangers in the U.S. For example, the types of dangers in the U.S. and in New Guinea are different. In New Guinea and other traditional societies, the principal dangers include accidents of the natural environment, such as lions, dangerous insects, falling trees, and exposure to cold or rain. Those environmental hazards are much less important in the West, where we have tamed and modified the natural environment. Nevertheless, my wife and I were nearly killed by a falling tree while we were on vacation in Montana last year. Other dangers of traditional life are violence, infectious diseases, and starvation. All of those dangers are much less significant in the West. Instead, in the West we face a new set of dangers, such as cars, step-ladders, heart attacks, cancers, and other non-communicable diseases. Thus, partly, we have just traded one set of traditional dangers for another new set of modern dangers.

그러나 뉴기니를 비롯해 전통 사회에서 위험에 대해 생각하는 방법과 미국인이 위험에 대해 생각하는 방법 사이에는 커다란 차이가 있습니다.
예컨대 미국의 삶과 전통 사회의 삶에 내재한 위험에는 차이가 있습니다. 무엇보다 위험의 유형이 다릅니다. 뉴기니를 비롯한 전통 사회에서 주된 위험은 사자와 위험한 벌레, 쓰러지는 나무, 추위와 비 등 자연환경과 관계가 있습니다. 이런 환경적 위험은 서구 세계에서는 크게 중요하지 않습니다. 우리가 자연환경을 충분히 길들이고 다스려 왔으니까요. 그런데도 우리 부부는 지난해 몬태나에서 휴가를 보내던 중 쓰러지는 나무에 거의 죽을 뻔했습니다. 한편 전통 사회의 자연환경에서는 폭력과 감염성 질병, 기아가 목숨을 위협하는 위험 요인입니다. 물론 이런 위험 요인들도 서구 사회에서는 별로 중요하지 않습니다. 대신 서구 사회에는 새로운 유형의 위험이 대두되었습니다. 자동차와 사다리, 심장마비와 암 등 비전염성 질병이 대표적인 예입니다. 따라서 우리는 전통적인 위험의 일부를 해소한 대신, 새로운 종류의 위험을 만들어낸 셈입니다.

(11) But there obviously must be big differences between how one thinks about dangers in New Guinea and other traditional societies, compared to how one thinks about dangers in the U.S.
For example, the types of dangers in the U.S. and in New Guinea are different. In New Guinea and other traditional societies, the principal dangers include accidents of the natural environment, such as lions, dangerous insects, falling trees, and exposure to cold or rain. Those environmental hazards are much less important in the West, where we have tamed and modified the natural environment. Nevertheless, my wife and I were nearly killed by a falling tree while we were on vacation in Montana last year. Other dangers of traditional life are violence, infectious diseases, and starvation. All of those dangers are much less significant in the West. Instead, in the West we face a new set of dangers, such as cars, step-ladders, heart attacks, cancers, and other non-communicable diseases. Thus, partly, we have just traded one set of traditional dangers for another new set of modern dangers.

°**between**의 쓰임새가 무척 생소합니다. 엄격히 문법적으로만 따지면 between 뒤에는 주로 복수가 쓰이기 때문에 ... between ways how one thinks about dangers in New Guinea and other traditional societies가 되어 "뉴기니를 비롯한 전통 사회에서 위험에 대해 생각하는 방법들 사이의 차이"라고 번역될 수 있습니다. 여기에서의 차이란 '미국인이 위험에 대해 생각하는 방법'과 비교하는 게 되겠지요. 그런데 뒤를 읽어보면 내용이 그렇지 않습니다. 뉴기니를 비롯한 전통 사회가 위험에 대해 생각하는 방법과, 미국인들이 생각하는 방법을 비교하고 있습니다. 따라서 맥락상 첫 문장은 ... between how one thinks ... traditional societies and how one thinks about dangers in the U.S.로 번역하는 편이 더 나을 겁니다. 이런 문법의 파괴는 이 글이 강연문이란 점을 고려하면 충분히 용서됩니다.
또 하나, 여기에서 언급하고 싶은 '번역 테크닉'은 one thinks ...에서 one을 굳이 번역하지 않았다는 겁니다. 앞부분에서는 '뉴기니를 비롯한 전통 사회'를 주어로 번역했고, 뒷부분에서는 one ... in the U.S.를 묶어서 '미국인'이라 번역했습니다. '미국에서는 사람들이 ...'라는 번역보다 간결하면서 더 매끄럽지 않습니까?

° **the types of dangers in the U.S. and in New Guinea**의 번역에서 '내재한'을 덧붙인 이유를 아시겠습니까? 맞습니다, in을 더 정확히 번역한 것입니다. 이 단락은 미국과 뉴기니에 존재하는 위험의 유형이 어떻게 다른지 설명하고 있기 때문에 두 지역을 더 구체적으로 나타내고 싶어 '내재하다'를 덧붙였을 뿐입니다. 또 '삶'이란 단어를 더한 이유도 뒤에서 언급되는 위험의 유형이 모두 삶과 관련되었기 때문입니다.

° **In New Guinea and other traditional societies**를 '뉴기니와 다른 전통 사회'라고 번역하고 싶은 사람이 많을 겁니다. 어차피 뉴기니도 전통 사회이고, 뉴기니를 중심으로 전통 사회에 대해 말하고 있으므로 '뉴기니를 비롯한 전통 사회'라고 번역해도 달라질 것은 없습니다. '비롯하다'가 '여럿 가운데 앞의 것을 첫째로 삼아 그것을 중심으로 다른 것도 포함하다'라고 설명한 국어사전의 정의를 고려하면, 이 번역이 영어에서 말하려는 의도에 더 맞아떨어지지 않습니까?

° **..., where we have tamed and modified the natural environment.** 관계절의 계속적 용법을 무작정 '결과'로 번역해서는 안 됩니다. 관계사가 쓰인 관계절의 쓰임새를 대략적으로 설명하면, 관계사 앞에 쉼표가 있느냐 없느냐에 따라 제한적 용법과 계속적 용법으로 나뉩니다. 쉽게 말해 제한적 용법은 형용사적으로 번역하고, 계속적 용법은 부사적으로 번역하는 게 좋습니다. 그래야 이른바 쉼표의 역할을 번역하는 게 될 테니까요. 여기에서 부사적 용법만을 구체적으로 설명하자면 부사적 용법에는 '결과', '원인', '목적'이 있습니다. 그런데 이런

(11) But there obviously must be big differences between how one thinks about dangers in New Guinea and other traditional societies, compared to how one thinks about dangers in the U.S.
For example, the types of dangers in the U.S. and in New Guinea are different. In New Guinea and other traditional societies, the principal dangers include accidents of the natural environment, such as lions, dangerous insects, falling trees, and exposure to cold or rain. Those environmental hazards are much less important in the West, where we have tamed and modified the natural environment. Nevertheless, my wife and I were nearly killed by a falling tree while we were on vacation in Montana last year. Other dangers of traditional life are violence, infectious diseases, and starvation. All of those dangers are much less significant in the West. Instead, in the West we face a new set of dangers, such as cars, step-ladders, heart attacks, cancers, and other non-communicable diseases. Thus, partly, we have just traded one set of traditional dangers for another new set of modern dangers.

경우 여러분은 계속적 용법을 결과로 번역해 오지는 않았는지요? 그럼 번역이 이상해집니다. 차라리 제한적 용법으로 번역하는 게 더 자연스럽게 느껴질 정도입니다. "이런 환경적 위험은 서구 세계에서는 크게 중요하지 않습니다. 우리는 자연환경을 충분히 길들이고 다스려 왔습니다." 번역의 흐름이 좀 어색하지 않습니까? 게다가 주절은 현재, 관계절은 현재완료입니다. 이런 시제의 차이까지 고려하면, 제안 번역에 쓴 것처럼 주절을 결과로 관계절을 원인으로 번역하는 게 훨씬 자연스럽습니다.

° **nearly killed**가 '거의 죽을 뻔하다'로 번역되는 건 상식일 겁니다. 또 while we were on vacation in Montana last year가 주절보다 뒤에 쓰였지만, 주절보다 먼저 번역할 경우 순진하게 '우리가 작년에 몬태나에서 휴가를 보내던 중'이라 번역할 사람은 없을 겁니다. '우리'라는 대명사를 '내 아내와 나'라는 명사 앞에 두는 치명적인 실수를 범하는 게 되니까요. 너무 기초적인 것까지 설명한다고 짜증낼 독자도 있겠지만, 번역서를 읽다 보면 간혹 이런 실수가 눈에 띌 때가 있어 노파심에 적어 보았습니다. 아 참, 여기에서 '내 아내와 나'를 '우리 부부'로 압축해 버렸습니다. 어떻게 생각하십니까? 마음에 들지 않으면, 그냥 이렇게 번역할 가능성도 있다는 걸 아는 정도로 만족해도 상관없습니다.

° we have just **traded** one set of traditional dangers **for** another new set of modern dangers. 개인적으로 번역하기에 가장 어려운 단어 중 하나가 set입니다. 일단 '세트'라고 번역하기가 싫기 때문입니다. 물론 세트가 외래어로 인정되기는 했습니다. 그래도 이상하게 저는 아직 '세트'를 번역어로 사용하는 게 싫습니다. 그렇다고 '일습'이란 단어로 번역하는 것도 마뜩하지 않습니다. 저는 지금까지 살면서 '일습'이란 단어를 사용해 본 적이 있는지 모르겠습니다. 여러분은 어떻습니까? 물론 독자의 어휘력 향상을 위해 이런 단어를 사용해야 한다고 생각할 사람도 있을지 모르겠습니다. 하지만 저는 반드시 사용해야 할 '전문 용어'가 아니면, 우리가 생활에서 사용하는 단어로 번역하는 게 최선이라 생각합니다. 그래서 고민 끝에 one set를 '일부'로 번역했습니다. 전통적인 위험에는 여러 유형이 있는 데 그중 하나이니까 '일부'가 아니겠습니까? 또 new set는 '새로운 종류'라 번역해 set에 담긴 뜻을 조금 살려냈습니다.

(12) But it isn't just the case that the types of dangers in the U.S. differ from the types of dangers in New Guinea. The overall level of danger — that is, the risk of death per year — is lower in the U.S. than in New Guinea, as measured by our average lifespan of nearly 80 years, compared to a lifespan of 50 years or less in traditional societies.

미국에 내재한 위험의 유형과 뉴기니에 내재한 위험의 유형이 다르기 때문만은 아닙니다. 전통 사회의 평균 수명은 50세에 불과하지만 미국의 평균 수명은 거의 80세인 것에서 짐작할 수 있듯이, 전반적인 위험 수준, 즉 위험에 따른 연간 사망률도 뉴기니보다 미국이 낮습니다.

°**it isn't just the case that ...**은 it is the case that ...에 not just가 더해진 형태에 불과합니다. it is the case that ...에서 it은 앞 단락의 내용, 즉 "우리는 전통적인 위험의 일부를 해소한 대신, 새로운 종류의 위험을 만들어냈다"를 가리킵니다. not just는 not only와 비슷하게 번역하면 됩니다. 이 문장에서는 not [just the case that ...]입니다.

°**the risk of death per year**에서는 risk를 어떻게 번역하느냐가 숙제입니다. risk를 기계적으로 '위험'이라 번역하면 'that is'의 존재가 무색해집니다. **that is**는 좌우에 쓰인 구절이 '같다'고 말해주는 부사구입니다. 앞쪽에 쓰인 the overall level of danger는 '전반적인 위험 수준'입니다. 따라서 뒤에 쓰인 risk도 단순한 위험이 아니라 '위험의 정도, 혹은 위험률'이 되어야 합니다. 그럼 the risk of death per year는 '연간 사망 위험률'이 되겠지요. '사망 위험률'이란 표현이 생소하지 않습니까? 그래서 '위험에 따른 연간 사망률'로 바꿔 보았습니다.

°**as measured by** our average lifespan of nearly 80 years ...에서 'as measured by'는 의외로 자주 쓰이는 '숙어'와 비슷합니다. 동의어를 억지로 찾자면 'as can be seen by'쯤이 될 겁니다. 여기에서 measure는 맥락에 따라 '측정되다. 평가되다, 판단되다' 등으로 번역되어야 합니다. 다른 예를 들어 보겠습니다. A sharp increase in gas and electricity prices pushed inflation as measured by the consumer prices index to 4.2% in October, up from 3.1% in September. (17 Nov 2021)는 "9월에 3.1%이던 소비자 물가지수가 10월에 4.2%로 상승한 것으로 판단할 때 가스요금과 전기료의 급격한 인상이 인플레이션을 부추겼다"

(12) But it isn't just the case that the types of dangers in the U.S. differ from the types of dangers in New Guinea. The overall level of danger — that is, the risk of death per year — is lower in the U.S. than in New Guinea, as measured by our average lifespan of nearly 80 years, compared to a lifespan of 50 years or less in traditional societies.

로 번역될 수 있을 겁니다. 이처럼 measure를 무작정 '측정'이라 번역할 필요가 없다는 걸 말해 두고 싶습니다.

° our average lifespan **of** nearly 80 years와 a lifespan **of** 50 years or less에서 of는 '동격의 of'입니다. '거의 80년의 평균 수명', '50세 미만의 평균 수명'이란 기계적인 번역이 틀린 번역은 아닙니다. 하지만 our average lifespan = nearly 80 years이면 '평균 수명이 80세이다'라고 번역하지 못할 이유가 무엇입니까?

또한 여기서 nearly 80 years에서 부사 nearly가 쓰인 이유는 대단한 게 아닙니다. 풀어 쓰면 nearly eighty years입니다. eighty + years에서 eighty는 '수형용사', 즉 형용사입니다. 따라서 당연히 부사로 수식되어야 하지 않겠습니까. 그래서 nearly가 쓰였습니다.

50 years or less는 '50세 이하'일까요, '50세 미만'일까요? 답은 '50세 이하'입니다. 그럼 '50세 이상'은 당연히 50 years or more가 될 겁니다. 그럼 '미만'은 어떻게 쓰일까요? less than입니다. 다음 구절에서는 '미만'이라 번역해야 정확한 번역이 됩니다. Less than half of people in Great Britain agree that transgender teenagers should be allowed to receive counselling and hormone treatment. (8 Jun 2023) (영국에서는 10대 트랜스젠더에게 상담과 호르몬 치료가 허용되어야 한다는 데 국민의 절반 미만이 동의한다) '미만'이라 번역하니까 참으로 어색하게 읽히지요. 따라서 수치를 정확히 기록해야 할 경우가 아니면 '가

량'이나 '정도'를 사용하면 어떨까 싶습니다. 물론 '가량'은 엄격히 따져 '이상'인 경우에도 쓸 수 있습니다.

(13) A third difference is that the consequences of accidents can be repaired much more easily in Italy and in the U.S. than in New Guinea. For example, the only time in my life that I broke a leg bone was when I slipped on the ice outside Harvard University in the middle of the city of Boston. When I fell and broke that bone, I stumbled over to a telephone booth 10 meters away, where I telephoned my physician father, who came in his car and picked me up and took me to the hospital. At the hospital, the surgeon fixed my broken bone completely, put a cast on me, my leg healed, and soon I was able to walk normally again. But if you break a leg bone in New Guinea, when you are three days walk away from the nearest airstrip, you may not be able to walk out to the airstrip at all. When you reach the airstrip, there may not be an airplane or a doctor. Also in traditional societies, there aren't surgeons to set a broken bone, so that even if you survive the accident, you are likely to end up crippled for the rest of your life. As a result, we in the West are not nearly so concerned about dangers as are New Guineans. That's because, even if an accident happens to us, it is much more likely to be fixable than if it happened in New Guinea.

또 다른 중대한 차이는, 이탈리아인과 미국인은 사고의 영향에서 쉽게 회복되는 반면에 사고를 당한 뉴기니인은 불구가 되거나 목숨을 잃을 가능성이 훨씬 높다는 것입니다. 언젠가 나는 하버드대학교 밖에서, 여하튼 보스턴 한복판에서 빙판길에 미끄러져 발목이 부러진 적이 있었습니다. 그때 난생 처음으로 발목이 부러진 것이었습니다. 나는 넘어지며 발목이 부러진 까닭에 절뚝거리며 10미터쯤 떨어진 공중전화까지 걸어가 의사인 아버지에게 전화를 걸었습니다. 아버지는 직접 자동차를 몰고와 나를 태우고는 병원으로 데려갔습니다. 정형외과 의사가 부러진 뼈를 완벽하게 맞춘 후에 깁스를 해 주었습니다. 얼마 지나지 않아 나는 완전히 치료되고 정상적으로 걸을 수 있었습니다. 하지만 뉴기니에서 다리가 부러지면, 더구나 가장 가까운 활주로가 사흘을 꼬박 걸어야 하는 곳에 있다면, 부러진 다리로 어떻게 그곳까지 걸어갈 수 있겠습니까? 설령 활주로까지 기어서 갔더라도 비행기도 없고 의사도 없을 가능성이 큽니다. 전통 사회에는 부러진 다리를 정확히 이어 맞출 만한 외과 의사도 없습니다. 따라서 다리가 부러지는 사고를 이겨내고 살아남더라도 평생 절룩거리며 걸어다녀야 할 것입니다. 서구 사람은 뉴기니 사람만큼 위험을 걱정하지 않는 게 사실입니다. 뉴기니에 비교하면, 사고가 나더라도 금세 적절한 치료를 받을 가능성이 훨씬 크니까요.

(13) A third difference is that the consequences of accidents can be repaired much more easily in Italy and in the U.S. than in New Guinea. For example, the only time in my life that I broke a leg bone was when I slipped on the ice outside Harvard University in the middle of the city of Boston. When I fell and broke that bone, I stumbled over to a telephone booth 10 meters away, where I telephoned my physician father, who came in his car and picked me up and took me to the hospital. At the hospital, the surgeon fixed my broken bone completely, put a cast on me, my leg healed, and soon I was able to walk normally again. But if you break a leg bone in New Guinea, when you are three days walk away from the nearest airstrip, you may not be able to walk out to the airstrip at all. When you reach the airstrip, there may not be an airplane or a doctor. Also in traditional societies, there aren't surgeons to set a broken bone, so that even if you survive the accident, you are likely to end up crippled for the rest of your life. As a result, we in the West are not nearly so concerned about dangers as are New Guineans. That's because, even if an accident happens to us, it is much more likely to be fixable than if it happened in New Guinea.

°A third difference를 '세 번째 차이'로 번역해야 할까요? 대충 말하면, 이렇게 번역해도 글 전체를 이해하는 데는 큰 문제가 없습니다. 그런데 저자는 왜 the third difference를 쓰지 않고 a third difference라고 썼을까요? 이른바 '행간 번역'을 생각한다면 이 차이를 간과해서는 안 된다는 게 제 생각입니다. 저자가 the third difference를 썼다면, 저도 당연히 '세 번째 차이'로 번역할 겁니다. 하지만 '부정관사 + 수형용사'가 쓰였습니다. 앞에서 언급한 두 가지 차이에 '순서'를 두지 않겠다는 저자의 의지가 반영된 결과라고 생각합니다. 실제로 앞에서 두 사회의 차이를 말하면서 first, second를 사용하지 않았습니다. 따라서 (11)번 본문에서 big differences를 썼다는 걸 고려해, '또 다른 중대한 차이'라고 번역했습니다.

또 이 문장은 "또 다른 중대한 차이는, 이탈리아인과 미국인은 뉴기니인보다 사고의 영향에서 쉽게 회복될 수 있습니다."라고 번역하면 충분합니다. 하지만 강연이란 점을 고려해서 번역을 크게 비틀어보았습니다. 물론 무작정 비튼 것이 아니라 이 단락의 뒤에 언급되는 부분을 앞으로 끌어왔을 뿐입니다. 이렇게 번역하지 않아도 상관없습니다. 단지 독자의 이해를 돕고 싶어, 약간의 재주를 부렸습니다.

° **consequence**의 적절한 번역어를 생각해 봅시다. 사전을 검색하면 consequence는 '결과, 중요성, 영향'으로 번역됩니다. 여기에서 consequence의 적절한 번역어를 찾으려면 repair consequences of accidents (easily)에서 접근해야 합니다. 일단 모든 가능성을 다 적용해 봅시다. '사고의 결과를 바로잡다', '사고의 중요성을 바로잡다', '사고의 영향을 바로잡다'. '중요성'이 먼저 탈락한다는 것에는 의문의 여지가 없습니다. 그럼 '결과'를 바로잡을까요. '영향'을 바로잡을까요? 결과에는 '종결'이란 의미가 내포된다는 생각에 저는 '영향'을 선택했습니다. repair도 '회복하다'로 번역했습니다.

° **the only time in my life that I broke a leg bone**에서 that은 관계부사로 보아야 합니다. I broke a leg bone 자체가 문법적으로 완벽합니다. 그렇다면 that이 동격의 that으로 쓰였을 가능성을 생각해 볼 수 있지만, the only time = that I broke a leg bone이 성립되지 않습니다. 따라서 that은 when을 대신하는 관계 부사로 보아야 마땅할 것입니다. 그럼 the only time in my life that I broke a leg bone은 '분리 관계절'로 볼 수 있습니다. the only time (선행사) in my life that I broke a leg bone(관계절)이 됩니다. 여기에서 번역 테크닉 하나를 소개하면 '선행사 – 부사구 – 관계절'의 구조는 '부사구 → 관계절 → 선행사' 순서로 번역하는 게 좋습니다. 지금까지 번역한 경험에 따르면, 희한하게도 부사구를 먼저 번역해도 관계절의 내용에 별다른 영향이 없습니다. 따라서 '내 삶에서 다리 뼈가 부러진 유일한 때'가 될 겁니다.

(13) A third difference is that the consequences of accidents can be repaired much more easily in Italy and in the U.S. than in New Guinea. For example, the only time in my life that I broke a leg bone was when I slipped on the ice outside Harvard University in the middle of the city of Boston. When I fell and broke that bone, I stumbled over to a telephone booth 10 meters away, where I telephoned my physician father, who came in his car and picked me up and took me to the hospital. At the hospital, the surgeon fixed my broken bone completely, put a cast on me, my leg healed, and soon I was able to walk normally again. But if you break a leg bone in New Guinea, when you are three days walk away from the nearest airstrip, you may not be able to walk out to the airstrip at all. When you reach the airstrip, there may not be an airplane or a doctor. Also in traditional societies, there aren't surgeons to set a broken bone, so that even if you survive the accident, you are likely to end up crippled for the rest of your life. As a result, we in the West are not nearly so concerned about dangers as are New Guineans. That's because, even if an accident happens to us, it is much more likely to be fixable than if it happened in New Guinea.

° **When I fell and broke that bone, I stumbled over to** a telephone booth 10 meters away. when을 학교에서 배운 대로 번역하면, '나는 넘어지며 다리 뼈가 부러졌을 때 절뚝거리며 10미터쯤 떨어진 공중전화까지 걸어갔다'가 됩니다. 좀 이상하게 들리지 않습니까? 다리가 부러지면 대체로 어떻게 합니까? 아마 그 자리에서 꼼짝하지 못할 겁니다. 그런데도 저자는 '절룩거리며 10미터쯤 떨어진 공중전화까지 걸어'갔습니다. 제가 1장에서 말했었지요. 우리가 기존에 아는 뜻으로 번역해서 이상하면, 그 단어에 다른 뜻이 없는지 사전을 샅샅이 뒤지라고요. 두 눈을 부릅뜨고 when을 찾아 보니 '...인데도 불구하고'(although)가 있습니다. 따라서 '나는 넘어지며 다리 뼈가 부러졌지만 절뚝거리며 10미터쯤 떨어진 공중전화까지 걸어갔다'라고 번역하면 좋을 듯합니다. 한편 저자가 walk over to ...를 쓰지 않고, stumble over to ...를 사용한 이유가 '다리가 부러진 데' 있다면 when을 사전에 없는 의미, 즉 '때문에'라고 번역하는 가능성도 생각해 볼 수 있지 않을까요?

° **... , where ... , who ...** 는 모두 관계사의 계속적 용법입니다. 이 경우에는 '결과'로 번역하면 됩니다. 물론 '관계사'는 관계 대명사로 쓰이든

관계 부사로 쓰이든 간에 일종의 '대명사'이므로 자체적으로 의미를 갖는다는 걸 알아야 합니다.

° **put a cast on** me를 볼까요. put a cast on a leg는 '다리에 깁스를 하다' 라는 뜻으로, 이때 cast는 '깁스'라는 뜻으로 쓰였습니다.

° **if**와 **when**을 번역할 때, 특히 when을 기계적으로 '때'라고 번역하지 않도록 주의합시다. when을 if처럼 번역하는 게 자연스러울 때가 의외로 많습니다. 이 경우도 마찬가지입니다. 이번에는 when-절 내부를 재미삼아 분석해 보려 합니다. 이 분석을 통해 영어가 무척 단순하다는 걸 증명해 보이고 싶기도 합니다.

when you are three days walk away from the nearest airstrip,
I am five hundred miles away from home (Justin Timberlake의 '500 miles away' 노랫말)
여기에서 'three days walk away'와 'five hundred miles away'는 from the nearest airstrip/home을 수식하는 '부사구' 역할을 합니다. 예컨대 '당신은 가장 가까운 활주로로부터 떨어져 있다 + 얼마만큼'입니다. 이 분석을 보면 생각나는 게 있지 않습니까?

I am five years old.
This pond is five meters deep.
이렇게 단순한 구조로 살펴보자면, 특히 두 번째 문장의 경우는 '이 연못은 깊습니다 + 얼마만큼'으로 분석됩니다. 결국 five years와 five

(13) A third difference is that the consequences of accidents can be repaired much more easily in Italy and in the U.S. than in New Guinea. For example, the only time in my life that I broke a leg bone was when I slipped on the ice outside Harvard University in the middle of the city of Boston. When I fell and broke that bone, I stumbled over to a telephone booth 10 meters away, where I telephoned my physician father, who came in his car and picked me up and took me to the hospital. At the hospital, the surgeon fixed my broken bone completely, put a cast on me, my leg healed, and soon I was able to walk normally again. But if you break a leg bone in New Guinea, when you are three days walk away from the nearest airstrip, you may not be able to walk out to the airstrip at all. When you reach the airstrip, there may not be an airplane or a doctor. Also in traditional societies, there aren't surgeons to set a broken bone, so that even if you survive the accident, you are likely to end up crippled for the rest of your life. As a result, we in the West are not nearly so concerned about dangers as are New Guineans. That's because, even if an accident happens to us, it is much more likely to be fixable than if it happened in New Guinea.

meters는 각각 old와 deep을 수식하는 '부사구' 역할을 합니다. 앞의 문장과 다른 점은 be-동사의 쓰임새이고, 다른 것은 모두 같습니다. 이렇듯 영어의 본질적인 구조는 단순합니다.

°**you may not be able to walk out to the airstrip at all.** 이른바 흔히들 말하는 직역이라면 '활주로까지 걸어가지 못할 수 있습니다'가 될 겁니다. 하지만 같은 문장 내에서 이미 '활주로'가 언급되었습니다. 그래서 '활주로'의 반복을 피하고, may not을 더 실감나게 번역하고 싶어 번역을 의문문으로 살짝 비틀었습니다. 가능성이나 소망은 확정된 것이 아니므로 결국 '의문'의 일종이라 할 수 있지 않을까요?

°**When you reach the airstrip**에서 when은 이번에도 although로 번역하는 게 더 타당할 겁니다. when = although의 관계는 앞의 설명을 참조하십시오. 그래도 나중에 기회가 닿으면 다시 언급하도록 하겠습니다. 공부는 반복이 최고이니까요.

° **you are likely to end up crippled**에서 be likely to do는 '...할 가능성이 있다, ...할 듯하다'로 번역하면 충분하고, 'end up + 형용사'는 '결국 ...가 되다'로 번역해야 할 겁니다.

° **are not nearly so concerned about** dangers as are New Guineans에서 nearly라는 부사를 번역하기가 부담스럽다면, 일단 nearly를 없앤 상태에서 번역한 뒤 다시 덧붙이는 것도 방법입니다. nearly를 생략하면 '뉴기니 사람만큼 위험을 걱정하지 않는다'가 됩니다. 여기에서 nearly를 추가해 봅시다. 이때 not nearly는 동등비교와 함께 쓰이며 '...보다 훨씬 덜 ~' 혹은 '결코 ...이 아니다'라는 뜻을 갖는다는 걸 고려해야 합니다. The UK is fucked, but not nearly as fucked as America. (6 Sep 2022) (영국도 엉망진창이지만 미국에 비하면 훨씬 더 낫다)

° **That's because** ...를 '그것은 ... 때문이다'라고 번역하는 건 그다지 바람직하지 않습니다. '그것'이란 대명사의 사용이 께름칙하기 때문입니다. 개인적으로 저는 '그것'이란 3인칭 대명사의 사용을 극히 꺼립니다. '그것'이란 대명사가 무엇을 대신하는지 금세 알아내기 힘든 경우에는 더더욱 꺼릴 수밖에 없습니다. 따라서 '그것'이란 대명사를 압축적으로 표현해 줄 명사를 찾는 수고가 필요합니다. 아니면 대명사를 아예 생략한 상태로 번역해 보십시오. 생략해도 글을 읽는 데 아무런 문제가 없다면, 굳이 '그것'을 더해 문장을 복잡하게 만들 필요가 없습니다.

(14) That lower level of danger in the modern world, combined with our expectation that damage caused by dangers can be fixed, has consequences for our thinking about danger in the modern world. Our thinking about danger is muddled and confused. We obsess about the wrong risks. We worry too much about dangers that really are very unlikely to befall us, and that kill vanishingly few Americans. Conversely, we don't pay enough attention to the dangers that really are likely to materialize. We obsess about terrorists and plane crashes, which really kill very few Americans, while we ignore the danger of falling while on a stepladder, which does kill many Americans. Our confused thinking about dangers emerges from listing our ratings of various hazards, and comparing those ratings with the number of actual deaths or potential deaths caused by the hazards.

현대 세계의 낮은 위험 발생률만이 아니라, 사고를 당하더라도 금세 치료를 받을 수 있다는 기대감이 위험에 대한 현대인의 생각에도 영향을 미치는 듯합니다. 위험에 대한 우리 생각은 뒤죽박죽이고 혼란스럽습니다. 우리는 엉뚱한 위험을 지나치게 두려워하며 머릿속에서 떨쳐내지 못합니다. 달리 말하면, 결코 우리에게 일어나지 않을 법한 위험, 실제로 그 때문에 죽은 사람이 거의 없는 위험에 대해 지나치게 걱정하는 경향이 있습니다. 반대로 실제로 구체화될 가능성이 무척 높은 위험에 대해서는 별다른 관심을 기울이지 않습니다. 테러리스트의 공격과 항공기 추락으로 죽은 미국인은 거의 없지만 이에 대해서는 지나치게 두려워합니다. 반면에 사다리에 떨어져 죽은 미국인은 숱하게 많지만 사다리에서 떨어질까 걱정하는 사람은 거의 없습니다. 우리가 이처럼 위험에 대해 잘못 생각하는 이유가 무엇일까요? 우리가 여러 위험 요인의 순위를 나름대로 평가하고, 각 위험 요인에 의해 실제로 사망한 사람의 수 혹은 그 요인에 의해 사망할 가능성이 있는 사람의 수에 그렇게 결정한 순위를 비교하기 때문입니다.

(14) That lower level of danger in the modern world, combined with our expectation that damage caused by dangers can be fixed, has consequences for our thinking about danger in the modern world. Our thinking about danger is muddled and confused. We obsess about the wrong risks. We worry too much about dangers that really are very unlikely to befall us, and that kill vanishingly few Americans. Conversely, we don't pay enough attention to the dangers that really are likely to materialize. We obsess about terrorists and plane crashes, which really kill very few Americans, while we ignore the danger of falling while on a stepladder, which does kill many Americans. Our confused thinking about dangers emerges from listing our ratings of various hazards, and comparing those ratings with the number of actual deaths or potential deaths caused by the hazards.

°**That lower level of danger**는 맥락상 어떻게 번역하는 게 좋을까요? 먼저 '낮은 수준의 위험'으로 번역해 봅시다. 그럼 위험에 대한 현대인의 생각에 영향을 미치는 게 '낮은 수준의 위험'이 됩니다. 앞 단락에서 언급된 내용을 고려할 때 번역이 적절할까요? 이 번역은 자칫하면 '위험의 정도가 낮다'로 해석될 가능성이 있습니다. 하지만 앞의 내용에 따르면, 현대 사회는 안전 장치가 곳곳에 갖추어져 위험 발생 가능성이 낮습니다. 따라서 level이 relative position or rank on a scale이므로, '낮은 위험 발생률'로 번역하면 어떻겠습니까? 이렇게 번역하면 '위험의 정도'가 낮다는 오해가 원천적으로 해소됩니다.

°That lower level of danger in the modern world, **combined with** our expectation ... 이 문장 전체를 도식화하면 'A, combined with B, V ...'가 됩니다. 대부분이 'A가 B와 결합되며 V ...'라고 번역할 겁니다. 반면에 'A에 B가 더해지며 V ...'라고 번역하면 좀 더 세련되게 느껴지지 않습니까? 내친김에 'A만이 아니라 B도 V ...'라고 번역하면 어떻습니까? 이런 번역이 의역일까요? 제 생각에는 그렇지 않습니다. combine with를 어떻게 번역하느냐에 따라 번역이 달라진 것뿐입니다. 어느 쪽을 선택하느냐는 번역가 각자의 몫이고, 정답은 없습니다. 저는 combine with의 번역 가능성을 나열할 뿐입니다. 맥락에 따라 적절한 번역을 선택하도록 하십시오.

° **our thinking about danger in the modern world.** 전체를 동명사절로 분석하며 번역하는 게 더 정확한 번역일 겁니다. 다음 문장에서 주어로 쓰인 our thinking about danger도 마찬가지입니다. 동명사절로 분석하면, our가 주어, thinking이 동명사가 됩니다. 이렇게 번역하면 '우리가 현대 세계에서 위험에 대해 생각하는 (태도)'가 되겠지요. 여기에서 우리가 곧 현대 세계에 사는 사람이기 때문에 이 둘을 하나로 뭉뚱그려 '현대인'이라 번역하더라도 큰 문제는 없을 겁니다. 오히려 더 깔끔한 번역이 됩니다.

° **obsess about the wrong risks.** obsess about은 '...에 대해 강박 관념을 갖다'로 사전에서는 소개됩니다. 물론 '엉뚱한 위험에 대해 강박 관념을 갖다'로 번역하더라도 문제될 것은 없습니다. 그런데 '강박'이란 단어는 자주 들었더라도 그 단어에 '두려움'과 '떨쳐내지 못함'이란 두 개념이 내포된 것을 아는 독자가 얼마나 있을까요? 이런 이유에서 저는 전문용어나 어려운 단어를 사용하는 걸 가능하면 피하는 게 좋다고 생각합니다. 달리 말하면, '강박 관념'을 풀어 번역하는 겁니다. 그럼 이렇게 의문을 제기할 독자가 있을지도 모르겠습니다. 본문에서 고급 단어에 속하는 obsess를 썼는데 굳이 쉬운 말로 풀어 번역할 필요가 있겠느냐고 말입니다. 맞습니다. 원문의 단어 수준에 맞게 번역어로 선택해야 한다는 원칙에 저도 동의합니다. 그런데 왜 강박이란 단어를 사용해 번역하지 않냐고요? 이 질문에 대답하자면, 다시 앞으로 돌아갑니다. 독자가 강박에 대한 정확한 뜻을 알겠느냐는 겁니다. 물론 제 노파심일 수 있지만, 여하튼 저는 풀고 해체하는 쪽을 선택했습니다.

(14) That lower level of danger in the modern world, combined with our expectation that damage caused by dangers can be fixed, has consequences for our thinking about danger in the modern world. Our thinking about danger is muddled and confused. We obsess about the wrong risks. We worry too much about dangers that really are very unlikely to befall us, and that kill vanishingly few Americans. Conversely, we don't pay enough attention to the dangers that really are likely to materialize. We obsess about terrorists and plane crashes, which really kill very few Americans, while we ignore the danger of falling while on a stepladder, which does kill many Americans. Our confused thinking about dangers emerges from listing our ratings of various hazards, and comparing those ratings with the number of actual deaths or potential deaths caused by the hazards.

° **befall us**는 우리말로 '...에게 닥치다'로 번역되지만, '...에게'에 해당하는 목적어 앞에 to가 없이 쓰입니다. 이런 점에서 resemble과 흡사합니다.

° **that kill vanishingly few Americans.** 이 문장을 '소수의 미국인을 간데없이 죽이는'이라고 번역하면 무슨 뜻인지 이해가 되십니까? 이 번역에서 문제는 vanishingly입니다. 이런 경우에는 vanishingly가 어떻게 정의되는지 파악하는 게 중요합니다. vanishingly는 대체로 '너무 작아 거의 존재하지 않는 상태'를 가리킵니다. 그렇다면 vanishingly는 few를 강조하려고 쓰인 듯합니다. 그렇다면 few를 '거의 없다'라고 구체적으로 번역하면 vanishingly까지 소화한 번역이 될 수 있을 겁니다.

° **the danger of falling while on a stepladder**에서 of는 '동격의 of'입니다. 따라서 '사다리를 오르는 동안 떨어지는 위험'으로 번역됩니다. 동격의 of가 사용된 용례는 제레드 다이아몬드의 글에서 지겹도록 보고 있습니다. 이 기회에 동격의 of가 어떻게 사용되는지 확실하게 익히도록 하십시오. 물론 'A of B'라는 형식에서 of의 뜻을 알아내는 게 쉽지는 않습니다. 하지만 'A of 동명사절'에서 of는 '동격의 of'일 가능성이 높습니다.

°**Our confused thinking about dangers emerges from listing our ratings of various hazards, and comparing those ratings with the number of actual deaths or potential deaths caused by the hazards.** 이 마지막 문장은 무려 30개의 단어로 이루어진 긴 문장입니다. 물론 바로 앞에 사용된 문장도 절대적인 길이에선 만만치 않지만, 문장을 완전히 구분해 주는 접속사(예컨대 while)가 있어, 문장을 쉽게 끊어 번역할 수 있었습니다. 그러나 마지막 문장에는 그런 접속사가 보이지 않습니다. 일단 차근차근 분석해 봅시다. 주어가 Our confused thinking about dangers로 꽤 깁니다. 기호로 요약하면 'A emerge from B and C'이고, 'A가 B와 C에서 비롯된다'로 번역됩니다. 그럼 "위험에 대한 우리의 혼란스런 생각은, 여러 위험 요인의 순위를 나름대로 평가하고, 각 위험 요인에 의해 실제로 사망한 사람의 수 혹은 그 요인에 의해 사망할 가능성이 있는 사람의 수에 그렇게 결정한 순위를 비교하는 데서 비롯된다."로 번역됩니다. 물론 이 정도로만 번역해도 평균 이상은 될 듯합니다. 하지만 더 나은 번역을 해 보려 합니다. 먼저 'A가 B와 C에서 비롯된다'는 'B와 C가 A의 원인'이란 뜻이기도 합니다. 그런데 A가 상당히 길기도 하지만 주어입니다. 위의 번역에서 주어 번역이 꽤나 길어, 뒤에 쉼표를 붙였습니다. 쉼표의 용법에서 잘못된 것은 전혀 없습니다. 이쯤에서 '주어'라는 기능을 다시 생각해 봅시다. 주어는 그 문장의 핵심이고, 강조된 부분입니다. 그렇습니다. 주어는 아무것이나 주어가 되는 게 아닙니다. 저자가 강조하고 싶은 구절이 주어로 쓰입니다. 이런 이유에서 저는 '주어'도 일종의 강조 용법이라 생각하고 그렇게 가르칩니다. 그런데 이 문장에서 주어는 술어의 '결과'입니다. 따라서 Our confused thinking about dangers를 독립적으로 번역하면서 거기에 내포된 '결과'를 끌어내려면 어떻게 해야 할까요? 제가 선택한 번역은 '우리가 이처럼 위험에 대

(14) That lower level of danger in the modern world, combined with our expectation that damage caused by dangers can be fixed, has consequences for our thinking about danger in the modern world. Our thinking about danger is muddled and confused. We obsess about the wrong risks. We worry too much about dangers that really are very unlikely to befall us, and that kill vanishingly few Americans. Conversely, we don't pay enough attention to the dangers that really are likely to materialize. We obsess about terrorists and plane crashes, which really kill very few Americans, while we ignore the danger of falling while on a stepladder, which does kill many Americans. Our confused thinking about dangers emerges from listing our ratings of various hazards, and comparing those ratings with the number of actual deaths or potential deaths caused by the hazards.

해 잘못 생각하는 이유가 무엇일까요?'입니다. confused는 기계적으로 '혼란스런'이라 번역하지 않고 illogical에 가깝게 번역했고, '결과'는 '이유가 무엇일까요'로 풀어냈습니다.

이번에는 list our ratings of various hazards에서 먼저 our ratings of various hazards를 보겠습니다. 번역의 기법으로 제시한 '명사구(절)는 문장으로 번역하라'는 원칙을 반드시 기억하고, 정확히 적용할 수 있어야 합니다. 이 원칙을 적용하면, our ratings of various hazards → our(we) + rate(V) _ various hazards가 됩니다. '우리는 여러 위험 요인을 평가하다/등급을 매기다'의 결과를 '목록화'하는 것이 listing our ratings of various hazards입니다. 그럼 제가 '우리가 여러 위험 요인의 순위를 나름대로 평가하고'라고 번역한 이유를 짐작할 수 있을 겁니다.

(15) In such comparisons, one has to be careful. The number of actual deaths caused by a particular type of hazard may not be a good measure of the seriousness of that hazard. The hazard's number of resulting deaths may be low precisely because the hazard crops up frequently, and it's likely to be fatal, and we recognize it and take precautions against it. In that case, the hazard has a big influence on our behavior. We are very careful about it, it changes our lifestyle, and as a result it causes few deaths.

이 둘을 비교할 때 우리는 조심하고 또 조심해야 합니다. 특정한 유형의 위험에 의한 실제 사망자 수가 그 위험의 강도를 나타내는 지표라고 단정적으로 말할 수는 없습니다. 예컨대 어떤 위험이 빈번하게 나타나고 치명적으로 여겨지기 때문에 우리가 그 위험을 인지하고 조심한다면, 그 위험에 의한 사망자 수는 무척 적을 수 있습니다. 이런 경우, 그 위험이 우리 행동거지에 상당한 영향을 미쳤다고 말할 수 있습니다. 달리 말하면, 우리는 그 위험의 피해를 입지 않으려고 조심했고, 생활방식까지 바꾸면서 그 위험을 피하려고 애썼을 것입니다. 따라서 그 위험으로 인한 사망자 수가 거의 없었던 것일 수 있습니다.

° **In such comparisons**을 번역할 때는 앞 문장에서 언급된 compare라는 동사를 눈여겨봐야 합니다. 앞 문장에서 두 가능성—실제로 사망한 사람의 수와 사망할 가능성이 있는 사람의 수—을 비교한다고 했습니다. 따라서 단순히 '그런 비교에서'라고 번역하는 것보다 더 구체적으로 번역해 주는 게 낫습니다. 또 'in + 명사 ...'를 번역할 때 전치사 in에 주목한다면, 전체를 무작정 '...에서'라고 번역할 필요는 없습니다. 제가 매번 강조하듯이, 명사구(절)는 문장처럼 번역하는 것이 좋으므로 'in + 명사 ...'를 'in + doing'과 관련지어 '...할 때'라고 번역할 수 있는 여유를 가져야 합니다. 그래서 여기에서도 '이 둘을 비교할 때'라고 번역했습니다.

History shows ... that British public debt is not high by the standards of the last 200 years. It is rather low in comparison to the second half of the 18th century ... (3 Mar 2010) (역사에서 입증되듯이 ... 지난 200년을 기준으로 할 때 영국의 정부 부채는 많은 편이 아니다. 현재의 부채 수준은 18세기 후반기와 비교하면 상당히 낮다) 여기에서 in을 '에서'라고 번역하면 무척 어색합니다. 오히려 '비교할 때, 비교하면'이라고 번역하는 게 훨씬 더 자연스럽습니다. 그렇다고 이런 번역의 원칙을 새롭게 만든 것은 아닙니다. 'in + 명사 ...'는 'in + 명사절(혹은 doing)'과 구조적으로 조금도 다를 게 없습니다.

° **a good measure of the seriousness of that hazard**를 번역할 때 성급해서는 안 됩니다. 'a measure of ... = an amount of ...'는 '상당한 정도의 ...'란 뜻입니다. 그런데 a good deal of ..., a good number ..., a good amount of ...에서 보듯이 good이 'reasonable/ large in amount'라는 뜻을 갖는 경우가 있습니다. a good measure of ...에서 good을

(15) In such comparisons, one has to be careful. The number of actual deaths caused by a particular type of hazard may not be a good measure of the seriousness of that hazard. The hazard's number of resulting deaths may be low precisely because the hazard crops up frequently, and it's likely to be fatal, and we recognize it and take precautions against it. In that case, the hazard has a big influence on our behavior. We are very careful about it, it changes our lifestyle, and as a result it causes few deaths.

그렇게 보면 번역이 꼬입니다. 물론 a measure of something에서 something에 해당하는 것이 대체로 무관사로 시작되는 명사라는 점도 작은 단서이겠지만, something이 항상 무관사 명사인 것은 아닙니다. 결국 a good measure of ...가 양을 뜻하는 경우가 없고, 거의 언제나 '좋은 기준'으로 쓰인다는 걸 알면 좋겠지만, 이런 수준에 이르려면 영어를 많이 접해 봐야 하겠지요. 이 단계에 이르기 전까지는 문장 전체를 신중하게 파악하는 수밖에 없습니다.

° **The hazard's number of resulting deaths**는 the hazard's (number of resulting deaths)로 분석해야 할 겁니다. 더 심도 있게 분석하면 the number of the deaths resulting from the hazard가 됩니다. from the hazard가 명사구의 소유격이 되고, resulting이 deaths 앞으로 이동하여 형용사적으로 쓰인 결과가 본문입니다.

° **We are very careful about it, it changes our lifestyle, and as a result it causes few deaths.**에서 it은 the hazard입니다. be careful about something은 '...에 대해 주의하다, 조심하다'입니다. 여기에서 저는 단순히 '위험을 조심하다'라고 번역하지 않았습니다. careful의 의미가 'giving a lot of attention to what you are doing so that you do not have an accident'라는 데 주목해서, '위험의 피해를 입지 않으려고'라고 번역했습니다. 단순히 '위험을 조심하다'라고 건조하게 번역하

지 않고 영영사전의 뜻을 풀어서 함께 반영한 것입니다. 때로는 이런 번역이 문장의 밋밋함을 해소해 주는 역할을 합니다.

(16) An example of that effect in traditional societies involves the !Kung people of southern African and lions. The !Kung live in African desert areas where lions are common. Nevertheless, lions cause very few !Kung deaths: only about five out of every 1,000 !Kung deaths is due to a lion. Does that mean that lions are not dangerous?

전통 사회에서 이런 관계를 보여주는 한 사례는 아프리카 남부의 !쿵족과 사자의 관계입니다. !쿵족이 살아가는 아프리카 사막 지역에는 사자가 많습니다. 하지만 사자는 !쿵족 사회에서 주된 사망 원인이 아닙니다. 1000명의 사망자 중에서 사자에 의해 죽은 이는 5명에 불과합니다. 그렇다고 !쿵족의 삶에서 사자는 그다지 위험하지 않다고 말할 수 있을까요?

°**An example of that effect in traditional societies**에서 that effect가 무엇일까요? 여하튼 이 명사구는 '전통 사회에서 that effect가 나타나는 예'일 겁니다. 앞 단락에서는 '조심함으로써 실제 사망자 수를 줄일 수 있다'라는 걸 보여주었습니다. 따라서 the effect는 '이런 결과'라는 번역이 가장 무난할 것입니다. 다시 말하면, effect가 번역될 수 있는 세 가능성—결과, 효과, 영향—에서 하나를 이런 식으로 선택해야 한다는 뜻입니다. 이 번역을 뒤에 오는 동사 involve와 연결해 봅시다. involve를 번역하는 방법에 대해 간략히 설명하면 이렇습니다. A involve B를 'A는 B를 포함하다'로 번역하면, 첫 문장은 '전통 사회에서 이런 결과가 나타나는 예는 아프리카 남부의 !쿵족과 사자를 포함한다'가 됩니다. 좀 어색하지 않나요? 무생물이 무엇인가를 '포함한다'는 행위가 어딘가 부자연스럽기 때문일 겁니다. 그런데 'A는 B를 포함하다'는 'A에는 B가 포함된다'와 의미가 같습니다. 이런 식으로 바꾸어 번역하면 첫 문장은 '전통 사회에서 이런 결과가 나타나는 예에는 아프리카 남부의 !쿵족과 사자가 포함된다'가 됩니다. 앞의 번역보다 좀 낫지 않나요? 이 번역을 다시 꼼꼼히 뜯어보겠습니다. 어떤 결과의 예로 !쿵족과 사자가 '단순히' 포함된다는 것이지, 둘 사이에 어떤 관계가 있는지 여부는 번역에서 명확히 드러나지 않습니다. 하지만 이 단락에서 중요한 것은 !쿵족과 사자의 관계이고, 그 관계가 곧 전통 사회에서 확인되는 사례라는 것입니다. 따라서 the !Kung people of southern African and lions를 '아프리카 남부의 !쿵족과 사자의 관계'라고 번역하면, that effect는 '그런 결과로 이어진 관계'라는 뜻에서 '그런 관계'라고 번역해도 괜찮을 듯합니다. 그럼 '전통 사회에서 이런 관계를 보여주는 사례에는 아프리카 남부의 !쿵족과 사자의 관계가 포함된다'가 됩니다. 그런데 원문에서 an example에 쓰인 부정관사 a에 주목할 경우, 이때 a = one이므로, '전통 사회에서 이런 관계를 보여

(16) An example of that effect in traditional societies involves the !Kung people of southern African and lions. The !Kung live in African desert areas where lions are common. Nevertheless, lions cause very few !Kung deaths: only about five out of every 1,000 !Kung deaths is due to a lion. Does that mean that lions are not dangerous?

주는 한 사례'라는 점을 강조해 번역하면, involve가 be로 풀이되면서 한결 자연스런 번역이 됩니다. '전통 사회에서 이런 관계를 보여주는 한 사례는 아프리카 남부의 !쿵족과 사자의 관계이다' 혹은 '전통 사회에서 이런 관계를 보여주는 사례로는 아프리카 남부의 !쿵족과 사자의 관계가 있다'가 될 겁니다. 둘 중 하나를 선택하면 될 것이고, 이런 가능성은 be 동사가 '이다' 혹은 '있다'로 번역된다는 걸 잘 보여주는 예이기도 합니다.

° **The !Kung live in African desert areas where lions are common.** '!쿵족은 사자가 많은 아프리카 사막 지역에서 산다'라고 번역할 수도 있을 겁니다. 그런데 이 문장을 분석해 보면 '!쿵족 – 산다 – 아프리카 사막 지역에서 – 거기에는 – 사자가 많다'가 됩니다. 이렇게 나열된 부분들을 어떻게 조합하면 좋을까요? '!쿵족이 살아가는 아프리카 사막 지역에는 사자가 많다'라는 번역이 원문의 순서에도 충실한 번역이지 않을까요?

° **: only about five out of every 1,000 !Kung death ...** 일단 콜론 이하의 문장은 '사자가 !쿵족의 주된 사망 원인이 아니다'라는 앞 문장에 대한 보충 설명입니다. 콜론이 그런 역할을 한다는 것은 앞에서도 언급했습니다. 여기에서는 'every + 숫자 + 명사'의 번역에 주의하면 됩니다. 이런 패턴에 쓰이는 every는 '마다'라는 뜻을 갖습니다. 다음 예문들도 그와 같습니다. The US socialite revealed that she washes her hair every five days. (26 Feb 2015) (미국 사교계 명사가 자신은 닷새

마다 머리를 감는다고 밝혔다) One in every five prisoners in US has tested positive for Covid-19 (18 Dec 2020) (미국의 경우, 재소자 5명 중 1명꼴로 코로나 19 검사에서 양성 반응을 보였다)

(17) Of course not. Lions cause few !Kung deaths, precisely because lions are so dangerous, and are encountered so frequently, that the !Kung have learned to be extremely careful about them. The !Kung make big changes in their behavior, in order to reduce the hazard of lions. To avoid lions, the !Kung don't go out at night. During the day, the !Kung walk around in groups rather than singly, and they talk constantly so that the noise of their talking will alert the lions. They keep their eyes out for tracks of lions and other animals.

그렇지는 않습니다. 물론 사자 때문에 사망하는 !쿵족은 거의 없습니다. 그 이유는 사자가 무척 위험한 데다 자주 맞닥뜨리게 되어 !쿵족이 사자를 조심하는 법을 배웠기 때문입니다. !쿵족은 사자로 인한 피해를 줄이기 위해 자신들의 행동을 크게 바꿨습니다. 첫째로 사자와 맞닥뜨리지 않으려고 밤에는 싸돌아다니지 않습니다. 낮에도 !쿵족은 혼자 다니지 않고 항상 무리지어 다닙니다. 또 끊임없이 떠들고 목청을 높여 이야기를 나눕니다. 그들의 목소리에 사자가 경계심을 갖고 아예 가까이 접근하지 못하도록 말입니다. 또 !쿵족은 사자를 비롯한 다른 포식동물들의 흔적을 끊임없이 탐색하고 다닙니다.

° **precisely because lions are so dangerous, and are encountered so frequently, that the !Kung have learned to be extremely careful about them.**이란 문장을 봅시다. 물론 기계적으로 번역하면 precisely because ...부터 번역할 겁니다. 하지만 그렇게 번역하면, of course not과 연결되는 답, Lions cause few !Kung deaths가 너무 멀어집니다. 따라서 답을 먼저 번역하고, 그 이유를 덧붙이는 방식으로 번역하는 게 나을 겁니다. 저자도 그런 식으로 글을 썼고요. because ...는 '그 이유는 ... 때문이다'라는 식으로 번역하면 됩니다. because의 어원을 분석하면, by + cause입니다. 하지만 약간 장난스럽게 be + cause라고 한다면, because ...는 the cause is that ...이 됩니다. 그러니까 '그 이유는 ... 이다' 혹은 '그 이유는 ... 때문이다'라고 번역한 이유가 이해될 겁니다.

because-절에 쓰인 문장의 번역도 흥미롭습니다. 이른바 'so – 형용사 + that ~'이란 패턴이 가장 먼저 눈에 들어옵니다. 문법책에서 배운 대로 착실하게 번역하면 충분할 듯합니다. 다만 반복되는 so를 번역에서도 반복할 것이느냐는 번역가의 취향에 달려 있습니다. 만약 뒤의 so를 생략한다면 frequently를 어떻게 번역해야 '잦은 빈도'를 나타낼 수 있을까를 고민해야 합니다. 쉽게 말해, 적절한 번역어를 찾아내라는 뜻입니다. 이에 대해서는 제안 번역을 참조하십시오.

° **The !Kung make big changes in their behavior**는 어떻게 번역하는 게 최선일까요? 여러 가능성을 제시해 보겠습니다. 각자 가장 마음에 드는 번역을 골라 보십시오. (1) !쿵족은 자신들의 행동을 크게 바꿨다. (2) !쿵족은 자신의 행동을 크게 바꿨다. (3) !쿵족은 자신들의 행동에 큰 변화를 주었다. (4) !쿵족은 자신들의 행동에 큰 변화들을 주

(17) Of course not. Lions cause few !Kung deaths, precisely because lions are so dangerous, and are encountered so frequently, that the !Kung have learned to be extremely careful about them. The !Kung make big changes in their behavior, in order to reduce the hazard of lions. To avoid lions, the !Kung don't go out at night. During the day, the !Kung walk around in groups rather than singly, and they talk constantly so that the noise of their talking will alert the lions. They keep their eyes out for tracks of lions and other animals.

었다. !쿵족은 다수이기 때문에 '자신'보다 '자신들'이 더 적절할 겁니다. 따라서 (2)는 탈락입니다. (3)과 (4)의 차이는 changes의 번역에 있습니다. 변화가 적절할까요, 변화들이 나을까요? 복수로의 번역은 제 언어적 직감상 어색합니다. 우리말에서 '복수'가 과연 영어처럼 쓰이는 것인지는 항상 의심스럽니다. 굳이 복수 개념을 나타내야 한다면, '여러 변화를 주었다'라고 번역할 겁니다.

° **To avoid lions, the !Kung don't go out at night**의 제안 번역에서, 본문에는 없는 '첫째는'이 보이십니까? 의도적으로 삽입한 것입니다. 앞 문장에서 changes가 복수로 쓰인 것이 마음에 걸렸기 때문입니다.

go out과 walk around에서 out과 around가 부사로 쓰였다는 건 어렵지 않게 파악할 수 있을 겁니다. 부사로 쓰였다는 것은 명확히 '번역'하는 게 낫다는 뜻입니다. 그렇다고 out과 around를 반드시 구체적으로 번역해야 한다는 뜻은 아닙니다. 물론 그렇게 하더라도 잘못될 것은 없습니다. 하지만 go out과 walk around를 하나의 동사인 양 번역하는 것도 좋은 방법일 겁니다. 제안 번역에서는 차례로 ' 싸돌아다니다', '나다니다'를 선택했지만, 이것만이 답은 아니라는 걸 명심하고 각자 적절한 단어를 찾아보도록 하십시오. 못 찾겠으면 구글에서 '유의어 사전'을 찾아 검색해도 좋습니다.
마지막 문장에 쓰인 keep their eyes out for tracks of lions and other animals에서 out도 부사입니다. keep their eyes out을 문자 그대로

번역하면 '눈을 항상 밖에 두다'가 됩니다. 요컨대 out을 부사로 번역했다는 뜻입니다. 여하튼 keep their eyes out은 '감시하다'이고, for는 '...을 찾아'라는 뜻의 전치사가 됩니다.

° ... **so that** ~은 어떻게 번역하는 게 좋을까요? 일반적으로 문법책에서는 ... so that S may/can V ~를 '~하기 위해서, ~하도록'이라 번역하라고 조언하며, 이른바 '목적'이란 뜻을 갖는다고 설명합니다. 물론 맞는 설명이지만, 번역가에게 적합한 설명은 아닌 듯합니다. 만약 이 조언대로 번역하면 이 문장은 '그들의 목소리에 사자가 경계심을 갖도록 낮에도 !쿵족은 혼자 다니지 않고 항상 무리지어 다니며 끊임없이 이야기를 나눈다'가 되어야 할 겁니다. 어떻습니까? 저에게는 조금도 흡족하지 않은 번역입니다. 무엇보다 '대명사 – 명사'의 순서가 뒤집어진 게 마음에 걸립니다. 그렇다고 '!쿵족의 목소리에 사자가 경계심을 갖도록 낮에도 그들은 혼자 다니지 않고 항상 무리지어 다니며 끊임없이 이야기를 나눈다'라는 번역도 마뜩잖기는 마찬가지입니다. !쿵족의 목소리에 사자가 경계심을 갖도록? 사자가 !쿵족을 구별할 수 있다는 전제가 깔린 번역입니다. 따라서 이 번역도 탈락입니다. 약간 변형해서 '낮에도 !쿵족은 혼자 다니지 않고 항상 무리지어 다니며, 그들의 목소리에 사자가 경계심을 갖도록 끊임없이 이야기를 나눈다'라는 번역이 그나마 낫습니다. 여하튼 지금까지 살펴본 번역은 ... so that ~을 '목적'으로 분석한 경우입니다.
그런데 to-V를 번역할 때 '목적'의 가능성을 크게 줄이고 '결과'의 가능성을 대폭 늘린 것처럼 ... so that ~도 그렇게 번역할 수 없을까요? 예컨대 ' ... 또 끊임없이 떠들고 목청을 높여 이야기를 나눕니다. 그래야 그들의 목소리에 사자가 경계심을 가질 테니까요.'라고 번역하는

(17) Of course not. Lions cause few !Kung deaths, precisely because lions are so dangerous, and are encountered so frequently, that the !Kung have learned to be extremely careful about them. The !Kung make big changes in their behavior, in order to reduce the hazard of lions. To avoid lions, the !Kung don't go out at night. During the day, the !Kung walk around in groups rather than singly, and they talk constantly so that the noise of their talking will alert the lions. They keep their eyes out for tracks of lions and other animals.

방법입니다. 좀 더 자연스럽지 않나요? 제안 번역은 이 번역에 제가 양념을 약간 더한 것입니다. 제가 이렇게 번역하는 걸 보고, 원문의 어순에 강박증을 가진 게 아니느냐고 반박할 독자가 있을지 모르겠습니다. 강박증까지는 아니지만, 제가 추구하는 번역의 원칙은 '영어 사용자가 영어 본문을 읽듯이 우리 독자도 그렇게 읽으면 좋겠다'라는 겁니다. 하지만 번역이 원문의 순서를 항상 지킬 수 있는 것은 아닙니다. 가능하면 제 원칙을 지키지만, 항상 유연하게 글을 읽고 번역하려고 애씁니다. 여하튼 to-V의 번역 방법에 대해서는 『원서, 읽(힌)다』의 to V에서 자세히 설명해 두었으니 그 책을 참조하시기 바랍니다.

(18) An example for us modern Americans, of a real and recognized hazard causing few deaths precisely because some of us recognize it and adopt countermeasures, involves experienced airplane pilots who do a lot of flying. Those pilots know perfectly well that their mistakes are likely to be fatal. So, every time that an experienced pilot is about to fly an airplane, the pilot goes around the airplane and checks it carefully. In contrast, most of us, when we arrive at an airport and pick up a rental car, or even when we drive our own car, don't go around the car and check it carefully. That's because mistakes or structural problems are much less likely to kill you when you are driving a car than when you are piloting an airplane.

미국에도 이런 사례, 즉 위험을 인지하고 대책을 마련한 까닭에 그 위험으로 인한 사망이 거의 없는 경우가 있을까요? 비행 경험이 많은 노련한 조종사가 여기에 해당됩니다. 노련한 조종사들은 작은 실수가 치명적인 결과를 낳을 수 있다는 걸 잘 알고 있습니다. 따라서 노련한 조종사는 비행하기 전에 언제나 항공기 주변을 돌며 꼼꼼하게 항공기를 점검합니다. 반면에 공항에 도착해서 렌터카를 빌리거나, 자가용을 운전할 때 자동차 주변을 돌며 조심스레 살펴보는 사람은 거의 없습니다. 그 이유가 무엇일까요? 항공기를 조종할 때보다 자동차를 운전할 때 작은 실수나 구조적 결함으로 목숨을 잃을 가능성이 훨씬 작기 때문입니다.

° **a real and recognized hazard**는 '실제로 존재하는 것으로 인정된 혹은 알려진 위험'이라 번역하면 되겠지만 더 간결하게 정리할 필요도 있습니다. 여하튼 첫 문장의 it = a real and recognized hazard는 어렵지 않게 분석됩니다. 또 An example for us modern Americans, of a real and recognized hazard ... 는 For us modern Americans, an example of a real and recognized hazard ...로 파악해야 할 겁니다.

involve가 이 단락에서도 사용되었습니다. involve는 (16)에서 이미 자세히 다루었습니다. 전체적인 설명은 다를 게 없습니다. 다만 여기에서는 involve의 번역, 즉 문장 전체를 종결하는 동사에 약간의 변화를 주었습니다('해당되다'). 그와 동시에 첫 문장의 번역이 지나치게 길어지는 듯해서, involve를 중심으로 둘로 나누었습니다. 그 방법은 규칙화할 수 없기 때문에, 제안 번역을 참조하며 스스로 터득해 가는 길밖에 없습니다. 아울러 제가 여기에서 involve를 '해당하다'로 번역한 이유도 첫 문장을 둘로 나눈 결과에서 알 수 있을 겁니다.

° **experienced airplane pilots who do a lot of flying.** '비행을 많이 하는 노련한 조종사'가 정통적인 번역일 겁니다. 그런데 experienced는 간략히 정의해 'wise or skillful through experience'를 의미합니다. 다시 말하면 '많은 경험을 통해 노련해진 상태'를 가리킵니다. '비행 경험이 많은 노련한 조종사'라고 번역해도 본문의 내용에서 빠진 부분이 없는 번역이 될 겁니다.

(18) An example for us modern Americans, of a real and recognized hazard causing few deaths precisely because some of us recognize it and adopt countermeasures, involves experienced airplane pilots who do a lot of flying. Those pilots know perfectly well that their mistakes are likely to be fatal. So, every time that an experienced pilot is about to fly an airplane, the pilot goes around the airplane and checks it carefully. In contrast, most of us, when we arrive at an airport and pick up a rental car, or even when we drive our own car, don't go around the car and check it carefully. That's because mistakes or structural problems are much less likely to kill you when you are driving a car than when you are piloting an airplane.

°**every time that** ...이 '...할 때마다'라고 번역된다는 것은 상식이므로 따로 덧붙일 말이 없습니다. 그러나 each time that에서 that이 생략된 'each time + 절'로 자주 쓰이듯이, every time (that)도 마찬가지입니다.

Should my flatmate stop subletting her room every time she goes away? (28 Jul 2023) (내 룸메이트는 자기가 오랫동안 집을 비울 때마다 방을 다른 사람에게 다시 빌려주는 걸 중단해야 할까?)

°every time that an experienced pilot **is about to fly an airplane**에서 be about to do는 '곧 ...하려고 하다'로 번역되며 미래를 표현하는 방법 중 하나로 소개됩니다. 이 사전적 정의에 충실히 맞추면 '노련한 조종사는 곧 비행기를 조종하려고 할 때마다'가 됩니다. 좀 어색하지 않습니까? 이 문장의 시제를 간략히 정리하면 'A(미래) – B(현재)'가 됩니다. 그렇다면 'before A – B'가 됩니다. before를 번역에서 부각시키면 every time에서 every를 어떻게 처리해야 할지 난감해집니다. 하지만 우리가 일상생활에서 말하는 방식을 적용하면, 이 문제는 쉽게 풀립니다. 'before A – always B'로 번역하면 됩니다. 이 문장을 실감나게 번역하는 방법을 도식으로 설명한 것이 어렵게 느껴진다면, 제안 번역과 대조해 보십시오. 그럼 쉽게 이해가 될 겁니다.

° **pick up a rental car**는 pick up a car와 똑같은 뜻입니다. '자동차를 빌리다'라는 뜻입니다. 엄격히 말하면, pick up a car는 렌트 회사가 아니라 지인에게 자동차를 빌리는 경우도 포함됩니다. 저자가 굳이 a rental car와 a car를 구분했기 때문에 번역에서도 이 차이를 명확히 드러내고자 할 경우 '렌터카를 빌리다'라고 번역하면 충분합니다.

° **most of us**, when we arrive at an airport and pick up a rental car, or even when we drive our own car, **don't go around the car and check it carefully.**는 뒤의 종속절에 쓰인 we와 밀접한 관계가 있으므로, 종속절이 먼저 번역되는 경우에 굳이 us를 번역할 필요가 없습니다. 따라서 '반면에 우리는 공항에 도착해서 렌터카를 빌리거나 자가용을 운전할 때 대부분은 자동차 주변을 돌며 조심스레 살펴보지 않는다.'라고 번역하면 됩니다. 그런데 여기에서 사용된 we가 특정한 we가 아니라 일반적인 사람이라면 종속절의 we를 번역할 필요가 없을 것이고, 그런 경우 most of us를 번역하기도 어색하기 때문에 '역의 역'이란 기법을 동원해 ' ... 하는 사람은 거의 없다'로 번역하는 것도 괜찮은 방법입니다.

° **That's because ...**를 '그것은 ... 때문이다'로 번역하지 않았습니다. 제가 '그것'이란 대명사를 번역에서 사용하는 걸 워낙 싫어하기 때문이기도 합니다. 더 자세한 이유는 (13)의 설명을 참조하도록 하십시오. 그래서 이 문장을 둘로 나누어 번역했습니다. 제안 번역을 보면, (13)에서 사용한 방법과 다릅니다. 요컨대 맥락에 따라, That's because ...를 이렇게 처리할 수 있다는 걸 보여주고 싶었습니다. 거듭 말하지만, 번역에는 절대적인 정답이 없습니다.

(18) An example for us modern Americans, of a real and recognized hazard causing few deaths precisely because some of us recognize it and adopt countermeasures, involves experienced airplane pilots who do a lot of flying. Those pilots know perfectly well that their mistakes are likely to be fatal. So, every time that an experienced pilot is about to fly an airplane, the pilot goes around the airplane and checks it carefully. In contrast, most of us, when we arrive at an airport and pick up a rental car, or even when we drive our own car, don't go around the car and check it carefully. That's because mistakes or structural problems are much less likely to kill you when you are driving a car than when you are piloting an airplane.

° **mistakes or structural problems …** 무생물 주어가 사람을 죽인다는 게 이상하게 들리지 않습니까? '실수가 당신을 죽인다'? 물론 시적인 표현으로는 얼마든지 가능합니다. 하지만 '무생물 주어는 간혹 부사적으로 번역하는 게 자연스럽다'라는 원칙을 잊지 않도록 하십시오. 분명히 '간혹'이라고 말씀드렸다시피, 이 원칙은 절대적인 게 아닙니다. 번역가의 취향에 따라 얼마든지 변화를 줄 수 있습니다.

(19) Thus, one can't simply take the number of deaths caused by a hazard as a measure of the seriousness and frequency of the hazard. One has to estimate what the number of deaths would be if one were not careful. But even when one takes that consideration into account, there is still a big mismatch between our subjective ranking of risks, and the actual seriousness of risks.

따라서 어떤 위험으로 인한 사망자 수가 단순히 그 위험의 강도와 빈도를 평가하는 기준이 될 수는 없습니다. 조심하지 않는 경우, 각 위험에 대한 사망자 수가 어떻게 되는지 측정해야 합니다. 하지만 그런 계산을 고려하더라도 우리가 주관적으로 평가하는 위험 순위와 실제 위험 강도 사이에는 여전히 큰 차이가 있습니다.

°Thus, **one can't simply take** the number of deaths caused by a hazard as a measure of the seriousness and frequency of the hazard. 여기에서 일반적인 사람을 가리키는 one을 굳이 부각시켜 번역할 필요는 없을 겁니다. 자연스레 수동 구문으로 번역하는 게 가장 좋습니다. 수동 구문이라고 해서 반드시 '의하여'가 필요한 것은 아닙니다. 우리말에서 '피동의 뜻을 더하고 동사를 만드는 접미사', 즉 '-되다'를 잘 이용하면 멋진 피동형 문장을 만들 수 있습니다. 예컨대 이 문장은 'take A as B'이고, 'A를 B로 간주하다'로 번역되며, 수동형으로 바뀌면 'A는 B로 간주된다'가 됩니다. '하다'를 '되다'로 바꾸었습니다.

not simply가 눈에 들어오십니까? simply의 번역을 빠뜨려서는 안 됩니다. '단순히 ...가 아니다'라고 번역하면 됩니다. 간단히 말해 not only와 똑같다고 생각해도 됩니다.

°**One has to estimate what the number of deaths would be if one were not careful.** 가정법이 쓰인 문장입니다. 그렇다고 '...한다면 ~이다'라고 기계적으로 번역할 필요는 없습니다. 더구나 이 문장처럼 '가정법 과거'가 쓰인 경우에는 더더욱 그렇습니다. 제안 번역에서는 if를 '-할 경우'로 번역했습니다. 이 단어를 선택한 이유 중 하나는 '-할 경우', '-할 때', '-(이)면'의 동의어적 관계 때문입니다. 다른 이유는 세 단어를 사용한 번역의 결과를 비교하며 직접 확인해 보십시오.

°**even when one takes that consideration into account**에서 that consideration은 '측정 결과'가 될 겁니다.

(19) Thus, one can't simply take the number of deaths caused by a hazard as a measure of the seriousness and frequency of the hazard. One has to estimate what the number of deaths would be if one were not careful. But even when one takes that consideration into account, there is still a big mismatch between our subjective ranking of risks, and the actual seriousness of risks.

° **our subjective** ranking of risks는 깔끔하게 번역하기가 쉽지 않은 명사구입니다. 이런 경우에는 '명사구(절) = 문장'이란 번역 원칙을 적용하는 것을 고려해 보십시오. 소유격 our는 당연히 주어가 될 것이고, ranking of risks는 rank risks가 됩니다. 요컨대 "we rank risks subjectively"를 번역하면 됩니다. 이렇게 분석하니까 번역문이 한결 간결해졌지요? 부탁하건대 이 원칙은 제발 기억하십시오!

(20) It turns out that the hazards that we Americans rank highly are: terrorists; plane crashes for passengers; nuclear accidents; DNA-based technologies, including genetically modified crops; and spray cans - even though all those things kill very few people. Conversely, we Americans underestimate the hazards of alcohol, cars, smoking, slipping and falling, and home appliances, all of which do kill lots of people.

미국인이 생각하는 위험 순위에서 상위를 차지하는 것은 테러리스트의 공격, 민간 항공기의 추락, 원자력 발전소 사고, 유전자 조작 작물, DNA에 기반한 테크놀로지, 페인트 스프레이 통 등이지만, 정작 이런 요인들에 의한 사망자는 손가락으로 꼽을 수 있을 정도입니다. 반면에 자동차와 음주와 흡연, 낙상과 가전제품에 의한 사망자는 상당히 많은 데도 미국인들은 이런 위험을 과소평가합니다.

° **It turns out that** ...은 무조건 '비인칭 it'과 '진주어 that-절'이라 생각하면 됩니다. it turns out that = it becomes apparent/known that ...이므로, '(지금까지) 밝혀진 바에 따르면 ...'이 될 겁니다.

° **the hazards that we Americans rank highly are:** ...에서는 콜론과 세미콜론의 차이가 명확히 드러납니다. 둘의 차이를 더 구체적으로 설명하기 전에 이 문장을 분석해 보겠습니다. (the hazards that we Americans rank highly) are: ...에서 괄호로 싸인 부분이 주어이고, 술어는 are: ...가 됩니다. 물론 괄호는 '선행사 + 관계절'이고요. 따라서 번역하면 '우리 미국인이 높은 순위에 두는 위험은 ...이다'가 됩니다. 이번에는 콜론과 세미콜론의 차이에 대해 살펴보겠습니다. 여기에서 콜론은 어떤 목록을 나열할 거라는 걸 알려주는 부호로 보입니다. 한편 세미콜론은 열거된 요소들을 연결하는 부호로, 여기에서는 쉼표의 기능과 크게 다르지 않습니다.

° **spray can**은 롱맨 사전에서 'a can from which you can spray paint onto things'(페인트를 분사할 수 있는 통)로 정의되어 있습니다. 따라서 굳이 번역하자면 '페인트 스프레이 통'이 될 겁니다. 그런데 페인트 스프레이 통이 어떤 이유에서 위험하다는 걸까요? 이런 궁금증은 구글링을 통해 해소할 수 있습니다. 스프레이 통의 폭발입니다. 따라서 '페인트 스프레이 통의 폭발'이라 번역하면 독자의 궁금증을 미리 해소해 주는 친절한 번역이 될 겁니다.

(20) It turns out that the hazards that we Americans rank highly are: terrorists; plane crashes for passengers; nuclear accidents; DNA-based technologies, including genetically modified crops; and spray cans – even though all those things kill very few people. Conversely, we Americans underestimate the hazards of alcohol, cars, smoking, slipping and falling, and home appliances, all of which do kill lots of people.

°**DNA-based technologies, including genetically modified crops**는 '유전자 조작 작물을 비롯해 DNA에 기반한 테크놀로지'가 됩니다. 물론 including은 '비롯한, 포함한'으로 번역하면 충분합니다. 여기에는 적용되지 않지만 '예를 들면, 예컨대'로 번역하거나, '그중에는 ...가 있었다'로 번역하는 방법도 있습니다.

Authorities in Iran have banned contact with more than 60 international organisations including BBC. (5 Jan 2010) (이란 당국은 BBC를 포함해 60개가 넘는 국제 조직과의 접촉을 금지했다)

I met so many interesting people, including a writer, a photographer, and an aviator. (Medium.com) (나는 흥미로운 사람을 많이 만났다. 예컨대 작가, 사진 작가, 비행사 등이다) 물론 정통적으로 '포함한'으로 번역해도 상관없습니다. 제가 굳이 '예컨대'의 번역 가능성을 제시한 것은 영어 원문에 더 가깝게 번역할 방법이 없을까 고민한 끝에 찾아낸 방법입니다. 이 방법은 호오가 분명하니, 선택 여부는 독자의 몫입니다.

°**even though all those things kill very few people**은 종속절이지만, 주절의 번역이 끝난 뒤에 덧붙였습니다. even though에 내포된 의미는 주절의 뒤를 '-지만'으로 번역하면서 살려냈습니다. 더구나 이 종속절 앞에는 대시(—)가 있어, 나중에 번역하는 게 합당한 듯합니다.

° **the hazards of alcohol, cars, smoking, slipping and falling, and home appliances**에서 of는 굳이 이름을 붙인다면 '원인의 of'가 될 겁니다. 영어로 표현하면 'caused by, resulting from'에 해당합니다.

° **, all of which do kill lots of people**은 이른바 '관계절의 계속적 용법' 입니다. 이 문장을 학교에서 배운 대로 '결과'로 번역하면, 주절과 맥락이 연결되지 않습니다. 그러나 관계절의 계속적 용법, 즉 관계절 앞에 쉼표가 쓰인 경우에는 부사적 용법의 가능성을 생각해 보라고 누누이 말씀드렸습니다. 이 경우에는 though라는 접속사를 머릿속에 그리며 번역해 보십시오. 주절의 내용과 관계절의 내용이 상반되니까요. 관계절의 계속적 용법이 이처럼 '양보'의 부사절로 사용되는 경우는 무척 드물지만 아예 없는 건 아니라는 걸 증명해 보여주는 문장입니다.

(21) What things are shared between hazards that we overestimate, and what things are shared between hazards that we underestimate? It turns out that we overestimate the danger of hazards that lie beyond our control. We overestimate hazards about which we have no choice. We overestimate the hazards of events that kill many people at one time. We overestimate hazards that kill people in visible spectacular ways that make newspaper headlines. We overestimate new unfamiliar risks, such as the risks of DNA. That's why we overestimate the hazards of terrorists, nuclear accidents, plane crashes for passengers, and DNA-based technologies. Those hazards happen to us, and we can't control them.

우리가 과대평가하는 위험들의 공통점은 무엇이고, 우리가 과소평가하는 위험들의 공통점은 무엇일까요? 지금까지 밝혀진 바에 따르면, 우리가 통제할 수 없는 위험, 선택의 여지가 없는 위험, 단번에 많은 사람을 죽이는 위험을 우리는 과대평가합니다. 또 극적인 방법으로 사람들이 죽고 신문의 헤드라인을 장식하는 위험, DNA의 조작처럼 새롭고 익숙하지 않은 위험도 과대평가됩니다. 이런 이유에서 우리는 테러리스트의 공격, 원자력 발전소 사고, 민간 항공기 추락, 유전자 조작 테크놀로지의 위험을 과대평가하는 것입니다. 이런 위험이 우리에게 언제든 닥칠 수 있지만, 우리가 통제할 수 없기 때문입니다.

°**What things are shared between** ... what things가 주어일 수밖에 없습니다. 그럼 '우리가 과대평가하는 위험들 사이에 어떤 것이 공유되는가?'로 번역됩니다. 물론, 틀린 번역은 아닙니다. 그런데 '공유하다'라는 동사를 우리는 일상의 삶에서 얼마나 자주 사용할까요? 이런 의문에서, '공유하다'라는 동사를 우리에게 훨씬 친근한 표현으로 바꾸는 시도를 해 볼 필요가 있습니다. 저는 '공통점'에 방점을 두었습니다. 제가 굳이 이렇게 바꾼 데는 이유가 있습니다. 가장 좋은 문장은 '문법적으로 정리된 구어체 문장'이라 생각하기 때문입니다. 더구나 이 텍스트가 강연문이라면, 구어체적 문장으로 번역하는 게 맞습니다. 단어의 쓰임새에서도 이 강연의 구어적 특성이 보이지 않나요? 대표적인 예가 동일한 동사의 반복입니다. 여하튼 '문법적으로 정리된 구어체 문장'이 가장 좋은 문장이란 걸 기억해 두기 바랍니다.

°**It turns out that** ...에 대해서는 바로 앞 단락에서 살펴보았습니다. 여기에서는 that-절 안의 we overestimate ...가 그 이후에 독립절로 연속해서 나열되지만 맥락상 It turns out that ...에서 that-절이 단독으로 쓰인 것이란 추정이 충분히 가능합니다. 따라서 번역에서도 그런 추정이 반영되면 좋습니다. 이 단락에서는 we overestimate ...가 무려 여섯 번이나 나열됩니다. 여섯 문장을 전부 '지금까지 밝혀진 바에 따르면'에 종속시킬 필요가 있을지는 의문입니다. 적절히 분배하는 것도 좋은 방법일 것이고, 분배된 나머지를 어떻게 연결하느냐는 숙제로 남습니다. 이 부분에 대해서는 제안 번역을 참조하기 바랍니다.

It turns out that ...으로 다시 돌아갑시다. turn out을 어떻게 번역하는 게 좋을까요? that-절의 내용이 어떻게 밝혀졌겠습니까? 원문에

(21) What things are shared between hazards that we overestimate, and what things are shared between hazards that we underestimate? It turns out that we overestimate the danger of hazards that lie beyond our control. We overestimate hazards about which we have no choice. We overestimate the hazards of events that kill many people at one time. We overestimate hazards that kill people in visible spectacular ways that make newspaper headlines. We overestimate new unfamiliar risks, such as the risks of DNA. That's why we overestimate the hazards of terrorists, nuclear accidents, plane crashes for passengers, and DNA-based technologies. Those hazards happen to us, and we can't control them.

는 쓰이지 않았지만 '많은 연구'가 있지 않았을까요? 그러니까 It turns out that ... = Studies show that ...이라 할 수 있지 않을까요? 그렇다면 '많은 연구로 밝혀진 바에 따르면'이 될 겁니다. 따라서 이렇게 번역하고 싶지만, 지나친 비약이라 나무란다면 약간 양보해서 '지금까지 밝혀진 바에 따르면'이라 번역하렵니다. 시제가 현재이니까요!

° ... hazards that kill people in **visible spectacular ways that make newspaper headlines.** 순진하게 번역하면 '신문에 대서특필되는 눈에 띄게 극적인 방식으로 사람들을 죽이는 위험'이 될 겁니다. 사건의 순서를 다시 따져 봅시다. '극적인 방법으로 사람들을 죽이다' → '신문에 대서특필되다'이고, 원문은 이 순서대로 쓰였습니다. 그런데 위의 번역은 순서가 뒤바뀌었습니다. 관계절이 쓰였기 때문이라고 변명할 수 있을 겁니다. 하지만 관계절을 반드시 선행사보다 먼저 번역해야 한다는 원칙이 있나요? 누가 그 원칙을 정했지요? 고등학교에서 그렇게 배웠다고요? 제가 그 원칙을 바꾸지 않았나요? 제가 정하면 그게 절대적인 원칙이 되느냐고요? 글쎄요, 절대적이라고 단정할 수는 없지만 적어도 번역하는 데는 제가 정한 원칙이 훨씬 훨씬! 더 타당하다고 생각합니다. 다시 정리하겠습니다.

'선행사 + 관계절'의 번역 원칙

(1) 관계절이 제한적 용법이든 계속적 용법이든 상관없이, 관계절이 선

행사를 수식하는 것처럼 번역해도 좋고, 관계절을 결과로 번역해도 좋습니다. 더 나은 쪽을 선택하면 됩니다.
(2) 그러나 관계절이 계속적 용법으로 쓰인 경우, 즉 관계절 앞에 쉼표가 있으면 관계절을 부사적으로 번역해야 하는 것은 아닌지 따져 봐야 합니다.

이 원칙을 적용하면, 이 문장을 사건의 순서대로 '극적인 방법으로 사람들이 죽고 신문의 헤드라인을 장식하는 위험'이라 번역할 수 있을 겁니다. 이 번역이 앞의 번역보다 낫지 않습니까?

°**That's why** ...는 엄격하게 따지면 That's the reason why ...입니다. 따라서 '그것이 ...하는 이유이다'가 올바른 번역일 겁니다. 이 번역을 간결하게 정리하면 '따라서 ...이다'가 됩니다. 이해가 되십니까? 이런 축약이 이해되지 않으면 국어사전에서 '따라서'를 찾아보십시오. "앞에서 말한 일이 뒤에서 말할 일의 원인, 이유, 근거가 됨을 나타내는 접속 부사." 더는 설명할 필요가 없겠지요. '따라서'가 너무 간결해서 허전하면 '그런 이유에서 ... 이다'라고 번역해도 됩니다. 조금은 길어졌죠?

°**Those hazards happen to us, and we can't control them**을 번역하며 '때문입니다'를 덧붙인 이유가 무엇이겠습니까? 예, 맞습니다. 앞 문장의 번역, '이런 이유에서'와 연결하려는 의도였습니다.

(22) Conversely, we underestimate the hazards of events that are under our control, and that we choose or accept voluntarily. We underestimate the hazards of things that kill only one person at a time, in ways that don't merit newspaper headlines. We underestimate familiar hazards. That's why we underestimate the dangers of drinking alcohol, cars, smoking, slipping and falling, and home appliances. We choose to expose ourselves to those hazards, and we think that we can limit their risks by being careful. We underestimate those hazards, because the average person thinks: "I know that those things can kill other people. But I am careful. Their risk is lower for me than is their risk for the average person." But that reasoning is obviously nonsense, because by definition the average person faces average risks! We tend to think, "I am careful and strong, so those things may kill other people who are un-careful and weak, but those things are unlikely to kill big careful strong me." That attitude is summarized by the joke, "We are reluctant to let others do to us those things that we happily do to ourselves."

한편 우리가 통제할 수 있는 위험, 우리가 자발적으로 선택하거나 받아들이는 위험은 과소평가됩니다. 한 번에 한 사람밖에 죽이지 못하는 위험, 신문의 헤드라인에 어울리지 않는 위험도 과소평가됩니다. 한 마디로 우리에게 익숙한 위험은 과소평가됩니다. 이런 이유에서 자동차와 음주와 흡연, 낙상과 가전제품의 위험을 과소평가합니다. 우리는 이런 위험 요인에 거의 신경쓰지 않으며, 조심하면 위험을 얼마든지 줄일 수 있다고 생각합니다.

일반적으로 많은 사람이 "물론 그런 위험 때문에 사람이 죽을 수 있다는 걸 알아. 하지만 나는 조심하거든. 그래서 보통 사람들에 비하면, 나에게 그 위험 요인은 별것이 아니야!"라고 말합니다. 그래서 그런 위험 요인들을 과소평가합니다. 하지만 이런 추론은 잘못된 것입니다. 보통 사람은 보통 수준의 위험에 맞닥뜨릴 뿐입니다! 실제로 많은 사람이 "나는 조심하지만 강하기도 해. 그래서 조심하지 않고 약한 사람은 그런 위험에 죽을 수 있겠지만, 그까짓 위험이 나처럼 강하고 조심하는 사람을 죽일 수는 없어!"라고 생각합니다. 이런 식의 생각은 "우리는 직접 하면 즐거운 일을 다른 사람에게 맡기는 걸 싫어한다."라는 말로 요약될 수 있는 듯합니다.

(22) Conversely, we underestimate the hazards of events that are under our control, and that we choose or accept voluntarily. We underestimate the hazards of things that kill only one person at a time, in ways that don't merit newspaper headlines. We underestimate familiar hazards. That's why we underestimate the dangers of drinking alcohol, cars, smoking, slipping and falling, and home appliances. We choose to expose ourselves to those hazards, and we think that we can limit their risks by being careful. We underestimate those hazards, because the average person thinks: "I know that those things can kill other people. But I am careful. Their risk is lower for me than is their risk for the average person." But that reasoning is obviously nonsense, because by definition the average person faces average risks! We tend to think, "I am careful and strong, so those things may kill other people who are un-careful and weak, but those things are unlikely to kill big careful strong me." That attitude is summarized by the joke, "We are reluctant to let others do to us those things that we happily do to ourselves."

° **the hazards of events that are under our control**은 앞 단락에서 쓰인 the hazards that lie beyond our control과 대조됩니다. 순전한 번역에서도 드러나지만 Conversely라는 부사에서도 드러납니다. 여하튼 둘의 대조를 부각하는 게 좋은 번역일 겁니다. 따라서 앞에서 lie beyond our control을 '우리 통제 범위를 벗어난'이라 번역했다면 이번에는 '우리 통제 범위 내에 있는' 이라 번역하는 게 좋을 듯합니다. 물론 제안 번역에서 선택한 것처럼 '우리가 통제할 수 없는 위험'과 '우리가 통제할 수 있는 위험'으로 번역하더라도 상관없습니다. 그래도 변화를 주고 싶다고요? 그것 또한 괜찮습니다. 번역은 그 이유를 합리적으로 설명할 수 있다면 번역가의 재량이 얼마든지 허용되는 세계입니다.

° **at a time**이라는 표현이 이 단락에선 보이지만, 앞 단락에서는 at one time으로 쓰였습니다. 이런 차이를 번역에 반영하고 싶습니까? '한 번에'와 비슷한 말을 찾으십시오. '단번에'가 있습니다. 그런데 단번에 한 사람을 죽인다? 어색하게 들리지요? 그렇다면 앞 단락에서 '단번에'를 사용하고, 이번에는 '한 번에'를 선택하는 게 좋지 않을까요? 제안 번역에서 이런 차이를 둔 이유가 분명히 이해되지요?

° **in ways that don't merit newspaper headlines**는 '신문의 헤드라인에 어울리지 않는 방법으로'라고 번역할 사람이 많을 겁니다. 그런데 그 방법이 '한 번에 한 사람을 죽이는' 방법입니다. 그래서 이 둘이 마치 나열된 것처럼 번역한 것이 제안 번역입니다. 물론 '신문의 헤드라인에 어울리지 않는 방법으로, 한 번에 한 사람밖에 죽이지 못하는 위험'이라 번역하겠다고 고집할 사람도 있을 겁니다. 예, 그렇게 하십시오. 그런데 냉정하게 생각해 보십시오. 이 번역이 정말 좋은 것인지. 이 지적을 인정한다면, 제안 번역처럼 원문의 순서까지 반영해서 '한 번에 한 사람밖에 죽이지 못하는 위험도 과소평가됩니다. 신문의 헤드라인에 어울리지 않는 방법으로 말입니다.'라는 번역을 대안으로 제시하고 싶은 사람도 있을 겁니다. 원문의 순서를 반영하고 있다는 점에서는 바람직합니다. 하지만 '말이다'라는 표현이 마음에 걸립니다. 우리말에서 '말이다'라는 표현이 정말 합당한 것인지 의문이기 때문입니다. 대체 문법적인 정체가 무엇인지 모르겠습니다. 여하튼 그 존재 이유를 나름대로 추정해 보겠습니다.

"그 말은 결론 부분에서 해야 할 말이다.", "그의 말은 지나가는 인사말이 아니라 진심에서 우러나오는 말이다."에서 쓰인 '말이다'는 앞에서 언급한 '말이다'와 다릅니다. '결론 부분에서 해야 할'이 '말'이란 명사를 수식합니다. 그 다음의 예도 마찬가지이고요. 따라서 이 경우의 '말이다'는 생략하면 완전한 문장이 성립되지 않습니다. "그 말은 결론 부분에서 해야 할"이나 "그의 말은 지나가는 인사말이 아니라 진심에서 우러나오는"은 완전한 문장이 아닙니다. 반면에 앞의 경우는 그렇지 않습니다. 위의 예에서 '말이다'를 생략하면 '신문의 헤드라인에 어울리지 않는 방법으로'가 됩니다. 이 구절은 뒤의 '말'을 수식하는 게 아닙니다. 그 자체로 완성된 문장입니다. 이상하게 느껴지면 뒤에 느낌표를 넣어보십시오. 그럼 완성된 문장이란 걸 확연히 느낄 수 있을

(22) Conversely, we underestimate the hazards of events that are under our control, and that we choose or accept voluntarily. We underestimate the hazards of things that kill only one person at a time, in ways that don't merit newspaper headlines. We underestimate familiar hazards. That's why we underestimate the dangers of drinking alcohol, cars, smoking, slipping and falling, and home appliances. We choose to expose ourselves to those hazards, and we think that we can limit their risks by being careful. We underestimate those hazards, because the average person thinks: "I know that those things can kill other people. But I am careful. Their risk is lower for me than is their risk for the average person." But that reasoning is obviously nonsense, because by definition the average person faces average risks! We tend to think, "I am careful and strong, so those things may kill other people who are un-careful and weak, but those things are unlikely to kill big careful strong me." That attitude is summarized by the joke, "We are reluctant to let others do to us those things that we happily do to ourselves."

겁니다. 그런데 쓸데없이 왜 '말이다'가 더해졌을까요? 그래서 국립국어원에 이때의 '말이다'를 문법적으로 어떻게 설명해야 하는지에 대해 물었습니다. 이런 대답을 받았습니다. "... 어감을 고르게 할 때 쓰는 군말입니다."라며 "말 「명사」 (주로 '말이야', '말이죠', '말이지', '말인데' 꼴로 쓰여). 어감을 고르게 할 때 쓰는 군말. 상대편의 주의를 끌거나 말을 다짐하는 뜻을 나타낸다."라고 '말'을 정의한 표준국어대사전을 인용했습니다. 만족스럽지 않은 대답이었습니다. 문법적 기능을 물었는데 어휘론적으로 대답하니 난감할 수밖에요. 그래서 제가 나름대로 답을 찾아나섰습니다. '말이다'와 비슷한 경우가 있습니다. nevertheless의 뜻을 물으면 대다수가 '그럼에도 불구하고'라고 대답합니다. 또 번역에서 '그럼에도 불구하고'라고 번역합니다. 그런데 여기에서 '불구하고'는 반드시 필요한 게 아닙니다. '그럼에도 불구하고'가 사용된 용례에서 '불구하고'를 제외해도 충분히 문법적인 문장이 됩니다. 하지만 요즘들어 '그럼에도 불구하고'를 좋아한다며 응원하는 사람이 많습니다. 내 생각에는 과대포장하는 현대인의 언어 습관이 반영된 경우가 아닌가 싶습니다. 여하튼 답이 무엇이든 간에 덧붙이는 '말이다'도 '불구하고'처럼 사족이지만 우리말이 '...이다'로 끝나는 경향을 반영된 결과가 아닐까요? 제 생각은 그렇습니다.

° **We choose to expose ourselves to those hazards** ... 케임브리지 사전에서는 choose to do something을 decide to do something과 동의어라고 설명합니다. decide로 번역하는 게 우리말에서 더 자연스럽게 들립니다. 여기에서 더 큰 과제는 expose oneself to ...를 어떻게 번역할 것이냐는 겁니다. 기계적으로 번역하면 '위험에 노출되기로 결정하다'가 되고, 어색하지 그지없습니다. 번역이 아니면, 누구도 이렇게 말하거나 글을 쓰지 않을 겁니다. 적절한 번역을 찾아, 사전에서 추천하는 번역어를 참조해 봅시다. expose oneself to the wind는 '바람을 쐬다', expose oneself to the night air는 '밤이슬을 맞다'로 번역됩니다. 이런 번역을 참조하면 expose ourselves to those hazards는 '위험에 맞닥뜨리다'가 됩니다. 여기에서 those hazards는 앞에서 언급된 항목들(자동차와 음주와 흡연, 낙상과 가전제품)입니다. 이 항목들은 위험 자체라기보다는 '위험 요인'입니다. 실제로 hazard는 '위험'만이 '위험 요인(원인)'이란 뜻을 갖습니다. 그럼 '위험 요인들에 우리 자신을 노출하다'가 됩니다. 이제 정리해 봅시다. '위험에 노출되기로 결정'한다는 것은 '위험을 감수한다'는 것이고, '감수(甘受)한다'는 것은 '달갑게 받아들인다'는 것이며, '달갑게 받아들인다'는 것은 '크게 신경쓰지 않는다'는 게 아닐까요? 이런 연결이 이상한가요? 적어도 제 눈에는 아주 적절한 연쇄로 보입니다. 그 결과로 '이런 위험 요인들에 우리 자신을 노출하기로 결정하다'라는 어색한 번역보다는 '이런 위험 요인에 거의 신경쓰지 않는다'라는 번역이 선택되었습니다.

° **the average person thinks** ...에서 average person을 '일반적으로 많은 사람'이라 번역했습니다. '평균적인 사람', '보통 사람'이라 기계적으로 번역하기 싫어 '동의어'를 사용해 최대한 변화를 주었습니다.

(22) Conversely, we underestimate the hazards of events that are under our control, and that we choose or accept voluntarily. We underestimate the hazards of things that kill only one person at a time, in ways that don't merit newspaper headlines. We underestimate familiar hazards. That's why we underestimate the dangers of drinking alcohol, cars, smoking, slipping and falling, and home appliances. We choose to expose ourselves to those hazards, and we think that we can limit their risks by being careful. We underestimate those hazards, because the average person thinks: "I know that those things can kill other people. But I am careful. Their risk is lower for me than is their risk for the average person." But that reasoning is obviously nonsense, because by definition the average person faces average risks! We tend to think, "I am careful and strong, so those things may kill other people who are un-careful and weak, but those things are unlikely to kill big careful strong me." That attitude is summarized by the joke, "We are reluctant to let others do to us those things that we happily do to ourselves."

average의 동의어 분포를 보고 싶으면 https://www.freethesaurus.com/average를 참조하면 됩니다. 이 웹페이지를 소개하는 이유는 다른 단어의 경우에도 많이 활용해 보라는 뜻입니다. 저는 이 경우에 '일반적으로 많은'이란 뜻을 끌어내기 위해 usual과 typical을 십분 활용했습니다. 뒤에 사용된 average risk에서는 ordinary에 주목했습니다.

°**Their risk**에서 their는 앞에 나열된 요인들입니다. 따라서 '그것들의 위험'이라 번역하고 싶을 겁니다. 하지만 저는 '사물을 가리키는 대명사'를 지극히 싫어한다고 말씀드렸었지요. '그것들의 위험'보다는 '그런 위험'이란 번역이 이상하지만 훨씬 더 쉽게 느껴질 겁니다. 제안 번역에서는 risk를 '위험 요인'이라고 풀어 hazard와 똑같이 번역했습니다.

°**by definition**은 사전에서 '당연히, 분명히'로 설명됩니다. 이때 '당연히'는 of course가 아니라 necessarily, always, certainly입니다. the average person faces average risks가 필연적이란 뜻입니다. '그럴 수밖에 없다'는 뜻으로도 확대됩니다. 따라서 '필연적으로 보통 사람은

보통 수준의 위험에 맞닥뜨립니다!'나 '보통 사람은 보통 수준의 위험에 맞닥뜨릴 뿐입니다!'와 같은 두 종류의 번역이 가능할 수 있습니다. 어느 쪽을 선택하시겠습니까? 취향에 따라 고르십시오. 물론 앞뒤의 맥락도 고려하면 좋겠지요.

° **those things are unlikely to kill big careful strong me.** 엄격히 말하면 이 문장에는 문법적인 오류가 있습니다. 어떻게 분석해도 kill의 목적어는 me이고, big careful strong이 me를 수식하는 형용사로 쓰였습니다. 인칭 대명사가 형용사로 직접 수식되는 문장을 본 적이 있습니까? 아마도 없을 겁니다. you can't put an adjective before a pronoun. 이런 문법 원칙을 어딘가에서 보았을 겁니다. 물론 Poor me!(한심스럽다), Lucky you!(억세게 운이 좋군!)가 있지 않느냐고 반문할 독자도 있을지 모르겠습니다. 하지만 이 문장은 궁극적으로 How poor I am!, How lucky you are!가 생략된 문장으로 봐야 할 겁니다. 그런데 여기에서는 어떻게 이런 구절, big careful strong me가 쓰였을까요? 그것도 영어를 정확히 쓴다는 재레드 다이아몬드가 왜 이런 실수를 저질렀을까요? 제 생각에는 이 글이 원래 강연문, 즉 구어였다는 것에서 그 이유를 찾을 수 있을 듯합니다. 하지만 다이아몬드가 문법적 오류를 범했다는 건 변하지 않는 사실입니다.
또 세 개의 형용사가 and로 접속되지 않고 나열되었습니다. 이때 big은 부사적으로 기능하며 careful strong을 꾸민다고 보는 게 좋을 듯하고, careful과 strong은 and로 접속된 것처럼 상상하며 번역하는 게 좋을 듯합니다. 그렇지 않으면, big careful strong me를 '크게 주의해서 강한 나'라고 번역해야 하는 데 아무래도 이상하지 않습니까?
끝으로 be unlikely to do는 be likely to do의 부정형으로 번역하면 됩

(22) Conversely, we underestimate the hazards of events that are under our control, and that we choose or accept voluntarily. We underestimate the hazards of things that kill only one person at a time, in ways that don't merit newspaper headlines. We underestimate familiar hazards. That's why we underestimate the dangers of drinking alcohol, cars, smoking, slipping and falling, and home appliances. We choose to expose ourselves to those hazards, and we think that we can limit their risks by being careful. We underestimate those hazards, because the average person thinks: "I know that those things can kill other people. But I am careful. Their risk is lower for me than is their risk for the average person." But that reasoning is obviously nonsense, because by definition the average person faces average risks! We tend to think, "I am careful and strong, so those things may kill other people who are un-careful and weak, but those things are unlikely to kill big careful strong me." That attitude is summarized by the joke, "We are reluctant to let others do to us those things that we happily do to ourselves."

니다. be likely to do는 '...할 성싶다, ...할 듯하다, ...할 가능성이 있다'로 번역됩니다. 여기에서는 어떤 번역을 선택해 부정하는 편이 가장 자연스럽게 연결될까요? 거듭 말하지만, 번역은 언제나 선택입니다.

°**We are reluctant to let others do to us those things that we happily do to ourselves.** be reluctant to do는 '...하는 걸 주저하다, 꺼리다'로 번역됩니다. 사전에서 이렇게 번역된 까닭에 reluctant가 쓰인 문장을 번역한 책들을 보면 '주저하다, 꺼리다'라는 표현의 범위를 넘지 못합니다. 물론 그런 번역이 잘못된 것은 아닙니다. 우리말에서 '꺼리다'와 비슷한 말로 '싫어하다'가 있다는 걸 아십니까? be reluctant to do의 번역으로 '...하는 걸 싫어하다'를 보는 게 제 작은 소망입니다.
여기에서 let은 당연히 사역동사로 쓰였습니다. 번역이 까다로우면, 때로는 앞에서부터 쪼개가며 번역하는 것도 도움이 됩니다.

We are reluctant / 우리는 싫어한다
to let others do to us those things / 다른 사람들이 우리에게 그것을 하게 허락하다
that we happily do to ourselves. / 우리가 기꺼이 우리 자신에게 하다

- those things that we happily do to ourselves → 우리가 기꺼이 우리 자신에게 하는 것 → 우리가 직접 하면 재밌는 것(그것을 즐겁게 하니까 재밌는 것이 아닐까요?)
- to let others do to us those things / 다른 사람들이 우리에게 그것을 하게 허락하다 → 다른 사람에게 그것을 맡기다(우리가 다른 사람에게 그것을 하는 걸 허락하니까, 다른 사람은 우리 허락하에 그것을 하는 것이고, 결국 우리는 그에게 맡기는 게 되지 않나요?)

왼쪽에 쓰인 번역을 굳이 이렇게 바꾼 이유는 자명합니다. 왼쪽의 번역이 제 눈에는 너무 어색하게 느껴지기 때문입니다. 여하튼 이렇게 문장을 변환하는 게 가능할까요? 그렇다면 최종적인 번역은 "우리는 직접 하면 즐거운 일을 다른 사람에게 맡기는 걸 싫어한다."가 됩니다.

(23) Today, I already did the most dangerous thing that I shall do all day today. That dangerous thing was: I took a shower! You may respond: "Really?! Jared Diamond, you are paranoid! Your risk of falling in the shower was only one in 1,000!" To which I respond: a risk of one in 1,000 that I will fall in the shower is not nearly low enough. I'm now 77 years old. An American man who has reached the age of 77 has a further average life expectancy of 15 years. That means that, if I shower daily for the rest of my life, I can expect to take 15 times 365, or 5,475 showers. If I am so incautious that my risk of falling in the shower each time is as high as one in 1,000, that means that I will kill myself five times before I live out my life expectancy.

나는 오늘 범하게 될 가장 위험한 짓을 이미 저질렀습니다. 그 위험한 짓이 뭐냐고요? 바로 '샤워'입니다. 예, 나는 오늘도 샤워를 했습니다. 여러분은 "무슨 말을 하는 겁니까? 재레드 다이아몬드, 정말 편집증에 걸렸군요! 샤워를 하면서 넘어질 위험은 1000분의 1의 확률에 불과합니다!"라고 반박할지도 모르겠습니다. 여러분의 반박에 나는 이렇게 대답하겠습니다. 내가 샤워장에서 넘어질 확률인 1000분의 1은 이제 낮은 게 아닙니다. 나는 벌써 77세입니다. 77세인 미국인의 평균 기대 여명은 15년입니다. 따라서 내가 앞으로 평생 매일 샤워를 한다면, 15 × 365, 즉 5,475번의 샤워를 하게 될 겁니다. 결국 내가 부주의해서 샤워할 때 넘어질 확률이 1000분의 1이라면, 내가 남은 기대 수명을 다 채우기 전에 다섯 번 정도 죽을 수 있다는 뜻입니다.

° **the most dangerous thing that I shall do all day today**에서 all day는 일반적으로 '하루 종일'로 번역되지만, 여기에서는 '오늘 중에'로 번역하는 게 가장 적절할 듯합니다. 특히 shall이란 미래 조동사가 눈에 띄지만, 특별한 의미가 있을까 신경을 곤두세울 필요는 없습니다. 현대 영어에서 shall과 will의 전통적인 구별이 거의 없어지고, shall이 별로 많이 쓰이지 않는다는 건 널리 알려진 사실이지 않습니까? 특히 미국 영어에서 그런 변화가 더욱 심하게 나타나고, 이제 shall은 I나 we와 결합하는 경우에 함께 쓰이면서 '미래에 대해 말하거나 예측'할 뿐입니다.

° **That dangerous thing was: I took a shower!** 이 단락에서 가장 재밌는 것이 이 문장의 번역입니다. 앞의 콜론은 주로 설명을 덧붙이겠다는 신호로 쓰입니다. 이 경우에는 That dangerous thing was에 대한 답을 강조하려고 콜론을 중간에 끼워넣은 게 분명합니다. 따라서 번역하자면 '그 위험한 짓은 바로 '샤워'입니다'가 될 겁니다. 그런데 이 글은 강연을 채록한 것에 가깝습니다. 이때 왜 콜론을 썼을까요? 구두법에서 이에 대한 설명은 없습니다. 콜론은 마침표에 가깝지만 마침표는 아닌 것이란 위상에 대해 상상해 보십시오. 이 문장을 "그 위험한 짓이 뭐냐고요? 바로 '샤워'입니다."라고 번역하면 어떻습니까. 물론 물음표도 마침표의 한 형태이지만, 질문 다음에는 바로 답이 나와야 한다는 상식에 기반한다면 물음표는 '마침표가 아닌 마침표'라 할 수 있지 않을까요? 이 추론이 마음에 들지 않으면, 앞에 제시한 번역을 선택하도록 하십시오.

(23) Today, I already did the most dangerous thing that I shall do all day today. That dangerous thing was: I took a shower! You may respond: "Really?! Jared Diamond, you are paranoid! Your risk of falling in the shower was only one in 1,000!" To which I respond: a risk of one in 1,000 that I will fall in the shower is not nearly low enough. I'm now 77 years old. An American man who has reached the age of 77 has a further average life expectancy of 15 years. That means that, if I shower daily for the rest of my life, I can expect to take 15 times 365, or 5,475 showers. If I am so incautious that my risk of falling in the shower each time is as high as one in 1,000, that means that I will kill myself five times before I live out my life expectancy.

° **Your risk of falling in the shower**는 이론적으로 the risk of your falling in the shower로 바꿔쓸 수 있으므로 '당신이 샤워실에서 넘어질 위험'이 됩니다. 그런데 위험이 '1,000건 중 1건'이 되므로, 엄격히 말해서 등식 관계가 성립되지 않습니다. 따라서 번역이 더 정확해져야 합니다. risk를 사전에서 다시 검색하면 'The probability of a negative outcome to a decision or event'입니다. 어떤 사건에 대해 부정적인 결과가 나올 '확률'입니다. 따라서 risk는 '위험'보다 '확률'로 번역하는 게 훨씬 더 합리적인 선택일 겁니다. 물론 이 경우에서 '부정적인 결과'는 '샤워실에서 넘어지다'입니다.

° **To which I respond**에서 which는 앞 문장 전체를 받는 관계 대명사입니다. 이런 형식의 구문은 상당히 자주 눈에 띄는 편입니다. 다음 예문은 형식적인 면에서 본문과 똑같습니다.
Analyst Seth Davis just made the observation "You can't eat a whole pizza at a time. You have to eat it by the slice." To which I respond: it really depends on the size of the pizza. (3 Apr 2018) (분석가 세스 데이비스는 '피자 전부를 한 번에 먹을 수는 없다. 한 조각씩 먹어야 한다'라고 말했다. 그 말에 나는 '피자 크기에 달렸다'라고 반박한다)

° **a risk of one in 1,000** / the age of 77 / a further average life expectancy of 15 years에서 of는 모두 '동격의 of'로 쓰였습니다. 동격의 of를 번역하는 방법에 대해서는 이미 앞에서 여러 차례 다루었기 때문에 여기에서는 건너뛰렵니다. 문제는 '동격의 of'인 것을 알아보는 방법입니다. A of B라고 하면, B가 명사 A에 대한 정보를 추가적으로, 혹은 구체적으로 알려주는 형태를 띱니다.

° **not nearly**는 단순한 부정이 아니라 '부정의 강조'로 보아야 합니다. 따라서 콜린스 사전에서는 not nearly를 'You use *not nearly* to emphasize that something is not the case.'라고 설명합니다. 그래서 사전에서는 not nearly를 '결코 ...이 아니다'라고 번역하고 있습니다. US teachers are not nearly as diverse as their students, new studies say. (5 May 2014) (새로운 연구에서 확인되듯이, 미국에서 교사는 학생만큼 결코 인종적으로 다양하지 않다)

° **That means that** ...에서 that은 앞 문장을 가리키는 대명사입니다. 이런 형태의 구문은 거의 기계적으로 '다시 말하면 ...라는 뜻이다'라고 번역하면 될 겁니다. 그런데 여기에서 '다시 말하면'이라 번역하면, that-절에 if가 있어 '다시 말하면, 내가 앞으로 평생 매일 샤워를 한다면 ...'이 되어 '... 하면'이란 번역이 중첩됩니다. 이런 어색한 혼란을 피하기 위해 여기에서 that means that ...을 '따라서'로 번역했습니다.

(23) Today, I already did the most dangerous thing that I shall do all day today. That dangerous thing was: I took a shower! You may respond: "Really?! Jared Diamond, you are paranoid! Your risk of falling in the shower was only one in 1,000!" To which I respond: a risk of one in 1,000 that I will fall in the shower is not nearly low enough. I'm now 77 years old. An American man who has reached the age of 77 has a further average life expectancy of 15 years. That means that, if I shower daily for the rest of my life, I can expect to take 15 times 365, or 5,475 showers. If I am so incautious that my risk of falling in the shower each time is as high as one in 1,000, that means that I will kill myself five times before I live out my life expectancy.

° **15 times 365**에서 times를 '곱하기'(x)로 번역했습니다. 수학 전공자가 아니면, 이런 구문을 문법책이 아닌 현실 문장에서 본 경험은 거의 없을 수 있습니다. 하지만 문법책에서는 Five times two is ten(5 곱하기 2는 10이다)이란 형식을 눈이 따갑도록 봤을 겁니다.

다음에 연결되는 or 5,475 showers에서 or는 어떻게 번역하는 게 좋을까요? '혹은'이라 번역하면 재미없습니다. '15 곱하기 365' 혹은 '5,475'라고 번역하면, 웃기는 번역이 됩니다. 우리말에서 '혹은'은 '그것이 아니라면'이란 뜻이기 때문입니다. 15 × 365가 얼마일까요? '혹은'이라 번역하면 적어도 5,475는 아니어야 합니다. 하지만 안타깝게도 15 × 365 = 5,475입니다. 그럼 or는 어떻게 번역되어야 할까요? 예, 맞습니다. '즉, 다시 말하면'이 되어야 합니다. 실제로 사전에도 그 뜻으로 소개됩니다.

° **live out a natural life**를 문자 그대로 번역하면 '자연 수명을 끝까지 살다'가 되지만, 대체로 '천수를 다하다'라고 번역합니다. 그렇다면, live out my life expectancy를 '남은 기대 수명을 다 채우다'라고 번역하는 건 그다지 어렵지 않습니다.

(24) That is why I have learned to practice constructive paranoia. That's why I've learned to pay attention to the risks of things that carry only a low risk each time that I do them, but that I will do frequently for the rest of my life–like New Guineans sleeping under dead trees in the jungle. For me in the U.S., the equivalent of sleeping under dead trees in the jungle is taking showers and driving.

이런 이유에서 나는 건설적인 편집증을 습관화하는 법을 배웠습니다. 예컨대 뉴기니 친구들이 숲에서 죽은 나무 아래에서 잠을 청하는 것처럼, 행위 자체의 위험은 낮더라도 평생 빈번하게 반복해야 하는 행위에 내재한 위험에 유의하는 법을 배웠습니다. 미국의 삶에 익숙한 나에게 샤워와 운전은 뉴기니의 숲에서 죽은 나무 아래에 천막을 치고 잠을 자는 것과 똑같은 정도로 위험한 짓입니다.

° **That is why** ...에서는 why를 관계 부사로 보고, 관련된 선행사가 생략된 구조로 분석하는 방법을 쓸 수 있습니다. 그렇다면 '그것이 ... 하는 이유이다'로 번역되고, that은 당연히 앞 문장이 됩니다. 하지만 '그것'이란 3인칭 대명사는 어렵든 쉽든 항상 재해석이 필요하기 때문에 그 대명사의 사용을 피하는 방법을 고민해 보아야 합니다. 이에 대해서는 (21)에서 잠깐 언급했고, '따라서'라고 번역하는 게 좋다고 했습니다. 이번에는 다른 식으로 접근해 보려 합니다. '그것 = 이유'입니다. 그렇다면 이유가 why-절이 됩니다. 이 둘을 결합하면, '그 이유에서 ...이다'라는 번역이 가능해집니다. 결국 That is why ...는 두 방법으로 번역할 수 있습니다. 하나는 '따라서 ...이다'이고, 다른 하나는 '그런 이유에서 ...이다'입니다. 어느 쪽을 선택하느냐는 결국 번역가의 판단에 달려 있습니다. 전체적인 맥락을 고려하고, 앞에서 어떻게 번역을 전개해 왔느냐를 기준으로 적절하게 선택하시면 됩니다.

That's why I've learned to pay attention to the risks of things that ... 이 문장에서도 That's why ...가 사용되었지만, 이번에는 위의 원칙을 따르지 않았습니다. 동일한 어구의 반복을 피하고 싶었기 때문입니다. 그래서 이 문장의 뒤에서 언급된 구체적인 예(New Guineans sleeping under dead trees in the jungle)를 앞으로 끌어오면서, '예컨대'로 번역을 시작했습니다. 게다가 엄격히 따지고 보면, That's why ...에서, ...에 해당하는 내용이 구체적인 예인 것은 분명합니다.

° each time **that I do them**에서 them은 things that carry only a low risk를 대신하는 대명사입니다. 또 ... that I will do frequently for the rest of my life에서 관계 대명사 that의 선행사는 things입니다. 다른

(24) That is why I have learned to practice constructive paranoia. That's why I've learned to pay attention to the risks of things that carry only a low risk each time that I do them, but that I will do frequently for the rest of my life – like New Guineans sleeping under dead trees in the jungle. For me in the U.S., the equivalent of sleeping under dead trees in the jungle is taking showers and driving.

식으로 접근하면, 등위 접속사 but은 that carry only a low risk each time that I do them와 that I will do frequently for the rest of my life라는 두 관계절을 등위 접속합니다.

° **like New Guineans sleeping under dead trees in the jungle.** 엄격하게 말해서 like는 전치사이고, New Guineans sleeping under dead trees in the jungle은 동명사절로 보아도 무방합니다. 물론 New Guineans (who are) sleeping under dead trees in the jungle로 분석하겠다고 고집을 피워도 굳이 말리지는 않겠습니다. 하지만 이런 패턴의 구문은 '전치사 + 동명사절'로 분석하는 게 더 자연스런 번역을 유도할 수 있습니다. 여하튼 동명사절로 분석하면, New Guineans(S) sleeping(V) under dead trees in the jungle(Adv)이 될 겁니다.

° **the equivalent of sleeping under dead trees in the jungle** 부분을 살펴보겠습니다. For me in the U.S.는 '미국에 있는 나에게' → '미국의 삶에 익숙한 나에게'. 미국에 사는 나에게 익숙한 것은 '샤워와 운전'입니다. 그렇다면 마지막 문장을 taking showers and driving is the equivalent of sleeping under dead trees in the jungle로 분석하고 번역하는 것도 괜찮은 방법이라 생각합니다. 실제로 the equivalent of ...가 be 동사와 함께 쓰일 때는 거의 언제나 보어로 쓰입니다. One gigawatt is the equivalent of a large coal power plant. (9 Aug 2023) (1기가와트는 대형 석탄 발전소가 생산하는 전력량에 상응하는 것이

다) 이때 the equivalent of ...는 '...에 상응하는 것'이란 뜻을 갖습니다. 결국 A is the equivalent of B라는 형식의 구문을 번역할 때 사전의 풀이에 충실해서 굳이 '상응하는 것'이란 번역어를 넣을 필요는 없습니다. 'A와 B는 똑같은 것'이라 번역해도 잘못될 것은 전혀 없습니다. 오히려 이 번역을 더 추천하고 싶습니다. equivalent 자체가 '동등한 가치'라는 뜻이기 때문입니다.

(25) Some of my friends object that my attitude of constructive paranoia that I learned from New Guineans must paralyze me. My friends think: Jared, perhaps you are always thinking about what could go wrong, and so you end up not doing anything. No: instead, I operate with constructive paranoia, just as do New Guineans. Despite the hazards of falling trees, New Guineans still do camp out in the forest. But they are careful never to camp out under a dead tree. Similarly, I don't avoid taking showers. I still do take my daily shower. But I pay attention, and I take my shower carefully. I am concerned about showers and stepladders and cars, not about terrorists or nuclear accidents or genetically modified crops.
That's the biggest lesson of daily life that I've learned from my work in New Guinea. I think that this lesson of daily life is applicable to you, readers of this book.

내가 뉴기니에서 배운 건설적인 편집증 때문에 옴짝달싹 못 할 거라고 빈정대는 친구들이 적지 않습니다. 내 친구들은 "이봐, 재레드. 뭐가 잘못되지 않을까, 이런 생각에 사로잡히면 결국 아무것도 못 할 거야."라고 말합니다. 결코 그렇지 않습니다. 뉴기니 사람들과 마찬가지로 나도 건설적인 편집증을 적절하게 활용합니다. 쓰러지는 나무가 위험하지만 뉴기니 사람들은 여전히 숲에서 밤을 보냅니다. 다만, 죽은 나무 아래에서 야영하지 않으려고 조심할 뿐입니다. 이와 마찬가지로 나도 샤워를 피하지는 않습니다. 여전히 매일 샤워를 합니다. 다만 조심해서 샤워를 합니다. 나는 테러리스트의 공격이나 유전자 조작 작물, 원자력 발전소의 사고보다 샤워와 사다리와 자동차에 더 주의를 기울입니다.

건설적인 편집증, 이것은 내가 뉴기니에서 연구하며 배운 가장 커다란 삶의 교훈입니다. 이 교훈이 여러분에게도 똑같이 적용될 수 있으리라 생각합니다.

(25) Some of my friends object that my attitude of constructive paranoia that I learned from New Guineans must paralyze me. My friends think: Jared, perhaps you are always thinking about what could go wrong, and so you end up not doing anything. No: instead, I operate with constructive paranoia, just as do New Guineans. Despite the hazards of falling trees, New Guineans still do camp out in the forest. But they are careful never to camp out under a dead tree. Similarly, I don't avoid taking showers. I still do take my daily shower. But I pay attention, and I take my shower carefully. I am concerned about showers and stepladders and cars, not about terrorists or nuclear accidents or genetically modified crops.
That's the biggest lesson of daily life that I've learned from my work in New Guinea. I think that this lesson of daily life is applicable to you, readers of this book.

°**Some of my friends** ...에서 some을 '일부'라고 번역하는 게 사전적 번역일 겁니다. 그럼 '내 친구들 중 일부'가 되겠지요. 그런데 이 글은 강연문이라고 했습니다. 설령 강연이 아니더라도 우리가 실생활에서 '... 중 일부'라는 표현을 사용하는지 의문입니다. 정직하게 돌이켜 생각해 보십시오. 여하튼 확신할 수는 없지만, 저는 이렇게 말하는 경우가 없는 것 같습니다. 오히려 '...하는 친구들이 적지 않다'라는 식으로 말하는 경우가 더 많지 않나요? 아니면 '적잖은 친구가 ...'라고 번역하든지요. 두 가능성 모두 some이 '불특정한 수'를 뜻한다는 데 초점을 맞춘 것이기도 합니다. 그렇다고 '... 중 일부'라는 번역을 배척하자는 것은 아닙니다. 다만 some of ...를 다른 방법으로 번역할 수 있다는 것도 제안하려는 겁니다.

°**my attitude of constructive paranoia**에서 of는 '동격의 of'인 게 분명합니다. 따라서 '건설적 편집증이란 내 태도'가 될 겁니다. 그런데 첫 문장에서 that-절을 보면 I와 관련된 대명사가 무려 3번이나 반복됩니다. (1) my attitude of constructive paranoia, (2) I learned from New Guineans, (3) paralyze me입니다. 셋 모두를 번역하면 참으로 어색한 번역이 될 겁니다. 예컨대 '내가 뉴기니인들에게 배운 건설적 편집증이란 내 태도는 나를 마비시킬 게 분명하다'라고 충실히(?) 번역하면 어떤가요, 잘 읽힙니까? 어떻게 해야 이런 어색함을 탈피할 수 있

을까요? 제 생각에는 '동일한 주어'의 최소화가 그 방법입니다. 이 원칙을 첫 문장에 최대한 적용한 것이 제안 번역입니다. 더 구체적으로 설명해 보겠습니다. 일단 that-절의 주어는 무생물이므로 부사구(... 때문에)로 처리했습니다. 한편 I가 주어와 목적어로 사용되고 있습니다. 하지만 paralyze me를 (머릿속으로) 수동 구문으로 만들면 I가 주어가 되므로 생략해도 무방할 가능성이 커집니다. 이런 원칙들을 결합해 옮긴 결과가 제안 번역입니다. 결과물을 보고, 번역 과정이 어땠을지 역으로 추론해 보는 것도 재밌을 겁니다.

° ... **must paralyze me**에서 must는 어떻게 번역하는 게 정답일까요? must에 크게 두 가지 뜻이 있다는 걸 모르는 번역가는 없을 겁니다. 하나는 의무(obligation)이고, 다른 하나는 추론(deduction)입니다. 번역이란 관점에서 보면, 둘의 구분은 간단합니다. must의 주어가 사람이면 의무(...해야만 한다)로, 사람이 아니면 추론(...인 게 분명하다)으로 번역하면 됩니다. 이 문장에서는 주어가 my attitude of constructive paranoia이므로 당연히 '추론'으로 번역해야 합니다.

° you are always thinking about what could go wrong, and so **you end up not doing anything**에서 앞부분을 조건문처럼 번역했습니다. 이렇게 번역한 이유를 따져볼까요? '무엇인가가 잘못될 수 있다는 것에 대해 항상 생각하고, 그래서 당신은 ...'이라고 번역하고 싶을 겁니다. 하지만 '항상 생각한다'는 것이 어떤 상태일까요? 거꾸로 생각해 보겠습니다. obsess라는 동사가 있습니다. Free Dictionary에서 'to think about something unceasingly'라고 정의되어 있습니다.

(25) Some of my friends object that my attitude of constructive paranoia that I learned from New Guineans must paralyze me. My friends think: Jared, perhaps you are always thinking about what could go wrong, and so you end up not doing anything. No: instead, I operate with constructive paranoia, just as do New Guineans. Despite the hazards of falling trees, New Guineans still do camp out in the forest. But they are careful never to camp out under a dead tree. Similarly, I don't avoid taking showers. I still do take my daily shower. But I pay attention, and I take my shower carefully. I am concerned about showers and stepladders and cars, not about terrorists or nuclear accidents or genetically modified crops.
That's the biggest lesson of daily life that I've learned from my work in New Guinea. I think that this lesson of daily life is applicable to you, readers of this book.

unceasingly는 always와 동의어 관계에 있습니다. 이 동사가 수동적으로 사용된 be obsessed with는 어떻게 번역하십니까? 누구나 사전적 정의를 받아들여 '...에 사로잡히다'라고 번역할 겁니다. 그럼 '뭔가가 잘못될 수 있다는 생각에 사로잡히면'이라 번역한 것이 결코 의역도, 지나친 비약도 아니라는 걸 깨닫게 될 겁니다. 번역은 이런 작업이 머릿속에서 순식간에 전개되어야 하는 거라고 생각합니다.

°**just as do New Guineans**에서 do는 대동사로 쓰였으므로 operate with constructive paranoia의 의미입니다. just as는 '꼭 ...처럼'이므로 '...와 마찬가지'로 번역하더라도 상관없을 겁니다. 이 문장에서 문제는 operate의 적절한 번역어를 찾는 것입니다. 제안 번역을 보기 전에 온갖 사전을 뒤적여서라도 직접 찾아보십시오.

°**do camp out in the forest**에서 do는 대동사로 쓰인 앞의 do와 달리 동사구 camp out을 강조하는 것으로 쓰였습니다. 솔직히 말해서, 이렇게 강조된 동사를 번역에서 어떻게 반영해야 할지는 모르겠습니다. 다행히 이 문장에는 still과 함께 쓰여 강조의 뜻을 반영할 수 있지만, 여전히 강조의 do를 번역하는 방법은 숙제입니다. 여하튼 여기에서 camp out의 out은 부사이고, in the forest의 in은 전치사입니다. 그런

데 camp out을 제안 번역에서 '밤을 보냅니다'라고 번역한 것에 고개를 갸우뚱할 독자가 있을지 모르겠습니다. Wiktionary를 보면 camp out이 'to sleep outdoors, often in a tent'로 설명됩니다. 이 정의를 보면 왜 '밤을 보냅니다'라고 번역했는지 이해가 되겠지요.

° **That's the biggest lesson of daily life** that I've learned from my work in New Guinea.에서 that은 앞에서 언급한 내용을 간단히 표현한 것일 수 있습니다. 따라서 that을 순진하게 '이것'이라 번역하지 않고, '이상'이라 번역하는 게 나을 겁니다. 한편 앞에서 언급한 내용을 한 마디로 정리하면 constructive paranoia입니다. 따라서 '이상'으로 번역하는 것도 좋겠지만, that을 '건설적인 편집증'이라 번역하는 방법도 나쁘지 않다고 생각합니다. 노파심에서 덧붙이자면, 이 문장 전체에는 관계절이 포함되어 있습니다. 제가 간혹 원문의 어순을 중시하며, 주절–관계절의 순서로 번역한 경우가 있었습니다. 하지만 이 문장은 관계절의 시제가 앞섭니다. 이런 구조에서는 관계절부터 번역하는 게 훨씬 타당합니다.

A Short History of the World

허버트 조지 웰스

명사구(절)는 문장으로 번역하는 게 좋습니다

(1) THE REVOLUTION AND FAMINE IN RUSSIA

But a good year and more before the collapse of the Central Powers the half oriental monarchy of Russia, which had professed to be the continuation of the Byzantine Empire, had collapsed. The Tsardom had been showing signs of profound rottenness for some years before the war; the court was under the sway of a fantastic religious impostor, Rasputin, and the public administration, civil and military, was in a state of extreme inefficiency and corruption. At the outset of the war there was a great flare of patriotic enthusiasm in Russia. A vast conscript army was called up, for which there was neither adequate military equipment nor a proper supply of competent officers, and this great host, ill supplied and badly handled, was hurled against the German and Austrian frontiers.

(1) 러시아, 혁명과 기근

비잔틴 제국을 계승한다고 선언한 까닭에 반쯤 동방의 군주 체제를 유지하던 러시아는 동맹국 진영이 몰락하기 1년여 전 먼저 무너졌다. 러시아는 전쟁이 발발하기 수년 전부터 심각한 부패의 징후를 보였다. 러시아 궁전은 라스푸틴이라는 기이한 수도승 사기꾼이 좌지우지하는 상황이었고, 관청에서나 군대에서나 행정이 극도로 비효율적이고 부패한 상태였다. 그런데도 전쟁이 발발하자 러시아 전역에서 엄청난 애국주의 열정이 불타올랐고 대규모의 병력이 징집되었다. 하지만 그에 맞는 적절한 군사 장비가 없었고, 유능한 장교도 제대로 공급되지 않았다. 결국 이 거대한 군대는 제대로 된 장비와 지휘관도 없이 독일과 오스트리아 전선에 내던져졌다.

(1) THE REVOLUTION AND FAMINE IN RUSSIA

But a good year and more before the collapse of the Central Powers the half oriental monarchy of Russia, which had professed to be the continuation of the Byzantine Empire, had collapsed. The Tsardom had been showing signs of profound rottenness for some years before the war; the court was under the sway of a fantastic religious impostor, Rasputin, and the public administration, civil and military, was in a state of extreme inefficiency and corruption. At the outset of the war there was a great flare of patriotic enthusiasm in Russia. A vast conscript army was called up, for which there was neither adequate military equipment nor a proper supply of competent officers, and this great host, ill supplied and badly handled, was hurled against the German and Austrian frontiers.

°**a good year and more before the collapse of the Central Powers ...** 역사서를 번역할 때는 개념어가 자주 쓰이는 편입니다. 물론 개념어는 거의 언제나 대문자로 시작되므로 구분하기가 그리 어렵지 않습니다. 하지만 개념어도 일종의 용어이기 때문에, 익숙한 단어들로 이뤄져 있더라도 어학사전이나 백과사전을 참조해서 정확한 용어로 번역해야 합니다. 여기 있는 the Central Powers가 그 예입니다. 항상 정관사 the가 함께 쓰이고, 복수로 사용됩니다. 개별적으로 번역하면 '중앙 강대국들'이 되겠지만, 일반적으로 통용되는 용어는 '동맹국'입니다. 이때 동맹국에 대한 역주(제1차 세계대전 중에 연합국에 대항해 공동으로 싸웠던 독일, 오스트리아, 헝가리)를 짤막하게 덧붙이는 것도 좋습니다.

a good year and more에서 good은 대체 무엇일까요? a year and more로 충분하지 않을까요? For a year and more, this is how the war in Falluja has been conducted. (24 Oct 2004) (1년여 동안 팔루자에서는 이렇게 전쟁이 전개되었다)에서 보듯이, a year and more로만 쓰인 예는 얼마든지 찾을 수 있습니다. 여기에서 good은 형용사로 '꼬박'(full)이란 뜻입니다. 결국 one이란 뜻으로 쓰인 a를 강조하는 형용사로 보아도 무방합니다.

밑줄친 부분은 문장 전체에서 부사구 역할을 합니다. a good year and more before the collapse of the Central Powers를 일반화하면 '숫자 – before – 기준 사건'이 되며, '기준 사건보다 숫자 전'으로 번역됩니다. 따라서 이 부사구는 '동맹국들이 무너지기 1년여 전'으로 번역됩니다. 이 패턴은 생소할 수도 있지만, 실은 우리가 시간을 표현할 때 자주 보아 온 것입니다. 예컨대 '10시 5분 전'은 It is five minutes before ten입니다. ten, 즉 10시가 기준입니다. 따라서 '10시보다 5분 전'이 됩니다. '그저께'라는 단어도 마찬가지입니다. the day before yesterday는 '어제보다 하루 전'입니다. 그래서 그저께가 되는 거지요.

° ... **had collapsed**라고 과거완료가 주절에 사용되었습니다. 동맹국들의 붕괴와 러시아의 붕괴를 비교하면서 과거완료가 사용되었으니, '먼저'에 해당하는 단어가 주절에 없더라도 '과거완료'라는 시제에 담긴 의미를 살리는 뜻에서 '먼저'라는 부사를 넣어 번역하는 게 좋습니다.

° **The Tsardom had been showing signs of profound rottenness for some years before the war.** 이 문장은 어떻게 번역해야 할까요? 대다수가 십중팔구 '차르국은 전쟁 전부터 이미 여러 해 동안 심각한 부패의 징후를 보였다.'라고 번역할 겁니다. 그런데 '전쟁 전부터 이미 여러 해 동안'라는 표현이 잘 이해되나요? 이 표현을 우리말답게 다듬어 봅시다. 먼저 영어 표현부터 시작해 보지요. I have been living here for five years는 '나는 여기에서 5년 동안 살고 있다'라고 번역됩니다. 현재도 살고 있으니까 현재완료를 시제로 사용했을 겁니다. 이 표현은 결국 '나는 5년 전부터 여기에서 살고 있다'라는 말과 똑같지 않을

(1) THE REVOLUTION AND FAMINE IN RUSSIA

But a good year and more before the collapse of the Central Powers the half oriental monarchy of Russia, which had professed to be the continuation of the Byzantine Empire, had collapsed. The Tsardom had been showing signs of profound rottenness for some years before the war; the court was under the sway of a fantastic religious impostor, Rasputin, and the public administration, civil and military, was in a state of extreme inefficiency and corruption. At the outset of the war there was a great flare of patriotic enthusiasm in Russia. A vast conscript army was called up, for which there was neither adequate military equipment nor a proper supply of competent officers, and this great host, ill supplied and badly handled, was hurled against the German and Austrian frontiers.

까요? 물론 영어로 I have been living here since five years라고 말하면 문법적으로 틀린 것이 됩니다. 하지만 우리말에서는 이런 구문을 머릿속에 두고 번역하는 게 좋을 때가 많습니다. 이 방법을 적용해 위의 문장을 번역하면, '차르국은 전쟁이 시작되기 수년 전부터 이미 여러 해 동안 심각한 부패의 징후를 보였다'가 될 겁니다. 이 번역과 앞의 번역 중 어느 것이 더 낫습니까?.
제 생각에는 since로 번역한 게 훨씬 낫고, 우리말에도 가깝습니다. 그러니까 결론은, '현재완료 + for 기간'을 번역할 때 기계적으로 '~동안'이라 하지 말고, since로 번역하는 가능성을 타진해 보십시오.

The Tsardom에서는 정관사를 살려서 '그 차르국'이라 번역할 수 있겠고, tsar는 제정 러시아의 황제를 가리키므로 그냥 '차르국'이라 번역해도 상관없을 겁니다. 그러나 '차르'가 러시아 황제의 호칭이라는 걸 모르는 독자도 있겠지요. 그런 독자를 위해서는 '차르국'에 대한 역주가 필요할 수 있습니다. 그런데 the Tsardom은 러시아입니다. 이걸 아는 독자를 위해 아예 '러시아'라고 번역하는 방법도 있습니다. 하지만 저자가 the Tsardom이라고 쓴 데는 이유가 있겠지요? 이를 짐작해 보자면, 첫째로 똑같은 표현, Russia를 반복해서 쓰기 싫었을 수 있습니다. 둘째로는 러시아가 'the territory ruled by a tsar'(차르가 다스리는 땅)란 걸 표현하고 싶었을지 모릅니다. 달리 말해, 앞에서 언급한 monarch(군주)가 tsar(차르)라는 걸 독자에게 알려주고 싶었을지도요. 그렇다면 '차르가 다스리던 러시아'라고 번역하는 방법이 최선일 수 있습니다. 이렇게 번역하면 굳이 역주를 덧붙이지 않아도 될 테니까요. 영어에서는 이처럼 동일한 표현의 반복을 피하기 위해, 동일한 대상을 가리키는 다른 표현을 사용하는 경우가 많습니다. 다른 예를 들어 보겠습니다.
With careful grace the cheetah strolls onto the plain. ... The cat is hungry and begins loping forward, (Delia Owens, Cry of the Kalahari) (신중하고 우아한 자태로 치타가 평원을 거닌다. 굶주린 치타는 앞으로 성큼성큼 내달리기 시작한다) 여기에서 the cat은 '치타'인 게 분명합니다. 그럼에도 원문을 살리겠다고 '그 고양잇과 동물'이라 번역해야 할까요? 만약 그럴 거라면 반드시 the를 번역해야 그나마 독자가 이해할 수 있습니다. 여하튼 the를 번역하지 않고, '고양잇과 동물은 굶주려서 성큼성큼 내닫기 시작한다'는 결코 바람직한 번역이 아닙니다.

° **the public administration**은 어떻게 번역해야 최선일까요? 사전에 정의된 대로 '공공 행정'이 좋을까요? 술어로 쓰인 부분의 번역은 그다지 어렵지 않습니다. 한번 번역을 거꾸로 해 봅시다. "X가 극도로 비효율적이고 부패한 상태였다"가 됩니다. 이번에는 civil and military를 번역해 보겠습니다. military의 번역은 어렵지 않습니다. '군부 혹은 군대'라고 번역하면 되겠죠. 문제는 civil입니다. civil은 대다수가 '시민'과 관련된 단어로 알고 있습니다. 맞습니다. 하지만 군대와 상대되는 개념으로 쓰일 때는 '민간'이 됩니다. 흔히 '민관군'이란 단어를 언론에서 사용하지 않습니까? 그럼 일단 잠정적으로 '민간'이라 번역해 둡시다.

(1) THE REVOLUTION AND FAMINE IN RUSSIA

But a good year and more before the collapse of the Central Powers the half oriental monarchy of Russia, which had professed to be the continuation of the Byzantine Empire, had collapsed. The Tsardom had been showing signs of profound rottenness for some years before the war; the court was under the sway of a fantastic religious impostor, Rasputin, and the public administration, civil and military, was in a state of extreme inefficiency and corruption. At the outset of the war there was a great flare of patriotic enthusiasm in Russia. A vast conscript army was called up, for which there was neither adequate military equipment nor a proper supply of competent officers, and this great host, ill supplied and badly handled, was hurled against the German and Austrian frontiers.

이제 준비 작업은 끝냈으니, 본론으로 돌아가 the public administration을 다시 봅시다. 곧이곧대로 번역하면, '민간의 공공 행정', '군대의 공공 행정'이 됩니다. 그런데 곰곰이 생각해 보면 '행정'은 어차피 '공공 행정'입니다. administration의 정의를 보면 거의 언제나 government라는 단어가 함께 쓰이니까요. 한편 civil은 영영사전을 보면 'Having to do with people and government office as opposed to the military or religion'이므로, civil은 '민관'을 동시에 포괄합니다. 그럼 이때 civil을 '민간'이라 번역하는 게 과연 최선인지 의문입니다. 사전적 정의에서, military(군대)와 대립되는 government office(관공서)로 번역하는 게 더 낫지 않을까요? 게다가 civil authorities는 military authorities(군 당국)와 대립되는 개념으로 '행정 당국'을 가리킵니다. 따라서 civil을 government office로 번역하는 게 앞의 public과도 맞아떨어집니다. 그렇다면 civil and military는 '관청에서나 군대에서나'로 번역하는 게 가장 좋겠습니다. 다시 the public administration으로 돌아가 결론을 내려봅시다. '관청에서나 군대에서나 administration이 극도로 비효율적이고 부패한 상태'입니다. administration을 대신할 최적의 번역어는 무엇일까요? 사전을 검색하면, '행정, 관리, 운영'이 유사한 단어로 눈에 띕니다. 제 생각에는 어느 것을 선택해도 문제될 건 없습니다. 결국 최종 결정은 번역가의 몫입니다.

° **At the outset of ...** = at the beginning of ...입니다. 물론 outset은 beginning과 달리 관련된 동사가 없습니다. 하지만 그런 동사가 존재한다고 상상해서 읽어 보면, 제가 항상 말하던 것처럼 '명사구 = 절'로 번역하게 됩니다. 따라서 At the outset of war는 자연스레 '전쟁이 시작되자'가 됩니다.

° **A vast conscript army was called up**의 번역도 흥미롭습니다. conscript army가 '징집군'입니다. call somebody up = conscript(혹은 draft) somebody입니다. 그럼 A vast conscript army was conscripted가 됩니다. 재밌죠? 중요한 것은 '징집'이 있었고, 다수가 징집되었다는 겁니다. 그 의미를 전달하는 번역이 되어야 하겠지요.

° **, for which ...**에서는 (전치사) 관계 대명사 앞에 쉼표가 찍혔습니다. 달리 말하면, 관계절이 계속적 용법으로 쓰였다는 뜻이고, 부사적으로 번역할 가능성도 생각해 보아야 한다는 뜻이기도 합니다. 이 경우 which의 선행사는 a vast conscript army입니다. 따라서 번역하면 '그 대규모 군대를 위한 군사 장비가 충분하지 않았고, 유능한 장교들도 제대로 제공되지 않았다'가 됩니다. 이 번역을 앞의 번역과 연결하려면 '하지만'이란 접속 부사를 덧붙이면 자연스러워집니다.

° **this great host**에서 host를 정확히 번역할 수 있어야 합니다. 맥락상 this great host = a vast conscript army인 것은 쉽게 파악됩니다. 이런 등식을 만들어 두면 host의 뜻을 찾는 범위가 대폭 줄어들어, host가

(1) THE REVOLUTION AND FAMINE IN RUSSIA

But a good year and more before the collapse of the Central Powers the half oriental monarchy of Russia, which had professed to be the continuation of the Byzantine Empire, had collapsed. The Tsardom had been showing signs of profound rottenness for some years before the war; the court was under the sway of a fantastic religious impostor, Rasputin, and the public administration, civil and military, was in a state of extreme inefficiency and corruption. At the outset of the war there was a great flare of patriotic enthusiasm in Russia. A vast conscript army was called up, for which there was neither adequate military equipment nor a proper supply of competent officers, and this great host, ill supplied and badly handled, was hurled against the German and Austrian frontiers.

'주인'이 아니라 '군대, 무리'라는 걸 쉽게 알아낼 수 있습니다.

°**ill supplied and badly handled**란 표현에 대해 원초적으로 접근하면 this great host which was ill supplied and badly handled, was hurled ...로 번역하는 방법을 생각해 볼 수 있습니다. 이것도 틀린 건 아니지만 저자가 이렇게 글을 쓴 의도를 정확히 반영한 번역은 아닙니다. 굳이 영어로 다시 표현하면, this great host, in the state of being ill supplied and badly handled, was hurled ...가 저자의 의도에 더 가까울 겁니다.

(2) There can be no doubt that the early appearance of Russian armies in East Prussia in September, 1914, diverted the energies and attention of the Germans from their first victorious drive upon Paris. The sufferings and deaths of scores of thousands of ill-led Russian peasants saved France from complete overthrow in that momentous opening campaign, and made all western Europe the debtors of that great and tragic people.

1914년 9월 러시아 군대가 처음 동프로이센에 등장하자 승기를 굳히며 파리로 진격해 가던 독일이 전력과 관심을 반대편으로 돌릴 수밖에 없었다. 프랑스는 그 중대한 개전에서 완전히 패망할 위기에 처했지만, 제대로 지휘를 받지도 못한 수만 명의 러시아 농민군이 고생하고 목숨을 잃은 덕분에 그 위기에서 벗어났고, 서유럽 전체가 이 위대하고 가엾은 러시아 농민들에게 큰 빚을 지게 되었다.

°There can be no doubt that **the early appearance of Russian armies in East Prussia in September, 1914,** ... 이 첫 문장부터 볼까요? 케임브리지 사전의 설명을 보면, there is no doubt that ...은 확신하는 의견을 말할 때 사용하는 반면, no doubt와 without doubt는 '높은 가능성'을 뜻하며 'I suppose'나 'I imagine'과 동의어라고 설명합니다. 이 차이를 항상 염두에 두고 번역해야 합니다.
There is no doubt that teachers sexually harass students in the UK and Ireland. (30 Aug 2023) (영국와 아일랜드에서 교사들이 학생들을 성희롱한다는 데는 의심할 여지가 없다)
No doubt he will probably say sorry like his former colleagues did. Sorry is a start – but not the end of the matter. (11 Feb 2009) (그의 옛 동료들이 그랬듯이 그도 미안하다고 말하겠지만, '미안하다'는 말은 문제의 시작이지 끝이 아니다)

there is no doubt that ...은 '확신'을 나타내므로, 이 문장을 '... 독일이 전력과 관심을 반대편으로 돌렸다는 데는 의심할 여지가 없다'로 번역하는 게 정통적인 번역이겠지만, '... 돌릴 수밖에 없었다'라고 번역하면 그 뜻을 그대로 간직하면서 문장이 더 간결하고 분명해지지 않나요?

the early appearance of Russian armies in East Prussia in September, 1914은 명사구입니다. 무척 길지요. 이런 명사구는 절로 바꿔 번역하라는 조언이 이젠 귀에 딱지가 앉을 정도가 됐을 겁니다. 여하튼 'appearance of 명사 ...'에서 'of + 명사'가 하나밖에 없고, appear가 자동사이므로 명사는 appear의 주어로 번역되어야 할 것이고, early는 동사를 수식하는 부사로 번역되어야 합니다. 이때 early는 '처음'으로

(2) There can be no doubt that the early appearance of Russian armies in East Prussia in September, 1914, diverted the energies and attention of the Germans from their first victorious drive upon Paris. The sufferings and deaths of scores of thousands of ill-led Russian peasants saved France from complete overthrow in that momentous opening campaign, and made all western Europe the debtors of that great and tragic people.

번역하는 게 좋습니다. 따라서 '러시아군이 동프로이센에 1914년 9월 처음 나타남'으로 번역되겠지요. 하지만 무생물 주어는 부사구로 번역한다는 원칙을 여기에 적용하면, '러시아군이 동프로이센에 1914년 9월 처음으로 나타나자'로 변형됩니다. 그리고 divert의 목적어가 주어로 번역되고요.

° **diverted the energies and attention of the Germans from ...**
divert는 '방향을 다른 데로 바꾸게 하다'라는 뜻입니다. 그럼 '독일군의 전력과 관심이 ...로부터' 바뀌는 게 됩니다. 러시아군이 프로이센의 동쪽에서 나타났습니다. 파리는 프로이센 서쪽에 위치합니다. 결국 파리로 진격하던 독일군이 방향을 동쪽으로 바꾸는 게 됩니다. 따라서 '독일이 전력과 관심을 반대편으로 돌릴 수밖에 없었다'라고 번역하더라도 문제될 것은 없습니다. 저자는 굳이 '동쪽'이란 표현을 사용하지 않고, divert를 썼습니다. divert에 숨어 있는 '다른 데'를 동쪽으로 번역한 것뿐입니다.

° **The sufferings and deaths of scores of thousands of ill-led Russian peasants**에서 scores of thousands부터 해결해 봅시다. 일단 사전적 정의를 보면, 단수로 쓰인 score는 20을 뜻하지만 복수로 쓰인 scores는 a lot of ...로 정의합니다. ten의 경우도 마찬가지입니다. Tens of thousands of people have been made homeless since the start of the pandemic despite a ban on evictions. (8 Nov 2020) (강제 퇴거 금

지에도 불구하고 팬데믹이 시작된 이후 수만 명이 노숙자가 되었다) 이처럼 tens of thousands와 scores of thousands는 똑같이 '수만'이나 '수많은'이라 번역하면 됩니다. 어느 쪽을 선택하느냐는 결국 맥락을 보고 판단해야겠지요.

The sufferings and deaths of scores of thousands of ill-led Russian peasants 부분의 명사구도 절로 번역하는 게 좋습니다. 그 방법은 첫 문장에서 the early appearance of Russian armies in East Prussia in September, 1914을 번역한 방법과 조금도 다르지 않습니다. 문장 전체에서는 이 명사구가 주어로 사용되었지만, 무생물이므로 부사적으로 번역하는 게 자연스럽다는 것도 똑같습니다. 그 번역의 결과는 제안 번역을 보면 얼마든지 추론해 낼 수 있을 겁니다.

° **... made all western Europe the debtors of that great and tragic people**에서 make가 어떻게 사용된 건지 아시겠습니까? make - something (someone) - something (someone)이란 패턴이고, 'A를 B로 만들다'로 번역됩니다. 그런데 문장 전체의 주어가 부사구로 번역된다고 했으므로, all western Europe이란 목적어가 주어처럼 번역되어야 합니다.

tragic을 기계적으로 '비극적'이라 번역하면 '비극적인 러시아 농민'이 됩니다. '비극적'이 사람을 수식하니까 이상하지 않습니까? '비극적'은 우리 어법에서 거의 언제나 사물을 수식합니다. 비극적인 삶, 비극적인 사건 ... tragic은 너무 쉬운 단어여서 사전을 뒤질 생각도 않을 겁니다. 하지만 사전을 참조하면 사람을 수식하는 데 적합한 '가엾은, 불

(2) There can be no doubt that the early appearance of Russian armies in East Prussia in September, 1914, diverted the energies and attention of the Germans from their first victorious drive upon Paris. The sufferings and deaths of scores of thousands of ill-led Russian peasants saved France from complete overthrow in that momentous opening campaign, and made all western Europe the debtors of that great and tragic people.

쌍한'을 어렵지 않게 찾아낼 수 있습니다. 독자를 위해 조금만 더 친절해지십시오. 거듭 말하지만, 번역가가 고생할수록 독자는 편합니다.

(3) But the strain of the war upon this sprawling, ill-organized empire was too heavy for its strength. The Russian common soldiers were sent into battle without guns to support them, without even rifle ammunition; they were wasted by their officers and generals in a delirium of militarist enthusiasm. For a time they seemed to be suffering mutely as the beasts suffer; but there is a limit to the endurance even of the most ignorant. A profound disgust for Tsardom was creeping through these armies of betrayed and wasted men. From the close of 1915 onward Russia was a source of deepening anxiety to her Western Allies. Throughout 1916 she remained largely on the defensive, and there were rumours of a separate peace with Germany.

그러나 조직을 제대로 갖추지 못한 채 제멋대로 뻗어나간 제국, 러시아에 전쟁이 가한 부담은 당시의 국력으로 감당하기엔 너무 컸다. 러시아의 일반 병사들은 대포의 지원도 없고, 소총의 탄약마저 없이 전쟁터로 보내졌다. 그런데도 군국주의적 열정에서 비롯된 망상에 사로잡힌 장교들과 장군들 때문에 그들은 헛되이 소모되었다. 한동안 병사들은 말 못 하는 짐승처럼 참고 견디는 듯했다. 그러나 아무리 무지하다 하더라도 인내에는 한계가 있는 법이다. 버림받고 배신당한 병사들 사이에서 차르 체제에 대한 깊은 반감이 퍼져나가고 있었다. 1915년 말 이후로 러시아는 오히려 서구 연합국들에 근심을 더해 주는 근원이 되었다. 1916년 내내 러시아는 대체로 방어 태세를 유지했고, 독일과 단독으로 평화 협정을 맺었다는 소문까지 돌았다.

° **the strain of the war upon this sprawling, ill-organized empire**는 어떻게 번역할까요? 일단 이렇게 정리해 봅시다.

the strain / of the war / upon this sprawling, ill-organized empire
부담 혹은 압박 / 전쟁이 / 조직을 제대로 갖추지 못한 채 제멋대로 뻗어나간 제국
이렇게 해 두면, '조직을 제대로 갖추지 못한 채 제멋대로 뻗어나간 제국에 전쟁이 가한 부담'이 됩니다. 명사구에 동사로 바꿀 만한 명사가 없는 경우엔 주변 단어들을 조합해 적절한 동사(이 경우에는 '가하다')를 생각해 낼 수 있어야 합니다.

this sprawling, ill-organized empire는 Russia를 다른 식으로 표현한 것입니다. 앞에서 말한 대로 Russia라는 표현을 똑같이 반복하기는 싫고, Russia의 당시 상황을 설명하기 위해 쓴 표현이라 생각하면 됩니다. 따라서 제안 번역에서 보듯이, 둘을 결합해 번역하면 독자가 쉽게 이해할 수 있습니다.

° **its strength**에서는 대명사 it이 대신하는 명사를 찾아내고, strength에 적절한 번역어를 찾아내는 게 숙제입니다. 이처럼 번역은 '적절한 한국어 단어를 찾는 과정'의 끝없는 반복이라 생각해도 무방합니다. 먼저 it은 this empire, 즉 Russia가 될 겁니다. 이렇게 it에 해당하는 명사를 찾고 나면 strength의 번역어를 결정하기가 한결 쉬워집니다. 사전을 뒤지면 가장 적합한 단어가 당연히 '힘'일 겁니다. '한 국가의 힘'을 한 단어로 무엇이라 할까요? 맞습니다. '국력'입니다. 적어도 제가 확인한 바에 따르면, 우리나라에 출간된 영한사전 중 strength의 뜻으로 '국력'이 명기된 경우는 없습니다. 하지만 그 번역어로 추론해 내는 게 불가능한 건 아닙니다.

(3) But the strain of the war upon this sprawling, ill-organized empire was too heavy for its strength. The Russian common soldiers were sent into battle without guns to support them, without even rifle ammunition; they were wasted by their officers and generals in a delirium of militarist enthusiasm. For a time they seemed to be suffering mutely as the beasts suffer; but there is a limit to the endurance even of the most ignorant. A profound disgust for Tsardom was creeping through these armies of betrayed and wasted men. From the close of 1915 onward Russia was a source of deepening anxiety to her Western Allies. Throughout 1916 she remained largely on the defensive, and there were rumours of a separate peace with Germany.

° **without guns to support them.** gun은 일반적인 총기를 뜻하지만, 여기에서는 뒤에 쓰인 rifle ammunition과 대조해서 '대포'로 번역하는 게 최선의 선택일 듯합니다. 탄약은 없었지만 적어도 '소총'(rifle)은 지급받았으니까요.

° **they were wasted by their officers and generals in a delirium of militarist enthusiasm.** 일단 be wasted by ...는 '...에 의해 헛되이 소모되다'로 번역하는 게 좋습니다. 아니면 waste에 '죽이다'라는 뜻도 있으므로 '죽음으로 내몰리다'로 번역해도 괜찮을 겁니다. 하지만 여기에서 '헛되이'라는 부사를 넣어야, 저자가 waste라는 동사를 선택한 이유까지 고려한 번역이 됩니다.

... by their officers and generals (who were) in a delirium of militarist enthusiasm으로 번역하는 게 좋습니다. delirium of militarist enthusiasm의 번역도 만만찮습니다. 말 그대로 옮기면 '망상 of 군국주의적 열정'이 됩니다. 이때의 of를 어떻게 번역하는 게 좋을까요? '망상'(delirium)에 사로잡힌 장교들입니다. 그 망상이 어디에서 온 것인지 설명되어야 한다면, 문제의 of는 '기원의 of'가 되겠지요. 다음 문장도 이와 비슷한 예입니다. England and Wales will be among the first in the world to officially confer victim status to children born of rape. (19 Jan 2023) (잉글랜드와 웨일스는 성폭행으로 태어난 아

이들에게 피해자라는 지위를 공식적으로 부여하는 세계 최초의 지방 정부가 될 것이다)

° **as the beasts suffer**의 뒤에 mutely가 생략된 것으로 보아도 상관없습니다. 또한 이때의 as는 in the same way라는 뜻으로 우리말로는 '...듯이'에 해당합니다.

° **the most ignorant**는 당연히 'the + 형용사'(복수 명사)로 분석되어 '무지한 사람들'로 번역되어야 합니다.

° **creep through**에서 through의 정확한 뜻은 '(move) directly from one side or end of it to the other'입니다. 그렇다면 '불신이 군대의 끝에서 끝까지 파고든다'라는 뜻이 됩니다. 그럼 제안 번역처럼 '병사들 사이에서 퍼져나간다'로 번역할 수 있을 겁니다. 여하튼 through는 '끝에서 끝까지' 관통하는 겁니다.

° **these armies of betrayed and wasted men**에서 waste는 앞의 waste와는 다르게 번역되어야 합니다. 그 이유를 차근차근 따져 봅시다. 이때의 of는 이른바 '재료의 of'입니다. 따라서 betrayed and wasted men으로 이루어진 군대가 되지요. 즉, '배신당한 사람'과 'wasted men'이 됩니다. wasted를 '소모된'이라 번역할 수도 있는데, 앞에서 '소모되다'는 '죽다'와 비슷한 뜻이라 말씀드렸습니다. '죽은 사람들'로 이

(3) But the strain of the war upon this sprawling, ill-organized empire was too heavy for its strength. The Russian common soldiers were sent into battle without guns to support them, without even rifle ammunition; they were wasted by their officers and generals in a delirium of militarist enthusiasm. For a time they seemed to be suffering mutely as the beasts suffer; but there is a limit to the endurance even of the most ignorant. A profound disgust for Tsardom was creeping through these armies of betrayed and wasted men. From the close of 1915 onward Russia was a source of deepening anxiety to her Western Allies. Throughout 1916 she remained largely on the defensive, and there were rumours of a separate peace with Germany.

루어진 군대는 성립되지 않겠지요. 따라서 waste는 다른 번역어를 찾아야 합니다. 아마 가장 가까운 뜻이 squander or spend uselessly일 겁니다. '무의미하게 소비되다'로 번역됩니다. 이 뜻을 사람과 연결시키면 '버림을 받고 폐기되다'라는 뜻이 되고요. 따라서 '버림받고 배신당한 사람들로 이루어진 군대'가 됩니다.

° **From the close of 1915 onward**에서 onward는 앞에 언급된 시간 이후로 '계속'된다는 뜻을 강조하는 부사로, 거의 늘 from으로 시작되는 표현 뒤에 붙습니다. 이때 onward는 onwards로도 쓰입니다. 정확히는 '19세기 말 이후로 줄곧'이라 번역하면 됩니다. The renaissance in English music from the turn of the century onwards had produced marvellous composers. (7 Feb 2013) (세기의 전환점 이후로 잉글랜드 음악이 부흥하면서 뛰어난 작곡가들이 탄생했다)

° **a source of deepening anxiety to her Western Allies**는 어떻게 번역해야 할까요? 질문을 좁혀서, deepening을 어떻게 번역하면 좋을까요? deepening이 없다면, '서구 연합국의 근심거리'로 쉽게 번역될 겁니다. 그런데 deepening이 더해져서 deepening이 anexiety를 수식하는 분사적 형용사로 분석되면 '서구 연합국의 깊어가는 근심거리'로 번역될 수 있습니다. 동시에, a source of [deepening anxiety to her

Western Allies]로도 분석할 수 있겠지요. 다시 말해, deepening을 동명사로 분석하는 겁니다. 그럼 '서구 연합국들에게 근심을 더해 주는 근원'이 되겠지요. 제 생각엔 원문의 뜻이 여기에 더 가까운 것 같습니다.

° remained largely **on the defensive** ... 번역을 처음 시작하는 분들에게 제가 가장 먼저 조언하는 게 remain을 '...로 남아 있다'라고 번역하는 순진함에서 벗어나라는 것입니다. remain을 영영사전에서 찾아보면 continue to be로 설명됩니다. be on the defensive가 '방어 태세를 취하다'로 번역된다면 remain on the defensive는 '계속 방어 태세를 취하다'가 됩니다. '계속 ...하다'는 '유지하다'로 간략히 줄일 수 있으므로 '방어 태세를 유지하다'라는 번역도 쓸 만합니다. 이처럼 적절한 번역어의 선택은 결코 간단하지 않습니다.

(4) On December 29th, 1916, the monk Rasputin was murdered at a dinner party in Petrograd, and a belated attempt was made to put the Tsardom in order. By March things were moving rapidly; food riots in Petrograd developed into a revolutionary insurrection; there was an attempted suppression of the Duma, the representative body, there were attempted arrests of liberal leaders, the formation of a provisional government under Prince Lvoff, and an abdication (March 15th) by the Tsar. For a time it seemed that a moderate and controlled revolution might be possible—perhaps under a new Tsar. Then it became evident that the destruction of popular confidence in Russia had gone too far for any such adjustments.

1916년 12월 29일, 수도승 라스푸틴이 페트로그라드에서 열린 만찬장에서 살해되었다. 그러자 차르 체제의 기강을 확립하려는 뒤늦은 시도가 이어졌다. 이듬해 3월이 되면서 상황이 급박하게 돌아갔다. 페트로그라드에서는 식량 때문에 일어난 폭동이 혁명적인 봉기로 발전했다. 대의(代議) 기관인 두마를 억압하고, 자유주의 지도자들을 체포하려고도 했지만 실패했다. 결국 리보프 대공의 지휘하에 임시 정부가 수립되고, 차르가 퇴위했다(3월 15일). 한동안은 온건한 혁명이 새로운 차르의 지배 아래에서 어쩌면 가능할 듯 보이기도 했다. 하지만 러시아에서 민중의 신뢰가 무너진 까닭에 그런 조정은 물건너간 게 분명해졌다.

° **Petrograd**는 어떻게 표기해야 할까요? 현재의 명칭은 상트페테르부르크입니다. 따라서 현재에 중심을 두고 번역한다면 상트페테르부르크로 표기해야 할 겁니다. 그런데 이 글의 배경 시기가 1916년이고, 1916년 당시 이 도시의 명칭은 페트로그라드(1914–1924)였습니다. 따라서 어느 시점에 중심을 두느냐에 따라 명칭의 선택이 달라질 수 있지만, 최근 번역계의 흐름은 현재에 중심을 두는 경향이 짙습니다.

° **a belated attempt was made to put the Tsardom in order**는 They made an attempt belatedly to put the Tsardom in order가 수동 구문으로 바뀐 예라고 생각하면 됩니다. 이때 능동 구문에 설정한 주어 they에 해당하는 명사는 본문에 존재하지 않습니다. 주어로 표현할 만한 주체가 다수이기 때문에 아예 능동 구문으로 표현한 것일 수 있습니다. 이런 변화는 문법적으로 기초적인 내용이므로 더는 언급하지 않겠습니다.

번역의 관점에서 더 흥미로운 것이 있습니다. 아마 여러분 중에는 '차르 체제의 기강을 확립하려는 목적에서 뒤늦은 시도가 이어졌다.'라고 번역한 사람도 있을지 모르겠습니다. a belated attempt was made (in order) to put the Tsardom in order로 본 거지요. 이 번역이 틀렸다고 단정적으로 말할 수는 없습니다. 문법적으로 얼마든지 가능하니까요. 하지만 제안 번역을 보십시오. a belated attempt to put the Tsardom in order was made를 번역한 것입니다. 이 문장에서 to put the Tsardom in order가 문장 뒤로 이동한 결과가 본문입니다. 쉽게 말하면, 주어로 쓰인 '머리'가 지나치게 무거워, 수식하는 부분이 문미로 이동한 것입니다. 이런 예는 '명사 to-V'의 형태에서만 나타나는 것도 아닙니다. Tales surface of Iranian interference in the

(4) On December 29th, 1916, the monk Rasputin was murdered at a dinner party in Petrograd, and a belated attempt was made to put the Tsardom in order. By March things were moving rapidly; food riots in Petrograd developed into a revolutionary insurrection; there was an attempted suppression of the Duma, the representative body, there were attempted arrests of liberal leaders, the formation of a provisional government under Prince Lvoff, and an abdication (March 15th) by the Tsar. For a time it seemed that a moderate and controlled revolution might be possible—perhaps under a new Tsar. Then it became evident that the destruction of popular confidence in Russia had gone too far for any such adjustments.

internal affairs of Iraq. (Noam Chomsky, Intervention) (이란이 이라크 내정에 간섭한다는 소문이 표면화된다)는 Tales of Iranian interference in the internal affairs of Iraq surface.에서 밑줄친 부분이 뒤로 이동한 예입니다.

°**By March** ...를 번역할 때 '이듬해'를 덧붙인 이유를 이해하시겠습니까? 물론 본문에 없는 구절을 번역에서 의무적으로 덧붙여야 하는 것은 아닙니다. 다만 앞 문장에서 시기가 '1916년 12월 29일'이라 구체적으로 표현된 반면, 바로 다음 문장에서 단지 March만 나왔으므로 시기의 구분을 위해 '이듬해'를 더해주는 게 독자의 이해에 도움이 되지 않겠습니까?

°**an attempted suppression of the Duma / attempted arrests of liberal leaders** 모두 동일한 구조를 띤 명사구입니다. 구조적인 문제를 해결하기 전에 단어 문제부터 해결해 봅시다. Duma는 '러시아 의회'를 뜻합니다. 그런데 Duma가 대문자로 처리되어 고유 명사처럼 쓰였습니다. 저자의 이런 의도를 반영하자면, '러시아 의회'로 번역하지 않고 '두마'라고 음독해야 할 겁니다. 게다가 저자가 Duma를 설명하려고 뒤에 the representative body를 덧붙이지 않았습니까! 이런 설명이 덧붙지 않는 경우를 생각해 봅시다. 이 경우에는 '두마'가 무엇인지

아는 독자가 없을 것이란 전제하에 적절한 '옮긴이 주'를 넣어야 할 겁니다. 그럼 '두마'(러시아 의회를 가리키는 명칭/옮긴이)가 되겠지요. 그러나 이런 옮긴이 주를 별도로 덧붙이기 싫으면, '러시아 의회, 두마'라고 번역하는 것도 괜찮은 방법입니다.

attmpted를 봅시다. 이 형용사는 attempt가 단순히 분사화된 것이 아닙니다. '(of a crime) that someone has tried to commit without success'라는 복잡한 뜻을 갖습니다. '시도했지만 미수에 그친'이란 뜻입니다.
이제 구조적인 문제로 넘어갑시다. 둘 중 하나만 해결하면, 그 결과를 똑같이 적용하면 됩니다. 두마'가' 억압한 것일까요, 두마'를' 억압한 것일까요? 그 답은 suppression의 동사, suppress의 성격에 있습니다. suppress는 타동사입니다. 그럼 suppression of the Duma에서 the Duma는 suppress의 목적어로 번역되어야 합니다. 따라서 '두마를 억압하려 했지만 실패했다'가 되겠지요. 이 원칙은 attempted arrests of liberal leaders에도 그대로 적용됩니다. arrest(체포하다)도 타동사이니까요.

° **there was ... , there were ...**에서 나열된 사건들은 시간적 순서대로 언급되었다고 보는 게 타당합니다. 역사서는 당연히 그렇게 쓰이니까요. 이 점을 고려해서, 번역의 편의성을 이유로 사건의 나열 순서에 변화를 주지 않도록 주의해야 합니다.

(4) On December 29th, 1916, the monk Rasputin was murdered at a dinner party in Petrograd, and a belated attempt was made to put the Tsardom in order. By March things were moving rapidly; food riots in Petrograd developed into a revolutionary insurrection; there was an attempted suppression of the Duma, the representative body, there were attempted arrests of liberal leaders, the formation of a provisional government under Prince Lvoff, and an abdication (March 15th) by the Tsar. For a time it seemed that a moderate and controlled revolution might be possible—perhaps under a new Tsar. Then it became evident that the destruction of popular confidence in Russia had gone too far for any such adjustments.

°**it seemed that a moderate and controlled revolution might be possible.** 이 문장은 참 재밌습니다. it seemed that ...은 that-절에 언급된 내용이 확실하지 않다는 걸 가리킵니다. seem의 뜻을 생각해 보십시오. 그런데 that-절에 쓰인 조동사가 probable을 뜻하는 might이고, 술어도 possible입니다. 재밌지 않습니까? 확신을 거부하는 단어가 한 문장에 무려 3개나 쓰였습니다. 제안 번역에서는 이 셋을 모두 반영해서 '어쩌면 가능할 듯 보이기도 했다'라고 번역했습니다. 이 번역이 마음에 들지 않으면 다른 번역을 생각해 내는 것은 여러분의 몫입니다.

°**the destruction of popular confidence in Russia**는 앞에서 다룬 명사구 an attempted suppression of the Duma와 구조적으로 똑같지만, 번역에서 약간의 차이가 있습니다. suppress가 타동사여서 the Duma를 목적어로 번역했습니다. destruction의 동사, destroy도 타동사입니다. 따라서 '러시아에서 민중의 신뢰를 무너뜨리다'로 번역될 겁니다. 하지만 '두마를 억압하고', '자유주의 지도자들을 체포하려는' 주체는 어느 정도 짐작되지만, '러시아에서 민중의 신뢰를 무너뜨리는' 주체는 아리송합니다. 그런데 기억하십니까? 명사구와 문장(혹은 절)의 관계를 설명하면서, 수동 구문을 중간에 끼워넣었던 것을. the destruction of popular confidence in Russia에서 popular confidence가 주어로 이동하면 destroy가 수동형으로 번역돼 '러시아에서 민중의 신뢰가 무너지다'가 됩니다. 그럼 비교해 봅시다. 처음에

제안한 '러시아에서 민중의 신뢰를 무너뜨린 까닭에 그런 조정은 물건너간 게 분명해졌다'와 '러시아에서 민중의 신뢰가 무너진 까닭에 그런 조정은 물건너간 게 분명해졌다', 둘 중 어느 것이 더 자연스럽게 읽힙니까?

° **gone too far**에서 확인되는 go too far는 일반적으로 '도를 넘다'라는 뜻으로 번역됩니다. 여기에서 주목할 것은 too의 용례입니다. 특히 이 부사가 뒤에서 for something과 연결될 때는 'something이 불가능하다'라는 뜻이 함축되도록 번역되어야 합니다. 그 이유는 이때 too가 'more than enough', 'more than necessary'라는 뜻을 지니기 때문입니다. Three-quarters of Americans say Biden too old for second term, poll finds. (28 Aug 2023) (여론조사에 따르면, 미국 국민의 4분의 3이 바이든이 연임하기에는 나이가 너무 많다고 생각한다)

(5) The Russian people were sick to death of the old order of things in Europe, of Tsars and wars and of Great Powers; it wanted relief, and that speedily, from unendurable miseries. The Allies had no understanding of Russian realities; their diplomatists were ignorant of Russian, genteel persons with their attention directed to the Russian Court rather than to Russia, they blundered steadily with the new situation. There was little goodwill among these diplomatists for republicanism, and a manifest disposition to embarrass the new government as much as possible.

러시아 민중은 유럽의 낡은 체제, 차르와 전쟁, 강대국에 극도로 넌더리를 냈다. 그들은 견딜 수 없는 고난으로부터 하루라도 빨리 벗어나고 싶었다. 그러나 연합국에서는 러시아의 현실을 전혀 알지 못했다. 연합국의 외교관들은 러시아 민중에 대해 무지했다. 상류층의 외교관들은 러시아 국민이 아니라 러시아의 궁정에 주의를 기울였다. 그래서 새로운 상황에 직면하여 계속 실수를 저질렀다. 외교관들은 러시아에 공화정이 들어서는 것에 호의적이지 않았다. 오히려 새로 들어선 정부를 곤란하게 만들려는 태도를 노골적으로 드러냈다.

° **were sick to death of the old order of things in Europe** ...에서 to death는 be sick of ...(~에 넌더리를 내다)를 수식하는 부사구('극도로, 죽도록')로 봐야 할 겁니다. 이런 추론은 뒤에 등위 접속된 of Tsars and wars and of Great Powers로 뒷받침됩니다.

order of things는 '체계, 체제'로 번역할 수 있습니다. 따라서 the old order of things in Europe은 '유럽의 낡은 체제(혹은 제도)'가 될 겁니다.

° **it wanted relief** ...에서 대명사 it은 무엇을 대신할까요? 이리저리 뜯어봐도 it이 대신할 만한 명사는 The Russian people밖에 없습니다. 그런데 저자는 people을 (3인칭)복수로 취급하며 동사 were를 사용했습니다. 그렇다면 it이 아니라 they가 쓰였어야 합니다. 그럼에도 본문에는 it이 쓰였습니다. 제 생각에는 전적으로 저자의 실수입니다.
여기에서 and that speedily는 별개로 덧붙은 부사구로 보는 게 좋겠습니다. 양쪽에 쉼표가 더해져 원래의 문장 it wanted relief from unendurable miseries에 덧붙은 것으로 보아야 마땅할 것입니다. 이에 대해선 뒤에서 다시 자세히 살펴보기로 하고, relief from ...을 번역해 봅시다. 먼저 relief는 '구제, 안도, 경감'이고 이 명사를 뒤의 전치사구와 결합하면 '견딜 수 없는 고난으로부터 구제/안도/경감'으로 번역되어 그다지 마뜩하지 않습니다. 이런 경우에는 영영사전의 풀이를 전체적으로 번역하는 것도 좋은 방법입니다. relief는 'The removal of stress or discomfort'라고 풀이됩니다. 이 전체를 번역에 반영하면 "견딜 수 없는 고난으로부터 받는 불편을 벗어나고 싶었다"가 될 겁니다.

(5) The Russian people were sick to death of the old order of things in Europe, of Tsars and wars and of Great Powers; it wanted relief, and that speedily, from unendurable miseries. The Allies had no understanding of Russian realities; their diplomatists were ignorant of Russian, genteel persons with their attention directed to the Russian Court rather than to Russia, they blundered steadily with the new situation. There was little goodwill among these diplomatists for republicanism, and a manifest disposition to embarrass the new government as much as possible.

° **and that speedily**에서 that은 무엇일까요? speedily라는 부사 앞에 쓰였습니다. 부사를 수식하는 단어는 무조건 부사입니다. 따라서 that이 부사로 쓰인 경우의 뜻을 찾으면 됩니다. 이때 that은 뒤의 부사를 강조하는 부사, 즉 very에 가깝게 번역하면 됩니다. 따라서 앞의 경우와 결합하면, 견딜 수 없는 '고난으로부터 (받는 불편을) 벗어나고 싶었다' + '그것도 무척 빨리'가 되지요. 이 둘을 직접 여러모로 결합해 보십시오. 그리고 그 결과를 제안 번역과 비교해 보십시오. 당연히 다를 겁니다. 제안 번역에서 '하루라도 빨리'가 생뚱맞다고 생각하지 마시고, 이 표현이 어떻게 무엇을 근거로 만들어졌을지 추론해 보십시오. 그렇게 할 때 번역하는 능력이 점점 향상될 겁니다.

° The Allies **had no understanding of** Russian realities에서 had no understanding of something은 did not understand something으로 번역하면 됩니다. 다시 말하면 live = lead a life, decide = make a decision 등으로 풀어쓰듯이, don't understand를 have no understanding으로 바꿔 표현했다고 생각하면 됩니다.

The Allies had no understanding of Russian realities 뒤에 세미콜론이 쓰였습니다. 연합국이 러시아의 현실을 어떻게 모르는지에 대한 설명이 더해지는 신호로 봐야 할 겁니다. 본문에서는 3가지 경우가 나열되고, 주어는 각각 diplomatists / genteel persons / they입니다. 이 셋이 같은 대상을 지칭할까요? 엄격히 말해서 genteel

persons 앞에 정관사(혹은 한정적 한정사)가 쓰이지 않아, genteel persons = diplomatists라 단정할 수 없습니다. 그렇지만 어떤 경우이든 they = genteel persons인 것은 분명합니다. 그런데 뒤 문장에서 these diplomatists가 쓰였습니다. 이런 쓰임새에서 genteel persons = diplomatists로 보는 게 타당할 겁니다.
끝으로 3가지 경우를 가리키는 세 문장 중 두 문장에는 동사가 있지만 가운데 문장에는 동사가 없습니다. genteel persons with their attention directed to the Russian Court rather than to Russia를 대체 어떻게 번역해야 할까요? 정확한 번역을 위해서는 정확한 문장 분석이 선행되어야 합니다. 어렵지 않게 짐작하겠지만, 이 문장은 genteel persons (were) with their attention directed to the Russian Court rather than to Russia로 동사 be가 생략된 경우로 보는 게 타당할 겁니다. 이런 생략은 『원서, 읽(힌)다』에서 '구멍 뚫기'(Gapping)로 설명했던 것입니다. 여하튼 'S – be – with+ 명사'가 쓰인 다른 예를 보며 어떻게 번역하는 게 적절할지 그 방법을 스스로 찾아보십시오.
Catley said her sympathies were with the family and friends of the deceased. (14 Sep 2023) (캐틀리는 고인의 가족과 친구들에게 동정심을 느낀다고 말했다)

°**There was little goodwill among these diplomatists for republicanism**, and a manifest disposition to embarrass the new government as much as possible. 이 문장은 먼저 엄격하게 분석하고, 그에 따라 번역해야 저자의 의도를 더 충실히 반영할 수 있습니다. 다시 말하면, there was little goodwill ... and a manifest disposition ...이 아니라는 겁니다. 이렇게 분석하면, There were ...가 되어야 합니다.

(5) The Russian people were sick to death of the old order of things in Europe, of Tsars and wars and of Great Powers; it wanted relief, and that speedily, from unendurable miseries. The Allies had no understanding of Russian realities; their diplomatists were ignorant of Russian, genteel persons with their attention directed to the Russian Court rather than to Russia, they blundered steadily with the new situation. There was little goodwill among these diplomatists for republicanism, and a manifest disposition to embarrass the new government as much as possible.

주어가 2개이지 않습니까? 따라서 이 문장은 There was little goodwill among these diplomatists for republicanism, and (there was) a manifest disposition to embarrass the new government as much as possible로 분석하여, 두 문장을 따로 번역하는 게 낫습니다(제안 번역을 참조하십시오).

(6) At the head of the Russian republican government was an eloquent and picturesque leader, Kerensky, who found himself assailed by the forces of a profounder revolutionary movement, the "social revolution," at home and cold-shouldered by the Allied governments abroad. His Allies would neither let him give the Russian peasants the land for which they craved nor peace beyond their frontiers.

러시아 공화국 정부의 수반은 연설에 능하고 개성이 강한 알렉산드르 케렌스키였다. 하지만 케렌스키는 국내에서는 더욱 근본적인 혁명, 즉 '사회 혁명'을 일으키려는 세력들로부터 공격을 받았고, 국외로부터는 연합국 정부들로부터 차가운 대접을 받았다. 연합국들은 케렌스키가 농민들에게 갈망하는 토지를 나누어주도록 내버려 두지도 않았고, 국경 너머와 평화를 모색하는 것도 허락하지 않았다.

° **picturesque**를 어떻게 번역해야 할까요? 사전을 보면, picturesque가 '장소'와 관련된 경우에 갖는 의미가 주로 나열됩니다. 하지만 이 경우에는 leader라는 '사람'을 수식하는 형용사로 쓰였습니다. 따라서 '사람'과 관련될 때 쓰이는 뜻을 찾는 게 순서일 겁니다. 그렇게 찾아낸 번역어가 '개성이 강한'(having a striking or colourful character, nature, etc.)입니다.

이때 본문에 Kerensky만 쓰였다고 '케렌스키'로 번역하고 만족할 것인지, 아니면 그의 이름까지 추적해서 '알렉산드르 케렌스키'라고 번역할 것인지는 전적으로 번역가의 몫입니다. 저는 개인적으로 후자를 선호하는 편입니다. 이렇게 완전한 이름을 알려주는 게 독자에 대한 예의라고 생각하는 편이기도 합니다.

° who **found himself** ...를 살펴볼까요. fine oneself ...가 요즘에는 '자신이 ...인 것을 발견하다'라고 번역된 경우를 적잖게 봅니다. 물론 이 번역이 틀렸다고 말할 수는 없습니다. 하지만 그런 번역이 한국어 어법에 맞다고 할 수 있을까요? 제 생각에는 그렇지 않습니다. 한편 '이런 번역을 통해 한국어 표현을 더욱 다채롭게 하는 효과를 기대할 수 있다'라고 항변할 사람도 있을지 모르겠습니다. 이런 항변에는 어떻게 반박해야 할지 모르겠습니다. 여하튼 저는 개인적으로 이런 번역이 달갑지 않습니다. 만약 find oneself = be라고 어렸을 때부터 배웠다면 어떻게 번역하시겠습니까? 그래도 저자가 be 대신에 find oneself를 쓴 데는 이유가 있을 것이므로 '자신이 ...인 것을 발견하다'라고 번역하겠다면 제가 무슨 수로 말리겠습니까? 저라도 꿋꿋하게 be로 번역하렵니다.

(6) At the head of the Russian republican government was an eloquent and picturesque leader, Kerensky, who found himself assailed by the forces of a profounder revolutionary movement, the "social revolution," at home and cold-shouldered by the Allied governments abroad. His Allies would neither let him give the Russian peasants the land for which they craved nor peace beyond their frontiers.

°**the forces of a profounder revolutionary movement, the "social revolution".** 여기에서 the "social revolution"과 동격으로 쓰인 것이 the forces of a profounder revolutionary movement 전체일까요, 그 일부인 a profounder revolutionary movement일까요? 형태론적으로 보면, 동일한 한정사(the)가 쓰인 명사구 전체인 듯하지만, 의미론적으로는 후자가 더 타당합니다. the forces는 복수로 쓰일 때 '집단, 세력'이란 의미를 갖습니다. '혁명의 세력'? 좀 이상하지요? 명사구는 절로 번역하는 것이 좋다는 원칙을 여기에 적용하면, '혁명을 일으키는/주도하는 세력'이 됩니다.

°**neither ... nor** ~에서 neither와 nor는 등위 상관 접속사여서 ...와 ~가 이른바 '병렬 구조'를 이루어야 한다는 것은 상식입니다. 이 문장에서 ...에 해당하는 구절을 번역하는 건 큰 문제가 아닙니다. 사역동사 let이 사용된 경우로 번역하면 되니까요. 그런데 ~에 해당하는 peace beyond their frontiers는 무엇과 등위 접속된 것일까요? peace는 오로지 명사로만 사용됩니다. 그럼 peace와 관련되는 동사를 앞에서 찾아내야 한다는 뜻입니다. let과 give, 두 후보가 있습니다. 어느 것이 나을까요? 구조적으로 결정할 방법이 없으므로 의미를 고려해야 합니다. (1) ... nor let peace beyond their frontiers이고, (2) ... nor let him give the Russian peasants peace beyond their frontiers입니다. (1)보다 (2)가 훨씬 타당합니다. '케렌스키가 러시아 농부들에게 국경 너머까지 평화를 주는 걸 허용하지 않았다'라는 번역이 가능합니다. '국경 너머까지 평화를 주는 것'이 조금 어색하지요? 여러모로 생각해 보십시오. 극단적으로는 본문에선 전혀 언급되지 않지만 역사적 사실을 반영해

서 '국경 너머로 독일과 평화 조약을 맺는 것'이란 번역도 가능합니다. 이렇게 번역하려면 러시아 역사에 대한 깊은 지식이 필요할 겁니다. 따라서 이렇게 번역하지 못한다고 자책할 것은 없습니다. 제안 번역만큼만 번역해도 충분히 훌륭합니다.

(7) The French and the British press pestered their exhausted ally for a fresh offensive, but when presently the Germans made a strong attack by sea and land upon Riga, the British Admiralty quailed before the prospect of a Baltic expedition in relief. The new Russian Republic had to fight unsupported. In spite of their naval predominance and the bitter protests of the great English admiral, Lord Fisher (1841–1920), it is to be noted that the British and their Allies, except for some submarine attacks, left the Germans the complete mastery of the Baltic throughout the war.

프랑스와 영국의 언론은 지친 러시아에게 다시 공격에 나설 것을 계속 요청했다. 하지만 그때 독일이 바다와 육지 양쪽에서 리가(발트해에 면한 옛 러시아의 항구 도시. 현재는 라트비아의 수도/옮긴이)를 거세게 공격해 오자 영국 해군부는 러시아를 지원하려던 발트해 원정 계획을 철회했다. 신생 러시아 공화국은 연합국으로부터 아무런 지원도 받지 못한 채 싸워야 했다. 해군력의 압도적 우세와 영국 해군 제독 피셔 경(1841-1920)의 격렬한 항의에도 불구하고, 영국과 연합국들은 잠수함으로 몇 차례 공격했을 뿐 전쟁 기간 내내 독일이 발트해를 완전히 장악하도록 내버려 두었다.

° **their exhausted ally**는 러시아를 가리킵니다. '그들의 지친 동맹'이라 번역할까요, 아예 러시아로 번역할까요? 그 타협점으로 '지친 러시아'는 어떻습니까?

° **pestered their exhausted ally for a fresh offensive**에서 확인할 수 있는 pester somebody for something이란 구조에서는 'something을 하도록 somebody를 자꾸 괴롭히다'로 번역됩니다. 이 구절에서 fresh offensive를 어떻게 번역하느냐가 핵심입니다. 그냥 offensive가 쓰였다면 '지친 러시아에게 공격하라고 조르다'로 간단히 번역되고 말았을 겁니다. 그런데 fresh가 수식어로 쓰여, 우리가 흔히 알고 있는 fresh의 뜻과 offensive가 제대로 짝지워지지 않습니다. 이런 경우에는 온갖 사전을 뒤져서라도 fresh의 적합한 뜻을 찾아내야 합니다. 여기에서는 '신선한, 시원한'이란 의미보다 new가 가장 가까운 동의어일 겁니다. '새로운 공격'이므로 '다시'라고 번역해도 크게 잘못된 것은 아닙니다. 다른 예를 들어 보겠습니다. What can I read to help me make a fresh start in life in the new year? (29 Dec 2018) (새해를 맞아 내가 새롭게 출발하는 데 도움을 얻으려면 어떤 책을 읽어야 할까?) 여기에서 make a fresh start를 '새롭게 출발하다'로 번역했습니다. '새롭게'를 '다시'로 바꾸면 어떻게 될까요? 별로 다르지 않다는 게 제 생각입니다.

° **presently**가 과거 시제와 함께 쓰였습니다. 따라서 사전에서 정의된 대로 '지금'이란 뜻을 덥석 물어와 그대로 번역하면 정말 우스운 번역이 되겠지요. now가 그렇듯이 presently도 과거 시제와 함께 쓰이면 '그때'로 번역하는 게 가장 타당한 번역입니다.

(7) The French and the British press pestered their exhausted ally for a fresh offensive, but when presently the Germans made a strong attack by sea and land upon Riga, the British Admiralty quailed before the prospect of a Baltic expedition in relief. The new Russian Republic had to fight unsupported. In spite of their naval predominance and the bitter protests of the great English admiral, Lord Fisher (1841-1920), it is to be noted that the British and their Allies, except for some submarine attacks, left the Germans the complete mastery of the Baltic throughout the war.

° **the British Admiralty quailed before the prospect of a Baltic expedition in relief.** 번역하기 까다로운 문장을 만나면, 고등학교에서 배운 것처럼 주어와 동사를 먼저 찾으려고 애쓰지 말고, 앞에서부터 차례로 번역하는 게 최선의 방법입니다. 적어도 제 경험에는 그렇습니다. 시작해 봅시다. "영국 해군부 – 겁먹었다 – 발트 지역 원정 계획을 앞두고 – 구호를 위한"이 될 겁니다. 이렇게 분해된 구절을 적절히 짜맞추면 원하는 번역이 가능합니다. '영국 해군부는 (러시아를 지원하려던) 발트해 원정 계획을 앞두고 겁을 먹었다'가 됩니다. 이 번역을 역사적 사실에 부합되게 조절하면 제안 번역을 구할 수 있습니다.

° **unsupported**는 'not having physical support'(물리적인 도움을 받지 않고)로 번역되었습니다. 그런데 좀 이상하지 않습니까? 이때 unsupported는 형용사로 쓰였지만 부사처럼 번역되었습니다. 여기에 쓰인 unsupported는 항상 주어의 상태를 가리킨다는 점에서 형용사로 인정되는 듯합니다. 브리태니커 백과사전에서 한 탐험가를 설명한 글에서도 unsupported가 이렇게 사용된 예가 보입니다. Between 1986 and 1990 he and the British physician and adventurer Mike Stroud made several unsuccessful attempts to reach the North Pole unsupported. (1986년과 1990년 사이에, 그와 영국인 의사이자 모험가 마이크 스트라우드는 아무런 지원을 받지 못한 채 몇 번이고 북극 원정을 시도했지만 매번 실패했다) 그런데 요즘에는 unsupported가 이처럼 부사적으로 사용되는 경우가 거의 없습니다. 그 때문인지

브리태니커 사전에서도 unsupported를 'without outside contact or resupply'라는 재해석을 괄호에 넣어 제공합니다.

° **their naval predominance**에서 their가 가리키는 명사는 무엇이겠습니까? 대명사가 앞에 쓰인 명사를 대신한다는 것은 상식입니다. 하지만 앞부분에서 their에 합당한 명사는 가까운 데 있지 않아, 멀리 떨어진 Germans밖에 없습니다. 그런데 독일 해군이 압도적으로 우세하다는 번역은 역사적 진실과 맞아떨어지지 않습니다. 따라서 우리는 their와 관련된 명사를 찾아 뒷부분에 눈을 돌려야 합니다. 더구나 In spite of their naval predominance라는 전치사구에 포함된 대명사라는 점에서, 관련된 명사가 뒤에 존재할 가능성은 더욱 높아집니다. 이렇게 뒤로 눈을 돌리면, the British and their Allies가 금세 눈에 띕니다. 이와 관련해 다른 예를 들어 보겠습니다. Though he recognizes how the stylus aids memory, Plato seems dubious about the written word's ability to empower the good and just life. (Gordon Marino, Existentialist's Survival Guide) (플라톤은 글을 쓰는 게 기억의 향상에 도움이 된다는 걸 인정하지만, 글을 쓰는 능력이 선하고 정의로운 삶을 가능하게 해 준다는 속설은 의심한 듯하다)

° **it is to be noted that** ...은 someone noted that...의 수동 구문이라 생각하면 편할 겁니다. 따라서 it은 당연히 가주어(비인칭주어)가 되고 that ...이 진주어가 되겠지요. '...이 주목된다, ...으로 알려졌다'라고 번역하며 될 것이고요. 그런데 it is to be noted that ...은 어떻게 분석되어야 할까요? 조동사 be to가 쓰인 것으로 보아야 마땅할 것입니다. 이때

(7) The French and the British press pestered their exhausted ally for a fresh offensive, but when presently the Germans made a strong attack by sea and land upon Riga, the British Admiralty quailed before the prospect of a Baltic expedition in relief. The new Russian Republic had to fight unsupported. In spite of their naval predominance and the bitter protests of the great English admiral, Lord Fisher (1841-1920), it is to be noted that the British and their Allies, except for some submarine attacks, left the Germans the complete mastery of the Baltic throughout the war.

be to가 '...해야 한다'라는 뜻이라면, 흔히 눈에 띄는 it should be noted that ...이나 it has to be noted that ...이 같은 뜻이라 생각하면 될 것이고, 간략히 '...는 중요하게 여겨져야 한다'로 번역하면 됩니다. 물론 이 기본적인 뜻을 상황에 맞게 변형해야 한다는 말까지 굳이 덧붙일 필요는 없겠지요.

° **... left the Germans the complete mastery of the Baltic throughout the war.** leave가 이른바 '수여동사'처럼 쓰인 예입니다. 다른 식으로 말하면, 4형식 동사로 쓰인 예가 됩니다. 3형식으로 바뀔 경우에는 make류에 속해 for가 필요합니다. 즉, ... left the complete mastery of the Baltic for the Germans throughout the war.가 됩니다.

(8) The Russian masses, however, were resolute to end the war. At any cost. There had come into existence in Petrograd a body representing the workers and common soldiers, the Soviet, and this body clamoured for an international conference of socialists at Stockholm. Food riots were occurring in Berlin at this time, war weariness in Austria and Germany was profound, and there can be little doubt, in the light of subsequent events, that such a conference would have precipitated a reasonable peace on democratic lines in 1917 and a German revolution.

하지만 러시아 민중은 전쟁을 끝내겠다는 결의가 확고했다. 어떤 희생도 치르더라도! 페트로그라드에서는 노동자와 일반 병사들을 대표하는 조직, 즉 소비에트가 생겨났다. 이 조직은 스톡홀름에서 국제 사회주의 회담을 개최하자고 소리를 높였다. 그즈음 베를린에서는 식량 폭동이 잇달아 일어났다. 오스트리아와 독일에서는 전쟁에 따른 피로감이 심각했다. 이후에 일어난 사건들에 비추어볼 때, 그 회담이 실제로 열렸더라면 1917년 러시아에서는 민주주의 파벌들 사이에 합리적인 평화가 찾아오고, 독일에서는 혁명이 일어났을 것이다.

° **were resolute to end the war**에서 be resolute to do는 '...하려는 결의가 확고하다'로 번역하면 될 겁니다. resolute가 very determined와 동의어 관계에 있다고 설명되는 경우도 있습니다. 따라서 be determined to do(...하기로 각오하다, 결심하다)로 번역하더라도 의미상 큰 차이는 없는 듯합니다.

° **at any cost**는 일반적으로 '어떤 희생을 치르더라도'라고 번역된다고 사전에서 소개됩니다. 맞습니다. 조금도 문제가 없는 번역입니다. 그러나 '기필코', '반드시'로 번역될 가능성도 있다는 걸 알아두면 편할 겁니다. 제안 번역에서는 본문에는 없는 '느낌표'를 더했습니다. 개인적인 생각에는 '느낌표'를 더하는 게 맥락상 더 어울리는 것 같습니다. 특히 '기필코'가 번역어로 선택되었다면 느낌표는 필수적으로 더해지는 게 낫지 않을까요.

° **There had come into existence in Petrograd a body representing the workers and common soldiers** ... 진주어는 a body representing the workers and common soldiers이고, 따라서 이것은 명사구이므로 a body (who was) representing the workers and common soldiers가 생략된 형태로 번역해야 할 겁니다. 달리 말하면, 부사구 역할을 하는 '명사 + 형용사'와는 구조적으로 다르다는 것입니다. 한편 이 문장의 바로 뒤에 덧붙은 the Soviet는 a body representing the workers and common soldiers와 동격으로 번역하면 충분합니다. 따라서 많은 번역가가 '페트로그라드에서는 소비에트라는 노동자와 일반 병사들을 대표하는 조직이 생겨났다'라고 번역하겠지만, the Soviet가 문미에 쓰

(8) The Russian masses, however, were resolute to end the war. At any cost. There had come into existence in Petrograd a body representing the workers and common soldiers, the Soviet, and this body clamoured for an international conference of socialists at Stockholm. Food riots were occurring in Berlin at this time, war weariness in Austria and Germany was profound, and there can be little doubt, in the light of subsequent events, that such a conference would have precipitated a reasonable peace on democratic lines in 1917 and a German revolution.

였다는 사실을 염두에 두고 '페트로그라드에서는 노동자와 일반 병사들을 대표하는 조직, 즉 소비에트가 생겨났다'라고 번역하면 원문에 더 충실한 번역이 됩니다.

° **Food riots**가 복수로 쓰인 게 눈에 들어옵니까? 이 문장을 번역해 보라고 하면, 대부분이 '베를린에서 식량 폭동이 일어났다'라고 번역할 겁니다. '식량 폭동들이 일어났다'라는 말이 어색하게 느껴질 테니까요. 하지만 본문에서는 식량 폭동이 한 번으로 끝나지 않았습니다. 그런데 '식량 폭동이 일어났다'라는 번역은 대체로 한 번의 폭동으로 그친 것처럼 느껴집니다. 그럼 어떻게 복수를 나타낼 수 있을까요? 그래서 생각해 낸 번역 방법이 '여러 번'이나 '여러 차례'라는 부사 상당어구를 붙이는 겁니다. 제안 번역에서는 '잇달아'(혹은 '연이어')를 사용했습니다. 이렇게 부사를 사용해 복수 개념을 나타낼 때 어떤 부사를 사용하느냐는 결국 번역가가 선택할 몫입니다.

° **war weariness**는 영영사전에서 'exhaustion and low spirits caused by a long period of fighting'(오랜 전투로 인한 피로감과 사기 저하)로 설명됩니다. '전쟁 피로감'으로 번역하면 될까요?

° **there can be little doubt** that ...은 '...라는 데는 의심의 여지가 없다'라는 뜻입니다. 요컨대 that-절이 '명사절'이 아니라 '부사절'인 것처럼 번역되어야 한다는 뜻입니다. 문법적으로 맞지는 않지만 about that ...으로 번역하는 겁니다.

° **such a conference would have precipitated a reasonable peace on democratic lines in 1917 and a German revolution**은 주어로 쓰인 명사구(such a conference)가 조건의 뜻으로 사용된 대표적인 예입니다. 여하튼 would have pp가 조건절 없이 쓰인 경우에는 어떻게든 조건절에 해당하는 구절을 찾아내서 가정법처럼 번역하는 게 좋습니다.

(9) Kerensky implored his Western allies to allow this conference to take place, but, fearful of a worldwide outbreak of socialism and republicanism, they refused, in spite of the favourable response of a small majority of the British Labour Party. Without either moral or physical help from the Allies, the unhappy "moderate" Russian Republic still fought on and made a last desperate offensive effort in July. It failed after some preliminary successes, and there came another great slaughtering of Russians.

케렌스키는 서방 연합국에 이 회담이 개최될 수 있게 해 주길 간청했다. 하지만 사회주의와 공화주의가 폭발적으로 전 세계로 번져나갈 것을 두려워한 까닭에, 영국 노동당에서 근소한 차이로 다수가 호의적인 반응을 보였지만 연합국들은 케렌스키의 간청을 거부했다. 연합국 측으로부터 정신적이고 물질적 원조를 받지 못한 채, '온건한' 러시아 공화국은 불운하게도 계속 싸웠으며, 그해 7월 마지막으로 필사적인 공세를 펼쳤다. 공격은 초기에 잠시 성공하긴 했지만 결국 실패로 끝났고, 다시 수많은 러시아인이 학살당했다.

° **to allow this conference to take place**에서 allow의 주어가 Western allies라는 것은 어렵지 않게 결정할 수 있을 겁니다. 목적어로 쓰인 to-V의 (의미상) 주어는 원칙적으로 바로 앞에 쓰인 명사이니까요. 따라서 to take place의 주어는 당연히 this conference가 됩니다.

° **fearful of a worldwide outbreak of socialism and republicanism**은 문두에 Being이 생략된 분사구문으로 보면 됩니다. 연합국이 간청을 '거부'하므로, 그 이유가 앞에 쓰였을 것이란 추정이 가능합니다. 따라서 분사구문에서 생략된 접속사는 '이유'가 되겠지요. fearful of ...는 '...을 두려워하는'으로 번역됩니다.

° **small majority**가 대체 무슨 뜻일까요? majority를 '다수'로 번역하면 small이 수식하는 게 형용모순인 것 같습니다. 따라서 majority의 뜻을 더 깊이 조사하면, the difference in the number of votes in an election between the winning person or group and the one that has the second highest number라는 뜻이 나옵니다. '승리한 쪽과 패한 쪽 사이의 득표 차이'라는 뜻입니다. 그럼 small majority는 '간발의 차이'로 번역될 수 있을 겁니다.

° **still fought on**에서 on은 당연히 부사로 쓰였고, '계속'으로 번역해야 할 겁니다. 한편 주어로 사용된 the unhappy "moderate" Russian Republic은 정확한 구조로 '불운한 (온건한 러시아 공화국)'이 될 겁니다. 다시 말해 '불운한'이 '온건한 러시아 공화국'을 수식하는 구조입니

(9) Kerensky implored his Western allies to allow this conference to take place, but, fearful of a worldwide outbreak of socialism and republicanism, they refused, in spite of the favourable response of a small majority of the British Labour Party. Without either moral or physical help from the Allies, the unhappy "moderate" Russian Republic still fought on and made a last desperate offensive effort in July. It failed after some preliminary successes, and there came another great slaughtering of Russians.

다. 그런데 우리말에서 두 형용사가 이렇게 나열되면 그 구조적 관계가 명확히 드러나지 않습니다. 그렇다고 앞에 설명한 것처럼 '온건한 러시아 공화국'을 홑따옴표나 괄호로 싸맬 수도 없는 노릇이고요. 이런 딜레마를 해결하는 방법 중 하나가 명사를 수식하는 형용사를 밖으로 빼내 술어를 수식하는 형식으로 번역하는 겁니다. 이 경우에는 불운하니까 전쟁을 계속하는 게 아니겠습니까?

° **made a last desperate offensive effort**의 번역도 마찬가지입니다. 순진하게 번역하면 '마지막 필사적인 공격을 가하다'가 될 겁니다. 이때 last를 명사구 밖으로 빼내 부사로 번역하면 어떻겠습니까? 이 명사구에서 고민해야 할 또 하나의 문제는 effort에 해당하는 번역어입니다. 이때 effort를 흔히 알고 있는 대로 '노력'이라 번역하면 '공격적인 노력'이 되므로 전혀 어울리지 않습니다. effort에는 '특정한 성과를 거두기 위한 집단의 조직적인 활동'이란 뜻이 있습니다. 그럼 desperate offensive effort는 '필사적인 공격'이 될 겁니다. 이처럼 제가 적절한 단어의 선택을 강조하는 데는 분명한 이유가 있습니다. 사디스트적 성향이 없는 한 어떤 저자도 독자의 지적 능력을 학대하는 글을 쓰지 않을 거라고 확신하기 때문입니다. 더구나 정보를 전달하는 데 목적이 있는 논픽션 저자가 독자를 괴롭혀서 좋을 게 어디에 있겠습니까.

° **after some preliminary successes**의 앞 단락에서 복수로 쓰인 riots를 번역할 때 '폭동' 자체를 복수로 표현하는 것보다 '잇달아', '연이어' 등 적절한 부사로 복수를 표현하는 방법이 더 나을 수 있다고 말했습니다. 이번에도 'some + 복수'가 쓰였습니다. 이때 '초기에 몇 번의 성공이 있은 후'라고 번역해도 문제될 것은 없습니다. '몇 번'이란 표현 대신 '잠시'라는 부사를 사용하는 번역도 생각해 볼 수 있습니다.

° **there came another great slaughtering of Russians.** 여기에서 another를 충실하게 번역한다며 '또 한 번의 대학살'이라 번역할 필요가 있는지 의문입니다. 오히려 불편한 번역이 되지 않을까요. 여기에 '러시아인'을 어떻게 끼워 넣을 건지요? '또 한 번의 러시아인의 대학살'이 되면, '의'라는 조사가 두 번 들어갑니다. 이런 번역은 정말 제가 꺼리는 겁니다. 첫째는 '의'가 두 번 쓰인 것이고, 둘째는 '러시아인의 대학살'이면 러시아인이 누군가를 대학살한 겁니까, 아니면 러시아인이 대학살을 당한 겁니까? 이렇게 명사구로 번역하면, 정확히 어떤 관계인지 명확히 드러나지 않습니다. 이런 이유에서 명사구(절)를 문장으로 번역하는 게 좋다고 말하는 겁니다. great slaughtering of Russians를 '러시아인을 대량 학살하다'라고 번역하면, another가 남습니다. 이때 another는 '다시'로 번역하면 됩니다.

(10) The limit of Russian endurance was reached. Mutinies broke out in the Russian armies, and particularly upon the northern front, and on November 7th, 1917, Kerensky's government was overthrown and power was seized by the Soviets, dominated by the Bolshevik socialists under Lenin, and pledged to make peace regardless of the Western powers. On March 2nd, 1918, a separate peace between Russia and Germany was signed at Brest-Litovsk.

러시아 민중의 인내는 한계에 이르렀다. 러시아 군대에서 반란이 일어났고, 특히 북부 전선에서 일어난 반란은 심각했다. 1917년 11월 7일 케렌스키 정부가 전복되고 소비에트가 정권을 잡았다. 블라디미르 일리치 레닌의 지휘 아래 볼셰비키 사회주의자들이 지배하고 있던 소비에트는 서구 열강에 구애받지 않고 전쟁을 끝내는 화의를 맺겠다고 맹세했다. 그리고 1918년 3월 2일 벨라루스의 브레스트에서 마침내 러시아와 독일 사이에 단독 강화 조약이 체결되었다.

° **The limit of Russian endurance was reached.** 번역에는 정답이 없습니다. 여러 가능성을 두고 최선의 것을 찾는 작업이 번역일 수 있습니다. 이 문장을 두고, 명제의 타당성을 따져보겠습니다. 일단 '주어 – 술어'로 보면, '주어가 도달했다'가 됩니다. 주어가 '명사 of 소유격 + 명사'로 약간 복잡합니다. 결국 이 문장에서는 주어를 어떻게 번역하느냐가 숙제인 셈입니다. 첫째로 '러시아인의 인내의 한계'로 쓰는 건 가장 초보적인 번역일 겁니다. 이 번역은 제가 몇 번이고 강조했던 금기 사항, 즉 하나의 명사구에 '의'를 두 번 이상 반복하지 말라는 원칙을 어겼습니다. 그래서 탈락입니다. 둘째로 약간 편법을 써서, '러시아인 인내의 한계'는 어떨까요? '의'를 억지로 뺐다는 냄새가 물씬 풍기지요. 그래서 탈락! 이번에는 문장 형식으로 풀어 봅시다. '러시아인이 지닌 인내의 한계'라면 어떻습니까? 그럴듯하게 들립니다. 이 번역을 술어와 연결하면, '러시아인이 지닌 인내의 한계가 도달했다'가 됩니다. 술어와 연결하니까 이상해집니다. 따라서 이 둘을 조화롭게 연결하는 작업을 시작해, 술어에 맞추어 주어를 조절합니다. '러시아인이 지닌 인내가 한계에 도달했다'로 바뀌면 좋지 않습니까? 여기에서는 '러시아인의 인내가 한계에 도달했다'로 주어 부분을 줄여도 괜찮을 겁니다. 결국 우리는 5가지 번역 가능성을 따져 보았고, 그중에서 마지막으로 만들어 본 두 가지를 최선의 것으로 선택했습니다.

° **Kerensky's government was overthrown and power was seized by the Soviets**를 번역했다면, 제안 번역과 비교해 보십시오. 역시 앞에서 말한 것처럼 더 나은 번역을 찾아가는 방법을 생각해 보려 합니다. 아마 '케렌스키 정부가 전복되었고, 정권이 소비에트에 의해 장악되었다', 혹은 '케렌스키 정부가 전복되었고, 정권이 소비에트에게 넘어

(10) The limit of Russian endurance was reached. Mutinies broke out in the Russian armies, and particularly upon the northern front, and on November 7th, 1917, Kerensky's government was overthrown and power was seized by the Soviets, dominated by the Bolshevik socialists under Lenin, and pledged to make peace regardless of the Western powers. On March 2nd, 1918, a separate peace between Russia and Germany was signed at Brest-Litovsk.

갔다'로 번역하셨을 겁니다. 요컨대 원문이 수동 구문이므로, 두 문장을 모두 수동으로 번역했을 겁니다. 그러나 제안 번역처럼, 두 번째 문장을 능동으로 번역하면 어떻습니까? 번역문이 더 쉽게 와닿지 않습니까? 또 억지스럽다고 말할지 모르겠지만, 주격 조사 '가'가 반복되어 시적으로 느껴지지 않습니까? 저한테는 그렇게 느껴집니다. 여하튼 이런 번역의 가능성도 머릿속에 담아 두십시오.

° **dominated by the Bolshevik socialists under Lenin(A), and pledged to make peace regardless of the Western powers(B)**는 A와 B가 등위 접속되어 the Soviets를 수식하는 구조입니다. 더 쉽게 말하면 ... the Soviets, (which were) dominated by the Bolshevik socialists under Lenin, and (which were) pledged to make peace regardless of the Western powers입니다. dominate가 수동형으로 Soviets를 수식하는 구조로 쉽게 이해됩니다. 그런데 pledge가 굳이 수동형으로 쓰여야 하는가에 대해 의문이 있을지 모르겠습니다. to make peace가 pledge의 목적어로 쓰인 to-V로 보면 간단하지 않느냐고 생각할 수 있으니까요. 이렇게 보면, pledged의 주어가 power가 됩니다. 여기에서 power는 가산 명사가 아니라 불가산 명사(정권)입니다. 물질 명사가 '맹세'를 하는 건 불가능하지요. 따라서 이때의 pledge는 'pledge N + to-V'라는 구조로 쓰인 경우가 수동 구문으로 바뀐 것이라 생각할 수밖에 없습니다. 물론 to-V의 의미상 주어는 당연히 N이 되고, 그 뜻은 'N에게 V하도록 맹세시키다'가 됩니다. 여기에서 N은 the Soviet입니다. 그럼 소비에트가 평화 조약을 맺겠다

고 맹세하는 주체가 되므로, 위의 등위 접속 관계가 자연스레 설명됩니다.

° **Brest-Litovsk**를 어떻게 번역해야 할까요? 그냥 본문에 쓰인 대로 '브레스트 리토프스크'로 번역해도 잘못된 것은 아닙니다. 그런데 이 도시가 당시에는 Brest-Litovsk였지만 지금은 Brest입니다. 따라서 브레스트 리토프스크(현재 벨라루스의 브레스트/옮긴이)로 번역하는 게 가장 바람직합니다. 그래도 요즘 독자는 이런 도시를 모르므로 현재 명칭을 쓰고 싶다면 단순히 '브레스트'라고 번역하는 방법은 그다지 추천하고 싶지 않습니다. 아마 현재 '브레스트'라는 이름으로 가장 유명한 도시는 프랑스의 브레스트일 겁니다. 게다가 평화 조약이 반드시 두 국가 중 한 곳에서 체결되는 것도 아닙니다. 따라서 브레스트로 번역하려면 '벨라루스의 브레스트'라고 쓰는 편이 낫습니다.

(11) It speedily became evident that these Bolshevik socialists were men of a very different quality from the rhetorical constitutionalists and revolutionaries of the Kerensky phase. They were fanatical Marxist communists. They believed that their accession to power in Russia was only the opening of a world-wide social revolution, and they set about changing the social and economic order with the thoroughness of perfect faith and absolute inexperience.

그 볼셰비키 사회주의자들은 케렌스키 시대에 말을 앞세우던 입헌주의자들이나 혁명가들과 전혀 다른 성격의 사람들이라는 게 금세 분명해졌다. 그들은 마르크스주의를 신봉하는 광적인 공산주의자들이었다. 러시아에서 권력을 획득한 것은 전 세계로 확대될 사회 혁명의 시작에 불과하다고 생각했다. 볼셰비키는 아무런 경험도 없이 순전히 절대적 믿음만으로 사회와 경제의 질서를 바꿔가기 시작했다.

° **It speedily became evident that** ...을 번역할 때 주의할 게 있습니다. speedily라는 부사의 번역 위치입니다. 우리는 이런 형태의 문장을 만나면, 습관적으로 speedily부터 번역하고 that-절로 넘어가는 경향이 있습니다. 본문의 경우에는 명확히 드러나지 않으므로, It quickly became evident that the 2,000 Russian peacekeepers stationed there would stand aside. (20 Sep 2023)를 예로 들어봅시다. 기계적으로 quickly를 먼저 번역하고 that-절로 넘어가면 "곧 그곳에 배치된 2,000명의 러시아 평화유지군이 물러날 거라는 게 분명해졌다"가 됩니다. 본문의 의도대로 '곧 분명해졌다'는 사라지고, 평화유지군이 '곧 배치된 것'처럼 번역되었습니다. 의도치 않게 오역을 한 셈입니다. 이런 실수를 원천적으로 차단하는 방법은 '부사는 관련된 동사 앞에 번역'하는 것입니다. 반드시 지켜야 할 원칙으로 기억해 두십시오.

° **men of a very different quality from** ...에서 from은 quality를 수식하는 different와 연결되는 전치사입니다. of는 이른바 '소유의 of'입니다. '무척 다른 자질(특성)을 지닌 사람들'이 됩니다. I know a man of quality who never recovered the ridicule of having spelled wholesome without the w. (3 Nov 2006)는 영어 철자의 어려움을 언급한 문장입니다. 이 정도의 힌트를 주면, "나는 wholesome의 철자를 항상 w없이 썼던 잘못을 만회하지 못한 '품격 있는 사람'을 알고 있다"라고 쉽게 번역할 수 있을 겁니다. 사전을 보면 a man of quality를 '신분이 높은 사람'으로 번역해 소개합니다. quality가 과거에 '높은 신분'이란 뜻으로 쓰였기 때문입니다. 요즘에는 '인품, 장점'이란 의미로 주로 쓰입니다. 여하튼 여기에서 of가 '소유'의 뜻을 갖는다는 건 충분히 인식했을 겁니다.

(11) It speedily became evident that these Bolshevik socialists were men of a very different quality from the rhetorical constitutionalists and revolutionaries of the Kerensky phase. They were fanatical Marxist communists. They believed that their accession to power in Russia was only the opening of a world-wide social revolution, and they set about changing the social and economic order with the thoroughness of perfect faith and absolute inexperience.

°**their accession to power in Russia**는 '명사구를 문장으로 번역'한다는 원칙을 적용하여 편하고 멋지게 번역할 수 있습니다. 명사구의 소유격은 주어이므로 their(=Bolshevik socialists)를 주어로 번역하면 됩니다. have access to power(=accede to power)에는 '정권을 잡다'라는 뜻이 있습니다. 따라서 '그들이 러시아에서 정권을 잡는 것'이라 번역하면 크게 어려울 것이 없습니다.

°**set about changing**에서 set about V-ing란 형식은 begin V-ing를 대신해서 의외로 많이 쓰입니다. After Baker's letter, the Met set about considering whether there had been breaches of the laws around ... (21 Aug 2023) (베이커 의원의 편지를 받은 후, 광역 경찰청은 ... 에 대한 법률 위반 여부를 검토하기 시작했다) 여기에서 the Met는 Metropolitan Police Service(광역 경찰청)를 가리킵니다. 여하튼 set about V-ing는 신문만이 아니라 학술 서적에서도 흔히 쓰입니다. United Daughters of the Confederacy, a powerful organization formed in 1894, set about monitoring school curricula so that their take on events would be taught throughout the South. (Richard Cohen, Making History) (1894년에 결성된 강력한 단체, '남부여성연합'은 남북전쟁에 대한 자신들의 견해를 남부 전역에서 가르치도록 학교 교과과정을 감시하기 시작했다)

°**with the thoroughness of perfect faith and absolute inexperience**는 어떻게 번역해야 할까요? 항상 그렇듯이, 문법적 분석이 우선되어야 합니다. 이 전치사구에서는 등위 접속이 눈에 들어옵니다. 무엇이 무엇과 등위 접속된 것일까요? 그 관계를 찾으면 절반 이상을 번역한 것과 똑같습니다. 앞에서 말한 '등위 접속의 원칙'을 적용하면 with the thoroughness of (perfect faith) and (absolute inexperience)가 될 겁니다. 다시 말하면, with (the thoroughness of perfect faith) and (absolute inexperience)는 불가능하다는 뜻입니다. 이렇게 분석을 끝낸 뒤에는 thoroughness가 등위 접속된 두 구절을 재차 강조하는 단어라는 걸 어렵지 않게 파악할 수 있을 겁니다. thoroughness, perfect, absolute가 같은 부류에 속하는 단어들이기 때문입니다. 그 결과는 제안 번역을 참조하도록 하시고, 여러분도 나름대로 번역해 보십시오. 거듭 말하지만 제안 번역은 하나의 예시에 불과합니다.

(12) The western European and the American governments were themselves much too ill-informed and incapable to guide or help this extraordinary experiment, and the press set itself to discredit and the ruling classes to wreck these usurpers upon any terms and at any cost to themselves or to Russia. A propaganda of abominable and disgusting inventions went on unchecked in the press of the world; the Bolshevik leaders were represented as incredible monsters glutted with blood and plunder and living lives of sensuality before which the realities of the Tsarist court during the Rasputin regime paled to a white purity. Expeditions were launched at the exhausted country, insurgents and raiders were encouraged, armed and subsidized, and no method of attack was too mean or too monstrous for the frightened enemies of the Bolshevik regime.

서유럽 국가들과 미국 정부는 그들도 아는 게 거의 없어, 볼셰비키의 특이한 실험을 지도하거나 도와주지 못했다. 어떤 조건에서나 또 어떤 대가를 치르더라도 언론은 이 찬탈자들의 신뢰를 떨어뜨리고, 지배 계급은 이 찬탈자들을 파멸시키려고 애썼다. 역겹고 혐오스럽게 날조된 정보가 아무런 제제도 받지 않고 세계 언론에 계속 실렸다. 예컨대 볼셰비키 지도자들은 살상과 약탈을 일삼고, 라스푸틴 시대에 차르의 궁전에서 펼쳐지던 현실이 순결해 보일 정도로 호색한 삶을 살아가는 믿을 수 없는 괴물로 묘사되었다. 이미 탈진한 상태의 국가에 원정대가 파견되자, 볼셰비키에 반대하는 반란자들은 용기를 얻고 무기와 지원을 받았다. 볼셰비키 정권에 겁먹은 적들에게는 그 어떤 공격 방법도 지나치게 비열하거나 지나치게 잔혹한 것이 아니었다.

° **... much too ill-informed and incapable** to ...에서 much too는 ill-informed만을 수식하고, and는 '인과관계'로 번역해야 합니다. '제대로 몰라서 ...을 할 수 없다'라고 번역하는 겁니다. 등위 접속사 and가 이처럼 인과관계를 유도하는 경우에 대해서는 『원서, 읽(힌)다』에서 좋은 예문을 많이 소개했습니다. 그 책을 참조하십시오.

° **the press set itself to discredit and the ruling classes to wreck these usurpers upon any terms and at any cost to themselves or to Russia.** 참 재밌는 문장입니다. 다시 말하면, 문장의 쓰임새를 정확히 파악해 보면 그 안에 재밌는 문법 사항이 숨어있다는 뜻입니다. 제가 습관처럼 하는 말이지만, 문장이 복잡하더라도 영어는 항상 왼쪽부터 차근차근 접근하는 게 가장 좋습니다. 학창 시절에 "주어-동사부터 찾아라"고 배웠다면, 깨끗이 잊도록 하십시오.
왼쪽부터 보겠습니다. 일단 the press set itself to discredit까지 보게 됩니다. 'set oneself to V : 열심히 ... 하다'이고, discredit은 항상 타동사로 쓰이므로 목적어가 필요한데, 바로 뒤에 and ...가 있어 목적어가 어디론가 사라졌습니다.
이번에는 the ruling classes to wreck these usurpers가 눈에 들어옵니다. 그런데 the ruling classes는 절대 discredit의 목적어가 될 수 없습니다. 그럼 the ruling classes와 to wreck these usurpers는 어떤 관계일까요? to wreck these usurpers가 the ruling classes를 수식하는 to-V로 보면, the ruling classes의 문법적 정체가 아리송해집니다. 관련된 동사가 없어 주어도 될 수 없고, 앞에서 말한 대로 목적어도 될 수 없으니까요. 머리를 핑핑 돌리면, 답이 나옵니다. the ruling classes to wreck these usurpers는 완전히 떠 있는 문장입니다. 이쯤에서 생략을 떠

(12) The western European and the American governments were themselves much too ill-informed and incapable to guide or help this extraordinary experiment, and the press set itself to discredit and the ruling classes to wreck these usurpers upon any terms and at any cost to themselves or to Russia. A propaganda of abominable and disgusting inventions went on unchecked in the press of the world; the Bolshevik leaders were represented as incredible monsters glutted with blood and plunder and living lives of sensuality before which the realities of the Tsarist court during the Rasputin regime paled to a white purity. Expeditions were launched at the exhausted country, insurgents and raiders were encouraged, armed and subsidized, and no method of attack was too mean or too monstrous for the frightened enemies of the Bolshevik regime.

올리면 모든 게 환히 해결됩니다. the ruling classes (set itself) to wreck these usurpers로 분석하면, 앞에서 사라진 discredit의 목적어도 해결됩니다. the press set itself to discredit (these usurpers) and the ruling classes (set itself) to wreck these usurpers ...가 됩니다. upon any terms와 at any cost는 거의 같은 의미로 번역하면 됩니다. to themselves or to Russia는 ... cost를 수식하는 전치사구로 분석하면 충분합니다. 이렇게 분석한 결과가 제안 번역입니다. 더 간결하고 더 나은 번역을 찾는 것은 여러분의 몫입니다.

° A propaganda of abominable and disgusting inventions **went on unchecked** in the press of the world에서 invention은 '만들어진 것, 날조된 것'이란 뜻으로 번역해야 마땅할 것입니다. '날조된 것의 선전이 세계 언론에 계속되다, 끊이지 않다'로 번역되고, 여기에 unchecked가 있습니다. (7)에서 unsupported에 대해 설명했던 내용이 기억나십니까? unchecked도 부사적으로 번역되어야 하지만, 주어의 상태를 가리키고 있어 형용사로 사용되었습니다. 지금까지 살펴본 것을 종합해서 번역하면 '역겹고 혐오스럽게 날조된 것의 선전이 아무런 제제도 받지 않고 세계 언론에서 계속되었다'가 됩니다. 번역이 조금 어색하지요? 본격적으로 조절해 봅시다. ' ... 선전이 계속된다' → '...가 계속 선전된다' → ' ...가 세계 언론에 어떤 제약도 없이 계속 실

린다'. 이런 식으로 조절해 가면 어떨까요? 결론적으로 '역겹고 혐오스럽게 날조된 정보가 아무런 제제도 받지 않고 세계 언론에 계속 실렸다'로 번역하면 충분하지 않을까 싶습니다.

° **; the Bolshevik leaders were represented as incredible monsters glutted with blood and plunder and living lives of sensuality**에서는 세미콜론을 살려 '예컨대' 혹은 '일례로'라는 부사를 덧붙여주는 것도 좋은 번역일 겁니다. 이번에도 왼쪽부터 번역해 봅시다. '볼셰비키 지도자들 – 표현되다 – 믿을 수 없는 괴물로 – 피와 약탈로 채워진(→살상과 약탈을 일삼는)' 일단 여기에서 중단합니다. living lives of sensuality를 어떻게 처리해야 할지 잠깐 고민해야 하기 때문입니다. 구체적으로 말하면, incredible monsters ...와 등위 접속된 것으로 분석할지, blood and plunder와 등위 접속된 것인지 판단해야 합니다. 전자라면 the Bolshevik leaders were represented as incredible monsters glutted with blood and plunder and (as) living lives of sensuality로 봐야 할 것입니다. 후자이면 with [blood and plunder and living lives of sensuality]일 것입니다. 그런데 둘 모두 흡족하지 않습니다. living이 life를 꾸미는 형용사인지 찜찜합니다. 다른 식으로 분석해 보렵니다. the Bolshevik leaders were represented as incredible monsters [glutted with blood and plunder] and [living lives of sensuality]로 등위 접속을 분석하면 어떻습니까? living (lives of sensuality)가 되어, '호색한 삶을 살아가는'이 '믿을 수 없는 괴물'을 수식하는 관계가 됩니다. 이렇게 분석한 데는 뒤에 연결된 관계 대명사도 큰 역할을 했습니다. before which ...여서, 선행사가 사물이지 사람이 아닙니다. 그럼 전자의 분석은 자연스레 배제됩니다. incredible

(12) The western European and the American governments were themselves much too ill-informed and incapable to guide or help this extraordinary experiment, and the press set itself to discredit and the ruling classes to wreck these usurpers upon any terms and at any cost to themselves or to Russia. A propaganda of abominable and disgusting inventions went on unchecked in the press of the world; the Bolshevik leaders were represented as incredible monsters glutted with blood and plunder and living lives of sensuality before which the realities of the Tsarist court during the Rasputin regime paled to a white purity. Expeditions were launched at the exhausted country, insurgents and raiders were encouraged, armed and subsidized, and no method of attack was too mean or too monstrous for the frightened enemies of the Bolshevik regime.

monsters는 '괴물'로 번역되더라도 분명히 '사람'으로 보아야 할 것이기 때문입니다. 이처럼 좌우에 존재하는 모든 것을 참조하며 분석하면, 까다로운 문제도 풀리기 마련입니다. 여기에서는 올바른 분석을 위해 and의 쓰임새에도 관심을 두어야 했습니다. blood와 plunder를 and로 연결한 것은 쉽게 이해되는데, living lives of sensuality의 앞에도 and가 쓰인 이유는 무엇일까? 이런 의문을 가질 때 이때의 and는 blood와 plunder를 연결하는 and와는 별개라는 걸 파악할 수 있습니다.

° before which **the realities of the Tsarist court during the Rasputin regime paled to a white purity**에서 which의 선행사는 lives of sensuality(호색한 삶)입니다. 이 관계절을 다시 연습삼아 왼쪽부터 번역해 보겠습니다. '그들의 호색한 삶 앞에서 – 차르 궁전의 현실(→실제로 펼쳐졌던 상황) – 라스푸틴 시대에 – 창백해지다 + 새하얀 순결로(→하얗게 변하다/순결하게 보이다)'. 이렇게 나열된 항목들을 적절히 조합하면 원하는 번역문을 만들 수 있습니다.

° **Expeditions were launched at the exhausted country, insurgents and raiders were encouraged, armed and subsidized** ... 문장도 원칙적으로 접근하면, 그다지 어려운 번역이 아닙니다. 세 절이 등위 접

속된 문장입니다. 물론 세 번째로 접속되는 절에만 and가 쓰였고요. 이때 and가 원인-결과를 유도하지는 않는지 파악하는 것도 번역가에게 요구되는 능력입니다. 여기에서는 적어도 첫 절과 둘째 절 사이에는 인과관계가 있는 게 분명하고, 마지막 절은 덧붙은 정보로 번역해도 무방할 듯합니다. 따라서 첫 절과 둘째 절은 한꺼번에 번역하고, 마지막 절은 별도로 번역하는 방법을 선택하는 게 좋겠습니다. 특히 마지막 절(no method of attack was too mean or too monstrous for the frightened enemies of the Bolshevik regime)을 번역할 때는 주의해야 합니다. no 명사 be too 형용사 for N은 최상급적 의미가 풍기도록 번역되어야 합니다. 그 결과는 제안 번역을 참조하도록 하십시오.

(13) In 1919, the Russian Bolsheviks, ruling a country already exhausted and disorganized by five years of intensive warfare, were fighting a British Expedition at Archangel, Japanese invaders in Eastern Siberia, Roumanians with French and Greek contingents in the south, the Russian Admiral Koltchak in Siberia and General Deniken, supported by the French fleet, in the Crimea. In July of that year an Esthonian army, under General Yudenitch, almost got to Petersburg. In 1920 the Poles, incited by the French, made a new attack on Russia; and a new reactionary raider, General Wrangel, took over the task of General Deniken in invading and devastating his own country. In March, 1921, the sailors at Cronstadt revolted. The Russian Government under its president, Lenin, survived all these various attacks. It showed an amazing tenacity, and the common people of Russia sustained it unswervingly under conditions of extreme hardship. By the end of 1921 both Britain and Italy had made a sort of recognition of the communist rule.

1919년 러시아 볼셰비키 정권은 5년간 격렬한 전쟁으로 이미 기력을 소진하고 조직마저 무너진 국가를 통치하면서도 아르한겔스크에서는 영국 원정대와 싸웠고, 동시베리아에서는 일본 침략군과, 남쪽에서는 프랑스 및 그리스 파견대와 함께 진격하는 루마니아군과 싸웠으며, 한편 시베리아에서는 러시아 제독 알렉산드르 콜차크와, 크림 반도에서는 프랑스 함대의 지원을 받은 안톤 이바노비치 데니킨 장군과 싸워야 했다. 그해 7월에는 유데니치 장군의 지휘하에 에스토니아 군대가 거의 상트페테르부르크까지 진격해 왔다. 1920년이 되자 프랑스의 부추김에 넘어간 폴란드까지 러시아 공격에 가담했고, 데니킨 장군의 역할을 이어받은 새로운 반군 지도자, 브란겔 장군이 자국을 침범해 파괴를 일삼았다. 1921년 3월에는 크론시타트 군항에서 해군 수병들이 반란을 일으켰다. 레닌을 수반으로 한 러시아 정부는 이 모든 공격을 견뎌냈다. 러시아 정부는 실로 놀라운 끈기를 보여주었으며 러시아 민중은 극한의 고난 속에서도 정부를 굳건히 지지했다. 1921년이 끝나갈 무렵에는 마침내 영국과 이탈리아가 러시아 공산주의 정권을 그럭저럭 인정해 주었다.

(13) In 1919, the Russian Bolsheviks, ruling a country already exhausted and disorganized by five years of intensive warfare, were fighting a British Expedition at Archangel, Japanese invaders in Eastern Siberia, Roumanians with French and Greek contingents in the south, the Russian Admiral Koltchak in Siberia and General Deniken, supported by the French fleet, in the Crimea. In July of that year an Esthonian army, under General Yudenitch, almost got to Petersburg. In 1920 the Poles, incited by the French, made a new attack on Russia; and a new reactionary raider, General Wrangel, took over the task of General Deniken in invading and devastating his own country. In March, 1921, the sailors at Cronstadt revolted. The Russian Government under its president, Lenin, survived all these various attacks. It showed an amazing tenacity, and the common people of Russia sustained it unswervingly under conditions of extreme hardship. By the end of 1921 both Britain and Italy had made a sort of recognition of the communist rule.

°첫 문장부터 상당히 장문입니다. 내용을 들여다보면, 볼셰비키는 외부의 적만이 아니라 내부의 적과도 싸워야 했다는 이야기입니다. 이때 번역가로서 갈등이 생길 수 있습니다. 독자의 이해를 돕는다는 명목에서 '외국 군대의 침략에 맞서 싸워야 했다'와 '한편 내부의 적과도 싸워야 했다'라는 식의 표현을 만들어 넣으면서, 문장을 2-3개로 분할해 번역하는 것도 괜찮지 않겠느냐고 생각할 독자가 있을 겁니다. 개인적으로 이런 번역을 크게 반대하지는 않습니다. 예, 얼마든지 가능합니다. 하지만 번역가는 가급적 드러나지 않아야 한다는 게 제 생각이기도 합니다. 다시 말해서, 문장이 아무리 길더라도 독자가 무리 없이 읽어낼 수 있도록 번역한다면 한 문장으로 번역하는 게 최선일 겁니다. 이런 번역을 위해서는 뭐랄까 장단 같은 것을 잘 맞추어야 합니다. 첫 문장의 서술부를 예로 들어 설명해 보겠습니다. fighting a British Expedition at Archangel, / (fighting) Japanese invaders in Eastern Siberia, / (fighting) Roumanians with French and Greek contingents in the south, // (fighting) the Russian Admiral Koltchak in Siberia / (fighting) General Deniken, supported by the French fleet, in the Crimea가 됩니다. 빗금 둘(//)이 사용된 부분에서 외국과 러시아로 나뉜다는 것도 주목할 필요가 있고, 이 구분을 어떻게 표현할까도 고민할 필요가 있을 겁니다.

° **Russian Bolsheviks**에서 볼셰비키는 원래 '다수파'라는 뜻입니다. '러시아 사회민주노동당'의 한 당파가 볼셰비키였던 겁니다. 결국 볼셰비키는 러시아에만 존재한 정파였던 셈입니다. 따라서 본문에서 '러시아 볼셰비키'라고 표현하지만 번역에서는 축약해서 '볼셰비키'로만 표기해도 잘못된 것은 아닙니다. 이것도 번역가의 선택에 달린 것입니다.

° **Archangel**의 경우, 이미 앞에서 언급한 것으로 기억합니다만, 다시 한 번 강조하면 고유 명사는 인명이든 지명이든 해당 국가의 발음대로 표기해 주는 게 원칙입니다. Archangel은 영어 명칭이고, 이 지역은 러시아에 있으므로, 러시아어로 어떻게 발음되는지를 찾아야 합니다. 러시아어로는 Архáнгельск이고 '아르한겔스크'가 됩니다. 그럼 인명이나 지명이 어느 나라의 것인지를 어떻게 알 수 있을까요? 요즘에는 이에 대한 음독을 찾는 게 그다지 어렵지는 않습니다. 무엇보다 위키피디아가 최적의 도구입니다. 번역가는 위키피디아와 친해지는 게 좋습니다.

° **almost got to Petersburg.** 'get to + 장소'는 '...에 도착하다, 이르다'라는 뜻이고, 주어가 군대이므로 '...까지 진격하다'라고 번역하는 게 훨씬 적합하다고 생각합니다.

° **incited by the French**에서 incite를 어떻게 번역하겠습니까? incite를 '자극하다'라는 뜻으로 알고 있는 독자가 많을 겁니다. 맞습니다. 그럼 '프랑스의 자극을 받은 폴란드까지 러시아 공격에 가담했다'가 됩니다.

(13) In 1919, the Russian Bolsheviks, ruling a country already exhausted and disorganized by five years of intensive warfare, were fighting a British Expedition at Archangel, Japanese invaders in Eastern Siberia, Roumanians with French and Greek contingents in the south, the Russian Admiral Koltchak in Siberia and General Deniken, supported by the French fleet, in the Crimea. In July of that year an Esthonian army, under General Yudenitch, almost got to Petersburg. In 1920 the Poles, incited by the French, made a new attack on Russia; and a new reactionary raider, General Wrangel, took over the task of General Deniken in invading and devastating his own country. In March, 1921, the sailors at Cronstadt revolted. The Russian Government under its president, Lenin, survived all these various attacks. It showed an amazing tenacity, and the common people of Russia sustained it unswervingly under conditions of extreme hardship. By the end of 1921 both Britain and Italy had made a sort of recognition of the communist rule.

프랑스의 자극을 받은 폴란드? 프랑스가 러시아를 공격했기 때문에, 폴란드가 거기에 자극을 받았다는 걸까요? 본문에도 언급되지 않지만, 1920년 초에 프랑스군이 러시아를 직접적으로 공격한 사례는 없습니다. 따라서 incite는 '자극하다'가 아닌 다른 뜻으로 번역하는 방법을 생각해 보는 게 낫습니다. 논픽션은 독자에게 '정보'(information)를 전달하는 장르라 할 때, 모호하게 번역하는 것보다는 명확히 번역하는 게 더 나으니까요. 쉽게 말하면, 애매하지 않게(without ambiguity) 번역해야 합니다. incite는 영영사전에서 'to cause (someone) to act in an angry, harmful, or violent way'로 설명됩니다. '부추김을 받다, 선동되다'라는 번역어가 어떻습니까? '프랑스의 선동에 폴란드까지 ...'가 좋지 않습니까? '선동'이란 단어가 폴란드의 자존심에 상처를 준다면, 조금 완화해서 '프랑스의 부추김에...'는 어떻습니까?

° **a new reactionary raider**라는 표현이 쉽게 와닿지 않습니다. a new reactionary raider가 General Wrangel이고, raider가 일반적으로 '침입자'로 번역되지만 General Wrangel은 러시아 장군이기 때문입니다. 러시아 장군이 '침입자'가 되기는 불가능하지 않습니까? 그런데 뒤에서 invading and devastating his own country라며 '침략'에 해당하는 invade라는 동사가 사용됩니다. 당시 러시아 역사를 알면, 이

부분을 번역하는 데 도움이 됩니다. 번역가가 이런 것까지 알아야 하느냐고 반문할 독자도 있겠지만, 세계사를 간략히 정리한 역사서이기 때문에 당시 러시아 역사로 축약될 수밖에 없습니다. 하지만 저자는 나름대로 당시 역사를 제시하려고 노력한 흔적이 보입니다. a new reactionary raider에서 new와 raider라는 단어가 그것입니다. 앞서 데니킨이 크림 반도에 반란을 일으켰다는 내용이 있습니다. 정확히 말하면, 데니킨이 크림 반도를 포함한 남부에 '남러시아'라는 준국가를 세우며 최고 사령관이 됩니다. 볼셰비키 정권에 대한 반란인 셈이지요. 하지만 사방에서 비난을 받고 정서적으로 지쳤던지 1920년 최고 사령관을 사임하고 브란겔이 후임 최고 사령관으로 취임합니다. 따라서 브란겔은 new이고, 역시 남러시아라는 준국가의 수장으로 러시아를 침입하게 되므로 raider가 맞습니다. 그럼 a new reactionary raider라는 표현이 이해되지요? 이런 역사를 어떻게 아느냐고요? 제가 세계사에 통달한 것은 아닙니다. 논픽션 저자가 자료를 수집해 글을 쓰듯이, 논픽션 번역가는 더 나은 번역을 위해 약간의 그런 노력이 필요합니다. 저는 개인적으로 위키피디아(물론 영어판)를 최대한 활용합니다. 그럼 a new reactionary raider, General Wrangel, took over the task of General Deniken in invading and devastating his own country를 어떻게 번역할까요? '데니킨 장군의 역할을 이어받은 새로운 반군 지도자, 브란겔 장군이 자국을 침략해 파괴를 일삼았다'로 번역할 수 있습니다.

In 1920 the Poles, incited by the French, made a new attack on Russia; and a new reactionary raider, General Wrangel, took over the task of General Deniken in invading and devastating his own country. 여기에서 주의할 점은 1920년에는 두 건의 사건이 세미콜론으로 연결됩니

(13) In 1919, the Russian Bolsheviks, ruling a country already exhausted and disorganized by five years of intensive warfare, were fighting a British Expedition at Archangel, Japanese invaders in Eastern Siberia, Roumanians with French and Greek contingents in the south, the Russian Admiral Koltchak in Siberia and General Deniken, supported by the French fleet, in the Crimea. In July of that year an Esthonian army, under General Yudenitch, almost got to Petersburg. In 1920 the Poles, incited by the French, made a new attack on Russia; and a new reactionary raider, General Wrangel, took over the task of General Deniken in invading and devastating his own country. In March, 1921, the sailors at Cronstadt revolted. The Russian Government under its president, Lenin, survived all these various attacks. It showed an amazing tenacity, and the common people of Russia sustained it unswervingly under conditions of extreme hardship. By the end of 1921 both Britain and Italy had made a sort of recognition of the communist rule.

다. 그러고는 1921년으로 넘어 갑니다. 따라서 두 사건을 별개로 번역하지 말고, 제안 번역에서 보듯이 연결해 번역하며, 1921년의 사건과 명확히 구분하는 게 좋습니다.

° **the sailors at Cronstadt**에서 sailor를 어떻게 번역해야 할까요? 크게 고민하지 않고 '크론시타트에서 선원들'이라 번역하면 그냥 뱃사람들이 반란을 일으킨 것처럼 생각되지 않을까요? 하지만 일반적인 역사책을 보면 a group of naval officers and men이 반란을 일으킨 것으로 기록되어 있습니다. 따라서 크론시타트 군항이라 번역하더라도 sailor가 해군인 걸 명확히 해 주는 게 나을 겁니다. '해군 수병'이면 어떨까요?

° **It showed an amazing tenacity, and the common people of Russia sustained it unswervingly** ...에서 it은 당연히 The Russian Government를 대신하는 대명사입니다. sustain은 '유지하다'보다는 '지지하다'라는 번역어가 더 어울립니다. sustain에 '지지하다'라는 뜻이 있느냐고요? 예, 있습니다. 두 눈을 부릅뜨고 찾으면 보입니다. 거듭 말하지만, 여러분이 익히 알고 있는 단어의 뜻을 사용한 결과 번역의 흐름이 이상하게 느껴지면, 그 단어에 다른 뜻이 있는 겁니다. 이럴 땐 반드시 사전을 검색해서 더 적합한 뜻을 찾으십시오.

° **... had made a sort of recognition of the communist rule.** a sort of recognition에서 a sort of를 빼고 생각해 봅시다. ... had made a recognition of the communist rule이 됩니다. make a recognition of = recognize라는 관계에 있다는 건 앞에서도 다른 경우를 예로 들어 설명했습니다. recognize가 군더더기 없이 이렇게 다시 쓰였다면 '러시아 공산주의 정권을 인정해 주었다'라고 번역하겠지만 a sort of라는 군더더기가 붙었습니다. a sort of는 사전에서 '일종의'라는 뜻으로 소개됩니다. 이 뜻을 위의 번역에 끼워넣으면 이상해집니다. '러시아 공산주의 정권에게 일종의 인정을 주었다'. 아무리 생각해도 이상하지요? 어차피 a sort of가 recognition을 꾸미는 수식어라면, recognition이 recognize로 동사가 되면 a sort of는 관련된 부사로 바뀌어야 합니다. a sort of와 관련된 부사가 무엇일까요? 제 생각에는 sort of/kind of가 가장 가까운 듯합니다. a sort of something은 '일종의 something'이므로 something을 직접적으로 가리키는 표현이 아닙니다. 케임브리지 사전을 보면, kind of와 sort of도 "They soften other words and phrases so that they do not appear too direct or exact"라고 설명합니다. 물론 부사이고요. 그 뜻은 '어느 정도, 다소'가 될 겁니다. 따라서 마지막 문장은 '1921년이 끝나갈 무렵에는 마침내 영국과 이탈리아가 러시아 공산 정권을 그럭저럭 인정해 주었다'가 될 겁니다. '그럭저럭' 대신에 '마뜩잖지만'이란 번역어도 생각해 봄 직합니다.

(14) But if the Bolshevik Government was successful in its struggle against foreign intervention and internal revolt, it was far less happy in its attempts to set up a new social order based upon communist ideas in Russia. The Russian peasant is a small land-hungry proprietor, as far from communism in his thoughts and methods as a whale is from flying; the revolution gave him the land of the great landowners but could not make him grow food for anything but negotiable money, and the revolution, among other things, had practically destroyed the value of money.

그러나 볼셰비키 정부가 외국의 간섭과 국내의 반란을 제압하는 데는 성공했더라도 러시아에 공산주의 사상에 기초하여 새로운 사회 질서를 정립하는 데는 만족할 만한 성과를 거두지 못했다. 러시아 농민들은 땅에 집착하는 소규모 지주들이었고, 고래가 하늘을 날 수 없듯이 러시아 농민들은 사고방식과 생활방식에서 공산주의 사상과 거리가 멀었다. 혁명은 그들에게 대지주들의 땅을 나누어 주었지만, 돈이 아닌 다른 어떤 것을 위해 농사를 짓도록 만들기는 어려웠다. 게다가 혁명은 다른 무엇보다도 돈의 가치를 실질적으로 파괴해 버렸다.

° **in its struggle against foreign intervention and internal revolt**에서 it은 Bolshevik Government를 가리킵니다. 이때 대명사는 주어가 같으므로 굳이 번역할 필요는 없을 겁니다. '명사구와 절'의 관계를 설명한 부분에서 말했듯이, its struggle against foreign intervention ...에서 소유격 its가 struggle의 주어입니다. 따라서 '볼셰비키 정부는 (볼셰비키 정부가 외국의 간섭과 국내의 반란에 저항해 싸우는 데) 성공했다'가 됩니다. 그럼 괄호 속의 볼셰비키 정부를 지우고, '반란에 저항해 싸우는 데 성공'했으므로 '반란을 제압하는 데 성공'으로 바꾸면 훨씬 더 나은 번역이 될 겁니다. 결국 struggle against의 번역으로 항상 '제압'(혹은 진압)을 머릿속에 담아 두는 것도 괜찮은 방법입니다. Washington helped the Mogadishu warlords in their failed struggle against the SCIC earlier this year. (10 Dec 2006) (워싱턴은 올해 초 모가디슈의 군벌들을 지원해 SCIC를 제압하려 했지만 실패했다)

° **it was far less happy in** ...에서 it도 당연히 Bolshevik Government를 가리킵니다. far로 수식되는 비교급은 '훨씬 ...하다'로 번역하는 것이 상식이고, 여기에서 문제는 happy에 합당한 번역어입니다. '볼셰비키 정부가 ...에서는 불행했다'? 번역이 좀 이상하지 않습니까? 결국 happy의 번역이 적절하지 않다는 뜻입니다. 이런 경우엔 happy의 뜻을 찾아 사전을 뒤적거려야 합니다. 아니, happy의 뜻을 사전에서 찾으라고? 자존심이 허락하지 않을 수 있지만, 전체적인 맥락에 어울리지 않는 '불행하다'라는 뜻을 쓰고 자족하는 것보다는 자존심을 꺾고 happy의 새로운 뜻을 찾아 사전을 뒤지는 쪽이 훨씬 낫습니다. 거듭 말하지만, 번역가가 고생할수록 독자는 편합니다! '만족스러운'이란

(14) But if the Bolshevik Government was successful in its struggle against foreign intervention and internal revolt, it was far less happy in its attempts to set up a new social order based upon communist ideas in Russia. The Russian peasant is a small land-hungry proprietor, as far from communism in his thoughts and methods as a whale is from flying; the revolution gave him the land of the great landowners but could not make him grow food for anything but negotiable money, and the revolution, among other things, had practically destroyed the value of money.

뜻이 보일 겁니다. 이 뜻을 '만족스러운 성과를 얻지 못했다'라고 변형할 수 있다면 최고의 번역가가 아닐 수 없겠습니다.

° **The Russian peasant**는 어떻게 번역해야 할까요? 표면적으로 단수이므로 '러시아 농민'이라고 단수로 번역해야 할까요? 뒤에도 관련된 대명사가 his, him으로 쓰여, 집합 명사라면 '농민이란 계급'을 강조한 것으로 볼 수 있을 겁니다. 하지만 우리나라 사전들에서 peasant는 '농민', '소작농'이라고 개체 명사로만 소개되고, 케임브리지 사전에서도 a member of a low social class of farm workers and owners of small farms라고 '한 명'을 가리킵니다. 실제로 이 책에서도 peasant가 복수로 사용될 때는 peasants / the Russian peasants(6), the peasant cultivators(15)로 쓰입니다. 그래도 여기에서는 분명히 집합명사로 쓰였습니다. 따라서 형태는 단수이지만, 번역에서는 과감히 복수로 번역하는 것도 괜찮은 방법이라 생각합니다. 더구나 뒤에 나오는 him의 번역에서는 단수보다 복수가 훨씬 더 어울립니다. 참고로 덧붙이자면, 이 글의 저자 웰스는 영국인입니다.

° **as far from communism in his thoughts and methods as a whale is from flying**은 생략이 적용된 전형적인 예입니다. (be) as far from communism in his thoughts and methods as a whale is (far) from flying이 원래 문장입니다. 이 문장을 번역하려면 be far from ...의 뜻을 파악하는 게 우선일 것이고, as ~ as ...라는 동등 비교가 사용된 문

장이란 것은 어렵지 않게 파악됩니다. be far from ...은 앞의 비교 대상이 '...와 거리가 멀다'라는 상징적인 뜻으로 충분히 쓰일 수 있지만, 그 번역이 고래와 비행에는 어울리지 않는다고 생각되면 far from = not at all을 사용하면 됩니다. 따라서 '그들의 사고방식과 삶의 방식에서 공산주의와 거리가 멀었다'와 '고래가 비행과 거리가 멀다, 혹은 고래가 전혀 날지 못하다', 이 둘을 비교하는 식으로 번역하면 됩니다. 동등 비교를 충실히 지키면 '고래가 하늘을 날 수 없는 것만큼이나, 러시아 농민들도 사고방식과 생활방식에서 공산주의 사상과 거리가 멀었다'가 될 겁니다. 하지만 동등 비교는 결국 '같다'는 뜻이므로, 이 관계를 응용해서 번역하는 방법도 생각해 볼 수 있습니다. 예컨대 '고래가 하늘을 날 수 없듯이, 사고방식과 생활방식에서 러시아 농민들은 공산주의 사상과 거리가 멀었다'라고 번역하면 어떨까요? 아니면 전체적으로 뭉뚱그려 '러시아 농민들의 사고방식과 생활방식은 공산주의 사상과 어울리지 않았다'라는 파격적 번역의 가능성도 생각해 볼 수 있을 겁니다. 사상과 비교되는 대상이 사람보다는 사고방식인 쪽이 더 어울릴 테니까요

° **... make him grow food for anything but negotiable money**는 사역동사가 사용된 전형적인 예입니다. negotiable money는 법률 용어로 주로 쓰이며 current coin/bank and currency notes/uncrossed cheques 등을 가리킵니다. 쉽게 말해서 '유통되는 돈'입니다. 결국 '돈'이라 번역해도 크게 문제될 게 없습니다. grow food for ...는 '...을 위해 식량을 재배하다' → '...을 위해 경작하다(농사를 짓다)'를 뜻합니다. food에 너무 집착하지 마십시오. Will there be enough water to grow food for the nine billion people living on planet earth by 2050? (18

(14) But if the Bolshevik Government was successful in its struggle against foreign intervention and internal revolt, it was far less happy in its attempts to set up a new social order based upon communist ideas in Russia. The Russian peasant is a small land-hungry proprietor, as far from communism in his thoughts and methods as a whale is from flying; the revolution gave him the land of the great landowners but could not make him grow food for anything but negotiable money, and the revolution, among other things, had practically destroyed the value of money.

Jan 2013) (2050년쯤 지구에서 살아가는 90억 인구를 먹일 만한 식량을 재배하기에 충분한 물이 있을까?)

(15) Agricultural production, already greatly disordered by the collapse of the railways through war-strain, shrank to a mere cultivation of food by the peasants for their own consumption. The towns starved. Hasty and ill-planned attempts to make over industrial production in accordance with communist ideas were equally unsuccessful. By 1920 Russia presented the unprecedented spectacle of a modern civilization in complete collapse. Railways were rusting and passing out of use, towns were falling into ruin, everywhere there was an immense mortality. Yet the country still fought with its enemies at its gates. In 1921 came a drought and a great famine among the peasant cultivators in the war-devastated south-east provinces. Millions of people starved.

농업 생산은 전쟁의 후유증으로 철로가 붕괴된 까닭에 이미 크게 혼란 상태에 빠진 터라, 농민들이 자체 소비를 위한 식량만을 경작하는 수준으로 줄어들었다. 도시는 굶주릴 수밖에 없었다. 산업 생산을 공산주의 사상에 맞추어 전환하려는 시도들도 치밀하게 계획되지 못하고 급조되어 실패하고 말았다. 1920년쯤 러시아는 근대 문명이 완전히 몰락하는 전례 없는 광경을 보여주었다. 철도는 녹슬어 사용할 수 없게 되었으며, 도시는 폐허가 되고, 곳곳에서 수많은 사람이 죽어갔다. 하지만 러시아는 여전히 국경 곳곳에서 적에 맞서 싸웠다. 1921년에는 가뭄이 닥쳤고, 그렇잖아도 전쟁으로 폐허가 된 남동부 지역의 농민들은 대기근을 겪어야 했다. 결국 수백만 명이 굶어 죽었다.

° **war-strain**은 사전을 뒤적여도 나오지 않는 단어입니다. 이런 단어의 뜻은 어떻게 파악해야 할까요? war-strain은 복합 명사로 쓰인 게 분명하므로, war + strain를 결합해 새로운 뜻을 만들어야 합니다. strain은 '부담, 압박, 피로'를 뜻하므로 through war-strain은 '전쟁의 후유증으로'라고 번역하면 어떨까 싶습니다. 아니면 전쟁은 어차피 부담스런 것이기 때문에 과감히 -strain을 생략해서 '전쟁으로'라고 번역해도 괜찮지 않을까 싶습니다.
뒷부분에 쓰인 war-devastated도 마찬가지입니다. war-strain과 달리, war-devastated는 상당히 빈번하게 쓰이는 단어입니다. 그렇더라도 이 복합어가 명확히 사전에 등록되어 있는 것은 아닙니다. devastated의 뜻을 war에 접목해서 '전쟁으로 황폐화된'이란 뜻을 만들어내는 수밖에 없습니다. As we know from Bosnia's experience, once settled abroad, many refugees are understandably reluctant to return to a war-devastated country. (4 May 1999) (보스니아의 사례에서 보듯이, 많은 난민이 일단 해외에 정착하면, 전쟁으로 황폐화된 조국으로 돌아가는 걸 꺼리며, 그런 거부감은 충분히 이해된다)

Agricultural production, already greatly disordered by the collapse of the railways through war-strain, ... 그럼 이 첫 문장 전체는 어떻게 번역하는 게 좋을까요? 이 문장을 연습 문제로 내놓으면 대부분이 already greatly disordered by the collapse of the railways through war-strain을 먼저 번역하고, Agricultural production을 수식하는 형용사절로 파악해 "전쟁 때문에 철도 체계가 붕괴하면서 이미 혼란 상태에 빠져있던 농업 생산"이라 번역합니다. 물론 이 번역이 잘못된 것은 아닙니다. 하지만 이 단락의 주제가 '농업 생산'이란 점을 고려하면, 솔직히 말해서 주제어가 나중에 등장하는 게 마뜩잖습니다. 따라서

(15) Agricultural production, already greatly disordered by the collapse of the railways through war-strain, shrank to a mere cultivation of food by the peasants for their own consumption. The towns starved. Hasty and ill-planned attempts to make over industrial production in accordance with communist ideas were equally unsuccessful. By 1920 Russia presented the unprecedented spectacle of a modern civilization in complete collapse. Railways were rusting and passing out of use, towns were falling into ruin, everywhere there was an immense mortality. Yet the country still fought with its enemies at its gates. In 1921 came a drought and a great famine among the peasant cultivators in the war-devastated south-east provinces. Millions of people starved.

'농업 생산은 전쟁의 후유증으로 철로가 붕괴된 까닭에 이미 크게 혼란 상태에 빠진 터라 ...'라고 번역한 뒤에 진짜 술부(shrank to a mere cultivation of food by the peasants for their own consumption)를 이어 번역하는 게 최선이라 생각합니다. 다시 말하면 (having been) already greatly disordered by the collapse of the railways through war-strain에서 having been이 생략된 분사절로 분석하라는 겁니다. 이렇게 번역하면, 제가 항상 강조하듯이 원문의 순서도 충실히 반영한 것이 되고요.

°**a mere cultivation of food by the peasants for their own consumption**은 꽤나 복잡한 명사구이지요? 이런 경우도 의미 단위로 쪼개서 번역한 뒤에 결합하면 문제가 쉽게 해결됩니다.
a mere cultivation of food(식량만을 경작) / by the peasants(농민들이) / for their own consumption(자체 소비를 위해). 여기에서 by the peasants를 주어처럼 번역한 이유를 짐작하시겠습니까? 명사구는 절로 번역하는 게 좋고, 명사구는 문장이 수동 구문으로 변한 뒤에 전치사 of 등이 삽입된 것이라 설명했던 부분을 기억해 보십시오. 이 모든 것을 기억해 냈다는 조건에서 이 명사구를 번역하면 '농민들이 자체 소비를 위한 식량만을 경작하는 (수준)'이 될 겁니다. mere를 어떻게 처리했는지 눈여겨보고 익혀두는 것도 좋습니다.

° **to make over industrial production in accordance with communist ideas**에서는 make over의 쓰임새를 정확히 파악하는 게 관건입니다. make over는 일반적으로 make something(A) over to something(B)라는 형태로 쓰이며 'A를 B로 바꾸다/고치다'라고 번역됩니다. 여기에서는 in accordance with communist ideas가 to something(B)에 해당한다고 보아도 무방합니다. 따라서 '산업 생산을 공산주의 사상에 맞추어 전환하려는 시도들'이라 번역하면 충분합니다.

° **... were equally unsuccessful**에서 equally의 번역에 대해 잠시 설명해 보려 합니다. 대부분의 번역가가 '마찬가지로', '똑같이'라고 번역할 것이고, 그 선택은 결코 잘못된 것이 아닙니다. 그런데 이렇게 equally를 부사로 옮겨 넣으면 '... 시도들이 치밀하게 계획되지 못하고 급조되어 마찬가지로(똑같이) 실패하고 말았다'가 됩니다. 그렇다면 무엇과 똑같다는 뜻일까요? 물론, 식량 생산이 그 비교 대상입니다. 그렇다면, '마찬가지로'나 '똑같이'라는 부사를 동사에 덧붙이는 대신에 '시도들도'라고 '도'라는 조사를 사용하면 훨씬 더 간단하지 않을까요? 저라면 '도'를 선택하겠지만, 이 선택도 결국에는 번역가의 몫입니다.

° **the unprecedented spectacle of a modern civilization in complete collapse**에서 of는 '동격의 of'로 봐야 합니다. 다시 말하면, the unprecedented spectacle = a modern civilization in complete collapse로 번역하라는 뜻입니다. '전례 없는 광경' = '완전히 몰락한 근대 문명'이라는 관계를 염두에 두고 번역하면 어려울 게 없을 겁니다. 결국 문제는 전치사 of의 구조적 해석입니다.

(15) Agricultural production, already greatly disordered by the collapse of the railways through war-strain, shrank to a mere cultivation of food by the peasants for their own consumption. The towns starved. Hasty and ill-planned attempts to make over industrial production in accordance with communist ideas were equally unsuccessful. By 1920 Russia presented the unprecedented spectacle of a modern civilization in complete collapse. Railways were rusting and passing out of use, towns were falling into ruin, everywhere there was an immense mortality. Yet the country still fought with its enemies at its gates. In 1921 came a drought and a great famine among the peasant cultivators in the war-devastated south-east provinces. Millions of people starved.

° **everywhere there was an immense mortality**에서 mortality는 집합 명사로 사용된 '사람'이나 '인류'가 아닐 겁니다. 따라서 다른 뜻을 찾으면 '사망자 수'라는 뜻이 있습니다. '엄청난 사망자 수가 있었다'이므로 '엄청나게 많은 사람이 죽었다'라고 자연스레 번역할 수 있을 겁니다.

° **at its gates**에서 gate가 무엇일까요? 기본적인 뜻은 '대문'입니다. 그렇다고 '대문에서 싸웠다'라는 번역은 좀 곤란합니다. 한 국가의 대문은 어디일까요? 제 생각에는 '국경'일 것 같습니다. 하지만 순진하게 '국경에서 싸웠다'라고 번역해서는 안 됩니다. 이 경우에는 gates가 복수로 쓰인 것에 주목해서, '국경 곳곳에서'라는 번역어를 만들어낼 수 있어야 합니다.

° **In 1921 came a drought and a great famine** ...은 주어-동사가 도치된 문장입니다. 이 마지막 문장에서 ...로 처리한 부분(among the peasant cultivators in the war-devastated south-east provinces)이 a drought까지 수식한다고 보기에는 무리가 있습니다. 그렇게 번역하면, 러시아 전역에 가뭄이 닥친 게 아니라, 남동부 지역에만 가뭄이 닥친 것으로 되니까요. 여하튼 도치된 문장을 즉각적으로 파악하는 능력이 필요하기는 합니다. 그래야 번역이 쉬워지니까요.

Pre-Raphaelitism: William Turner

존 러스킨

문법적인 차이가 곧
문체의 차이입니다

(1)Towards the close of the last century, among the various drawings executed, according to the quiet manner of the time, in grayish blue, with brown foregrounds, some began to be noticed as exhibiting rather more than ordinary diligence and delicacy, signed W. Turner. There was nothing, however, in them at all indicative of genius, or even of more than ordinary talent, unless in some of the subjects a large perception of space, and excessive clearness and decision in the arrangement of masses. Gradually and cautiously the blues became mingled with delicate green, and then with gold; the browns in the foreground became first more positive, and then were slightly mingled with other local colors; while the touch, which had at first been heavy and broken, like that of the ordinary drawing masters of the time, grew more and more refined and expressive, until it lost itself in a method of execution often too delicate for the eye to follow, rendering, with a precision before unexampled, both the texture and the form of every object. The style may be considered as perfectly formed about the year 1800, and it remained unchanged for twenty years.

지난 세기가 저물어갈 무렵, 그 시대의 차분한 방식에 따라, 갈색 전경에 회청색으로 그려진 여러 그림 중에서 몇몇 작품은 흔히 보던 수준을 넘어서는 성실함과 섬세함을 보여주며 주목받기 시작했고, 그 작품들에는 어김없이 윌리엄 터너라는 서명이 있었다. 하지만 대담한 공간 인식, 과도할 정도로 명료하고 결단력 있게 대상들을 배치했다는 특징을 보여주는 일부 작품을 제외하면 천재적 면모는커녕 평범한 재능을 넘어서는 모습도 찾아보기 어려웠다. 푸른색이 옅은 초록색과 조금씩 조심스레 섞인 뒤에는 황금색과도 뒤섞였다. 전경에서 갈색은 처음에 상대적으로 뚜렷했지만, 나중에는 다른 고유색들과 약간 뒤섞였다. 붓질은 당시 평범한 미술 교사들의 붓질처럼 초기에는 거칠고 끊기는 경우가 잦았지만 점차 세련되고 깊은 표현력을 띠는 쪽으로 발전했고, 최종적으로는 눈으로 쫓아가기 힘들 정도로 지독히 정교하게 변하며 모든 사물의 질감과 형태를 전례가 없을 정도로 정밀하게 표현해냈다. 이런 화풍은 1800년경에 완전히 형성된 것으로 여겨지며, 그 이후로 20년 동안 변하지 않았다.

(1) Towards the close of the last century, among the various drawings executed, according to the quiet manner of the time, in grayish blue, with brown foregrounds, some began to be noticed as exhibiting rather more than ordinary diligence and delicacy, signed W. Turner. There was nothing, however, in them at all indicative of genius, or even of more than ordinary talent, unless in some of the subjects a large perception of space, and excessive clearness and decision in the arrangement of masses. Gradually and cautiously the blues became mingled with delicate green, and then with gold; the browns in the foreground became first more positive, and then were slightly mingled with other local colors; while the touch, which had at first been heavy and broken, like that of the ordinary drawing masters of the time, grew more and more refined and expressive, until it lost itself in a method of execution often too delicate for the eye to follow, rendering, with a precision before unexampled, both the texture and the form of every object. The style may be considered as perfectly formed about the year 1800, and it remained unchanged for twenty years.

° according to **the quiet manner of the time**을 살펴보기에 앞서, the quiet manner of the time을 통째로 들어내면 among the various drawings executed in grayish blue, with brown foregrounds가 되므로 번역이 한결 쉬워질 겁니다. 이렇게 분리해 두면, the quiet manner of the time이 in grayish blue, with brown foregrounds라는 것도 알게 됩니다. 회청색으로 그려졌고, 전경이 갈색이므로 quiet에 해당하는 번역어를 찾는 데도 도움이 됩니다. 따라서 quiet는 '소리'보다 '분위기'에 해당하는 번역어를 찾아 옮기면 될 겁니다.

° **as exhibiting rather more than** ordinary diligence and delicacy에서 as는 당연히 전치사로 분석해야 마땅할 것이고, exhibiting rather more than ...은 V-ing, 즉 동명사절로 보아야 할 겁니다. 이 분석은 이 단락의 마지막 문장에도 적용됩니다. as perfectly formed about the year 1800에서 as의 품사는 무엇일까요? 이 문장은 consider A as B가 수동 구문으로 변형된 것입니다. 이때 as는 무엇일까요? 사전을 검색하면 부사나 전치사로 쓰였다고 나옵니다. 그럼 부사일까요? 사전에서 흔히 인용되는 He considered 'Hamlet' as an example of a Shakespearian tragedy. (그는 『햄릿』을 셰익스피어 비극의 한 전형으

로 생각했다)에서 보듯이 as는 부사가 될 수 없고, 전치사로 쓰여야 합니다. 하지만 as perfectly formed about the year 1800에서는 as 뒤에 얼핏 '형용사'로 쓰인 걸로 보이는 구절이 연결됩니다. 하기야 perfectly formed about the year 1800는 '부사 – 형용사 – 전치사구'로 분석할 수 있습니다. 그러나 이 구절은 being이 as 뒤에 생략된 형태로 설명할 경우 being perfectly formed about the year 1800는 전치사 as의 목적어로 쓰인 동명사절이 됩니다. 그런데 being은 왜 생략됐을까요? be는 연결 동사에 불과하기 때문에 생략된 반면, 앞의 exhibiting은 일반 동사여서 생략되지 않은 것으로 일반화할 수 있습니다. 이쯤에서 의문이 생깁니다. 요즘에는 consider A as B보다 consider A B라는 패턴으로 쓰이지 않느냐는 겁니다. 맞습니다. 실제로 요즘엔 consider A B가 주로 쓰이고, consider A as B는 거의 눈에 띄지 않습니다. I considered him a decent person. (10 Mar 2024) (나는 그를 점잖은 사람이라 생각했다) I never considered work romantic. (19 Sep 2023) (나는 일을 낭만적이라 생각해 본 적이 없다) 수동 구문으로 쓰일 때도 마찬가지입니다. You were considered a circus freak. (16 Aug 2023) (당신은 서커스광으로 여겨졌다) 하지만 우리가 항상 최신 글만 읽고 지낼 수는 없습니다. 참고로 말하면, 이 텍스트는 존 러스킨이 1891년에 쓴 글입니다.

° **signed W. Turner**는 주어로 쓰인 some (drawings)을 수식하는 것으로 봐야 할 겁니다. 그럼 '윌리엄 터너라고 서명된 몇몇 작품'이라 번역하는 게 더 나아 보일 수도 있습니다. 하지만 저자가 signed W. Turner를 문미에 뚝 떨어뜨려 놓은 데는 이유가 있을 겁니다. 따라서 앞의 번역처럼 '윌리엄 터너'를 번역문 속에 묻어버리면 저자의 의도를 전혀

(1) Towards the close of the last century, among the various drawings executed, according to the quiet manner of the time, in grayish blue, with brown foregrounds, some began to be noticed as exhibiting rather more than ordinary diligence and delicacy, signed W. Turner. There was nothing, however, in them at all indicative of genius, or even of more than ordinary talent, unless in some of the subjects a large perception of space, and excessive clearness and decision in the arrangement of masses. Gradually and cautiously the blues became mingled with delicate green, and then with gold; the browns in the foreground became first more positive, and then were slightly mingled with other local colors; while the touch, which had at first been heavy and broken, like that of the ordinary drawing masters of the time, grew more and more refined and expressive, until it lost itself in a method of execution often too delicate for the eye to follow, rendering, with a precision before unexampled, both the texture and the form of every object. The style may be considered as perfectly formed about the year 1800, and it remained unchanged for twenty years.

살려내지 못한 번역이 될 듯합니다. 원문에서도 시각적으로 signed W. Turner가 완전히 독립된 것처럼 보이지 않습니까. 번역에서도 이런 시각적 효과를 나타낼 수 있다면 정말 좋지 않을까요.

° **indicative [of genius], or [even of more than ordinary talent]**는 등위 접속된 형태로 분석해야 할 겁니다. 이 문장에서 중요한 것은 at all을 nothing과 연결해 번역하는 겁니다. 게다가 even의 쓰임새까지 고려하면 우리말의 '커녕'이 이 상황과 완벽하게 맞아떨어지는 듯합니다.

° **unless**는 여기에서 전치사로 쓰였습니다. unless의 쓰임새가 이상하게 생각된다면, unless a large perception of space, and excessive clearness and decision in the arrangement of masses in some of the subjects가 변형된 형태로 분석하면 궁금증이 쉽게 풀립니다.

° **more positive**처럼 비교의 대상도 없이 more나 -er이 쓰이면 반드시 '비교급'의 의미로 번역해야 하는지 곤혹스런 경우가 있습니다. 이 문

장에서 more positive는 more를 굳이 '비교급'으로 번역하지 않고 '무척 뚜렷하게' 혹은 '무척 두드러지게'라고 번역해도 저자의 의도를 크게 훼손한 것으로 보이지는 않습니다. 물론 first를 '처음' 혹은 '초창기'로 번역할 때 그 비교 대상이 본문에 쓰이진 않았지만 '훗날' 정도가 될 겁니다. 이 경우에도 비교 대상이 명시되지 않았기 때문에 '더 뚜렷하게'라고 번역해야 하는지는 의문입니다. 비교된다는 걸 보여주려면 more를 '상대적으로'라는 부사로 번역해도 충분하지 않을까 싶습니다. 하지만 비교 대상이 보이지 않더라도 비교급으로 쓰인 형용사 앞에 '더'를 붙여주는 것이 좋을 때가 있습니다. 예컨대 조지 손더스(George Saunders)가 시러큐스 대학교 졸업식 축사에서 말한 "Be kinder"가 그 경우입니다. 물론 이것을 단순히 "친절하십시오"라고 번역할 수도 있습니다. 하지만 손더스는 '친절'을 인간의 기본이라 생각하며 "Be kinder"라고 시러큐스 졸업생들에게 당부했던 겁니다. 이런 의도를 살리려면 "더 친절하십시오!"라고 번역해야 마땅할 겁니다. 결론적으로, 비교 대상이 없는 비교급 형용사나 부사를 옮길 때는 '더'를 붙여 번역할지 여부를 잠깐만이라도 고민해 보아야 합니다.

° **until it lost itself in a method of execution often too delicate for the eye to follow**의 앞에 grow more and more ...가 쓰였다는 점에 주목하면, until 이하를 grow의 궁극적인 결과로 번역하는 게 좋습니다. 다시 말하면, until-절을 grow ...의 앞에 끌어와 ' ~할 때까지 ...가 되다'로 힘들게 번역할 필요가 없다는 겁니다. 저자도 터너의 붓질이 until-절로 발전했다는 걸 말하고 싶었을 겁니다. 그렇다면, 원문이 그러하듯 번역문도 뒤쪽에 결론처럼 번역해 주는 게 좋지 않겠습니까.

(1) Towards the close of the last century, among the various drawings executed, according to the quiet manner of the time, in grayish blue, with brown foregrounds, some began to be noticed as exhibiting rather more than ordinary diligence and delicacy, signed W. Turner. There was nothing, however, in them at all indicative of genius, or even of more than ordinary talent, unless in some of the subjects a large perception of space, and excessive clearness and decision in the arrangement of masses. Gradually and cautiously the blues became mingled with delicate green, and then with gold; the browns in the foreground became first more positive, and then were slightly mingled with other local colors; while the touch, which had at first been heavy and broken, like that of the ordinary drawing masters of the time, grew more and more refined and expressive, until it lost itself in a method of execution often too delicate for the eye to follow, rendering, with a precision before unexampled, both the texture and the form of every object. The style may be considered as perfectly formed about the year 1800, and it remained unchanged for twenty years.

° **rendering, with a precision before unexampled, both the texture and the form of every object**는 V-ing로 주절(the touch ... grew more and more ~)에 연결되는 걸까요, 아니면 until-절에 연결되는 걸까요? 문법적으로 말하면, 주절에 연결되는 V-ing가 분명합니다. 하지만 앞서 until-절을 앞에 쓰인 주절의 결론으로 번역하자고 했습니다. 그럼 '주절 + until-절 + V-ing'를 차례로 독립절처럼 번역하는 것도 좋은 방법일 겁니다.

° **remained unchanged**에서 remain 대신 be가 동사로 쓰였다면 누구나 자연스레 '변하지 않았다'라고 번역할 겁니다. 그런데 remain이 나오면 어쩐지 다르게 번역해야 할 듯한 강박이 밀려옵니다. 하지만 remain = continue to be라고 생각하면 remain을 번역하기가 한결 편해질 겁니다.

(2) During that period the painter had attempted, and with more or less success had rendered, every order of landscape subject, but always on the same principle, subduing the colors of nature into a harmony of which the keynotes are grayish green and brown, pure blues and delicate golden yellows being admitted in small quantity, as the lowest and highest limits of shade and light; and bright local colors in extremely small quantity in figures or other minor accessaries.

그 기간 동안, 터너는 온갖 종류의 풍경화 소재를 선택해서 그럭저럭 성공적으로 그려냈지만, 항상 일관된 원칙을 지켰다. 구체적으로 말하면, 자연색을 멀리하며 주로 회록색과 갈색을 조화롭게 배합했고, 명도가 가장 낮은 색과 높은 색으로 새파란색과 은은한 황금빛 노란색이 소량으로 허용되었으며, 밝은 고유색들도 인물과 그밖의 사소한 부속물들에 극단적으로 소량만이 허용되었다.

° **the painter**는 당연히 '그 화가'로 번역되어야 할 겁니다. 다시 말하면, 정관사를 번역해야 한다는 뜻입니다. 물론 '그 화가'는 터너를 가리킵니다. 여기에서 갈등이 생깁니다. the painter를 그럼 '그 화가'로 번역해야 할까요, '터너'라고 번역해야 할까요? 정답은 없습니다. 번역가가 선택할 문제입니다.
앞에 쓰인 that period도 마찬가지입니다. 여기에서는 '그 기간'이라 번역했지만, 앞 단락에서 분명히 twenty years라고 언급했으므로 '그 20년 동안'이라 번역해도 잘못될 것은 없습니다.

° **every order of landscape subject**는 attempt와 render의 목적어로 쓰였습니다. 이 명사구는 '온갖 종류의 풍경화 소재'라고 번역할 수 있습니다. 부사를 제외하고 술어 전체를 번역하면 '풍경화 소재를 시도하고 표현한다'가 됩니다. '소재를 표현하다'는 그런대로 이해가 되지만, 소재를 시도하다? 이건 좀 이상하게 들리지 않습니까. 그런데 attempt가 seek의 일종이고, seek 계열에 해당되는 동사로 choose가 있다는 걸 고려하면, 이때의 attempt를 넓은 의미의 choose로 번역하는 게 어떨까요? 이런 접근이 허용된다면 '온갖 종류의 풍경화 소재를 선택해서 성공적으로 그려냈다'로 번역될 수 있을 테니까요.

° **subduing the colors of nature** into **a harmony of which the keynotes** are grayish green and brown, ... 이하에 쓰인 세 구절을 '일관된 원칙'(the same principle)으로 보았습니다. 그래서 '구체적으로 말하면'이란 사족을 덧붙여 독자의 이해를 도우려고 했습니다. a harmony는 단순한 '조화'가 아니라 '색의 조화로운 배합'으로 번역하

(2) During that period the painter had attempted, and with more or less success had rendered, every order of landscape subject, but always on the same principle, subduing the colors of nature into a harmony of which the keynotes are grayish green and brown, pure blues and delicate golden yellows being admitted in small quantity, as the lowest and highest limits of shade and light; and bright local colors in extremely small quantity in figures or other minor accessaries.

는 쪽을 선택했습니다. subdue the colors of nature(자연색을 회피하다)의 결과가 harmony이므로 '색의 일종'이 되어야 하지 않겠습니까. 또 keynotes라는 명사를 제안 번역에서 과감하게 '주로'라고 압축해 버린 이유를 짐작할 수 있겠습니까? 관계절의 주어가 the keynotes of the colors of nature(자연색의 주된 색들)이고, 그 색들이 grayish green and brown입니다. keynote는 the most important part(가장 중요한 부분)입니다. 이 명사를 부사로 전환하면 chiefly, principally, primarily 등이 될 겁니다. 또 이 부사를 번역하면 '주로'가 됩니다. 어떻습니까? 여하튼 저는 이런 식으로 추론해 the keynotes라는 주어를 부사로 보았고, 이에 맞는 번역어로 '주로'를 선택했습니다.

° **as the lowest and highest limits of shade and light**에서 shade and light는 '그림자와 빛'입니다. 결국 '어둠과 밝음'이므로 미술 용어에서 '명도'를 어렵지 않게 생각해 낼 수 있을 겁니다. the lowest limit and highest limit는 '가장 낮은 한계와 가장 높은 한계'일 것이고, 명사구 the lowest and highest limits of shade and light에서 shade and light를 주어로 본다면, '명도가 가장 낮은 색과 가장 높은 색'으로 번역할 수 있습니다. 이때 '가장 낮은 색'은 pure blues가 되고, '가장 높은 색'은 delicate golden yellows가 되므로 번역의 순서를 엄격하게 지켜야 할 겁니다.

° **bright local colors in extremely small quantity in figures or other minor accessaries** 부분을 살펴볼까요. 여기서 color of nature는 자연색, local color는 고유색으로 번역했습니다. 두 개념어에 나타난 색을 구분하여 정리하면 그렇습니다. bright local colors (being admitted) in extremely small quantity in figures or other minor accessaries는 being admitted가 생략된 독립 분사구문으로 볼 수 있습니다.

° 마지막으로 문장 전체를 봅시다. 이 단락은 그 자체로 하나의 문장입니다. 앞 단락에서도 한 문장이 상당히 길었습니다. 징글징글하지요? 물론 글을 매끄럽게 써내는 능력을 지녔다면, 이 단락도 우리말로 한 문장으로 번역할 수 있을 겁니다. 그럴 만한 능력을 지니지 못한 경우에도 걱정할 건 없습니다. 분명히 말하지만, 원문의 마침표 숫자와 번역문의 마침표 숫자가 일치할 필요는 전혀 없습니다. 구두점의 종류와 쓰임새에서 영어와 우리말이 다른데 어떻게 마침표나 쉼표의 개수가 일치할 수 있겠습니까. 만약 그런 일치를 주장하는 학자나 번역가가 있다면, 그 말을 흘려 버리십시오. 여하튼 그 어떤 경우든 단락의 내용을 파악하는 게 우선일 겁니다. 이 단락의 내용을 개략적으로 요약하면 " ... 이지만 항상 똑같은 원칙에 따르며 V-ing(subduing) + V-ing(독립 분사구문) + V-ing(독립 분사구문)"일 겁니다. 따라서 이 분석에 맞추어 번역해도 되지만, 이런 번역이 부담스럽다면 제안 번역처럼 끊는 방법도 있을 겁니다. 제안 번역 중 ... the same principle에서 끊은 이유는 충분히 이해가 될 겁니다.

(2) During that period the painter had attempted, and with more or less success had rendered, every order of landscape subject, but always on the same principle, subduing the colors of nature into a harmony of which the keynotes are grayish green and brown, pure blues and delicate golden yellows being admitted in small quantity, as the lowest and highest limits of shade and light; and bright local colors in extremely small quantity in figures or other minor accessaries.

subduing the colors of nature into a harmony of which the keynotes are grayish green and brown, pure blues and delicate golden yellows being admitted in small quantity, ... 부분에서는 그림을 그리는 데 사용된 원칙이 3가지 방향으로 설명됩니다. 그런데 이 3가지 방법의 설명에서 서로 문법적인 차이가 있다는 걸 눈치채셨는지요? 문법적인 차이는 곧 문체의 차이입니다. 물론 문법적인 차이는 앞서 언급한 대로 '분사구문 – 독립 분사구문 – V-ing가 생략된 분사구문'입니다. 이 차이를 반영해서 번역하는 방법이 있을까요? 번역가가 이런 차이까지 고려해야 하느냐고 반문할 수도 있겠습니다. 그래도 이런 차이를 인식한다면, 그래서 그 차이를 고려해서 번역한다면, 번역이란 일이 더 재밌지 않겠습니까?

(3) Pictures executed on such a system are not, properly speaking, works in color at all; they are studies of light and shade, in which both the shade and the distance are rendered in the general hue which best expresses their attributes of coolness and transparency; and the lights and the foreground are executed in that which best expresses their warmth and solidity. This advantage may just as well be taken as not, in studies of light and shadow to be executed with the hand; but the use of two, three, or four colors, always in the same relations and places, does not in the least constitute the work a study of color, any more than the brown engravings of the "Liber Studiorum"; nor would the idea of color be in general more present to the artist's mind, when he was at work on one of these drawings, than when he was using pure brown in the mezzotint engraving.

엄격히 말해서, 이런 원칙에 따라 그려진 그림들은 전혀 색이 입혀진 작품이 아니다. 빛과 그림자의 습작이다. 이 습작에서 그림자와 원경(遠景)은 서늘함과 투명함이란 속성을 가장 잘 보여주는 일반적인 색조로 표현되고, 빛과 전경은 따뜻함과 탄탄함이란 속성을 최적으로 보여주는 색조로 표현되기 때문이다. 손으로 그려내는 빛과 그림자의 습작에서는 이런 이점을 활용하는 게 그러지 않는 경우보다 더 낫다. 그러나 갈색이 『습작 책』(Liber Studiorum)에 실린 판화가 되는 것은 아니듯이, 두서너 색을 항상 똑같은 관계로 똑같은 위치에 사용한다고 해서 그 작품이 색의 습작이 되는 게 아니다. 일반화해서 말하면, 터너가 메조틴트 동판화에서 순갈색을 사용했을 때보다, 위의 그림들 중 하나를 작업할 때 색이란 개념이 그의 마음을 더 크게 차지했던 것은 아니다.

(3) Pictures executed on such a system are not, properly speaking, works in color at all; they are studies of light and shade, in which both the shade and the distance are rendered in the general hue which best expresses their attributes of coolness and transparency; and the lights and the foreground are executed in that which best expresses their warmth and solidity. This advantage may just as well be taken as not, in studies of light and shadow to be executed with the hand; but the use of two, three, or four colors, always in the same relations and places, does not in the least constitute the work a study of color, any more than the brown engravings of the "Liber Studiorum"; nor would the idea of color be in general more present to the artist's mind, when he was at work on one of these drawings, than when he was using pure brown in the mezzotint engraving.

° **such a system**을 '이런 체계'로 풀면 틀린 번역은 아니지만, 그 번역을 읽는 독자 입장에서는 '체계'라는 번역어가 좀 뜬금없을 수 있습니다. '시스템'이라 번역해도 마찬가지입니다. '갑자기 웬 체계?'라는 생각이 들 수 있습니다. 그럼 위의 단락에서 system에 해당하는 것이 무엇일까요? 제가 보기에는 the same principle = such a system입니다. 동일한 표현의 사용을 피하라는 글쓰기 기법의 한 예라고나 할까요. 여기에서 질문입니다. 여러분이 번역가라면 such a system을 '이런 체계'라고 번역하시겠습니까, 아니면 '이런 원칙'이라 번역하시겠습니까? 번역가에게는 선택의 문제이겠지만, 독자의 입장에서는 어느 쪽이 더 나을까요?

° **, in which ...**를 두고 질문을 하나 더 드리겠습니다. 관계 대명사에는 어떤 의미가 있을까요? 다른 곳에서도 말했지만, 비인칭 대명사를 제외하고 모든 종류의 대명사는 의미를 갖습니다. 관계 대명사도 마찬가지여서 구체적으로 번역하면 선행사가 그 뜻이 됩니다. 게다가 여기에서는 관계 대명사가 계속적 용법의 일부로 쓰였습니다. 따라서 which의 선행사가 studies이므로, '이 습작에서는'이라고 번역하면 될 겁니다. 여기에서 관계절은 단순히 '결과'가 아니라 '이유'로 번역되었습니다. 그 이유는 관계절의 내용을 읽으면 금세 이해가 될 겁니다.

° **the distance**에 적합한 번역어를 직접적으로 찾으려 한다면 꽤나 곤란할 겁니다. 사전을 검색하면 그럴듯한 뜻이 많으니까요. 하지만 시선을 조금만 뒤쪽으로 돌리면 쉽게 보일 겁니다. 본문에서 light와 shade를 설명하면서, shade와 distance를 짝짓고, light와 foreground를 짝지웠습니다. 그럼 distance가 foreground의 대립어로 쓰였다는 게 어렵지 않게 파악됩니다. 그렇다고 제가 번역의 방법으로 말한 원칙, 즉 왼쪽부터 차근차근 번역하라는 원칙을 무시하라는 건 아닙니다. 이때 distance에 적합한 번역어를 찾기 어려우면 일단 괄호로 처리하고, 오른쪽으로 넘어가면 됩니다. 결국 foreground를 보게 될 것이고, 그때 distance가 foreground의 대립어로 쓰였다는 걸 알게 될 테니까요.

° **their attributes of coolness and transparency**에서 of를 기계적으로 '의'라고 번역한다면, 대체 무슨 뜻인지 파악하기 힘들어질 겁니다. '서늘함과 투명함의 속성'이라니요? '동격의 of'로 번역하는 게 최선이라는 건 어렵지 않게 파악할 수 있을 겁니다. 뒤에 쓰인 their warmth and solidity의 경우도 마찬가지입니다. 앞뒤의 their가 각각 다른 명사들을 대신한다는 건 굳이 언급할 필요가 없겠지요.

° **in that**에서 that은 관계절 which의 선행사로서, hue를 대신하는 대명사로 쓰였습니다. 재밌는 것은 in which 이하의 관계절을 구성하는 두 문장이 똑같은 구조를 띠고 있고, 다른 점이라고는 동사로 각각 render와 execute가 쓰였다는 겁니다. 게다가 이 관계절에서 render, execute, express는 거의 동일한 뜻으로 쓰였습니다. 따라서 세 동사의

(3) Pictures executed on such a system are not, properly speaking, works in color at all; they are studies of light and shade, in which both the shade and the distance are rendered in the general hue which best expresses their attributes of coolness and transparency; and the lights and the foreground are executed in that which best expresses their warmth and solidity. This advantage may just as well be taken as not, in studies of light and shadow to be executed with the hand; but the use of two, three, or four colors, always in the same relations and places, does not in the least constitute the work a study of color, any more than the brown engravings of the "Liber Studiorum"; nor would the idea of color be in general more present to the artist's mind, when he was at work on one of these drawings, than when he was using pure brown in the mezzotint engraving.

번역어를 어떻게 선택하느냐는 것도 번역가가 풀어야 할 숙제입니다.

°**This advantage may just as well be taken as not**은 may (just) as well ... as not ~ (~ 하기보다는 ...하는 편이 낫다)가 쓰인 예입니다. may as well do (as not)가 쓰인 예로 보아도 똑같습니다(...하는 편이 낫다 = had better). 다만 take advantage가 수동 구문으로 쓰였다는 걸 재빨리 파악하면 번역하기가 한결 쉬워지겠지요.

°**not in the least constitute the work a study of color, any more than the brown engravings of the "Liber Studiorum"** 부분은 no more A than B (A가 아닌 것은 B가 아닌 것과 같다, B가 아닌 것과 같이 A도 아니다)로 쓰인 예입니다. not A any more than B가 동의어로 쓰인다는 것은 모두가 알 테고요. 하지만 번역가 입장에서 A와 B의 번역 순서를 반드시 지켜야 하는지는 의문입니다. 맥락에 따라, 적절한 순서로 번역하면 됩니다. 물론 in the least는 not의 강조이므로 여기에서 핵심적인 부분은 아닙니다.

the use of two, three, or four colors, always in the same relations and places, does not in the least constitute the work a study of color, any more than the brown engravings of the "Liber Studiorum"의 주절

에서 constitute가 5형식 동사로 쓰였다는 건 어렵지 않게 판단할 수 있을 겁니다. 이 문장은 이론적으로 두 가지로 분석됩니다. 하나는 ... any more than (constitute) the brown engravings of the "Liber Studiorum"입니다. 즉 동사 constitute가 생략된 것으로 분석하지는 겁니다. '습작 책'으로 번역된 Liber Studiorum은 터너의 판화집을 뜻합니다. 여기에서 터너가 사용한 메조틴트 기법은 "동판에 가늘게 교차하는 줄을 긋고 그 줄을 메우거나 깎거나 하여 명암을 나타내는 기법"이라고 합니다. 이런 상식이 주어지면, 명암과 갈색은 밀접한 관계가 있으므로 ... any more than (constitute) the brown engravings of the "Liber Studiorum"로 분석하며 앞의 경우로 분석하는 게 어렵지 않을 겁니다. 반면에 ... any more than the brown engravings of the "Liber Studiorum" (constitute the work a study of color)라고도 이론적으로는 분석이 가능합니다. 이때는 the brown engravings of the "Liber Studiorum", 즉 '이 『습작 책』에 실린 갈색 판화'가 주어이고, 비교 대상은 the use of two, three, or four colors가 됩니다. 이 분석에서는 '색의 사용'과 '색'이 비교된다는 게 이상하지 않습니까? 또 생략된 구절에서 the work는 무엇일까요? 주절에서 the work는 '두서너 색이 사용된 결과'이겠지만, any more than에서의 the work는 오리무중입니다. 게다가 『습작 책』의 갈색은 명도와 관련이 있는데 '색의 습작'이 된다는 것도 이상합니다. 이렇게 분석된 결과로, 저는 전자의 분석을 선택했습니다. 여러분은 전자와 후자의 분석 중 어느 쪽을 선택하시겠습니까? 답이 이미 정해진 걸 물으려니 쑥스럽기도 합니다.

° **nor would the idea of color be in general more present to the artist's mind**에서 nor는 앞에 쓰인 부정을 다시 반복하는 접속사로

(3) Pictures executed on such a system are not, properly speaking, works in color at all; they are studies of light and shade, in which both the shade and the distance are rendered in the general hue which best expresses their attributes of coolness and transparency; and the lights and the foreground are executed in that which best expresses their warmth and solidity. This advantage may just as well be taken as not, in studies of light and shadow to be executed with the hand; but the use of two, three, or four colors, always in the same relations and places, does not in the least constitute the work a study of color, any more than the brown engravings of the "Liber Studiorum"; nor would the idea of color be in general more present to the artist's mind, when he was at work on one of these drawings, than when he was using pure brown in the mezzotint engraving.

쓰인 예라고 생각하면 충분합니다. 이때 the artist가 터너인 것은 누구나 알 겁니다. 그런데 '그 화가'라고 번역할 필요가 있을까요? 이 문장에서 the artist = he = he입니다. 적어도 이 단락에서는 '터너'라는 이름이 한 번도 등장하지 않고, 마지막 문장에 뜬금없이 the artist가 나옵니다. 물론 앞 단락에서도 '터너'라는 구체적인 이름 대신 the painter가 쓰였습니다. 만약 앞 단락에서 the painter를 '터너'라고 번역했을 경우, 이 단락에서 the painter를 '그 화가'라고 번역하면 독자에게 약간의 당혹감을 안길 수 있습니다. 앞 단락에서 '터너'라고 번역했다면계속 '터너'라고 밀고 나가는 게 낫습니다.

in general이란 전치사구(부사적 역할)는 이 문장에서 more present를 수식하는 걸까요? 반드시 그렇다고 단정할 수는 없을 듯합니다. 오히려 nor would the idea of color be, in general, more present to the artist's mind라고 분석할 수 있지 않을까요? 이런 분석에 동의한다면, in general을 단순히 '일반적으로'라고 번역해도 상관없지만 generally speaking으로 번역하는 편이 이해하기에 더 쉬울 겁니다. 이 단락의 첫 문장에 쓰인 properly speaking과 properly의 관계라고 생각하면 됩니다.

(4) But the idea of space, warmth, and freshness being not successfully expressible in a single tint, and perfectly expressible by the admission of three or four, he allows himself this advantage when it is possible, without in the least embarrassing himself with the actual color of the objects to be represented. A stone in the foreground might in nature have been cold gray, but it will be drawn nevertheless of a rich brown, because it is in the foreground; a hill in the distance might in nature be purple with heath, or golden with furze; but it will be drawn nevertheless of a cool gray, because it is in the distance.

그러나 널찍함과 따뜻함과 산뜻함이 버무려진 느낌은 하나의 색으로는 제대로 표현할 수 없고, 서너 가지 색을 사용해야 완벽하게 표현할 수 있다. 그 때문에 터너는 가능한 경우에 그런 이점을 마음껏 사용하며, 사물의 실제 색을 그대로 재현해야 한다는 것에 전혀 신경 쓰지 않는다. 가령 전경의 돌멩이는 자연에 있었다면 차가운 느낌을 주는 회색이었을지 모르지만, 전경에 배치되었다는 이유로 짙은 갈색으로 그려진다. 또 멀리 보이는 언덕은 자연에서 히스로 뒤덮인 자주색을 띠거나, 금작화로 가득한 황금빛을 띨 수 있겠지만, 멀리 떨어졌다는 이유로 희미한 회색으로 그려진다.

° **the idea of space, warmth, and freshness being not successfully expressible** ...이 독립 분사구문으로 쓰였다는 건 쉽게 알아낼 수 있을 겁니다. 그런데 the idea of space, warmth, and freshness는 어떻게 번역하는 게 최선일까요? 더 정확히 말하면, of를 어떻게 번역하겠느냐는 질문입니다. 앞 단락에서는 터너의 색에 대한 개념을 언급했고, 이번 단락의 첫 문장에서는 터너가 색을 어떻게 사용했는가를 설명하고 있습니다. 여기에서 분사절은 일반적인 내용을 언급하고 있을 뿐입니다. 여기까지 이해하면 the idea of space, warmth, and freshness의 번역이 한결 쉬워질 겁니다. space-warmth-freshness가 and로 연결된 것에 주목하고, 그것이 하나의 색으로는 완전히 표현될 수 없어, 서너 가지 색을 사용해야 한다고 말합니다. 그럼 이때의 of는 '재료'나 '구성 요소'를 뜻하는 of가 될 겁니다. space, warmth, freshness에 대한 번역은 제안 번역을 참조하도록 하십시오. 나름대로 운율을 살려 번역해 보려 했습니다. 여하튼 이 셋이 만들어내는 idea는 우리말로 무엇이라 번역하는 게 좋을까요? 물론 앞 단락에서 선택한 '개념'도 좋겠지만, 여기에선 '인상'이나 '느낌'으로 번역하면 어떨까요?

° **allows himself** this advantage ... allow oneself + 명사(혹은 to-V)는 의외로 자주 사용되는 듯합니다. '직역'으로는 '자신에게 …을 허락하다'가 됩니다. 그러나 아무리 너그러운 사람이라도 이런 번역을 용인하지는 않을 겁니다. find oneself는 be-동사로 번역해도 무방하다고 여러 번 말씀드렸습니다. 그렇다면 여기에 나온 allow oneself는 우리말로 어떻게 옮기는 게 좋을까요? 사전을 아무리 뒤적여도 적절한 번역이 눈에 띄지 않습니다. 다른 예를 통해 적절한 번역어를 만들어 봅시다. As he said the phrase which will pin his name to history,

(4) But the idea of space, warmth, and freshness being not successfully expressible in a single tint, and perfectly expressible by the admission of three or four, he allows himself this advantage when it is possible, without in the least embarrassing himself with the actual color of the objects to be represented. A stone in the foreground might in nature have been cold gray, but it will be drawn nevertheless of a rich brown, because it is in the foreground; a hill in the distance might in nature be purple with heath, or golden with furze; but it will be drawn nevertheless of a cool gray, because it is in the distance.

Donald Dewar allowed himself a smirk. (11 Oct 2000) (도널드 드워는 역사에 이름을 남길 만한 발언을 하고는 혼자서 히죽 웃었다) "Clinton allowed himself to pressurise Russia yesterday," the Russian president told reporters in Beijing after meeting China's leaders. (9 Dec 1999) (러시아 대통령은 베이징에서 중국 지도자들과 회담을 끝낸 뒤 기자들에게 "어제 클린턴은 자신의 뜻대로 러시아에 압력을 가했다"라고 말했다) 두 예를 통해 대략 정리해 보면 allow oneself는 '자기 뜻대로', 고상하게 말하면 '자유의지로'라는 뜻이 함축된 것 같습니다. 따라서 이에 해당하는 번역어를 맥락에 맞게 선택하면 되지 않을까 싶습니다. 이 경우엔 어떤 번역어가 적합할까요? 거듭 말하지만 제안 번역은 하나의 예에 불과합니다.

°**when it is possible**을 한번 볼까요? 여기에서 it은 비인칭이고, when it is possible to allow himself this advantage가 생략된 구문으로 볼 수 있습니다. 물론, "아니다! when to allow himself this advantage is possible에서, to allow himself this advantage가 이미 앞에서 쓰였으니 대명사 it으로 바뀐 것!"이라고 말하고 싶은 독자도 있을 겁니다. 맞습니다. 하지만 엎치나 메치나 똑같은 게 아닐까요?

°**without in the least** ...는 문미에 쓰였고, 앞에 쉼표까지 있으니 독립절로 번역하는 게 낫지 않을까요? 게다가 뒤에 나열된 두 예

는 이 절의 내용을 구체적으로 설명한 경우이므로, without-절을 문장 전체의 앞이나 he allows oneself ...의 앞에 풀어놓기보다는 뒤에 나온 두 예의 바로 앞에 번역하는 게 더 효율적이지 않을까 합니다. 이렇게 번역하면 저자의 의도까지 정확히 반영한 게 될 겁니다.

° **... might in nature have been ...**에서는 가정법 과거완료 might have been이 눈에 들어옵니다. 이 경우에는 조건절에 해당하는 구절을 찾아내서 조건절로 번역해 주는 게 가장 좋습니다. 이 문장에서 조건절에 해당하는 구절은 무엇일까요? 전경에서는 짙은 갈색으로 그려졌지만 실제 색은 차가운 느낌을 주는 회색이었을 수 있다고 본문은 말합니다. 실제 색은 어디에 있는 돌멩이의 색일까요? 그렇습니다. in nature가 조건절로 번역되어야 할 겁니다. 조건절에 해당하는 구절은 이런 식으로 찾으면 됩니다.
a hill in the distance might in nature ...는 앞의 경우와 시제가 다르지만 might도 가정법 형태의 하나이므로 in nature를 조건절로 번역할 수 있겠지요. 하지만 저자가 시제에 변형을 주며 가정의 정도를 약화한 것을 감안하면 in nature를 굳이 조건절로 번역할 필요가 있을까 싶습니다. 대조되는 자연과 원경의 차이를 드러내는 정도로도 충분할 것 같습니다.

° **it will be drawn nevertheless of a rich brown**과 it will be drawn nevertheless of a cool gray에서 of는 무엇일까요? 이때의 of도 첫 문장에서 설명한 '재료의 of'와 똑같습니다. 물론 be drawn of ...(...로 그려지다)가 명확히 숙어처럼 쓰이지는 않습니다. 이런 경우에는 전치사 of의 뜻을 파악하는 게 무엇보다 중요합니다.

(5) This at least was the general theory,—carried out with great severity in many both of the drawings and pictures executed by him during the period: in others more or less modified by the cautious introduction of color, as the painter felt his liberty increasing; for the system was evidently never considered as final, or as anything more than a means of progress: the conventional, easily manageable color, was visibly adopted, only that his mind might be at perfect liberty to address itself to the acquirement of the first and most necessary knowledge in all art—that of form.

적어도 지금까지 언급한 화법은 터너가 그 시기에 그린 데생과 그림 모두에서 무척 엄격하게 지킨 일반론이었다. 터너가 엄격성에서 점차 해방된 듯한 다른 시기의 데생과 그림에서는 색이 조심스레 사용되며 약간 수정된다. 그 화법이 결코 최종적인 것, 혹은 진보를 위한 수단 이상으로 생각된 적이 없었던 게 분명하기 때문이다. 그가 미술 전체에서 으뜸가고 가장 필요한 지식, 즉 형태에 대한 지식을 습득하는 데 전적으로 자유롭게 전념할 수 있던 경우가 아니면, 관례적이어서 쉽게 처리되는 색이 대체로 채택되었다.

° **This**를 '이것'이라 번역하면 독자는 무척 당혹스러울 겁니다. '적어도 이것은 일반론이었다'라는 표현이 되기 때문입니다. 대체 여기에서 말하는 '이것'이 무엇일까요? 이런 대명사를 처리하는 게 번역가에겐 항상 숙제입니다. 제 원칙은 '그것'이란 번역어를 가급적이면 사용하지 말라는 겁니다. 다른 곳에서도 말했듯이, '그것'에 해당하는 내용을 압축적으로 표현해 주는 게 독자를 위해 훨씬 도움이 되기 때문입니다. 여기에서 '그것'이 가리키는 건 앞 단락에서 언급된 터너의 화법(法)일 겁니다.

° **carried out**과 **executed**는 동의어적 관계에 있습니다. 그렇다고 똑같이 '행하다'로 번역할 필요는 없습니다. carry out (the theory)이고, execute (the drawings)이므로 목적어로 쓰인 명사와 밀접하게 연결되는 동사로 번역하는 게 나을 수 있습니다. 그 결과는 제안 번역을 참조하십시오.

° **for the system was evidently never considered as final,** ...에서 the system이란 단어가 뜬금없이 등장했습니다. 이때의 system은 무엇일까요? 접속사 for는 앞에 쓰인 내용에 대한 이유를 이끌어 내는 접속사인데다 for-절의 내용을 고려하면 the syetem은 이미 앞에서 언급된 것으로 추정됩니다. 그렇다고 해서 '그 시스템이 결코 최종적인 것으로 여겨진 적이 없었기 때문이다'라고 번역하면 또 난감해집니다. 거듭 말하지만, '그 시스템'이 무엇인지 알 수 없기 때문입니다. '그 시스템'이 무엇인지 더 찾아 보십시오. 그렇게 찾아낸 답을 번역어로 선택하는 게 '그 시스템'이라 쓰는 것보다 나을 겁니다. 힌트를 드리면,

(5) This at least was the general theory,—carried out with great severity in many both of the drawings and pictures executed by him during the period: in others more or less modified by the cautious introduction of color, as the painter felt his liberty increasing; for the system was evidently never considered as final, or as anything more than a means of progress: the conventional, easily manageable color, was visibly adopted, only that his mind might be at perfect liberty to address itself to the acquirement of the first and most necessary knowledge in all art—that of form.

system은 '방법, 체계, 학설'이란 뜻을 갖습니다. 예컨대 the Ptolemaic system은 '천동설'입니다.

° **or as anything more than a means of progress**에서 or는 어떻게 번역하는 게 좋을까요? '혹은'이 나을까요, '다시 말하면'이 나을까요? '진보를 위한 수단 이상'이 곧 '최종적인 것'일까요? 그렇다면 or는 '다시 말하면'이나 '즉' 으로 번역되어야 하겠지만, 제 생각에는 어떤 경우에도 둘 사이에 등식이 성립하지 않는 듯합니다. 따라서 '혹은'을 선택하는 게 나을 듯합니다.

° **only that**은 부사절을 이끄는 접속사로 쓰였습니다. 제 기억에 문제가 없다면, 지금까지 번역하면서 부사적 기능으로 쓰인 only that-S가 except that(...를 제외하고는)이나 unless(...하지 않으면)란 뜻으로 사용된 예를 보지 못했습니다. 이 책을 쓰면서 처음 만나는 예문입니다. 제가 참조용 예문을 찾는 영국 신문 『가디언』에서도 부사적 기능으로 쓰인 only that-S를 찾지 못했습니다. 거꾸로 말하면, 앞으로도 만날 가능성이 거의 제로에 가깝다는 뜻이 아닐까 싶습니다.

° **all art**에서 art는 무엇일까요? 예술일까요, 미술일까요? 예술이라면 all art보다 all arts가 더 어울리지 않을까요? 물론 논란의 여지가 있겠지만, 역사학자이자 영화 평론가였던 영국인 로널드 버건(Ronald

Bergan)이 2008년 『가디언』에 기고한 글을 보면 Film acting is the least skilled of all the performing arts and the one that needs least training. (영화 연기는 모든 행위 예술 중에서 숙련성이 가장 떨어지는 예술이며, 훈련이 크게 필요없는 예술이다)라는 구절이 나옵니다. 그리고 그 기사를 정리한 편집자는 Acting is the easiest of all arts라고 말합니다. 따라서 여기에 쓰인 all art의 art는 '미술'이라 번역하는 게 더 타당할 듯합니다. 또 복수가 가능한데도 굳이 단수와 함께 쓰인 all은 '모든'보다 '전체'로 번역하고, '미술' 뒤에 쓰이면서 all이 가진 '전부'라는 뜻을 전달하는 것으로 볼 수 있습니다.
the acquirement of the first and most necessary knowledge는 명사구의 경우 문장으로 번역하면 그 뜻이 쉽게 전달된다는 원칙을 적용해 acquire the first and most necessary knowledge라고 번역하는 방법도 고려해 보십시오.

° **that of form**에 나온 that이 knowledge를 대신하는 대명사라는 건 굳이 언급할 필요도 없겠지요.

(6) But as form, in landscape, implies vast bulk and space, the use of the tints which enabled him best to express them, was actually auxiliary to the mere drawing; and, therefore, not only permissible, but even necessary, while more brilliant or varied tints were never indulged in, except when they might be introduced without the slightest danger of diverting his mind for an instant from his principal object. And, therefore, it will be generally found in the works of this period, that exactly in proportion to the importance and general toil of the composition, is the severity of the tint; and that the play of color begins to show itself first in slight and small drawings, where he felt that he could easily secure all that he wanted in form.

그러나 풍경화에서 형태는 육중한 물체와 방대한 공간을 암시하므로, 터너에게 그 요소들을 가장 잘 표현할 수 있게 해 주었던 색조들은 실제로 그림 자체를 보완하는 수단으로 사용된 것에 불과했다. 따라서 더 밝은 색조나 다채로운 색조는 그의 마음을 주된 대상으로부터 잠깐이라도 빼앗을 위험이 전혀 없을 경우에만 허용되었을 뿐 아니라 필요하기도 했지만 결코 탐닉되지는 않았다. 그 결과로, 이 시기의 작품들에서는 구도를 중요시하며 심혈을 기울인 만큼 색조는 간소하게 처리된 현상이 일반적으로 엿보인다. 또한 채색은 처음에 가볍고 작은 그림들에서 나타나기 시작한다. 작은 그림에서는 그가 형태에서 원하는 모든 것을 쉽게 얻어낼 수 있다고 생각했기 때문인 듯하다.

° **vast bulk and space**를 번역할 때 "vast가 bulk와 space, 둘 모두를 수식하는 형용사인가?"를 우선적으로 판단해야 합니다. 항상 그렇듯이, 맥락이 그 판단에 결정적인 영향을 미칩니다. 여기에서는 풍경화에 나타난 '형태'와 관련되므로 vast가 두 명사 모두를 수식한다고 보는 게 나을 겁니다. 다음으로는 bulk와 space에 적합한 번역어를 선택해야 합니다. space는 vast와 관련지어 번역하기가 상대적으로 쉽지만 vast bulk를 번역할 때는 vast에 삼차원적 의미가 더해져야 할 겁니다. 달리 말하면, vast bulk와 vast space에서 vast의 번역이 달라지는 게 좋다는 뜻입니다. vast bulk는 어떻게 번역하는 게 좋을까요? 제안 번역은 많은 가능성 중 하나에 해당합니다.

° **... actually auxiliary to the mere drawing**의 앞에 쓰인 them은 당연히 bulk and space를 가리킬 겁니다. 관계절을 빼면, 기본적인 번역은 '색조의 사용은 ... 의 보조였다'가 됩니다. 이 표현을 '색조는 ...의 보조로 사용된 것이다'로 바꾸면 그 의미는 변하지 않으면서 이해하기는 더 쉬워집니다. 이렇게 전체적인 틀을 결정한 뒤에 세부적인 것으로 들어가 mere drawing을 번역하면 됩니다. 이때 주의할 점은 drawing이 단수로 쓰였다는 겁니다. 따라서 터너의 여러 그림(drawings)을 뜻하는 게 아니라 보편적 '그림'을 의미할 겁니다. 이 차이를 어떻게 표현하는 게 좋을까요? 이런 부분까지 고민하며 적절한 번역어를 찾아내는 게 번역가의 책무입니다.

° **while more brilliant or varied tints were never indulged in**의 번역 위치는 참으로 설명하기 힘듭니다. 여기에서 except when–절의 주

(6) But as form, in landscape, implies vast bulk and space, the use of the tints which enabled him best to express them, was actually auxiliary to the mere drawing; and, therefore, not only permissible, but even necessary, while more brilliant or varied tints were never indulged in, except when they might be introduced without the slightest danger of diverting his mind for an instant from his principal object. And, therefore, it will be generally found in the works of this period, that exactly in proportion to the importance and general toil of the composition, is the severity of the tint; and that the play of color begins to show itself first in slight and small drawings, where he felt that he could easily secure all that he wanted in form.

어로 쓰인 they는 more brilliant or varied tints를 가리킬 겁니다. not only permissible, but even necessary (A), while more brilliant or ... (B), except when ... (C)라고 할 때, 우리말로 번역해 보면 맥락상 C → A → B가 가장 타당할 듯합니다. 따라서 제가 자주 말하듯이, "절이 등장하는 순서대로 번역하는 게 좋은 경우가 많다"라는 원칙이 여기에서는 적용되지 않습니다. A → B라면 B를 인도하는 while을 '... 하지만'(although)이라 번역하는 요령이 필요합니다.

° **without the slightest danger of diverting his mind for an instant from his principal object**가 포함되는 except when-절은 어떻게 번역하면 좋을까요? might를 가정법으로 보고, without ... 조건절로 번역하는 게 나을까요? 그렇다면 그 결과는 '그의 마음을 주된 대상으로부터 잠시라도 빼앗을 전혀 위험이 없다면 더 밝은 색조나 다채로운 색조가 사용될 수 있을 것이다. 그런 경우를 제외하면 그런 색조가 A → B'일 것입니다. 한편 not A without B를 'A하면 반드시 B하다'로 번역하면 좋다는 원칙을 살려서 제안 번역처럼 풀어내는 방법도 있을 겁니다. 개인적으로는 후자를 선택했지만, 문법적으로는 전자의 번역이 더 낫다는 생각도 듭니다.

° **therefore**가 연속해서 두 번 쓰였습니다. 바로 앞 문장에도 therefore가 쓰이지 않았습니까? 영어에서 therefore가 반복해 쓰였다고 해서 번역에서도 똑같은 부사 '따라서'를 되풀이할 필요는 없습니다. 오히려 똑같은 단어의 사용은 피하라는 문체론적 교훈을 받아들여, 뒤에 쓰인 therefore는 다른 식으로 표현하는 게 독자에게도 편하게 느껴질 겁니다. 물론 그 표현은 '따라서'와 동의어적 관계에 있는 단어가 되어야 합니다.

° **it will be generally found in the works of this period**에서 it은 비인칭 주어이고, 뒤에 쓰인 that-절이 진주어입니다. 이 둘의 관계를 파악하는 것은 그다지 어렵지 않으므로 짧게 언급하고 끝내겠습니다. it을 명사, 즉 인칭 주어로 본다면 that-절의 정체가 이상해지지 않습니까? 따라서 that-절이 진주어, it은 비인칭 대명사이자 가주어로 쓰인 것으로 분석할 수 있습니다.
한편, 이 문장에서는 다른 분석도 가능합니다. that 앞에 쉼표가 쓰였다는 점에 주목해서, it = that-절로 보아서 이른바 '외치'(dislocation)라는 강조 용법이 사용된 예로도 볼 수 있을 겁니다. 어떻게 보든 번역의 결과는 같습니다. 외치에 대해서는 『원서, 읽(힌)다』의 강조 부분을 참조하시기 바랍니다.

° **exactly in proportion to** the importance and general toil of the composition을 곧이곧대로 번역하면 '구도의 중요성과 일반적인 노고에 정확히 비례해서'가 됩니다. 그런데 '구도의 중요성'은 쉽게 와닿지만, '구도의 일반적인 노고'가 무슨 말인지 이해가 됩니까? 번역가도

(6) But as form, in landscape, implies vast bulk and space, the use of the tints which enabled him best to express them, was actually auxiliary to the mere drawing; and, therefore, not only permissible, but even necessary, while more brilliant or varied tints were never indulged in, except when they might be introduced without the slightest danger of diverting his mind for an instant from his principal object. And, therefore, it will be generally found in the works of this period, that exactly in proportion to the importance and general toil of the composition, is the severity of the tint; and that the play of color begins to show itself first in slight and small drawings, where he felt that he could easily secure all that he wanted in form.

쉽게 이해할 수 없는 표현을 독자가 이해하기를 바라는 건 무리입니다. 이미 여러 곳에서 말했지만, 번역에서 명사구와 절은 상호보완적인 것입니다. 이 경우에도 the importance and general toil of the composition을 절로 바꾸어 번역하면 어떻겠습니까? toil과 관련된 동사적 의미를 찾으려면 사전을 열심히 뒤적여야 하겠지요.

° **the play of color**는 사전에서 주로 보석과 관련된 것으로, '유색 효과'라 풀이되어 있습니다. 특히 오팔의 내부에서 색이 변하는 현상을 가리키는 용어로 쓰이는 모양입니다. 하지만 여기에 사용된 the play of color는 보석과 아무런 관계가 없습니다. 본문에 나온 내용은 터너의 그림에서 주로 명도에 대해 언급한 것입니다. 그런데 이 시기에 '처음'(first) 나타난 것이라며 color라는 단어를 여기에 사용했습니다. 이때 the play of color를 play color로 풀이하면 '색을 갖고 노는 행위'가 되므로 '채색'이 되지 않을까요? 혹시 이런 추론이 논리적 비약으로 보이나요? 그러면 파격적인 의역이 됩니까? 제 생각에는 그렇지 않습니다. 이 표현이 등장하기 전까지 파악한 전반적인 내용을 근거로 color를 번역한 것입니다.

° **where he felt that he could easily secure all that he wanted in form**은 계속적 용법으로 쓰인 관계절입니다. 이것을 결과가 아니라

이유로 번역했습니다. 터너가 작은 그림에 처음 채색을 사용한 이유를 이 관계절이 설명하고 있다고 분석하는 게 절대적으로 타당합니다. 반대로, 결과로 분석하여 관계절 앞에 and then이 있는 것처럼 번역해 보십시오. 앞뒤 문장이 논리적으로 연결되지 않습니다.

(7) Thus the "Crossing the Brook," and such other elaborate and large compositions, are actually painted in nothing but gray, brown, and blue, with a point or two of severe local color in the figures; but in the minor drawings, tender passages of complicated color occur not unfrequently in easy places; and even before the year 1800 he begins to introduce it with evident joyfulness and longing in his rude and simple studies, just as a child, if it could be supposed to govern itself by a fully developed intellect, would cautiously, but with infinite pleasure, add now and then a tiny dish of fruit or other dangerous luxury to the simple order of its daily fare.

예컨대 「개울을 건너며」를 비롯해 정교하고 크게 그려진 작품들은 실질적으로 회색과 갈색, 푸른색으로만 그려졌고, 인물에 한두 점의 고유색이 가볍게 사용되었을 뿐이다. 그러나 작은 그림들에서는 복잡한 색이 눈에 띄는 곳에 은은하게 그려진 경우가 드물지 않다. 1800년 이전에도 터너는 투박하고 단순한 습작들에서 즐겁고 간절한 마음을 담아 복잡한 색을 사용하기 시작한다. 지적 능력이 완전히 발달해 자제력을 발휘할 수 있는 어린아이가 조심스럽게, 그러나 무한히 즐거운 마음으로 과일이나 다른 구하기 힘든 식품이 담긴 작은 접시를 일상의 소박한 식사에 때때로 덧붙이는 것과 다를 바가 없다.

° **thus**를 어떻게 번역하시겠습니까? 그냥 기계적으로 '따라서'라고 번역하는 게 최선일까요? 앞 단락의 내용을 요약하면, 크기가 큰 그림에서는 절제된 색이 사용되고, 작은 그림에서는 복잡한 채색이 눈에 띈다는 겁니다. 한편 이 단락에서 언급된 「개울을 건너며」를 구글링하면 실제로 큰 그림에 속한다는 걸 알 수 있습니다. 논픽션의 번역에서는 이처럼 명확한 자료 조사가 필요한 때가 있고, 이런 자료 조사가 번역에 도움을 주기도 합니다.
'따라서'는 인과관계를 나타내는 접속 부사입니다. 물론 여기에서 '따라서'가 올바른 번역어가 아니라는 뜻은 아닙니다. 더 적합한 번역어가 없을까 고민하면서 사전을 뒤적이면 '예를 들면'(as an example, for instance)이란 뜻을 찾아낼 수 있습니다. 이때 thus를 '예컨대, 예를 들면'이라 번역한 경우와 '따라서'라고 번역한 경우를 비교해 보십시오. 어느 쪽이 더 마음에 드십니까?

° **elaborate and large compositions**에서 composition은 앞 단락에도 쓰인 단어입니다. 앞에서는 '구도'로 번역했습니다만, 여기에서는 이 번역어가 적합하지 않은 것 같습니다. 이 경우처럼 복수로 쓰였을 때는 '작품'으로 번역된다는 걸 여러 예문에서 확인할 수 있습니다.

° **a point or two of severe local color**에서 severe를 어떻게 번역하는 게 좋을까요? 앞 단락에서는 severity로 쓰였고, 바로 뒤에 이어진 단락에서도 severe가 쓰였습니다. 어떻게 보더라도 이때의 severe는 '간소한, 소박한'(plain, simple)이란 뜻으로 사용된 게 분명합니다. '색'과 관련지어 보면 다른 번역어를 선택하기는 어렵습니다.

(7) Thus the "Crossing the Brook," and such other elaborate and large compositions, are actually painted in nothing but gray, brown, and blue, with a point or two of severe local color in the figures; but in the minor drawings, tender passages of complicated color occur not unfrequently in easy places; and even before the year 1800 he begins to introduce it with evident joyfulness and longing in his rude and simple studies, just as a child, if it could be supposed to govern itself by a fully developed intellect, would cautiously, but with infinite pleasure, add now and then a tiny dish of fruit or other dangerous luxury to the simple order of its daily fare.

° **tender passages of complicated color**를 직접적으로 번역하면 '복잡한 색의 부드러운 통과'가 됩니다. 무슨 말인지는 알겠습니다. 그렇죠? 하지만 이렇게 번역해 두고 흡족한 미소를 지을 번역가는 없을 겁니다. 제가 누누이 말씀드리듯이, 명사구를 번역해서 이상하게 들리면 절로 변형해서 풀어가야 합니다. tender passages of complicated color → pass complicated color tenderly(복잡한 색을 부드럽게 통과시키다)가 됩니다. 여기에서 '통과시키다'를 '칠하다'라고 바꿔 보십시오. 그럼 쉽게 와닿지 않습니까? 복잡한 명사구는 이렇게 번역하면 됩니다.

° **with evident joyfulness and longing**의 앞에 쓰인 it은 complicated color를 대신한 대명사일 겁니다. 이렇게 굳이 관련된 명사를 언급하는 이유는, 짐작하겠지만, 제발 '그것'으로 번역하지 말라는 뜻입니다. 한편 with evident joyfulness and longing은 with evident joyfulness & with longing을 줄인 겁니다. 여기에서 with evident joyfulness는 '분명히 즐겁게'라고 쉽게 번역되지만 with longing은 맥락까지 고려해서 부사로 번역하기가 만만치 않을 겁니다. 이때 with evidently joyful and longing mind로 풀어 번역하면 어떨까요? 특히 longing mind는 사전적으로 '갈망하는 마음'이겠지만, 어휘력을 동원해서 '간절한 마음'으로 바꾸면 맥락에 더 맞아떨어지는 의미로 읽히지 않습니까?

° **just as** ...는 '꼭 ...처럼'으로 사전에 풀이됩니다. 학교에서 배운 대로 번역하면 just as ...를 먼저 번역한 뒤에 주절(even before the year 1800 he ...)이 번역되겠지만, 우리는 굳이 그렇게 번역할 필요가 없습니다. 문장의 흐름을 더 중요하게 생각하면, 주절을 먼저 번역하는 게 나을 겁니다. 그럼 숙제가 남습니다. just as ...를 어떻게 번역하느냐는 겁니다. 이때 '꼭'과 '처럼'에 담긴 의미를 전부 살려서 '비유하면 ...와 다를 바가 없다'로 번역하는 게 가장 좋을 듯합니다. 물론 제 지적 능력에서는 그렇다는 것이고, 독자 여러분은 각자 다른 번역어를 생각해 낼 수 있을 겁니다.
여기에서 a child가 주어이고 동사는 would (cautiously, but with infinite pleasure,) add ...라는 것을 어렵지 않게 찾아낼 수 있을 겁니다.

° **if it could be supposed to govern itself by a fully developed intellect**에서 it은 앞에 쓰인 a child를 대신한 대명사입니다. baby, infant, child를 he/she로 다시 쓰는 경우도 있지만 it을 대명사로 취할 수 있다는 건 기초 문법을 다룬 책에서 이미 보았을 겁니다.

° **dangerous luxury**를 독립적으로 풀면 '위험한 사치품'으로 어렵지 않게 번역됩니다. 앞에 쓰인 fruit은 그렇다손 치더라도 daily fare(일상의 식사)를 생각하면 luxury는 '구하기 힘든 식품'인 게 분명합니다. 그런데 a tiny dish of fruit or other dangerous luxury라는 명사구가 좀 이상하지 않습니까? other dangerous luxury를 그대로 옮기면 '다른 위험한 구하기 힘든 식품'이 됩니다. 그럼 앞에 쓰인 fruit이 '위

(7) Thus the "Crossing the Brook," and such other elaborate and large compositions, are actually painted in nothing but gray, brown, and blue, with a point or two of severe local color in the figures; but in the minor drawings, tender passages of complicated color occur not unfrequently in easy places; and even before the year 1800 he begins to introduce it with evident joyfulness and longing in his rude and simple studies, just as a child, if it could be supposed to govern itself by a fully developed intellect, would cautiously, but with infinite pleasure, add now and then a tiny dish of fruit or other dangerous luxury to the simple order of its daily fare.

험한 사치 식품'이 됩니다. 이런 해석은 I would make him nice sandwiches – and put an apple or other fruit in. (4 Sep 2019) (나는 그에게 맛있는 샌드위치를 만들어주곤 했다. 사과나 다른 과일을 안에 넣어서) and other가 쓰인 경우에도 마찬가지입니다. Apple and other IT companies will have to pay for the consequences, as British Petroleum is doing today. (23 Jun 2010) (오늘날 BP가 그렇듯이 애플을 비롯한 IT 기업들도 그 결과에 대한 대가를 치러야 할 것이다) 여하튼 현재의 관점에서는 과일이 희귀한 위험 식품이라는 게 이해되지 않습니다. 저자인 존 러스킨은 19세기에 활동한 영국 작가 겸 평론가였습니다. 19세기에 과일이 차지한 위상을 검색해 보면 계절 식품이어서 지금처럼 흔하지 않았다는 정도는 확인됩니다. 하지만 '위험'한 이유는 확인되지 않습니다. 그래서 영한사전을 뒤적이는 걸 포기하고 옥스퍼드 사전을 검색했습니다. 1600년대 초부터 dangerous가 rare라는 뜻으로 사용되었다는 게 확인됩니다. 그럼 이때 dangerous를 '드문'이란 뜻으로 번역하면 앞에서 언급한 내용이 완벽하게 맞아떨어집니다. 결국 dangerous luxury를 '구하기 힘든 식품'이라 번역하면 rare라는 뜻까지 포함되는 겁니다.

(8) Thus, in the foregrounds of his most severe drawings, we not unfrequently find him indulging in the luxury of a peacock; and it is impossible to express the joyfulness with which he seems to design its graceful form, and deepen with soft pencilling the bloom of its blue, after he has worked through the stern detail of his almost colorless drawing. A rainbow is another of his most frequently permitted indulgences; and we find him very early allowing the edges of his evening clouds to be touched with soft rose-color or gold; while, whenever the hues of nature in anywise fall into his system, and can be caught without a dangerous departure from it, he instantly throws his whole soul into the faithful rendering of them.

따라서 터너가 무척 소박하게 그린 그림들의 전경에서는 공작새의 화려함에 탐닉한 장면이 드물지 않게 눈에 띈다. 거의 색이 없는 그림에서 세세한 부분을 꼼꼼하게 처리한 뒤에, 공작새의 우아한 자태를 그릴 때 느꼈을 듯한 즐거움을 표현하거나 부드러운 연필화로 공작색의 푸른빛에 깊이를 더하는 것은 불가능하다. 무지개는 터너가 빈번하게 탐닉하는 또 하나의 소재이다. 무척 초기부터 터너가 저녁 구름의 가장자리를 은은한 장미색이나 황금색으로 덧칠한 게 확인된다. 또 자연의 색조가 어떤 이유로든 그의 원칙에 맞아떨어지고, 그의 원칙에서 위험할 정도로 일탈하지 않는 것으로 포착될 수 있을 때마다, 터너는 자연의 색조를 충실히 표현하는 데 자신의 영혼 전부를 지체 없이 내던진다.

° **in the foregrounds of his most severe drawings**는 대부분의 번역가가 '그의 가장 소박한 그림들의 전경에서'라고 번역하려 할 겁니다. 하지만 개인적으로 금기로 삼는 번역 원칙이 있습니다. '의'가 두 번 이상 쓰인 번역은 어떻게 해서든 '의'를 하나로 줄이라는 것입니다. 이 경우가 적절한 예입니다. 여기에서 쓰인 명사구를 문장 형식으로 번역하려면 어떻게 해야 할까요? his most severe drawings에서는 소유 형용사가 눈에 띕니다. 이런 형식의 명사구가 문장으로 전환될 때는 소유 형용사가 거의 언제나 주어가 됩니다. 형용사는 당연히 부사가 될 것이고, 명사가 동사화됩니다. 그럼 his most severe drawings가 '그가 소박하게 그린 그림들'로 번역되는 이유가 이해될 겁니다.

° **we not unfrequently find him ...**을 번역할 때 we를 명확히 번역할 필요가 있을까요? 이때 we는 '일반적인 사람'을 가리키는 we인 게 분명합니다. 그렇다면 we not unfrequently find [him indulging in the luxury of a peacock]에서 대괄호에 묶인 부분을 목적어로 보고, 전체를 수동 구문처럼 변형해 번역하는 게 최선의 방법일 수 있습니다. 그럼 we가 감쪽같이 사라지니까요. 뒤에 쓰인 we find him very early allowing ...의 경우도 마찬가지입니다.

° **the joyfulness with which he seems to design its graceful form**에서 its는 무엇을 가리키는 대명사일까요? 선뜻 답하기가 망설여지면, 다음 절에 쓰인 its blue가 도움이 될 겁니다. 그래도 망설여지면 A rainbow가 another로 쓰였다는 것에서도 단서를 얻을 수 있을 겁니다. 그렇습니다. 이때 it은 a peacock을 가리킵니다. 그럼 '푸른빛'(blue)

(8) Thus, in the foregrounds of his most severe drawings, we not unfrequently find him indulging in the luxury of a peacock; and it is impossible to express the joyfulness with which he seems to design its graceful form, and deepen with soft pencilling the bloom of its blue, after he has worked through the stern detail of his almost colorless drawing. A rainbow is another of his most frequently permitted indulgences; and we find him very early allowing the edges of his evening clouds to be touched with soft rose-color or gold; while, whenever the hues of nature in anywise fall into his system, and can be caught without a dangerous departure from it, he instantly throws his whole soul into the faithful rendering of them.

이 it을 대신하는 명사를 찾는 데 도움이 된다고 한 이유도 이해될 겁니다.

이번에는 이 명사구를 어떻게 번역할지 생각해 봅시다. '선행사 + 관계절'이란 구조를 띠므로 '그가 공작새의 우아한 자태를 그린 듯한 즐거움'이라 번역할지도 모르겠습니다. 이 번역은 관계절의 번역 방법을 무작정 따른, 성급한 번역입니다. 솔직히 말해서, '그가 공작새의 우아한 자태를 그린 듯한 즐거움'이 무슨 말인지 금방 와닿습니까? 다른 식으로 번역해 봅시다. 이 관계절은 원래 he seems to design its graceful form with the joyfulness(그는 공작새의 우아한 자태를 즐겁게 그린 듯하다)입니다. 그런데 그 선행사가 '즐거움'입니다. 따라서 즐거움을 앞으로 빼면, '그가 공작새의 우아한 자태를 그릴 때 가졌던 즐거움'이 될 겁니다. 이 번역이 '그가 공작새의 우아한 자태를 그린 듯한 즐거움'보다 더 쉽게 이해되지 않습니까? 그렇다면 이젠 이것을 우리말답게 다듬는 과정이 남고, 그 결과는 번역가마다 다를 겁니다. 제안 번역은 하나의 예에 불과합니다.

° **and deepen with soft pencilling the bloom of its blue**를 and deepen / the bloom of its blue / with soft pencilling으로 바꿔 놓으면, and가 express the joyfulness with ...와 등위 접속된다는 걸 쉽게 파악할 수 있을 겁니다. 겉보기에 패턴이 똑같으니까요. 이때 pencilling을 V-ing로 보고 the bloom of its blue를 목적어로 취한다고 생각

할 독자가 있을지도 모르겠습니다. 그런 추론은 soft라는 형용사가 pencilling 앞에 쓰였다는 점에서 설득력을 잃게 됩니다.

° another of **his most frequently permitted indulgences**도 앞에서 언급한 his most severe drawings와 똑같은 방식으로 번역하면 될 겁니다. 영어로 바꿔 쓰면 where he is permitted to indulge himself가 되지 않을까 싶습니다.

° **while**을 어떻게 번역하느냐가 문제입니다. 우리가 일반적으로 알고 있는 '종속 접속사'로 본다면, while ...에 관련된 주절은 당연히 앞에 쓰인 we find ...가 됩니다. 물론 이런 분석이 문법적으로 잘못된 것은 아닙니다. 그렇다고 while ... 종속절을 주절 앞으로 끌고와 번역할 수는 없는 노릇입니다. 그럴 경우 그 안에 존재하는 또 하나의 종속절 whenever ...의 처리가 마뜩잖기 때문입니다. 다른 곳에서도 말했듯이, while이 종속 접속사로 주절의 뒤에 쓰인다면 무작정 주절 앞으로 끌어가지 말고, 주절을 먼저 번역한 뒤에 '하지만'이나 '그리고'로 번역할 가능성을 타진해 보는 게 더 타당할 겁니다.

여기에 쓰인 system은 어떻게 번역하시겠습니까? 이 단어의 적절한 번역어에 대해서는 (3)과 (5)에서 충분히 설명했습니다. 그 부분을 다시 찾아 참조하십시오.

(8) Thus, in the foregrounds of his most severe drawings, we not unfrequently find him indulging in the luxury of a peacock; and it is impossible to express the joyfulness with which he seems to design its graceful form, and deepen with soft pencilling the bloom of its blue, after he has worked through the stern detail of his almost colorless drawing. A rainbow is another of his most frequently permitted indulgences; and we find him very early allowing the edges of his evening clouds to be touched with soft rose-color or gold; while, whenever the hues of nature in anywise fall into his system, and can be caught without a dangerous departure from it, he instantly throws his whole soul into the faithful rendering of them.

° **the faithful rendering of them**은 render them faithfully로 번역하는 게 좋겠지요. 여기에서 them은 hues가 될 수밖에 없습니다. 이번 단락에서는 유난히 명사구를 문장(혹은 동사구)처럼 번역해야 하는 예가 많습니다. 이 기회에 명사구를 번역하는 방법을 완벽하게 습득했기를 바랄 뿐입니다.

(9) Thus the usual brown tones of his foreground become warmed into sudden vigor, and are varied and enhanced with indescribable delight, when he finds himself by the shore of a moorland stream, where they truly express the stain of its golden rocks, and the darkness of its clear, Cairngorm-like pools, and the usual serenity of his aërial blue is enriched into the softness and depth of the sapphire, when it can deepen the distant slumber of some Highland lake, or temper the gloomy shadows of the evening upon its hills.

따라서 그가 황무지의 개울가에 있을 때는 전경에 흔히 사용되던 갈색 색조가 따뜻하게 변하며 갑작스레 생기를 띠고, 형언할 수 없는 환희에 달라지고 또렷해지며, 개울 곳곳에 있는 황금색 돌덩이들에 남겨진 얼룩 및 케언곰 습지의 호수처럼 맑은 웅덩이에 깃든 어둠을 정확히 표현해 낸다. 대체로 평온한 느낌을 주는 터너의 하늘색이 부드럽고 깊은 사파이어색으로 짙어지면, 하일랜드의 잔잔한 호수는 몽롱한 잠에 깊이 빠진 듯 전혀 움직이지 않거나, 언덕 위로 드리워진 어둑한 저녁 그림자가 옅어지는 듯하다.

° **the usual brown tones of his foreground**에서는 usual을 어떻게 분석하느냐가 번역 전체에 영향을 미칠 겁니다. '보통'(ordinary, normal)이라 생각해서 usual brown tones를 '일반적인 갈색 색조'라 번역하면 저자가 앞에서 언급한 내용과 맞아떨어지지 않습니다. 앞서 (1)에서 전경이 갈색 색조라고 말하지 않았습니까. 하지만 이때의 usual을 used most often으로 생각해 '그가 전경에서 흔히 사용하던 갈색 색조'로 번역하면 앞의 내용과 완벽하게 맞아떨집니다. 제안 번역에서 '전경에 흔히 사용되던 갈색 색조'라고 수동형으로 번역한 이유는 뒤에 쓰인 when-절을 먼저 번역하면서 '그'를 사용했기 때문에 반복을 피하려고 수동형으로 조절한 것입니다.

° **...varied and enhanced with** ...에서 주목해야 할 것은 varied의 정체, 즉 품사입니다. 단순히 형용사로 분석하면 '다양한, 다채로운'이 됩니다. 이런 분석은 with indescribable delight 때문에 망설여지고, 주어로 쓰인 tones도 이미 복수입니다. varied가 '다채로운'이라는 뜻이라면 more varied로 쓰이는 게 더 나았을 겁니다. 따라서 동사 vary가 수동형으로 바뀐 것이라 생각하며 enhance와 연결시킴으로써, '달라지고 뚜렷해진다'로 번역하는 게 최선이라 생각합니다.

° **finds himself by** ...를 '... 옆에 있는 자신을 발견하다'라는 식으로 번역한 경우가 요즘 자주 눈에 띕니다. 그런데 이런 표현이 자연스런 것인지 의심스럽습니다. 만약 동의어 사전에서 find oneself = be로 정의되어 있다면 어떻게 번역하시겠습니까? '... 옆에 있다'가 될 겁니다. 그럼 저자가 be를 사용하지 않고 find oneself를 사용한 데는 따로 이유

(9) Thus the usual brown tones of his foreground become warmed into sudden vigor, and are varied and enhanced with indescribable delight, when he finds himself by the shore of a moorland stream, where they truly express the stain of its golden rocks, and the darkness of its clear, Cairngorm-like pools, and the usual serenity of his aërial blue is enriched into the softness and depth of the sapphire, when it can deepen the distant slumber of some Highland lake, or temper the gloomy shadows of the evening upon its hills.

가 있지 않겠느냐고 반문할 번역가도 있을지 모르겠습니다. 굳이 구분하고 싶다면 '자리하다', '유하다' 등을 사용하는 게 '자신을 발견하다'보다 낫지 않겠습니까? 여하튼 이런 표현이 적잖게 쓰이는 편이어서, 무작정 틀렸다고 말할 순 없겠지만 '있다'가 마음에 들지 않으면 다른 우리말 단어를 찾아보는 편이 낫다는 게 제 생각입니다.

° **its golden rocks**에서 it은 무엇을 대신할까요? 엄격히 말하면, 두 가지 가능성이 있습니다. 하나는 the shore of a moorland stream이고, 다른 하나는 moorland stream입니다. 제가 이렇게 대명사가 대신하는 명사를 일일이 추적하는 이유는 '그것'이라 무책임하게 번역하지 말라는 뜻에서입니다. 전자로 생각하면 its golden rocks에서 its는 '개울가의'라고 번역하면 될 겁니다. 또 its clear, Cairngorm-like pools까지 고려하면 '개울가의 웅덩이'가 됩니다. 반면에 후자로 보면, its golden rocks는 '개울 곳곳에 있는 황금색 돌덩이들'이 되고, its clear, Cairngorm-like pools는 '개울 곳곳에 있는 케언곰 습지의 호수처럼 맑은 웅덩이'가 될 겁니다. 솔직히 말해서, 어느 쪽이 나은지 모르겠습니다. 저는 후자를 선택했습니다. 개울(stream)과 관련된 사진을 보면 후자가 더 적합하기 때문입니다. 여러분도 stream을 구글이나 위키피디아에서 찾아 이미지를 검색해 보십시오. 그럼 제가 후자를 선택한 이유를 이해할 수 있을 겁니다.

° **Cairngorm-like**에서 Cairngorm은 영국 스코틀랜드 동부 고지대의 산악 지역을 가리키며, 여기에 있는 습지는 Cairngorm Loch로 칭해진다고 합니다. 그럼 Cairngorm-like pool은 자연스레 '케언곰 습지의 호수 같은 웅덩이'가 될 겁니다.

° **the usual serenity of his aërial blue**는 the usual brown tones of his foreground와 똑같은 식으로 분석하고 번역하면 될 겁니다. 다만 번역에서 foreground는 공간인 반면, aërial blue는 '대기의 푸른색'으로 수단을 의미합니다. 따라서 푸른색과 serenity를 연결하는 데 적합한 동사를 생각해 내면 될 겁니다. the photo of Taj Mahal의 번역에서 '찍다'라는 동사를 생각해 내는 것과 같다고 생각하면 됩니다.

° **enriched**는 여기서 어떻게 번역하겠습니까? aërial blue는 '하늘색'에 가까울 겁니다. 반면에 sapphire(사파이어)라는 보석은 하늘색보다 짙은 푸른색을 띱니다. 그럼 be enriched into ...는 '...로 짙어진다'로 번역됩니다. 따라서 '대체로 평온한 느낌을 주는 터너의 하늘색이 부드럽고 깊은 사파이어색으로 짙어지다'로 번역될 겁니다.
그런데 when-절이 뒤에 옵니다. 주절의 내용과 when-절의 내용을 개략적으로 파악해 봅시다. 주절에서는 하늘색이 사파이어색으로 짙어집니다. when-절에서는 it으로 인해 하일랜드의 호수가 잠에 빠진 듯이 더 깊어지고, 언덕에 드리운 그림자가 열어집니다. it이 '하늘색'이든 '사파이어색'이든, 아니면 '하늘색이 사파이어색으로 짙어진 결과'이든 간에 주절이 when-절의 원인으로 여겨집니다. 이런 경우에는 기계적으로 when-절을 먼저 번역하고 주절을 나중에 번역하는 습관에서

(9) Thus the usual brown tones of his foreground become warmed into sudden vigor, and are varied and enhanced with indescribable delight, when he finds himself by the shore of a moorland stream, where they truly express the stain of its golden rocks, and the darkness of its clear, Cairngorm-like pools, and the usual serenity of his aërial blue is enriched into the softness and depth of the sapphire, when it can deepen the distant slumber of some Highland lake, or temper the gloomy shadows of the evening upon its hills.

벗어나, 주절을 먼저 번역한 뒤 그 앞에 when이 있는 것처럼 번역하는 게 좋습니다. when을 if로 번역하는 게 좋을 때가 있다는 건 이 책에서 줄곧 말했습니다. 이 경우가 여기에 해당할 수 있습니다. 그래도 when을 when답게 번역하고 싶다면, 제가 약간 편법을 쓴 제안 번역을 참조하십시오.

° **it can deepen ... temper the gloomy shadows**에서 it은 주절 전체를 대신하는 대명사로 보는 게 타당할 듯합니다. 그렇다면 수동 구문으로 변형해서 번역하는 게 훨씬 낫다는 걸 어렵게 않게 짐작할 수 있을 겁니다. 따라서 번역은 slumber ... deepened / shadow ... tempered가 될 겁니다. 그런데 distant slumber는 어떤 잠일까요? 다음 문장을 보십시오. After a long day at work there's nothing more satisfying than lifting up the fresh duvet, plumping your pillow and drifting away into a distant slumber. (11 Feb 2021, MyLondon) (직장에서 긴 하루를 보낸 뒤에는 산뜻한 이불을 끌어올리며 푹신한 베개를 베고 깊은 잠에 빠져드는 것보다 만족스런 것은 없다) 맥락상 a distant slumber는 '깊은 잠'이 가장 적합한 번역일 겁니다. 호수가 깊은 잠에 빠졌다는 건 잔잔하다는 뜻일 것이고, 그런 상태가 깊어집니다(deepen). 이 표현에 대해서 어떻게 번역어를 조절하는 게 최선일까요? 한편 temper the shadows에 대해서는 크게 고민할 게 없을 듯합니다.

(10) The system of his color being thus simplified, he could address all the strength of his mind to the accumulation of facts of form; his choice of subject, and his methods of treatment, are therefore as various as his color is simple; and it is not a little difficult to give the reader who is unacquainted with his works an idea either of their infinitude of aims, on the one hand, or of the kind of feeling which pervades them all, on the other. No subject was too low or too high for him; we find him one day hard at work on a cock and hen, with their family of chickens in a farm-yard; and bringing all the refinement of his execution into play to express the texture of the plumage; next day he is drawing the Dragon of Colchis. One hour he is much interested in a gust of wind blowing away an old woman's cap; the next he is painting the fifth plague of Egypt.

터너는 채색 원칙을 이렇게 단순화함으로써 다양한 모습으로 형태들을 모으는 데 온 정신을 쏟을 수 있었다. 따라서 그가 선택한 소재와, 그 소재를 처리한 방법은 그의 색이 단순한 만큼이나 다채롭다. 터너의 그림에 익숙하지 않은 독자에게 거의 무한에 가까운 의도를 알려주거나, 모든 그림에 어김없이 스며든 어떤 감정을 그들이 느끼게 하기는 상당히 어렵다. 그에게는 지독히 저급한 소재도 없었고 지나치게 고상한 소재도 없었다. 어느 날에는 농장 마당에서 노닥거리는 수탉과 암탉 한 쌍과 새끼들을 열심히 그리며 세련되게 다듬어진 솜씨로 깃털의 질감을 표현했고, 다음 날에는 콜키스의 용을 그렸다. 또 어떤 순간에는 어떤 노파의 모자를 날려버리는 돌풍에 큰 관심을 보이다가도, 바로 다음 순간에는 이집트에 닥친 다섯 번째 재앙을 그렸다.

° **The system of his color being thus simplified**는 독립 분사구문으로 쓰인 전형적인 예입니다. 이때 system은 '시스템'이나 '체계'보다 '방법'이나 '원칙'으로 번역하는 게 독자에게 더 쉽게 와닿는다는 점을 이미 언급한 바 있습니다. 따라서 the system of his color는 '그의 색 체계'라기보다 '그가 색을 사용하는 방법(혹은 원칙)'이라고 풀어 번역하거나, 압축해서 '그의 채색 원칙'이라 번역하는 게 나을 겁니다. 하지만 채색 원칙을 simplify하는 주체와, 온 정신(all the strength of his mind)을 address하는 주체는 똑같이 터너이므로, 독립 분사구문에 쓰인 명사구에서 his의 쓰임에 주목하여 능동형으로 번역하면, 터너가 주절까지 연결되므로 더 간결한 번역이 될 수 있을 겁니다. 이때 thus도 '이렇게'(in this way)로 쉽게 번역할 수 있을 겁니다.

° **address all the strength of his mind to ...**를 번역하는 것도 쉽지는 않습니다. 간단히 정리하면 '모든 정신력을 ...에 address'가 됩니다. 이때 address를 어떻게 번역해야 할까요? 온갖 사전을 뒤적거려도 적합한 번역어를 찾기가 어렵습니다. 그런데 윅셔너리에서 address를 검색하면 실마리가 나타납니다. 타동사로 쓰일 때 과거에 to aim, to direct라는 뜻으로 쓰였다는 겁니다. 이 텍스트가 19세기 후반에 쓰였다는 걸 고려하면, to address를 to direct로 번역하는 게 더 타당할 수 있을 겁니다. 경험적으로 보면, 윅셔너리에 이처럼 오래전 쓰였다가 최근에는 잊혀진 뜻이 소개되는 경우가 많습니다.

° **the accumulation of facts of form**을 번역하기는 더 어렵습니다. 먼저, 순진하게 번역해 봅시다. 그럼 '형태의 사실들의 축적'이 됩니다. 도

(10) The system of his color being thus simplified, he could address all the strength of his mind to the accumulation of facts of form; his choice of subject, and his methods of treatment, are therefore as various as his color is simple; and it is not a little difficult to give the reader who is unacquainted with his works an idea either of their infinitude of aims, on the one hand, or of the kind of feeling which pervades them all, on the other. No subject was too low or too high for him; we find him one day hard at work on a cock and hen, with their family of chickens in a farm-yard; and bringing all the refinement of his execution into play to express the texture of the plumage; next day he is drawing the Dragon of Colchis. One hour he is much interested in a gust of wind blowing away an old woman's cap; the next he is painting the fifth plague of Egypt.

무지 무슨 말인지 이해가 되지 않습니다. 저는 이런 경우에 영영사전의 풀이를 참조해 각 단어를 번역하는 방법을 사용합니다. 일단, 이 명사구를 문장 형식으로 번역하면 accumulate facts of form이 됩니다. accumulate는 to collect a large number of things over a long period of time이고, fact는 something known to have happened or to exist입니다. form은 말 그대로 '형태'라 하겠습니다. fact가 복수로 쓰였습니다. facts of form은 '형태에 대해 존재하는 것으로 알려진 것들' → '형태로 존재하는 것으로 알려진 것들' → '다양한 모습으로 존재하는 형태들'로 바꿔가는 방법을 생각해 볼 수 있습니다.

° **it is not a little difficult** ...에서 it은 비인칭 주어입니다. not a little은 '적지 않은'이란 뜻입니다. 여기까지는 분석하기가 그다지 어렵지 않습니다. 진주어로 쓰인 to-V도 to give / the reader who is unacquainted with his works / an idea ...로 쉽게 분석됩니다. 이제부터 번역에 필요한 부분들을 따져 봅시다.

give an idea of ...는 '...을 가르치다(teach), 알리다(illustrate)' 등이 됩니다. 달리 말하면, idea라는 단어를 굳이 번역하려고 애쓰지 말라는 뜻입니다.

다음으로는 on the one hand(한편으로), on the other(다른 한편으로)를 반드시 번역할 필요가 있느냐는 겁니다. 더구나 두 구절이 or로 연결되어, on the one hand / on the other와 똑같이 대립성을 보여주므로 굳이 이것을 별도로 번역할 필요가 있는지 갈등이 생깁니다.

° **we find him one day hard at work on a cock and hen**은 이른바 5형식 문장으로 보면 쉽게 풀이가 될 겁니다. 당연히 hard at work on a cock and hen이 목적 보어이겠지요. 여기에서 궁금한 건 cock and hen이 부정관사 하나로 연결된 부분입니다. 결국 하나인 것처럼 보이는 '수탉과 암탉'이므로 이때의 a를 a pair of로 번역하는 게 가장 좋을 듯합니다. 다음으로 chicken은 어떻게 할까요? 일반적으로 chicken은 '닭'에 대한 총칭으로 쓰입니다. 하지만 여기에서는 their(=cock and hen) family이므로 chick + -en으로 보는 게 타당할 겁니다. 그럼 '작은 병아리'가 되겠지요. 접미어 -en은 '작은 것'을 뜻합니다. chick(병아리) + -en이 어떤 과정을 거쳐 닭의 총칭으로 쓰이게 되었는지 모르지만, -en이 작은 것을 뜻한다는 흔적은 kitten(새끼 고양이)에 남아 있습니다.

° **Dragon of Colchis**은 '콜키스의 용'으로 번역됩니다. 그런데 그리스 신화에 익숙하지 않은 사람은 '콜키스의 용'이 무엇인지 모르겠지요. 그저 맥락을 보고, '고상한 소재'라는 정도만 짐작할 겁니다. 이런 경우에는 '옮긴이 주'를 사용해 독자에게 '콜키스의 용'을 대략적으로 설명하는 것도 좋은 방법일 겁니다. 하지만 그 설명이 너무 길어도 좋지 않습니다. 조사를 빼고 대략 10단어 안팎이면 적절하지 않을까 싶습

(10) The system of his color being thus simplified, he could address all the strength of his mind to the accumulation of facts of form; his choice of subject, and his methods of treatment, are therefore as various as his color is simple; and it is not a little difficult to give the reader who is unacquainted with his works an idea either of their infinitude of aims, on the one hand, or of the kind of feeling which pervades them all, on the other. No subject was too low or too high for him; we find him one day hard at work on a cock and hen, with their family of chickens in a farm-yard; and bringing all the refinement of his execution into play to express the texture of the plumage; next day he is drawing the Dragon of Colchis. One hour he is much interested in a gust of wind blowing away an old woman's cap; the next he is painting the fifth plague of Egypt.

니다. 따라서 '콜키스에 있는 신성한 숲에 감추어진 황금 양모를 지키는 거대한 뱀'이라 대략 정리하면 될 겁니다.

° **the fifth plague of Egypt**를 곧이곧대로 번역하면 '이집트의 다섯 번째 재앙'입니다. 물론 이때의 재앙은 구약성경 출애굽기에 언급되듯이 이집트를 덮친 다섯 번째 재앙을 가리킵니다. 이 경우도 기독교인이 아니면 하나님이 이집트에 내리는 재앙이라는 걸 알 수 없으므로, 역시 옮긴이 주가 필요할 수 있습니다. 만약 앞의 경우에 옮긴이 주를 '... 콜키스의 용(그리스 신화에서 콜키스에 있는 신성한 숲에 걸린 황금 양모를 지키는 거대한 뱀/옮긴이)'이라고 표기했다면, 여기에서는 다른 방법, 즉 옮긴이 주에 해당하는 내용을 압축해 본문에 슬쩍 끼워 넣는 방법을 사용할 수 있을 겁니다. 예컨대 '다음 순간에는 성경에서 말하듯이 하나님이 이집트에 내린 다섯 번째 재앙을 그린다'가 되겠지요.

° No subject **was** too low or too high for him ... One hour he **is** much interested in a gust of wind blowing away ... 이 마지막 두 문장의 번역을 보면, 현재로 쓰인 본문과 달리 내용 자체는 '과거'의 이야기입니다. 특히 마지막 문장을 보면, 명확히 현재로 쓰여 있어 번역을 현재로 하더라도 괜찮을 듯합니다. 오히려 현재로 번역함으로써 터너가 지금 우리 눈앞에서 그런 그림을 그리고 있다는 현장감을 느끼게 할 수도

있을 겁니다. 반면에 두 문장을 끌어가는 주절은 we find ...입니다. 달리 말하면, 터너가 이미 그린 그림을 지금 보고 있다는 뜻입니다. 따라서 터너가 이미 그렇게 그렸다는 뜻이므로 과거로 번역하는 게 자연스러울 수도 있습니다. 결국 번역가가 선택할 문제이겠지만, 제안 번역에서는 과거를 선택했습니다. 현재로 바꿔 번역하면서 감성적으로 어떤 차이가 있는지 느껴보는 것도 재밌을 겁니다.

(11) Every landscape painter before him had acquired distinction by confining his efforts to one class of subject. Hobbima painted oaks; Ruysdael, waterfalls and copses; Cuyp, river or meadow scenes in quiet afternoons; Salvator and Poussin, such kind of mountain scenery as people could conceive, who lived in towns in the seventeenth century. But I am well persuaded that if all the works of Turner, up to the year 1820, were divided into classes (as he has himself divided them in the "Liber Studorium"), no preponderance could be assigned to one class over another.

터너 이전의 모든 풍경화가는 한 종류의 소재를 집중적으로 그려 명성을 얻었다. 마인데르트 호베마Meindert Hobbema, 1638-1709는 떡갈나무를 그렸고, 살로몬 판 라위스달Salomon van Ruysdael, 1602-1670은 폭포와 잡목림을 그렸다. 알베르트 카위프Aelbert Cuyp, 1620-1691는 조용한 오후의 강이나 초원, 살바토르 로사Salvator Rosa, 1615–1673와 니콜라 푸생Nicolas Poussin, 1594-1665은 17세기 도시에 살았던 사람들이 머릿속으로 상상했을 법한 산악 풍경을 그렸다. 그러나 터너 자신이 『습작 책』에서 자신의 작품들을 직접 분류했듯이, 터너가 1820년까지 그린 모든 작품이 유형별로 분류되더라도 특별히 두드러지게 많이 다루어진 유형이 없을 거라고 나는 확신한다.

° **had acquired distinction**에서 acquire는 '노력을 통해 얻다'라는 뜻입니다. 따라서 뒤에 쓰인 confining his efforts to one class of subject와 맞아떨어집니다. 이번에는 distinction을 봅시다. 사전을 보면 '차이, 뛰어남, 특별함'이라는 기본적인 의미가 있지만 구체적으로는 서로 미세한 차이를 가진 단어들로 번역됩니다. 그런데 acquire(얻다)와 연결하면 그중 어떤 번역어도 자연스레 연결되지 않습니다. 제가 이렇게 한 단어, 한 단어의 번역어를 따지는 이유는 1장에서 설명한 바와 같이, 번역은 궁극적으로 '단어 맞추기'라 생각하기 때문입니다. 그럼 distinction을 뭐라고 번역해야 할까요? 사전을 뒤적이면 a writer of distinction이라는 표현이 '저명한 작가' 혹은 '뛰어난 작가'로 소개되어 있습니다. 이렇게 번역되는 이유는 대략 짐작이 됩니다. 전자를 선택할 경우 acquire distinction은 '명성을 얻다'로 번역될 수 있을 겁니다. 반면에 후자를 선택하면 다시 원점으로 돌아가 acquire에 적절한 번역어를 다시 생각하게 합니다. '얻다'의 결과는 '갖다'. 그럼 acquire distinction을 '차별성을 띤다'라고 번역하면 어떻겠습니까? 둘 모두 괜찮은 번역인 것 같은 데 여러분의 생각은 어떤지 모르겠습니다. 하지만 '차이 → 차별성', '얻다 → 띠다'로 살짝 바꾸는 역량은 그냥 주어지는 게 아닙니다. 끊임없는 번역 연습에서 나온 결과물입니다.

° **confining his efforts to one class of subject**를 들여다봅시다. 영어책을 읽다 보면 effort라는 단어를 만나는 경우가 많습니다. 물론 '노력'이라 번역하면 대략 맞아떨어집니다. 하지만 우리가 글을 쓸 때를 생각해 보십시오 confining his efforts to one class of subject를 '한 종류의 소재에 노력을 국한함으로써'라고 번역할 때 '노력'이란 단어가 적합한지 모르겠습니다. 영영사전의 풀이를 이용해, 이 동사구를

(11) Every landscape painter before him had acquired distinction by confining his efforts to one class of subject. Hobbima painted oaks; Ruysdael, waterfalls and copses; Cuyp, river or meadow scenes in quiet afternoons; Salvator and Poussin, such kind of mountain scenery as people could conceive, who lived in towns in the seventeenth century. But I am well persuaded that if all the works of Turner, up to the year 1820, were divided into classes (as he has himself divided them in the "Liber Studorium"), no preponderance could be assigned to one class over another.

focus physical or mental activity (needed to achieve something) to one class of subject라고 다시 쓴다면 어떻게 번역하겠습니까? '한 종류의 소재에 물리적 활동을 집중하다'가 될 것이고, 이때 물리적 활동은 '그림 그리기'이므로 궁극적으로는 '한 종류의 소재를 집중적으로 그리다'로 번역할 수 있지 않을까요? 이런 과정을 거쳐 제안 번역이 완성된 것입니다.

° **Ruysdael, waterfalls and copses**는 Ruysdael (painted) waterfalls and copses의 괄호 부분이 생략된 문장이란 것을 굳이 설명할 필요가 없을 겁니다. 그 뒤의 문장들도 마찬가지입니다.

° **who lived in towns in the seventeenth century**는 그야말로 문젯거리입니다. 이 관계절의 선행사는 대체 무엇일까요? 이론적으로는 Salvator and Poussin도 가능하고, people도 가능합니다. 만약 학교에서 배운 대로, 이 관계절이 계속적 용법으로 쓰였다는 이유로 그 선행사가 고유 명사일 것이라 가정하면, '살바토르와 푸생이 17세기에 도시에서 살아, 사람들이 상상했을 법한 산악 풍경을 그렸다'가 됩니다. 물론 그 자체로 전혀 말이 안 되는 건 아닙니다. 하지만 제안 번역과 비교하면 이상하게 느껴지는 것이 사실입니다. 따라서 맥락상 people이 더 타당하기 때문에 이쪽을 선택해야 할 것입니다. 또한 관계절에서 계속적 용법과 제한적 용법의 차이에 대해 학교에서 배운 것들은

잊어 버리고, 이젠 이 책에서 자주 말씀드렸던 내용만 기억하시기를 바랍니다.

° **one class over another**에서 확인할 수 있듯이, one something over another라는 표현이 의외로 자주 쓰입니다. Inter had manifested in the most explicit manner the superiority of one religion over another. (19 Dec 2007) It is exceedingly difficult to ever pinpoint what makes someone choose one candidate over another. (8 Feb 2024) 이런 표현을 우리말답게 번역하려면 어떻게 하는 게 좋을까요? 예컨대 one class over another를 '어떤 유형보다 다른 유형'이라 번역하면 결코 우리말답다고 말할 수 없을 겁니다. 제가 나름대로 찾아낸 표현은 '특정한 ...'입니다. 앞에서 인용한 예에서는 차례로 '특정한 종교', '특정한 후보'가 될 겁니다. 이 표현이 적합하다면, 본문의 표현은 '특정한 유형'이 될 겁니다. 물론 이 표현이 마음에 들지 않을 독자도 있을지 모르겠습니다. 그렇다면 '어떤 ...보다 다른 ...' 이외에, 동일한 명사가 반복되지 않으면서 더 나은 번역어가 있는지 찾아보도록 하십시오. 여하튼 (9)에서도 말했듯이 '...하는 자신을 발견하다'라는 번역이나 '어떤 ...보다 다른 ...'이라는 번역에 대한 저의 생각은 말없음표입니다.

12 Rules for Life

조던 피터슨

전치사 of는 '의'로만 번역되는 게 아닙니다

RULE 1: Stand Up Straight and With Your Shoulder Back

(1) LOBSTERS AND TERRITORY

If you are like most people, you don't often think about lobsters unless you're eating one. However, these interesting and delicious crustaceans are very much worth considering. Their nervous systems are comparatively simple, with large, easily observable neurons, the magic cells of the brain. Because of this, scientists have been able to map the neural circuitry of lobsters very accurately. This has helped us understand the structure and function of the brain and behaviour of more complex animals, including human beings. Lobsters have more in common with you than you might think (particularly when you are feeling crabby—ha ha).

법칙 1: 어깨를 펴고 똑바로 서라

바닷가재와 영역

당신이 대부분의 사람과 같다면, 바닷가재를 지금 먹고 있지 않는 한 바닷가재에 대해 생각하는 경우는 거의 없을 것이다. 하지만 이 맛있는 바닷가재는 생각해 볼 만한 가치가 많은 무척 흥미로운 갑각류 동물이다. 바닷가재의 신경계는 비교적 단순하며, 뇌에 존재하는 신경 세포인 뉴런이 상대적으로 커서 쉽게 관찰된다. 이런 특징 때문에, 과학자들은 바닷가재의 신경 회로를 무척 정확히 그려낼 수 있었다. 그 결과는 인간을 비롯해 상대적으로 복잡한 동물들의 뇌와 행동 및 그 구조와 기능을 파악하는 데 도움을 주었다. 바닷가재는 일반적인 생각보다 우리 인간과 공통된 부분이 많다(특히 짜증이 날 때는 더욱!).

RULE 1: Stand Up Straight and With Your Shoulder Back

(1) LOBSTERS AND TERRITORY

If you are like most people, you don't often think about lobsters unless you're eating one. However, these interesting and delicious crustaceans are very much worth considering. Their nervous systems are comparatively simple, with large, easily observable neurons, the magic cells of the brain. Because of this, scientists have been able to map the neural circuitry of lobsters very accurately. This has helped us understand the structure and function of the brain and behaviour of more complex animals, including human beings. Lobsters have more in common with you than you might think (particularly when you are feeling crabby—ha ha).

°**Stand Up Straight and With Your Shoulder Back**이란 큰 제목부터 볼까요? 먼저 stand up straight가 '똑바로 서다'라는 뜻이라는 건 사전에서 금세 찾을 수 있습니다. 하지만 With Your Shoulder Back은 좀처럼 보이지 않습니다. pull one's shoulders back(어깨를 펴다)이 있지만 with가 없는 일종의 구동사입니다. 사실 이런 구조의 문장을 번역하는 법에 대해서는 이미 앞서 언급한 적이 있습니다. '(with) – 명사 – 형용사/명사/전치사구(부사)'는 '(with) – 명사 – (being) – 형용사/명사/전치사구(부사)'의 생략형으로 번역하는 게 최선이라고! 이 원칙에 맞추면 '어깨가 뒤에 있게 하다'가 됩니다. 어깨를 뒤로 당긴다는 건 어깨를 쭉 펴는 게 아닐까요? 어, 그런데 제목이 이상하다고 의문을 품는 독자가 있을지 모르겠습니다. 동사구가 어떻게 전치사구와 and로 등위 접속이 되었을까? 설마 이런 물음을 던지고 있진 않겠지요. With Your Shoulder Back은 Straight와 등위 접속된 것입니다. 그래서 번역의 순서를 바꿔놓았습니다.

°**If you are like most people, you don't often think about lobsters unless you're eating one.**은 번역 자체로 어려운 것은 없습니다. 하지만 if-절을 '...한다면'으로, unless-절은 '...하지 않는다면'이라 번역하면 '...면'이 연속으로 두 번 쓰이기 때문에 그다지 바람직하지 않습니다. 따라서 unless를 순진하게 if – not이라 생각하지 말고 '...하지 않는

한'이라 번역하는 가능성을 생각해 보는 게 좋습니다. 또 do not often think의 쓰임새도 '종종 생각하지 않는다'라고 표현하면 이상하지 않습니까? 다시 말해, not이 동사 think를 부정하는 부사로 번역하면 이상해진다는 겁니다. 오히려 not이 often이란 부사를 부정하는 식으로 번역하는 게 훨씬 더 자연스럽습니다.

° **the magic cells of the brain**은 nuerons와 동격입니다. 제가 여기에서 굳이 the magic cells of the brain에 밑줄을 친 이유를 짐작하시겠습니까? 이 책을 지금까지 제대로 읽고 공부했다면 '뇌의 마법적인 세포'라고 번역할 독자는 없을 겁니다. 가령 '뇌의 마법적인 세포'라 옮길 경우, 뇌와 세포의 관계가 즉각적으로 와닿습니까? 그렇다면 대단한 해독력이 아닐 수 없습니다. 개인적으로 저는 명사구 내에 쓰인 of를 정확히 번역해야 '잘한 번역'이라 생각합니다. '의'라고는 누구나 번역할 수 있습니다. 과장해서 말하면 전치사 of에는 무궁무진한 뜻이 있습니다. 여기에서는 '뇌에 존재하는 마법적인 세포'가 적합할 겁니다. 전체적으로 번역하면 '뇌에 존재하는 마법적인 세포인 뉴런'이 될 겁니다. 물론 이 번역으로도 충분합니다. 하지만 '뉴런'이란 외래어를 사용하기 싫으면 '뇌에 존재하는 마법적인 세포인 신경 세포'라고도 할 수 있습니다. 이 표현도 '세포'가 반복되어 눈에 그다지 좋아보이지 않습니다. 따라서 동격을 무시하고 '뇌에 존재하는 마법적인 신경 세포'로 번역하는 것도 좋은 방법 중 하나일 겁니다. 아니면, 눈을 꼭 감고 외래어 '뉴런'을 용납하는 수밖에 없겠지요.

RULE 1: Stand Up Straight and With Your Shoulder Back

(1) LOBSTERS AND TERRITORY

If you are like most people, you don't often think about lobsters unless you're eating one. However, these interesting and delicious crustaceans are very much worth considering. Their nervous systems are comparatively simple, with large, easily observable neurons, the magic cells of the brain. Because of this, scientists have been able to map the neural circuitry of lobsters very accurately. This has helped us understand the structure and function of the brain and behaviour of more complex animals, including human beings. Lobsters have more in common with you than you might think (particularly when you are feeling crabby—ha ha).

° **the structure and function of the brain and behaviour of more complex animals**를 '복잡한 동물의 뇌와 행동의 구조와 기능'라고 번역하면, 이해가 됩니까? 언젠가 저는 미국 출판인의 말을 인용하며, 논픽션은 독자에게 '새로운 정보'를 제공하는 장르라 말한 적이 있습니다. 정보를 제공하는 저자가 말을 비틀고 비틀어서 정보를 전달한다면, 결코 좋은 저자가 아닐 겁니다. 정보를 듣기 편하고 쉽게 전달하는 게 좋겠지요. the structure and function of the brain and behaviour of more complex animals라고 명사구를 길게 나열한 저자가 문제라고 투덜댈 독자도 있겠지만, 제가 보기에는 이 명사구도 제대로 분석하면 별문제가 없는 구문입니다. 결국 '복잡한 동물의 뇌와 행동의 구조와 기능'이라는 번역이 문제라는 겁니다. 명사구를 다시 읽어보십시오. 여러분이 학창 시절부터 귀가 닳고 닳도록 들었던 문법이 눈에 들어올 겁니다. 찾았습니까? the structure and function과 the brain and behaviour에는 각각 관사가 하나밖에 없다는 겁니다. '구조와 기능'을 묶고, '뇌와 행동'을 묶어서 보면 된다는 뜻입니다. 이런 차이에 주목하면 '인간을 비롯해 상대적으로 복잡한 동물들의 뇌와 행동 및 그 구조와 기능을 파악하다'라는 번역이 가능하지 않을까요?

° **you are feeling crabby**는 어떻게 번역하면 좋을까요? 이렇게 묻는 이유는 crabby가 우리 사전에 두 가지 뜻으로 풀이되어 있기 때문입니

다. 하나는 '짜증나는'이고 다른 하나는 '게와 같은'입니다. 두 뜻은 확연히 다르기 때문에 우리 사전에는 동음이의어로 설명하고 있는 듯합니다. 그런데 이상하게도 영영사전에는 crabby가 하나의 뜻('짜증나는')으로만 설명됩니다. 하기야 '게거품'이란 말이 있지 않습니까? 화가 나고 짜증이 나면 게거품을 문다고 하지 않습니까? '짜증이 날 때'가 무난한 번역이겠지만, 우리 사전에 있는 의미까지 살리고 싶다면, 약간의 편법을 사용해서 '게처럼 짜증나면'이라 번역하는 방법도 모색해 볼 만합니다.

(2) Lobsters live on the ocean floor. They need a home base down there, a range within which they hunt for prey and scavenge around for stray edible bits and pieces of whatever rains down from the continual chaos of carnage and death far above. They want somewhere secure, where the hunting and the gathering is good. They want a home.
This can present a problem, since there are many lobsters. What if two of them occupy the same territory, at the bottom of the ocean, at the same time, and both want to live there? What if there are hundreds of lobsters, all trying to make a living and raise a family, in the same crowded patch of sand and refuse?

바닷가재는 해저에서 살아간다. 바닷가재에게도 본거지가 필요하다. 위에서는 학살과 죽음이 끝없이 계속되고, 그런 혼돈의 부산물이 바닥에 떨어져 내린다. 바닷가재는 그 영역 내에서 먹잇감을 사냥하고, 먹을 만한 부스러기를 찾아 주변을 뒤적거린다. 바닷가재는 안전한 곳, 수렵과 채집을 편하게 할 수 있는 곳을 원한다. 한 마디로, 바닷가재도 보금자리를 원한다.
여기에서 문제가 야기된다. 안전한 보금자리를 원하는 바닷가재가 많기 때문이다. 만약 두 마리의 바닷가재가 해저에서 동일한 시간에 동일한 영역을 점유하며, 그곳에 살려고 한다면 어떻게 되겠는가? 또 수백 마리의 바닷가재가 생계를 꾸리고 가족을 부양하려고, 똑같은 영역에서 한정된 부스러기를 두고 다투어야 한다면 어떻게 되겠는가?

° **the ocean floor**는 그냥 '바다 바닥'이라 번역하면 무난할 겁니다. 그런데 우리가 흔히 사용하는 표현을 생각해 보십시오. 해저 터널은 어떤 것일까요? '이 섬의 해저에 석유가 매장되어 있다'고 할 때 '해저'는 무엇입니까? 영어로는 the ocean floor일 겁니다. 따라서 '해저'(海底)라는 번역도 괜찮다고 생각합니다. 이쯤에서 한자 교육을 완전히 포기한 국가 정책이 아쉴 뿐입니다.

° **down there**는 둘 모두 부사로 사용되었습니다. 그 장소가 floor이므로 down이란 부사가 생뚱맞지는 않습니다. 물론 down there는 결합어로 쓰여서 '아래쪽'으로 번역됩니다. down there는 영어에서 일반적으로 'in that lower place'로 설명됩니다. 따라서 down there = on the ocean floor가 될 것입니다. 그렇지만 '바닷가재는 아래쪽에 보금자리가 필요하다'라고 번역하면 앞 문장과의 연결성이 사라집니다. 이런 연결성을 살리려면 down there를 '그곳'이라고 대명사처럼 번역하는 게 낫습니다. 그래도 '아래쪽'이란 뜻을 절대적으로 살려야겠다면, '그 아래쪽'을 추천하고 싶습니다. 그냥 '아래쪽'은 뭔가 빠진 듯한 기분입니다. 저는 문장과 문장 간의 연결성을 살려내는 번역이 무엇보다 중요하다고 생각합니다. 문장 하나하나를 번역하는 건 단문 번역과 다를 게 없습니다. 우리가 궁극적으로 읽는 것은 하나의 문장이 아니라, 문장들이 연결된 단락이기 때문입니다.

° **a range within which ...**는 앞에 쓰인 a home base down there와 동격입니다. 이 문장에서 이 둘의 동격 관계를 상투적인 수법대로, '본거지, 즉 ...라는 영역이 필요하다'라고 번역해야 할까요? 그렇게 번역하

(2) Lobsters live on the ocean floor. They need a home base down there, a range within which they hunt for prey and scavenge around for stray edible bits and pieces of whatever rains down from the continual chaos of carnage and death far above. They want somewhere secure, where the hunting and the gathering is good. They want a home.
This can present a problem, since there are many lobsters. What if two of them occupy the same territory, at the bottom of the ocean, at the same time, and both want to live there? What if there are hundreds of lobsters, all trying to make a living and raise a family, in the same crowded patch of sand and refuse?

면 바닷가재가 먹잇감을 사냥하는 영역의 범위가 within이란 것을 명확히 드러내기 힘듭니다. 물론 번역은 언제나 선택에 달린 것이지만 저는 동격을 강조하는 것보다 먼저 within이란 전치사를 강조하는 방향으로 번역할 것이고, 그 이후에 '동격'을 살리는 방법이 없을까 고민할 겁니다. 제안 번역과는 다르지만, 예컨대 '바닷가재에게도 본거지가 필요하다. ... 바닷가재는 그 본거지라는 영역 내에서 ...'라고 번역하면 어떻겠습니까?

° **somewhere secure**에서 somewhere의 품사가 무엇인지 생각해 보셨습니까? want가 타동사이므로 somewhere는 당연히 (대)명사입니다. 그런데 secure라는 형용사의 위치가 왜 여기인지 궁금하지 않습니까? 맞습니다. 문법책에서는 -thing, -one, -body, -where 등의 접미어로 끝나는 복합 명사를 수식하는 형용사는 뒤에 놓인다고 설명합니다. 그런데 이런 복합 명사가 사전에서 '명사'가 아니라 '대명사'로 분류되고, 이런 대명사만이 형용사의 수식을 받는다는 것도 나름대로의 원칙입니다.

° **This can present a problem**의 번역에서 요즘 번역의 특징이 엿보입니다. 이 문장을 어떻게 번역하겠느냐고 물으면, 대부분이 '그것이 문제를 야기할 수 있다'라고 번역합니다. 그럼 제가 다시 묻습니다. '그

것이 무엇입니까?' 뜻밖의 질문에 허를 찔린 듯한 기분일 겁니다. 여하튼 '그것'에 해당하는 게 뭔지 어떻게든 대답할 겁니다. '해당하는 것'을 '그것' 대신에 번역어로 사용하면 안 됩니까? 다시 '그것'으로 돌아갑시다. 이 텍스트에서 '그것'이 대신할 수 있는 것을 이론적으로 따져 봅시다. '바닷가재'도 가능하고 '보금자리'도 가능합니다. '바닷가재가 보금자리를 원하는 상황'도 가능합니다. 물론 답은 마지막 것입니다. 그럼 애초부터 '그런 상황'이라 번역하면 좋을 텐데 왜 '그것'이라 번역합니까? 저는 이런 번역을 초보 번역이 아니라 '사디스트적 번역'이라 부릅니다. 그리고 번역가 지망생들에게 '번역가가 고생할수록 독자는 편하다'라고도 가르칩니다. 사디스트가 되지는 맙시다.

° **in the same crowded patch of sand and refuse**에서 crowded는 사전적 정의대로 '붐비는'이라 번역하면 될 겁니다. patch에 해당하는 가장 적절한 번역어를 사전에서 찾으면 '좁은 땅'이란 뜻의 '땅뙈기'가 보입니다. '땅뙈기'는 sand와 refuse로 이루어지므로 이때의 of는 이른바 '재료의 of'일 겁니다. 따라서 최종적으로 '모래와 쓰레기로 이루어진 똑같이 붐비는 땅뙈기'가 됩니다. 예, 괜찮은 번역입니다. 그런데 앞에 쓰인 '수백 마리의 바닷가재가 생계를 꾸리고 가족을 부양하려고'와 연결하면 중언부언이 될 듯합니다. 앞에 '수백 마리'가 있으므로 '붐비는'이란 수식어가 굳이 필요할까 의문이 듭니다. 이 단어 하나만 지워 버려도 문장이 한결 간결하게 느껴질 겁니다. 비교해서 읽어 보십시오. '수백 마리의 바닷가재가 모래와 쓰레기로 이루어진 똑같은 땅뙈기에서 생계를 꾸리고 가족을 부양하려 한다면 어떻게 되겠는가?' 제안 번역은 제가 좋아하는 번역 방법, 즉 본문의 어순대로 번역한 예입니다. 뒷부분에 본문에 없는 단어가 더해졌습니다. 그 이유는 각자 짐작해 보십시오.

(3) Other creatures have this problem, too. When songbirds come north in the spring, for example, they engage in ferocious territorial disputes. The songs they sing, so peaceful and beautiful to human ears, are siren calls and cries of domination. A brilliantly musical bird is a small warrior proclaiming his sovereignty. Take the wren, for example, a small, feisty, insect-eating songbird common in North America. A newly arrived wren wants a sheltered place to build a nest, away from the wind and rain. He wants it close to food, and attractive to potential mates. He also wants to convince competitors for that space to keep their distance.

바닷가재만이 아니라 모든 피조물이 이런 문제에 부딪힌다. 예컨대 명금은 봄에 북쪽으로 날아가 치열하게 영역 다툼을 벌인다. 명금의 노랫소리는 한없이 평화롭고 아름답게 들리지만, 영역의 지배권을 선포하는 위협의 선언이자 함성이다. 맑고 고운 소리로 노래하는 이 새는 동시에 자신의 주권을 선언하는 작은 전사인 것이다. 굴뚝새를 예로 들어보자. 작은 몸집이지만 무척 활동적이고 곤충을 주로 잡아먹는 굴뚝새는 북아메리카에서 매우 흔한 명금이다. 갓 도착한 굴뚝새는 비바람을 피할 수 있는 안전한 곳에 둥지를 짓고 싶어한다. 먹이를 가까운 곳에서 구할 수 있고, 짝을 유혹하기도 쉬운 곳이기를 바란다. 또한 그곳을 두고 다툴 만한 경쟁자들에게 일정한 영역 내로 접근하지 말라고 설득하고 위협하기도 한다.

° **When songbirds come north in the spring, ...**에서 when을 굳이 구체적으로 '...할 때'라고 번역할 필요가 있는지 따져 보십시오. 다시 말하면, when을 명확히 번역한 경우와 when-절의 주어와 주절의 주어가 같으므로 머릿속에서 분사절로 바꿔 번역한 경우를 비교해 보십시오. 후자가 훨씬 더 나을 겁니다.

° **siren calls and cries of domination**에서 cry는 domination과 맞아떨어지기 때문에 번역하기가 그다지 어렵지 않습니다. 하지만 siren call을 사전에 정의된 대로 '매력적이지만 위험한 소리'라고 번역할 경우 domination과 의미론적으로 상응하는지 의문입니다. 모든 사전이 siren call(혹은 siren song)을 일종의 결합어로 소개하며 '유혹적이고 기만적인 말'로 번역합니다. 더구나 웹스터 사전은 siren call이 'of + 명사'와 함께 쓰이는 경우가 많다고도 말하기 때문에 여기에서도 그렇게 번역하고 싶은 유혹을 견디기 어렵습니다. 실제로 그런 예문을 찾기가 어려운 것도 아닙니다. South Carolina governor Nikki Haley calls on the American people to reject the 'siren call of the angriest voices'. (13 Jan 2016) (사우스캐롤라이나 주지사 니키 헤일리는 미국 국민에게 '분노로 가득찬 유혹의 목소리'를 거부하라고 촉구한다) 하지만 siren call을 '유혹의 소리'로 번역하면 맥락상 맞아떨어지지를 않습니다. 앞문장에서나 뒷문장에서나 모두 영역권을 주장하고 있으니까요. 따라서 siren의 뜻을 신화에서 찾지 않고 본래의 뜻, 즉 '경적'이나 '경종'이란 뜻으로 번역하는 게 더 낫다는 생각입니다. 이렇게 번역어를 선택하면 앞뒤로 의미가 완벽하게 맞아떨어집니다. 결론적으로 말하면, 어떤 표현이 숙어로 쓰인다고 해서 맥락과 관계없이 무작정 숙어로 번역하면 전체적으로 난감해질 때가 있습니다. 그럴 경우

(3) Other creatures have this problem, too. When songbirds come north in the spring, for example, they engage in ferocious territorial disputes. The songs they sing, so peaceful and beautiful to human ears, are siren calls and cries of domination. A brilliantly musical bird is a small warrior proclaiming his sovereignty. Take the wren, for example, a small, feisty, insect-eating songbird common in North America. A newly arrived wren wants a sheltered place to build a nest, away from the wind and rain. He wants it close to food, and attractive to potential mates. He also wants to convince competitors for that space to keep their distance.

본래의 뜻을 따져 보는 것도 결코 나쁜 방법이 아닙니다.

° **a small, feisty, insecteating songbird common in North America**는 the wren과 동격입니다. 앞에서도 슬쩍 언급하고 넘어갔지만, 동격으로 쓰였다고 반드시 '즉, 다시 말하면'이라 번역할 필요는 없습니다. 동격은 앞에 쓰인 단어나 표현을 더 구체적으로, 혹은 반대로 더 압축적으로 표현한 어구일 수 있습니다. 그런 경우에는 독립된 어구로 번역하는 게 낫습니다.

° **He wants it close to food, and attractive to potential mates.** want가 이런 구조로 쓰인 예를 다른 곳에서 본 적이 있는지 모르겠습니다. 제 기억에는 별로 없습니다. 이때 it = a sheltered place로 볼 수 있습니다. 이른바 5형식 구문이므로 He wants it (to be) close to food, and attractive to potential mates가 생략된 것으로 보면 간단하게 해결됩니다.

° to **keep their distance**는 '일정한 거리를 두다'라는 뜻입니다. 이때 keep의 주어는 당연히 competitors for that space일 것입니다. competitors for ...의 전치사 for는 compete for ...에서 비롯된 것이라 보면 됩니다. 따라서 '그 공간을 두고 경쟁하는 새들'이 될 겁니다.

(4) Birds—and Territory

My dad and I designed a house for a wren family when I was ten years old. It looked like a Conestoga wagon, and had a front entrance about the size of a quarter. This made it a good house for wrens, who are tiny, and not so good for other, larger birds, who couldn't get in. My elderly neighbour had a birdhouse, too, which we built for her at the same time, from an old rubber boot. It had an opening large enough for a bird the size of a robin. She was looking forward to the day it was occupied.

A wren soon discovered our birdhouse, and made himself at home there. We could hear his lengthy, trilling song, repeated over and over, during the early spring. Once he'd built his nest in the covered wagon, however, our new avian tenant started carrying small sticks to our neighbour's nearby boot. He packed it so full that no other bird, large or small, could possibly get in. Our neighbour was not pleased by this pre-emptive strike, but there was nothing to be done about it. "If we take it down," said my dad, "clean it up, and put it back in the tree, the wren will just pack it full of sticks again." Wrens are small, and they're cute, but they're merciless.

조류와 영역

내가 열 살이었을 때 아버지와 함께 굴뚝새 가족을 위한 새집을 지었다. 그 새집은 전체적으로 18세기 말의 포장마차와 비슷한 모양이었고, 앞쪽의 입구는 25센트짜리 동전 크기였다. 그 때문에 앙증맞게 작은 굴뚝새에게는 더할 나위 없이 좋은 보금자리였지만, 몸집이 큰 새에게는 그다지 좋지 않은 집이었다. 우리 이웃집에도 새집이 있었다. 그 새집도 우리가 낡은 고무장화를 이용해서 거의 같은 시기에 만든 것이었다. 그 새집에는 개똥지빠귀도 너끈히 드나들 수 있을 정도의 널찍한 구멍이 있었다. 우리 이웃은 그 새집이 곧 채워지기를 손꼽아 기다렸다.

굴뚝새는 우리 새집을 금세 찾아냈고, 곧 그곳을 보금자리로 삼았다. 덕분에 우리는 이른 봄부터 굴뚝새가 아름답게 지저귀는 노랫소리를 들을 수 있었다. 하지만 굴뚝새는 포장마차에 보금자리를 마련하자마자, 이웃집의 고무장화에 작은 나뭇가지를 실어 나르기 시작했다. 굴뚝새가 고무장화의 구멍을 나뭇가지로 빽빽하게 막아버려 크든 작든 어떤 새도 들어갈 수 없을 지경이었다. 우리 이웃은 굴뚝새의 그런 예방 공격을 달갑게 생각하지 않았지만 제지할 방법이 없었다. 아버지는 "우리가 저 새집을 내려서 나뭇가지들을 벗겨내고 다시 나무에 올려놓으면 굴뚝새가 다시 나뭇가지로 구멍을 막아버릴 거다."라고 말했다. 굴뚝새는 작고 귀엽지만 무자비하다.

(4) Birds—and Territory
My dad and I designed a house for a wren family when I was ten years old. It looked like a Conestoga wagon, and had a front entrance about the size of a quarter. This made it a good house for wrens, who are tiny, and not so good for other, larger birds, who couldn't get in. My elderly neighbour had a birdhouse, too, which we built for her at the same time, from an old rubber boot. It had an opening large enough for a bird the size of a robin. She was looking forward to the day it was occupied.
A wren soon discovered our birdhouse, and made himself at home there. We could hear his lengthy, trilling song, repeated over and over, during the early spring. Once he'd built his nest in the covered wagon, however, our new avian tenant started carrying small sticks to our neighbour's nearby boot. He packed it so full that no other bird, large or small, could possibly get in. Our neighbour was not pleased by this pre-emptive strike, but there was nothing to be done about it. "If we take it down," said my dad, "clean it up, and put it back in the tree, the wren will just pack it full of sticks again." Wrens are small, and they're cute, but they're merciless.

° **designed a house for a wren family**에서 design을 어떻게 번역해야 할까요? 사전을 뒤적여 보면 '설계하다'가 가장 적합합니다. 일단 이 번역어를 선택하면, 첫 문장의 번역에는 아무런 문제가 없습니다. 자연스럽기도 합니다. "아버지와 함께 굴뚝새 가족을 위한 집을 설계했다"가 되니까요. 다음 문장까지도 별다른 충돌이 느껴지지 않습니다. 하지만 셋째 문장, 특히 who couldn't get in을 번역할 때 약간 이상한 느낌이 듭니다. '어, 굴뚝새 집이 벌써 지어진 것 같은데 ...' 뒤로 갈수록 이런 의구심은 더욱 짙어집니다. 번역가로서, 저는 이런 저자가 너무 싫습니다. 그래도 이 저자의 이런 멋부림은 용서할 만합니다. 학술 논문을 많이 썼지만, 단행본은 이 책이 두 번째라고 어딘가에서 고백하고 있으니까요. 다시 본론으로 돌아갑시다. 저는 여기에서 design을 '짓다'로 번역했습니다. 그래야 뒷부분과 맞아떨어지니까요. 게다가 '설계'가 곧 '짓기'로 발전하는 게 아니겠습니까.

° **Conestoga wagon**은 이제 고유 명사에 가깝습니다. 따라서 사전에서도 '코네스토거 왜건'이라고 번역하고, 어떤 것인지에 대해 설명이 덧붙어 있습니다. 여기에서 번역가는 갈등이 생깁니다. 하나는 '코네

스토거 왜건'이라 번역하고, '18세기 말과 19세기 초 미국 동부와 캐나다에서 사용된 덮개가 씌워진 대형 마차'라는 옮긴이주를 덧붙이는 방법이고, 다른 하나는 영어에서 자주 쓰이지도 않는 '코네스토거 왜건'이란 단어를 독자가 알아야 할 필요가 없다는 생각에 간략히 '18세기 말의 대형 포장마차'라고 번역하는 방법입니다. 결국 번역가가 선택할 문제이겠지만, 논픽션의 궁극적인 목적이 정보 전달에 있다면 후자보다 전자가 더 낫지 않겠느냐고 생각할 독자가 많을 겁니다. 정보는 결국 지식으로 연결되니까요.

° **had a front entrance about the size of a quarter**는 a front entrance의 크기를 가리키는 전형적인 표현입니다. 아래에 쓰인 ... a bird the size of a robin과 구조가 똑같지요. 저는 영어를 처음 공부할 때부터 이 표현을 ... a front entrance (with) about the size of a quarter // ... a bird (with) the size of a robin으로 분석했습니다. 이렇게 분석하면 명사가 연속해서 쓰일 수 없다는 영어의 구문 원칙에서 벗어난 '예외'라는 말을 피할 수 있으니까요. 무척 편리한 분석이지만, 아직 이론적으로 설명하기에는 부족한 점이 있습니다.

This로 시작되는 문장이 바로 뒤에 이어지는데, 여기의 This는 뭐라고 번역하시겠습니까? '이것'이라 번역한다면, 제가 이제껏 여기에서 말한 것이 그야말로 '도로아미타불'이 됩니다. '이것은 새집을 굴뚝새에게 좋은 집으로 만들어주었다'가 되니까요. 다시 물어봅니다. 여기에서 '이것'이 무엇입니까? 막상 대답하려니 난감하지요? '이것'이란 번역을 읽은 독자도 똑같은 심정일 겁니다. 독자에게 이런 시련을 주지 맙시다. 또 하나, this는 무생물 주어이므로, 적절한 명사를 찾아내더라도

(4) Birds—and Territory

My dad and I designed a house for a wren family when I was ten years old. It looked like a Conestoga wagon, and had a front entrance about the size of a quarter. This made it a good house for wrens, who are tiny, and not so good for other, larger birds, who couldn't get in. My elderly neighbour had a birdhouse, too, which we built for her at the same time, from an old rubber boot. It had an opening large enough for a bird the size of a robin. She was looking forward to the day it was occupied.

A wren soon discovered our birdhouse, and made himself at home there. We could hear his lengthy, trilling song, repeated over and over, during the early spring. Once he'd built his nest in the covered wagon, however, our new avian tenant started carrying small sticks to our neighbour's nearby boot. He packed it so full that no other bird, large or small, could possibly get in. Our neighbour was not pleased by this pre-emptive strike, but there was nothing to be done about it. "If we take it down," said my dad, "clean it up, and put it back in the tree, the wren will just pack it full of sticks again." Wrens are small, and they're cute, but they're merciless.

부사로 처리하는 게 나을 겁니다. 그 답은 제안 번역에 있습니다. 제가 제시한 답을 보기 전에 직접 해결해 보도록 하십시오.

ㅇ **... , who couldn't get in.** 관계절의 계속적 용법이지요? 학교에서 배운 대로 이 문장을 밋밋하게 '큰 새는 들어갈 수 없었다'라고 번역하면, 앞뒤의 연결성이 크게 떨어집니다. "앙증맞게 작은 굴뚝새에게는 더할 나위 없이 좋은 보금자리였지만, 몸집이 큰 새에게는 그다지 좋지 않았다. 큰 새는 들어갈 수 없었다." 차라리 번역하지 않는 편이 낫겠지요? 아니면, 계속적 용법과 제한적 용법을 구분하지 않고, "... 들어갈 수 없는 몸집이 큰 새에게는 그다지 좋지 않았다"라고 번역하는 편이 더 자연스럽습니다. 그런데 이렇게 번역하면, 저자의 의도가 반영되지 않은 게 됩니다. 이쯤에서 다시 기억을 더듬어 보십시오. 관계절의 계속적 용법을 '부사적 기능'으로 보자고 했고, '부사적 기능'에는 결과만이 아니라 목적과 이유도 포함된다고 했습니다. 이제 답이 나왔습니다. '큰 새는 들어갈 수 없었기 때문이다'라고 번역하면 모든 게 만족스러울 겁니다.

° **from an old rubber boot**에서는 전치사 from이 주목됩니다. 이른바 '재료의 from'입니다. Greek wines tend to be made from grape varieties barely planted elsewhere. (20 Aug 2023) (그리스 포도주는 다른 곳에서는 거의 재배하지 않는 포도 품종으로 양조하는 경향이 있다) 그런데 make A of B / make A from B를 '물리적 변화'와 '화학적 변화'로 구분했던 게 기억나십니까? 완성품(A)에서 재료(B)의 형태를 찾기 어려울 때 from을 쓴다고 말했지요. 그런데 이 원칙이 build의 경우에는 적용되지 않는 듯합니다.

° **the day it was occupied**는 관계부사 when이 생략된 전형적인 예입니다. 제안 번역 이외에 "우리 이웃은 그 새집(= it)이 채워질 날을 손꼽아 기다렸다"라고 번역해도 상관없습니다. 어쩌면 이 번역이 제안 번역보다 더 나을지도 모르겠습니다.

° **our new avian tenant**는 '우리의 새로운 날개가 달린 거주자'로 번역할 수 있으면 최상일 겁니다. 이렇게 길게 풀어쓴 명사는 앞의 종속절에 쓰인 he와 같은 대상을 가리킵니다. 이런 명사-대명사의 관계는 다른 곳에서 여러 차례 언급했으므로 여기에서는 생략하렵니다. 여기에서 따져 보려는 문제는 our new avian tenant를 구체적으로 번역해야 하느냐는 것입니다. 이런 경우 저는 번역하지 않을 겁니다. 이 명사구에 쓰인 내용이 앞의 종속절에 그대로 쓰였기 때문에 굳이 반복할 필요를 느끼지 못하기 때문입니다. 따라서 '굴뚝새'로 만족할 겁니다. 하지만 다소 고려해 볼 필요가 있는 경우도 있습니다. With careful grace the cheetah strolls onto the plain. Head erect, its tail

(4) Birds—and Territory
My dad and I designed a house for a wren family when I was ten years old. It looked like a Conestoga wagon, and had a front entrance about the size of a quarter. This made it a good house for wrens, who are tiny, and not so good for other, larger birds, who couldn't get in. My elderly neighbour had a birdhouse, too, which we built for her at the same time, from an old rubber boot. It had an opening large enough for a bird the size of a robin. She was looking forward to the day it was occupied.
A wren soon discovered our birdhouse, and made himself at home there. We could hear his lengthy, trilling song, repeated over and over, during the early spring. Once he'd built his nest in the covered wagon, however, our new avian tenant started carrying small sticks to our neighbour's nearby boot. He packed it so full that no other bird, large or small, could possibly get in. Our neighbour was not pleased by this pre-emptive strike, but there was nothing to be done about it. "If we take it down," said my dad, "clean it up, and put it back in the tree, the wren will just pack it full of sticks again." Wrens are small, and they're cute, but they're merciless.

a gentle vane turning easily on the wind, it glides toward the stirring herd. Alert, the antelope prance back and forth, but do not run. The cat is hungry and begins loping forward. (Delia Owens & Mark Owens, Cry of the Kalahari) (신중하면서도 우아한 자태로 치타는 평원을 한가롭게 어슬렁거린다. 머리를 꼿꼿이 세우고, 꼬리를 바람에 부드럽게 돌아가는 바람개비처럼 빙빙 돌리며 치타는 한 무리를 향해 미끄러지듯 다가가고, 그 무리는 동요하는 빛이 뚜렷하다. 영양 무리는 경계심을 늦추지 않고 앞뒤로 껑충거리지만 도망가지는 않는다. 치타는 굶주렸던지 성큼성큼 내닫기 시작한다.) 여기에서 the cat을 '고양이'라 번역하면 대참사가 일어납니다. 어떻게 번역하는 게 최선일까요? 평범하게는 그냥 '치타'라 번역해도 문제될 것이 없습니다. 그래도 "the cat"을 살리고 싶다면 '그 고양잇과 동물'로 번역하도록 하십시오. 하지만 대한민국 독자의 지적 수준을 의심하면서, 치타가 고양잇과 동물인 걸 모르는 사람도 있지 않겠느냐고 반문할 분이 있을지도 모르겠습니다. 그렇게 걱정이 된다면, '고양잇과 동물인 그 치타'라고 번역하십시오. 끝!

(5) I had broken my leg skiing the previous winter—first time down the hill—and had received some money from a school insurance policy designed to reward unfortunate, clumsy children. I purchased a cassette recorder (a high-tech novelty at the time) with the proceeds. My dad suggested that I sit on the back lawn, record the wren's song, play it back, and watch what happened. So, I went out into the bright spring sunlight and taped a few minutes of the wren laying furious claim to his territory with song. Then I let him hear his own voice. That little bird, one-third the size of a sparrow, began to dive-bomb me and my cassette recorder, swooping back and forth, inches from the speaker. We saw a lot of that sort of behaviour, even in the absence of the tape recorder. If a larger bird ever dared to sit and rest in any of the trees near our birdhouse there was a good chance he would get knocked off his perch by a kamikaze wren. Now, wrens and lobsters are very different. Lobsters do not fly, sing or perch in trees. Wrens have feathers, not hard shells. Wrens can't breathe underwater, and are seldom served with butter. However, they are also similar in important ways. Both are obsessed with status and position, for example, like a great many creatures. The Norwegian zoologist and comparative psychologist Thorlief Schjelderup-Ebbe observed (back in 1921) that even common barnyard chickens establish a "pecking order."

전해 겨울 나는 스키를 타고 언덕을 내려오려던 첫 시도에 다리가 부러졌고, 운없이 어리숙하게 다친 학생들을 위해 학교에서

가입한 상해보험으로부터 상당한 보험금을 받았다. 나는 그 돈으로 당시에는 최첨단 제품이던 카세트 리코더를 샀다. 아버지는 나에게 뒷마당에 앉아 굴뚝새의 노랫소리를 녹음한 후에 재생하면 어떤 일이 일어나는지 관찰해 보라고 권했다. 그래서 나는 화창한 봄날의 햇볕을 즐기며, 맹렬한 목소리로 자신의 영역을 주장하는 굴뚝새의 노랫소리를 수분 동안 녹음했다. 그 후에 굴뚝새에게 자신의 녹음된 노랫소리를 들려주었다. 그 자그마한 새는 참새의 3분의 1에 불과한 몸집으로 나와 카세트 리코더를 폭격기처럼 공격하기 시작했고, 카세트 리코더 부근을 정신없이 오락가락했다. 카세트 리코더가 없는 경우에도 나는 굴뚝새의 그런 행동을 자주 보았다. 몸집이 더 큰 새가 새집 근처의 나무에 앉아 쉬었더라도, 금세 굴뚝새의 가미카제 공격에 체면을 꺾고 나무를 떠났을 가능성이 컸다.

굴뚝새와 바닷가재는 무척 다르다. 바닷가재는 날지도 않고, 나무에 앉아 노래하지도 않는다. 한편 굴뚝새는 깃털로 덮여 있을 뿐 딱딱한 껍질이 없다. 굴뚝새는 물속에서 숨을 쉬지 못하고, 버터로 요리되지도 않는다. 하지만 굴뚝새와 바닷가재는 중요한 점에서 유사하기도 하다. 많은 피조물이 그렇듯, 둘 모두 지위와 서열에 집착한다. 일찍이 1921년, 노르웨이 동물학자이자 비교 심리학자였던 토를레이프 슈엘데루프 에베Thorleif Schjelderup-Ebbe, 1894-1976는 농장에서 뛰노는 흔한 닭들의 세계에도 '모이를 쪼아 먹는 순서'가 있다고 말했다.

(5) I had broken my leg skiing the previous winter—first time down the hill—and had received some money from a school insurance policy designed to reward unfortunate, clumsy children. I purchased a cassette recorder (a high-tech novelty at the time) with the proceeds. My dad suggested that I sit on the back lawn, record the wren's song, play it back, and watch what happened. So, I went out into the bright spring sunlight and taped a few minutes of the wren laying furious claim to his territory with song. Then I let him hear his own voice. That little bird, one-third the size of a sparrow, began to dive-bomb me and my cassette recorder, swooping back and forth, inches from the speaker. We saw a lot of that sort of behaviour, even in the absence of the tape recorder. If a larger bird ever dared to sit and rest in any of the trees near our birdhouse there was a good chance he would get knocked off his perch by a kamikaze wren.
Now, wrens and lobsters are very different. Lobsters do not fly, sing or perch in trees. Wrens have feathers, not hard shells. Wrens can't breathe underwater, and are seldom served with butter. However, they are also similar in important ways. Both are obsessed with status and position, for example, like a great many creatures. The Norwegian zoologist and comparative psychologist Thorlief Schjelderup-Ebbe observed (back in 1921) that even common barnyard chickens establish a "pecking order."

°**I had broken** my leg **skiing the previous winter**—first time down the hill—and **had received** ... 첫 문장부터 밑줄친 단어가 눈에 들어올 겁니다. 여기에서 주목할 것은 단어 자체가 아니라, 그 시제입니다. 뜬금없이 독립절에 과거완료가 쓰였습니다. 시제의 쓰임을 앞 단락과 비교해 보면, 이야기의 중심 시제가 '과거'라는 걸 알게 됩니다. 그럼 독립절에 쓰인 과거완료는, 중심 시제가 현재로 쓰인 이야기에서 현재완료에 해당한다고 보면 간단합니다. 하지만 번역에서는 과거와 과거완료를 구분하기가 힘든 것이 사실입니다. 다행히 이 문장의 경우에는 previous winter가 있습니다. 번역가 입장에서는 이런 부사의 존재가 여간 반가운 게 아닙니다. 이 부사만 제대로 번역하면, 앞 단락보다 시제가 앞선다는 걸 나타낼 수 있으니까요.

skiing the previous winter는 분사구문입니다. 제가 지금까지 언급한 번역의 원칙에 따르면, V-ing는 주절과의 상대적 위치를 고려해서 번역의 순서를 결정해야 합니다. 하지만 이 원칙을 준수해 번역하면 '나는 다리가 부러졌고, 전해 겨울 스키를 탔으며 ... 상당한 보험금을 받았다'가 됩니다. 시간이 뒤죽박죽입니다. 따라서 이 문장에서는 V-ing가 주절 뒤에 위치하더라도 먼저 번역하는 게 낫다는 결론에 도달합니다. 결국 번역의 원칙은 문법과 많이 다릅니다. 그래서 번역가에게는 순발력과 유연함이 요구됩니다.

° **with the proceeds.** 단어 이야기를 좀 해 보겠습니다. 일단 proceed와 proceeds는 현재 별개의 단어입니다. proceed(착수하다, 진행하다)는 현재 동사로만 쓰이고 명사로는 사용되지 않습니다. 그럼 proceed는 어디에서 파생한 것일까요? 어원을 추적해 보면 17세기 초까지 proceed가 명사로도 쓰였다고 합니다. 뜻은 procedure였고요. 물론 복수 proceeds도 같은 뜻으로 쓰였습니다. 그런데 17세기 중반 이후로 proceed는 명사로 사용되지 않고, proceeds는 '상품의 판매나 행사로 거둔 수익, 돈'을 뜻하게 되었습니다. 반복된 거래의 결과이므로 복수를 뜻하는 접미어 '-s'가 덧붙은 형태가 이해됩니다. 잠시 옆길로 샜습니다.

° **My dad suggested that I sit on the back lawn**에서 sit가 동사 원형으로 쓰인 게 보이십니까? '뭔 소리야? 주어가 I니까 당연한 거'라고 생각할 독자가 있을지 모르지만, 주절의 동사(suggested)가 과거이므로, that-절에서는 시제 일치가 적용되어야 한다는 걸 지적한 겁니다. 그런데 왜 sit는 sat로 변하지 않았을까요? 맞습니다. 주절에 쓰인 suggest의 쓰임새에 답이 있습니다. 학교 문법에서 주절의 동사가 insist, recommend, suggest ...일 때 that-절의 동사는 앞에 should가 생략된 것으로 보아 원형이 쓰인다고 배운 게 기억나실 겁니다. 이 문장

(5) I had broken my leg skiing the previous winter—first time down the hill—and had received some money from a school insurance policy designed to reward unfortunate, clumsy children. I purchased a cassette recorder (a high-tech novelty at the time) with the proceeds. My dad suggested that I sit on the back lawn, record the wren's song, play it back, and watch what happened. So, I went out into the bright spring sunlight and taped a few minutes of the wren laying furious claim to his territory with song. Then I let him hear his own voice. That little bird, one-third the size of a sparrow, began to dive-bomb me and my cassette recorder, swooping back and forth, inches from the speaker. We saw a lot of that sort of behaviour, even in the absence of the tape recorder. If a larger bird ever dared to sit and rest in any of the trees near our birdhouse there was a good chance he would get knocked off his perch by a kamikaze wren.
Now, wrens and lobsters are very different. Lobsters do not fly, sing or perch in trees. Wrens have feathers, not hard shells. Wrens can't breathe underwater, and are seldom served with butter. However, they are also similar in important ways. Both are obsessed with status and position, for example, like a great many creatures. The Norwegian zoologist and comparative psychologist Thorlief Schjelderup-Ebbe observed (back in 1921) that even common barnyard chickens establish a "pecking order."

도 이 원칙이 적용된 경우입니다. 그런데 미국 영어에서는 거의 언제나 should가 생략된 채 쓰이지만 영국 영어에서는 should가 함께 쓰이는 경우가 적지 않습니다. 다만, 다음 예문에서 보듯이 요즘에도 이런 문법적 원칙이 준수되는지는 의문입니다. In a video address in the early hours of Wednesday, Zelenskiy had also suggested that there was room for compromise. (16 Mar 2022) (수요일 이른 아침에 방송된 영상 연설을 통해 젤렌스키는 타협의 여지가 있다고 말했다) 기억을 더듬어보면, 이 원칙이 지켜진 문장을 오랜만에 본 것 같기도 합니다.

° **the wren laying furious claim to his territory with song**은 동명사절의 전형입니다. 앞에 쓰인 전치사 of의 목적어로 쓰인 '명사절'로 분석해야 할 겁니다. 이 명사구를 번역하면 '굴뚝새가 노래로 자기 영역을 맹렬하게 주장하는 몇 분'이 될 겁니다. 이때 of가 어떤 의미로 쓰였는지 궁금해할 독자가 있을지 모르겠습니다. 저는 이 명사구가 three minutes of meditation과 똑같은 구조라고 생각합니다. '명상으로 이

루어진 3분'이 되겠지요. '재료의 of'라는 겁니다. 이런 추론을 극단으로 밀고 가면, a cup of milk에도 적용됩니다. 차례로 '굴뚝새의 울음으로 채워진 몇 분', '명상으로 채워진 3분', '우유로 채워진 컵'이 됩니다. 요컨대 of가 다양하게 번역되는 듯하지만, 이런 식으로 축약해 갈 수 있다는 겁니다. 끝으로, 본문 번역을 약간 비틀었습니다. 그 이유는 각자 짐작해 보시고, 더 나은 번역이 있을지도 생각해 보십시오.

° **inches from the speaker**는 swoop를 수식하는 부사구로 번역하는 게 당연할 겁니다. 여기에서 '간격'에 대한 번역을 어떻게 하느냐는 기초적인 방법론에 대해 언급하고 싶지는 않습니다. 제가 관심을 가진 건 the speaker의 번역입니다. 여러분이라면 어떻게 번역하시겠습니까? 스피커 혹은 확성기라고 번역하시렵니까? 그것도 잘못된 번역은 아니지만 좀 뜬금없다는 생각이 들지 않습니까? 앞에서 '확성기'에 대한 언급이 있었던가요? 아마도 저자는 카세트 리코더의 일부인 스피커를 말하고 싶었던 게 분명합니다. 따라서 굳이 번역하자면 '카세트 리코더의 스피커'라고 번역해야 할 겁니다. 좀 더 깊이 들어가 봅시다. 저자가 열 살 때였다고 말했으니 아마도 1970년대 초일 겁니다. 저도 그런 카세트 리코더를 사용한 기억이 있습니다. 1970년대 말에 처음 등장한 워크맨보다는 월등히 컸지만 무지막지하게 크지는 않았습니다. 정확하지는 않지만 전체 길이가 20센티미터를 넘지 않았을 겁니다. 그 절반이 스피커였더라도 inches라는 표현을 고려하면, 굳이 '카세트 리코더의 스피커' 부근이라고 번역할 필요가 있을까요? 그냥 '카세트 리코더'라고만 번역해도 충분하지 않을까요? 각자 판단해 보십시오. 여하튼 여기에서 the speaker의 번역을 살펴본 이유는 (4)에서 보았던 our new avian tenant와는 성격이 약간 다르기 때문입니다.

(5) I had broken my leg skiing the previous winter—first time down the hill—and had received some money from a school insurance policy designed to reward unfortunate, clumsy children. I purchased a cassette recorder (a high-tech novelty at the time) with the proceeds. My dad suggested that I sit on the back lawn, record the wren's song, play it back, and watch what happened. So, I went out into the bright spring sunlight and taped a few minutes of the wren laying furious claim to his territory with song. Then I let him hear his own voice. That little bird, one-third the size of a sparrow, began to dive-bomb me and my cassette recorder, swooping back and forth, inches from the speaker. We saw a lot of that sort of behaviour, even in the absence of the tape recorder. If a larger bird ever dared to sit and rest in any of the trees near our birdhouse there was a good chance he would get knocked off his perch by a kamikaze wren.
Now, wrens and lobsters are very different. Lobsters do not fly, sing or perch in trees. Wrens have feathers, not hard shells. Wrens can't breathe underwater, and are seldom served with butter. However, they are also similar in important ways. Both are obsessed with status and position, for example, like a great many creatures. The Norwegian zoologist and comparative psychologist Thorlief Schjelderup-Ebbe observed (back in 1921) that even common barnyard chickens establish a "pecking order."

°**a lot of that sort of behaviour**의 번역도 재밌습니다. a lot of가 가산 명사와 불가산 명사, 모두와 함께 쓰인다는 것은 알 겁니다. 여기에서 a lot of를 제외하면 that sort of behaviour만 이 남고, '그런 종류의 행동'(→그런 행동)으로 번역됩니다. 여기에서 a lot of를 더하면 '많은 그런 행동'이 됩니다. 좀 이상하지요? a lot of를 부사로 빼서 번역하면 어떻겠습니까? '그런 행동을 많이 보았다'. 훨씬 더 자연스럽지 않습니까? 여기에서 '많이'라는 번역어가 유치하게 느껴지면 '자주'로 바꿔 보십시오.

°**get knocked off his perch** ...에서 'get + 과거분사'는 'become + 과거분사'로 번역하면 됩니다. 간단히 말해, '수동형 + 되다'로 번역하면 충분합니다. 이 문장 전체의 번역에 대해 생각해 보렵니다. 일단 there was a good chance = it was likely that ...으로 보면 될 겁니다. '가능성'에 대해 말하고 있으며, (that)-절은 실제로 일어나지 않은 사건입니다. 둘째, if-절에 ever가 쓰였습니다. '경험'을 어떻게든 표현하고 싶다면 '한 번이라도'라는 번역어를 추천하고 싶습니다. 셋째로는 if를 조건과 양보 중 어떤 것으로 번역하는 게 나을까요? dare가 쓰인 걸로 봐

서 양보로 번역하는 게 좋을까요, 아니면 조건으로 번역하는 게 나을까요? 제 생각에는 둘 모두 가능한 것 같습니다. 둘 중 무엇을 선택하느냐는 번역가의 성향과 밀접한 관계가 있지 않을까 싶습니다.

° **back in 1921**이란 표현이 좀 생소하지 않습니까? back은 대체 왜 쓰였을까요? 여기에서 back은 in 1921에 밀착되어 쓰인 부사일 겁니다. 사전을 열심히 뒤적이면 back in 1990란 표현이 '1990년으로 거슬러 올라가'라고 번역된 걸 볼 수 있기는 합니다. 요컨대 이때 back은 말하는 시점과 비교할 때 사건이 일어난 해가 상당한 과거라는 걸 말하고 싶은 부사입니다. 따라서 반드시 '거슬러 올라가'가 아니더라도 그런 뜻이 함축된 번역이면 충분할 겁니다. 제가 선택한 번역어는 제안 번역을 참조하도록 하시고, 다른 예문도 맛보도록 하십시오. 이런 표현이 의외로 자주 쓰이니까요. Back in 1920, Henry Louis Mencken and George Jean Nathan ran a magazine for the well-heeled women and their sugar daddies up on Long Island. (23 Mar 2017) (일찍이 1920년, 헨리 루이스 멘켄과 조지 진 네이선은 롱아일랜드의 유복한 여인들과 그들의 돈많은 남자들을 위한 잡지를 발행했다)

(6) The determination of Who's Who in the chicken world has important implications for each individual bird's survival, particularly in times of scarcity. The birds that always have priority access to whatever food is sprinkled out in the yard in the morning are the celebrity chickens. After them come the second-stringers, the hangers-on and wannabes. Then the third-rate chickens have their turn, and so on, down to the bedraggled, partially-feathered and badly-pecked wretches who occupy the lowest, untouchable stratum of the chicken hierarchy.
Chickens, like suburbanites, live communally. Songbirds, such as wrens, do not, but they still inhabit a dominance hierarchy. It's just spread out over more territory. The wiliest, strongest, healthiest and most fortunate birds occupy prime territory, and defend it. Because of this, they are more likely to attract high-quality mates, and to hatch chicks who survive and thrive. Protection from wind, rain and predators, as well as easy access to superior food, makes for a much less stressed existence. Territory matters, and there is little difference between territorial rights and social status. It is often a matter of life and death.

닭의 세계에서 서열의 결정은 각 개체의 생존에 무척 중요한 의미를 갖는다. 특히 먹을 것이 부족한 경우에는 더더욱 그렇다. 아침마다 마당에 흩뿌려진 모이를 항상 가장 먼저 쪼아 먹을 권리를 가진 닭은 목소리가 가장 큰 대장 닭이다. 그 다음에는 대장을 동경하며 그 주변을 어슬렁대는 닭들이고, 그 후에야 세 번째 서열에 속한 닭들의 순서가 된다. 이런 식으로 닭의 서열에서 불가촉천민으로 최하층을 차지하는 가엾은 닭들, 깃털도 듬성듬성 빠져 후줄근하게 보이는 닭들까지 내려간다.

교외에 거주하는 사람들이 그렇듯이, 닭들도 공동생활을 한다. 굴뚝새와 같은 명금은 공동생활을 하지 않지만, 명금의 세계에도 서열이 있다. 이 서열이 더 넓은 영역에 적용될 뿐이다. 가장 영리하고 가장 강한 새, 가장 건강하고 가장 운이 좋은 새가 최적의 영역을 차지하고, 그 영역을 강력하게 지킨다. 이 때문에 그런 새는 최고의 짝을 만나, 건강한 새끼들을 낳을 가능성이 상대적으로 높다. 물론 그 새끼들도 생존해 번성할 가능성이 크다. 비바람과 포식자로부터 보호받고, 풍부한 식량에 쉽게 접근할 수 있는 영역을 차지하면, 생존을 위한 스트레스도 적기 마련이다. 이런 이유에서도 영역은 중요하다. 영역권과 사회적 지위 사이에는 거의 차이가 없다. 따라서 영역은 간혹 삶과 죽음의 문제가 되기도 한다.

(6) The determination of Who's Who in the chicken world has important implications for each individual bird's survival, particularly in times of scarcity. The birds that always have priority access to whatever food is sprinkled out in the yard in the morning are the celebrity chickens. After them come the second-stringers, the hangers-on and wannabes. Then the third-rate chickens have their turn, and so on, down to the bedraggled, partially-feathered and badly-pecked wretches who occupy the lowest, untouchable stratum of the chicken hierarchy.
Chickens, like suburbanites, live communally. Songbirds, such as wrens, do not, but they still inhabit a dominance hierarchy. It's just spread out over more territory. The wiliest, strongest, healthiest and most fortunate birds occupy prime territory, and defend it. Because of this, they are more likely to attract high-quality mates, and to hatch chicks who survive and thrive. Protection from wind, rain and predators, as well as easy access to superior food, makes for a much less stressed existence. Territory matters, and there is little difference between territorial rights and social status. It is often a matter of life and death.

°**The determination of Who's Who**에서 Who's Who를 어떻게 번역하시겠습니까? Who's Who의 첫 글자가 대문자로 쓰인 까닭과 고유 명사로 본다면 '인명 사전'이 될 겁니다. 하지만 determination과의 맥락상 연결되지 않기 때문에 Who's Who를 사전적으로 번역하는 게 나을 겁니다. 이때 Who's Who를 사전적 정의대로 '누가 누구인지'라고 번역한다면 determination을 어떻게 번역해야 할까요? determination처럼 쉬운 단어를 두고 사설이 길다고 짜증낼 독자도 있을지 모르겠습니다. 대부분이 아는 대로 '결정'이라 번역해 봅시다. '누가 누구인지를 결정'이란 번역이 와닿습니까? 뭐가 문제냐고 반문할 사람도 있을 겁니다. 하지만 저처럼 까다로운 독자라면, '결정하는 주체가 누구지?'라는 의문이 생깁니다. 그렇다고 1장에서 보았듯이 이때의 determination을 '알아내다'의 명사형으로 번역하기도 마뜩잖습니다. 술어의 뜻과 맞아떨어지지 않기 때문입니다. 그럼 의문의 대상이 determination에서 who's who로 넘어갑니다. Who's Who('누가 누구인지')는 영어에서 일반적으로 숙어로 쓰이며 '수록되는 인물의 이름이나 지위 등에 대한 정보'라는 뜻을 갖습니다. 여기에서 주목되는 단어는 '지위'입니다. 그럼 '닭의 세계에서 지위→서열의 결정'이란 번역을 생각해 낼 수 있습니다. 이렇게 번역하면 술어의 뜻과도 맞아떨어집니다.

°**in times of scarcity**는 당연히 '결핍의 시대'라고 번역됩니다. '결핍'이 무엇인지 더 풀어서 번역할 것인가는 전적으로 번역가의 몫이겠지요. 여기에서는 in times of ..., in a time of ..., in time of ...의 차이에 대해 잠깐 언급해 두려 합니다. 일부 문법책에서 '횟수'의 차이를 뜻한다고 말하지만, 제 생각에는 그렇지 않은 것 같습니다. In times of coronavirus and climate change, we must rethink national security. (20 Apr 2020)에 in times of ...가 쓰였지만, 2020년에 '코로나 바이러스와 기후 변화의 시대'가 몇 번이고 반복되지는 않았습니다. 또 I think that in times of crisis, games are not just a useful escape from our feelings. (1 Mar 2022)에서도 위기가 몇 번 반복되었다면 that-절의 시제가 현재보다는 현재완료로 쓰이는 게 더 나을 겁니다. 『가디언』의 용례를 조사해 보면, in times of ..., in a time of ..., in time of ...의 차이는 횟수에 있지 않고, 시대에 있는 것 같습니다. 요즘에는 in a time of ...가 다른 둘보다 훨씬 더 자주 쓰입니다. When the war began it felt that while fiction was a good means of communication in a time of peace, it did not feel enough in a time of war. (10 Feb 2024) (전쟁이 시작되었을 때, 픽션이 평화시에는 좋은 커뮤니케이션 도구이지만 전쟁시에는 그렇지 않다는 생각이었다)

°**celebrity**를 사전에서 찾아보면 다른 명사 앞에서 '형용사적'으로 쓰이며 '유명한'이란 뜻을 갖는다고 풀이되어 있습니다. celebrity chickens를 '유명한 닭'이라 번역하고 만족해야 할까요? 물론 '틀린' 번역은 아닙니다. 하지만 '좋은' 번역도 아닙니다. celebrity를 어떻게든 이 맥락에 맞게 풀어내는 게 중요합니다. 영영사전의 풀이를 보면, '명성을 지니고 전반적으로 널리 알려진 상태'를 뜻합니다. 맥락을 보면,

(6) The determination of Who's Who in the chicken world has important implications for each individual bird's survival, particularly in times of scarcity. The birds that always have priority access to whatever food is sprinkled out in the yard in the morning are the celebrity chickens. After them come the second-stringers, the hangers-on and wannabes. Then the third-rate chickens have their turn, and so on, down to the bedraggled, partially-feathered and badly-pecked wretches who occupy the lowest, untouchable stratum of the chicken hierarchy.
Chickens, like suburbanites, live communally. Songbirds, such as wrens, do not, but they still inhabit a dominance hierarchy. It's just spread out over more territory. The wiliest, strongest, healthiest and most fortunate birds occupy prime territory, and defend it. Because of this, they are more likely to attract high-quality mates, and to hatch chicks who survive and thrive. Protection from wind, rain and predators, as well as easy access to superior food, makes for a much less stressed existence. Territory matters, and there is little difference between territorial rights and social status. It is often a matter of life and death.

서열이 가장 높은 위치를 뜻하는 것 같습니다. 이런 상황에 걸맞는 단어가 무엇일까요? 저는 '목소리가 가장 큰 대장 닭'을 선택했습니다. 물론 복수로 쓰인 것을 고려해 '장군 닭'이라 번역할 수도 있을 겁니다. 여러분도 각자 적합한 단어를 찾아내 보십시오. 여하튼 제 번역 기준에, '유명한 닭'은 아닙니다.

°**the second-stringers, the hangers-on and wannabes**는 쓰임새가 참 재밌습니다. 아무런 생각 없이 이 구절을 보면 the second-stringers, / the hangers-on and / wannabes로 분석할 수 있습니다. 하지만 이런 분석은 제가 반복해 말했듯이 등위 접속의 법칙에서 벗어납니다. 오히려 the hangers-on and wannabes가 정관사 the로 묶여진 것에 주목하면, the second-stringers = the hangers-on and wannabes, 즉 동격으로 처리하는 게 나을 겁니다. 올바른 번역을 위해서는 단어의 쓰임새를 독수리 눈으로 봐야 한다고 말씀드린 이유가 이 구절에서 증명됩니다.

°**a dominance hierarchy**는 '순위, 서열'이란 뜻입니다. live와 동의어로 설명되고, 롱맨과 케임브리지 등 대부분의 사전에서 inhabit가 '장소'(a place/a region)와 결합되어 쓰인다고 설명되어 있습니다. 실제

로 대부분의 경우 그렇게 쓰이고, 명확히 장소가 아닌 경우에도 장소의 비유로 받아들일 만합니다. Tim Parks's attempt to inhabit the mind of a young woman at a Buddhist sanctuary is misguided. (6 May 2012) (절에서 한 젊은 여성의 마음에 들어가려던 팀 파크스의 시도는 실패한다) 그러나 본문의 a dominance hierarchy가 정말 '장소'인지 의문입니다. 결국 inhabit the mind의 형태가 더욱 확장된 쓰임새로 생각할 수밖에 없고, inhabit → live in → exist in으로 뜻을 변형해 번역하는 방법을 모색할 수 있지 않을까 싶습니다. This pair also inhabit these songs so joyfully and effortlessly that anyone begrudging them is to be pitied. (31 May 2019)에서 inhabit these songs는 어떻게 번역하는 게 좋을까요? 숙제라고 생각하고 각자 최선의 번역을 찾아 보십시오.

° **It's just spread out over more territory**에서 it은 당연히 a dominance hierarchy일 겁니다. more territory는 무엇일까요? territory가 단수로 쓰인 것에 주목하면 more는 '더 많은'보다 '더 넓은'으로 번역하게 될 겁니다. 그런데 문제는 more가 비교급으로 쓰인 것을 무시한 채 무작정 '서열이 더 넓은 영역에 적용된다'라고 번역하는 건 그다지 바람직하지 않아 보인다는 겁니다. 설령 그렇게 번역하더라도 비교 대상을 알면, 번역에서 그 대상을 명시하지 않더라도 맥락상 충분히 짐작할 수 있도록 번역하는 게 가능할 겁니다. 여기에서 비교 대상은 chicken world입니다.

(6) The determination of Who's Who in the chicken world has important implications for each individual bird's survival, particularly in times of scarcity. The birds that always have priority access to whatever food is sprinkled out in the yard in the morning are the celebrity chickens. After them come the second-stringers, the hangers-on and wannabes. Then the third-rate chickens have their turn, and so on, down to the bedraggled, partially-feathered and badly-pecked wretches who occupy the lowest, untouchable stratum of the chicken hierarchy.
Chickens, like suburbanites, live communally. Songbirds, such as wrens, do not, but they still inhabit a dominance hierarchy. It's just spread out over more territory. The wiliest, strongest, healthiest and most fortunate birds occupy prime territory, and defend it. Because of this, they are more likely to attract high-quality mates, and to hatch chicks who survive and thrive. Protection from wind, rain and predators, as well as easy access to superior food, makes for a much less stressed existence. Territory matters, and there is little difference between territorial rights and social status. It is often a matter of life and death.

° **more likely**도 비교급으로 쓰인 예입니다. 이 경우에도 비교 대상을 짐작할 수 있지만 본문에서는 전혀 언급되지 않은 대상입니다. 이때는 more likely를 어떻게 번역하는 게 좋을까요? 그냥 '가능성이 더 높다'라고 번역하면, 비교 대상을 머릿속에 그리게 됩니다. 그래서 이런 경우 저는 '더'보다 '상대적으로'라는 부사를 즐겨 사용합니다. 이 부사를 사용하면, 비교 대상을 굳이 찾으려는 노력을 미리 덜어주는 듯한 느낌을 받습니다. 제 느낌에 불과한 것일까요?

° **to hatch chicks who survive and thrive**는 당연히 more likely에 연결되고, 앞에 쓰인 to attract high-quality mates와 등위 접속된 구절입니다. 좋은 영역에서 좋은 짝을 만날 가능성이 큰 것은 이해가 됩니다. 그런데 살아남아 번성할 새끼를 낳을 가능성이 높다는 건 잘 이해가 되지 않습니다. 적어도 제 머리로는 그렇습니다. 건강한 새끼를 낳을 가능성이 높다는 건 인정할 수 있습니다. 또 그 새끼가 살아남아 번성할 가능성이 높다는 것도 이해가 됩니다. 영역의 환경이 좋으니까요. 하지만 살아남아 번성할 새끼를 낳을 가능성이 높다? 좀 이상하지 않습니까? 뭔가 건너뛴 듯한 느낌이 있지 않나요? 영어로는 이렇게 쓰더라도 우리말로는 상식에 더 가깝게 번역할 수 있지 않을까요?

그렇다고 원문을 파괴하자는 것은 아닙니다. 선행사 + 관계절을 '주어 – 술어'로 번역하자는 겁니다. 제한적 용법으로 쓰였다고 반문할 독자가 있을지 모르겠습니다. 거듭 말하지만, 관계절 번역에서는 계속적 용법으로 쓰였을 때 혹시 '이유'나 '목적'의 뜻을 갖지 않는지 신경쓰면 됩니다. 다른 경우에는 제한적, 계속적 용법을 구분하지 않고 맥락상 더 자연스런 번역을 선택하면 된다는 게 제가 경험적으로 얻은 원칙입니다.

° ... **makes for a much less stressed existence**에서 주어로 쓰인 무생물 명사구가 길기도 하고, as well as로 접속되기도 합니다. 이런 경우에는 부사적으로 번역하는 게 가장 좋을 듯합니다. 그렇게 명사구를 부사적으로 번역하면, make for = lead to / head for ...를 번역할 때도 약간의 변형이 필요할 겁니다.

(7) If a contagious avian disease sweeps through a neighbourhood of well-stratified songbirds, it is the least dominant and most stressed birds, occupying the lowest rungs of the bird world, who are most likely to sicken and die. This is equally true of human neighbourhoods, when bird flu viruses and other illnesses sweep across the planet. The poor and stressed always die first, and in greater numbers. They are also much more susceptible to non-infectious diseases, such as cancer, diabetes and heart disease. When the aristocracy catches a cold, as it is said, the working class dies of pneumonia.
Because territory matters, and because the best locales are always in short supply, territory-seeking among animals produces conflict. Conflict, in turn, produces another problem: how to win or lose without the disagreeing parties incurring too great a cost. This latter point is particularly important. Imagine that two birds engage in a squabble about a desirable nesting area. The interaction can easily degenerate into outright physical combat. Under such circumstances, one bird, usually the largest, will eventually win—but even the victor may be hurt by the fight. That means a third bird, an undamaged, canny bystander, can move in, opportunistically, and defeat the now-crippled victor. That is not at all a good deal for the first two birds.

전염성 조류 감염증이 계급화된 명금의 세계를 덮치면, 최하층에 속한 새들이 가장 크게 압박을 받고 병들어 죽을 가능성도 가장 높다. 조류 독감을 비롯해 전염병이 지상을 휩쓸 경우, 인간 세계도 다를 바가 없다. 가난한 계층이 크게 압박받으며, 가장 먼저 대규모로 죽을 가능성이 높다. 가난한 사람들은 비전염성 질병, 예컨대 암과 당뇨와 심장 질환에도 상대적으로 취약한 편이다. 부자라면 감기로 끝내겠지만, 가난한 노동자는 폐렴으로 사망한다.

영역이 중요하지만 최적의 영역은 항상 부족하기 때문에, 영역을 찾는 동물의 세계에는 갈등이 존재하기 마련이다. 하지만 갈등은 또 다른 문제—분쟁 당사자들에게 감당하기 힘든 비용을 유발하지 않으면서 승패가 결정되어야 한다는 문제—를 야기하며, 이 점이 특히 중요하다. 예컨대 두 마리의 새가 좋은 영역을 차지하려고 옥신각신한다고 해 보자. 둘의 다툼은 치열한 몸싸움으로 발전할 수 있다. 이런 상황에서는 대체로 몸집이 큰 새가 결국 승리하지만, 승자도 몸싸움 과정에서 상처를 입을 수 있다. 달리 말하면, 영리하게 구경꾼의 위치에 머물며 아무런 해를 입지 않은 제3의 새가 잽싸게 끼어들어, 상처를 입어 약해진 승리자를 물리칠 수 있다는 뜻이다. 이런 결과는 처음의 두 새에게 좋을 것이 전혀 없다.

(7) If a contagious avian disease sweeps through a neighbourhood of well-stratified songbirds, it is the least dominant and most stressed birds, occupying the lowest rungs of the bird world, who are most likely to sicken and die. This is equally true of human neighbourhoods, when bird flu viruses and other illnesses sweep across the planet. The poor and stressed always die first, and in greater numbers. They are also much more susceptible to non-infectious diseases, such as cancer, diabetes and heart disease. When the aristocracy catches a cold, as it is said, the working class dies of pneumonia.
Because territory matters, and because the best locales are always in short supply, territory-seeking among animals produces conflict. Conflict, in turn, produces another problem: how to win or lose without the disagreeing parties incurring too great a cost. This latter point is particularly important. Imagine that two birds engage in a squabble about a desirable nesting area. The interaction can easily degenerate into outright physical combat. Under such circumstances, one bird, usually the largest, will eventually win—but even the victor may be hurt by the fight. That means a third bird, an undamaged, canny bystander, can move in, opportunistically, and defeat the now-crippled victor. That is not at all a good deal for the first two birds.

°**a neighbourhood of...**가 sweep through(휩쓸다)의 목적어로 쓰인 것으로 보아, neighbourhood는 사람보다 '지역'을 뜻하는 게 분명합니다. 영한사전에서도 대체로 '지역, 구역'으로 풀이됩니다. 따라서 a neighbourhood of well-stratified songbirds가 '계급화된 명금들이 사는 구역'으로 번역되어도 고개가 끄덕여집니다. 그런데 저는 이때 neighbourhood를 '세계'라고 번역했습니다. '계급화된 명금의 세계'라는 번역이 더 자연스럽고, 우리말답지 않습니까? 그렇다고 제가 무작정 쉽게 읽히라고 neighbourhood를 '세계'라고 번역한 것은 아닙니다. 콜린스 사전에서 neighbourhood는 'a district or locality, often with reference to its character'라고도 풀이됩니다. 한편 표준국어대사전에서 '세계'는 '집단적 범위를 지닌 특정 사회나 영역'으로 해설됩니다. 두 풀이가 엇비슷하지 않습니까?

°**it is the least dominant and most stressed birds, occupying the lowest rungs of the bird world, who are most likely to sicken and die**에서 it이 비인칭 주어라는 걸 파악하는 데는 큰 어려움이 없을 겁니다. 더구나 'it is 복수 명사'이지 않습니까. 이른바 it is ... that[who]

~ 강조 용법의 전형입니다. 강조 용법이라고 해서 학교에서 배운 대로만 번역할 필요는 없습니다. '~가 ...이다'라는 식의 번역만이 ...을 강조하는 표현이라고는 생각하지 않습니다. 오히려 강조하고자 하는 구절을 문두에 두는 것도 강조의 한 방법이라 생각합니다. 제 생각에 이 문장은 더더욱 그렇습니다.

° **The poor and stressed**를 선불리 '가난한 사람들과 압박을 받는 사람들'이라 번역할 사람은 없겠지요. 관사가 어떻게 쓰였는지 잘 보십시오. 정관사 the가 poor와 stressed를 하나로 묶었습니다. 따라서 poor and stressed를 한 덩어리로 만들어 '가난해서 압박을 받는 사람들' 혹은 '가난의 압박을 받는 사람들'이라 번역하면 될 겁니다. 앞에서도 비슷한 구조를 보았던 게 기억날 겁니다. 번역가는 독수리 눈을 가져야 합니다.

° non-infectious diseases, **such as** cancer, diabetes and heart disease를 '암과 당뇨와 심장 질환 같은 비전염성 질병'이라 번역하는 게 나을까요, '비전염성 질병, 예컨대 암과 당뇨와 심장 질환'이라 번역하는 게 나을까요? 경우에 따라 선택이 다르겠지만, such as가 '예컨대'라고도 번역될 수 있다는 걸 알아두면 편리합니다.

° **as it is said**는 '일반적으로 널리 인정되는 표현'을 인용할 때 쓰입니다. 따라서 '흔히 말하는 것처럼'이라고 번역하면 되겠습니다. 물론 이때 it은 When the aristocracy catches a cold, the working class dies of

(7) If a contagious avian disease sweeps through a neighbourhood of well-stratified songbirds, it is the least dominant and most stressed birds, occupying the lowest rungs of the bird world, who are most likely to sicken and die. This is equally true of human neighbourhoods, when bird flu viruses and other illnesses sweep across the planet. The poor and stressed always die first, and in greater numbers. They are also much more susceptible to non-infectious diseases, such as cancer, diabetes and heart disease. When the aristocracy catches a cold, as it is said, the working class dies of pneumonia.

Because territory matters, and because the best locales are always in short supply, territory-seeking among animals produces conflict. Conflict, in turn, produces another problem: how to win or lose without the disagreeing parties incurring too great a cost. This latter point is particularly important. Imagine that two birds engage in a squabble about a desirable nesting area. The interaction can easily degenerate into outright physical combat. Under such circumstances, one bird, usually the largest, will eventually win—but even the victor may be hurt by the fight. That means a third bird, an undamaged, canny bystander, can move in, opportunistically, and defeat the now-crippled victor. That is not at all a good deal for the first two birds.

pneumonia. 전체를 가리킵니다. 번역하면 '흔히 말하듯이, 귀족은 감기에 걸릴 때 노동자 계급은 폐렴으로 죽는다'가 될 겁니다. 그런데 앞에서 '가난한 사람들'에 대해 말했으므로 aristocracy를 굳이 '귀족'이라 번역할 필요가 있는지 의문입니다. 과감하게 '부자'와 '가난한 노동자'로 대비시켜 번역하는 것도 좋은 선택이라 생각합니다.

° **the disagreeing parties incurring too great a cost**는 전체적으로 전치사 without 뒤에 놓인 동명사절입니다. the disagreeing parties는 당연히 동명사절의 주어이고요. 여기에서 흥미로운 것은 뜬금없이 this latter point가 쓰였다는 겁니다. latter를 보면, 우리는 즉각적으로 '후자'를 떠올립니다. 동시에, the former를 자연스레 찾게 됩니다. 하지만 여기에서는 the former가 없습니다. 그래서 흥미롭다고 말한 겁니다. 물론 the former가 없더라도 the latter point를 찾는 것은 어렵지 않습니다(= the disagreeing parties incurring too great a cost). 이와 같이 latter에 '나열된 것 중에서 마지막 것'이란 뜻이 있다는 걸 알아두면 도움이 될 겁니다.

° **The interaction**은 어떤 식으로 사전을 찾아도 '상호 작용'이라는 뜻밖에 없습니다. 이 단어의 번역에서 이른바 직역/의역의 논쟁이 벌어질 수 있습니다. 이른바 직역이라면 '그 상호 작용', 혹은 좀 더 확대해서 '그들의 상호 작용'으로 번역하겠지요. 따라서 전체적으로는 "그 상호 작용은 치열한 몸싸움으로 쉽게 악화될 수 있다"가 될 겁니다. 이 번역이 용서가 됩니까? 옥신각신하는 다툼이 '상호 작용'으로 번역되었습니다. 물론 사전적으로는 아무런 잘못이 없습니다. 그런데 상호 작용이란 단어에서 부정적인 뜻이 떠오르시는지요? 제 언어 감각이 부족한 탓일까요, 적어도 제 언어 감각에서는 '상호 작용'에서 부정적인 관계가 연상되지 않습니다. 따라서 저는 이 문장을 번역할 때 '상호 작용'이란 번역어를 선택할 수 없습니다. 그래서 영영사전을 보았습니다. "action on each other; reciprocal action or effect"라고 나와 있습니다. 긍정과 부정에 대한 언급이 없습니다. '서로 주고받는 행위'로만 설명됩니다. 이 행위가 우리 사전에서는 '상호 작용'이라 번역된 겁니다. 여기에서 action은 squabble(다툼)입니다. 또 each other를 '둘'로 번역하면 어떨까요? 그래서 interaction을 '둘의 다툼'이라 번역하면 의역일까요? 제 대답이 무엇인지는 모두가 짐작하겠지만, 여하튼 각자 알아서 판단하십시오.

° **That means a third bird, ...** 에서 That means는 '앞 문장은 ...을 뜻한다'가 되겠지요. 이 표현은 기계적으로 번역하여 '다시 말하면'이란 식으로 옮기면 충분합니다. 우리말답기도 하고요.
바로 이어서 a third bird라는 표현이 눈에 들어옵니다. 대부분이 '세 번째 새'라고 번역하겠지만, 왜 the third bird로 쓰지 않고, a third bird라고 썼을까 물으면 정확히 대답하는 사람이 드뭅니다. 정관사가

(7) If a contagious avian disease sweeps through a neighbourhood of well-stratified songbirds, it is the least dominant and most stressed birds, occupying the lowest rungs of the bird world, who are most likely to sicken and die. This is equally true of human neighbourhoods, when bird flu viruses and other illnesses sweep across the planet. The poor and stressed always die first, and in greater numbers. They are also much more susceptible to non-infectious diseases, such as cancer, diabetes and heart disease. When the aristocracy catches a cold, as it is said, the working class dies of pneumonia.
Because territory matters, and because the best locales are always in short supply, territory-seeking among animals produces conflict. Conflict, in turn, produces another problem: how to win or lose without the disagreeing parties incurring too great a cost. This latter point is particularly important. Imagine that two birds engage in a squabble about a desirable nesting area. The interaction can easily degenerate into outright physical combat. Under such circumstances, one bird, usually the largest, will eventually win—but even the victor may be hurt by the fight. That means a third bird, an undamaged, canny bystander, can move in, opportunistically, and defeat the now-crippled victor. That is not at all a good deal for the first two birds.

아니라 부정관사가 쓰인 이유는, 앞에서 다툰 두 마리의 새 사이에는 어떤 순서도 없기 때문입니다. 두 새 중 어느 쪽이 첫 번째이고, 어느 쪽이 두 번째인지를 모르는데 어떻게 '세 번째'라는 표현이 가능하겠습니까? 따라서 '제3의 새'가 가장 적합한 번역어일 겁니다. 서수의 이런 용례에 대해서는 『원서, 읽(힌)다』의 서수 편을 참조하시기 바랍니다.

°**That is not at all a good deal for the first two birds**에서 that은 무엇을 대신하는 대명사일까요? 앞의 현상일 겁니다. 따라서 '그것'보다 '그런 현상, 그런 결과'라고 번역하는 게 훨씬 나을 겁니다. 거듭 말하지만 대명사는 가능하면 관련된 명사를 찾아 번역해 주도록 하십시오.

(8) Conflict—and Territory

Over the millennia, animals who must co-habit with others in the same territories have in consequence learned many tricks to establish dominance, while risking the least amount of possible damage. A defeated wolf, for example, will roll over on its back, exposing its throat to the victor, who will not then deign to tear it out. The now-dominant wolf may still require a future hunting partner, after all, even one as pathetic as his now-defeated foe. Bearded dragons, remarkable social lizards, wave their front legs peaceably at one another to indicate their wish for continued social harmony. Dolphins produce specialized sound pulses while hunting and during other times of high excitement to reduce potential conflict among dominant and subordinate group members. Such behavior is endemic in the community of living things.

갈등과 영역

수천 년 동안, 같은 공간에서 다른 동물들과 공존할 수밖에 없었던 동물들은 피해의 위험을 최소화하면서 지배권을 확립하기 위한 수법들을 터득해 왔다. 예컨대 서열 다툼에서 패한 늑대는 등을 바닥에 대고 누워 목을 승리자에게 훤히 드러내지만, 승리자는 목을 물어뜯는 흉내조차 내지 않으며 패자를 무시한다. 하지만 승리자가 된 늑대도 사냥을 하려면 협력자가 필요하기 때문에, 서열 다툼에 패한 한심한 적이라도 협력자로 받아들여야 한다. 턱수염 도마뱀들은 무척 사회적인 동물이어서, 서로 평화롭게 앞발을 흔들며 지속적인 사회적 화합을 바라는 마음을 표현한다. 돌고래는 사냥하는 동안, 혹은 잔뜩 흥분한 상태가 지속되는 동안에는 특별한 음파를 만들어냄으로써 지배 집단과 하위 집단 사이에 잠재된 갈등의 폭발 가능성을 억제한다. 이런 행동은 생명체들의 세계에서는 흔한 현상이다.

(8) Conflict—and Territory

Over the millennia, animals who must co-habit with others in the same territories have in consequence learned many tricks to establish dominance, while risking the least amount of possible damage. A defeated wolf, for example, will roll over on its back, exposing its throat to the victor, who will not then deign to tear it out. The now-dominant wolf may still require a future hunting partner, after all, even one as pathetic as his now-defeated foe. Bearded dragons, remarkable social lizards, wave their front legs peaceably at one another to indicate their wish for continued social harmony. Dolphins produce specialized sound pulses while hunting and during other times of high excitement to reduce potential conflict among dominant and subordinate group members. Such behavior is endemic in the community of living things.

° Over the millennia, animals who must co-habit with others in the same territories have **in consequence** ...에서는 in consequence 때문에 여러 가능성을 생각해 볼 수 있습니다. 물론 그 전제는 관계절의 용법, 즉 제한적 용법과 계속적 용법에 구속되지 않는다는 겁니다. 가장 정통적으로 번역하면 제한적으로 쓰인 관계절을 그대로 인정하며 "같은 공간에서 다른 동물들과 공존할 수밖에 없었던 동물들은 그 결과로 피해의 위험을 최소화하면서 지배권을 확립하기 위한 수법들을 터득해 왔다."로 옮기는 방법이 있습니다. 그런데 '그 결과로'가 번역에 끼어들어가 약간 껄끄럽게 느껴지지 않습니까? 그래서 주절에 쓰인 in consequence에 주목해 '원인'을 찾아보면 관계절이 됩니다. 그럼 "적잖은 동물이 같은 공간에서 다른 동물들과 공존할 수밖에 없었던 까닭에 피해의 위험을 ..."이라고 번역해 볼 수 있습니다. 어느 쪽이 낫습니까? 제안 번역에선 전자를 사용했지만, 후자의 번역이 더 나아 보이지 않습니까? 관계절의 용법을 지키면서 in consequence를 자연스레 반영할 수 있는 다른 번역 가능성도 생각해 보시기 바랍니다.

° **risking the least amount of possible damage**는 risk damage에 수식어가 잔뜩 덧붙은 경우입니다. 위험을 무릅쓰는 데 가능한 위험량을 최소로 한다는 뜻이므로, 결국 '위험을 최소화하다'라는 뜻이 아닐까요?

° **..., who will not then deign to tear it out.** deign은 정말 드물게 쓰이는 단어입니다. 25년 이상 번역을 해 오면서 저도 과연 몇 번이나 보았는지 모르겠습니다. 제 기억이 정확하지는 않겠지만, 어쩌면 이 책에서 처음 본 건지도 모르겠습니다. 여하튼 deign은 'to do something unwillingly and in a way that shows that you think you are too important to do it'(으스대면서 마지못해 ...을 하다)이라는 뜻입니다. do not deign to do로 쓰이면 '...하는 척하지도 않다'라고 번역하는 게 좋습니다. 그런데 이 문장의 번역에서 말하고 싶은 것은 관계절의 계속적 용법입니다. 물론 자연스럽게 '결과'의 부사로 번역해도 문제는 없습니다. 주절은 '패배한 늑대가 등을 바닥에 대고 누워 승리한 늑대에게 목을 드러내 보인다'이고, 관계절은 '승리한 늑대가 목을 물어뜯지 않는다'입니다. 둘의 내용이 상반되지 않습니까? 그렇다면, 관계절 앞의 쉼표(,)를 and then이 아니라 but으로 보는 게 더 낫지 않을까요? 관계절의 계속적 용법은 '목적', '이유', '결과'만이 아니라 '양보'(although)로도 쓰여 부사적 기능을 하는 것처럼 번역하는 것이 타당하겠습니다.

° **Bearded dragons, remarkable social lizards**는 동격 관계로 쓰였습니다. 따라서 '턱수염 도마뱀, 즉 무척 사회적인 도마뱀'이라고 번역하고 싶을 겁니다. 어쩌면 대다수가 그렇게 번역하겠지요. 저는 이런 번역이 별로 달갑지 않습니다. 첫째, 영어에서는 dragon과 lizard라고 각각 다른 명사로 쓰는 표현이 번역에서는 '도마뱀'으로 똑같아졌습니다. 우리말 번역에서도 '도마뱀'을 한 번만 사용하고, 뒤에서는 그에 상응하는 다른 표현을 사용할 방법이 없을까요? 둘째로는 동격을 기계적인 번역으로 옮긴 게 탐탁지 않습니다. 동격의 표현을 보면, 우리는

(8) Conflict—and Territory

Over the millennia, animals who must co-habit with others in the same territories have in consequence learned many tricks to establish dominance, while risking the least amount of possible damage. A defeated wolf, for example, will roll over on its back, exposing its throat to the victor, who will not then deign to tear it out. The now-dominant wolf may still require a future hunting partner, after all, even one as pathetic as his now-defeated foe. Bearded dragons, remarkable social lizards, wave their front legs peaceably at one another to indicate their wish for continued social harmony. Dolphins produce specialized sound pulses while hunting and during other times of high excitement to reduce potential conflict among dominant and subordinate group members. Such behavior is endemic in the community of living things.

기계적으로 '즉', 혹은 '다시 말하면'이라 번역합니다. 물론 이 번역만이 꼭 맞는 때도 있습니다. 하지만 동격은 =이고, =은 영어로 be입니다. 이런 연결 관계를 이 경우에 적용하면, '턱수염도마뱀은 무척 사회적인 동물(혹은 파충류)이어서'라고 번역할 수 있을 겁니다. 마치 관계적 계속적 용법(, who is)이 생략된 것으로 보면 어떨까 싶은 겁니다. 이렇게 제한된 범위 내에서도 다양한 번역 방법을 모색한 까닭에 제가 오랫동안 번역하면서도 이 일을 재밌게 해낼 수 있었던 것 같습니다.

° **to indicate their wish for continued social harmony**는 to-V가 이른바 '목적'으로 사용된 대표적인 예입니다. 따라서 '지속적인 사회적 화합을 바라는 마음을 표현하기 위하여'라고 번역해도 잘못된 것은 없습니다. 하지만 학창 시절에 '목적'으로 번역한 to-V가 실제로는 '결과'로 번역하는 게 훨씬 더 자연스러운 경우가 많습니다. to-V가 부사적 용법으로 사용될 때 학교 문법에서는 '목적'을 60퍼센트, 이유를 20퍼센트, 결과를 20퍼센트 비율로 구분했다면, 실전 번역에서는 '목적' 40퍼센트, 이유 20퍼센트, 결과 40퍼센트로 재분배하는 게 좋습니다. 바로 이 문장이 '목적'에서 '결과'로 넘어간 전형적인 예입니다. 다음 문장에 쓰인 to reduce potential conflict among dominant and subordinate group members도 마찬가지입니다. '목적'과 '결과'로 따로따로 번역한 뒤에 어느 쪽이 나은지 그 결과를 비교해 보십시오.

° **while hunting and during other times of high excitement**는 참 재밌는 표현이 아닙니까? 등위 접속을 말하는 겁니다. and로 연결되는 좌우의 구성요소가 문법적으로 같은 기능을 해야 하는 게 등위 접속의 원칙입니다. while이 전치사로도 쓰인다고 말하면 문제가 쉽게 풀리지만 while을 전치사로 설명하는 사전은 손가락으로 꼽을 정도이고, 전치사로 규정하는 경우에도 '예스런 표현'이라 말합니다. 따라서 while hunting은 '접속사 – 생략된 주어 dolphins – hunt ...'가 분사구문으로 쓰인 예라고 할 수밖에 없습니다. 한편 during other times of high excitement는 '전치사 + 명사구' 형태입니다. 따라서 등위 접속의 원칙을 엄격하게 적용하면, 둘이 and로 접속된 결과를 설명하기 어렵습니다. 하지만 품사를 넘어 기능에 방점을 두고 등위 접속의 가능성을 확대하면, while hunting과 during other times of high excitement는 모두 '부사'로 기능할 뿐입니다. 물론 문법에서 품사와 기능은 엄격히 구분되지만, 원문에 쓰인 등위 접속을 설명하려면 등위 접속의 가능성을 '기능'까지 확대하는 수밖에 없습니다.

° **Such behavior is endemic ...** 2023년 5월쯤 코로나 19가 '엔데믹'(endemic) 단계에 접어들었다는 말을 많이 들었을 겁니다. 이때는 '풍토병'이란 뜻입니다. endemic이 '풍토병'이란 뜻으로 흔히 쓰이는 것도 사실입니다. 하지만 이 문장에서는 endemic의 번역어로 이 뜻을 선택하기 어렵습니다. 제가 늘 말했듯이, 어떤 단어에 대해 우리가 잘 아는 뜻으로 번역했을 때 앞뒤 맥락이 맞지 않으면 반드시 사전을 찾아봐야 합니다. 그럼 'common in a particular area or field'이란 뜻이 보일 겁니다. in the community of living things는 in a particular area에 해당하므로 endemic은 common이라 번역하면 됩니다.

(9) Lobsters, scuttling around on the ocean floor, are no exception. If you catch a few dozen, and transport them to a new location, you can observe their status-forming rituals and techniques. Each lobster will first begin to explore the new territory, partly to map its details, and partly to find a good place for shelter. Lobsters learn a lot about where they live, and they remember what they learn. If you startle one near its nest, it will quickly zip back and hide there. If you startle it some distance away, however, it will immediately dart towards the nearest suitable shelter, previously identified and now remembered.

바다 밑바닥에서 이리저리 돌아다니는 바닷가재도 예외는 아니다. 수십 마리의 바닷가재를 잡아 한 곳에 모아 놓으면, 바닷가재들이 서열을 결정하는 의식과 기법을 관찰할 수 있다. 바닷가재들은 먼저 그 새로운 지역을 탐색하기 시작한다. 그곳의 세세한 지형을 머릿속에 지도로 그리고, 피신처로 적합한 곳을 찾아내기 위한 과정이다. 이런 식으로 바닷가재들은 새로운 지역에 대해 많은 것을 학습하고, 그렇게 학습한 것을 머릿속에 기억한다. 가령 보금자리 주변에서 서성대는 바닷가재를 기습적으로 놀라게 하면, 그 바닷가재는 재빨리 그곳으로 돌아가 숨는다. 하지만 보금자리에서 멀리 떨어진 바닷가재를 놀라게 하면, 바닷가재는 가장 가까이 있는 적합한 피신처로 쏜살같이 달아난다. 물론 그 피신처는 과거에 확인해 두었다가 그때 기억해 낸 곳이다.

° **a few dozen** (lobsters)는 숫자만 쓰이고, 관련된 명사는 생략된 형태입니다. 뒤에 쓰인 If you startle one near its nest ...의 one도 마찬가지입니다. one lobster가 본래의 형태이고, 따라서 바로 뒤에 its라는 형태의 대명사가 쓰인 이유도 쉽게 설명됩니다.
이 단락에서는 앞에서 쓰이지 않던 주어, you가 느닷없이 눈에 띕니다. 이때 you를 명시적으로 번역해야 하느냐는 질문을 자주 받습니다. 이때의 you는 '당신'이라기보다 일반적인 사람을 뜻한다고 보면 됩니다. 그렇다고 '사람'이라고 번역하라는 건 아닙니다. 가능하면 '주어'를 명시적으로 드러내지 않으면서 번역하는 게 최선입니다. 우리말에서는 '주어'가 구체적으로 드러나지 않더라도 맥락상 충분히 짐작할 수 있습니다. 예, 그런 식으로 번역하라는 겁니다. 영어에서는 문법적인 문장에 주어가 반드시 존재해야 하기 때문에 you가 쓰였다고 생각하면 됩니다(물론 we를 써도 됩니다).

° **partly to map its details**와 partly to find a good place for shelter는 둘 모두 학교에서 목적의 to-V로 풀도록 배웠겠지만, 번역서에서는 결과로 번역하는 게 훨씬 더 나을 겁니다. 물론 partly는 '부분적으로는'이라고 명시적으로 번역해 주어야겠지만, to-V가 앞에 쓰인 '탐색'의 목적 전부가 될 수 없기 때문에 굳이 번역할 필요가 있는지는 모르겠습니다. 여하튼 이 부분도 번역가의 판단에 달렸다는 게 제 생각입니다. 그렇다고 partly가 쓰인 예에서 항상 번역을 생략하라는 건 아닙니다. The boss of Ryanair has warned the era of ultra-low airfares is over and said Brexit is partly to blame for a shortage of airport workers. (11 Aug 2022) (라이언에어의 사장은 초저가 항공 요금의 시대는 끝났다고 경고하며, 항공 노동자가 부족한 데는 브렉시트에도

(9) Lobsters, scuttling around on the ocean floor, are no exception. If you catch a few dozen, and transport them to a new location, you can observe their status-forming rituals and techniques. Each lobster will first begin to explore the new territory, partly to map its details, and partly to find a good place for shelter. Lobsters learn a lot about where they live, and they remember what they learn. If you startle one near its nest, it will quickly zip back and hide there. If you startle it some distance away, however, it will immediately dart towards the nearest suitable shelter, previously identified and now remembered.

부분적인 책임이 있다고 말했다) 하지만 여기에서 주목할 부분은 map의 번역입니다. map 자체의 번역은 쉽습니다. '세세한 부분을 지도로 그리다'라고 번역하면 됩니다. 그런데 주어가 바닷가재입니다. 바닷가재가 지도를 그린다니까 이상하지 않습니까? 어떻게 하면 이 번역의 문제점을 원만하게 해결할 수 있을까요? 저는 아주 간단한 방법을 찾아냈습니다. '머릿속에'라는 번역어를 추가하는 방법입니다. 어떻습니까? 마음에 들지 않으면 더 나은 방법을 찾아 보십시오.

° **about where they live**에서 about의 품사는 무엇일까요? 제가 품사를 묻는 이유는 자명합니다. 품사를 알 때 더 정확한 번역이 가능하기 때문입니다. 예, 맞습니다, 전치사입니다. 앞에 쓰인 a lot은 명사로서 learn의 목적어입니다. 하지만 learn은 자동사로도 쓰이기 때문에 a lot을 부사로 보더라도 번역에서 크게 달라지는 것은 없습니다. 그런데 about이 전치사이면 뒤에는 반드시 명사가 쓰여야 합니다. 그럼 where they live가 명사로 기능해야 한다는 뜻입니다. 이 구절이 명사인 이유를 밝혀야 합니다. where they live는 그 자체로는 '절'이기 때문에 전치사의 목적어가 될 수 없습니다. 하지만 where를 관계부사로 가정하면, 이를 '명사'로 둔갑시키는 것은 크게 어려운 게 아닙니다. '관계부사의 선행사는 흔히 생략된다'라는 걸 기억하십니까? 그렇다면, about (the place) where they live가 생략된 형태라 보았을 때 모든 궁금증이 해결됩니다.

° **previously identified and now remembered**에서 now에 적합한 번역어가 무엇이겠습니까? 이 구절을 번역할 때는 previously와 now를 선명하게 부각해야 할 겁니다. 그 때문에 now의 번역어가 더욱더 중요합니다. 우리가 흔히 알고 있듯이 '지금'이라 번역해도 괜찮을까요? 과거에 확인해 두었다가 지금 기억해 낸 곳? 제 판단에 '지금'이란 번역어는 여기에 최적이 아닙니다. 우리에게 익숙한 번역어를 대입한 뒤 앞뒤 맥락에 맞지 않으면, 다른 뜻이 있는지 사전을 샅샅이 뒤지라고 했습니다. now의 경우도 마찬가지입니다. 제안 번역에서 보듯이, 이 경우에 딱 들어맞는 멋진 번역어를 찾아낼 수 있을 겁니다.

(10) A lobster needs a safe hiding place to rest, free from predators and the forces of nature. Furthermore, as lobsters grow, they moult, or shed their shells, which leaves them soft and vulnerable for extended periods of time. A burrow under a rock makes a good lobster home, particularly if it is located where shells and other detritus can be dragged into place to cover the entrance, once the lobster is snugly ensconced inside. However, there may be only a small number of high-quality shelters or hiding places in each new territory. They are scarce and valuable. Other lobsters continually seek them out.

바닷가재에게는 포식자와 자연계의 폭력으로부터 벗어나 안전하게 휴식할 수 있는 은신처가 필요하다. 게다가 바닷가재는 성장함에 따라 탈각한다. 다시 말하면, 껍질을 벗는다. 새로운 껍질이 형성되는 동안 바닷가재의 부드러운 몸은 외부 환경에 취약할 수밖에 없다. 바위 밑의 틈새는 바닷가재에게 훌륭한 보금자리가 된다. 특히 껍질과 폐기물을 끌고와 입구를 막을 수 있는 곳이면 더할 나위 없이 좋은 곳이다. 새로운 껍질이 형성될 때까지 바닷가재가 안에서 아늑하게 지낼 수 있을 것이기 때문이다. 하지만 어느 지역에나 최적의 보금자리나 은신처는 소수에 불과하다. 그런 곳은 부족한 까닭에 소중하다. 다른 바닷가재들도 끊임없이 그런 곳을 찾아 헤매기 때문이다.

° **free from** ...은 압축하면 without과 동의어 관계에 있습니다. 하지만 free에 담긴 뜻을 표현해 주는 게 좋겠지요. 이때 free는 '자유'보다 '해방'에 더 가깝습니다. 이 뜻을 살려 번역하면 좋을 겁니다.
the forces of nature를 사전에서 찾아 보면 '자연의 위력'으로 번역되지만, '특히 피해를 초래하는 비, 바람' 등을 가리킨다며 덧붙은 설명이 있습니다. 그렇다고 '자연 재앙'이라 번역하기에는 너무 멀리 가는 것 같습니다. 단순히 '비바람'이나 '거센 비바람' 정도면 충분하지 않을까 싶습니다.

° **or shed their shells**에서 or를 어떻게 번역하시겠습니까? 흔히 알려진 대로 '혹은'이 적합한 번역어일까요? or가 moult와 shed라는 동사를 등위 접속하고 있는 건 분명합니다. moult는 '동물이 털이나 깃털 등을 교체하다'라는 뜻입니다. 하지만 moult는 생물학에서 주로 쓰이고, 일상 생활에서는 거의 쓰이지 않습니다. 그런데 moult에 해당하는 일상적 단어가 shed, cast off입니다. 그렇다면 or를 '혹은'이라 번역할 수 있지 않을까요? 번역할 때의 주의점으로 앞서 언급한 것을 다시 반복합니다. 우리가 흔히 아는 뜻으로 번역해서 앞뒤 맥락이 맞지 않으면, 사전을 샅샅이 검색해 적합한 뜻을 찾아내십시오. 여기에서 or에 해당하는 적합한 번역어는 '즉, 다시 말하면'입니다.

° **which leaves them soft and vulnerable for extended periods of time**에서 동사가 leaves입니다. 선행사가 shells가 될 수 없다는 뜻입니다. 게다가 주절에 which의 선행사가 될 만한 3인칭 단수 명사가 없습니다. 그렇다면 which의 선행사는 앞 문장 전체가 될 겁니다. '그리

(10) A lobster needs a safe hiding place to rest, free from predators and the forces of nature. Furthermore, as lobsters grow, they moult, or shed their shells, which leaves them soft and vulnerable for extended periods of time. A burrow under a rock makes a good lobster home, particularly if it is located where shells and other detritus can be dragged into place to cover the entrance, once the lobster is snugly ensconced inside. However, there may be only a small number of high-quality shelters or hiding places in each new territory. They are scarce and valuable. Other lobsters continually seek them out.

하여 바닷가재는 한동안 유약하고 취약하게 남겨진다'가 기본적인 번역일 것이고, '한동안'에 해당하는 기간은 moult의 뜻에서 끌어오고(→ 새로운 껍질이 형성되는 동안), leave something adj.는 2형식으로 치환해 번역하는 방법을 고려해 볼 수 있습니다.

°**makes a good lobster home**을 5형식으로 번역하면 정말 우습게 됩니다. '바위 밑의 틈새가 튼튼한 바닷가재를 보금자리로 만든다'? 어리둥절하지요. 다른 식으로 분석해야 합니다. make (a good lobster home) → a good lobster home → a good (lobster home)으로 분석하면 최적의 번역을 찾을 수 있습니다. 처음부터 이렇게 분석하지 못한 걸 자책할 필요는 없습니다. 동사 make가 지닌 통사적 특성 때문에 이런 다중 분석을 거칠 수밖에 없습니다.

°**where shells and other detritus...**는 관련된 문장에서 차지하는 위치로 보아 장소를 뜻하는 '부사적 기능'을 하는 구절이 되어야 합니다. 하지만 영어에서 wh-절은 기본적으로 '명사'입니다. 따라서 where shells ...는 관계부사절로 선행사가 생략되었으며, 장소와 시간을 뜻하는 전치사구의 경우 전치사를 생략할 수 있다는 원칙이 적용된 예로 보아야 할 겁니다(←in the place where shells and other detritus...).

° **there may be only a small number of high-quality shelters or hiding places in each new territory**는 어떻게 풀면 좋을까요? 가끔은 기계적인 번역에서 벗어나고 싶을 때가 있습니다. there is ... 구문이 눈에 들어오면 "...이 있다"라는 번역이 가장 편하고 무난하기도 합니다. 그 때문인지 많은 번역가가 이 구문을 보면 기계적으로 그렇게 번역합니다. 하지만 번역이라는 지독히 지루한 작업을 '오랫동안', 예컨대 2-30년 동안 재밌게 하려면, 상투적인 번역에서 벗어나 나름대로 참신한 번역을 시도해 보는 것도 괜찮을 겁니다. 그렇다고 이른바 '의역'을 하라는 것은 아닙니다. 다시 문장으로 돌아가 연습해 봅시다. 기계적으로 번역하면 '있을 수 있다 – 소수의 좋은 보금자리 + 숨을 곳 – 각 새로운 영역에'가 됩니다. 이렇게 분해된 조각을 결합하면 "각 새로운 영역에는 소수의 보금자리와 숨을 곳만이 있다"가 되겠지요. 이런 순진한 번역에 약간의 변형을 시도해 보겠습니다. '각 새로운 영역에' → '어느 영역(지역)에나'. '숨을 곳' → '은신처', '소수의 ...' → '...가 소수'. 이 조각들을 결합하면 "어느 지역에나 최적의 보금자리나 은신처는 극소수에 불과하다"가 됩니다. 이렇게 번역하면 only가 a small number를 강조하는 걸 더 뚜렷하게 드러낼 수도 있습니다. 이 번역을 '의역'이라 하시겠습니까?

° **They are scarce and valuable**을 번역해 보십시오. 그것도 앞뒤 맥락을 고려해서 번역해 보십시오. 이렇게까지 말해도 '그런 곳은 부족하고 소중하다'라고 번역한다면 정말 실망스럽지요. 물론 they를 '그런 곳'이라 번역한 것에는 만점을 주고 싶습니다. 제가 실망스럽다고 말하는 이유는 and의 번역에 있습니다. 앞에서 좋은 보금자리는 소수에 불과하다고 했습니다. 경제학 이론까지 거론하지 않더라도 드문

(10) A lobster needs a safe hiding place to rest, free from predators and the forces of nature. Furthermore, as lobsters grow, they moult, or shed their shells, which leaves them soft and vulnerable for extended periods of time. A burrow under a rock makes a good lobster home, particularly if it is located where shells and other detritus can be dragged into place to cover the entrance, once the lobster is snugly ensconced inside. However, there may be only a small number of high-quality shelters or hiding places in each new territory. They are scarce and valuable. Other lobsters continually seek them out.

(scarce) 것은 비싸지(valuable) 않습니까? 그렇다면 두 형용사를 잇는 and를 인과관계를 연결하는 단어로 보는 게 더 낫지 않을까요? 그 결과가 제안 번역입니다.

(11) This means that lobsters often encounter one another when out exploring. Researchers have demonstrated that even a lobster raised in isolation knows what to do when such a thing happens. It has complex defensive and aggressive behaviours built right into its nervous system. It begins to dance around, like a boxer, opening and raising its claws, moving backward, forward, and side to side, mirroring its opponent, waving its opened claws back and forth. At the same time, it employs special jets under its eyes to direct streams of liquid at its opponent. The liquid spray contains a mix of chemicals that tell the other lobster about its size, sex, health, and mood.

결국 바닷가재들은 좋은 은신처를 찾아 탐험하는 동안 서로 마주치기 마련이다. 학자들의 연구에서 밝혀졌듯이, 외톨이로 자란 바닷가재도 다른 바닷가재와 마주치면 어떻게 행동해야 하는지 알고 있다. 방어와 공격을 위한 복잡한 행동이 바닷가재의 신경계에 심어져 있다는 뜻이다. 바닷가재들은 집게발을 크게 벌리고 치켜든 채 권투 선수처럼 상대의 주변을 빙빙 돌기 시작한다. 앞뒤 좌우로 움직이고, 쫙 벌린 집게발을 앞뒤로 흔들며 상대를 흉내낸다. 또한 바닷가재들은 눈 밑에 있는 분출기를 사용해 상대에게 특별한 액체를 분무한다. 그 액체에 함유된 화학물질들로 바닷가재는 자신의 몸집과 성별, 건강과 감정을 상대에게 전달한다.

° **This means that** ...은 '다시 말하면 ...을 뜻하다'라고 번역하는 게 가장 무난합니다. 이렇게 번역하면 앞 문장을 가리키는 this를 어떻게 요약할까 고민할 필요도 없습니다. 물론 이 번역은 자칫하면 기계적인 번역이 될 수 있습니다. 어떻게 변화를 줄 수 있을까요? 제안 번역을 참조해서 여러분도 나름대로 새로운 번역 방법을 찾아내고, 각자의 고유한 비결을 마련해 두십시오.

° **Researchers have demonstrated that** ...을 기본적으로 번역하면 "연구자들은 ... 임을 입증해 냈다"가 될 겁니다. 만약 ...에 해당하는 구절이 길다면 번역이 참 지루해질 겁니다. 이런 경우에는 '연구자들이 입증했듯이 ... 이다'라는 번역이 가장 무난하다고 생각합니다. 대부분이 학교에서 배웠듯이 I think that ...은 '내 생각에 ... 이다'라고 번역하지 않습니까. 이 번역 기법은 다양한 경우에 활용할 수 있습니다. He said firmly that if anyone needs a comfort break during the performance, "they can pee on the floor" (15 Apr 2015)를 정통적으로 번역하면 '그는 단원 중 누구라도 공연 중에 소변이 급하면 무대에서 소변을 볼 수 있다고 단호히 말했다'가 됩니다. 이 번역에서 주절의 동사가 '말했다'로 과거여서 소변과 관련된 내용도 과거의 행위라고 생각할 가능성이 큽니다. 그런데 원문을 보면 주절 동사는 분명히 과거이지만 that-절의 시제는 가정법 현재입니다. 학교 문법에서 가정법은 시제의 일치가 적용되지 않는다고 배웠습니다. 게다가 '그'가 과거에 발언했지만, 단원들은 지금도 무대에서 소변을 볼 수 있습니다. 그런데 위의 번역에서는 이런 의미가 명확히 살아나지 않습니다. 하지만 '그가 단호히 말했듯이, 단원 중 누구라도 공연 중에 소변이 급하면 무대에서 소변을 볼 수 있다.'라고 번역하면 어떻습니까? 지금도 단

(11) This means that lobsters often encounter one another when out exploring. Researchers have demonstrated that even a lobster raised in isolation knows what to do when such a thing happens. It has complex defensive and aggressive behaviours built right into its nervous system. It begins to dance around, like a boxer, opening and raising its claws, moving backward, forward, and side to side, mirroring its opponent, waving its opened claws back and forth. At the same time, it employs special jets under its eyes to direct streams of liquid at its opponent. The liquid spray contains a mix of chemicals that tell the other lobster about its size, sex, health, and mood.

원들이 무대에서 소변을 볼 수 있다는 게 확실히 와닿지 않습니까? 그렇다고 항상 이렇게 번역할 필요는 없습니다. 주절의 형태가 똑같은 다음 예문은 정통적으로 번역하는 게 훨씬 낫습니다. He said firmly that he would lead the party into the next election. (23 Sep 2005) (그는 다음 선거까지 당을 이끌 거라고 단호히 말했다) 한편 주절에 뜻밖의 단어가 쓰인 경우에도, 주절과 that-절을 따로 번역하는 게 나을 수 있습니다. Most statistics indicate that although cases of Covid-19 are rising in many parts of Europe and the United States, the number of deaths and cases of severe complications remain relatively low. (25 Aug 2020) (대부분의 통계에서 확인되듯이, 유럽의 많은 지역과 미국에서 코로나 19의 발병 사례가 증가하고 있지만, 사망자와 심각한 합병증 사례의 수는 상대적으로 낮은 편이다)

°**when such a thing happens**에서 when은 '때'와 '조건', 어느 쪽으로 번역하더라도 상관없습니다. 이 구절을 어떻게 번역하는 게 최선일까요? '그런 일이 벌어질 때'라고 번역해도 괜찮을까요? 그럼 저 같은 독자는 '그런 일이 뭐지?'라는 의문을 품을 겁니다. 다시 말하면, such a thing을 '그런 일'이라 번역하는 것은 대명사 it을 '그것'이라 번역하는 것과 크게 다르지 않습니다. '그런 일이 뭐지?'라고 독자가 의문을 제기할 때, 번역가가 옆에 있다면 '다른 바닷가재를 마주치는 것'이라 설명할 겁니다. 그렇다면 처음부터 '다른 바닷가재와 마주치면'이라 번

역하는 게 더 낫지 않을까요? 다시 말해, 대명사적 어구는 제발 풀어 번역하자는 겁니다.

° **to direct streams of liquid at its opponent**는 to-V로 부사적 용법입니다. 이때도 '결과'로 번역하는 게 좋습니다.

° **The liquid spray contains a mix of chemicals that tell the other lobster about its size, sex, health, and mood.**를 그 자체로 번역할 때는 '분무된 액체는 ...라는 화학물질을 포함한다' → '분무된 액체에는 ...라는 화학물질이 포함된다'가 될 겁니다. 그런데 앞 문장은 ' ...라는 액체를 분무하다'로 끝나고, 마지막 문장의 핵심적인 내용은 그 액체에 함유된 화학물질의 역할입니다. 따라서 핵심적인 내용이 '술어'로 표현되면 최적일 겁니다. 그런데 원문에는 그 술어가 관계절로 쓰였습니다. 그럼 선행사를 '주어'로 바꾸는 작업이 필요할 것입니다. 그렇게 작업한 결과가 제안 번역입니다. 여기에서도 주의할 점이 있습니다. a mix of chemicals는 무생물이고, tell은 '말하다'입니다. 무생물이 말할 수는 없겠지요. 그렇다면 tell을 다른 식으로 번역하고, 무생물 주어인 a mix of chemicals도 부사로 전환해 번역하는 요령이 필요할 수 있습니다. 여러분도 직접 해 보시고, 제안 번역과 비교해 보십시오. 요컨대 관계절은 계속적 용법으로 쓰였을 때 혹시 '이유'나 '원인'은 아닐까 생각해 보시고, 나머지 경우에는 단순한 절이 더해진 정도로 자유롭게 번역하라는 게 제 결론입니다. 더구나 이렇게 번역하니까 원문의 순서와도 무척 닮지 않았습니까.

(12) Sometimes one lobster can tell immediately from the display of claw size that it is much smaller than its opponent, and will back down without a fight. The chemical information exchanged in the spray can have the same effect, convincing a less healthy or less aggressive lobster to retreat. That's dispute resolution Level 1. If the two lobsters are very close in size and apparent ability, however, or if the exchange of liquid has been insufficiently informative, they will proceed to dispute resolution Level 2. With antennae whipping madly and claws folded downward, one will advance, and the other retreat. Then the defender will advance, and the aggressor retreat. After a couple of rounds of this behaviour, the more nervous of the lobsters may feel that continuing is not in his best interest. He will flick his tail reflexively, dart backwards, and vanish, to try his luck elsewhere. If neither blinks, however, the lobsters move to Level 3, which involves genuine combat.

때때로 바닷가재는 집게발의 크기만으로 상대가 자기보다 훨씬 크기 때문에 싸우지 않고 물러서는 게 낫다고 재빨리 판단하기도 한다. 분무된 액체에 함유된 화학물질의 정보도 동일한 효과를 발휘하며, 덜 건강하고 덜 공격적인 바닷가재가 물러서게 만든다. 갈등이 이렇게 끝나면 분쟁 해결 1단계이다. 하지만 두 마리의 바닷가재가 몸집과 능력에서 엇비슷하거나, 교환되는 액체에 충분한 정보가 담겨있지 않으면, 바닷가재들은 분쟁 해결 2단계로 넘어간다. 한 녀석이 더듬이를 미친 듯이 휘젓고 집게발을 아래로 접으며 다가서면 상대는 뒤로 물러선다. 하지만 곧바로 상대가 앞으로 전진하며 반격을 가하면서, 공격하던 녀석이 뒤로 물러선다. 이런 실랑이를 서너 번쯤 반복한 후, 상대적으로 겁많은 녀석이 그런 식으로 싸움을 계속하면 자신에게 유리할 것이 없다고 생각할 수 있다. 그럼 녀석은 꼬리를 휙 돌려 뒷걸음질하며 사라지고, 다른 곳에서 다시 행운을 시험한다. 하지만 어느 쪽도 물러서지 않고 팽팽하게 대치하면, 바닷가재들은 분쟁 해결 3단계로 넘어가, 진정한 전투를 시작한다.

(12) Sometimes one lobster can tell immediately from the display of claw size that it is much smaller than its opponent, and will back down without a fight. The chemical information exchanged in the spray can have the same effect, convincing a less healthy or less aggressive lobster to retreat. That's dispute resolution Level 1. If the two lobsters are very close in size and apparent ability, however, or if the exchange of liquid has been insufficiently informative, they will proceed to dispute resolution Level 2. With antennae whipping madly and claws folded downward, one will advance, and the other retreat. Then the defender will advance, and the aggressor retreat. After a couple of rounds of this behaviour, the more nervous of the lobsters may feel that continuing is not in his best interest. He will flick his tail reflexively, dart backwards, and vanish, to try his luck elsewhere. If neither blinks, however, the lobsters move to Level 3, which involves genuine combat.

° **tell** immediately from the display of claw size에서 tell ... from ~이란 구문에서 tell이 '구분하다'의 뜻으로 쓰였을 거라고 섣불리 단정할 독자는 없을 겁니다. 이 문장에서 from the display of claw size는 tell의 근거로 쓰인 부사구이고, that-절은 tell의 목적어로 쓰였습니다. 물론 이때 tell을 '말하다'라고 번역하는 것도 마뜩하지는 않습니다. tell의 대상이 누구인지 확인할 수 없으니까요. 이 경우에도 tell에 '말하다' 이외의 다른 뜻, 즉 이 경우에 더 적합한 뜻이 없는지 사전을 찾아봐야 합니다. '알아채다, 확신하다, 판단하다'(to know, recognize, be certain)라는 번역어를 어렵지 않게 찾아낼 수 있을 겁니다.

° **convincing a less healthy or less aggressive lobster to retreat**는 분사절 V-ing가 주절 뒤에 쓰인 예이며, 자연스레 주절 다음에 번역됩니다. 분사구문이란 걸 굳이 의식할 필요가 없다는 뜻입니다. 마치 부사적 용법으로 쓰인 to-V처럼 '결과'로 번역하면 된다는 말이기도 합니다. 뒤에 쓰인 to try his luck elsewhere와 구조적으로 똑같다고 생각하면 될 겁니다.

° **that**은 여기에서 어떻게 번역하시겠습니까? 단순히 '그것'이라 번역하고 흡족한 미소를 띠시겠습니까? 그럼 "그것이 분쟁 해결 1단계이다"라는 번역이 됩니다. 이 번역어를 앞 문장과 연결해 읽을 때 '그것'이란 대명사가 뭘 가리키는지 금방 와닿습니까? 그렇다고 대답하면 더는 할 말이 없지만, 개인적으로 대명사를 풀어놓지 않는 이런 번역은 결코 바람직한 번역이라 생각하지 않습니다. 물론 대명사를 간략한 명사구로 축약하는 게 쉽지 않은 때가 있습니다. 어쩌면 이때의 that도 난해한 경우에 속할 수 있습니다. 제안 번역은 나중에 참조하시고, 적절한 명사구로 직접 만들어 보십시오.

° **With antennae whipping madly and claws folded downward**는 이른바 '양태의 부사구'입니다. antennae와 claws라는 명사 뒤에 각각 형용사구 whipping madly와 folded downward가 쓰였습니다. 제가 늘 말씀드리듯이 형용사가 명사를 뒤에서 수식할 수는 없습니다. 이런 경우, 즉 (with) – 명사 – 형용사구는 '(with) – 명사 – (being) 형용사구'로 분석할 수 있습니다. 그럼 with ...에서 ...는 동명사절이 됩니다. 이렇게 분석해 두면 번역이 한결 쉬워질 겁니다.

° **and the other retreat**를 볼까요. 일단 one ~, the other ~가 나온다면 등장인물이 '둘'이란 뜻입니다. 여기에서는 '두 마리의 바닷가재'가 될 겁니다. 이때 one, the other를 '한 마리'와 '다른 한 마리'라고 번역하면 정통적인 번역이 되겠지요. 하지만 두 바닷가재가 싸움을 벌이는 모습이므로, one은 어떻게 번역하든 간에 the other는 '상대'로 옮기는 것이 가장 적합한 번역어가 아닐까 싶습니다. 그런데 and the

(12) Sometimes one lobster can tell immediately from the display of claw size that it is much smaller than its opponent, and will back down without a fight. The chemical information exchanged in the spray can have the same effect, convincing a less healthy or less aggressive lobster to retreat. That's dispute resolution Level 1. If the two lobsters are very close in size and apparent ability, however, or if the exchange of liquid has been insufficiently informative, they will proceed to dispute resolution Level 2. With antennae whipping madly and claws folded downward, one will advance, and the other retreat. Then the defender will advance, and the aggressor retreat. After a couple of rounds of this behaviour, the more nervous of the lobsters may feel that continuing is not in his best interest. He will flick his tail reflexively, dart backwards, and vanish, to try his luck elsewhere. If neither blinks, however, the lobsters move to Level 3, which involves genuine combat.

other retreat가 좀 이상하지 않습니까? 앞에서 분명히 the two lobsters가 말했기 때문에 the other도 단수인 게 분명합니다. 하지만 retreat라고 동사가 3인칭 단수로 쓰이지 않았습니다. 그런데 눈을 더 앞으로 돌려 보면 one will advance라고 쓰인 게 보입니다. 따라서 and the other (will) retreat가 생략된 형태라 생각하면 됩니다. 다음 문장, Then the defender will advance, and the aggressor retreat.도 마찬가지입니다

° **reflexively**는 어떻게 번역하면 좋을까요? 우리가 일반적으로 알고 있는 뜻, '반성'과 분명히 관련이 있을 겁니다. 다의어라도 공통분모인 '반성'에서 파생했을 테니까요. 콜린스 사전을 보면 'occurs immediately in response to something that happens'라고 reflexive가 설명되어 있습니다. 그럼 앞 문장의 번역을 끌어와, '그런 생각을 반영하는 듯이'라고 번역하면 어떨까요?

° **to try his luck elsewhere**는 학교에서 배울 때 '목적'을 뜻하는 부사적 용법으로 알았겠지만, 번역에서는 '결과'로 번역하는 게 훨씬 더 낫습니다. 앞에서 언급했듯이 V-ing와 유사하게 쓰인 것이라 생각하면 되겠습니다.

°, **which involves genuine combat**은 계속적 용법으로 쓰인 관계절의 전형입니다. 따라서 정통으로 번역하면, "바닷가재들은 분쟁 해결 3단계로 옮겨가고, 그 단계에는 진정한 전투가 포함된다"가 될 겁니다. 나무랄 데 없지만 상당히 정적인 번역입니다. 전투에 돌입하는 긴박감이 느껴지지 않습니다. 이때 which의 선행사가 마치 the lobsters인 것처럼 번역하면 어떨까요? 물론 문법적으로는 잘못된 분석이지만, 그렇게 슬쩍 건너뛰면 바닷가재가 전투에 돌입하는 것처럼 번역되어 긴장감이 배가되지 않겠습니까. 이렇게 번역하는 방법도 있다는 걸 알아두는 것도 나쁘지 않을 겁니다.

(13) This time, the now enraged lobsters come at each other viciously, with their claws extended, to grapple. Each tries to flip the other on its back. A successfully flipped lobster will conclude that its opponent is capable of inflicting serious damage. It generally gives up and leaves (although it harbours intense resentment and gossips endlessly about the victor behind its back). If neither can overturn the other—or if one will not quit despite being flipped—the lobsters move to Level 4. Doing so involves extreme risk, and is not something to be engaged in without forethought: one or both lobsters will emerge damaged from the ensuing fray, perhaps fatally.

이번에는 바닷가재들이 격분해서 포악하게 서로 상대를 향해 진격한다. 집게발을 쭉 뻗고 전투를 시작하며, 상대를 뒤집으려고 시도한다. 뒤집힌 바닷가재는 자칫하면 상대에게 치명적인 타격을 입을 수 있다는 생각에 대체로 더 이상의 싸움을 포기하고 전쟁터를 떠난다(하지만 깊은 원한을 품고, 주변의 바닷가재들에게 승리자에 대한 험담을 끝없이 늘어놓는다). 하지만 어느 쪽도 상대를 뒤집지 못하면, 혹은 뒤집힌 녀석이 싸움을 포기하지 않으면, 바닷가재의 갈등은 분쟁 해결 4단계로 넘어간다. 이 단계는 무척 위험하기 때문에 무작정 시작할 만한 단계가 아니다. 적어도 한 녀석, 어쩌면 두 녀석 모두 뒤이은 싸움에서 상처, 그것도 치명적인 상처를 입을 가능성이 크다.

° **with their claws extended**는 앞에서도 언급한 'with + 동명사절'(with their claws (being) extended)로 보는 게 최선일 겁니다. 이런 구문이 눈에 띄면 양태의 부사구로서, 관련된 동사를 수식한다고 생각하면 됩니다. 관련된 동사는 어떻게 찾을까요? 다음의 두 예문은 동사가 주절과 종속절에서 쓰였고, with 앞에 있는 쉼표의 쓰임이 다릅니다. with no questions asked는 요즘 말로 '아묻따'('아무것도 묻지도 따지지도 않고'의 줄임말)로 번역됩니다. They did exactly what they wanted, with no questions asked. (5 Oct 2016) (그들은 원하는 것을 아묻따로 그대로 해냈다) It is important we all know that most online goods can be returned with no questions asked within seven days. (9 Mar 2010) (온라인에서 판매되는 대부분의 상품을 일주일 이내에는 아묻따로 반품할 수 있다는 걸 우리 모두가 아는 게 중요하다) 결론적으로, 'with+ 동명사절'도 일반 부사처럼 관련된 동사를 찾으면 됩니다.

with 앞에는 쉼표가 있고, 뒤에는 결과로 번역하기 좋은 to-V가 쓰였습니다. 갑자기 머리가 아픕니다. with their claws extended는 주절의 동사 come을 수식하는 걸까요, 아니면 to grapple을 수식하는 걸까요? 이 부사구가 쓰이지 않았다면 "이번에는 바닷가재들이 격분해서 포악하게 서로 상대를 향해 진격하고 맞붙어 싸운다"가 될 겁니다. 엄격히 말해서 with their claws extended가 come을 수식한다면 앞에서 언급한 예처럼 with 앞에 쉼표를 덧붙일 이유가 없었을 겁니다. to grapple 앞에만 쉼표를 붙여서 '결과'라는 쓰임을 강조하는 편이 나았을 테니까요. 물론 with their claws extended가 come을 절대로 수식할 수 없다고는 말할 수 없으므로, 그렇게 번역할 가능성도 항상 열어두어야 합니다. 하지만 쉼표의 쓰임에 주목한다면, with their claws

(13) This time, the now enraged lobsters come at each other viciously, with their claws extended, to grapple. Each tries to flip the other on its back. A successfully flipped lobster will conclude that its opponent is capable of inflicting serious damage. It generally gives up and leaves (although it harbours intense resentment and gossips endlessly about the victor behind its back). If neither can overturn the other—or if one will not quit despite being flipped—the lobsters move to Level 4. Doing so involves extreme risk, and is not something to be engaged in without forethought: one or both lobsters will emerge damaged from the ensuing fray, perhaps fatally.

extended가 grapple을 수식할 가능성을 완전히 배제할 수도 없습니다. 이 가능성을 선택하면 싸움의 양상이 되므로, 뒤에 쓰인 Each tries to flip the other on its back과 자연스레 번역을 연결하는 방법을 모색해 볼 만합니다. 마침표를 무시해도 되느냐고요? 예, 적어도 이 경우에는 마침표를 무시하고 grapple과 연속해 번역하는 게 더 나아 보입니다.

°**A successfully flipped lobster**는 '성공적으로 뒤집어진 바닷가재'로 번역됩니다. 좀 이상하지 않습니까? 사전을 뒤적여도 successfully를 달리 마땅히 표현할 말이 없습니다. 그런데 이 야릇한 successfully의 정체를 밝혀줄 표현이 바로 Task failed successfully에 나와 있습니다. '그 과제는 성공적으로 실패했다'! 정말 형용 모순의 전형이라 할 수 있습니다. 하지만 이 표현의 진짜 뜻은 You failed the task, but you have your benefits.입니다(과제에 실패했지만 이득을 보았다). 이쯤 되면, A successfully flipped lobster에서도 successfully가 어떤 의미로 쓰였는지 짐작할 수 있습니다. 바닷가재가 '뒤집어지면' 치명적입니다. 그래서 상대에게 일방적으로 공격을 당할 수밖에 없습니다. 그런데 successfully가 더해지면서 뒤집어진 바닷가재에게 싸움을 즉시 포기해야 한다는 깨달음을 주어 목숨을 연명할 기회를 만들어 주는 결과가 됩니다. 따라서 이런 뜻이 더해지도록 번역하는 방법을 생각해 내야 합니다. 저는 '자칫하면'이란 부사를 넣어 번역했습니다. 물론 이 예는 하나의 제시안에 불과합니다. 다른 가능성도 많을 겁니다. 그 가능

성을 찾아내는 것은 여러분의 몫입니다. 내친김에 successfully drunk란 표현도 소개합니다. 에로틱한 냄새를 물씬 풍기는 표현이어서 그 뜻을 여기에서 밝히기는 곤란합니다. 재미삼아 직접 찾아보십시오.

° **although ... behind its back**에 있는 although는 주절 뒤에 쓰인 종속 접속사입니다. 이때 although-절을 학교에서 배운 대로 순진하게 문두로 끌어와 번역할 필요는 없습니다. 실제로 사전에도 '그러나, 하지만'이란 뜻이 소개되어 있듯이, 종속 접속사가 아니라 등위 접속사 but처럼 번역하면 됩니다. 한편 behind its back에서는 it = the victor입니다.

° **and is not something to be engaged in without forethought**를 구조적으로 설명할 수 있겠습니까? 번역을 하는 데 문장의 구조적 분석이 무엇 때문에 필요하느냐? 이렇게 나무랄 독자도 있을지 모르지만, 문장 내에서 각 단어가 차지하는 기능 및 품사를 정확히 분석하지 않으면 정확한 번역을 해낼 수 없다는 게 제 지론입니다. 여기에서 is의 주어가 Doing so라는 걸 파악하는 데는 별 어려움이 없습니다. without forethought는 '별로 생각하지 않고'라고 번역되는 이른바 전명구(전치사 + 명사)입니다. 이제 좀 까다로운 질문을 드려 보겠습니다. 그 앞에 쓰인 in의 품사는 무엇일까요? 부사일까요, 전치사일까요? 답은 전치사입니다. 홀로 쓰여 부사처럼 보이지만 그렇지 않습니다. 그럼 의문이 생깁니다. 전치사는 반드시 명사를 동반해야 한다고 배웠습니다. 그 명사가 어디에 있을까요? 그렇습니다. something입니다. 따라서 to be engaged in은 something을 수식하는 to-V가 형

(13) This time, the now enraged lobsters come at each other viciously, with their claws extended, to grapple. Each tries to flip the other on its back. A successfully flipped lobster will conclude that its opponent is capable of inflicting serious damage. It generally gives up and leaves (although it harbours intense resentment and gossips endlessly about the victor behind its back). If neither can overturn the other—or if one will not quit despite being flipped—the lobsters move to Level 4. Doing so involves extreme risk, and is not something to be engaged in without forethought: one or both lobsters will emerge damaged from the ensuing fray, perhaps fatally.

용사적 용법으로 쓰인 예입니다. 캐나다 소설가로, 작품 『도둑 신부』 등이 우리나라에도 번역되어 소개돼 있는 마거릿 애트우드(Margaret Atwood)가 작가의 십계명 중 첫 계명으로 Take a pencil to write with on aeroplanes라고 말한 적이 있습니다. 비행기를 탈 때 무엇인가를 끄적거릴 연필을 갖고 타라는 뜻입니다. 이 문장에서도 with는 pencil을 수식하는 전치사입니다.

(14) The animals advance on each other, with increasing speed. Their claws are open, so they can grab a leg, or antenna, or an eye-stalk, or anything else exposed and vulnerable. Once a body part has been successfully grabbed, the grabber will tail-flick backwards, sharply, with claw clamped firmly shut, and try to tear it off. Disputes that have escalated to this point typically create a clear winner and loser. The loser is unlikely to survive, particularly if he or she remains in the territory occupied by the winner, now a mortal enemy.

두 바닷가재는 빠른 속도로 서로에게 접근한다. 집게발을 크게 벌리고 상대의 다리나 더듬이 혹은 눈자루를 움켜잡으려 한다. 여하튼 밖으로 노출된 취약한 부분을 공격한다. 상대의 기관을 성공적으로 움켜잡으면, 집게발을 꽉 다문 채 잽싸게 뒤로 물러서며 그 기관을 뜯어내려 한다. 분쟁이 이 단계까지 치달으면 승자와 패자가 명확히 갈리기 마련이고, 패자는 살아남기 힘들다. 특히 패자가 승자의 영역에 있게 되면 철천지 원수로 여겨져 살아남는 게 거의 불가능하다.

° **the animals**의 번역은 (4)에서 보았던 the cat의 번역과 조금도 다르지 않습니다. 이때도 '그 동물들' 혹은 '그 짐승들'이라기보다 '바닷가재'라고 번역하는 게 훨씬 나을 겁니다. 이런 이유에서 정관사 the는 일종의 대명사적 역할을 하는 듯한 느낌도 받습니다. 언어학자라면 이때의 the가 갖는 대명사적 역할이란 제목으로 그럴듯한 논문도 써낼 수 있을 겁니다.
advance on each other에 대해서도 잠깐 이야기해 볼까요? 이 술어의 주어로 쓰인 the animals는 The two lobsters를 가리킬 겁니다. 두 바닷가재를 A와 B라고 해 봅시다. A advances on B and B advances on A → A and B advance on each other가 됩니다. 물론 advance on something은 '...을 향해 진격하다'라는 뜻입니다.

° **with increasing speed**도 그 뜻은 양태의 부사이지만, 앞에서 언급한 'with + 동명사절'과는 다릅니다. 구체적으로 말하면, 뒤에 쓰인 with claw clamped firmly shut과 다른 구조를 갖고 있습니다. with increasing speed는 단순히 'with + 형용사 + 명사'로 분석되는 반면, with claw (being) clamped firmly shut로 쓰인 양태의 부사구로 분석되어야 합니다.

° **anything else exposed and vulnerable**도 번역할 때 선택의 문제가 생깁니다. 이때 and는 단순히 접속하는 뜻으로 쓰였을까요, 조건의 뜻으로 쓰였을까요? 바꾸어 말해, '노출되고 취약한 부분'이라 번역하는 게 좋을까요. '노출된 까닭에 취약한 부분'이라 번역하는 게 좋을까요? 어느 쪽을 선택하느냐는 번역가의 몫이겠지만 저는 개인적

(14) The animals advance on each other, with increasing speed. Their claws are open, so they can grab a leg, or antenna, or an eye-stalk, or anything else exposed and vulnerable. Once a body part has been successfully grabbed, the grabber will tail-flick backwards, sharply, with claw clamped firmly shut, and try to tear it off. Disputes that have escalated to this point typically create a clear winner and loser. The loser is unlikely to survive, particularly if he or she remains in the territory occupied by the winner, now a mortal enemy.

으로 조건의 뜻을 함축하는 방향으로 번역하고 싶습니다. 이때 exposed and vulnerable이라는 형용사가 명사 anything else를 뒤에서 수식하는 이유는 -thing이란 명사의 특수성으로 설명하면 충분할 겁니다.

° **Disputes that have escalated to this point** 전체가 주어로 쓰였습니다. '이 지경까지 치달은 분쟁', 즉 무생물이 create라는 행위를 하게 됩니다. 앞에서도 반복해서 말했지만, 무생물 주어인 경우에는 부사적으로 번역하는 게 좋을 때가 많습니다. 이 경우에도 '분쟁이 이 단계까지 치달으면'이라고 조건절로 번역하는 게 최선인 듯합니다.

° **a clear winner and loser**가 맞는 표현인지 모르겠습니다. 문법적인 분석과 의미론적 분석이 일치하지는 않습니다. a clear winner and loser는 하나의 관사(a)로 이루어진 명사구여서 '명백한 승자이자 패자'가 되어야 합니다. 하지만 의미론적으로는 분쟁에 따른 '승자'와 '패자'가 따로 있어야 합니다. 따라서 문법적으로 올바르게 표현하면 a winner and a loser가 되어야 할 겁니다. 그래도 clear의 쓰임새는 인정할 만합니다. 그러나 우리말로 번역할 때는 clear를 명사구 밖으로 끌어내어 동사를 수식하는 clearly로 번역하는 게 낫습니다. 그 결과가 제안 번역입니다.

The Origin of Species

찰스 다윈

아무리 복잡한 문장도
왼쪽부터 차근차근
쪼개서 더해 가면
풀리기 마련입니다

6. Struggle for Existence

(1) Before entering on the subject of this chapter, I must make a few preliminary remarks, to show how the struggle for existence bears on Natural Selection. It has been seen in the last chapter that amongst organic beings in a state of nature there is some individual variability; indeed I am not aware that this has ever been disputed. It is immaterial for us whether a multitude of doubtful forms be called species or sub-species or varieties; what rank, for instance, the two or three hundred doubtful forms of British plants are entitled to hold, if the existence of any well-marked varieties be admitted. But the mere existence of individual variability and of some few well-marked varieties, though necessary as the foundation for the work, helps us but little in understanding how species arise in nature. How have all those exquisite adaptations of one part of the organisation to another part, and to the conditions of life, and of one distinct organic being to another being, been perfected? We see these beautiful co-adaptations most plainly in the woodpecker and missletoe; and only a little less plainly in the humblest parasite which clings to the hairs of a quadruped or feathers of a bird; in the structure of the beetle which dives through the water; in the plumed seed which is wafted by the gentlest breeze; in short, we see beautiful adaptations everywhere and in every part of the organic world.

출처: The Origin of Species, 1873년 제6판

6. 생존경쟁

생존경쟁이 자연선택과 어떤 관계가 있는지 보여주는 이 장의 주제를 본격적으로 다루기 전에, 우선적으로 몇 가지 말해 둘 것이 있다. 앞 장에서 보았듯이, 자연 상태에 존재하는 유기체에는 조금씩 개별적인 변이성이 있다. 하지만 내가 알기로, 이에 대한 반박이 지금까지는 없었다. 많은 의심스런 생명체를 종이나 아종, 혹은 변종 등 어떻게 칭해야 하느냐는 우리에게 중요하지 않다. 예컨대 2-300개의 의심스런 형태를 지니더라도 어떤 눈에 띄는 변종의 존재가 인정된다면 그 영국 식물이 어떻게 불리느냐는 중요하지 않다. 그러나 개별적인 변이성이 존재하고, 소수의 눈에 띄는 변종이 존재한다는 사실 자체는 이 책의 근거로 필요하지만, 종이 자연에서 어떻게 생겨나는지를 이해하는 데 거의 도움이 되지 않는다. 생명체의 어떤 부분이 다른 부분에, 또 삶의 조건에 적응하는 과정, 또 어떤 유기체가 다른 유기체 적응하는 과정이 어떻게 절묘하게 완성되는 것일까? 이 멋진 상호 적응은 딱따구리와 겨우살이에서 가장 확실히 드러난다. 네발짐승의 털이나 조류의 깃털에 달라붙어 살아가는 작은 기생충, 물속에 뛰어드는 딱정벌레의 몸체, 지극히 가벼운 산들바람에도 공중에 퍼져 나가는 깃털이 있는 씨앗에서는 그런 상호 작용이 확연히 눈에 띄지는 않는다. 요컨대 멋진 상호 작용은 생물계의 어디에서나, 어떤 부분에서나 발견된다.

6. Struggle for Existence

(1) Before entering on the subject of this chapter, I must make a few preliminary remarks, to show how the struggle for existence bears on Natural Selection. It has been seen in the last chapter that amongst organic beings in a state of nature there is some individual variability; indeed I am not aware that this has ever been disputed. It is immaterial for us whether a multitude of doubtful forms be called species or sub-species or varieties; what rank, for instance, the two or three hundred doubtful forms of British plants are entitled to hold, if the existence of any well-marked varieties be admitted. But the mere existence of individual variability and of some few well-marked varieties, though necessary as the foundation for the work, helps us but little in understanding how species arise in nature. How have all those exquisite adaptations of one part of the organisation to another part, and to the conditions of life, and of one distinct organic being to another being, been perfected? We see these beautiful co-adaptations most plainly in the woodpecker and missletoe; and only a little less plainly in the humblest parasite which clings to the hairs of a quadruped or feathers of a bird; in the structure of the beetle which dives through the water; in the plumed seed which is wafted by the gentlest breeze; in short, we see beautiful adaptations everywhere and in every part of the organic world.

°Before entering on the subject of this chapter, I must **make a few preliminary remarks**, to show how the struggle for existence bears on Natural Selection. 이 첫 문장을 번역해 보십시오. 대부분이 "이 장의 주제에 들어가기 전에, 생존경쟁이 자연선택과 어떤 관계를 갖고 있는지 설명하기 위해 먼저 알려둘 것이 있다."라고 번역했을 겁니다. 이 번역에서 이 장의 주제가 무엇인지 언급되었습니까? 그렇지 않습니다. 주제는 뒤에서 밝혀질 것처럼 보입니다. 하지만 쉼표의 쓰임새를 잘 보십시오. 주절(I must make a few preliminary remarks)이 삽입절로 쓰였지만 주절이란 지위는 바뀌지 않습니다. 이 점에 주목하며 문장을 분석해야 이 장의 주제가 '생존경쟁과 자연선택의 관계'라는 것이 파악되고, 그에 합당하게 번역됩니다(the subject of this chapter = to show how the struggle for existence bears on Natural Selection). 아마 기존에 번역된 '종의 기원' 중에서 이렇게 번역된 책은 안타깝게도 찾기 어려울 겁니다.

make a few preliminary remarks를 보면 구조적으로 무엇과 비슷하다는 생각이 듭니까? 혹시 동사를 '동사 - 명사'로 바꿔 쓰는 경우가 많다는 걸 아십니까? 예컨대 live → lead a life/ live a life, decide → make a decision 등과 같은 경우입니다. 물론 엄밀하게 말하면, 약간의 의미 차이가 있습니다. "살다 → 삶을 영위하다/삶을 살다, 결정하다 → 결정을 내리다"의 차이입니다. 하지만 이 정도의 차이는 무시하고, 동사를 '동사 – 명사'로 바꿔 써 보면 '동사 – 부사'를 '동사 – 형용사 – 명사'로 바꿔 쓰는 문체적 효과를 갖습니다. 결국 제가 하고 싶은 말은 번역에서 이 둘의 관계를 적절히 섞어 보라는 겁니다. 이 원칙을 예문에 적용하면 make a few preliminary remarks = remark several things preliminarily가 됩니다. 그럼 제가 이 문장을 '우선적으로 몇 가지 말해 둘 것이 있다'라고 번역한 이유를 이해할 수 있을 겁니다. 이 원칙을 도식화하면 이렇게 됩니다.

동사 + (형용사) + 명사 → 명사의 동사형 + 형용사의 부사형

이 원칙은 가끔 극단적으로도 응용됩니다. This painting delivered a battering to the senses. (David Blayney Brown, Romanticism)라는 문장을 보십시오. 사전을 찾으면 물론 battering(구타)이란 단어를 찾을 수 있습니다. battering은 동사 batter(때리다)에서 파생된 명사입니다. 과장해서 말하면, 영어에서는 모든 동사에 –ing를 붙이면 명사가 됩니다. battering도 여기에 속한다면, This painting delivered a battering to the senses 대신 This painting battered the senses면 충분했을 겁니다.

° **It has been seen in the last chapter that** ...을 곧이곧대로 직역하면, "앞 장에서 that ...이 보였다"가 될 겁니다. 물론 여기에서 it은 비인칭

6. Struggle for Existence

(1) Before entering on the subject of this chapter, I must make a few preliminary remarks, to show how the struggle for existence bears on Natural Selection. It has been seen in the last chapter that amongst organic beings in a state of nature there is some individual variability; indeed I am not aware that this has ever been disputed. It is immaterial for us whether a multitude of doubtful forms be called species or sub-species or varieties; what rank, for instance, the two or three hundred doubtful forms of British plants are entitled to hold, if the existence of any well-marked varieties be admitted. But the mere existence of individual variability and of some few well-marked varieties, though necessary as the foundation for the work, helps us but little in understanding how species arise in nature. How have all those exquisite adaptations of one part of the organisation to another part, and to the conditions of life, and of one distinct organic being to another being, been perfected? We see these beautiful co-adaptations most plainly in the woodpecker and missletoe; and only a little less plainly in the humblest parasite which clings to the hairs of a quadruped or feathers of a bird; in the structure of the beetle which dives through the water; in the plumed seed which is wafted by the gentlest breeze; in short, we see beautiful adaptations everywhere and in every part of the organic world.

주어이고, that …이 이른바 진주어입니다. 그런데 번역이 우리말답지 않지요? seen이 수동으로 쓰였고, 수동으로 번역되었기 때문에 어색하게 들리는 건 압니다. 그런데 정직하게 번역한 글을 좀 풀어 봅시다. see의 주체가 명확히 표현되지 않은 것에 주목하십시오.

보였다 - 앞 장에서 - that …
→ 앞 장에서 보았다 - that …
→ 앞 장에서 보았듯이, that …

이런 식으로 번역문을 바꿔 쓰면 어떨까요? 이렇게 번역했다고 의역이라 말하지는 마십시오. 그럼 피곤해집니다. 좀 더 우리말답게, 좀 더 우리가 현실에서 말하는 식으로 문장을 바꿔 본 것에 불과합니다.

°**I am not aware that this has ever been disputed**도 앞의 경우와 크게 다르지 않습니다. 이번에는 I라는 주체가 명확히 표현된 것만 다릅니다. 또 여기에서 제가 not의 위치에 변화를 주어 번역했다고 생각할 사람이 많을 겁니다. 하지만 엄밀히 말하면, not의 위치에 변화를 준 게 아닙니다. 이렇게 생각해 보십시오. I am not aware that this has ever been disputed = NOT (I am aware that this has ever been disputed). 그렇다면 '[내가 알기로 - 이에 대한 반박이 지금까지는 있었다]가 아니다'로 분석될 것이고, 이 분석을 다듬으면 "내가 알기로, 이에 대한 반박이 지금까지는 없었다"가 되지 않겠습니까. 이런 분석이 낯설게 느껴지면, 그냥 not의 위치를 바꿔 번역했다고 생각하십시오. 이와 유사한 번역이 나올 때마다 반복할 생각이니, 조금씩 익숙해지십시오.

° **what rank, for instance, the two or three hundred doubtful forms of British plants are entitled to hold** ...는 앞의 It is immaterial for us가 생략된 것입니다. 이때 세미콜론은 맥락상 ', and'로 보는 게 낫습니다.

° **How have // all those exquisite adaptations of one part of the organisation to another part, and to the conditions of life, and of one distinct organic being to another being, // been perfected?**에서 // ... //가 문장의 주어라는 걸 찾아내지 못할 사람은 없을 겁니다. 여기에서 번역가에게 중요한 것은 앞에서 말했던 번역 원칙, '명사구(절) = 문장'이라 생각하고 번역하는 겁니다. 이 둘의 관계에 대해서 집중적으로 다룬 부분을 참조하시고, 그 원칙에 따라 이 문장을 분해하면 이렇게 됩니다.

all those exquisite adaptations of one part of the organisation to another part

(adaptations: adapt / of one part of the organisation: 주어 / to another part: 간접 목적어)

6. Struggle for Existence

(1) Before entering on the subject of this chapter, I must make a few preliminary remarks, to show how the struggle for existence bears on Natural Selection. It has been seen in the last chapter that amongst organic beings in a state of nature there is some individual variability; indeed I am not aware that this has ever been disputed. It is immaterial for us whether a multitude of doubtful forms be called species or sub-species or varieties; what rank, for instance, the two or three hundred doubtful forms of British plants are entitled to hold, if the existence of any well-marked varieties be admitted. But the mere existence of individual variability and of some few well-marked varieties, though necessary as the foundation for the work, helps us but little in understanding how species arise in nature. How have all those exquisite adaptations of one part of the organisation to another part, and to the conditions of life, and of one distinct organic being to another being, been perfected? We see these beautiful co-adaptations most plainly in the woodpecker and missletoe; and only a little less plainly in the humblest parasite which clings to the hairs of a quadruped or feathers of a bird; in the structure of the beetle which dives through the water; in the plumed seed which is wafted by the gentlest breeze; in short, we see beautiful adaptations everywhere and in every part of the organic world.

→

one part of the organisation – adapt – to another part

물론 exquisite는 부사 exquisitely가 되어 동사 adapt를 수식하는 식으로 번역되어야 할 겁니다.

... (those exquisite adaptations) of one distinct organic being to another being이라고 보면, 위와 똑같이 분해할 수 있겠지요. 영어에서 명사구(절)로 쓰였다고, 우리말로 번역할 때 '의'를 몇 번씩이나 넣으면서 낑낑대며 번역하지 마십시오. 그 과정도 힘들지만, 그 결과도 무척 이해하기 힘든 우리말이 될 겁니다.

°**We see these beautiful co-adaptations most plainly in the woodpecker and missletoe; ...** 이하 문장에서 세미콜론의 사용이 무척 흥미진진합니다. 그냥 모른 체하고, 세미콜론을 쉼표로 보고 문장을 분석해 보십시오. 그럼 등위 접속의 관계도 한결 쉽게 찾게 될 겁니다.

° **the gentlest breeze**에 쓰인 최상급을 밋밋하게 번역하면 맥락이 전혀 살아나지 않습니다. 아마 문법책에서 배웠을 겁니다. 최상급이 even의 뜻을 갖는다고. 바로 이 경우가 그 예입니다.

° **organic world**(유기적 세계)는 '생물계'로 번역해도 상관없을 겁니다.

(2) Again, it may be asked, how is it that varieties, which I have called incipient species, become ultimately converted into good and distinct species, which in most cases obviously differ from each other far more than do the varieties of the same species? How do those groups of species, which constitute what are called distinct genera, and which differ from each other more than do the species of the same genus, arise? All these results, as we shall more fully see in the next chapter, follow inevitably from the struggle for life. Owing to this struggle for life, any variation, however slight and from whatever cause proceeding, if it be in any degree profitable to an individual of any species, in its infinitely complex relations to other organic beings and to external nature, will tend to the preservation of that individual, and will generally be inherited by its offspring. The offspring, also, will thus have a better chance of surviving, for, of the many individuals of any species which are periodically born, but a small number can survive. I have called this principle, by which each slight variation, if useful, is preserved, by the term of Natural Selection, in order to mark its relation to man's power of selection. We have seen that man by selection can certainly produce great results, and can adapt organic beings to his own uses, through the accumulation of slight but useful variations, given to him by the hand of Nature. But Natural Selection, as we shall hereafter see, is a power incessantly ready for action, and is as immeasurably superior to man's feeble efforts, as the works of Nature are to those of Art.

다시 이런 의문이 제기될 수 있다. 내가 발단종이라 칭했던 변종들이 결국 완전히 다른 종들으로 변하고, 대부분의 경우에 같은 종의 변종들이 서로 다른 정도보다 그 별개의 종들이 서로 크게 다른 이유가 무엇일까? 또 종들이 어떻게 모여 속이라 불리는 것이 되고, 같은 속에 속한 종들이 서로 다른 정도보다 그 별개의 종들이 서로 더 크게 다른 걸까? 다음 장에서 더 자세히 보겠지만, 이 모든 결과는 필연적으로 생존경쟁에서 비롯된다. 이런 생존경쟁 때문에, 어떤 변이가 아무리 사소한 것더라도, 또 어떤 원인에서 비롯되더라도 어떤 종의 개체에 조금이라도 이익이 된다면, 그 변이는 다른 유기체 및 외적인 자연 환경과 갖는 무한히 복잡한 관계에서도 그 개체를 보존하려 애쓰며 그 개체의 후손들에게 전해질 것이다. 따라서 그 후손도 생존할 가능성이 더 커질 것이다. 어떤 종이든 주기적으로 태어나는 많은 개체 중에서 일부만이 생존할 수 있기 때문이다. 이 원리에 따르면 작은 변이라도 유용하면 보존되기 때문에, 나는 이 원리를 자연선택이란 용어로 칭하며, 인간의 선택 능력과 구분지으려 했다. 지금까지 우리가 보았듯이, 인간은 선택을 통해 위대한 결과를 만들어낼 수 있고, 자연의 손을 거쳐 인간에게 부여된 작지만 유용한 변이가 늘어남에 따라 유기체를 인간의 용도에 맞게 적응시킬 수 있다. 그러나 뒤에서 보겠지만, 자연선택은 언제든 작동되는 힘이며, 자연이 빚어낸 창조물이 예술품보다 월등하듯이 자연선택은 인간의 미약한 힘보다 무한히 강력하다.

(2) Again, it may be asked, how is it that varieties, which I have called incipient species, become ultimately converted into good and distinct species, which in most cases obviously differ from each other far more than do the varieties of the same species? How do those groups of species, which constitute what are called distinct genera, and which differ from each other more than do the species of the same genus, arise? All these results, as we shall more fully see in the next chapter, follow inevitably from the struggle for life. Owing to this struggle for life, any variation, however slight and from whatever cause proceeding, if it be in any degree profitable to an individual of any species, in its infinitely complex relations to other organic beings and to external nature, will tend to the preservation of that individual, and will generally be inherited by its offspring. The offspring, also, will thus have a better chance of surviving, for, of the many individuals of any species which are periodically born, but a small number can survive. I have called this principle, by which each slight variation, if useful, is preserved, by the term of Natural Selection, in order to mark its relation to man's power of selection. We have seen that man by selection can certainly produce great results, and can adapt organic beings to his own uses, through the accumulation of slight but useful variations, given to him by the hand of Nature. But Natural Selection, as we shall hereafter see, is a power incessantly ready for action, and is as immeasurably superior to man's feeble efforts, as the works of Nature are to those of Art.

°**it** may be asked ...에서 it = how is it that varieties, which I have called incipient species ... 라는 건 어렵지 않게 파악할 수 있을 겁니다. how ...가 너무 길어, 다윈도 대명사를 사용한 것 같습니다. 그렇다면 번역가도 그 의도를 파악해서, it을 먼저 번역하는 방법을 모색해야 할 겁니다. 그래서 "이런 의문이 제기될 수 있습니다"라고 먼저 번역해 둔 겁니다.

°**how**는 여기에서 이유로 번역했습니다. how가 '어떻게'인데 어떻게 이유로 번역할 수 있느냐고 따지고 싶을지 모르겠습니다. how가 '어떻게'인 건 맞습니다. 하지만 대략 80퍼센트만 맞습니다. 영어에서 how is it that ...의 형태로 쓰이면 '이유'로 번역하는 게 자연스러울 때가 많습니다. 영국 일간지 『The Guardian』에서 인용한 다음 단락을 보십시오. how가 다음 문장에서는 why로 바뀌지 않습니까? 두 문장의 구조는 똑같습니다.

How is it that you can learn 101 irregular verbs but still be unable to communicate? More generally, why is it that we say some people are "gifted" at languages and others aren't? (20 Feb 2003) (101개의 불규칙 동사를 공부하고도 제대로 소통할 수 없는 이유가 무엇일까? 더 일반적으로 말해서, 어떤 사람은 언어적 재능을 타고나는 반면에 어떤 사람은 그렇지 못한 이유가 무엇일까?)

° **good and** distinct species: good and ... 완전히(= very, exceptionally, utterly)

° **How do those groups of species, which constitute what are called distinct genera, and which differ from each other more than do the species of the same genus, arise?** 이 문장의 번역도 재밌습니다. 이 문장을 번역하라고 하면, 대부분 "속이라 불리는 것이 되고, 같은 속에 속한 종들이 서로 다른 정도보다 그 차이가 더 큰 종들의 무리들은 어떻게 생겨나는 걸까?"라고 번역할 겁니다. 이 번역보다 제 번역이 훨씬 쉽게 와닿을 겁니다. 그렇다고 제가 의역한 건 절대 아닙니다. 오히려 문장의 어순과 문법을 더 정확히 반영한 번역입니다. 이제부터 그 이유를 설명해 봅니다. 첫 문장의 which 두 개와 둘째 문장의 which 두 개는 모두 관계 대명사입니다. 그런데 둘째 문장 두 번째 which 앞에는 and가 있습니다. 다시 말하면, 첫 문장의 which와 달리, 여기에서는 두 관계절이 등위 접속되었다는 뜻입니다. 결국 선행사가 같다는 뜻입니다. 그럼 이 문장은 이렇게 분석됩니다.

How do those groups of species,
which constitute what are called distinct genera,
and which differ from each other more than do the species of the

(2) Again, it may be asked, how is it that varieties, which I have called incipient species, become ultimately converted into good and distinct species, which in most cases obviously differ from each other far more than do the varieties of the same species? How do those groups of species, which constitute what are called distinct genera, and which differ from each other more than do the species of the same genus, arise? All these results, as we shall more fully see in the next chapter, follow inevitably from the struggle for life. Owing to this struggle for life, any variation, however slight and from whatever cause proceeding, if it be in any degree profitable to an individual of any species, in its infinitely complex relations to other organic beings and to external nature, will tend to the preservation of that individual, and will generally be inherited by its offspring. The offspring, also, will thus have a better chance of surviving, for, of the many individuals of any species which are periodically born, but a small number can survive. I have called this principle, by which each slight variation, if useful, is preserved, by the term of Natural Selection, in order to mark its relation to man's power of selection. We have seen that man by selection can certainly produce great results, and can adapt organic beings to his own uses, through the accumulation of slight but useful variations, given to him by the hand of Nature. But Natural Selection, as we shall hereafter see, is a power incessantly ready for action, and is as immeasurably superior to man's feeble efforts, as the works of Nature are to those of Art.

same genus,
arise?

번역의 원칙으로 제가 항상 강조하는 게 있습니다. 번역을 했는데 우리말처럼 들리지 않으면, 왼쪽부터 차근차근 한 단어씩 더해 보라는 겁니다. 이 원칙대로 위의 문장을 번역하면,

어떻게 / 종의 모임들
구성하다 + 속이라 불리는 것
서로 다르다 + 더 크게 / 서로 다르다 + 같은 속에 속한 종들
생겨나다
→ 또 종들이 어떻게 모여 속이라 불리는 것이 되고, 같은 속에 속한 종들이 서로 다른 정도보다 그 별개의 종들이 서로 더 크게 다른 걸까?

관계절을 번역하는 방법에 대해서는 앞서 언급한 바 있지만, 다시 한 번 짧게 정리하자면, 이른바 제한적 용법이나 계속적 용법의 차이에 신경쓰지 말고, 관계절이 선행사를 수식하는 식으로 번역해도 좋고, 선행사 + 관계절을 '주어 + 동사'처럼 번역해도 좋습니다. 편한 쪽을 선택하면 됩니다. 다만 계속적 용법으로 쓰인 경우 관계절이 주절에 대

해 어떤 역할을 하는지 치밀하게 따져보라고 했습니다. 예컨대 관계절이 주절의 이유로 쓰인 게 아닌지 눈여겨봐야 합니다(조금 뒤에 쓰인 , by which each slight variation, if useful, is preserved가 이 경우에 속합니다). 여하튼 여기에서는 '주어 + 동사'로 번역하는 게 좋습니다. groups of species에서 '종의 모임들'은 결국 '종들이 모이다/종들이 무리를 짓다'로 바꿔 써도 상관없을 겁니다. 다시 한번 '명사구(절) = 문장'이란 관계를 기억하십시오. groups of species → species group. 이제 제가 '종들이 어떻게 모여'라고 번역한 이유를 이해하시겠습니까? 그 이후도 곰곰이 생각해 보면 이해할 수 있을 겁니다.

° **its infinitely complex relations to other organic beings and to external nature,** 역시 '명사구(절) = 문장'에서 설명한 원칙을 적용하면, 소유격 its (=variation)를 주어로 놓아야 할 겁니다. 이 문장을 제가 "그 변이는 다른 유기체 및 외적인 자연 환경과 갖는 무한히 복잡한 관계에서도"라고 번역한 이유에 대해서는 '명사구(절) = 문장'을 다룬 부분을 참조하십시오

° **by which each slight variation, if useful, is preserved,**는 관계절이 계속적 용법으로 쓰인 경우입니다. "이 원리에 따르면 작은 변이라도 유용하면 보존되기 때문에"라고 번역했습니다. 관계사 which = this principle이므로 '이 원리에 따르면'이란 번역에는 별다른 이의가 없을 겁니다. 그런데 겉으로 보면, '때문에'에 해당하는 단어가 본문에는 없습니다. 대체 그 출처가 어디일까요? 그렇습니다. 앞에서도 잠깐 언급했던 '계속적 용법'이 갖는 특징입니다. 거듭 말합니다. 계속적 용법으

(2) Again, it may be asked, how is it that varieties, which I have called incipient species, become ultimately converted into good and distinct species, which in most cases obviously differ from each other far more than do the varieties of the same species? How do those groups of species, which constitute what are called distinct genera, and which differ from each other more than do the species of the same genus, arise? All these results, as we shall more fully see in the next chapter, follow inevitably from the struggle for life. Owing to this struggle for life, any variation, however slight and from whatever cause proceeding, if it be in any degree profitable to an individual of any species, in its infinitely complex relations to other organic beings and to external nature, will tend to the preservation of that individual, and will generally be inherited by its offspring. The offspring, also, will thus have a better chance of surviving, for, of the many individuals of any species which are periodically born, but a small number can survive. I have called this principle, by which each slight variation, if useful, is preserved, by the term of Natural Selection, in order to mark its relation to man's power of selection. We have seen that man by selection can certainly produce great results, and can adapt organic beings to his own uses, through the accumulation of slight but useful variations, given to him by the hand of Nature. But Natural Selection, as we shall hereafter see, is a power incessantly ready for action, and is as immeasurably superior to man's feeble efforts, as the works of Nature are to those of Art.

로 쓰인 관계절은 제한적 용법처럼 번역해도 상관없고, 학교에서 배운대로 순차적으로 번역해도 상관없지만, 그렇게 번역하면 앞뒤 맥락이 맞지 않는 경우가 있습니다. 이런 경우에는 계속적 용법으로 쓰인 관계절이 '이유'나 '원인'으로 쓰인 게 아닌지 한 번쯤 고민해 보십시오. 이 문장이 정확히 그 경우입니다.

°**by the term of Natural Selection.** 제가 항상 강조하는 of의 용례입니다.

I have called this principle, by which each slight variation, if useful, is preserved, by the term of Natural Selection에서 by which each slight variation, if useful, is preserved는 부사절(관계절의 계속적 용법)이므로 빼놓고 생각해 봅시다. I have called this principle by the term of Natural Selection이 됩니다. 혹시 by the term of ...가 숙어가 아닐까 생각해서 사전을 아무리 뒤적거려도 찾을 수 없을 겁니다. 그럼 원칙대로 번역할 수밖에 없습니다. term은 '용어'라는 뜻입니다. 그렇다면 by the term of Natural Selection을 '자연선택의 용어로'로 번역하면 좋을까요, 아니면 of를 동격으로 봐서 '자연선택이란 용어로'가 더 어울릴까요?

° **as the works of Nature are to those of Art**는 불완전한 문장입니다. 하지만 앞 문장과 연결하면 표현이 간결하면서도 매끄러운 문장이 됩니다. 그렇습니다. 생략이 적용된 문장입니다. 생략된 문장은 항상 복원 가능하고, 앞에 사용된 단어들로 복원됩니다. 이 구절을 복원하면 as the works of Nature are (superior) to those of Art가 될 겁니다.

(3) We will now discuss in a little more detail the struggle for existence. In my future work this subject shall be treated, as it well deserves, at much greater length. The elder De Candolle and Lyell have largely and philosophically shown that all organic beings are exposed to severe competition. In regard to plants, no one has treated this subject with more spirit and ability than W. Herbert, Dean of Manchester, evidently the result of his great horticultural knowledge. Nothing is easier than to admit in words the truth of the universal struggle for life, or more difficult—at least I have found it so—than constantly to bear this conclusion in mind. Yet unless it be thoroughly engrained in the mind, I am convinced that the whole economy of nature, with every fact on distribution, rarity, abundance, extinction, and variation, will be dimly seen or quite misunderstood. We behold the face of nature bright with gladness, we often see superabundance of food; we do not see, or we forget, that the birds which are idly singing round us mostly live on insects or seeds, and are thus constantly destroying life; or we forget how largely these songsters, or their eggs, or their nestlings, are destroyed by birds and beasts of prey; we do not always bear in mind, that though food may be now superabundant, it is not so at all seasons of each recurring year.

이제부터 생존경쟁에 대해 좀 더 자세히 알아보자. 나는 이 주제를 장래에 출간할 책에서 훨씬 더 길게 다루어 보려 한다. 그만한 가치가 있기 때문이다. 오귀스탱 피라무스 드 캉돌Augustin Pyramus de Candolle, 1778-1841과 찰스 라이엘Charles Lyell, 1767–1849은 모든 유기체가 치열한 경쟁 상태에 있다는 걸 포괄적이고 합리적으로 입증해 보였다. 식물과 관련하여, 맨체스터 주임 사제를 지낸 윌리엄 허버트William Herbert, 1778-1847만큼 이 주제를 열정적이면서도 솜씨있게 다룬 사람은 지금까지 없었다. 아무래도 원예에 대한 해박한 지식 덕분인 듯하다. 보편적인 생존경쟁이라는 진리를 말로 인정하기는 무엇보다 쉽다. 반면에 그 결론을 끊임없이 유념하는 것보다 어려운 것은 없다. 적어도 나는 그렇다는 걸 알고 있다. 하지만 그 결론이 철저히 마음속에 새겨져 있지 않으면, 자연의 섭리 전체는 물론이고 분포, 희소성과 풍요성, 절멸 및 변이와 관련된 모든 현상도 제대로 인식되지 않고 잘못 이해되기 십상이라는 게 내 굳은 믿음이다. 우리 눈에는 자연의 얼굴이 환희로 빛나는 것처럼 보이고, 때로는 먹을 것이 남아도는 것처럼도 보인다. 하지만 우리 주변에서 한가하게 노래하는 새들이 주로 곤충이나 씨앗을 먹고 살기 때문에 끊임없이 생명체를 죽이고 있다는 걸 눈치채지 못하거나 잊고 지낸다. 또 그 노래하는 새들이나 그것들의 알 혹은 새끼가 다른 새들이나 포식자에게 대체로 죽임을 당한다는 것도 잊고 지낸다. 또한 지금은 먹을 게 남아돌더라도 매년 그렇게 풍요롭지 않다는 걸 항상 머릿속에 담아두지도 않는다.

(3) We will now discuss in a little more detail the struggle for existence. In my future work this subject shall be treated, as it well deserves, at much greater length. The elder De Candolle and Lyell have largely and philosophically shown that all organic beings are exposed to severe competition. In regard to plants, no one has treated this subject with more spirit and ability than W. Herbert, Dean of Manchester, evidently the result of his great horticultural knowledge. Nothing is easier than to admit in words the truth of the universal struggle for life, or more difficult—at least I have found it so—than constantly to bear this conclusion in mind. Yet unless it be thoroughly engrained in the mind, I am convinced that the whole economy of nature, with every fact on distribution, rarity, abundance, extinction, and variation, will be dimly seen or quite misunderstood. We behold the face of nature bright with gladness, we often see superabundance of food; we do not see, or we forget, that the birds which are idly singing round us mostly live on insects or seeds, and are thus constantly destroying life; or we forget how largely these songsters, or their eggs, or their nestlings, are destroyed by birds and beasts of prey; we do not always bear in mind, that though food may be now superabundant, it is not so at all seasons of each recurring year.

°**De Candolle and Lyell** 등 인명은 우리말로 어떻게 옮겨야 할까요? 고유 명사의 표기법은 국립국어원에서 정한 원칙, 해당 국가의 발음대로 표기한다는 원칙을 따르는게 번역가의 도리라고 생각합니다. (1) 따라서 외국어 표기의 제1원칙은 표준국어대사전에 소개된 인명이나 지명의 경우에는 사전에 쓰인 대로 표기하는 겁니다. (2) 표준국어대사전에 소개되지 않은 고유 명사는 '한국어 어문 규범에서 외래어 표기법'(https://kornorms.korean.go.kr/example/exampleList.do)에서 확인하도록 하십시오. 이때 주의할 점은 그 고유 명사가 해당하는 국가를 알아야 한다는 겁니다. 예컨대 Joseph가 미국인이나 영국인이면 '조지프'이지만, 네덜란드인이나 프랑스인이면 '조제프', 독일인이면 '요제프'가 됩니다. 외래어 표기법에서 '국명/언어명'을 잘 확인해야 한다는 뜻입니다. 국립국어원의 지침을 참조한다고 해도 모든 고유 명사가 해결되는 건 아닙니다. 이상하게도 인명과 지명은 그야말로 화수분인 것 같습니다. (3) 국립국어원의 자료에서 확인되지 않는 고유 명사는 위키피디아를 참조해도 괜찮을 겁니다. 위키피디아에는 원칙에서 어긋나는 발음을 지닌 고유 명사에 대해 발음 기호를 덧붙이는 경우가 적지 않습니다. 우리나라에도 많이 알려진 뇌과학자 Jill Bolte Taylor가 대표적인 예입니다. 우리나라에 번역된 책을

보면 '질 볼트 테일러'라고 표기되어 있습니다. 일반적인 발음 관습에 따라 '볼트'라고 표기한 겁니다. 하지만 위키피디아를 보면 Bolte에 특별히 /bɒlti/라는 발음 기호를 덧붙여 두었습니다. 이쯤 되면, 제가 무슨 말을 하는지 아시겠지요? 어차피 외국어의 발음을 우리말로 정확히 옮기는 건 불가능한데, 까다롭게 따질 게 뭐냐고 반문할 사람도 있을 겁니다. 하지만 출판사마다, 번역가마다 고유 명사를 멋대로 표기하면 어떻게 될까요? 여하튼 국립국어원의 외래어 표기법을 따라서 손해날 것은 없습니다. 다시 예를 들어 보겠습니다. Jean Twenge라는 유명한 심리학자가 있습니다. 우리나라에도 지금까지 그의 저서 3종이 번역되었고, 각 출판사가 모두 '진 트웬지'라고 표기했습니다. 하지만 국립국어원의 외래어 표기법을 보면 '진 트웽이'라 쓰여 있습니다. 게다가 트웽이도 언젠가 인터뷰할 때 자기 이름을 '트웽이'라고 발음해야 한다고 말하기도 했습니다. 수고스럽지만 고유 명사를 가볍게 생각하지 마시고, 항상 확인하고 또 확인합시다.

여기에서 (Augustin Pyramus) de Candolle은 스위스 식물학자여서 프랑스어로 표기했고, Charles Lyell은 스코틀랜드 지질학자여서 영어로 표기했습니다.

° **In regard to plants, no one has treated this subject with more spirit and ability than W. Herbert, Dean of Manchester, evidently the result of his great horticultural knowledge.**에서 제가 " ... 지금까지 없었다"라고 번역한 이유가 뭐라고 생각하십니까? 본문에는 '지금까지'에 해당하는 단어나 구절이 없습니다. 그럼 무엇을 번역한 걸까요? 뜻밖이겠지만 '현재완료'를 번역한 것입니다. 현재완료가 현재와 관련된 완료 시제라는 걸 잘 알고 있지 않은가요? 그렇

(3) We will now discuss in a little more detail the struggle for existence. In my future work this subject shall be treated, as it well deserves, at much greater length. The elder De Candolle and Lyell have largely and philosophically shown that all organic beings are exposed to severe competition. In regard to plants, no one has treated this subject with more spirit and ability than W. Herbert, Dean of Manchester, evidently the result of his great horticultural knowledge. Nothing is easier than to admit in words the truth of the universal struggle for life, or more difficult—at least I have found it so—than constantly to bear this conclusion in mind. Yet unless it be thoroughly engrained in the mind, I am convinced that the whole economy of nature, with every fact on distribution, rarity, abundance, extinction, and variation, will be dimly seen or quite misunderstood. We behold the face of nature bright with gladness, we often see superabundance of food; we do not see, or we forget, that the birds which are idly singing round us mostly live on insects or seeds, and are thus constantly destroying life; or we forget how largely these songsters, or their eggs, or their nestlings, are destroyed by birds and beasts of prey; we do not always bear in mind, that though food may be now superabundant, it is not so at all seasons of each recurring year.

다고 매번 '지금까지'를 넣어 번역할 필요는 없습니다. 그럼 현재완료로 쓰인 문장을 번역할 때 언제 이것을 넣어야 할까요? 아직 규칙을 만들지는 못했습니다. 그냥 감각이라 말하면 무책임하다고 질책하겠지요? 그럼 행간까지 번역한 거라고 말하면 좀 더 그럴 듯할까요? 이 대답도 무책임하기는 마찬가지입니다.

° **the truth of the universal struggle for life**는 어떻게 번역하시겠습니까? 제 번역을 보기 전에 아마 대부분이 '보편적 생존경쟁의 진리'라고 했을 겁니다. of를 습관적으로 '의'라고 번역한 거지요. 그런데 '보편적 생존경쟁의 진리'? 대체 무슨 뜻인지 아시겠습니까? 저는 모르겠습니다. 하지만 영어를 보니 알겠습니다. 영어로 쓰인 본문대로 번역하면 '보편적 생존경쟁이라는 진리'가 될 겁니다. 이른바 '동격의 of'입니다. 문법책에서 열심히 배우고도 정작 이 원칙을 실전 번역에 적용하는 번역가는 안타깝게도 거의 눈에 띄지 않습니다.

이렇게 번역하면 다음 문장에 뜬금없이 나타난 this conclusion이 결국 the universal struggle for life라는 걸 쉽게 파악할 수 있을 겁니다.

°**I have found it so**에서 so는 (more) difficult를 대신하는 '대형용사'로 보는 게 좋습니다.

°**; we do not see, or we forget, that** ...에서 세미콜론은 but의 의미로 쓰였습니다. 세미콜론은 희한하게도 but을 대신하는 듯한 느낌을 주는 경우가 꽤 있습니다. 하지만 바로 다음에 쓰인 세미콜론의 예에서 보듯이 항상 그런 의미를 내포하는 건 아닙니다.

°we forget **how largely** these songsters, or their eggs, or their nestlings, are destroyed by birds and beasts of prey를 번역할 때도 조심할 게 있습니다. how largely에 대한 번역입니다. 정말 사람은 습관의 동물인 게 맞는 것 같습니다. 이 구절이 나오면 무작정 '얼마나 ...'라고 번역하는 경우가 많습니다. 달리 말하면, 간접 의문절로 번역한다는 겁니다. 그런데 '잊다 + 의문문'이 가능한 패턴인가요? 간접 의문문이 아니라 '간접 감탄문'으로 번역하면 어떨까요? 곰곰이 생각해 보십시오. 제 제안이 맞을 겁니다. 결론적으로 말하면, ... V how + 형용사/부사 ...에서 how + 형용사/부사가 항상 간접 의문절은 아니라는 겁니다. 감탄문의 가능성도 항상 염두에 두십시오.

(4) I should premise that I use the term Struggle for Existence in a large and metaphorical sense, including dependence of one being on another, and including (which is more important) not only the life of the individual, but success in leaving progeny. Two canine animals in a time of dearth, may be truly said to struggle with each other which shall get food and live. But a plant on the edge of a desert is said to struggle for life against the drought, though more properly it should be said to be dependent on the moisture. A plant which annually produces a thousand seeds, of which on an average only one comes to maturity, may be more truly said to struggle with the plants of the same and other kinds which already clothe the ground. The missletoe is dependent on the apple and a few other trees, but can only in a far-fetched sense be said to struggle with these trees, for if too many of these parasites grow on the same tree, it will languish and die. But several seedling missletoes, growing close together on the same branch, may more truly be said to struggle with each other. As the missletoe is disseminated by birds, its existence depends on birds; and it may metaphorically be said to struggle with other fruit-bearing plants, in order to tempt birds to devour and thus disseminate its seeds rather than those of other plants. In these several senses, which pass into each other, I use for convenience sake the general term of struggle for existence.

나는 생존경쟁이란 용어를 포괄적이고 비유적인 의미에서 사용한다는 걸 미리 말해두고 싶다. 따라서 한 생명체가 다른 생명체에 의존하는 현상, (더 중요한 것으로) 개별 생명체가 생명을 유지하는 경우만이 아니라 후손을 남기는 데 성공한 경우도 생존경쟁에 포함된다. 기근의 시대에 처한 두 마리의 개과 동물은 먹을 것을 구해야 살아남을 수 있기 때문에 서로 생존경쟁을 한다고 할 수 있다. 그러나 사막의 끝자락에 있는 식물도 생존을 위해 가뭄과 싸운다고 여겨진다. 하지만 더 정확히 말하면, 그 식물은 습기에 의존한다고 해야 한다. 매년 천 개의 씨앗을 만들어내지만, 평균적으로 그중 하나만이 성장에 이르는 식물은 이미 땅을 뒤덮고 있는 같은 종류나 다른 종류의 식물과 생존경쟁을 벌인다고 말하는 게 더 정확할 것이다. 겨우살이는 사과나무를 비롯해 몇몇 나무에 의존해 살아가지만, 그 나무들과 생존경쟁한다고 말하면 설득력 없게 들릴 수 있다. 겨우살이 같은 기생식물이 지나치게 많이 하나의 나무에 달라붙어 산다면, 그 나무는 시들어 죽을 것이기 때문이다. 그러나 몇 개의 어린 겨우살이가 하나의 가지에 다붓하게 붙어 자란다면, 서로 생존경쟁을 하는 것이라 말하는 게 더 정확할 수 있다. 겨우살이의 씨는 새가 퍼뜨리기 때문에 겨우살이의 생존은 새에게도 달려 있다. 따라서 겨우살이는 새를 유혹해 다른 식물의 씨보다 자신의 씨를 삼켜 퍼뜨리도록 해야 하기 때문에 열매를 맺는 다른 식물과도 생존경쟁을 한다고 비유적으로 말할 수 있다. 이렇게 여러 의미가 서로 중첩되기 때문에 나는 편의상 생존경쟁이란 일반적인 용어를 사용하려 한다.

(4) I should premise that I use the term Struggle for Existence in a large and metaphorical sense, including dependence of one being on another, and including (which is more important) not only the life of the individual, but success in leaving progeny. Two canine animals in a time of dearth, may be truly said to struggle with each other which shall get food and live. But a plant on the edge of a desert is said to struggle for life against the drought, though more properly it should be said to be dependent on the moisture. A plant which annually produces a thousand seeds, of which on an average only one comes to maturity, may be more truly said to struggle with the plants of the same and other kinds which already clothe the ground. The missletoe is dependent on the apple and a few other trees, but can only in a far-fetched sense be said to struggle with these trees, for if too many of these parasites grow on the same tree, it will languish and die. But several seedling missletoes, growing close together on the same branch, may more truly be said to struggle with each other. As the missletoe is disseminated by birds, its existence depends on birds; and it may metaphorically be said to struggle with other fruit-bearing plants, in order to tempt birds to devour and thus disseminate its seeds rather than those of other plants. In these several senses, which pass into each other, I use for convenience sake the general term of struggle for existence.

°**Two canine animals in a time of dearth, may be truly said to struggle** 부분을 살펴볼까요. be said to do가 명사 뒤에 쓰였을 때 이것을 구조적으로 설명하기가 쉽지 않습니다. be said가 분명히 수동형이기 때문에 관련된 능동 구문을 생각해 보면, 명사가 say의 목적어가 되어야 합니다. 그럼 본문의 뜻이 이상해지지요. 개과 동물에게 to do를 하라고 말하는 꼴이 되니까요. 따라서 명사 - be said to do는 관련된 능동 구문을 생각하지 않고, seem과 동의어 관계에 있는 것처럼 번역하는 게 좋습니다. 물론 제가 아래에 번역한 것처럼 때로는 변화를 주는 것도 좋겠지요.

그런데 이 단락에 쓰인 be said to do에선 more truly라는 부사가 흥미롭습니다. more truly를 곧이곧대로 번역하면 '더 진실되게 여겨진다'가 될 겁니다. 하지만 true에 '정확한'이란 뜻도 있으므로, '... 라고 생각하는 게 더 정확하다'라고 번역하는 게 맥락에 더 맞을 것 같습니다. 하지만 metaphorically는 be said를 직접 수식하는 식으로 번역했습니다.

° ... **though more properly** it should be said to be dependent on the moisture. though로 시작되는 종속절이 주절의 뒤에 위치했습니다. 이 문장을 학교에서 배운 대로 번역하면 "더 정확히 말해서 사막의 끝자락에 있는 식물이 습기에 의존하는 게 분명한 듯하더라도 그 식물도 생존을 위해 가뭄과 싸운다고 여겨진다."라고 번역해야 할 겁니다. 이렇게 번역하려면, 대명사 it을 앞에 쓰인 명사로 번역하는 수고를 거쳐야 합니다. 이 번역과 "그러나 사막의 끝자락에 있는 식물도 생존을 위해 가뭄과 싸운다고 여겨진다. 하지만 더 정확히 말하면, 그 식물은 습기에 의존한다고 해야 한다."라고 한 번역을 비교해 보십시오. 어느 쪽이 더 쉽게 이해됩니까? 대다수가 뒤의 번역이 낫다고 생각할 겁니다. 게다가 이렇게 번역하면, 대명사 it의 주인을 찾아 번역해야 하는 수고도 덜 수 있습니다. 결론적으로, 종속절이 뒤에 쓰일 때 학교에서 배운 대로 무턱대고 앞으로 끌어와 주절보다 먼저 번역하지 말고, 맥락을 잘 살펴 주절의 뒤에 번역하는 게 낫습니다. 이 경우에 though는 원래의 의미를 살려 '하지만'으로 번역했습니다.

more properly는 more properly speaking으로 번역했습니다. 이렇게 speak와 관련된 부사가 앞에 쓰이며 문장 전체를 수식할 경우에는 speaking이 본문에 쓰이지 않았더라도 번역에는 넣어주는 게 좋을 때가 많습니다. 물론 '말해서'만 덧붙이는 건 아닙니다. In the longer term, Berlin's commitment of so great a proportion of its resources to Operation Barbarossa obviously affected the war at sea. (Paul Kennedy, Victory at Sea) (장기적으로 보면, 바르바로사 작전에 상당한 비율의 자원을 투입한 베를린의 결정이 해전에도 영향을 미친 게 분명하다) in the long term의 경우에는 '말하면'보다 '보면'이 훨씬 더 어울립니다. 결국 여기에도 정해진 원칙은 없습니다. 맥락을 고려해 적절한 단어를 넣으면 됩니다.

(4) I should premise that I use the term Struggle for Existence in a large and metaphorical sense, including dependence of one being on another, and including (which is more important) not only the life of the individual, but success in leaving progeny. Two canine animals in a time of dearth, may be truly said to struggle with each other which shall get food and live. But a plant on the edge of a desert is said to struggle for life against the drought, though more properly it should be said to be dependent on the moisture. A plant which annually produces a thousand seeds, of which on an average only one comes to maturity, may be more truly said to struggle with the plants of the same and other kinds which already clothe the ground. The missletoe is dependent on the apple and a few other trees, but can only in a far-fetched sense be said to struggle with these trees, for if too many of these parasites grow on the same tree, it will languish and die. But several seedling missletoes, growing close together on the same branch, may more truly be said to struggle with each other. As the missletoe is disseminated by birds, its existence depends on birds; and it may metaphorically be said to struggle with other fruit-bearing plants, in order to tempt birds to devour and thus disseminate its seeds rather than those of other plants. In these several senses, which pass into each other, I use for convenience sake the general term of struggle for existence.

°**struggle for life against the drought**는 struggle / against the drought / for life(살아남기 위해 가뭄과 싸우다)로 번역했습니다. struggle against ...라는 구동사를 알고 있으면, 어순에 변화를 주기가 별로 어렵지 않습니다.

°A plant ... may be **more truly** said to struggle with the plants of the same ...이 "...라고 말하는 게 더 정확할 것이다"라고 번역된 이유를 잠시 생각해 봅시다. truly가 said를 수식하는 식으로 번역하면 영 어색합니다. '더 진실로 말해진 것일 수 있다'. 읽고 듣기에 괜찮습니까? true에 '정확히'라는 뜻이 있으니까 '더 정확히 말해진 것일 수 있다'라고 번역할 수도 있겠지요. 하지만 이 어떤 번역도 제겐 마뜩하지 않습니다. 그래서 '더 정확히 + 말해지다(수동)' → '말하는 게(능동) + 더 정확하다'로 바꾸었습니다. But several seedling missletoes, growing close together on the same branch, may more truly be said to struggle with each other에서도 마찬가지입니다.

° **clothe the ground** 땅에 옷을 입히다 → 땅을 뒤덮다

° **can only in a far-fetched sense** be said to struggle with these trees를 "그 나무들과 생존경쟁한다고 말하면 설득력 없게 들릴 수 있다."라고 번역했습니다. 물론 "억지스런 의미에서만 그 나무들과 생존경쟁한다고 말해질 수 있다."라고도 번역할 수 있을 겁니다. 그런데 롱맨 사전에서 far-fetched는 'extremely unlikely to be true or to happen'이라고 정의됩니다. 실현될 가능성이 극히 희박하다는 뜻일 겁니다. 그럼 제가 그렇게 번역한 이유가 이해될 겁니다.

° **pass into** each other에서 pass into something = become a part of something(...의 일부가 되다)와 같이 서로 일부가 되므로 '중첩된다'라고 번역했습니다.

° **the general term of struggle for existence**에서도 of는 동격의 of로 쓰인 겁니다. '생존경쟁이라는 일반적인 용어'. 이젠 동격의 of를 찾는 법을 아시겠지요?

(5) A struggle for existence inevitably follows from the high rate at which all organic beings tend to increase. Every being, which during its natural lifetime produces several eggs or seeds, must suffer destruction during some period of its life, and during some season or occasional year, otherwise, on the principle of geometrical increase, its numbers would quickly become so inordinately great that no country could support the product. Hence, as more individuals are produced than can possibly survive, there must in every case be a struggle for existence, either one individual with another of the same species, or with the individuals of distinct species, or with the physical conditions of life. It is the doctrine of Malthus applied with manifold force to the whole animal and vegetable kingdoms; for in this case there can be no artificial increase of food, and no prudential restraint from marriage. Although some species may be now increasing, more or less rapidly, in numbers, all cannot do so, for the world would not hold them.

모든 유기체가 높은 비율로 증가하는 경향을 띨 때 생존경쟁은 필연적으로 뒤따른다. 모든 생명체는 자연계에서 살아가는 동안 적잖은 알이나 씨앗을 생산하기 때문에 삶의 과정에서 어떤 시기에, 또 어떤 계절이나 어떤 해에 파멸을 묵인해야 한다. 그렇지 않으면 기하급수적으로 증가하는 원리에 따라 그 개체수가 빠른 속도로 과도하게 늘어나, 어떤 지역도 그 전부를 수용할 수 없을 것이다. 따라서 살아남는 개체보다 더 많은 개체가 태어나면 어떤 경우에나 생존경쟁이 있기 마련이다. 예컨대 같은 종에 속한 다른 개체나 다른 종의 개체와 생존경쟁을 하고, 심지어 생명에 필요한 물리적 조건과도 생존경쟁을 한다. 이는 동물계와 식물계 전체에 다각적으로 적용되는 맬서스 이론이라 할 수 있다. 이 경우에는 식량을 인위적으로 늘릴 수도 없고, 짝짓기를 신중하게 억제할 수도 없기 때문이다. 지금 어떤 종은 다소 빠른 속도로 수적으로 증가할 수 있어도 모든 종이 그렇게 하지는 못한다. 이 세상이 모든 종의 빠른 증가를 담아낼 수 없기 때문이다.

(5) A struggle for existence inevitably follows from the high rate at which all organic beings tend to increase. Every being, which during its natural lifetime produces several eggs or seeds, must suffer destruction during some period of its life, and during some season or occasional year, otherwise, on the principle of geometrical increase, its numbers would quickly become so inordinately great that no country could support the product. Hence, as more individuals are produced than can possibly survive, there must in every case be a struggle for existence, either one individual with another of the same species, or with the individuals of distinct species, or with the physical conditions of life. It is the doctrine of Malthus applied with manifold force to the whole animal and vegetable kingdoms; for in this case there can be no artificial increase of food, and no prudential restraint from marriage. Although some species may be now increasing, more or less rapidly, in numbers, all cannot do so, for the world would not hold them.

° **, which during its natural lifetime produces several eggs or seeds,** 관계절 계속적 용법으로 쓰였습니다. 앞에서도 말했듯이, 여기에서는 '이유'로 번역하는 게 맥락상 더 어울리는 것 같습니다. 또한 여기서 several은 번역하기가 참 애매합니다. '몇몇'이란 뜻으로, 개수가 명확하지 않습니다. 그냥 '몇몇'이라 번역해도 통할 때가 있지만 여기에서는 그렇게 하기가 마뜩하지 않습니다. '자연계에서 살아가는 동안 몇몇 개의 알이나 씨앗을 생산한다.' 좀 이상하지 않습니까? 이런 경우 저는 영영사전을 참조해서 적합한 단어를 찾아냅니다. 롱맨 사전에서 several은 'a number of people or things that is more than a few, but not a lot'. 적은 것보다는 많지만, 그리 많지는 않다는 뜻입니다. 그럼 우리말에서 '적잖은'이 가장 적합하지 않을까요? 여하튼 제 어휘력 안에서는 이 단어가 가장 어울릴 듯합니다. 적어도 여기에서는 그렇습니다.

° ... **otherwise,** on the principle of geometrical increase, its numbers **would** quickly become so inordinately great that no country **could** support the product. 제가 번역에서 항상 강조하는 게 이겁니다. 가정법으로 번역해야 하는 것은 가정법으로 번역하는 게 좋다는 겁니다. 특히 if-절이 나타나지 않는 경우에 그렇습니다. 그럴 땐 항상 조동사

가 어떻게 사용되었는지 눈여겨봐야 합니다. 이 문장에서는 뜬금없이 would가 사용되었습니다. 단락 전체가 현재 시제로 쓰이는 데 would가 쓰였습니다. 일단 would에선 3가지를 기억해야 합니다. 첫째는 will의 과거, 둘째는 가정법의 would, 셋째는 완곡어법입니다. 여기에서는 과거가 아니므로 둘째와 셋째로 쓰인 용법을 고려해야 할 것이고, otherwise가 있으므로 자연스레 가정법으로 번역하는 쪽을 선택하게 됩니다.

° **the product**의 번역도 어렵습니다. product = something that is produced through a natural or chemical process. 앞에서 ' ...produces several eggs ...'라고 했습니다. 정관사 the에는 '전체'라는 뜻이 숨어 있고요. 그럼 the product는 '생산된 전부'가 될 겁니다. 그런데 '생산된'이란 수식어가 마음에 들지 않아 생략하고, '그 전부'만을 남겨두었습니다.

° **the doctrine of Malthus.** 맬서스 이론. 경제 인구의 자연 증가는 기하급수적인 데 반하여 식량 같은 생활 재료는 산술급수적으로 증가하기 때문에 과잉 인구에 의한 빈곤의 증대를 피할 수 없다는 이론.

° **for** ...는 이때 접속사로서, 이유나 목적에 대한 설명을 붙일 때 사용한다는 점에서 because와 구분되므로 구태여 '왜냐하면'을 덧붙일 필요가 없습니다. 끝에서 두 문장이 동일한 패턴으로 쓰였습니다. 주장을 앞에 놓고, 뒤에 그 이유를 설명하는 형식으로, 대칭 구조입니다.

(5) A struggle for existence inevitably follows from the high rate at which all organic beings tend to increase. Every being, which during its natural lifetime produces several eggs or seeds, must suffer destruction during some period of its life, and during some season or occasional year, otherwise, on the principle of geometrical increase, its numbers would quickly become so inordinately great that no country could support the product. Hence, as more individuals are produced than can possibly survive, there must in every case be a struggle for existence, either one individual with another of the same species, or with the individuals of distinct species, or with the physical conditions of life. It is the doctrine of Malthus applied with manifold force to the whole animal and vegetable kingdoms; for in this case there can be no artificial increase of food, and no prudential restraint from marriage. Although some species may be now increasing, more or less rapidly, in numbers, all cannot do so, for the world would not hold them.

° **artificial increase of food, and no prudential restraint from marriage.** 명사구(절)과 문장 중 어느 쪽으로 선택하는 게 나을까요? '식량의 인위적 증가'도 있을 수 없고, '짝짓기의 신중한 억제'도 있을 수 없다. 이 말이 쉽게 이해됩니다? 아니면 '식량을 인위적으로 증가시킬 수도 없고, 짝짓기를 신중하게 억제할 수도 없기 때문이다'라고 번역하는 게 더 와닿습니까? 여기에서는 큰 차이가 나지 않을 수 있습니다. 여하튼 명사구(절)는 언제나 문장 형식으로 번역이 가능하다는 걸 기억하십시오.

(6) There is no exception to the rule that every organic being naturally increases at so high a rate, that if not destroyed, the earth would soon be covered by the progeny of a single pair. Even slow-breeding man has doubled in twenty-five years, and at this rate, in a few thousand years, there would literally not be standing room for his progeny. Linnæus has calculated that if an annual plant produced only two seeds—and there is no plant so unproductive as this—and their seedlings next year produced two, and so on, then in twenty years there would be a million plants. The elephant is reckoned to be the slowest breeder of all known animals, and I have taken some pains to estimate its probable minimum rate of natural increase: it will be under the mark to assume that it breeds when thirty years old, and goes on breeding till ninety years old, bringing forth three pair of young in this interval; if this be so, at the end of the fifth century there would be alive fifteen million elephants, descended from the first pair.

모든 유기체가 자연 상태에서는 무척 빠른 속도로 증가해서, 지구가 파괴되지 않는다면 한 쌍의 유기체가 낳은 자손으로 금세 채워질 것이란 규칙에 예외는 없다. 번식 속도가 느린 인간도 25년이면 두 배로 늘어난다. 이런 속도로 수천 년이 지나면, 문자 그대로 인간의 자손이 모두 서 있을 공간도 없을 것이다. 칼 폰 린네Carl von Linné, 1707-1778가 계산해 보였듯이, 어떤 일년생 식물이 두 개의 씨앗만을 내고—실제로 생식력이 이렇게 낮은 식물은 없다—그 씨앗에서 자란 식물이 이듬해에 다시 두 개의 씨앗을 내면, 20년 뒤에는 100만 개의 식물이 있게 된다. 코끼리는 지금까지 알려진 모든 동물 중 번식이 가장 느린 동물로 여겨진다. 나는 힘들었지만 코끼리의 최소 자연 증가율을 계산해 보았다. 코끼리가 서른 살에 번식을 시작해 아흔 살까지 계속 번식하며 3쌍의 새끼를 낳는다고 가정하는 것은 최저치일 것이다. 여하튼 코끼리가 그렇게 번식한다면, 500년이 지난 뒤에는 첫째 쌍으로부터 1,500만 마리의 코끼리가 후손으로 태어나 있을 것이다.

(6) There is no exception to the rule that every organic being naturally increases at so high a rate, that if not destroyed, the earth would soon be covered by the progeny of a single pair. Even slow-breeding man has doubled in twenty-five years, and at this rate, in a few thousand years, there would literally not be standing room for his progeny. Linnæus has calculated that if an annual plant produced only two seeds—and there is no plant so unproductive as this—and their seedlings next year produced two, and so on, then in twenty years there would be a million plants. The elephant is reckoned to be the slowest breeder of all known animals, and I have taken some pains to estimate its probable minimum rate of natural increase: it will be under the mark to assume that it breeds when thirty years old, and goes on breeding till ninety years old, bringing forth three pair of young in this interval; if this be so, at the end of the fifth century there would be alive fifteen million elephants, descended from the first pair.

° the rule **that** every organic being naturally increases at so high a rate, **that** if not destroyed, the earth **would** soon be covered by the progeny of a single pair. 앞의 that은 이른바 동격의 that-절을 이끌고(the rule = that every organic being ...), 뒤의 that은 so ... that ~용법에 해당하는 접속사 that입니다. 이런 차이만 알아내면 번역 자체는 그다지 어렵지 않습니다. 여기서 would는 앞 문장에 if not destroyed라는 조건절이 있어 가정법으로 쓰였다는 걸 쉽게 알아낼 수 있습니다.

° there **would** literally not be standing room for his progeny에서도 would는 가정법으로 쓰였습니다. 이렇게 조건절이 없는 경우 would가 가정법으로 쓰였다는 걸 어떻게 알 수 있을까요? 그 단서는 앞뒤로 쓰인 문장의 시제에 있습니다. 여기에서는 앞뒤에 쓰인 문장의 시제가 현재이므로, 이때 would가 가정법으로 쓰였다는 걸 짐작할 수 있습니다. 요컨대 가정법으로 쓰인 (조)동사는 가정법으로 번역해야 저자가 would를 쓴 의도를 제대로 살릴 수 있습니다. 그럼 조건문에 해당하는 구절은 무엇일까요? at this rate, in a few thousand years라는 부사구(전치사구)에 숨어 있습니다.

° **Linnæus has calculated that ...**에서 that-절이 상당히 길고, 그 절 안에 또 다른 종속절이 있습니다. 이런 경우 주절의 주어와 동사가 지나치게 멀어집니다. 따라서 앞머리만 떼어서 '칼 린네가 계산해 보였듯이'라고 번역하는 것도 좋은 방법일 겁니다.

또한 Linnæus라는 이름의 경우, 본명을 모두 풀어 옮기면 '칼 폰 린네 Carl von Linné, 1707-1778'가 됩니다. 이처럼 인명의 경우에는 생몰연도를 넣어주는 게 독자의 이해에 도움이 됩니다. 고유 명사 처리에 대해서는 앞의 설명을 참조하도록 하십시오.

° **I have taken some pains to estimate its probable minimum rate of natural increase**는 어떻게 번역하는 게 좋을까요? to estimate its probable minimum rate of natural increase가 some pains를 수식하는 to-부정사의 형용사적 용법으로 번역하는 게 정통적인 방법일 겁니다('최소한의 자연 증가율을 추정하는 수고'). 많은 영영사전이 'take (great) pains to do something = try very hard to so something' 으로 풀이하고 있으니까요. 하지만 번역은 더 이상 수능 시험이 아닙니다. 개인적으로 저는 이런 형태의 문장을 I have taken some pains / to estimate its probable minimum rate of natural increase라고 번역해도 괜찮다고 생각합니다. '좀 고생을 했지만, 최소한의 자연 증가율을 계산해 보았다'라는 식으로, to-부정사를 '결과'로 번역하는 방법입니다. 여하튼 번역은 여러 가능성 중 하나를 선택하는 겁니다. 물론 가독성도 고려한 번역이지만, 영어의 어순에 담긴 의미까지 전달하고 싶은 욕심에 간혹 이렇게 번역합니다.

(6) There is no exception to the rule that every organic being naturally increases at so high a rate, that if not destroyed, the earth would soon be covered by the progeny of a single pair. Even slow-breeding man has doubled in twenty-five years, and at this rate, in a few thousand years, there would literally not be standing room for his progeny. Linnæus has calculated that if an annual plant produced only two seeds—and there is no plant so unproductive as this—and their seedlings next year produced two, and so on, then in twenty years there would be a million plants. The elephant is reckoned to be the slowest breeder of all known animals, and I have taken some pains to estimate its probable minimum rate of natural increase: it will be under the mark to assume that it breeds when thirty years old, and goes on breeding till ninety years old, bringing forth three pair of young in this interval; if this be so, at the end of the fifth century there would be alive fifteen million elephants, descended from the first pair.

° it will be **under the mark** to assume that it breeds when thirty years old에서 it은 비인칭 it이고, 진주어는 to-부정사가 됩니다. 그런데 문제는 under the mark를 어떻게 번역할까 하는 겁니다. 재밌게도 사전에 under the mark는 없어도 below (beneath) the mark는 있습니다. '표준 이하'라는 뜻입니다. 숙어처럼 쓰이는 표현이 사전에 없어도 당황할 것은 없습니다. 어차피 숙어는 어떤 단어 짝이 자주 쓰이다 보니 숙어가 된 겁니다. 따라서 숙어를 이루는 단어 하나하나를 치열하게 번역하면 숙어에 해당하는 뜻을 찾아낼 수 있습니다. 예컨대 look after somebody는 '돌보다'라는 뜻입니다. 누군가의 꽁무니를 뒤좇아(after) 다니며 살펴보니까 '돌보는 것'이 아니겠습니까?

° **at the end of the fifth century**는 '다섯 번째 세기의 끝'이니까 '500년이 지난 뒤에'라고 번역하는 게 훨씬 나을 겁니다.

(7) But we have better evidence on this subject than mere theoretical calculations, namely, the numerous recorded cases of the astonishingly rapid increase of various animals in a state of nature, when circumstances have been favourable to them during two or three following seasons. Still more striking is the evidence from our domestic animals of many kinds which have run wild in several parts of the world: if the statements of the rate of increase of slow-breeding cattle and horses in South-America, and latterly in Australia, had not been well authenticated, they would have been quite incredible. So it is with plants: cases could be given of introduced plants which have become common throughout whole islands in a period of less than ten years. Several of the plants now most numerous over the wide plains of La Plata, clothing square leagues of surface almost to the exclusion of all other plants, have been introduced from Europe; and there are plants which now range in India, as I hear from Dr. Falconer, from Cape Comorin to the Himalaya, which have been imported from America since its discovery. In such cases, and endless instances could be given, no one supposes that the fertility of these animals or plants has been suddenly and temporarily increased in any sensible degree. The obvious explanation is that the conditions of life have been very favourable, and that there has consequently been less destruction of the old and young, and that nearly all the young have been enabled to breed. In such cases the geometrical ratio of increase, the result of which never fails to be surprising, simply explains the extraordinarily rapid increase and wide diffusion of naturalised productions in their new homes.

그러나 단순한 이론적 계산보다, 자연 증가율의 경이로움을 더 분명하게 보여주는 증거가 있다. 다시 말하면, 자연 상태에서도 환경이 두세 계절 연속해서 동물들에게 유리하면 다양한 동물들이 놀라울 정도로 빠른 속도로 증가한 사례를 기록한 자료가 많다. 세계의 여러 지역에서 자유롭게 자라던 많은 종류의 동물이 가축화되며 보여준 증거는 더욱더 놀랍다. 남아메리카에서, 최근에는 오스트레일리아에서 느리게 번식하는 소와 말의 증가 속도에 대한 보고서가 정확하지 않았다면 신뢰를 얻지 못했을 것이다. 식물의 경우도 마찬가지이다. 외래종 식물이 도입되어 10년 미만의 기간에 섬 전체에 퍼져나간 사례는 얼마든지 제시될 수 있다. 현재 드넓은 라플라타 평원에서 개체수가 가장 많은 몇몇 식물종은 거의 다른 모든 식물종을 배제하며 거의 수킬로미터의 면적을 뒤덮고 있는데, 과거에 유럽에서 도입된 것이다. 또 내가 폴코너 박사에게서 들은 바에 따르면, 미국에서 발견된 뒤에 인도에 도입된 여러 식물이 현재 코모린곶에서부터 히말라야까지 분포되어 있다. 이처럼 이런 사례는 끝없이 제시될 수 있어, 누구도 이런 동물이나 식물의 번식력이 갑자기 일시적으로 눈에 띄게 증가했다고 생각하지는 않을 것이다. 생존 조건이 무척 좋았고, 그 때문에 늙은 개체와 어린 개체가 죽을 가능성이 낮았으며, 거의 모든 젊은 개체가 생식할 수 있었을 거라는 설명이 가능하다. 이런 경우에는 귀화 생물이 새로운 보금자리에서 보기 드물게 신속하게 증가하고 널리 분포된 현상은 기하급수적인 증가율로 간단히 설명되며, 기하급수적인 증가의 결과는 언제나 놀랍기만 하다.

(7) But we have better evidence on this subject than mere theoretical calculations, namely, the numerous recorded cases of the astonishingly rapid increase of various animals in a state of nature, when circumstances have been favourable to them during two or three following seasons. Still more striking is the evidence from our domestic animals of many kinds which have run wild in several parts of the world: if the statements of the rate of increase of slow-breeding cattle and horses in South-America, and latterly in Australia, had not been well authenticated, they would have been quite incredible. So it is with plants: cases could be given of introduced plants which have become common throughout whole islands in a period of less than ten years. Several of the plants now most numerous over the wide plains of La Plata, clothing square leagues of surface almost to the exclusion of all other plants, have been introduced from Europe; and there are plants which now range in India, as I hear from Dr. Falconer, from Cape Comorin to the Himalaya, which have been imported from America since its discovery. In such cases, and endless instances could be given, no one supposes that the fertility of these animals or plants has been suddenly and temporarily increased in any sensible degree. The obvious explanation is that the conditions of life have been very favourable, and that there has consequently been less destruction of the old and young, and that nearly all the young have been enabled to breed. In such cases the geometrical ratio of increase, the result of which never fails to be surprising, simply explains the extraordinarily rapid increase and wide diffusion of naturalised productions in their new homes.

° **on this subject**는 이 주제에 대하여'로 풀어도 무난한 번역이겠지만, this (subject) 자체가 일종의 대명사이기 때문에 구체적인 명사로 풀어 번역해 주는 게 독자에게 도움이 됩니다. 따라서 '자연 증가율의 경이로움'이라 번역하는 게 나을 겁니다.

° **namely**가 better evidence = numerous recorded cases ...라는 것은 어렵지 않게 알 수 있을 겁니다.

° **Still more striking is the evidence from our domestic animals of many kinds which have run wild in several parts of the world**는 주어로 쓰인 구절이 지나치게 길어, 주어와 보어(still more striking)가 도치된 문장입니다. 물론 도치는 강조와 밀접한 관계가 있으므로, 보어로 쓰인 Still more striking을 강조하려는 의도도 있습니다. 여하튼 still은 비교급을 수식하는 부사로 쓰였고 '훨씬'이란 뜻을 갖습니다.

이쯤에서 생각해 볼 게 있습니다. 예전에 아디다스의 광고문으로 쓰인 Impossible Is Nothing입니다. 우리나라에서는 '불가능, 그것은 아무것도 아니다.'라고 번역됐습니다. impossible이 주어로 번역된 것이지요. 하지만 문법적으로 Nothing is impossible로 보는 게 나을 겁니다. 요컨대 Impossible을 강조하며 문두에 놓았고, 그 때문에 주어-동사가 도치된 거지요. 게다가 광고문이

Impossible
Is Nothing

이어서 두운도 맞아떨어집니다.

° **So it is with plants**에서 so는 앞에 쓰인 형용사나 부사를 대신한 것으로 보면 됩니다. 그러니까 so it is with ...라는 표현은 '...도 마찬가지이다'라고 번역하면 충분합니다.

° **cases could be given of introduced plants** which ... → cases of introduced plants which ... could be given은 앞에서 언급된 도치의 경우와 약간 다릅니다. of introduced plants which ...가 cases를 수식하는 전치사구이지만, 온전히 쓰이면 주어가 너무 무거워지기 때문에 전치사구가 뒤로 이동한 예입니다. 이런 문장을 보는 즉시 어떻게 그렇게 분석할 수 있느냐고요? 전치사구 of ...가 동사 give와 어떤 관계를 맺을 수 있을까요? 아마 give of something이란 숙어를 본 적이 없을 겁니다. 따라서 전치사구 of ...의 존재가 의심되고, 이 의문을 해결할 방법은 cases of introduced plants which ... could be given으로 보는 겁니다.

(7) But we have better evidence on this subject than mere theoretical calculations, namely, the numerous recorded cases of the astonishingly rapid increase of various animals in a state of nature, when circumstances have been favourable to them during two or three following seasons. Still more striking is the evidence from our domestic animals of many kinds which have run wild in several parts of the world: if the statements of the rate of increase of slow-breeding cattle and horses in South-America, and latterly in Australia, had not been well authenticated, they would have been quite incredible. So it is with plants: cases could be given of introduced plants which have become common throughout whole islands in a period of less than ten years. Several of the plants now most numerous over the wide plains of La Plata, clothing square leagues of surface almost to the exclusion of all other plants, have been introduced from Europe; and there are plants which now range in India, as I hear from Dr. Falconer, from Cape Comorin to the Himalaya, which have been imported from America since its discovery. In such cases, and endless instances could be given, no one supposes that the fertility of these animals or plants has been suddenly and temporarily increased in any sensible degree. The obvious explanation is that the conditions of life have been very favourable, and that there has consequently been less destruction of the old and young, and that nearly all the young have been enabled to breed. In such cases the geometrical ratio of increase, the result of which never fails to be surprising, simply explains the extraordinarily rapid increase and wide diffusion of naturalised productions in their new homes.

A pugnacious paper sets off a debate about the role of expectations in shaping prices라는 문장을 잠깐 볼까요. 이 글은 잡지 『The Economist』에 실린 한 기사의 일부입니다. 제가 누군가에게서 받은 질문이기도 합니다. 여러분은 이 문장을 어떻게 번역하겠습니까? 저는 "가격 결정에서 기대치의 역할에 대한 공격적인 논문이 논쟁을 유발한다"라고 번역했습니다. 요컨대 A pugnacious paper about the role of expectations in shaping prices sets off a debate로 보았습니다. about the role of expectations in shaping prices가 a debate를 수식할 수 있지 않느냐고 반문할 독자도 있을 겁니다. 하지만 그런 구조라면, 제 생각에 the debate about the role of expectations in shaping prices가 나올 겁니다. 그럼 같은 전치사구로 수식받는 A pugnacious paper는 왜 가능하느냐고요? 조금만 깊이 생각하면 답이 나올 겁니다. 답을 가르쳐주면 재미없으니까 힌트만 드리겠습니다. 관사까지 번역해 보십시오.

또 cases of introduced plants ...에서 of는 '동격의 of'로 번역하는 게 최선일 겁니다. 그럼, of의 목적어가 '선행사 + 관계절'이지만, 제가 선행사부터 먼저 번역하며 '주어 – 동사 ...'로 번역한 이유가 이해될 겁니다.

introduced plants: 도입된 식물 → 외래종 식물

°**Several of the plants now most numerous ...** = Several of the plants (which are) now most numerous ...가 생략된 형태로 번역하면 편할 겁니다.
now most numerous ... 와 clothing square leagues of surface는 몇몇 식물종의 현재 상태를 표현하고 있는 반면에 have been introduced from Europe은 출처를 말하며 현재완료로 표현되었습니다. 애초부터 '유럽에서 도입되었지만 지금은 드넓은 라플라타 평원에서 ...'라고 번역하면 굳이 '과거'라는 표현을 삽입할 필요가 없겠지만, 저는 가능한 범위 내에서 원문의 순서를 지켜주는 게 가장 훌륭한 번역이라 생각합니다. 그래서 have been introduced from Europe을 가장 나중에 번역했고, 앞의 now와 시간적 차이를 구체적으로 보여주려고 '과거'라는 표현을 더했습니다. 더구나 이 문장의 시제가 현재완료이기 때문에 적합한 삽입이라고 생각합니다.

°**The obvious explanation is that** ...을 '명확한 설명은, ...'이라고 하는 게 별로 마음에 들지 않습니다. that-절이 설명의 내용, 즉 explanation = that ...이지 않습니까? 그렇다면 that ...이란 명확한 설

(7) But we have better evidence on this subject than mere theoretical calculations, namely, the numerous recorded cases of the astonishingly rapid increase of various animals in a state of nature, when circumstances have been favourable to them during two or three following seasons. Still more striking is the evidence from our domestic animals of many kinds which have run wild in several parts of the world: if the statements of the rate of increase of slow-breeding cattle and horses in South-America, and latterly in Australia, had not been well authenticated, they would have been quite incredible. So it is with plants: cases could be given of introduced plants which have become common throughout whole islands in a period of less than ten years. Several of the plants now most numerous over the wide plains of La Plata, clothing square leagues of surface almost to the exclusion of all other plants, have been introduced from Europe; and there are plants which now range in India, as I hear from Dr. Falconer, from Cape Comorin to the Himalaya, which have been imported from America since its discovery. In such cases, and endless instances could be given, no one supposes that the fertility of these animals or plants has been suddenly and temporarily increased in any sensible degree. The obvious explanation is that the conditions of life have been very favourable, and that there has consequently been less destruction of the old and young, and that nearly all the young have been enabled to breed. In such cases the geometrical ratio of increase, the result of which never fails to be surprising, simply explains the extraordinarily rapid increase and wide diffusion of naturalised productions in their new homes.

명이 존재한다(→ 가능하다)라고 번역하는 게 좋지 않을까요? 결국 it is probable to explain obviously that ...으로 번역하는 방법을 생각해 보자는 겁니다.

°In such cases **the geometrical ratio of increase,** ... 문장을 곧이곧대로 번역하면, "the geometrical ratio of increase(기하급수적인 증가율)가 that-절을 설명한다"가 됩니다. 물론 이렇게 번역하더라도 크게 문제될 건 없습니다. 항상 그런 것은 아니지만, 주어가 '무생물'인 경우에는 가끔 주어를 부사적으로 번역하는 것도 좋습니다. 이 경우에도 '기하급수적인 증가율로' that-절이 설명된다고 번역하면 더 쉽게 와닿을 겁니다.

°**the extraordinarily rapid increase and wide diffusion of naturalised productions in their new homes**를 다른 예로 들어 봅시다. 어떤 번역 기법이 머릿속에 떠오릅니까? 그렇습니다. 명사절과 문

장의 관계입니다. 특히 이렇게 길게 나열된 명사절은 문장 형식으로 번역하는 게 좋습니다. 앞에서 말한 원칙을 적용하면. naturalised productions가 increase (→ increase)와 diffusion (→ diffuse)의 주어가 됩니다. 따라서 이 문장은 이렇게 분석될 겁니다(→ naturalised productions increase extraordinarily rapidly and diffuse widely in their new home).

(8) In a state of nature almost every plant produces seed, and amongst animals there are very few which do not annually pair. Hence we may confidently assert, that all plants and animals are tending to increase at a geometrical ratio, that all would most rapidly stock every station in which they could any how exist, and that the geometrical tendency to increase must be checked by destruction at some period of life. Our familiarity with the larger domestic animals tends, I think, to mislead us: we see no great destruction falling on them, and we forget that thousands are annually slaughtered for food, and that in a state of nature an equal number would have somehow to be disposed of.

자연 상태에서는 거의 모든 식물이 매년 씨를 맺고, 동물 중에서도 매년 짝을 짓지 않는 동물은 극히 드물다. 따라서 모든 식물과 모든 동물이 기하급수적으로 증가하는 경향을 띠고, 어떻게든 존재할 수 있는 모든 곳을 가장 신속하게 채우지만, 기하급수적으로 증가하는 경향은 생애의 어떤 시기에 파멸로 인해 억제될 수밖에 없다고 자신있게 주장할 수 있다. 내 생각에는 우리가 상대적으로 몸집이 큰 가축에 익숙하기 때문에 착각하는 듯하다. 우리는 가축이 한꺼번에 죽는 경우를 본 적이 없다. 또 매년 수천 마리의 가축이 식량용으로 도살되고, 자연 상태에서도 비슷한 수의 동물이 어떤 이유로든 처리된다는 걸 잊고 지낸다.

°**all plants and animals**는 all (plants and animals)로 번역되어야 마땅합니다. 그럼 '모든 동물과 식물'이 낫겠습니까, 아니면 '모든 동물과 모든 식물'이 낫겠습니까? 우리말에서도 이런 구조적 분석이 가능하기 때문에 어느 쪽을 선택하느냐는 결국 번역가의 몫이겠지만, 제가 항상 생각하는 건 "번역가가 고생할수록 독자는 편하다"라는 것입니다. 물론 '모든 동식물'로 간결하게 번역하는 것도 좋은 방법일 겁니다.

°**every station**에서 station의 번역이 재밌습니다. 제가 서문에 썼던 대로, station을 우리에게 가장 널리 알려진 단어 '역, 정거장'으로 번역하면 앞뒤가 맞지 않습니다. 이런 경우에는 제가 입이 닳도록 말했듯이, 가장 적합한 단어를 찾아 사전을 뒤져야 합니다. 그것이 번역가의 의무입니다. 이 경우에는 '장소', '곳'이란 번역이 가장 적합할 겁니다.

°**any how**라는 표현도 재밌습니다. 구조적으로 보면 'any how'가 부사로 쓰인 게 분명합니다. 하지만 사전을 아무리 뒤적여도 any how가 부사로 쓰인 경우를 설명한 곳이 없습니다. 이런 표현 방식이 영국식 영어의 한 특징이기도 합니다. any how의 발음은 anyhow와 다르지 않습니다. 결론적으로 말하면, any how는 anyhow와 똑같은 것입니다. 다른 예를 들어보지요.
While Romantics easily dismissed what they did not like or believe, they found it genuinely difficult to martial a coherent alternative programme. 여기에서 이상한 단어를 찾아보십시오. 왼쪽부터 한 단어씩 번역하다 보면, 이상한 단어에 부딪힐 겁니다. 그렇습니다. martial입니다. martial은 여기에서 분명히 동사로 쓰였습니다. 하지

(8) In a state of nature almost every plant produces seed, and amongst animals there are very few which do not annually pair. Hence we may confidently assert, that all plants and animals are tending to increase at a geometrical ratio, that all would most rapidly stock every station in which they could any how exist, and that the geometrical tendency to increase must be checked by destruction at some period of life. Our familiarity with the larger domestic animals tends, I think, to mislead us: we see no great destruction falling on them, and we forget that thousands are annually slaughtered for food, and that in a state of nature an equal number would have somehow to be disposed of.

만 사전을 검색하면, 어떤 사전에도 martial이 동사로 쓰인 예가 없습니다. 달리 말하면, martial은 동사로 쓰이지 않는다는 뜻입니다. 그럼 대체 어떻게 된 것일까요? 이 책의 저자가 잘못 쓴 걸까요? 바로 여기에 영국식 영어의 매력(?)이 있습니다. martial을 발음해 보고, 그 발음과 똑같은 다른 단어를 떠올려 보십시오. 그럼 답이 나옵니다. 그렇습니다. marshal(정돈하다, 정리하다)입니다. 그래서 앞의 문장은 "낭만주의자들은 싫은 것이나 믿지 않는 것을 쉽게 버릴 수 있었지만, 대안적 프로그램을 논리적으로 정립한다는 것이 너무나 어렵다는 걸 알았다"로 번역됩니다.

° **Our familiarity with the larger domestic animals** = The fact that we are familiar with the larger domestic animals로 번역하면 어떻겠습니까? 번역할 때 이런 유형의 문장을 보는 즉시 이렇게 머릿속으로 바꿀 수 있다면 최상일 겁니다. 물론 하루아침에 되지는 않겠지만 계속 영어 문장을 보며 적절한 번역을 연습하면 자연스레 이런 수준에 도달할 것이라 믿습니다. 여기에서 저는 '명사절과 문장의 관계'라는 기법과 무생물 주어는 간혹 부사구로 번역하면 좋다는 기법을 사용했습니다.

° **... see no great destruction falling on them**은 지각동사 see가 V-ing와 함께 쓰인 예입니다.
... see / no great destruction / falling on them으로 분석됩니다. '크나큰 절멸이 그들에게 떨어지다(→ 닥치다)' + '보다'가 됩니다. '크나큰 절멸이 그들에게 닥치다' → '그들이 대량으로 죽다'라고 번역할 수 있지 않을까요?

° an equal number **would have somehow to be disposed of**에서 be disposed of에만 초점을 맞추면 '이게 뭐지?'라는 의문이 생길 수 있습니다. 하지만 수동 구문의 패턴을 생각하면 이 궁금증은 가볍게 풀립니다. 이 문장과 상응 관계에 있는 능동 구문은 Something would have somehow to dispose of an equal number가 될 겁니다. 이 문장을 수동 구문으로 바꾸면 어떻게 될까요? 여기에서 would have (somehow) to (do)는 조동사로 보면 됩니다. 조동사 would와 have to (do)가 이렇게 겹칠 수 있느냐고요? 제가 쓴 『원서, 읽(힌)다』에서 조동사 편을 읽어보시기 바랍니다. 그럼 이 문제는 쉽게 풀릴 겁니다.

(9) The only difference between organisms which annually produce eggs or seeds by the thousand, and those which produce extremely few, is, that the slow-breeders would require a few more years to people, under favourable conditions, a whole district, let it be ever so large. The condor lays a couple of eggs and the ostrich a score, and yet in the same country the condor may be the more numerous of the two: the Fulmar petrel lays but one egg, yet it is believed to be the most numerous bird in the world. One fly deposits hundreds of eggs, and another, like the hippobosca, a single one; but this difference does not determine how many individuals of the two species can be supported in a district. A large number of eggs is of some importance to those species, which depend on a rapidly fluctuating amount of food, for it allows them rapidly to increase in number. But the real importance of a large number of eggs or seeds is to make up for much destruction at some period of life; and this period in the great majority of cases is an early one. If an animal can in any way protect its own eggs or young, a small number may be produced, and yet the average stock be fully kept up; but if many eggs or young are destroyed, many must be produced, or the species will become extinct. It would suffice to keep up the full number of a tree, which lived on an average for a thousand years, if a single seed were produced once in a thousand years, supposing that this seed were never destroyed, and could be ensured to germinate in a fitting place. So that in all cases, the average number of any animal or plant depends only indirectly on the number of its eggs or seeds.

매년 수천 개씩 알을 낳거나 씨를 맺는 유기체와 극히 적은 알을 낳거나 씨를 맺는 유기체의 유일한 차이라면, 어떤 지역이 아무리 넓더라도 좋은 환경에서는 느리게 번식하는 유기체가 그 지역 전체를 가득 채우는 데 약간의 시간이 더 걸린다는 것일 뿐이다. 예컨대 콘도르는 알을 두 개 낳고, 타조는 스무 개 정도 낳지만, 같은 지역에서 서식하면 콘도르의 개체수가 더 많을 수 있다. 풀머 갈매기는 알을 하나밖에 낳지 않지만 세계에서 개체수가 가장 많은 새로 여겨진다. 어떤 파리는 한 마리가 수백 개의 알을 낳고, 이파리(hippobosca) 같은 파리는 알을 하나밖에 낳지 않는다. 그러나 이런 차이에서, 두 종의 개체수가 한 지역에서 얼마나 많이 존재할 수 있느냐가 결정되지는 않는다. 식량의 급격한 변화에 영향을 받는 종들은 많은 수의 알을 낳는 게 중요하다. 식량이 증가하면 개체수가 급격히 증가할 수 있기 때문이다. 그러나 많은 알이나 씨가 진짜로 중요한 이유는 생의 어떤 시기에 닥치는 개체수의 큰 감소를 벌충해 주기 때문이다. 대다수의 경우 그런 감소는 생의 초기에 일어난다. 어떤 동물이 자신의 알이나 새끼를 어떻게든 보호할 수 있다면, 소수만을 낳더라도 평균치는 충분히 유지될 수 있다. 그러나 많은 알이나 새끼가 죽는다면 많이 낳아야 한다. 그렇지 않으면 그 종은 멸종되고 말 것이다. 평균적으로 1,000년을 사는 나무가 1,000년에 한 번만 씨를 생산하더라도 그 씨가 결코 죽지 않고 적절히 장소에서 발아하는 게 보장된다면 그 나무는 온전한 수를 충분히 유지할 것이다. 이런 이유에서 어떤 경우에나 동물이나 식물의 평균수는 일생 동안 생산하는 알이나 씨의 수에 간접적으로만 영향을 받는다.

(9) The only difference between organisms which annually produce eggs or seeds by the thousand, and those which produce extremely few, is, that the slow-breeders would require a few more years to people, under favourable conditions, a whole district, let it be ever so large. The condor lays a couple of eggs and the ostrich a score, and yet in the same country the condor may be the more numerous of the two: the Fulmar petrel lays but one egg, yet it is believed to be the most numerous bird in the world. One fly deposits hundreds of eggs, and another, like the hippobosca, a single one; but this difference does not determine how many individuals of the two species can be supported in a district. A large number of eggs is of some importance to those species, which depend on a rapidly fluctuating amount of food, for it allows them rapidly to increase in number. But the real importance of a large number of eggs or seeds is to make up for much destruction at some period of life; and this period in the great majority of cases is an early one. If an animal can in any way protect its own eggs or young, a small number may be produced, and yet the average stock be fully kept up; but if many eggs or young are destroyed, many must be produced, or the species will become extinct. It would suffice to keep up the full number of a tree, which lived on an average for a thousand years, if a single seed were produced once in a thousand years, supposing that this seed were never destroyed, and could be ensured to germinate in a fitting place. So that in all cases, the average number of any animal or plant depends only indirectly on the number of its eggs or seeds.

°**organism**을 어떻게 번역할 것인가는 이 책에서 중요한 문제입니다. 저는 '유기체'로 번역했지만, 유기체란 결국 생물을 뜻하므로 '생물'이나 '생명체'로 번역해도 잘못된 것은 아닙니다. 뒤에 이어지는 글을 읽어보면, organism은 animal과 plant로 구분됩니다. 이런 점에서 organism에 대한 롱맨 사전의 정의 'an animal, plant, human, or any other living thing'을 어떻게 풀어, 어떤 단어로 압축하느냐는 전적으로 번역가의 몫입니다.

°**those**는 당연히 대명사로 organisms를 대신한 것입니다. 첫 문장은 구조적으로 The only difference ... / is / that ~의 형태를 취하고 있습니다. 다시 말하면, 이때의 is는 A = B를 뜻하는 연결 동사에 불과하다는 겁니다. 그런데 'A는 B'로 번역하기에는 A와 B가 너무 길지 않습니까? 다행히 A가 무생물입니다. 따라서 '무생물 주어는 부사로 번역하면 좋을 때가 있다'라는 원칙을 적용해서 'A라면 B이다'라고 번역할 수 있습니다. 이 번역이 더 쉽게 이해되지 않습니까?

° **require**를 번역할 때도 주의가 필요합니다. the slow-breeders would require a few more years ...를 '느리게 번식하는 것은 더 많은 시간을 필요로 한다'라고 번역하는 사람이 의외로 많습니다. 물론 표준국어대사전의 풀이에도 '필요로 하다'라는 표현이 쓰이지만, 이 표현을 비문이라 규정하는 사람이 많습니다. 제가 알기에 이 표현이 비문인 이유를 가장 쉽게 설명한 사람은 서울신문 손성진 논설위원입니다 (https://www.seoul.co.kr/news/newsView.php?id=20180102030004, 2023년 5월 10일 접속). 이분의 설명을 읽어보고, require 번역을 어떻게 하는 게 좋을지 고민해 볼 필요가 있습니다.

° **let it be ever so large**에서는 ever so의 뜻을 알면 쉽게 해결됩니다. ever so = however. 따라서 let it be ever so large는 However large it may be가 됩니다.

° **the ostrich a score**는 생략이 적용된 전형적인 문장입니다(← the ostrich lays a score). 일단 어떤 텍스트도 문법적으로 잘못 쓰였을 거란 생각을 버려야 합니다. 우리가 알고 있는 문법에 어긋난 문장이 쓰이면 문법 규칙이 적용된 것입니다. 영어에서 '명사가 연속해서 쓰이지 못한다'라는 규칙은 절대적인 문법 규칙입니다. 따라서 the ostrich a score는 어떤 이유에서 명사가 연속해서 쓰였는지 추적해야 합니다. 그렇습니다. 생략된 문장은 항상 복원 가능하며, 그 열쇠는 앞에 있습니다.

(9) The only difference between organisms which annually produce eggs or seeds by the thousand, and those which produce extremely few, is, that the slow-breeders would require a few more years to people, under favourable conditions, a whole district, let it be ever so large. The condor lays a couple of eggs and the ostrich a score, and yet in the same country the condor may be the more numerous of the two: the Fulmar petrel lays but one egg, yet it is believed to be the most numerous bird in the world. One fly deposits hundreds of eggs, and another, like the hippobosca, a single one; but this difference does not determine how many individuals of the two species can be supported in a district. A large number of eggs is of some importance to those species, which depend on a rapidly fluctuating amount of food, for it allows them rapidly to increase in number. But the real importance of a large number of eggs or seeds is to make up for much destruction at some period of life; and this period in the great majority of cases is an early one. If an animal can in any way protect its own eggs or young, a small number may be produced, and yet the average stock be fully kept up; but if many eggs or young are destroyed, many must be produced, or the species will become extinct. It would suffice to keep up the full number of a tree, which lived on an average for a thousand years, if a single seed were produced once in a thousand years, supposing that this seed were never destroyed, and could be ensured to germinate in a fitting place. So that in all cases, the average number of any animal or plant depends only indirectly on the number of its eggs or seeds.

° it **is believed to be** the most numerous bird in the world. be believed to do = seem to do로 번역하는 게 가장 원만한 듯합니다. 이때 it = Fulmar petrel입니다.

° **One fly** deposits hundreds of eggs, and **another,** like the hippobosca, a single one. 이 문장을 제대로 번역하려면 deposit의 뜻을 정확히 찾아내는 수고를 해야 합니다. 우리가 흔히 알고 있는 뜻, '두다, 맡기다'로 번역하면 앞뒤가 전혀 맞지 않습니다. 거듭 말하지만, 번역은 각 단어의 뜻을 맥락에 맞는 것으로 찾아내는 작업입니다. 이런 수고가 싫으면 번역을 해서는 안 됩니다.

one과 another를 어떻게 번역하는 게 좋을까요? 여기에서는 one fly, another (fly)인 게 분명합니다. one fly를 저는 '어떤 파리'라고 번역했습니다. 어, one에는 '어떤'이란 뜻이 없는데? 이런 의문을 품을 사람이 있을지도 모르겠습니다. 하지만 다음 예문을 보십시오.

John Crowther was walking down Broadway Ave one day and asked God what he wanted him to do. (11 May 2023) 이 문장을 번역하면 "어느 날, 존 크라우더는 브로드웨이가를 걷다가, 자신에게 원하는 게 뭐냐고 하느님에게 물었다."가 될 겁니다. 달리 말하면, one day를 '어느 날'로 번역했다는 겁니다. 실제로 사전을 보면 one day는 '언젠가' 혹은 '어느 날'로 번역하라고 말합니다. 제가 여기에서 one fly를 왜 '어떤 파리'라고 번역했는지 그 이유가 이해될 겁니다.

° **this difference does not determine** how many individuals of the two species can be supported in a district. 이 문장을 정직하게 번역하면 "이런 차이가 두 종의 개체수가 한 지역에서 얼마나 많이 존재할 수 있느냐를 결정하지는 않는다"가 될 겁니다. 번역 자체엔 큰 문제가 없습니다. 그런데 찜찜한 구석이 있습니다. 우리말의 고유한 특징 하나로, 이른바 주격 조사라는 '가'가 연속해서 쓰입니다. 개인적으로 저는 이런 연속을 그다지 좋아하지 않습니다. 여하튼 동일한 형태의 조사가 연속해서 쓰이는 걸 좋아하지 않습니다. 제가 앞에서 예로 든 문장에서 "어느 날, 존 크라우더는 브로드웨이가를 걷다가, 하느님에게 자신에게 원하는 게 뭐냐고 물었다"라고 번역하지 않고 순서를 바꾼 이유도 이런 맥락에서 이해하면 됩니다.

° **of some importance**에서 'of + 추상명사'가 형용사로 쓰인다는 걸 모르는 사람은 없겠지요. 이때 some은 importance를 수식하는 형용사로 쓰였으므로, of some importance를 알기 쉽게 바꿔 쓴다면, some도 적절한 부사로 바뀌어야 하므로 a little important가 될 겁니다.

(9) The only difference between organisms which annually produce eggs or seeds by the thousand, and those which produce extremely few, is, that the slow-breeders would require a few more years to people, under favourable conditions, a whole district, let it be ever so large. The condor lays a couple of eggs and the ostrich a score, and yet in the same country the condor may be the more numerous of the two: the Fulmar petrel lays but one egg, yet it is believed to be the most numerous bird in the world. One fly deposits hundreds of eggs, and another, like the hippobosca, a single one; but this difference does not determine how many individuals of the two species can be supported in a district. A large number of eggs is of some importance to those species, which depend on a rapidly fluctuating amount of food, for it allows them rapidly to increase in number. But the real importance of a large number of eggs or seeds is to make up for much destruction at some period of life; and this period in the great majority of cases is an early one. If an animal can in any way protect its own eggs or young, a small number may be produced, and yet the average stock be fully kept up; but if many eggs or young are destroyed, many must be produced, or the species will become extinct. It would suffice to keep up the full number of a tree, which lived on an average for a thousand years, if a single seed were produced once in a thousand years, supposing that this seed were never destroyed, and could be ensured to germinate in a fitting place. So that in all cases, the average number of any animal or plant depends only indirectly on the number of its eggs or seeds.

of use가 쓰인 다른 예를 들어 보겠습니다. 제 번역을 보기 먼저 직접 번역한 뒤 비교해 보십시오. 쉬운 예이니까 누구나 해낼 수 있을 겁니다.

There is no doubt it will be very hard to achieve anything meaningful that is of use to patients. (7 Jul 2011) (환자들에게 유익하고 의미 있는 무엇인가를 해내는 게 무척 어렵다는 건 두말할 필요가 없다)

°**it allows them rapidly to increase in number.** 접속사 for는 앞 문장에 대한 이유를 덧붙일 때 사용되는 접속사라는 걸 잘 아실 겁니다. 그럼 it은 무엇을 대신하는 대명사일까요? 간단히 생각하면 food일 겁니다. 그런데 앞 문장에서 식량의 양이 변동이 심하고, it (=food)이 개체수의 증가를 가능하게 해 주므로, it을 단순히 '식량'이라 번역하는 것보다 '식량이 증가하면'이라 번역하는 게 더 낫지 않을까요? 물론 them = those species입니다.

° **the real importance of a large number of eggs or seeds is to make up for much destruction at some period of life.** 문장 구조는 무척 간단합니다. the real importance of a large number of eggs or seeds = to make up for much destruction at some period of life. 문제는 =의 앞뒤를 어떻게 번역하느냐는 겁니다. 앞 구절에는 골치 아픈 of가 또 쓰였습니다. 기계적으로 번역하면 '많은 알이나 씨의 진정한 중요성' 입니다. 무슨 뜻인지 금방 와닿습니까? 그렇지 않을 겁니다. 제가 of의 번역에 신경을 쓰는 이유도 바로 여기에 있습니다. of를 기계적으로 '의'라고 번역하지 마십시오. 물론 '의'로 번역해도 괜찮은 경우도 많습니다. 하지만 이 경우는 아닙니다. 이때의 of는 동격의 of에 가까울 겁니다. '많은 알이나 씨' 자체가 중요하다는 겁니다. =의 뒷부분은 어렵지 않게 번역됩니다. 제가 이 문장에서 주어를 '이유'로 번역한 이유를 생각해 보면 재밌을 겁니다. 앞에서 거듭 말했던 원칙을 떠올리며, 직접 생각해 보십시오.

° **the average stock be fully kept up**에서 stock은 '재고'라는 뜻으로 쓰인 게 분명합니다. 그렇다고 생명체를 '재고'라 표현할 수는 없지 않습니까. 재고는 남아 있는 것을 뜻하므로, 상상력을 조금 동원하면 'average stock'은 '평균적인 개체수'로 번역할 수 있을 겁니다. 어쩌면 다윈의 지나친 비유를 원점으로 되돌려놓은 번역일 수도 있습니다.

° **or the species will become extinct**에서 or는 otherwise로 번역하는 게 좋을 겁니다. 요컨대 or가 '명령문, or ...'라는 구조에서만 '그렇지 않으면'의 뜻으로 쓰이지는 않는다는 겁니다.

(10) In looking at Nature, it is most necessary to keep the foregoing considerations always in mind—never to forget that every single organic being around us may be said to be striving to the utmost to increase in numbers; that each lives by a struggle at some period of its life; that heavy destruction inevitably falls either on the young or old, during each generation or at recurrent intervals. Lighten any check, mitigate the destruction ever so little, and the number of the species will almost instantaneously increase to any amount. The face of Nature may be compared to a yielding surface, with ten thousand sharp wedges packed close together and driven inwards by incessant blows, sometimes one wedge being struck, and then another with greater force.

자연을 관찰할 때 가장 필요한 것은 앞에서 언급한 것을 항상 기억하는 것이다. 달리 말하면, 우리 주변에 존재하는 모든 유기체는 수적으로 증가하려고 극도로 애쓴다고 말할 수 있다는 걸 잊지 않아야 한다는 뜻이다. 또한 어떤 생명체나 생의 어떤 시기에는 힘겹게 살아가고, 한 세대가 진행되는 동안이나, 일정한 간격을 두고 반복해서 어린 개체나 늙은 개체가 필연적으로 대량으로 죽는 사태가 발생한다는 것도 잊어서는 안 된다. 어떤 방해 요인을 덜어내고, 파멸을 조금이라도 완화한다면, 종의 수는 거의 동시에 상당한 정도까지 증가할 것이다. 자연의 얼굴은 주변의 압력에 쉽게 영향을 받는 표면에 비교될 수 있다. 표면이 1만 개의 날카로운 쐐기로 가득 채워지고, 그 쐐기들을 계속 두드려 안쪽으로 밀어넣지만 때때로 쐐기를 두드리는 강도가 다른 경우를 생각해 보면 된다.

° **In looking at Nature,** it is most necessary to keep the foregoing considerations always in mind—never to forget that... 문장을 "자연을 관찰할 때는 앞에서 언급한 것을 항상 기억하는 것이 무엇보다 중요하다"로 번역하는 경우가 많습니다. 제가 번역한 것과 큰 차이는 없습니다. it is most necessary에서 it이 비인칭 주어여서, 대안으로 제시한 것처럼 진짜 주어를 먼저 번역할 수 있겠지만, 저는 원문에 쓰인 어순을 지켜주는 게 이른바 '문맥 번역' 혹은 '행간까지의 번역'이라 생각하기 때문에 가능한 범위 내에서 원문의 어순을 지켜주려 애쓰는 편입니다. 하지만 결국에는 각 번역가가 선택할 몫입니다.

In looking ...을 봅시다. 'in doing ...'은 when, 'on doing ...'은 as soon as로 번역한다는 건 학창 시절에 배웠을 겁니다. 그런데 역시 시간을 나타내는 전치사 at이 doing과 함께 쓰이는 경우는 아직 보지 못했습니다. at을 사용해서 when의 뜻을 나타내려면 'at + 명사'가 되어야 합니다. At the birth of a child or a star there is pain. (Oscar Wilde, De Profundis) (아이나 별이 탄생할 때는 고통이 따른다)

° **—never to forget that** ...은 (it is most necessary)가 앞에 생략된 것으로 보아야 합니다. 그런데 왜 and를 사용하지 않고 대시(—)를 사용했을까요? 물론 구두점까지 번역할 필요가 있냐고 반문할 독자도 있겠지만, 어차피 이 책은 번역에 대한 모든 가능성을 따져보는 책이기 때문에 and와 —의 차이를 구분해 두고 싶습니다. and가 쓰인 경우에는 '... 이고, ~이다'라고 번역하면 그만일 것입니다. 그럼 —는 어떨까요? 대시는 정보를 더해주는 역할을 하는 구두점입니다. 따라서 저는 그 뜻을 '다시 말하면, 달리 말하면'으로 보았습니다.

(10) In looking at Nature, it is most necessary to keep the foregoing considerations always in mind—never to forget that every single organic being around us may be said to be striving to the utmost to increase in numbers; that each lives by a struggle at some period of its life; that heavy destruction inevitably falls either on the young or old, during each generation or at recurrent intervals. Lighten any check, mitigate the destruction ever so little, and the number of the species will almost instantaneously increase to any amount. The face of Nature may be compared to a yielding surface, with ten thousand sharp wedges packed close together and driven inwards by incessant blows, sometimes one wedge being struck, and then another with greater force.

° **each lives by a struggle** ...을 볼까요. each organic being lives by a struggle ... by a struggle의 번역이 어렵습니다. '각 생명체가 생의 어느 시기에 투쟁하며 살아간다'라고 번역할 수 있을 겁니다. 이렇게 번역해도 나무랄 데는 없습니다. 그런데 이 장의 제목 Struggle for Existence를 앞에서 우리는 '생존 경쟁'이라 번역했습니다. 그럼 '투쟁하며'보다 '경쟁하며'로 번역하는 게 일관성이란 면에서 더 적절합니다. 여하튼 투쟁이든 경쟁이든 '힘든 것'입니다. 그래서 저는 '힘겹게'를 선택했지만 '경쟁하며'를 선택하는 것도 괜찮아 보입니다.

° **, and the number of the species will almost instantaneously increase to any amount**는 앞 문장이 명령문이어서 조건문으로 번역하는 게 당연합니다. 여기서 to any amount = a very large amount of로 번역하는 게 좋습니다.

° **a yielding surface**에서 yielding의 번역이 참 까다롭습니다. 사전을 찾으면 '순종적인, 고분고분한'으로 정의됩니다. 이 수식어를 '표면'과 결합하면 어울리지 않는 듯합니다. 한편 영영사전을 뒤적이면 'docile, or inclined to give way to pressure'로 설명돼 있습니다. 'inclined to give way to pressure'라는 뜻이 눈에 띕니다. 게다가 뒤에

덧붙은 부사절과 연결되기도 합니다. 그럼 with ten thousand sharp wedges packed close together and driven inwards by incessant blows,는 어떻게 번역할까요? 기억하십니까? "영어에서 형용사는 반드시 명사 앞에서 수식한다. 따라서 형용사가 명사 뒤에 온다면, '명사 – 형용사'의 관계는 결코 수식이 아니다. 더구나 with가 문두에 있으면 '명사 (being) 형용사'라는 구조로 번역하는 게 좋다."라는 번역 원칙을 기억하십니까? 이 원칙을 적용하면 with ten thousand sharp wedges (being) packed close together and (being) driven inwards by incessant blows가 됩니다. 뒤에 이어지는 sometimes one wedge being struck, and then another with greater force에는 being이 있습니다. 이 경우에는 앞에 with가 생략되고, another with greater force에서도 일반적인 생략 원칙이 적용된 것으로 보는 게 타당합니다. 결국 뒷문장은 (with) sometimes one wedge being struck, and then another (wedge) (being struck) with greater force가 원래 문장이 될 겁니다. 이렇게 분석해 놓으니까 이젠 번역할 수 있겠지요? 여기에서 다시 기억할 게 있습니다. "(with) 명사 – (being) 형용사 ..."는 앞 문장을 수식하는 양태의 부사로 번역하면 좋지만, 그렇게 번역하는 게 힘들면 아예 따로 떼어 독립적으로 번역하는 방법도 있다고 했습니다. 제가 여기에서 사용한 방법은 후자입니다.

The face of Nature may be compared to a yielding surface, ...에서는 결국 표면에 1만 개의 날카로운 쐐기가 각각 다른 강도로 타격을 받아 안으로 들어가는 모습을 묘사했습니다. 자연의 얼굴이 그런 표면에 비교되었습니다. yielding을 'inclined to give way to pressure'(압력에 굴복하는 경향을 띠는)란 뜻으로 번역한 이유가 이제 이해되시는지요.

(11) What checks the natural tendency of each species to increase in number is most obscure. Look at the most vigorous species; by as much as it swarms in numbers, by so much will its tendency to increase be still further increased. We know not exactly what the checks are in even one single instance. Nor will this surprise any one who reflects how ignorant we are on this head, even in regard to mankind, so incomparably better known than any other animal. This subject has been ably treated by several authors, and I shall, in my future work, discuss some of the checks at considerable length, more especially in regard to the feral animals of South America. Here I will make only a few remarks, just to recall to the reader's mind some of the chief points. Eggs or very young animals seem generally to suffer most, but this is not invariably the case. With plants there is a vast destruction of seeds, but, from some observations which I have made, I believe that it is the seedlings which suffer most from germinating in ground already thickly stocked with other plants. Seedlings, also, are destroyed in vast numbers by various enemies; for instance, on a piece of ground three feet long and two wide, dug and cleared, and where there could be no choking from other plants, I marked all the seedlings of our native weeds as they came up, and out of the 357 no less than 295 were destroyed, chiefly by slugs and insects. If turf which has long been mown, and the case would be the same with turf closely browsed by quadrupeds, be let to grow, the more vigorous plants gradually kill the less vigorous, though fully grown, plants: thus out of twenty species growing on a little

plot of turf (three feet by four) nine species perished from the other species being allowed to grow up freely.

종의 개체수가 증가하는 자연스런 경향을 방해하는 것이 무엇인지는 여전히 오리무중이다. 가장 활기찬 종을 면밀히 관찰해 보라. 그 종은 수적으로 많이 모여드는 만큼, 개체수가 증가하는 경향도 그만큼 더 커질 것이다. (그러나 실제로는 그렇게 되지 않는다.) 이런 하나의 예에서도 개체수의 자연스런 증가를 방해하는 요인이 무엇인지 우리는 정확히 모른다. 하지만 다른 동물과는 비교조차 되지 않을 정도로 많이 알려진 인간에 관련해서도 우리가 모르는 게 많다는 사실을 고려하면, 그 요인을 모르는 게 조금도 놀랍지 않다. 이 문제는 지금까지 여러 학자에 의해 훌륭히 다루어졌다. 나도 특히 남아메리카의 위험한 동물들을 집중적으로 다룬 향후의 책에서 몇몇 방해 요인을 자세히 다루어 보려 한다. 하지만 여기에서는 독자의 기억에 몇몇 중요한 요점을 떠올려 주는 목적에서, 그에 대한 내 의견을 간략히 언급해 두는 것으로 만족하려 한다. 일반적으로 알이나 무척 어린 새끼가 가장 크게 고통받을 듯하지만 반드시 그런 것은 아니다. 식물의 경우에는 씨가 대량으로 소실된다. 그러나 내가 지금까지 관찰한 바에 따르면, 이미 다른 식물들로 빼곡이 채워진 땅에서 발아한 새싹이 가장 크게 고통을 받는다. 따라서 새싹은 다양한 적들에게 시달리며 많이 죽는다. 예를 들어 보자. 나는 땅을 깊이 파고 풀을 모두 뽑아 다른 식물들로부터 방해를 받지 않도록 정리한 길이 90센티미터, 폭 60센티미터인 한 뙈기의 땅에서, 자생하는 풀이 싹을 내밀 때마다 그 새싹들을 빠짐없이 표시했다. 357개의 새싹 중 자그마치 295개가 주로 민달팽

이와 벌레에게 먹혔다. 네발짐승이 마음대로 뜯어먹은 풀밭도 마찬가지이겠지만, 오래전부터 풀을 베던 풀밭을 제멋대로 자라도록 내버려두면, 상대적으로 약한 식물은 다 성장하더라도 더 건강한 식물에게 서서히 죽임을 당한다. 따라서 작은 면적의 풀밭(90센티미터×120센티미터)에서 처음엔 20종이 자랐지만, 모든 종이 자유롭게 자라도록 내버려둔 탓에 9종이 죽고 말았다.

(11) What checks the natural tendency of each species to increase in number is most obscure. Look at the most vigorous species; by as much as it swarms in numbers, by so much will its tendency to increase be still further increased. We know not exactly what the checks are in even one single instance. Nor will this surprise any one who reflects how ignorant we are on this head, even in regard to mankind, so incomparably better known than any other animal. This subject has been ably treated by several authors, and I shall, in my future work, discuss some of the checks at considerable length, more especially in regard to the feral animals of South America. Here I will make only a few remarks, just to recall to the reader's mind some of the chief points. Eggs or very young animals seem generally to suffer most, but this is not invariably the case. With plants there is a vast destruction of seeds, but, from some observations which I have made, I believe that it is the seedlings which suffer most from germinating in ground already thickly stocked with other plants. Seedlings, also, are destroyed in vast numbers by various enemies; for instance, on a piece of ground three feet long and two wide, dug and cleared, and where there could be no choking from other plants, I marked all the seedlings of our native weeds as they came up, and out of the 357 no less than 295 were destroyed, chiefly by slugs and insects. If turf which has long been mown, and the case would be the same with turf closely browsed by quadrupeds, be let to grow, the more vigorous plants gradually kill the less vigorous, though fully grown, plants: thus out of twenty species growing on a little plot of turf (three feet by four) nine species perished from the other species being allowed to grow up freely.

°**the natural tendency of each species to increase in number**에서 of는 '동격의 of'로 번역해야 마땅합니다. 즉, [the natural tendency =(of) each species to increase in number]가 됩니다. 물론 each species to increase in number는 [each species](주어) [increase in number](동사), 즉 일종의 문장으로 번역할 수 있어야 합니다.

°**by as much as it swarms in numbers, by so much will its tendency to increase be still further increased.** 여기에서 by는 무엇이고, as much as는 또 무엇일까요? 일단 by는 전치사인 게 분명합니다. 그런데 '전치사'가 전치사인 이유는 반드시 명사, 혹은 명사 상당어구 앞에 쓰이기 때문입니다. 그렇다면 as much as는 명사 상당어구가 되어야 합니다. 실제로 영어에서 'by as much as + number'가 자주 쓰입니다. 아래의 두 예문은 모두 동일한 기사에서 인용한 것입니다(Mental Health Foundation, 2023년 5월 19일 접속).

(11) What checks the natural tendency of each species to increase in number is most obscure. Look at the most vigorous species; by as much as it swarms in numbers, by so much will its tendency to increase be still further increased. We know not exactly what the checks are in even one single instance. Nor will this surprise any one who reflects how ignorant we are on this head, even in regard to mankind, so incomparably better known than any other animal. This subject has been ably treated by several authors, and I shall, in my future work, discuss some of the checks at considerable length, more especially in regard to the feral animals of South America. Here I will make only a few remarks, just to recall to the reader's mind some of the chief points. Eggs or very young animals seem generally to suffer most, but this is not invariably the case. With plants there is a vast destruction of seeds, but, from some observations which I have made, I believe that it is the seedlings which suffer most from germinating in ground already thickly stocked with other plants. Seedlings, also, are destroyed in vast numbers by various enemies; for instance, on a piece of ground three feet long and two wide, dug and cleared, and where there could be no choking from other plants, I marked all the seedlings of our native weeds as they came up, and out of the 357 no less than 295 were destroyed, chiefly by slugs and insects. If turf which has long been mown, and the case would be the same with turf closely browsed by quadrupeds, be let to grow, the more vigorous plants gradually kill the less vigorous, though fully grown, plants: thus out of twenty species growing on a little plot of turf (three feet by four) nine species perished from the other species being allowed to grow up freely.

Addressing wellbeing at work increases productivity by as much as 12%. (직장에서 삶의 질에 대한 문제가 해결되면 생산성이 12퍼센트만큼 증가한다) Sadly, over 6,000 people a year die by suicide in the UK, and having a long-term mental health problem may reduce life expectancy by as many as 21 years due to associated physical health problems. (안타깝게도 영국에서는 매년 6,000명 이상이 자살로 삶을 마감한다. 정신 건강 문제로 오랫동안 시달리면 관련된 신체 건강 문제로 기대 수명이 21년까지 줄어들 수 있다)

결국 as many as = the same quantity as라고 보면 어떻겠습니까? as many 혹은 as much는 명사가 되고 뒤의 as는 숫자와 함께 쓰였기 때문에 전치사로 보는 게 합당할 것입니다. 그런데 본문은 by as much as it swarms in numbers입니다. as much as를 접속사로 번역한다는 건 문법 규칙 자체를 파괴하는 게 되며, 결코 바람직한 접근 방법이 아닙니다. 그래서 저는 뒤의 as를 유사 관계 대명사 as로 분석합니다. 이때 유사 관계 대명사 as는 swarm의 목적어를 대신하며, 선행사는 as much가 됩니다. 이런 분석의 타당성은 아래 예문에서 확인됩니다. 이 예문에서 뒤의 as는 주어 역할을 하는 유사 관계 대명사입니다.

South Korea's exports fell in March year-on-year for the sixth month in a row, hit by a cooling global economy and a persistent slump in the semiconductor sector, but exports did not fall by as much as expected, data showed on Saturday. (1 Apr 2023, Reuters)
(한국 수출은 냉각된 세계 경제와 반도체 부문의 지속적인 침체로 영향을 받아, 3월에도 전년 대비 6개월 연속 떨어졌다. 그러나 토요일에 발표된 자료에서 보듯이 수출이 예상한 만큼 떨어지지는 않았다)

by so much는 by + so much (a non-specific amount of something)으로 분석해서 '그만큼 더욱' 정도로 번역하면 될 겁니다.

° 맥락상 (그러나 실제로는 그렇게 되지 않는다)에 해당하는 문장이 빠진 듯합니다.

° **Nor will this surprise any one who reflects how ignorant we are on this head,** even in regard to mankind, so incomparably better known than any other animal. Nor will this surprise ...에서 부정어 nor가 문두로 이동하며 동사를 강조합니다. 따라서 주어 - 동사가 도치된 것으로 보아야 마땅할 것입니다. (← This will not surprise

(11) What checks the natural tendency of each species to increase in number is most obscure. Look at the most vigorous species; by as much as it swarms in numbers, by so much will its tendency to increase be still further increased. We know not exactly what the checks are in even one single instance. Nor will this surprise any one who reflects how ignorant we are on this head, even in regard to mankind, so incomparably better known than any other animal. This subject has been ably treated by several authors, and I shall, in my future work, discuss some of the checks at considerable length, more especially in regard to the feral animals of South America. Here I will make only a few remarks, just to recall to the reader's mind some of the chief points. Eggs or very young animals seem generally to suffer most, but this is not invariably the case. With plants there is a vast destruction of seeds, but, from some observations which I have made, I believe that it is the seedlings which suffer most from germinating in ground already thickly stocked with other plants. Seedlings, also, are destroyed in vast numbers by various enemies; for instance, on a piece of ground three feet long and two wide, dug and cleared, and where there could be no choking from other plants, I marked all the seedlings of our native weeds as they came up, and out of the 357 no less than 295 were destroyed, chiefly by slugs and insects. If turf which has long been mown, and the case would be the same with turf closely browsed by quadrupeds, be let to grow, the more vigorous plants gradually kill the less vigorous, though fully grown, plants: thus out of twenty species growing on a little plot of turf (three feet by four) nine species perished from the other species being allowed to grow up freely.

...) this는 당연히 지시 대명사로 앞 문장을 대신한다고 생각할 수 있습니다. 그런데 제가 앞 문장의 내용을 '요인'이란 단어로 압축했습니다. 그래서 this도 '그 요인'으로 번역했습니다. 제가 앞 문장을 번역할 때 '요인'이란 단어를 덧붙인 이유를 나름대로 추론해 보는 것도 재밌을 겁니다.

any one who reflects how ignorant we are on this head에서 reflect를 '깊이 생각하다'로 번역했습니다. 여기에서 head를 '머리'라고 번역하면 우습겠지요. be ignorant on this head일 것이고, head = matter로 보면 모든 번역이 술술 풀릴 겁니다. 결국 번역은 각 단어에 가장 적합한 한국어 단어를 찾는 작업입니다. 바로 뒤에 오는 this subject도 다르지 않습니다.

° **This subject has been ably treated by several author**에서는 시제가 느닷없이 현재완료로 쓰인 것에 주목했습니다. 우리말에는 현재

완료와 일치하는 시제가 없지요. 그래서 현재 시제로만 쓰이던 문장들이 여기에서 현재완료로 쓰였다는 것을 표현하려고 '지금까지'(till now)를 덧붙였습니다. 현재완료 자체가 '현재까지'이니까요.

° **very young animals**에서 animal은 egg와 비교해서 번역하는 게 낫다고 생각합니다. 따라서 '무척 어린 동물'이라 번역하면 '알'과 뚜렷하게 대조되지 않습니다. '알'도 따지고 보면 '동물'입니다. 조류와 어류가 여기에 해당할 겁니다. 그럼 very young animals는 포유동물로 보는 게 낫지 않을까요? 그럼 제가 '새끼'라고 번역한 이유를 이해할 수 있을 겁니다.

° **... it is the seedlings which suffer most from germinating in ground already thickly stocked with other plants**에서 it은 비인칭 주어가 됩니다. 그럼 it is the seedlings which ...는 일종의 강조구문, 즉 it is ... that ~이란 강조구문이 변형된 것으로 볼 수 있습니다. suffer (most) from ...은 "...로부터 고통을 받다"일 것이고, ... in ground (which has been) already thickly stocked with other plants가 될 겁니다. be stocked with = be covered with / be provided with로 보면 편합니다.

° **out of the 357 no less than 295**에서 no less than은 영영사전에서 'used to emphasize a large amount'라 정의됩니다. 다시 말하면 '많은 양을 강조하고 싶을 때' no less than이 사용된다는 뜻입니다. 이에 가장 적합한 우리말은 '자그마치'가 아닐까 싶습니다.

(11) What checks the natural tendency of each species to increase in number is most obscure. Look at the most vigorous species; by as much as it swarms in numbers, by so much will its tendency to increase be still further increased. We know not exactly what the checks are in even one single instance. Nor will this surprise any one who reflects how ignorant we are on this head, even in regard to mankind, so incomparably better known than any other animal. This subject has been ably treated by several authors, and I shall, in my future work, discuss some of the checks at considerable length, more especially in regard to the feral animals of South America. Here I will make only a few remarks, just to recall to the reader's mind some of the chief points. Eggs or very young animals seem generally to suffer most, but this is not invariably the case. With plants there is a vast destruction of seeds, but, from some observations which I have made, I believe that it is the seedlings which suffer most from germinating in ground already thickly stocked with other plants. Seedlings, also, are destroyed in vast numbers by various enemies; for instance, on a piece of ground three feet long and two wide, dug and cleared, and where there could be no choking from other plants, I marked all the seedlings of our native weeds as they came up, and out of the 357 no less than 295 were destroyed, chiefly by slugs and insects. If turf which has long been mown, and the case would be the same with turf closely browsed by quadrupeds, be let to grow, the more vigorous plants gradually kill the less vigorous, though fully grown, plants: thus out of twenty species growing on a little plot of turf (three feet by four) nine species perished from the other species being allowed to grow up freely.

°**If turf which has long been mown**, and the case would be the same with turf closely browsed by quadrupeds, **be let to grow**에서 if-절에 동사 원형(be)이 쓰인 게 이상하게 보일지도 모르겠습니다. 이 책이 다윈의 시절에 쓰였다는 걸 고려하면 동사 원형이 쓰인 이유가 충분히 짐작됩니다. 물론 요즘에는 원형보다 당연히 현재형이 쓰일 겁니다(→ If turf which has long been mown is let to grow). 여기에서 사역동사 let이 수동형으로 쓰여 to-V(즉 to grow)로 바뀌었다는 건 굳이 언급할 필요가 없겠지요.

°**a little plot of turf**에서 plot 자체가 '땅 조각'이란 뜻입니다. a little은 '작은 것'을 강조하는 수식어로 보면 될 것이고, of turf는 무엇일까요? 이때 of는 '재료의 of'일 겁니다. 그럼 plot of turf는 '잔디(혹은 풀)로 이루어진 땅'이 됩니다. 이렇게 접근해 가면 결국 '작은 풀밭'이란 번역이 가능해집니다.

° **... perished from the other species being allowed to grow up freely.** 일단 perish from의 뜻을 찾기 전에 perished from [the other species being allowed to grow up freely]로 분석할 수 있어야 합니다. 물론 ... perished from the other species (which had) been allowed to grow up freely로 분석하고 싶을 사람도 있을 겁니다. 이런 분석이 무작정 틀렸다고 말하고 싶지 않습니다. 이렇게 하더라도 그럴듯한 번역은 얼마든지 가능하니까요. 그럼 9종이 소멸된 원인은 '마음대로 자라도록 허용된 나머지 '종'이나 '나머지 종들도 제멋대로 자라도록 방치된 탓'이 되겠지요. 결국 선택의 문제이겠지만 저라면 후자를 선택할 겁니다. 그런데 the other species는 어떻게 봐야 할까요? 물론 the other이므로 당연히 '나머지'일 겁니다. 수로 표현하면 20−9 = 11이 되겠지요. 여기에서 조금만 깊이 생각해 봅시다. 9종은 제멋대로 자라도록 허용되지 않았을까요? 그렇지는 않을 겁니다. 나머지 11종의 등쌀에 죽었을 겁니다. 앞 문장에서 그 원인을 찾으면 '덜 강한'(less vigorous) 이유로 죽었을 뿐입니다. 따라서 the other species는 굳이 '나머지 종'이라 구분해 번역할 필요가 있을지 모르겠습니다. 그래서 '모든 종이 자유롭게 자라도록 내버려둔 탓'이라 번역했습니다. 어차피 죽은 9종도 자유롭게 자라도록 허용되었지만 '덜 강한' 탓에 죽었을 테니까요. 그래도 the other species를 명확히 구분해서 번역하고 싶다고요? 그럼 어떻게 하는 게 좋을까요? '나머지 종을 자유롭게 자라도록 내버려둔 탓'이면 충분할까요? 제 언어 감각에는 약간 부족한 것 같습니다. 저라면 '나머지 종까지 자유롭게 자라도록 내버려둔 탓'이라 번역하겠습니다. 그래야 죽은 9종이 생존경쟁에서 패했다는 게 드러날 테니까요.

(11) What checks the natural tendency of each species to increase in number is most obscure. Look at the most vigorous species; by as much as it swarms in numbers, by so much will its tendency to increase be still further increased. We know not exactly what the checks are in even one single instance. Nor will this surprise any one who reflects how ignorant we are on this head, even in regard to mankind, so incomparably better known than any other animal. This subject has been ably treated by several authors, and I shall, in my future work, discuss some of the checks at considerable length, more especially in regard to the feral animals of South America. Here I will make only a few remarks, just to recall to the reader's mind some of the chief points. Eggs or very young animals seem generally to suffer most, but this is not invariably the case. With plants there is a vast destruction of seeds, but, from some observations which I have made, I believe that it is the seedlings which suffer most from germinating in ground already thickly stocked with other plants. Seedlings, also, are destroyed in vast numbers by various enemies; for instance, on a piece of ground three feet long and two wide, dug and cleared, and where there could be no choking from other plants, I marked all the seedlings of our native weeds as they came up, and out of the 357 no less than 295 were destroyed, chiefly by slugs and insects. If turf which has long been mown, and the case would be the same with turf closely browsed by quadrupeds, be let to grow, the more vigorous plants gradually kill the less vigorous, though fully grown, plants: thus out of twenty species growing on a little plot of turf (three feet by four) nine species perished from the other species being allowed to grow up freely.

perish from ...은 '...로 죽다'입니다. 여기에서 from은 원인이 될 겁니다. from이 원인으로 쓰인 가장 익숙한 예는 Grammy winning rapper Coolio died from a fentanyl overdose. (7 Apr 2023) (그래미상을 수상한 래퍼, 클리오가 펜타닐 과용으로 사망했다)일 겁니다.

(12) The amount of food for each species of course gives the extreme limit to which each can increase; but very frequently it is not the obtaining food, but the serving as prey to other animals, which determines the average numbers of a species. Thus, there seems to be little doubt that the stock of partridges, grouse, and hares on any large estate depends chiefly on the destruction of vermin. If not one head of game were shot during the next twenty years in England, and, at the same time, if no vermin were destroyed, there would, in all probability, be less game than at present, although hundreds of thousands of game animals are now annually killed. On the other hand, in some cases, as with the elephant and rhinoceros, none are destroyed by beasts of prey: even the tiger in India most rarely dares to attack a young elephant protected by its dam.

물론 종의 생존에 필요한 식량의 양에 따라, 그 종이 증가할 수 있는 한계가 결정된다. 그러나 종의 평균 개체수를 결정하는 요인은 획득하는 식량의 양이 아니라, 다른 동물의 먹이가 되는 경우인 때가 많다. 따라서 널찍한 땅에서 살아가는 메추라기와 들꿩과 들토끼의 개체수는 주로 벌레의 박멸 여부에 따라 크게 영향을 받는다는 덴 의심의 여지가 없는 듯하다. 예컨대 잉글랜드에서는 현재 매년 수십만 마리의 엽조류가 사냥으로 죽지만, 향후 20년 동안 한 마리의 새도 사냥감이 되지 않는다면, 동시에 한 마리의 벌레도 박멸되지 않는다면, 지금보다 엽조류가 줄어들 가능성이 크다. 반면에 코끼리와 코뿔소가 그렇듯이, 맹수에게 한 마리도 잡아 먹히지 않는 경우도 있다. 예컨대 인도에서는 호랑이도 어미에게서 보호받는 새끼 코끼리를 감히 공격하지는 않기 때문이다.

(12) The amount of food for each species of course gives the extreme limit to which each can increase; but very frequently it is not the obtaining food, but the serving as prey to other animals, which determines the average numbers of a species. Thus, there seems to be little doubt that the stock of partridges, grouse, and hares on any large estate depends chiefly on the destruction of vermin. If not one head of game were shot during the next twenty years in England, and, at the same time, if no vermin were destroyed, there would, in all probability, be less game than at present, although hundreds of thousands of game animals are now annually killed. On the other hand, in some cases, as with the elephant and rhinoceros, none are destroyed by beasts of prey: even the tiger in India most rarely dares to attack a young elephant protected by its dam.

°**The amount of food for each species of course gives the extreme limit to which each can increase;** 문장부터 분석해 봅시다. 번역이 힘들면 일단 부사와 (명사를 수식하는) 형용사를 제외해 보십시오. 그럼 문장이 한결 간결해집니다. 그 뒤에 부사와 형용사를 관련된 위치에 더하는 겁니다.

The amount of food for species / gives / the limit /
종에게 필요한 식량의 양 주다 한계(를)

to which each can increase.
(각) 종이 증가할 수 있는 한계(까지)

곧이곧대로 번역하면 무슨 뜻인지 즉시 와닿지 않지요? 이 문장을 수동 구문으로 바꿔 보십시오.

the limit to which each can increase / is given /
(각) 종이 증가할 수 있는 한계(까지) 주어진다

by the amount of food for each species
종에게 필요한 식량의 양에 의해서

이제 이 문장이 무슨 뜻인지 아시겠습니까? "각 종이 증가할 수 있는 한계가 그 종에게 필요한 식량의 양에 의해서 주어진다"에서 '주어진다'를 '결정된다'로 교체할 수 있겠습니까? 이렇게 번역한 것에 부사와 형용사를 더하는 겁니다. 제가 첫 문장을 "물론 종의 생존에 필요한 식량의 양에 따라, 그 종이 증가할 수 있는 한계가 결정된다"라고 번역한 이유를 이제 이해하시겠지요. 이 번역을 두고, 직역이 아니라 의역한 것이라 말하면 제가 너무 섭섭합니다. 지금까지 제가 번역에 대해 말한 것을 아직 제대로 이해하지 못한 게 되니까요. 그래도 희망을 갖고 계속 읽어보십시오.

° **it is not the obtaining food, but the serving as prey to other animals, which determines the average numbers of a species.**는 강조 용법으로 번역하는 게 좋습니다. 물론 it은 비인칭 주어입니다. the serving as prey to other animals를 어떻게 번역하느냐가 관건입니다. the serving as prey to other animals가 to serve as prey to other animals의 명사형이란 점에 주목하는 게 순서일 겁니다. to serve as prey to ... = fall a victim to ... = ...의 희생물이[포로가] 되다.

° **the stock of partridges** ...에서 stock을 어떻게 번역하느냐가 문제입니다. 물론 '재고', '비축물'이란 번역은 전혀 어울리지 않습니다. 영한사전을 열심히 뒤적여도 적절한 번역어가 보이지 않으면 영영사전을 뒤적여야 합니다. Wiktionary에서 stock을 'the population of a given type of animal (especially fish) available to be captured from the wild for economic use'라 설명하고 있습니다. 여기에서 '개체수, 개체군'이란 번역어가 선택되면 "메추라기와 들꿩과 들토끼의 개체수"라는 번역이 완성됩니다. 제가 번역을 시작하는 사람들에게 매번 강조하는 말이 있습니다. "번역가가 고생하면 독자가 편하다"라는 겁니다. 단 하나의 단어도 대충 넘기지 마십시오.

(12) The amount of food for each species of course gives the extreme limit to which each can increase; but very frequently it is not the obtaining food, but the serving as prey to other animals, which determines the average numbers of a species. Thus, there seems to be little doubt that the stock of partridges, grouse, and hares on any large estate depends chiefly on the destruction of vermin. If not one head of game were shot during the next twenty years in England, and, at the same time, if no vermin were destroyed, there would, in all probability, be less game than at present, although hundreds of thousands of game animals are now annually killed. On the other hand, in some cases, as with the elephant and rhinoceros, none are destroyed by beasts of prey: even the tiger in India most rarely dares to attack a young elephant protected by its dam.

° **one head of game**에서 head는 '머릿수'나 '마리' 등 일종의 단위로 보는 게 나을 겁니다.

° **hundreds of thousands** of game animals에서 hundreds of thousands는 대체 어느 정도의 양일까요? 사전적 정의에 따르면 "10만과 100만 사이에 있는 불명확한 수"라고 합니다. 그러니까 '수십만'이라 번역하면 되겠습니다. 그런데 숫자를 표기할 때 재밌는 게 있습니다. a hundred thousand dinners / two hundred thousand people이지만 hundreds of thousands of people이라는 겁니다. 솔직히 말해서 숫자 표기에서 이런 차이를 두는 이유는 모르겠습니다. 그냥 관례가 아닌가 싶습니다.

Hundreds of thousands of people have taken part in street protests and strikes across France. (28 Mar 2023) (수십만 명이 프랑스 전역에서 길거리 시위와 파업에 참여했다)

Two hundred thousand people gathered in Tiananmen Square to hear the pronouncement. (1 Oct 2023) (그 발표를 들으려고 20만 명이 천안문 광장에 모였다)

In the field before me were a hundred thousand dinners. (9 Sep 2020) (내 앞의 들판에는 10만 명이 먹을 것이 자라고 있었다)

° **as with the elephant and rhinoceros**에서 as with ... = in the same way as ..., 즉 "...가 그렇듯이"라고 번역하면 되고, 상당히 자주 쓰이는 표현입니다.

° **On the other hand**는 일반적으로 on the one hand와 짝지워 쓰이지만, 여기에서는 단독으로 쓰였습니다. on the one hand와 짝지워 쓰일 때는 '한편으로는 ... (다른) 한편으로는 ...'이 되겠지만, 여기처럼 단독으로 쓰이면 '반면에'라는 뜻이 되는 경우가 많습니다. 여하튼 on the one hand와 함께 쓰이든 그렇지 않든 간에 다른 두 사실을 비교하는 것이므로, 이런 차이가 부각되도록 번역해야 합니다.
How on earth was this American spending on the war paid for, avoiding hyperinflation on the one hand and default and collapse on the other? (Paul Kennedy, Victory at Sea) (미국은 초인플레이션만이 아니라 국가 부도와 붕괴를 피하면서 어떻게 군비 지출을 감당했을까?)

° **most rarely dares to do**가 부정적인 의미로 번역된 이유는 굳이 설명할 필요가 없을 겁니다. 그런데 제 번역을 유의해서 보면 마지막 문장에 뜬금없이 '예컨대'가 있습니다. 이 단어는 대체 무엇을 번역한 걸까요? 그렇습니다. 콜론을 번역한 것입니다. 이 경우처럼 구체적인 예를 제시하며 설명할 때 콜론이 쓰입니다.

(13) Climate plays an important part in determining the average numbers of a species, and periodical seasons of extreme cold or drought, I believe to be the most effective of all checks. I estimated that the winter of 1854-55 destroyed four-fifths of the birds in my own grounds; and this is a tremendous destruction, when we remember that ten per cent is an extraordinarily severe mortality from epidemics with man. The action of climate seems at first sight to be quite independent of the struggle for existence; but in so far as climate chiefly acts in reducing food, it brings on the most severe struggle between the individuals, whether of the same or of distinct species, which subsist on the same kind of food. Even when climate, for instance extreme cold, acts directly, it will be the least vigorous, or those which have got least food through the advancing winter, which will suffer most.

기후는 종의 평균 개체수를 결정하는 데 중요한 역할을 한다. 내 생각에는 극단적인 추위나 가뭄이 주기적으로 반복되는 계절이 가장 실질적인 방해 요인인 듯하다. 내 추정이 맞다면, 내 소유의 땅에서 1854-1855년 겨울에 조류의 5분의 4가 죽었다. 이런 사망률은 엄청난 것이다. 인간의 경우에는 전염병으로 인한 사망률이 10퍼센트여도 대단히 심각한 것이다. 처음에 기후의 작용은 생존경쟁과 아무런 관계가 없는 것처럼 보인다. 그러나 기후가 식량을 줄이는 방향으로 주로 작용한다면, 종이 같든 다르든 같은 종류의 식량을 먹고 살아가는 개체들 간에 가장 치열한 생존경쟁을 야기한다. 예컨대 혹한이 닥쳐 기후가 생존에 직접적으로 영향을 주는 경우에도 가장 약한 개체, 즉 겨우내 식량을 가장 적게 구한 개체가 가장 크게 고통받을 것이다.

(13) Climate plays an important part in determining the average numbers of a species, and periodical seasons of extreme cold or drought, I believe to be the most effective of all checks. I estimated that the winter of 1854-55 destroyed four-fifths of the birds in my own grounds; and this is a tremendous destruction, when we remember that ten per cent is an extraordinarily severe mortality from epidemics with man. The action of climate seems at first sight to be quite independent of the struggle for existence; but in so far as climate chiefly acts in reducing food, it brings on the most severe struggle between the individuals, whether of the same or of distinct species, which subsist on the same kind of food. Even when climate, for instance extreme cold, acts directly, it will be the least vigorous, or those which have got least food through the advancing winter, which will suffer most.

° **plays an important part in doing**을 번역할 때는 두 가지 선택이 있습니다. in doing을 어떻게 분석하느냐에 따라 의미가 달라지기 때문입니다. 본능적으로 보면, play a part in ...을 "...에서 어떤 역할을 하다"라는 식으로 번역할 수 있습니다. 하지만 in doing ...을 별개의 부사구로 분석할 수도 있습니다. Climate plays an important part in determining the average numbers of a species. 그런 in doing ...은 앞에서도 언급했듯이 "...할 때"로 번역할 수도 있을 겁니다. 그런데 여기에서는 어떤 식으로 번역하든 의미에서 큰 차이는 없습니다. 결국 선택은 번역가의 몫입니다. 그런데도 제가 여기에서 차이를 언급하는 이유는 영어 문장을 구조적으로 분석할 때 여러 가능성을 따지지만, 전체적인 맥락을 고려해 그중 하나를 선택해야 하고, 그 결정권은 번역가에게 있다는 걸 말해두고 싶은 것입니다.

° **periodical seasons of extreme cold or drought**는 I believe의 목적어이고, to be the most effective of all checks의 의미상 주어입니다. 그런데 I believe periodical seasons of extreme cold or drought to be the most effective of all checks라고 쓰면, 중간에 낀 목적어가 너무 길게 느껴지기 때문에 문두로 이동시키며 강조한 것입니다. check를 '방해 요인'이라 번역한 이유는 앞 문장에서도 check가 계속 그런 의미로 쓰였기 때문입니다.

(13) Climate plays an important part in determining the average numbers of a species, and periodical seasons of extreme cold or drought, I believe to be the most effective of all checks. I estimated that the winter of 1854–55 destroyed four-fifths of the birds in my own grounds; and this is a tremendous destruction, when we remember that ten per cent is an extraordinarily severe mortality from epidemics with man. The action of climate seems at first sight to be quite independent of the struggle for existence; but in so far as climate chiefly acts in reducing food, it brings on the most severe struggle between the individuals, whether of the same or of distinct species, which subsist on the same kind of food. Even when climate, for instance extreme cold, acts directly, it will be the least vigorous, or those which have got least food through the advancing winter, which will suffer most.

°this is a tremendous destruction, when we remember that

...을 곧이곧대로 번역하면 이렇게 됩니다. "...인 것을 기억할 때 that은 엄청난 죽음이다." 이런 걸 직역이라 한다면, 저는 절대 직역하지 않을 겁니다. 앞에서도 거듭 말했듯이, 직역과 의역을 굳이 구분할 필요는 없습니다. 영어에서 명사가 쓰였다고 반드시 명사로 번역할 필요가 없고, 영어에서 주어로 쓰인 부분을 우리말에서도 주어로 놓을 필요도 없습니다. 이런 원칙을 염두에 두고, 이 문장에 접근해 봅시다. that은 앞 문장 전체—내 땅에서 조류의 5분의 4가 죽은 사건—일 겁니다. '그것'은 tremendous destruction(엄청난 죽음)입니다. 이 말은 when we remember that ...에 대한 결론입니다. 이 종속절도 다시 번역해 봅시다. "...을 기억할 때"와 "...을 기억한다면", 둘 중 어느 것이 자연스럽습니까? 거듭 말하지만 when에는 considering that이나 if에 해당하는 뜻이 있습니다. 이제 마무리를 지어 보겠습니다. "...을 기억하면, 그것은 엄청난 죽음이다"가 됩니다. that을 '그것'이라 번역하는 걸 인정해야 할까요? 우리가 번역하고 있는 책은 수능 시험서가 아닙니다. 그 대명사가 무엇을 가리키는가를 독자가 고심하며 찾아야 할 필요가 있을까요? 그 대명사에 해당하는 표현을 찾아내는 것도 번역가의 의무입니다. 저라면 일단 '그런 죽음'이라 하겠습니다. 그럼 뒤의 destruction에 해당하는 번역어도 바뀌어야겠지요. "그런 죽음은 엄청난 죽음이다"라고 '죽음'이란 단어를 반복할 필요가 없을 테니까요. 그냥 '엄청난 것'이라 해도 충분합니다. 그런데 '그런 죽음'이 '조류의 5

분의 4가 죽은 사건'입니다. 사망률이 80퍼센트입니다. 그리하여 that은 '그런 사망률'로 번역했습니다. 그럼 when ...은 왜 뒤에 번역되었을까요? "인간의 경우에는 전염병으로 인한 사망률이 10퍼센트여도 대단히 심각한 수준이란 걸 기억한다면 그런 사망률은 엄청난 것이다."로 번역하면 '그런 사망률'이 '5분의 4'로부터 너무 떨어진다는 기분이 들지 않습니까? 게다가 when-절도 뒤에 쓰였습니다. 그래서 "이런 사망률은 엄청난 것이다."를 먼저 번역해 두고, when-절에서는 "인간의 경우에는 전염병으로 인한 사망률이 10퍼센트여도 대단히 심각한 것이다."라고 끊으며 when we remember that을 번역에서 날려버렸습니다.

° **The action of climate seems at first sight to be quite independent of the struggle for existence.** at first sight를 어떻게 번역하느냐에 따라 seem의 번역이 달라져야 할 겁니다. 만약 at first sight를 '언뜻 보기에'라고 번역한 경우, seem to do를 '...인 것처럼 보인다'라고 번역하는 건 그다지 바람직하지 않습니다. '보다'라는 동사가 반복되기 때문입니다. 이런 경우에는 약간 어색하더라도 '...인 듯하다'라고 번역하는 게 나을 듯합니다. 어쨌든 동일한 단어가 반복되는 번역은 권하고 싶지 않습니다. 또한, be quite independent of ...는 have very little to do with ...로 보면 됩니다.

° **in so far as** ...를 번역할 때 사전에 쓰인 대로 '...하는 한'이라 번역하면 어색한 경우가 많습니다. 하지만 '...하는 한'이란 표현을 풀어보면 '...하는 경우' → '...이면'이 됩니다. 이렇게 우리에게 더 익숙한 표현으로 바꿔가며 번역하면, 번역하는 재미가 더 커질 겁니다.

(13) Climate plays an important part in determining the average numbers of a species, and periodical seasons of extreme cold or drought, I believe to be the most effective of all checks. I estimated that the winter of 1854-55 destroyed four-fifths of the birds in my own grounds; and this is a tremendous destruction, when we remember that ten per cent is an extraordinarily severe mortality from epidemics with man. The action of climate seems at first sight to be quite independent of the struggle for existence; but in so far as climate chiefly acts in reducing food, it brings on the most severe struggle between the individuals, whether of the same or of distinct species, which subsist on the same kind of food. Even when climate, for instance extreme cold, acts directly, it will be the least vigorous, or those which have got least food through the advancing winter, which will suffer most.

° **whether of the same or of distinct species**를 어떻게 분석해야 번역이 쉬워질까요? whether the individuals are of the same or of distinct species처럼 생략이 적용된 문장으로 보는 편이 가장 좋을 겁니다. 이때 be of ...에서 of는 'belonging to, relating to, connected with'로 보면 됩니다. 이렇게 접근하면, 제가 "종이 같든 다르든"이라고 번역한 이유가 쉽게 이해될 겁니다.

° **Even when climate, for instance extreme cold, ...** 이하 문장이 it is ... which ~ 강조 용법으로 쓰였다는 건 새삼스레 언급할 필요가 없을 겁니다. 앞에서도 자주 보았으니까요. 여기에서 가장 조심스레 번역해야 할 단어는 or입니다. 우리가 잘 알고 있는 대로 or를 '혹은'이라 번역해 봅시다. "예컨대 혹한이 닥쳐 기후가 생존에 직접적으로 영향을 주는 경우에도 가장 약한 개체 혹은 겨우내 식량을 가장 적게 구한 개체가 가장 크게 고통을 받을 것이다."가 됩니다. 'A 혹은 B'이면, A와 B는 다른 부류에 속합니다. 그런데 '가장 약한 개체'와 '겨우내 식량을 가장 적게 구한 개체'가 다른 부류에 속한 것일까요? 이제 더 나은 답을 찾아봅시다. or는 "동의어 관계에 있는 표현을 가리킬 때", 즉 "동일한 것을 다시 표현할 때" 사용됩니다. 우리말로는 '즉, 다시 말하면'에 해당합니다. 제 생각에는 '가장 약한 개체'와 '겨우내 식량을 가장 적게 구한 개체'는 같은 것입니다. 다시 말하면, "겨우내 식량을 가장

적게 구한 개체"는 앞에 쓰인 "가장 약한 개체"를 구체적으로 설명하는 표현이 됩니다. 결론적으로 말해서, or에는 '선택'이란 뜻만 있는 게 아닙니다. 따라서 무작정 '혹은'이 아니라, 좌우에 쓰인 표현이 어떤 관계에 있는지를 살핀 후에 번역어를 결정해야 합니다.

° **act directly**를 번역할 때 act를 어떻게 번역할지 망설여집니다. 앞에서 The action of climate를 '기후의 작용'이라 번역했습니다. 이때 act는 action의 동사형으로 번역하는 게 가장 합당합니다. 그런데 '직접적으로 (생존에) 작용하다'라고 하려니까 자연스럽지 않습니다. 그래서 '영향을 미치다'를 선택했습니다. 그렇다고 무작정 머릿속으로 만들어낸 것은 아닙니다. 온라인 사전, Free Dictionary를 보면 act = to produce an effect로 설명합니다.

The General Theory of Employment, Interest and Money

존 메이너드 케인스

기계적인 번역은 금물입니다.
항상 맥락을 보십시오

Chapter 6. The Definition of Income, Saving and Investment

I. Income

(1) DURING any period of time an entrepreneur will have sold finished output to consumers or to other entrepreneurs for a certain sum which we will designate as A. He will also have spent a certain sum, designated by A1, on purchasing finished output from other entrepreneurs. And he will end up with a capital equipment, which term includes both his stocks of unfinished goods or working capital and his stocks of finished goods, having a value G.

제6장. 소득, 저축 및 투자의 정의

I. 소득

어떤 기간 동안, 기업가는 완제품을 소비자나 다른 기업가에게 어떤 금액을 받고 판매한다. 그 액수를 A라고 해 보자. 그 기업가는 다른 기업가로부터 완제품을 구입할 때 역시 일정한 금액을 지불했을 것이다. 이 금액은 A1이라 해 보자. 그 결과로 그 기업가는 G라는 가치를 갖는 자본설비를 보유하게 된다. 자본설비에는 미완성품이나 운전 자본의 재고 및 완제품의 재고가 모두 포함된다.

° **will have sold**는 이른바 미래완료로 쓰인 동사입니다. 미래완료는 어떻게 번역하는 게 정석일까요? 미래완료는 "현재의 시점에서 미래를 상상하고, 미래의 어느 때를 기준으로 하여 그때까지 완료되는 행위"를 표현할 때 쓰입니다. 그럼 단순히 '미래'로 쓰인 사건이 주변에 있는지 확인해 보는 것이 좋습니다. 그 사건과 비교해서 번역해야 하니까요. 이 단락의 마지막 문장에 '미래'로 쓰인 문장이 있습니다. 따라서 마지막 문장을 '결국 자본설비를 보유하게 될 것이다'라고 미래형으로 번역하면, 첫 문장은 '완제품을 팔았을 것이다'라는, 미래에 완료된 행위로 번역하게 될 겁니다. 하지만 본문에서 케인스가 모든 시제를 미래 혹은 미래완료로 표현했다고 해서 굳이 그런 시제적 차이를 일일이 반영해 번역할 필요가 있는지는 모르겠습니다. 경제학적 현상에 대한 설명이므로 모두 현재로 번역하더라도 저자의 의도가 왜곡될 염려는 전혀 없을 듯합니다. 그렇다면 우리 독자에게 익숙한 현재를 사용한 번역을 고려하지 않을 이유가 없겠지요. 그래서 제안 번역에서는 현재를 사용해 보았습니다.

° **consumers or to other entrepreneurs**에서 consumer와 entrepreneur라는 명사가 복수형으로 쓰였습니다. 그렇다고 우리말로 번역할 때도 '복수'로 번역해야 할까요? 요즘 번역을 보면, 많은 번역서에서 이런 경우 복수로 번역하고 있습니다. 또한 이 장의 번역을 설명하기 위해 참조한 책에서도 '조순' 선생님 역시 이 문장을 "어떤 기간 동안에 기업가는 완제품을 소비자들이나 다른 기업가들에게 일정액을 받고 판매한다"라고 번역했습니다. 제가 의문을 제기하는 부분은 이것을 꼭 소비자'들'과 다른 기업가'들'이라고 복수로 번역해야 하느냐는 겁니다. 이때 '들'을 생략하고, "소비자나 다른 기업가에게"라고 번역하면 복수

(1) DURING any period of time an entrepreneur will have sold finished output to consumers or to other entrepreneurs for a certain sum which we will designate as A. He will also have spent a certain sum, designated by A1, on purchasing finished output from other entrepreneurs. And he will end up with a capital equipment, which term includes both his stocks of unfinished goods or working capital and his stocks of finished goods, having a value G.

개념이 사라지고, 반드시 단수 개념이 되느냐는 겁니다. 제 언어 직관에 따르면, 결코 그렇지 않습니다. 게다가 언어 표현은 간결한 게 좋습니다. 복수라는 걸 반드시 표기해야 할 경우가 아니면, '복수' 표현의 과잉을 경계하는 편이 낫다는 게 저의 지론입니다.

° **for a certain sum** 얼마간의 금액. certain은 어떻게 번역하는 게 좋을까요? 일단 한정어, 즉 명사를 수식하는 형용사로 쓰였을 땐 '확실한'으로 번역하진 않습니다. 케임브리지 사전을 보면, 명사를 수식하는 certain은 (1) named but neither famous nor known well, (2) limited, (3) particular but not named or described로 정의됩니다. 이 정의를 영한사전의 정의에 맞추어 보면, (1)은 '이름은 있지만 유명하지도, 잘 알려지지도 않은'이라 해석되므로 '모(某)'에 해당할 겁니다. (2)는 '어느 정도의', '약간의'에 해당하고, (3)은 '특정한', '일정한'에 해당합니다. 물론 셋 모두 모호하다는 점에서 '어떤'의 부분 집합인 것은 분명합니다. 따라서 certain의 번역은 '어떤'을 기본으로 두고 상황에 따라 적절하게 셋 중 하나를 결정하면 되겠습니다.

° **which we will designate as A**는 이른바 '제한적 용법'으로 쓰인 관계절입니다. 따라서 '어떤 기간 동안, 기업가는 완제품을 소비자나 다른 기업가에게 A라고 칭할 어떤 금액을 받고 판매한다'라고 번역하면 정말 우습게 됩니다. 어떤 번역가도 이렇게 번역하지는 않을 겁니다. 요컨대 제한적 용법으로 쓰였지만 계속적 용법으로 번역하는 게 낫습

니다. 게다가 그렇게 번역해야 할 이유는 '시제'에서도 명확히 드러납니다. 관계절의 시제(미래)가 주절의 시제(미래완료)보다 '나중'이지 않습니까.

° **will end up with** a capital equipment가 미래로 쓰인 건 당연합니다. 미래완료로 표현된 행위가 완료된 결과일 테니까요. 따라서 end up with ...가 쓰이기는 했지만, 시제를 살려서 '그 결과로'라는 부사어를 더해 번역하면, 문장의 흐름을 이해하기가 한결 쉬워지겠지요.

° **which term** ...에서 which는 관계형용사로 쓰였습니다. 관계형용사 which는 이상하게도 항상 계속적 용법으로 쓰입니다. 이때 term은 '용어'라는 뜻입니다. 선행사가 a capital equipment이므로, 굳이 term을 번역할 필요는 없을 겁니다.

° **having a value G**는 앞에 쉼표가 쓰인 데다, 앞에서 both A and B라는 목적어를 include가 구속하므로, term과 직접적으로 관련되는 것이라고 어렵지 않게 짐작할 수 있습니다. 엄격하게 번역하면, '자본설비는 A와 B를 동시에 포함하며 G라는 가치를 갖는다'가 됩니다. 하지만 여기에서 주어로 쓰인 which term이 a capital equipment, 즉 무생물이어서 이를 부사적으로 번역하고 having a value G를 제안 번역처럼 처리했습니다. 그 이유는 어렵지 않게 짐작할 수 있을 겁니다.

(2) Some part, however, of A + G – A1 will be attributable, not to the activities of the period in question, but to the capital equipment which he had at the beginning of the period. We must, therefore, in order to arrive at what we mean by the income of the current period, deduct from A + G – A1 a certain sum, to represent that part of its value which has been (in some sense) contributed by the equipment inherited from the previous period. The problem of defining income is solved as soon as we have found a satisfactory method for calculating this deduction.

하지만 A + G - A1에는 해당 기간 동안 행해진 활동의 결과가 아니라, 그 기업가가 그 기간이 시작될 때 보유한 자본설비에서 비롯된 부분이 있을 것이다. 따라서 그 기간 동안의 소득이라 볼 수 있는 액수를 알아내기 위해서는 A + G - A1으로부터, 그 앞선 기간에서 물려받은 설비가 (어떤 의미에서) 기여한 가치의 부분을 나타내는 어떤 액수를 공제해야 한다. 따라서 소득을 정의하는 문제는 이 공제액을 계산해 내는 만족스런 방법을 찾아내면 즉시 해결된다.

° Some part, however, of A + G − A1 will be attributable, not to the activities of **the period in question**, but to the capital equipment ... 경제학을 전공하지 않은 번역가라도 본문을 자세히 읽어 보면 수학적 계산을 파악해 번역하는 데 큰 문제가 없을 겁니다. 이 문장에서 the period in question은 '문제의 기간'이므로, 앞 단락에서 any period of time이라 표현한 기간을 뜻합니다. 또 at the beginning of the period의 the period도 같은 기간을 가리킵니다. 여기까지 정리하면 the period in question = any period of time = the period입니다. 이처럼 다르게 표현된 명사구를 매번 다르게 번역해야 하느냐, 아니면 같은 기간이라는 것을 노골적으로 드러내야 하느냐는 결국 번역가의 몫이겠지만, 제 생각에는 어떻게 번역하든 '같은 기간'이라는 걸 독자에게 알려줘야 한다고 생각합니다. 더 확대하면 다음 문장에 사용된 current period도 앞에서 언급된 기간들과 똑같습니다. 그렇다면 current를 굳이 차별적으로 번역해야 하느냐는 것도 고민거리입니다. 저라면 평범한 독자를 위해 current를 '현재'라고 번역하지 않을 겁니다.

° **at the beginning of the period**는 '그 기간의 초기'로 번역하면 혼동을 야기할 수 있습니다. '그 기간이 시작될 때'라고 옮기는 게 가장 안전한 번역입니다. 물론 at the beginning of ...를 '...의 초에'라고 번역해야 하는 경우도 많습니다. It was at the beginning of the 19th century that orchestras got large enough for a conductor to be necessary. (지휘자가 반드시 필요할 정도로 오케스트라 규모가 커진 때는 19세기 초였다) 한편 Jacob was born in April 2020, right at the beginning of the pandemic. (16 Jul 2023) (제이콥은 2020년 4월, 즉 팬데믹이 막

(2) Some part, however, of A + G – A1 will be attributable, not to the activities of the period in question, but to the capital equipment which he had at the beginning of the period. We must, therefore, in order to arrive at what we mean by the income of the current period, deduct from A + G – A1 a certain sum, to represent that part of its value which has been (in some sense) contributed by the equipment inherited from the previous period. The problem of defining income is solved as soon as we have found a satisfactory method for calculating this deduction.

시작되었을 때 태어났다) 이 경우에는 '팬데믹 초에'라고 번역하더라도 혼동이 일어나지 않습니다. 여하튼 at the beginning of ...를 기계적으로 '...의 초'라고 번역하지는 말라는 겁니다. 명사구는 항상 절로 번역될 가능성을 머릿속에 담고 있어야 합니다.

° **arrive at what we mean by** ...를 곧이곧대로 번역하면 '...로 뜻하는 것에 도달하다'가 될 겁니다. 여기에서 ...에 해당하는 것이 '소득'(income)이므로, 처음 번역으로 '소득에 해당하는 액수를 알아내다'로 바꾸는 건 그다지 큰 문제가 아닐 겁니다.

° **to represent that part of its value which has been (in some sense) contributed by the equipment inherited from the previous period**가 to-V로 앞에 나온 a certain sum을 수식하는 형용사적 용법이라는 걸 알아내기란 솔직히 말해서 쉽지 않습니다. 그 이유는 to-V 앞에 쓰인 쉼표 때문입니다. 쉼표 때문에 이때의 to-V는 부사적 용법으로 쓰였을 것이란 착각을 불러일으킵니다. 하지만 부사적 용법으로 해석하면 도무지 앞뒤가 맞지 않습니다. 따라서 a certain sum을 수식하는 형용사적 용법으로 번역하는 게 유일한 해결책이라는 결론에 도달하지만, a certain sum과 to represent that part of its value ... 사이에 쉼표를 끼워넣은 이유는 여전히 이해가 되지 않습니다. 이런 사디스트적 글쓰기는 별로 좋은 게 아닙니다.

°**The problem of defining income**은 The problem = defining income으로 보면, 번역도 쉽게 해결됩니다. 특히 마지막 문장에서 주절(현재)과 종속절(현재완료)에 쓰인 시제의 차이를 눈여겨보고, 그 차이를 번역에도 반영하면 훨씬 더 좋겠지요. 제안 번역이 그 예입니다.

(3) There are two possible principles for calculating it, each of which has a certain significance; — one of them in connection with production, and the other in connection with consumption. Let us consider them in turn.

(i) The actual value G of the capital equipment at the end of the period is the net result of the entrepreneur, on the one hand, having maintained and improved it during the period, both by purchases from other entrepreneurs and by work done upon it by himself, and, on the other hand, having exhausted or depreciated it through using it to produce output. If he had decided not to use it to produce output, there is, nevertheless, a certain optimum sum which it would have paid him to spend on maintaining and improving it. Let us suppose that, in this event, he would have spent B' on its maintenance and improvement, and that, having had this spent on it, it would have been worth G' at the end of the period. That is to say, G' – B' is the maximum net value which might have been conserved from the previous period, if it had not been used to produce A. The excess of this potential value of the equipment over G – A1 is the measure of what has been sacrificed (one way or another) to produce A. Let us call this quantity, namely (G' – B') – (G – A1), which measures the sacrifice of value involved in the production of A, the user cost of A. User cost will be written U. The amount paid out by the entrepreneur to the other factors of production in return for their services, which from their point of view is their income, we will call the factor

cost of A. The sum of the factor cost F and the user cost U we shall call the prime cost of the output A.

그 공제액을 계산하는 데는 두 가지 가능한 방법이 있고, 두 방법 모두 나름대로의 의미가 있다. 하나는 생산에 관련된 것이고, 다른 하나는 소비에 관련된 것이다. 두 방법을 하나씩 살펴보자. (i) 기업가는 문제의 기간 동안 다른 기업가들로부터 구입한 것과 그 자신이 자본설비에 행한 작업으로 자본설비를 유지하거나 개선하지만, 한편으로는 산출물을 생산하기 위해 자본설비를 사용함으로써 자본설비가 마모되거나 감가된다. 따라서 문제의 기간이 끝날 때 자본설비가 갖는 실제 가치 G는 두 과정의 순(純)결과가 된다. 기업가가 산출물을 생산하는 데 자본설비를 사용하지 않기로 결정했더라도, 그 설비를 유지하고 개선하기 위해 지출하는 것이 유리하다고 생각되는 일정한 최적액이 있기 마련이다. 이 경우에 기업가가 자본설비의 유지와 개선에 B′를 지출했을 것이고, 그만큼의 비용을 지출한 까닭에 그 기간이 끝났을 때 자본설비의 가치가 G′이었을 것이라고 가정해 보자. 다시 말하면, 자본설비가 A를 생산하는 데 사용되지 않았을 경우, G′ - B′는 이전 기간부터 보전되었을 최대순가치가 된다. 자본설비의 이런 기대 가치가 G - A1을 초과하는 액수는 A를 생산하기 위해 (어떤 방법으로든지) 희생된 가치의 크기가 된다. 그 크기, 즉 A를 생산하기 위해 희생된 가치량을 측정한 (G′- B′) - (G - A1)을 'A의 사용자 비용'이라 하고, U로 표시하기로 하자. 기업가가 다른 생산 요소들이 제공한 서비스의 대가로 지급한 총액이 그 생산 요소들에게는 소득이 된다. 이때 그 총액을 A의 요소 비용이라 해 보자. 또 요소 비용 F와 사용자 비용 U의 합계는 산출물 A의 주요 비용이라 해 보자.

(3) There are two possible principles for calculating it, each of which has a certain significance; — one of them in connection with production, and the other in connection with consumption. Let us consider them in turn.

(i) The actual value G of the capital equipment at the end of the period is the net result of the entrepreneur, on the one hand, having maintained and improved it during the period, both by purchases from other entrepreneurs and by work done upon it by himself, and, on the other hand, having exhausted or depreciated it through using it to produce output. If he had decided not to use it to produce output, there is, nevertheless, a certain optimum sum which it would have paid him to spend on maintaining and improving it. Let us suppose that, in this event, he would have spent B' on its maintenance and improvement, and that, having had this spent on it, it would have been worth G' at the end of the period. That is to say, G' – B' is the maximum net value which might have been conserved from the previous period, if it had not been used to produce A. The excess of this potential value of the equipment over G – A1 is the measure of what has been sacrificed (one way or another) to produce A. Let us call this quantity, namely (G' – B') – (G – A1), which measures the sacrifice of value involved in the production of A, the user cost of A. User cost will be written U. The amount paid out by the entrepreneur to the other factors of production in return for their services, which from their point of view is their income, we will call the factor cost of A. The sum of the factor cost F and the user cost U we shall call the prime cost of the output A.

°**principles for**에서 principle은 어떻게 번역하는 게 좋겠습니까? 번역에서 항상 문제인 것은 적절한 번역어를 찾는 작업입니다. 이 경우에도 대부분이 '공제액을 계산하기 위해서는 두 가지 가능한 원칙이 있다'라고 번역할 겁니다. 정직하게 대답해 보십시오. 이 번역이 우리말처럼 들립니까? 일단 앞부분은 '공제액을 계산하는 데는'이라고 어렵지 않게 바꿀 수 있을 겁니다. 전치사 for의 문제라고 생각할 필요가 없습니다. '공제액을 계산하기 위해서는'을 더 우리말답게 바꾼 것뿐입니다. 이제 어려운 부분이 남았습니다. principle은 거의 기계적으로 '원칙'이나 '원리'로 번역되는 게 현실입니다. '공제액을 계산하는 데는 두 가지 가능한 원칙이 있다'. 제 귀에는 '원칙'이란 단어가 영 거슬립니다. '원칙'이 '일관되게 지켜야 하는 기본적인 규칙이나 법칙'을 뜻한다면, '정해진 방법'과 뭐가 다른지 모르겠습니다. 어차피 '방법'도 '지켜야 할 법(法)'이니까요. 따라서 적어도 여기에서는 '공제액을 계산하는 데는 두 가지 가능한 방법이 있다'라고 번역하더라도 principle의 뜻을 훼손하지는 않는 듯합니다.

° calculating **it**에서 it은 the deduction이므로, 순진하게 '그것'이라 번역하지 않아야 합니다. 대명사, 특히 it(혹은 they)은 반드시 관련된 명사를 찾아 번역하는 게 번역가의 도리이며, 올바른 번역가라면 그 명사를 찾아내는 수고를 '무의미한 수고'라 생각해서는 안 됩니다.

° **each of which has a certain significance**는 each of the two possible principles has a certain significance가 관계절로 바뀐 겁니다. each of ...는 '각각의 ...'로 번역하면 충분할 겁니다. 물론 여기에서 ...에 해당하는 게 '둘'에 불과하므로, '두 방법 모두'라고 번역하는 방법도 생각해볼 수 있습니다. 이때 each는 개별성을 강조하므로 단순히 '두 방법'보다 '두 방법 모두'라고 번역하고, '나름대로'라는 부가어를 덧붙이는 것도 좋습니다.

° **one of them** in connection with production ... **the other**에서는 one / the other를 눈여겨봐야 합니다. one / the other가 쓰인 문장은 무조건 '둘'에 관해 말하는 것이고, 표준적인 번역은 '하나는 ... 나머지는 ...'이겠지만, the other를 굳이 '나머지'로 번역할 필요는 없습니다. 둘에 대해 말하면서 먼저 '하나는 ...'이라고 했으면 '다른 하나는 ...'이라고 번역하는 게 훨씬 더 자연스러울 겁니다.

° **on the one hand**와 **on the other hand**(뒤의 (i)에 나오지만 미리 말하자면)도 one / the other의 범주에 속합니다. 이 경우에도 두 사실이 언급됩니다. 그런데 일반적으로 on the one hand와 on the other

(3) There are two possible principles for calculating it, each of which has a certain significance; — one of them in connection with production, and the other in connection with consumption. Let us consider them in turn.

(i) The actual value G of the capital equipment at the end of the period is the net result of the entrepreneur, on the one hand, having maintained and improved it during the period, both by purchases from other entrepreneurs and by work done upon it by himself, and, on the other hand, having exhausted or depreciated it through using it to produce output. If he had decided not to use it to produce output, there is, nevertheless, a certain optimum sum which it would have paid him to spend on maintaining and improving it. Let us suppose that, in this event, he would have spent B' on its maintenance and improvement, and that, having had this spent on it, it would have been worth G' at the end of the period. That is to say, G' – B' is the maximum net value which might have been conserved from the previous period, if it had not been used to produce A. The excess of this potential value of the equipment over G – A1 is the measure of what has been sacrificed (one way or another) to produce A. Let us call this quantity, namely (G' – B') – (G – A1), which measures the sacrifice of value involved in the production of A, the user cost of A. User cost will be written U. The amount paid out by the entrepreneur to the other factors of production in return for their services, which from their point of view is their income, we will call the factor cost of A. The sum of the factor cost F and the user cost U we shall call the prime cost of the output A.

hand는 우리말로 '한편으로'와 '다른 한편으로'라고 번역됩니다. 물론 사전에도 그렇게 정의되어 있습니다. 하지만 '한편'이란 단어를 국어사전에서 찾아보셨습니까? '어떤 일에 대하여, 앞에서 말한 측면과 다른 측면을 말할 때 쓰는 말'이라고 정의되어 있습니다. 영어에서는 상반되는 두 사실을 말할 때 on the one hand/ on the other hand를 사용하는 게 맞습니다. 그러나 우리말로 번역할 때 on the one hand를 '한편으로'라고 번역하면, 어법상 앞에서 다른 사실이 언급되어야 합니다. 하지만 원문은 전혀 그렇지 않지요. 오히려 on the one hand로 인도되는 문장은 그냥 문장만을 번역하고, on the other hand를 '한편으로'라고 번역하는 게 우리말 어법에 맞습니다. 쉽게 말하면, 우리가 흔히 번역된 글에서 보는 '다른 한편'은 존재할 수 없는 표현이라 생각하면 됩니다. '사전을 그대로 옮겨놓는 기계적 번역'을 피하고, 우리말 어법을 생각해 보라는 뜻에서 이렇게 길게 설명드렸습니다. 이런 경우는 앞으로도 계속 지적하려 합니다.

° **The actual value G of the capital equipment at the end of the period is the net result of the entrepreneur**을 번역하는 게 만만찮을 겁니다. 머릿속으로는 뜻이 파악되지만, 우리말로 표현하려니 문장이 마구 꼬였을 겁니다. The actual value G of the capital equipment at the end of the period is the net result // of the entrepreneur ...로 과감히 문장을 두 개로 나누었습니다. 또 of-이하는 동명사절로 두 행위(on the one hand/ on the other hand)가 언급됩니다. 그리고 the net result는 of-이하에서 언급되는 두 행위의 결과입니다. 따라서 of-이하를 먼저 번역하기로 결정했고, 앞에 쓰인 문장은 나중에 번역했습니다. 이쯤에서 문장의 순서를 중요시하는 번역을 지금까지 그렇게도 강조하더니, 이번에는 왜 그 원칙을 어기느냐고 항의할 분도 있을지 모르겠습니다. 분명히 말씀드리지만, 제가 예외 없는 원칙이라 말하는 것은 문법적 사항이고, 번역 방법론은 상황에 따라 카멜레온처럼 변할 수 있어야 합니다. 제가 말하는 '원문의 순서에 따르는 번역'은 가능하면 그렇게 하는 게 좋다는 겁니다. 물론 (i)의 첫 문장도 이 원칙에 따라 번역할 수는 있습니다. 예컨대 "문제의 기간이 끝날 때 자본설비가 갖는 실제 가치 G는 다음 두 과정의 순(純)결과가 된다. 하나는 기업가가 문제의 기간 동안 다른 기업가들로부터 구입한 것과 그 자신이 자본설비에 행한 작업으로 자본설비를 유지하거나 개선하는 과정이고, 다른 하나는 산출물을 생산하기 위해 자본설비를 사용함으로써 자본설비가 마모되거나 감가되는 과정이다." 이 번역과 제안 번역 중 어느 것이 더 낫습니까? 편한 대로 선택하십시오.

° **If he had decided not to use it**은 이른바 '가정법에서의 조건절' 형태입니다. 그런데 주절은 직설법으로 쓰였지만 관련된 관계절이 would

(3) There are two possible principles for calculating it, each of which has a certain significance; — one of them in connection with production, and the other in connection with consumption. Let us consider them in turn.

(i) The actual value G of the capital equipment at the end of the period is the net result of the entrepreneur, on the one hand, having maintained and improved it during the period, both by purchases from other entrepreneurs and by work done upon it by himself, and, on the other hand, having exhausted or depreciated it through using it to produce output. If he had decided not to use it to produce output, there is, nevertheless, a certain optimum sum which it would have paid him to spend on maintaining and improving it. Let us suppose that, in this event, he would have spent B' on its maintenance and improvement, and that, having had this spent on it, it would have been worth G' at the end of the period. That is to say, G' - B' is the maximum net value which might have been conserved from the previous period, if it had not been used to produce A. The excess of this potential value of the equipment over G - A1 is the measure of what has been sacrificed (one way or another) to produce A. Let us call this quantity, namely (G' - B') - (G - A1), which measures the sacrifice of value involved in the production of A, the user cost of A. User cost will be written U. The amount paid out by the entrepreneur to the other factors of production in return for their services, which from their point of view is their income, we will call the factor cost of A. The sum of the factor cost F and the user cost U we shall call the prime cost of the output A.

have pp라는 시제를 띠며 '가정법 과거완료'의 형태를 완벽하게 갖추었습니다. 이 문장에서 it은 모두 the capital equipment를 가리킵니다. '그것'이라 번역하지 말고, 명확히 '자본설비' 혹은 '설비'라고 번역해 주는 게 번역가의 도리일 것입니다.

°**it would have paid him to spend on maintaining and improving it.**에서 살펴볼 it pays - 사람 - to-V도 흥미로운 표현입니다. 구조상 " ...하는 것이 ~에게 이익이다"로 풀 수 있습니다. 이 표현의 원형은 'it pays to-V ...'로 이때 pay는 'to give a profit, advantage, or benefit'으로 번역됩니다. 여기에서 본문처럼 'it pays - 사람 - to V ...'에서 pay는 당연히 'to give a profit or advantage to someone'이 될 겁니다. 당연한 분석이겠지만 노파심에서 덧붙이면, 이때 it은 비인칭 주어이고, 이른바 진주어는 to spend ...가 됩니다. 또한 a certain optimum은 관계절에서 spend의 목적어로 당연히 관계사 which의 선행사입니다. on maintaining and improving it은 쉽게 생각해서 'on

V-ing ...'로 일단 번역하면 편합니다. 그럼 전체적으로 '자본설비를 유지하고 개선할 때 지출하는 게 이익이라고 생각되는 일정한 최적액이 있다'가 되겠지요. 여기에서 '자본설비를 유지하고 개선할 때'가 어색하다고 느껴지면 앞뒤 맥락에 맞추어 적절히 조절하도록 하십시오.

° **having had this spent on it**에서 this는 무엇이겠습니까? 이 구문은 '사역동사 have + 목적어 + 과거분사형'으로 이뤄졌다는 걸 어렵지 않게 파악했으리라 믿습니다. 목적어로 쓰인 this가 사물이기 때문입니다. this는 당연히 B'이고, it은 its maintenance and improvement이며, its는 the capital equipment입니다. 이렇게 대명사로 쓰인 것의 원래 형태를 찾아놓으면, 번역을 거의 끝낸 기분이 들 겁니다.

° **might have been conserved**도 가정법 과거완료의 주절로 보면 됩니다. 바로 뒤에 if it had not been used to produce A가 조건절로 덧붙지 않았습니까. 이때 it = the capital equipment입니다. 머리가 아프지요? 경제학을 잘 모르는데도 대명사와 관련된 명사를 정확히 찾아낼 수 있을까? 이렇게 염려할 독자도 있을지 모르겠습니다. 하지만 저는 영어를 정확히 읽어내면 대명사의 주인을 찾아내는 건 그다지 어려운 일이 아니라고 생각합니다.

° **The excess of this potential value of the equipment over G – A1**을 분석해 볼까요? 이 명사구를 간략히 구조화하면 '명사 + of + 명사 + over 명사'가 됩니다. 다시 말하면, '명사 + of + 명사 1 + of + 명

(3) There are two possible principles for calculating it, each of which has a certain significance; — one of them in connection with production, and the other in connection with consumption. Let us consider them in turn.

(i) The actual value G of the capital equipment at the end of the period is the net result of the entrepreneur, on the one hand, having maintained and improved it during the period, both by purchases from other entrepreneurs and by work done upon it by himself, and, on the other hand, having exhausted or depreciated it through using it to produce output. If he had decided not to use it to produce output, there is, nevertheless, a certain optimum sum which it would have paid him to spend on maintaining and improving it. Let us suppose that, in this event, he would have spent B' on its maintenance and improvement, and that, having had this spent on it, it would have been worth G' at the end of the period. That is to say, G' - B' is the maximum net value which might have been conserved from the previous period, if it had not been used to produce A. The excess of this potential value of the equipment over G - A1 is the measure of what has been sacrificed (one way or another) to produce A. Let us call this quantity, namely (G' - B') - (G - A1), which measures the sacrifice of value involved in the production of A, the user cost of A. User cost will be written U. The amount paid out by the entrepreneur to the other factors of production in return for their services, which from their point of view is their income, we will call the factor cost of A. The sum of the factor cost F and the user cost U we shall call the prime cost of the output A.

사 2 + over 명사'가 아니라는 겁니다. 후자인 경우라면 명사구를 문장으로 푼다고 할 때, 명사 뒤에 'of 명사'가 연속해서 반복되면 명사 1이 목적어, 명사 2가 주어가 된다고 했습니다. 이때 명사 1에 해당하는 this potential value는 G' - B'이고, 명사 2는 the equipment로 결국 the capital equipment를 뜻합니다. 그럼 명사 1과 명사 2가 같은 것을 가리키게 되지요. 따라서 this potential value of the equipment가 하나로 묶여서 이 전체 명사구는 전자의 형식, 즉 'excess + of + 명사 1 + over 명사 2'가 되어야 합니다. 이때 excess의 동사, exceed는 목적어가 필요하고, 그 목적어가 명사구에 포함되며 전치사 over와 함께 쓰였다면 명사1은 자연스레 '주어'가 됩니다. 따라서 'excess + of + 명사 1 + over 명사 2'는 '명사 1이 명사 2를 초과하는 양'으로 번역됩니다. potential value는 '잠재적 가치'로 번역해도 상관없겠지만 '기대 가치'가 일반적인 용어로 쓰이는 까닭에 이 용어를 선택했습니다.

° **the measure of what** has been sacrificed ...를 번역하면 '... 희생된 것의 크기'가 될 겁니다. 이때 measure는 an amount or level of something 혹은 an exact amount에 해당합니다. 따라서 '크기'라고 번역하면 적합할 것입니다. 그런데 관계사 what에 내포된 선행사는 무엇일까요? 물론 '희생된 것의 크기'라 해도 잘못된 것이 없지만, 여기에서 '희생된 것'이 무엇일까요? 앞 문장을 통해서도 '그것'을 충분히 짐작할 수 있지만, 뒤 문장—the sacrifice of value involved in the production of A—에서 더 명확히 나타납니다. 여기에서 배울 점은, 애초에 what을 그대로 인정하여 '희생된 것의 크기'로 번역했더라도 뒤 문장에서는 'A의 생산에 관련된 가치의 희생'이 되므로 결국 '희생된 것=가치'라는 걸 더욱 명확히 알게 됩니다. 그럼 다시 앞으로 돌아가 '희생된 가치의 크기'로 고쳐 번역하는 게 맞다는 게 제 생각입니다.

° **this quantity**는 어떻게 풀까요? 물론 '이 양'으로 번역하고 싶겠지요. 그런데 this가 쓰였습니다. 이렇게 지시 형용사가 쓰였다는 것은 앞에 이미 관련된 명사가 있다는 뜻일 수 있습니다. 그럼 다시 묻겠습니다. this quantity에 해당하는 명사는 무엇일까요? 그다지 어렵지 않은 질문입니다. 누구나 this quantity = the measure ...라고 대답할 수 있을 겁니다. 그렇다면 여기에서 '그 양, 즉 ...'이라고 번역하는 게 나을까요, 아니면 '그 크기, 즉 ...'이라 번역하는 게 나을까요? 답은 자명합니다.

° **the prime cost**를 볼까요. 용어는 번역가에게 항상 가장 골치아픈 문제 중 하나입니다. prime cost는 일반 사전에서 '원가'로 정의되고, 회

(3) There are two possible principles for calculating it, each of which has a certain significance; — one of them in connection with production, and the other in connection with consumption. Let us consider them in turn.

(i) The actual value G of the capital equipment at the end of the period is the net result of the entrepreneur, on the one hand, having maintained and improved it during the period, both by purchases from other entrepreneurs and by work done upon it by himself, and, on the other hand, having exhausted or depreciated it through using it to produce output. If he had decided not to use it to produce output, there is, nevertheless, a certain optimum sum which it would have paid him to spend on maintaining and improving it. Let us suppose that, in this event, he would have spent B' on its maintenance and improvement, and that, having had this spent on it, it would have been worth G' at the end of the period. That is to say, G' - B' is the maximum net value which might have been conserved from the previous period, if it had not been used to produce A. The excess of this potential value of the equipment over G - A1 is the measure of what has been sacrificed (one way or another) to produce A. Let us call this quantity, namely (G' - B') - (G - A1), which measures the sacrifice of value involved in the production of A, the user cost of A. User cost will be written U. The amount paid out by the entrepreneur to the other factors of production in return for their services, which from their point of view is their income, we will call the factor cost of A. The sum of the factor cost F and the user cost U we shall call the prime cost of the output A.

계학에서는 '기초 원가'로 번역됩니다. 경제학 용어로는 한국은행 등이 제공하는 용어 사전에 등재되어 있지 않습니다. 한국 경제학계의 원로로서 이 책을 번역한 조순 선생님은 prime cost를 '주요 비용'이라 번역했습니다. 솔직히 말해서, '주요 비용'이란 용어가 무슨 뜻인지 금방 와닿지 않지만 '(기초) 원가'라 하면 아무런 어려움 없이 그 뜻이 파악됩니다. 이런 이유에서 번역가는 항상 진퇴양난에 있게 됩니다. 전문 용어라는 이유로 '주요 비용'이라 번역할 것인가, 아니면 일반 독자를 위해 '(기초) 원가'라고 번역할 것인가? 이것도 선택의 문제이지만 현실은 녹록하지 않습니다.

(4) We can then define the income of the entrepreneur as being the excess of the value of his finished output sold during the period over his prime cost. The entrepreneur's income, that is to say, is taken as being equal to the quantity, depending on his scale of production, which he endeavours to maximise, i.e., to his gross profit in the ordinary sense of this term;— which agrees with common sense. Hence, since the income of the rest of the community is equal to the entrepreneur's factor cost, aggregate income is equal to A – U.

따라서 기업가의 소득은 기업가가 그 기간 동안 판매한 완성품의 가치가 주요 비용을 초과한 액수로 정의될 수 있다. 다시 말하면, 기업가의 소득은 그의 생산 규모에 따라 다르지만, 그가 극대화하려고 시도하는 양, 즉 일반적인 의미에서의 총이윤과 동일한 것으로 여겨진다. 이런 등식은 상식에도 부합한다. 따라서 기업가를 제외한 모든 구성원의 소득은 기업가의 요소 비용과 동일하기 때문에 총소득은 A – U와 일치하게 된다.

° **define the income of the entrepreneur as**에서 define A as B는 'A를 B로 정의하다'라고 번역됩니다. 이 뜻을 충실히 반영하려고, 첫 문장에서 주어로 쓰인 we를 살려서 '우리는 기업가의 소득을 ... 라고 정의한다'라고 하면 생뚱맞은 번역이 될 수 있습니다. 지금까지 의식하지 못했을 수 있지만, 앞에서도 we가 주어로 쓰였어도 '우리'를 한 번도 번역어로 사용하지 않았습니다. 내친김에 이 문장도 we를 생략한 채 번역하면, 앞의 번역과 일관성을 유지할 수 있겠지요. 그 방법은 간단합니다. 여기에 쓰인 we는 특정한 대상을 가리키는 we가 아니기 때문에 수동 구문으로 바꾸면 사라집니다. 그렇게 하면 원문에서 목적어로 쓰인 the income of the entrepreneur(기업가의 소득)가 자연스레 주어로 번역되면서, 매끄러운 우리말이 만들어집니다.

° **the excess of the value of his finished output sold during the period over his prime cost**는 앞에서 분석한 방법이 그대로 적용됩니다. 수식어가 더해졌을 뿐입니다. 그 수식어의 구조적 위치를 정확히 찾아내면 됩니다. 일단 혼자 먼저 분석하고 번역해 보십시오.
the excess // of the value of his finished output / sold during the period // over his prime cost로 보았다면 정확히 분석한 겁니다.

° **that is to say**는 이제는 누구나 알겠지만 '다시 말해서'라는 뜻입니다. 우리말에도 이에 해당하는 표현으로 '말하자면', '즉' 등이 있듯이 영어도 다를 바가 없습니다. 예컨대 that is라고 간략히 표현하는 방법도 있고, 바로 다음에 사용된 i.e.도 같은 뜻입니다. 더 소개하면 in other words, namely가 있습니다.

(4) We can then define the income of the entrepreneur as being the excess of the value of his finished output sold during the period over his prime cost. The entrepreneur's income, that is to say, is taken as being equal to the quantity, depending on his scale of production, which he endeavours to maximise, i.e., to his gross profit in the ordinary sense of this term;—which agrees with common sense. Hence, since the income of the rest of the community is equal to the entrepreneur's factor cost, aggregate income is equal to A – U.

English has an advantage over other European languages, namely that writers in English come from a far wider variety of cultures ... (29 Sep 2023) (영어는 다른 유럽어들에 비해 한 가지 이점이 있다. 즉 훨씬 더 다양한 문화권의 작가들이 영어로 글을 쓴다는 것이다)

° **is taken as** being equal to the quantity에서 be taken as는 take A as B(A를 B로 받아들이다)의 수동형이므로 '...로 받아들이다'로 번역하면 됩니다. 물론 이때 as는 전치사이므로 being equal to the quantity ...는 당연히 동명사절로 볼 수 있습니다.

° **depending on his scale of production**을 '...에 따라 다르지만'이라고 번역했습니다. 이때 사전적 정의에는 없는 '다르지만'이 덧붙은 것을 이상하게 생각할 독자가 있을지도 모르겠습니다. 하지만 제가 뭔가 기상천외한 것을 생각해 낸 것은 아닙니다. 영영사전을 보면 depending on something은 'You use depending on when you are saying that something varies according to the circumstances mentioned'라고 정의됩니다. 따라서 '다르지만'을 더한 것은 조금도 기발한 것이 아니며, 오히려 우리나라 사전에서 depending on에 대한 정의가 '...에 따라 (다르지만)'이라고 수정되어야 마땅합니다.

° **his gross profit in the ordinary sense of this term**에서 this term = gross profit이라는 건 쉽게 파악될 겁니다. 먼저 아주 충실하게(?) 번역해 봅시다. '그 용어의 일반적인 의미에서 그가 거두는 총이익'이 됩니다. 이렇게 번역해 놓으니 좀 헷갈립니다. '그 용어'와 '총이윤'이 같은 것이라고 전혀 느껴지지 않습니다. 이 때문에 번역에서 this term을 날려버리는 편이 더 낫습니다. 이는 Flo-Rida sure does like music. But what instrument does he carry with him at all times? (23 Jan 2015)에서 with him을 번역하지 않는 이유와 같다고 생각하면 됩니다. 이때 with him을 번역에 억지로 집어넣으면 어색해진다는 것쯤은 모두 알고 있을 테니까요.

° **which agrees with common sense**가 바로 이어 연결이 되고 있는데 여기에서 which가 앞 문장 전체라는 것은 어렵지 않게 파악될 겁니다. 그럼 which를 어떻게 번역할까요? 제가 번역을 강의할 때 학생들에게 종종 던지는 질문이 있습니다. 관계 대명사는 의미가 있을까요? 어쩌면 이런 질문을 받아본 적도 없고, 이런 의문을 품어본 적도 없어, 순간적으로 대답이 망설여질 겁니다. 이 질문에 적잖은 학생이 '관계 대명사에는 의미가 없다'라고 대답합니다. 그렇게 대답하는 이유가 충분히 짐작됩니다. 학교에서 관계절을 배울 때 관계 대명사는 위치만을 차지할 뿐 뜻이 없는 단어처럼 관계절을 번역했으니까요. 하지만 비인칭 대명사를 제외하면, 대명사는 그 무엇이든 모두 의미가 있습니다. 상황에 따라, 의미를 살렸다 죽였다 할 뿐입니다. 이 경우에는 관계 대명사 which의 의미를 살려내는 편이 낫습니다. 자, 뭐라고 번역할까요? '이것'이라 번역하면 빵점입니다. 앞에서 말했지만, 대명사는 관련된 명사를 찾아 번역하는 게 독자에 대한 예의입니다. 이때

(4) We can then define the income of the entrepreneur as being the excess of the value of his finished output sold during the period over his prime cost. The entrepreneur's income, that is to say, is taken as being equal to the quantity, depending on his scale of production, which he endeavours to maximise, i.e., to his gross profit in the ordinary sense of this term;— which agrees with common sense. Hence, since the income of the rest of the community is equal to the entrepreneur's factor cost, aggregate income is equal to A – U.

which는 앞 문장 전체라고 했습니다. 앞 문장에서 A는 B와 같다고 말했습니다. 그렇다면 which를 '이런 등식'이라 번역하면 어떻겠습니까? 대명사와 관련된 명사가 한 단어로 명확하지 않을 때는 이런 추론력을 발휘할 수 있어야 합니다.

° **the income of the rest of the community**는 '나머지 공동체원의 소득'으로 번역됩니다. 그런데 갑자기 공동체(community)라는 단어가 생뚱맞게 등장합니다. 앞에서 전혀 쓰인 적이 없는 단어입니다. 또 '나머지'가 무엇인지도 헷갈립니다. 이때는 the rest of the community를 풀어서 번역하는 게 독자의 이해에 도움이 됩니다. 나머지는 '기업가를 제외한 전원'이고, community는 기업가를 포함해 기업가가 상품을 제작하기 위해 거래하는 사람들이 될 겁니다. 이런 전제하에 번역하면 '기업가를 제외한 모든 구성원'쯤이 되지 않을까요? 더 좋은 표현이 있는지 생각해 보십시오.

(5) Income, thus defined, is a completely unambiguous quantity. Moreover, since it is the entrepreneur's expectation of the excess of this quantity over his out-goings to the other factors of production which he endeavours to maximise when he decides how much employment to give to the other factors of production, it is the quantity which is causally significant for employment.

이렇게 정의된 소득은 조금도 모호하지 않은 양이다. 게다가 기업가가 다른 모든 생산 요소에 어느 정도의 고용을 할당할 것인가를 결정할 때 극대화하려는 것은, 소득에 해당하는 양이 다른 모든 생산 요소에 투입하는 양을 초과하는 부분에 대한 기업가의 기대치이다. 그 때문에 인과관계에서 고용에 중요한 영향을 미치는 것은 그 양, 즉 기업가의 소득이다.

° **thus defined**에서 thus를 섣불리 '따라서', '그러므로'라고 번역하면 낭패입니다. 이때는 defined라는 형용사만을 수식하는 부사로 번역하는 편이 낫고, 당연히 그렇게 번역되어야 합니다. 우리가 흔히 알고 있는 뜻으로 번역해서 '이상한 번역', 즉 앞뒤가 맞지 않는 번역이 되면, 관련된 단어의 뜻을 다시 찾아봐야 한다고 말하는 이유가 여기에 있습니다. 거듭 말하지만, 더 나은 번역을 위해서는 적당히 타협하지 말고 맥락에 더 어울리는 뜻을 사전에서 찾는 수고가 더해져야 합니다. 그렇게 할 때, 여기에서 thus를 '이렇게'라고 번역한 이유가 이해될 겁니다.

° **it is the entrepreneur's expectation of the excess of this quantity over his out-goings to the other factors of production which ...**는 무척 까다로운 구조입니다. 일단 it이 무엇을 대신한 대명사인지 찾아보면, 앞 문장에 쓰인 income이나 quantity가 됩니다. 그런데 이 둘은 결국 동일한 것입니다. 따라서 it이 quantity라고 가정하고 번역을 시작하면, 금방 난관에 부딪칩니다. 'it(quantity) – 이다 – 기업가의 기대치 – 초과량에 대한 – 이 양'까지 번역하면 이상하게 느껴집니다. '이 양'이 다시 '이 양'의 일부가 되는 모순이 벌어지기 때문입니다. it이 적절한 명사를 대신하지 못한다면, 가능한 가정은 하나뿐입니다. 무엇이겠습니까? 맞습니다! 비인칭 주어입니다. 그런데 뒤에 to-V도 없고 that-절도 없습니다. 비인칭 it이 주어로 쓰이는 온갖 가능성을 머릿속에서 굴려보십시오. 예! it is ~ which ...라는 '강조 용법'입니다. the entrepreneur's expectation of the excess of this quantity over his out-goings to the other factors of production 전체가 강조된 것이고, 그 역할은 maximise의 목적어입니다.

(5) Income, thus defined, is a completely unambiguous quantity. Moreover, since it is the entrepreneur's expectation of the excess of this quantity over his out-goings to the other factors of production which he endeavours to maximise when he decides how much employment to give to the other factors of production, it is the quantity which is causally significant for employment.

the entrepreneur's expectation of the excess of this quantity over his out-goings to the other factors of production도 분석해 봅시다.

the excess of this quantity over his out-goings to the other factors of production에 해당하는 부분은 이미 앞에서 분석해 보았습니다. the excess / of this quantity(A) / over his out-goings to the other factors of production(B)으로 분석하면 될 겁니다. 'A가 B를 초과하는 양'으로 번역됩니다. B가 조금 복잡하지요? B만 따로 떼어 보면 his out-goings to the other factors of production이라는 명사구가 됩니다. 이 명사구도 문장으로 바꿔 번역합니다. 소유격 his는 주어, 명사 out-goings는 동사 out-go(투입하다)로, to the other factors of production은 동사의 목적어로 번역하면 '기업가가 다른 모든 생산 요소에 투입하는 양'이 될 겁니다. 따라서 이 기나긴 명사구를 요약하면 the entrepreneur's expectation of C가 되고, 'C에 대한 기업가의 기대치'가 되겠지요.

other factors가 아니라 the other factors가 쓰였다는 것도 알아채셨습니까? 위 부분을 번역할 때 가장 먼저 주목해야 할 점이 바로 이것입니다. 따라서 단순히 '다른 생산 요소'가 아니라 '다른 모든 생산요소'로 번역되어야 합니다. 다음 문제는 his out-goings ...에서 주어(his)를 명확히 드러내서 번역할 것이냐는 겁니다. 제안 번역을 보면, his를 번역하기 전에 관계절 안에 쓰인 entrepreneur를 이미 명시적으로 번역했습니다. 이런 경우에 굳이 동일한 명사를 반복할 필요가 있는지 의문입니다. 각자 두 가능성을 모두 번역해 보고 어느 쪽이 나은지 판단해 보십시오.

° **how much employment to give to the other factors of production**은 decide의 목적어로 쓰인 간접 의문절입니다. 여기에서도 the other factors ...가 쓰였다는 점에 주의하십시오.

° **it is the quantity which is causally significant for employment**도 it is ... which ~ 강조 용법으로 분석된다는 건 앞에서 설명한 단계를 차근차근 밟아가면 어렵지 않게 알아낼 수 있을 겁니다.

causally는 어떻게 옮길까요? 영한사전만을 참조하면 이 말을 번역하기가 쉽지 않을 겁니다. 물론 '인과적으로 고용에 중요한 것'이라 번역하면 되겠지만, 그 뜻이 금방 와닿습니까? 그렇다면 좋습니다. 그냥 넘어가도 괜찮을 겁니다. 하지만 저처럼 '인과적으로'라는 단어가 아리송하게 느껴지면 케임브리지 사전을 참조해 보십시오. 이 사전에서는 causally가 'in a way that involves one thing causing another thing'이라고 설명됩니다. 이 설명대로 '인과관계에서'라고 번역하는 게 가장 적합할 듯합니다.

significant의 뜻도, 내친김에 더 깊이 찾아보겠습니다. '인과적으로 고용에 중요한 것'이나 '인과관계에서 고용에 중요한 것'이란 번역이 매끄럽게 읽히지 않기 때문입니다. 물론, 대부분 significant의 뜻을 '중요한'으로 알고 있을 겁니다. 맞습니다. 제가 좀 어색하다는 번역도 우리가 알고 있는 범위 내에서 번역한 것입니다. 이 경우에도 케임브리지 사전을 참조하면 'important or noticeable'만이 아니라 'important, large, or great, esp. in leading to a different result or to an important change'라는 자세한 설명이 있습니다. 간략히 정리하면 '중요한 영향을 미치는'이란 뜻입니다.

(5) Income, thus defined, is a completely unambiguous quantity. Moreover, since it is the entrepreneur's expectation of the excess of this quantity over his outgoings to the other factors of production which he endeavours to maximise when he decides how much employment to give to the other factors of production, it is the quantity which is causally significant for employment.

결론적으로 causally와 significant를 더 적합하게 번역하면 '인과관계에서 고용에 중요한 영향을 미치는 것'이 됩니다.

(6) It is conceivable, of course, that G – A1 may exceed G' – B', so that user cost will be negative. For example, this may well be the case if we happen to choose our period in such a way that input has been increasing during the period but without there having been time for the increased output to reach the stage of being finished and sold. It will also be the case, whenever there is positive investment, if we imagine industry to be so much integrated that entrepreneurs make most of their equipment for themselves. Since, however, user cost is only negative when the entrepreneur has been increasing his capital equipment by his own labour, we can, in an economy where capital equipment is largely manufactured by different firms from those which use it, normally think of user cost as being positive. Moreover, it is difficult to conceive of a case where marginal user cost associated with an increase in A, i.e. dU/dA, will be other than positive.

물론 G – A1이 G′ – B′를 초과해서 사용자 비용이 마이너스가 되는 경우도 상상해 볼 수 있다. 예컨대 우리가 선택한 기간 동안 투입량이 꾸준히 증가하지만 증가한 산출물이 완성되어 판매되는 단계에 도달할 만큼의 시간이 지나지 않을 정도로 기간을 선택하는 경우가 여기에 해당할 것이다. 또 산업이 고도로 통합되어 기업가가 자본설비의 대부분을 혼자 힘으로 만들어야 하는 경우에도 투자량이 플러스이면 언제나 그런 경우가 나타날 것이다. 하지만 기업가가 자신의 자본설비를 자체의 노동으로 늘리는 경우에만 사용자 비용이 마이너스가 되기 때문에, 자본설비가 그 설비를 사용하는 기업이 아닌 다른 기업들에 의해 주로 제작되는 경제에서 사용자 비용은 플러스라고 생각하는 게 정상일 수 있다. 게다가 A의 증가량과 관련된 한계 사용자 비용, 즉 dU/dA가 플러스가 아닌 경우를 상상하기도 어렵다.

(6) It is conceivable, of course, that G – A1 may exceed G' – B', so that user cost will be negative. For example, this may well be the case if we happen to choose our period in such a way that input has been increasing during the period but without there having been time for the increased output to reach the stage of being finished and sold. It will also be the case, whenever there is positive investment, if we imagine industry to be so much integrated that entrepreneurs make most of their equipment for themselves. Since, however, user cost is only negative when the entrepreneur has been increasing his capital equipment by his own labour, we can, in an economy where capital equipment is largely manufactured by different firms from those which use it, normally think of user cost as being positive. Moreover, it is difficult to conceive of a case where marginal user cost associated with an increase in A, i.e. dU/dA, will be other than positive.

° **It is conceivable**, of course, that ...에서 it은 당연히 비인칭 가주어이고, 진주어는 that-절입니다. 문제는 that-절에서 so that ...을 언제 번역하느냐는 겁니다. A culture change is needed so that women can feel safe. (1 Oct 2021)는 so that ...을 먼저 번역해서 "여성이 안전감을 느낄 수 있도록 문화의 변화가 필요하다"라고 번역하는 게 훨씬 낫습니다. 하지만 원문에서는 so that ...의 시제가 미래입니다. 다시 말하면, 상위절의 결과가 ...일 수 있다는 뜻입니다. 그렇다면 so that ...을 나중에 번역하는 게 나을 것이고, 그 결과로 "G – A1이 G' – B'를 초과해서 사용자 비용이 마이너스가 되는 경우"라 번역됩니다. 여기에서 so that이 갖는 '따라서'라는 뜻이 번역문 속에 녹아들었습니다. 결론적으로, so that ...은 맥락에 따라 번역의 순서가 결정되는 것이지, 일률적으로 적용되는 어떤 원칙을 설정하는 게 불가능합니다.

° **this may well be the case if** ...의 번역에 대해서는 설명이 좀 필요합니다. 앞에서 제가 '...하는 경우도 상상해 볼 수 있다'라고 번역했으므로 this는 '그 경우'가 될 겁니다. 또 뒤에 조건절 if-절이 더해지므로 '...한다면, 그 경우(this)가 아마도 그 경우(the case)일 것이다'라고 번역됩니다. 좀 이상하지요? '그 경우가 그 경우일 것'이라니요. 번역가는 이렇게 번역하더라도 원문이 영어로 어떻게 쓰였는지 알기 때문에 이

번역이 그럴듯하게 읽힐 수 있을지 모르지만 독자는 그렇지 않습니다. 독자는 영어 원문 없이, 순전히 번역문으로만 그 뜻을 이해해야 합니다. 이제 독자를 위해 친절을 베풀어봅시다. if-절을 번역한 '...하도록 기간을 선택한다면'을 위의 번역에 끼워넣어 봅시다. '...하도록 기간을 선택한다면, 그 경우가 그 경우일 것이다'. 이때 '아마도'는 불확실성을 내포하는 '미래의 표현'(것이다)에 흡수되었다고 생각해도 무방합니다. 여하튼 '...하도록 기간을 선택한다면, 그 경우가 그 경우일 것이다'를 적절히 우리말답게 조절하면, '...하도록 기간을 선택하는 경우가 그 경우일 것이다' → '...하도록 기간을 선택하는 경우가 여기에 해당할 것이다' 혹은 '...하도록 기간이 선택되는 경우가 여기에 해당할 것이다'. 이렇게 바꿔가면, 의미가 조금도 변하지 않으면서 점점 우리말답게 읽히지 않습니까?
다음 문장에 쓰인 It will also be the case ...도 똑같습니다. 이에 대해서는 조금 뒤에 다시 설명하겠습니다.

°**without there having been time for the increased output to reach the stage of being finished and sold**는 '전치사 + 동명사절'입니다. 물론 for the increased output to reach the stage of being finished and sold는 time을 수식하는 형용사 용법으로 쓰인 to-V이고, for the increased output은 to reach the stage ...의 의미상 주어입니다. 당연한 말이겠지만, the stage of being finished and sold에서 of being finished and sold는 the stage를 수식하는 '전치사구', 더 정확히 말하면 '전치사 of + 동명사구'입니다. 이렇게 문장의 구성요소를 문법적으로 분석해 두면 번역하기도 편하겠지만, 이런 분석 과정은 머릿속에서 순간적으로 끝낼 수 있는 훈련이 필요합니다. 그래야 번역으로 먹고 살 수 있습니다.

(6) It is conceivable, of course, that G – A1 may exceed G' – B', so that user cost will be negative. For example, this may well be the case if we happen to choose our period in such a way that input has been increasing during the period but without there having been time for the increased output to reach the stage of being finished and sold. It will also be the case, whenever there is positive investment, if we imagine industry to be so much integrated that entrepreneurs make most of their equipment for themselves. Since, however, user cost is only negative when the entrepreneur has been increasing his capital equipment by his own labour, we can, in an economy where capital equipment is largely manufactured by different firms from those which use it, normally think of user cost as being positive. Moreover, it is difficult to conceive of a case where marginal user cost associated with an increase in A, i.e. dU/dA, will be other than positive.

° **whenever there is positive investment**를 '플러스 투자가 있을 때마다'라고 번역하지 않고, '투자가 플러스일 때마다'라고 번역해도 상관없을 겁니다. 지금까지 여러 곳에서 말했지만, 영어에서 when-절과 if-절이 특히 현재로 쓰였을 때는 번역에서 큰 구분이 없습니다. 이 경우도 앞에 쓰인 It will also be the case와의 연결성을 고려해 번역하면, '때'보다 '조건'이 더 낫다는 게 개인적인 판단입니다. 여기에서 it은 앞 문장의 this에 해당합니다. 나머지 쓰임새는 똑같고, whenever there is positive investment만이 가운데에 더 끼어들었습니다. if-절을 앞 문장처럼 처리한 뒤에 whenever there is positive investment를 더하고, 최종적으로 It will also be the case를 번역해야 합니다. 앞에서 if-절을 '...경우'로 번역한 것을 여기에도 그대로 적용하면 whenever의 번역 가능성은 '때'와 '조건' 중 하나가 됩니다. '투자가 플러스일 때마다'가 나을까요, '투자가 플러스이면 언제나'가 나을까요? 번역은 항상 선택의 문제입니다. 끝으로 It will also be the case는 어떻게 번역할까요? 구조적으로는 this may well be the case와 똑같습니다. 하지만 동사가 달라졌습니다. 그렇다면, 우리도 번역을 앞의 것과 다르게 비틀어야겠지요. 그래서 제가 선택한 답은 '그런 경우가 나타날 것이다'입니다.

° **so much integrated that** ...에는 이른바 'so + 형용사 – that–절'의 번역을 적용하면 됩니다. 다만 that–절 안에 쓰인 for themselves를 어떻게 번역하느냐는 게 까다로울 뿐입니다. make most of ...가 사전에서 '...을 최대한 활용하다'라고 정의되어 있기 때문입니다. 물론 정확히 말하면, make the most of ...가 그 뜻으로 쓰이는 게 원칙입니다. 하지만 요즘에는 Swiss watch exports to UK rise as tourists make most of fall in sterling. (23 Aug 2016) (관광객들이 파운드화의 하락을 십분 활용하는 까닭에 스위스 시계의 영국 수출이 증가하는 추세이다)에서 보듯이 정관사 the의 존재가 의무는 아닌 듯합니다. 그런데 여기에서는 '산업이 통합'된 상태이기 때문에 '설비의 대부분을 만든다'라고 번역하면, for themselves는 '자기 힘으로, 스스로'라고 번역될 수밖에 없을 겁니다. make most of ...가 이런 뜻으로 사용되는 예는 지금도 많습니다. The big 100 UK companies – such as BP and Shell – make most of their money outside Britain. (1 Oct 2022) (BP와 셸을 비롯해 영국의 100대 기업은 대부분의 돈을 영국 밖에서 벌어들인다)

° **from those which use it**에서 it은 capital equipment입니다. 한 문장 안에 capital equipment에 해당하는 단어가 둘 존재합니다. 제가 항상 경계하는 것은 it이 대명사라는 이유로 '그것'이라 번역하는 요즘의 현상입니다. '자본설비가 그것을 사용하는 기업이 아닌 다른 기업들에 의해 제작되는 경제'라고 번역가가 번역한다면, 그 번역을 읽는 독자가 '그것'을 자본설비라고 100퍼센트 이해할 수 있을까요? 제 생각에는 아닙니다. 결국 번역가는 한 문장에 존재하는 같은 단어를 어떻게 처리하느냐는 문제에 간혹 봉착하기 마련이고, 그때마다 '그것'을 사용하지 않고 그 문제를 적절히 해결하는 방법을 찾아내려 노력해야 합니다.

(6) It is conceivable, of course, that G – A1 may exceed G' – B', so that user cost will be negative. For example, this may well be the case if we happen to choose our period in such a way that input has been increasing during the period but without there having been time for the increased output to reach the stage of being finished and sold. It will also be the case, whenever there is positive investment, if we imagine industry to be so much integrated that entrepreneurs make most of their equipment for themselves. Since, however, user cost is only negative when the entrepreneur has been increasing his capital equipment by his own labour, we can, in an economy where capital equipment is largely manufactured by different firms from those which use it, normally think of user cost as being positive. Moreover, it is difficult to conceive of a case where marginal user cost associated with an increase in A, i.e. dU/dA, will be other than positive.

° **normally**를 어떻게 처리하시겠습니까? 여기에서 normally는 think라는 동사를 수식합니다. 그런데 이 책의 기존 번역본을 보면 "... 제조되는 경제에 있어서는 사용자 비용은 일반적으로 플러스라고 생각할 수 있을 것이다"라고 번역되어 있습니다. 아마 normally를 '일반적으로'라고 번역한 듯합니다. 이 번역을 다시 영어로 표현하면 ... as being normally positive가 됩니다. 부사가 다른 절에 존재하는 positive를 엉뚱하게 수식하고 있습니다. 부사의 위치를 이렇게 잘못 놓은 번역이 의외로 많습니다. 제가 부사 번역의 중요성을 강조하려고 자주 인용하는 예가 있습니다. 안데르센의 동화, '바보 한스'에 In this way Hans suddenly became rich, – rich enough to buy a property of his own이란 문장이 나옵니다. 우리말 번역을 보면 "이렇게 한스는 갑자기 부자가 되었습니다. 충분히 자기 땅을 살 수 있는 부자였습니다."입니다. 여러분이 보기에 이 번역은 어떻습니까? 과장해서 말하면, 제가 보기에는 엄청난 문제가 있는 번역입니다. 이 번역에서 '충분히'는 enough를 번역한 게 분명합니다. 번역에서 '충분히'는 '충분한 땅'일 수도 있고, '자기 땅을 충분히 살 수도 있다'라는 뜻입니다. 여하튼 땅을 충분히 살 수 있다는 뜻으로 해석됩니다. 하지만 원문에서 enough는 rich를 수식할 뿐입니다. 그냥 자기 땅을 살 수 있을 정도로 충분한 부자일 뿐입니다. 어떤 차이가 있는지 아시겠습니까? 그 차이가 눈에 들어올 때 이 번역에 문제가 있다는 걸 깨닫게 될 겁니다. 결론적으로, 부사는 관련된 단어 바로 앞에

놓도록 하십시오. 그럼 normally는 '... 경제에서 사용자 비용은 플러스라고 일반적으로 생각할 수 있다'라고 번역되어야 할 겁니다. 그런데 generally, normally 등이 동사를 수식할 때는 it is general that ... / it is normal that ...으로 번역하는 게 자연스러운 경우가 많습니다. 여기에서는 이 방법을 사용해서 '... 경제에서 사용자 비용은 플러스라고 생각하는 게 정상일 수 있다'라고 번역하는 것도 괜찮은 방법입니다.

° **it is difficult to conceive of** ...는 가주어/진주어 to-V가 사용된 예입니다. 관계 부사 where 이후의 문장을 다시 쓰면 marginal user cost (which is) associated with an increase in A ...가 될 겁니다.

° **other than**을 잘 봐야 합니다. than이 쓰였지만 비교급이 아닌 경우가 있습니다. other than이 바로 그 대표적인 경우입니다. 이때 other than = different from 혹은 except입니다. 부정문이면 except로 보고, 그 밖에는 different from으로 번역하면 됩니다. 이 경우에 '플러스와 다른 경우' → '플러스가 아닌 경우'로 바꾸는 작업이 필요하다는 말까지 덧붙일 필요는 없겠지요.

(7) It may be convenient to mention here, in anticipation of the latter part of this chapter, that, for the community as a whole, the aggregate consumption (C) of the period is equal to Σ(A –A1), and the aggregate investment (I) is equal to Σ(A1 – U). Moreover, U is the individual entrepreneur's disinvestment (and –U his investment) in respect of his own equipment exclusive of what he buys from other entrepreneurs. Thus in a completely integrated system (where A1 = 0) consumption is equal to A and investment to –U, i.e. to G – (G' – B'). The slight complication of the above, through the introduction of A1, is simply due to the desirability of providing in a generalised way for the case of a non-integrated system of production.

이 장의 후반부에 대비해서, 공동체 전체가 해당 기간에 행하는 총소비(C)는 Σ(A – A1)과 같고, 총투자(I)는 Σ(A1 – U)와 같다는 걸 여기에서 언급해 두는 게 적합할 듯하다. 게다가 기업가가 다른 기업가들로부터 구입하는 것을 제외하고 그 자신의 설비에 대해서, U는 개별 기업가의 자본 회수가 되고 (–U는 개별 기업가의 투자가 된다). 따라서 (A1 = 0이 되는) 완전히 통합된 시스템에서 소비는 A와 같고, 투자는 –U, 즉 G – (G′ – B′)와 같다. A1을 도입함으로써 위의 관계를 약간 복잡하게 만든 이유는, 통합되지 않은 생산 시스템의 경우를 일반적인 관점에서 대비하는 게 바람직하기 때문이다.

° **It may be convenient to mention**에서 it은 비인칭 주어이고, to V가 진주어입니다. 첫 문장에서 까다로운 부분은 이 주절에 해당하는 '가주어-진주어'가 아니고, to V 내에 존재하는 in anticipation of the latter part of this chapter의 번역일 겁니다. 일단 쉬운 부분부터 해결하면, the latter part of this chapter는 '이 장의 후반부'라고 번역하면 됩니다. 문제는 in anticipation of ...입니다. 모든 전치사구가 그렇듯이, 이것도 '전치사 + 명사구'로 이루어집니다. 기억나십니까? 명사구는 문장처럼 풀어서 번역하면 좋다는 것을! 그럼 in anticipation of the latter part of this chapter는 (in) anticipate the latter part of this chapter가 됩니다. 이번에는 anticipate의 뜻을 추적해 봅시다. 물론 '예상하다'이고, '이 장의 후반부를 예상할 때'가 됩니다. 이 정도의 번역이면 충분하다고 생각합니다. 내친김에 더 깊이 들어가 보겠습니다. 이 번역과 전체 번역을 연결해 보면, '이 장의 후반부를 예상할 때 ...라고 언급해 두는 게 편리하다'가 됩니다. 그런데 케임브리지 사전을 보면 convenient는 'suitable for your purposes and needs and causing the least difficulty'라고 정의되며, 영한사전에서 보이는 '편리한, 손쉬운'이라는 번역어보다, suitable(적합한)이란 뜻이 더 부각됩니다. anticipate의 경우도 'to imagine or expect that something will happen'(예상하다)이라고 정의되지만 'to take action in preparation for something that you think will happen'(대비해서 행동하다)이란 뜻도 있습니다. 이렇게 분석해 보면, 제가 선택한 제안 번역, "이 장의 후반부에 대비해서, ... 여기에서 언급해 두는 게 적합할 듯하다"는 결코 과장된 것이 아닙니다.

(7) It may be convenient to mention here, in anticipation of the latter part of this chapter, that, for the community as a whole, the aggregate consumption (C) of the period is equal to Σ(A - A1), and the aggregate investment (I) is equal to Σ(A1 - U). Moreover, U is the individual entrepreneur's disinvestment (and -U his investment) in respect of his own equipment exclusive of what he buys from other entrepreneurs. Thus in a completely integrated system (where A1 = 0) consumption is equal to A and investment to -U, i.e. to G - (G' - B'). The slight complication of the above, through the introduction of A1, is simply due to the desirability of providing in a generalised way for the case of a non-integrated system of production.

° **-U his investment**는 어떻게 분석하셨습니까? 예, 그렇습니다. 동사 is가 생략된 경우입니다(-U (is) his investment). 거듭 말하지만, 영어에서 명사가 연속해서 쓰이면 그 사이에 뭔가가 생략된 것으로 보시고, 그 생략된 것을 앞 부분에서 찾도록 하십시오.

° **The slight complication of the above**도 문장으로 번역하는 게 좋습니다(← to complicate the above slightly). 더 나아가, 술어는 be due to ...입니다. 다시 말하면, '주어'로 표현된 현상은 '...의 이유 혹은 원인'이란 뜻입니다. 따라서 '위의 관계를 약간 복잡하게 한 것은 ... 때문이다'라고 번역해도 상관없겠지만, '위의 관계를 약간 복잡하게 한 이유는 ... 때문이다'라고 번역하는 방법도 생각해 봄 직합니다.

° the desirability of **providing in a generalised way for the case of a non-integrated system of production**처럼 복잡해 보이는 구절이 나오면, 가장 명확한 것부터 번역해 따로 떼어놓는 게 좋습니다. 일단 이 명사구에서는 in a generalised way가 확연히 눈에 띕니다. 이 부분을 괄호로 묶어두면 provide for ...가 눈에 들어옵니다. provide for something이므로 'to have or make plans to deal with something that will or may happen in the future'(... 대해 준비, 대비하다)라는

뜻을 갖습니다. the desirability of ...에서 of는 동격의 of로 분석해서 '...하는 게 바람직함'이라 번역하면 충분하지 않을까요? 이렇게 조각조각 번역해 둔 것을 결합하면 "통합되지 않은 생산 시스템의 경우를 일반적인 관점에서 대비하는 게 바람직하기 때문이다"가 될 겁니다.

(8) Furthermore, the effective demand is simply the aggregate income (or proceeds) which the entrepreneurs expect to receive, inclusive of the incomes which they will hand on to other factors of production, from the amount of current employment which they decide to give. The aggregate demand function relates various hypothetical quantities of employment to the proceeds which their outputs are expected to yield; and the effective demand is the point on the aggregate demand function which becomes effective because, taken in conjunction with the conditions of supply, it corresponds to the level of employment which maximises the entrepreneur's expectation of profit.

게다가 유효수요는 기업가들이 제공하기로 결정한 통상 고용량으로부터 획득하기를 기대하는 총소득(혹은 총매상액)에 불과하며, 이때 총소득에는 기업가들이 다른 생산 요소들에 넘겨주는 소득이 포함된다. 총수요함수는 고용량을 여러 가지로 가정하고, 각 고용량에서 얻을 것으로 기대되는 매상액과 각 고용량을 관련시킨 것이다. 유효수요는 공급 조건들과 함께 고려될 때 기업가의 이익 기대치를 극대화하는 고용 수준과 일치하기 때문에, 총수요함수에서 유효하게 되는 점이다.

° **simply**가 동사를 수식할 때는 '단지 ...에 불과하다'라고 번역하는 게 좋습니다. 첫 문장에서 simply가 명사 the aggregate income 앞에 쓰였다고 해서 그 명사와 관련이 있을 것이라 추론할 사람은 없겠지요? 부사가 어떻게 명사를 수식하겠습니까. 특히 부정어와 함께 쓰이면 '전혀, 결코'로 번역되며 부정어를 강조합니다. It's simply not acceptable that we have more than a fifth of the population in a rich country such as the UK at risk of poverty today. (5 Nov 2023) (영국처럼 부유한 국가에서 국민의 5분의 1이상이 빈곤의 위험에 처해 있다는 사실은 전혀 용납되지 않는다)

° **inclusive of** ...는 대체로 명사를 수식하고, 그 명사는 inclusive의 앞에 위치하기 마련입니다. 물론 inclusive는 형용사이므로 be 동사 계열의 보어로도 쓰입니다. 달리 말하면, 이 문장에서 앞에 쓰인 receive와 아무런 관계가 없다는 뜻입니다. 이 문장의 관계절 which-를 번역하는 데는 약간의 요령이 필요합니다. inclusive of ...에서 ...에 해당하는 명사는 어디에 포함되는 걸까요? 이 답을 알아내면, 번역도 한결 쉬워집니다. 예, 맞습니다. 선행사로 쓰인 the aggregate income에 포함됩니다. 그렇다면, 일단 inclusive of ...를 배제하고, ... which the entrepreneurs expect to receive from ~을 먼저 번역한 뒤에, '이때 총소득(선행사)에는 ... 라는 소득이 포함된다'를 덧붙이면 될 겁니다.

hand something on (to somebody)의 쓰임새를 안다면, 관계절 which-에서 hand on to other factors of production이 어떻게 쓰였는지 분석하기가 한결 쉬워집니다.

(8) Furthermore, the effective demand is simply the aggregate income (or proceeds) which the entrepreneurs expect to receive, inclusive of the incomes which they will hand on to other factors of production, from the amount of current employment which they decide to give. The aggregate demand function relates various hypothetical quantities of employment to the proceeds which their outputs are expected to yield; and the effective demand is the point on the aggregate demand function which becomes effective because, taken in conjunction with the conditions of supply, it corresponds to the level of employment which maximises the entrepreneur's expectation of profit.

° **the amount of current employment**는 번역하기 무척 까다롭습니다. current의 번역이 생각만큼 쉽지 않기 때문입니다. 일단 널리 사용되는 예를 보면, current asset은 '유동 자산', current budget은 '경상 예산'을 뜻합니다. 달리 말하면, 우리가 흔히 알고 있는 '현재의'라는 뜻보다 '통례의'라는 뜻으로 경제학에서는 더 자주 쓰이는 듯합니다. 실제로 the amount of current employment which they decide to give를 '기업가들이 제공하기로 결정한 현재의 고용량'이라 번역하면 어딘가 어색하게 느껴집니다. 게다가 일반론을 분석하고 있으므로, 여기에서도 current는 '통상'으로 번역하는 게 옳은 듯합니다. 이처럼 전문 용어를 찾아가는 작업은 항상 어렵습니다.

° **relates various hypothetical quantities of employment to the proceeds** which their outputs are expected to yield에 나온 'relate A to B'는 번역하기에 별 어려움이 없습니다. 오히려 A에 해당하는 various hypothetical quantities of employment의 번역이 쉽지 않습니다. 예컨대 '여러 가지의 가정적 고용량'으로 번역하면, which-절에서 their가 고용량에 해당하므로 '여러 가지의 가정적 고용량을, 그 고용량들의 산출량으로 얻을 것이라 기대되는 매상액에 관련시킨 것'이 됩니다. 한 번만 읽어서는 이해하기 쉽지 않습니다. various hypothetical quantities of employment를 '고용량을 여러 가지로 가정하고'라고 번역하면 어떨까요? 그리고 which-절에서 their output

은 '각 고용량에서 산출되는 양' 혹은 '각 고용량이 산출하는 양'으로 번역하면, "각 고용량이 산출하는 양에서 얻을 것으로 기대되는 매상액"이 됩니다. 이렇게 충실하게 번역하는 게 좋겠지만, '각 고용량에서 얻을 것으로 기대되는 매상액'으로 축약해 번역해도 크게 잘못된 것은 아닐 겁니다. 상식적으로 "고용량 → 생산량(산출량) → 매상액"으로 연결될 테니까요. 결론적으로, 여기에서 말하고 싶은 것은 various hypothetical quantities of employment를 앞에서 말한 것처럼 풀어서 번역할 수 있느냐는 겁니다.

° **the point on the aggregate demand function which becomes effective**는 앞에서도 말했고, 뒤에서도 자주 언급하게 될 '분리 관계대명사'의 전형입니다. 이 문장에서 which의 선행사는 the point이고, the point는 on the aggregate demand function의 수식을 받습니다. 이처럼 '선행사 – 전치사구 – 관계절 ...'이란 구조를 띨 때 번역하는 방법은 흥미롭게도 관계절 밖의 전치사구부터 번역한 다음, 관계절을 번역한 뒤에 선행사를 번역하는 게 자연스럽습니다. 따라서 '총수요함수에서 유효하게 되는 점'이 됩니다. '유효하게 되는 총수요함수에서의 점'보다 훨씬 낫지 않습니까? 이 번역에서 '유효하게 되는'이 '점'을 수식하지 '총수요함수'를 수식하는 게 아니라는 걸 명확히 표시하려면 '유효하게 되는, 총수요함수에서의 점'으로 쉼표를 사용해야 합니다.

° **it corresponds to the level of employment which maximises the entrepreneur's expectation of profit**에서 it이 무엇을 대신하는지 찾을 수 있겠지요. 그렇게 찾아낸 명사로 번역해야지, 그냥 '그것'이라

(8) Furthermore, the effective demand is simply the aggregate income (or proceeds) which the entrepreneurs expect to receive, inclusive of the incomes which they will hand on to other factors of production, from the amount of current employment which they decide to give. The aggregate demand function relates various hypothetical quantities of employment to the proceeds which their outputs are expected to yield; and the effective demand is the point on the aggregate demand function which becomes effective because, taken in conjunction with the conditions of supply, it corresponds to the level of employment which maximises the entrepreneur's expectation of profit.

번역하면, 앞 문장에 '그것'에 관련시킬 만한 명사가 많아 독자가 결코 편하지 않을 겁니다. 또 correspond to ...의 번역에도 고민이 필요합니다. 경제학을 전공하는 독자에게는 '대응하다'라는 번역이 익숙할지 모르겠습니다. 하지만 일반 독자라면, 수학적인 뜻을 지닌 '대응'이란 단어가 선뜻 와닿지 않을 겁니다. 사전에서 정의되듯이 '일치하다', '해당하다'라고 번역하면 잘못된 것일까요? 거듭 말하지만, 전문 서적을 번역할 때는 이 때문에 항상 조심스럽습니다.

(9) This set of definitions also has the advantage that we can equate the marginal proceeds (or income) to the marginal factor cost; and thus arrive at the same sort of propositions relating marginal proceeds thus defined to marginal factor costs as have been stated by those economists who, by ignoring user cost or assuming it to be zero, have equated supply price to marginal factor cost.

이런 일련의 정의에는 우리가 한계매상액(또는 한계 소득)을 한계요소비용과 동일시할 수 있다는 이점도 있다. 예컨대 사용자 비용을 무시하거나 0으로 가정함으로써 공급 가격과 한계 요소 비용을 동일시했던 경제학자들이 주장하던 명제들과 같은 종류, 즉 이렇게 정의된 한계매상액을 한계 요소비용에 관련시키는 명제들에 도달하는 이점이 있다.

° **This set of definitions**는 이른바 '무생물 주어'입니다. 항상 그렇지는 않지만, 무생물이 주어로 쓰인 경우에는 그 주어를 '부사적'으로 번역하는 게 자연스러울 때가 많습니다. 이 문장도 '이런 일련의 정의는 ...라는 이점을 갖는다'라고 번역하는 것보다 '이런 일련의 정의에는 ...라는 이점이 있다' 혹은 '이렇게 정의하면 ...라는 이점이 있다'라고 번역하는 게 더 자연스럽지 않습니까?

° **the advantage that we can equate the marginal proceeds (or income) to the marginal factor cost**에서 the advantage와 that-절은 동격입니다. 굳이 설명하자면, '명사 + that-절'에서 that-절이 문법적으로 완전하면 앞의 명사는 that-절과 동격이 될 수밖에 없습니다.

° **thus**에 '예를 들면'이란 뜻이 있다는 걸 아십니까? 더구나 세미콜론과 함께 쓰여 있으므로, 이때 thus는 무작정 '따라서', '그러므로'라고 번역하는 것보다 '예를 들면'이라 번역하는 게 더 합리적일 수 있습니다. 또 '따라서'라고 번역하면, 앞 문장이 세미콜론 이하에 쓰인 문장의 원인이 되어야 합니다. 그런데 그런 인과관계가 이 문장에서 나타나 있나요? 그렇지 않습니다. 그렇다면 이때 thus는 '예컨대, 예를 들면'이라 번역하는 게 훨씬 타당합니다.

° **thus defined**의 thus는 물론 '이렇게'(in this way)로 번역되는 부사입니다. 둘의 차이는 어렵지 않게 파악할 수 있을 겁니다.

(9) This set of definitions also has the advantage that we can equate the marginal proceeds (or income) to the marginal factor cost; and thus arrive at the same sort of propositions relating marginal proceeds thus defined to marginal factor costs as have been stated by those economists who, by ignoring user cost or assuming it to be zero, have equated supply price to marginal factor cost.

° **as have been stated by those economists**는 이 단락에서 가장 흥미로운 부분입니다. 이 구절의 문법적 기능이 무엇인지 파악하셨습니까? 맞습니다. 관계절입니다. as가 '유사 관계대명사'라는 뜻이지요. 자, 기억나십니까? 유사 관계대명사 as는 선행사로 the same을 취합니다. 이 문장이 그 원칙에 딱 맞아떨어집니다. 그런데 선행사(the same sort of propositions relating marginal proceeds thus defined to marginal factor costs)가 너무 길어, 관계절과 연결하기가 쉽지 않습니다. 이때 앞에서 말한 '분리 관계절'의 번역 방법을 응용하면 어떨까요? 일단 the same sort of propositions / as have been stated by those economists who, by ignoring user cost or assuming it to be zero, have equated supply price to marginal factor cost를 먼저 번역하고, relating marginal proceeds thus defined to marginal factor costs를 나중에 처리하는 방법입니다. 여하튼 as-관계절과 relating ...이 모두 the same sort of propositions와 관련되었다는 걸 염두에 두고 번역해야 합니다. 제안 번역을 참조하기 전에 여러분도 나름대로 번역해 본 뒤 비교해 보십시오.

(10)

(ii) We turn, next, to the second of the principles referred to above. We have dealt so far with that part of the change in the value of the capital equipment at the end of the period as compared with its value at the beginning which is due to the voluntary decisions of the entrepreneur in seeking to maximise his profit. But there may, in addition, be an involuntary loss (or gain) in the value of his capital equipment, occurring for reasons beyond his control and irrespective of his current decisions, on account of (e.g.) a change in market values, wastage by obsolescence or the mere passage of time, or destruction by catastrophe such as war or earthquake. Now some part of these involuntary losses, whilst they are unavoidable, are — broadly speaking — not unexpected; such as losses through the lapse of time irrespective of use, and also "normal" obsolescence which, as Professor Pigou expresses it, "is sufficiently regular to be foreseen, if not in detail, at least in the large", including, we may add, those losses to the community as a whole which are sufficiently regular to be commonly regarded as "insurable risks". Let us ignore for the moment the fact that the amount of the expected loss depends on when the expectation is assumed to be framed, and let us call the depreciation of the equipment, which is involuntary but not unexpected, i.e. the excess of the expected depreciation over the user cost, the supplementary cost, which will be written V. It is, perhaps, hardly necessary to point out that this definition is not the same as Marshall's definition of supplementary cost, though

the underlying idea, namely, of dealing with that part of the expected depreciation which does not enter into prime cost, is similar.

(ii) 다음으로, 위에서 언급한 방법 중 두 번째 것을 살펴보자. 지금까지는 어떤 기간이 시작될 때의 자본 설비 가치에 비교해서, 그 기간 중에 기업가가 이윤을 극대화할 목적에서 자발적으로 내린 결정으로 말미암아 그 기간이 끝날 때 자본 설비의 가치에서 변한 부분을 다루었다. 그러나 기업가가 통제할 수 없는 이유로, 또 통상적인 결정과 관계가 없는 이유로 자본 설비의 가치에서 일어나는 비자발적인 손실(혹은 이익)도 있을 수 있다. 예컨대 시장 가치의 변화, 노후화 혹은 단순한 시간의 경과에 따른 손모(損耗), 전쟁이나 지진 같은 재난에 따른 파괴 등이 비자발적인 손실의 원인이다. 그런데 이런 비자발적 손실 중 일부는 불가피하지만, 일반적으로 말하면, 예상할 수 없는 것은 아니다. 예를 들면, 사용 여부와는 상관없이 시간의 경과에 따른 손모가 있고, 피구 교수의 표현을 빌리면 "자세히는 아니더라도 적어도 개략적으로 예측될 수 있을 정도로 충분히 규칙적이고" "정상적인" 노후화도 이 범주에 속한다. 여기에 '보험으로 담보할 수 있는 위험'으로 흔히 여겨질 수 있을 정도로 충분히 규칙적이고, 사회 전체에 안겨주는 손실도 포함될 수 있을 듯하다. 예측되는 손실량이 언제 예측되느냐에 따라 달라진다는 사실은 잠시 덮어 두도록 하자. 한편 비자발적이지만 예상할 수 없는 것은 아닌 설비의 감가, 즉 예측되는 감가가 사용자 비용을 넘어서는 초과액은 보조적 비용이라 칭하고, V로 표시하기로 하자. 이 정의는 보족적 비용에 대한 마셜의 정의와 동일하지는 않다는 걸 구태

여 지적할 필요는 없을 것이다. 하지만 근본적인 생각, 즉 예측되는 감가에서 주요 비용에 포함되지 않는 부분을 다룬다는 근본적인 생각에서는 유사하다.

(10)

(ii) We turn, next, to the second of the principles referred to above. We have dealt so far with that part of the change in the value of the capital equipment at the end of the period as compared with its value at the beginning which is due to the voluntary decisions of the entrepreneur in seeking to maximise his profit. But there may, in addition, be an involuntary loss (or gain) in the value of his capital equipment, occurring for reasons beyond his control and irrespective of his current decisions, on account of (e.g.) a change in market values, wastage by obsolescence or the mere passage of time, or destruction by catastrophe such as war or earthquake. Now some part of these involuntary losses, whilst they are unavoidable, are — broadly speaking — not unexpected; such as losses through the lapse of time irrespective of use, and also "normal" obsolescence which, as Professor Pigou expresses it, "is sufficiently regular to be foreseen, if not in detail, at least in the large", including, we may add, those losses to the community as a whole which are sufficiently regular to be commonly regarded as "insurable risks". Let us ignore for the moment the fact that the amount of the expected loss depends on when the expectation is assumed to be framed, and let us call the depreciation of the equipment, which is involuntary but not unexpected, i.e. the excess of the expected depreciation over the user cost, the supplementary cost, which will be written V. It is, perhaps, hardly necessary to point out that this definition is not the same as Marshall's definition of supplementary cost, though the underlying idea, namely, of dealing with that part of the expected depreciation which does not enter into prime cost, is similar.

° **turn, next, to** ...는 사전에서 '(도움·조언 등을 위해) ...에 의지하다'라는 뜻으로 풀이됩니다. 실제로 US seniors turn to Zoom to connect with friends and family. (18 Sep 2020)에는 이 번역이 적용되는 듯합니다(미국 고령자들은 줌의 도움을 받아 친구 및 가족과 접촉한다). 하지만 첫 문장에 이 뜻을 적용하면 이상합니다. 오히려 turn to ...를 숙어가 아니라, '...로 눈을 돌리다'라는 원래의 뜻을 조합해서 번역하는 편이 훨씬 더 낫습니다. 결국 숙어라는 것은 '어떤 단어들이 자주 결합되어 쓰인 결과'입니다. 따라서 숙어의 뜻에는 원래의 뜻이 담겨 있기 마련입니다. 만약 숙어의 뜻을 적용했을 때 번역이 이상하면, 대충 타협하고 넘어가거나 끙끙대지 말고, 원래의 뜻을 조합해 보시기 바랍니다.

° **the principles referred to above.** 앞에서 principle을 '방법'이라 번역하는 게 좋겠다고 선택해 '방법'으로 번역했습니다. 그렇다면 이번에

(10)
(ii) We turn, next, to the second of the principles referred to above. We have dealt so far with that part of the change in the value of the capital equipment at the end of the period as compared with its value at the beginning which is due to the voluntary decisions of the entrepreneur in seeking to maximise his profit. But there may, in addition, be an involuntary loss (or gain) in the value of his capital equipment, occurring for reasons beyond his control and irrespective of his current decisions, on account of (e.g.) a change in market values, wastage by obsolescence or the mere passage of time, or destruction by catastrophe such as war or earthquake. Now some part of these involuntary losses, whilst they are unavoidable, are — broadly speaking — not unexpected; such as losses through the lapse of time irrespective of use, and also "normal" obsolescence which, as Professor Pigou expresses it, "is sufficiently regular to be foreseen, if not in detail, at least in the large", including, we may add, those losses to the community as a whole which are sufficiently regular to be commonly regarded as "insurable risks". Let us ignore for the moment the fact that the amount of the expected loss depends on when the expectation is assumed to be framed, and let us call the depreciation of the equipment, which is involuntary but not unexpected, i.e. the excess of the expected depreciation over the user cost, the supplementary cost, which will be written V. It is, perhaps, hardly necessary to point out that this definition is not the same as Marshall's definition of supplementary cost, though the underlying idea, namely, of dealing with that part of the expected depreciation which does not enter into prime cost, is similar.

도 '방법'으로 번역하는 게 당연할 겁니다. 그래야 일관성이 생겨 독자를 헷갈리게 하지 않을 테니까요.

°**We have dealt so far with that part ...** 이 문장도 그렇지만, 첫 문장에도 we가 주어로 쓰였습니다. 하지만 제안 번역에서는 we를 전혀 번역하지 않습니다. 이때의 we는 "신문이나 잡지 등에서 필자가 공적 입장에서 I 대신에 쓰는 표현"입니다. 이런 경우 we를 번역해야 하느냐는 번역가에게 영원한 숙제일 수 있습니다. '우리'를 명시적으로 번역한다고 해서 잘못된 것도 아니고, 제안 번역처럼 일반론적으로 번역하더라도 잘못될 것은 없습니다. 개인적으로 저는 '가능하면 we를 죽이는 쪽'으로 번역하는 편입니다. 여하튼 이때의 we는 반드시 번역할 주어가 아닙니다.

° **as compared with** ...가 when compared with ...로도 쓰이고, 또 as가 생략된 compared with ...로도 쓰인다는 걸 안다면, 여기에서 as가 무엇인지 힘들게 설명할 필요가 없을 겁니다. 예문을 확인하는 것으로 끝내도록 합시다. The research found that when compared with those who worked from home, commuters were less satisfied and happy. (12 Feb 2014) (그 연구에 따르면, 집에서 일하는 사람들과 비교할 때, 통근자들은 만족감과 행복감이 떨어지는 것으로 밝혀졌다) In Italy, researchers recently suggested female mayors were approximately three times more likely to experience physical or psychological violence compared with their male counterparts. (3 Nov 2023) (연구원들이 최근 발표한 조사 결과에 따르면, 이탈리아에서 남성 시장과 비교할 때 여성 시장이 물리적인 폭력이나 심리적인 폭력을 당할 가능성이 대략 3배쯤 높았다)

° **which is due to the voluntary decisions of the entrepreneur** ...에서 which의 선행사가 무엇이겠습니까? 바로 앞에 위치한 the beginning이 선행사가 될 수 없다는 건 상식적으로 누구나 쉽게 파악할 수 있습니다. which-관계절을 번역하면 '... 기업가의 자발적인 결정 때문이다'가 됩니다. 그럼 기업가의 자발적인 결정으로 인한 결과를 찾아내야 할 겁니다. 여기까지 보면, 앞에서 몇 번이고 언급한 '분리 관계절'이 되고, 분리된 부사구(절)는 as compared with its value at the beginning이 될 겁니다. 분리 관계절의 번역 원칙을 여기에 적용하면 as compared with its value at the beginning이 먼저 번역되고, 그 다음에 관계절이 번역된 후 '선행사' 부분이 번역되어야 합니다. 여기에서 which의 선행사는 that part of the change in the value of the

(10)
(ii) We turn, next, to the second of the principles referred to above. We have dealt so far with that part of the change in the value of the capital equipment at the end of the period as compared with its value at the beginning which is due to the voluntary decisions of the entrepreneur in seeking to maximise his profit. But there may, in addition, be an involuntary loss (or gain) in the value of his capital equipment, occurring for reasons beyond his control and irrespective of his current decisions, on account of (e.g.) a change in market values, wastage by obsolescence or the mere passage of time, or destruction by catastrophe such as war or earthquake. Now some part of these involuntary losses, whilst they are unavoidable, are — broadly speaking — not unexpected; such as losses through the lapse of time irrespective of use, and also "normal" obsolescence which, as Professor Pigou expresses it, "is sufficiently regular to be foreseen, if not in detail, at least in the large", including, we may add, those losses to the community as a whole which are sufficiently regular to be commonly regarded as "insurable risks". Let us ignore for the moment the fact that the amount of the expected loss depends on when the expectation is assumed to be framed, and let us call the depreciation of the equipment, which is involuntary but not unexpected, i.e. the excess of the expected depreciation over the user cost, the supplementary cost, which will be written V. It is, perhaps, hardly necessary to point out that this definition is not the same as Marshall's definition of supplementary cost, though the underlying idea, namely, of dealing with that part of the expected depreciation which does not enter into prime cost, is similar.

capital equipment at the end of the period가 됩니다. 선행사가 좀 길지요? 그래서 be due to를 단순히 '... 결정 때문에'라고 번역하지 않고, '... 결정으로 말미암아'라고 약간의 변화를 주었습니다. 설마 '말미암다'라는 말을 처음 듣는 것은 아니겠지요? '때문에'를 사용한 번역과 '말미암아'를 사용하는 경우를 비교해 보십시오.

We have dealt so far with that part of the change in the value of the capital equipment ... 전체를 볼 때, 두 번째 문장이 너무 길어 번역하기가 힘들다고 하소연할 독자가 있을지 모르겠습니다. 긴 문장을 번역하는 요령은 영어의 고유한 특징에 주목하는 겁니다. 영어는 새로운 내용이 뒤에 계속 덧붙는 언어입니다. 따라서 학교에서 배운 대로 주어와 동사를 먼저 찾으려고 애쓸 필요가 없습니다. 그냥 앞에서부터 차근차근 번역해 덧붙이며, 말을 만들어가면 됩니다. 이런 번역 요령은 이미 앞에서도 몇 번이나 언급했고, 연습도 해 보았습니다. 잠깐, 질문이 있다고요? 앞부터 번역하면서 주어와 동사를 어떻게 구분하고 찾아낼 수 있겠느냐고요? 이런 의문을 제기하는 분에게 제가 묻고 싶습니다. 애초에 주어와 동사는 어떻게 찾아낼 수 있지요? 번역가가 되겠다고 나선 정도이면, 앞에서부터 차근차근 읽어 나가면 자연스레 주어와 동사 등이 보일 겁니다.

° **in addition**은 '게다가', '더구나' 등의 뜻으로 사전에서 소개됩니다. 그런데 '자발적 결정'에 따른 변화를 언급한 뒤에 곧이어 '게다가'가 쓰이면 동일한 종류가 이어질 듯한 어감을 줍니다. 제가 '게다가'라는 단어에 대해 갖는 개인적인 선입견일 수도 있습니다. 여러분은 '게다가'를 중심으로 앞뒤로 상반된 내용이 쓰일 수 있다고 생각한다면, '게다가'를 덧붙여 번역하십시오. 여하튼 제 언어적 직관으로는 그렇지 않습니다. 그래서 in addition에 다른 뜻이 없을까 사전을 열심히 뒤적거려 보았고, 마침내 제 마음에 드는 뜻을 찾아냈습니다. '또'라는 뜻입니다. 그래서 "... 비자발적인 손실(혹은 이익)도 있을 수 있다"라고 번역한 겁니다.

° **current decisions**에서 current를 '통상'이라 번역한 것은 앞서 current employment를 그렇게 번역한 것과 같습니다.

° **on account of** ...가 '... 때문에'로 번역된다는 것은 모두가 알고 있습니다. 그런데 이 경우에는 e.g.(→ exempli gratia = for example)가 함께 쓰였습니다. 대략 번역하면 '예를 들면... 때문에'가 됩니다. 물론 이 번역어는 occurring for reasons beyond his control and irrespective of his

(10)

(ii) We turn, next, to the second of the principles referred to above. We have dealt so far with that part of the change in the value of the capital equipment at the end of the period as compared with its value at the beginning which is due to the voluntary decisions of the entrepreneur in seeking to maximise his profit. But there may, in addition, be an involuntary loss (or gain) in the value of his capital equipment, occurring for reasons beyond his control and irrespective of his current decisions, on account of (e.g.) a change in market values, wastage by obsolescence or the mere passage of time, or destruction by catastrophe such as war or earthquake. Now some part of these involuntary losses, whilst they are unavoidable, are — broadly speaking — not unexpected; such as losses through the lapse of time irrespective of use, and also "normal" obsolescence which, as Professor Pigou expresses it, "is sufficiently regular to be foreseen, if not in detail, at least in the large", including, we may add, those losses to the community as a whole which are sufficiently regular to be commonly regarded as "insurable risks". Let us ignore for the moment the fact that the amount of the expected loss depends on when the expectation is assumed to be framed, and let us call the depreciation of the equipment, which is involuntary but not unexpected, i.e. the excess of the expected depreciation over the user cost, the supplementary cost, which will be written V. It is, perhaps, hardly necessary to point out that this definition is not the same as Marshall's definition of supplementary cost, though the underlying idea, namely, of dealing with that part of the expected depreciation which does not enter into prime cost, is similar.

current decisions의 앞에 위치해서 이상하게 들립니다. 게다가 문장을 세밀히 분석해 보면, e.g. 이후에 나열된 현상이 reasons ...에 해당하는 것입니다. 따라서 on account of ...에서 ...에 해당하는 현상을 '원인'이라 번역하는 방법을 생각해 볼 수 있습니다. 그 결과가 제안 번역입니다. 제안 번역에는 '비자발적인'이란 보충어가 더해졌습니다. 그 이유를 짐작해 보십시오.

°**now**는 우리가 일반적으로 알고 있는 뜻, '지금', '이제'로 번역하면 정말 이상해집니다. 직접 번역해 보면, 제가 이렇게 말하는 이유를 실감할 수 있을 겁니다. '그래도 이럭저럭 뜻이 통하는데요'라고 반박할 사람도 있을지 모르겠습니다. 우리는 이럭저럭 뜻이 통하라고 번역하는 게 아닙니다. now를 더 세밀히 검색하면 "말머리를 바꿀 때" 사용한다며 '그런데', '한데'라는 뜻이 소개되어 있습니다. 제 생각에는 이 상황에 딱 들어맞는 번역어입니다.

° **whilst**는 주로 영국에서 사용되며 while과 쓰임새가 똑같다고 사전에 설명되어 있습니다. 실제로 이 텍스트의 저자인 케인스가 영국의 경제학자이기도 합니다. 재밌게도 옥스퍼드 사전은 whilst를 등재하여, '한물가고 낡은 표현'(obsolete or archaic)이라 설명하는 반면, 케임브리지 사전에서 whilst를 찾으면 곧바로 while로 연결되며 whilst는 흔적조차 보이지 않습니다.

° **such as**는 이처럼 앞에 명사가 없이 문두에 쓰이면 '예를 들어'(= for example)로 번역하는 게 경험상 최선입니다. 이 문장의 번역에서 문제는 and입니다. and가 무엇과 무엇을 등위 접속하는지 찾는 것은 번역가에게 항상 숙제입니다. 이 경우처럼 쉽지 않은 때가 많습니다. 여기에서 and가 등위 접속하는 것은 losses through the lapse of time irrespective of use와 "normal" obsolescence which, as Professor Pigou expresses it, "is sufficiently regular to be foreseen, if not in detail, at least in the large"일까요, 아니면 the lapse of time irrespective of use와 "normal" obsolescence ...일까요? 이 책에서도 개략적으로 설명하고 있듯이, and의 등위 접속을 결정하는 것은 '한정사'의 동일성입니다. 이 원칙에 따르면, 후자보다 전자가 맞습니다. 전자는 '비한정'과 '비한정'의 접속인 반면에 후자는 '한정'과 '비한정'의 접속이지 않습니까? 이런 접속은 including, we may add, those losses ...에서도 타당하다는 게 확인됩니다.

° **as Professor Pigou expresses it**은 '피구 교수가 표현하듯이'가 가장 무난한 번역일지도 모르겠습니다. 개인적으로 이런 번역도 자주 사용

(10)

(ii) We turn, next, to the second of the principles referred to above. We have dealt so far with that part of the change in the value of the capital equipment at the end of the period as compared with its value at the beginning which is due to the voluntary decisions of the entrepreneur in seeking to maximise his profit. But there may, in addition, be an involuntary loss (or gain) in the value of his capital equipment, occurring for reasons beyond his control and irrespective of his current decisions, on account of (e.g.) a change in market values, wastage by obsolescence or the mere passage of time, or destruction by catastrophe such as war or earthquake. Now some part of these involuntary losses, whilst they are unavoidable, are — broadly speaking — not unexpected; such as losses through the lapse of time irrespective of use, and also "normal" obsolescence which, as Professor Pigou expresses it, "is sufficiently regular to be foreseen, if not in detail, at least in the large", including, we may add, those losses to the community as a whole which are sufficiently regular to be commonly regarded as "insurable risks". Let us ignore for the moment the fact that the amount of the expected loss depends on when the expectation is assumed to be framed, and let us call the depreciation of the equipment, which is involuntary but not unexpected, i.e. the excess of the expected depreciation over the user cost, the supplementary cost, which will be written V. It is, perhaps, hardly necessary to point out that this definition is not the same as Marshall's definition of supplementary cost, though the underlying idea, namely, of dealing with that part of the expected depreciation which does not enter into prime cost, is similar.

하지만, 때로는 '피구 교수의 표현을 빌리면'이란 번역도 즐겨 사용하는 편입니다.

°**which are sufficiently regular to be commonly regarded as "insurable risks"**는 관계절입니다. 그런데 which가 주어로 쓰였고, 동사는 are로 선행사가 복수여야 한다는 뜻입니다. 따라서 the community as a whole(공동체 전체)은 관계절의 선행사가 아닙니다. 그렇다면 앞에서 본 것처럼 '분리 관계절'로 분석해야 할까요? 형식적으로는 그렇습니다. 따라서 those losses to the community as a whole에서 부사구 to the community as a whole을 먼저 번역하려면, 약간의 변형을 더해 "공동체 전체에서 '보험으로 담보할 수 있는 위험'으로 흔히 여겨질 수 있을 정도로 충분히 규칙적인 손실"로 풀어내면 될 겁니다. 이 정도의 번역으로도 만족할 수 있겠지만, 이 번역에서는 '손실'이 공동체 전체에도 가해진다는 뜻이 제대로 전달되지 않습니다. 따라서 to the community as a whole과 which-관계절이 별개로 선행사 losses를 수식하는 식으로

번역하는 게 가장 좋을 듯합니다. 그 결과는 제안 번역을 참조하도록 하십시오. 거듭 당부하지만, 번역을 대충 끝내지는 마십시오.

° **Let us ignore** ...는 어떻게 번역하는 게 최선일까요? 제가 자주 말하는 '최선'의 번역은 원문에 담긴 뜻을 전달하는 동시에 실제로 사용되는 언어로 번역하는 것입니다. 대부분이 '...라는 사실을 잠시 무시하자'라고 번역할 겁니다. 그런데 '무시하다'의 뜻을 국어사전에서 확인한 적이 있습니까? 표준국어대사전에서 '무시하다'는 "(1) 사물의 존재 의의나 가치를 알아주지 아니하다. (2) 사람을 깔보거나 업신여기다." 라고 정의됩니다. 이 문장에서 ignore가 정말 국어사전에 정의된 뜻입니까? 누구도 그렇게 생각하지는 않을 겁니다. 영어에서 ignore는 'to give no attention to something or someone'이라는 뜻입니다. 따라서 '못 본 체하다, 외면하다'라고 풀이하는 게 더 적합할 겁니다. 물론 영어사전에 '못 본 척하다'라는 뜻이 있기는 합니다. 제가 말하고자 하는 것은 '무시하다'라는 번역어가 우리말의 사전적인 뜻을 고려할 때, 이 문장의 번역어로 전혀 적합하지 않다는 겁니다. 그럼 영어사전이 잘못된 걸까요? 건방지게 들릴 수 있겠지만, '그렇다'라고 대답할 수밖에 없습니다.

° **depends on** ...은 우리가 흔히 알고 있는 '... 에 의존하다, ...을 신뢰하다'라는 뜻으로 쓰인 게 아니라, '...에 달려 있다, ...에 의해 결정되다'(to be determined or decided by (something))라는 뜻으로 쓰인 것입니다.

(10)

(ii) We turn, next, to the second of the principles referred to above. We have dealt so far with that part of the change in the value of the capital equipment at the end of the period as compared with its value at the beginning which is due to the voluntary decisions of the entrepreneur in seeking to maximise his profit. But there may, in addition, be an involuntary loss (or gain) in the value of his capital equipment, occurring for reasons beyond his control and irrespective of his current decisions, on account of (e.g.) a change in market values, wastage by obsolescence or the mere passage of time, or destruction by catastrophe such as war or earthquake. Now some part of these involuntary losses, whilst they are unavoidable, are — broadly speaking — not unexpected; such as losses through the lapse of time irrespective of use, and also "normal" obsolescence which, as Professor Pigou expresses it, "is sufficiently regular to be foreseen, if not in detail, at least in the large", including, we may add, those losses to the community as a whole which are sufficiently regular to be commonly regarded as "insurable risks". Let us ignore for the moment the fact that the amount of the expected loss depends on when the expectation is assumed to be framed, and let us call the depreciation of the equipment, which is involuntary but not unexpected, i.e. the excess of the expected depreciation over the user cost, the supplementary cost, which will be written V. It is, perhaps, hardly necessary to point out that this definition is not the same as Marshall's definition of supplementary cost, though the underlying idea, namely, of dealing with that part of the expected depreciation which does not enter into prime cost, is similar.

° **the expectation is assumed to be framed**는 어떻게 번역하는 게 좋을까요? 참 복잡합니다. assume되는 것도 the expectation이고 frame되는 것도 the expectation입니다. 이런 문장을 보면, 저자인 케인스가 사디스트였을 거라는 고약한 생각이 듭니다. 제 생각에는 assume the expectation = frame the expectation = expect입니다. 따라서 the expectation is assumed to be framed를 번역하면 '예측이 행해지는 게 시도되다'가 될 겁니다. 조금 더 간단히 정리해 본다면 '예측하다'라고 쓰는 걸로 충분합니다. 그럼 제가 제안 번역에서 '언제 예측되느냐'라고 번역한 이유를 이해할 수 있을 겁니다.

° **the excess of the expected depreciation over the user cost**의 번역은 앞에서 이미 설명한 바와 같습니다. 달리 말하면, 명사구이지만 문장처럼 번역하라고 했습니다. 구체적으로 말하면, excess를 동사 exceed로, the expected depreciation을 주어로, the user cost를 목적

어로 분석해 번역하는 방법을 권했습니다. 그 결과가 '예측되는 감가가 사용자 비용을 넘어서는 초과액'입니다. 여전히 이해가 되지 않으면, 앞에서 '명사구와 문장'의 관계를 구조적으로 설명한 부분을 다시 읽어보기 바랍니다.

° **not the same as Marshall's definition of supplementary cost**는 어렵게 생각할 게 없습니다. 케임브리지 사전의 정의, the same as = exactly like를 적용하면 간단합니다.

° though **the underlying idea, namely, of dealing with that part of the expected depreciation which does not enter into prime cost**는 접속사 though로 시작합니다. 따라서 이 문장부터 먼저 번역하고, 앞으로 돌아가 주절로 쓰인 It is, perhaps, hardly necessary to point out that ...을 나중에 번역하고 싶은 독자도 많을 겁니다. 하지만 그렇게 번역하면 '이 정의'가 앞 문장에 존재하는 정의와 멀리 떨어져야 하는 문제가 발생합니다. though-절이 중간에 끼어드니까요. 따라서 굳이 though-절을 먼저 번역하지 않고, 맥락상 though는 but으로 번역해도 충분한 듯합니다.

though-절에서 namely가 쓰이고 of dealing with that ...이 쓰입니다. namely는 '즉'이란 뜻으로 앞에 쓰인 것과 뒤에 쓰인 것이 같은 뜻이라고 말해 주는 신호입니다. 그런데 the underlying idea란 명사(구)가 어떻게 of dealing with that ...이란 전치사구와 같을 수 있을까요? '같은 뜻'이란 것에 해결의 실마리가 있습니다. of가 이른바 '동격

(10)

(ii) We turn, next, to the second of the principles referred to above. We have dealt so far with that part of the change in the value of the capital equipment at the end of the period as compared with its value at the beginning which is due to the voluntary decisions of the entrepreneur in seeking to maximise his profit. But there may, in addition, be an involuntary loss (or gain) in the value of his capital equipment, occurring for reasons beyond his control and irrespective of his current decisions, on account of (e.g.) a change in market values, wastage by obsolescence or the mere passage of time, or destruction by catastrophe such as war or earthquake. Now some part of these involuntary losses, whilst they are unavoidable, are — broadly speaking — not unexpected; such as losses through the lapse of time irrespective of use, and also "normal" obsolescence which, as Professor Pigou expresses it, "is sufficiently regular to be foreseen, if not in detail, at least in the large", including, we may add, those losses to the community as a whole which are sufficiently regular to be commonly regarded as "insurable risks". Let us ignore for the moment the fact that the amount of the expected loss depends on when the expectation is assumed to be framed, and let us call the depreciation of the equipment, which is involuntary but not unexpected, i.e. the excess of the expected depreciation over the user cost, the supplementary cost, which will be written V. It is, perhaps, hardly necessary to point out that this definition is not the same as Marshall's definition of supplementary cost, though the underlying idea, namely, of dealing with that part of the expected depreciation which does not enter into prime cost, is similar.

의 of'라는 것입니다. 그럼 the underlying idea = dealing with that ...이겠지요. 따라서 둘을 동격으로 풀어내면 멋진 번역이 될 겁니다. 이렇게 문법적으로 분석할 수 있으면 번역도 쉬워집니다.

(11) In reckoning, therefore, the net income and the net profit of the entrepreneur it is usual to deduct the estimated amount of the supplementary cost from his income and gross profit as defined above. For the psychological effect on the entrepreneur, when he is considering what he is free to spend and to save, of the supplementary cost is virtually the same as though it came off his gross profit. In his capacity as a producer deciding whether or not to use the equipment, prime cost and gross profit, as defined above, are the significant concepts. But in his capacity as a consumer the amount of the supplementary cost works on his mind in the same way as if it were a part of the prime cost. Hence we shall not only come nearest to common usage but will also arrive at a concept which is relevant to the amount of consumption, if, in defining aggregate net income, we deduct the supplementary cost as well as the user cost, so that aggregate net income is equal to A – U – V.

따라서 기업가의 순소득과 순이윤을 계산할 때, 위에 정의한 기업가의 소득과 총이윤으로부터 보족적 비용의 추정액을 공제하는 게 일반적이다. 기업가가 얼마를 자유롭게 소비하고 저축할 수 있는가를 계산할 때, 보족적 비용이 기업가에게 미치는 심리적 효과는, 마치 보족적 비용이 그의 총이윤으로부터 떨어져나간 것과 실질적으로 똑같기 때문이다. 기업가가 설비의 사용 여부를 결정하는 생산자로 역할할 때, 위에서 정의된 주요 비용과 총이윤은 중요한 개념이 된다. 그러나 소비자로 역할하는 기업가에게 보족적 비용의 액수는, 보족적 비용이 주요 비용의 일부인 것처럼 그의 마음에 영향을 미친다. 따라서 총순소득을 정의할 때 보족적 비용만이 아니라 사용자 비용까지 공제한다면, 그래서 총순소득이 A - U - V와 같다면, 여기에서 언급된 총순소득은 일상적으로 사용되는 뜻에 가장 가까워지고, 소비량과 관련된 어떤 개념에도 영향을 주게 된다.

(11) In reckoning, therefore, the net income and the net profit of the entrepreneur it is usual to deduct the estimated amount of the supplementary cost from his income and gross profit as defined above. For the psychological effect on the entrepreneur, when he is considering what he is free to spend and to save, of the supplementary cost is virtually the same as though it came off his gross profit. In his capacity as a producer deciding whether or not to use the equipment, prime cost and gross profit, as defined above, are the significant concepts. But in his capacity as a consumer the amount of the supplementary cost works on his mind in the same way as if it were a part of the prime cost. Hence we shall not only come nearest to common usage but will also arrive at a concept which is relevant to the amount of consumption, if, in defining aggregate net income, we deduct the supplementary cost as well as the user cost, so that aggregate net income is equal to A – U – V.

° **in reckoning** ...을 번역할 때 가장 먼저 머릿속에 떠오르는 생각은 'in V-ing'는 '...할 때'(=when)로, 'on V-ing'는 '...하자마자'(=as soon as)로 번역한다는 등식일 겁니다. 물론 잘못된 생각은 아닙니다. 하지만 when이 때로는 if의 뜻을 갖고, if처럼 번역하는 게 자연스럽다고 말한 걸 기억할지 모르겠습니다. 이 경우에도 제안 번역 이외에 '기업가의 순소득과 순이윤을 계산하려면'으로 번역해도 상관없습니다.

° **it is usual to** V를 번역할 때, '가주어 – 진주어'의 기계적인 번역을 받아들여 "... 하는 게 일반적이다"라고 번역하면, 앞의 in V-ing도 when으로 번역하는 게 최선일 수 있습니다. 하지만 it is usual to V를 다른 식으로, 즉 "일반적으로 ...하다"라고 번역해도 in reckoning을 when으로 번역하는 게 최선일까요? 앞에서 제시한 대로 "기업가의 순소득과 순이윤을 계산하려면, 일반적으로 ... 한다"라고 번역하는 게 더 자연스럽게 들리지 않나요? 번역은 이런 것입니다. 앞에서 무엇을 선택하느냐에 따라 뒤의 번역어가 달라지듯이, 항상 좌우가 서로 영향을 미칩니다.

° **the estimated amount of the supplementary cost**를 곧이곧대로 번역하면 '보족적 비용의 추정액'이 됩니다. 그런데 저는 번역한 뒤에, 제가 실생활에서도 그런 표현을 쓰는지 돌이켜보곤 합니다. 다른 곳에서도 말했고, 대부분의 언어학자도 인정하겠지만, 최고의 언어 표현은 '문법에 맞추어 쓴 구어'입니다. 쉽게 말하면, 우리가 실생활에서 사용하는 말이지, 미사여구로 다듬어진 말이 아니라는 뜻입니다. 물론 번역에서 원문의 표현도 참작해야 하는 건 절대적인 원칙입니다. 다시 본론으로 돌아가, '보족적 비용의 추정액'보다 '보족적 비용으로 추정되는 액수'가 더 자연스럽고, 이 표현을 축약하면 '추정되는 보족적 비용'이 될 겁니다. 제 생각에는 세 번역어가 모두 원문의 표현을 충실히 반영하고 있습니다. 셋 중 어느 것을 선택하시겠습니까?

° **for**가 접속사로 쓰일 때에는 앞에 쓰인 어떤 주장에 대해 이유를 덧붙여 설명하는 경우입니다. 따라서 'for – 문장'은 언제나 독립절로 뒤에 쓰이기 때문에, 이런 점에서 because와 구분됩니다. 그렇다고 두 접속사 간에 특별한 차이가 있는 것은 아닙니다. 케임브리지 사전에서도 이 둘을 구분하지 않고, 다만 for가 상대적으로 문어적이고 예스러운 맥락에서 쓰인다고 말할 뿐입니다. 하기야 기억을 돌이켜보면, 요즘 작가들의 글에서 이유와 원인을 표현할 때 접속사 for가 쓰인 경우가 선뜻 떠오르지 않습니다. 그렇다고 속단하지는 마십시오. 예스런 표현을 좋아하는 현대 작가도 많으니까요. 게다가 신문에서도 여전히 쓰입니다. On a societal level, these assumptions are also the root of sexism, for they are what keep men and women in their places. (20 Apr 2017) (사회적 차원에서 그런 추정들도 역시 성차별의 원인이다. 그런 추정 자체가 남자와 여자를 각자의 위치에 두는 것이기 때문이다)

(11) In reckoning, therefore, the net income and the net profit of the entrepreneur it is usual to deduct the estimated amount of the supplementary cost from his income and gross profit as defined above. For the psychological effect on the entrepreneur, when he is considering what he is free to spend and to save, of the supplementary cost is virtually the same as though it came off his gross profit. In his capacity as a producer deciding whether or not to use the equipment, prime cost and gross profit, as defined above, are the significant concepts. But in his capacity as a consumer the amount of the supplementary cost works on his mind in the same way as if it were a part of the prime cost. Hence we shall not only come nearest to common usage but will also arrive at a concept which is relevant to the amount of consumption, if, in defining aggregate net income, we deduct the supplementary cost as well as the user cost, so that aggregate net income is equal to A – U – V.

여하튼 접속사 for가 쓰인 경우에는, 그 이유를 강조하듯이 뒤에 별도로 번역하는 게 좋습니다.

°**the psychological effect on the entrepreneur**는 뒤의 **of the supplementary cost**와 연결되는 명사구입니다. 대체 그 중간에 when-절을 끼워넣은 이유가 뭔지 모르겠습니다. 제가 짐작하는 이유를 직설적으로 표현하면 난리가 나겠지요. 여하튼 the psychological effect on the entrepreneur of the supplementary cost를 번역하면 되고, 지금까지 입이 아프도록 말했듯이 이런 명사구는 문장 형식으로 풀어 번역하는 게 최선입니다. 이 경우에는 명사 바로 뒤 on the entrepreneur가 'effect의 동사'의 목적어로 쓰였기 때문에 (of) the supplementary cost가 주어처럼 번역되어야 할 겁니다. 그 결과가 '보족적 비용이 기업가에게 미치는 심리적 효과'입니다.

°**what he is free to spend and to save**를 곧이곧대로 번역하면 '기업가가 자유롭게 소비하고 저축할 수 있는 것' 혹은 '무엇을 기업가가 자유롭게 소비하고 저축할 수 있는가'가 될 겁니다. 그런데 주어로 쓰인 명사구의 내용이 '보족적 비용'과 밀접한 관계가 있습니다. 달리 말하면, 돈의 액수가 갖는 심리적 효과를 언급하고 있습니다. 따라서 이때

what을 What does it matter?(그것이 얼마나 중요한가), What will it cost?(비용이 얼마나 드는가)에서 쓰인 what으로 본다면 '얼마를 기업가가 자유롭게 소비하고 저축할 수 있는가'가 됩니다. 이렇게 번역하면 consider도 영향을 받습니다. '무엇을 기업가가 자유롭게 소비하고 저축할 수 있는가'로 번역하면 consider는 '고려하다'로 번역하는 게 자연스럽습니다. 물론 케인스도 그 목적어가 what-절이기 때문에 동사로 consider를 선택했을 겁니다. 그러나 우리말에서는 '얼마를 기업가가 자유롭게 소비하고 저축할 수 있는가'가 '고려하다'와 짝지워지는 게 자연스럽지 않습니다. 그럼 어떻게 해야 할까요? consider의 뜻을 맥락에 맞게 선택해야 할 겁니다. 저는 과감하게 '계산하다'를 선택했습니다. 여러분은 어떻게 하시겠습니까?

° **the same as though** it came off his gross profit에서 it은 the supplementary cost라는 것을 쉽게 파악할 수 있습니다. 이때도 it을 '그것'이라 번역하는 만행을 저지르지 않도록 하십시오. 여기에서 문제는 ... the same as though ~를 어떻게 분석하느냐는 것입니다. 그 분석 결과는 다음 문장에 나온 ... in the same way as if ~에도 똑같이 적용될 수 있을 겁니다. the same / as if ...로 분석하는 것은 불가능할 듯합니다. I simply don't believe their success rate will be as high as if properly represented. (10 Feb 2008)는 동등 비교에서 as if가 쓰인 경우입니다. 그렇다고 as가 두 번 사용되지는 않았습니다. 그렇다면 the same as if ~의 경우도 the same이 as와 상관적으로 쓰였고, as + as if → as if로 축약되었다고 보는 게 타당할 겁니다. 아래의 두 예문에도 이런 추론이 확증됩니다. If you stop at 30 your life expectancy is the same as if you had never smoked. (5 Dec 2005) (서른 살에 금연하더

(11) In reckoning, therefore, the net income and the net profit of the entrepreneur it is usual to deduct the estimated amount of the supplementary cost from his income and gross profit as defined above. For the psychological effect on the entrepreneur, when he is considering what he is free to spend and to save, of the supplementary cost is virtually the same as though it came off his gross profit. In his capacity as a producer deciding whether or not to use the equipment, prime cost and gross profit, as defined above, are the significant concepts. But in his capacity as a consumer the amount of the supplementary cost works on his mind in the same way as if it were a part of the prime cost. Hence we shall not only come nearest to common usage but will also arrive at a concept which is relevant to the amount of consumption, if, in defining aggregate net income, we deduct the supplementary cost as well as the user cost, so that aggregate net income is equal to A – U – V.

라도기대수명은 마치 전혀 담배를 피우지 않았던 경우와 똑같다) It is the same as if I said 'all politicians are scum' or 'all journalists are scum.' (14 Feb 2005) (그것은 마치 '모든 정치인은 인간 쓰레기다'라거나 '모든 언론인은 인간 쓰레기다'라고 말하는 것과 같다)

° **In his capacity as a producer**와 **in his capacity as a consumer**에서는 capacity를 어떻게 번역하느냐가 관건입니다. 우리가 흔히 알고 있는 뜻, 예컨대 '능력'이나 '수용력, 용량'으로 번역하면 도무지 말이 되지 않습니다. 일단 '용량'이 번역어로 부적절하다는 것은 굳이 설명할 필요가 없겠지요. 그래서 '생산자로서 기업가의 능력에서'라는 번역까지는 괜찮게 들리지만, '보족적 비용의 액수가 그의 마음에 영향을 미친다'라는 주절의 번역과는 맞아떨어지지 않습니다. 제가 항상 말하듯이, 일반적으로 알고 있는 단어를 사용해 번역한 결과가 어색하거나 부자연스러우면, 그 단어에 다른 뜻이 있는가 철저히 검색해 보아야 합니다. 번역가라면 이 원칙을 결코 잊어서는 안 됩니다. capacity의 뜻을 더 세밀하게 찾아보십시오. 그렇습니다. '역할, 지위, 입장'이란 뜻이 있습니다. 그럼 In his capacity as a producer는 '기업가가 생산자로 역할할 때'로, in his capacity as a consumer는 '기업가가 소비자로 역할할 때'라고 번역할 수 있을 겁니다. 이 번역을 뒤에 연결되는 주절의 번역과 짝지워보면, 나무랄 데가 없을 겁니다. 사족이겠지만, in his capacity as a consumer는 '전치사 in + 명사구'입니다. 요컨대 his capacity as a consumer도 명사구를 절로 번역하는 기법이 사용되었고, 소유격이 주어로 번역되는 경우가 많다는 원칙이 적용된 예입니다. '역할을 (하다)'는 어떻게 만들어졌는지 직접 곰곰이 생각해 보십시오.

° **we shall not only come nearest to common usage**를 살펴볼까요. 곧이곧대로 번역하면 '우리는 일반적인 용법에 가장 가까이 접근하다'가 됩니다. 곧바로 의문이 생깁니다, '무엇의' 일반적인 용법 혹은 용례인 걸까요? 앞에 덧붙여진 번역을 보면, 총순소득의 일반적인 용례가 됩니다. 이때 주의할 것은 지금까지 우리가 '본문의 we'를 번역하지 않고 일반화했다는 겁니다. 그렇다면 이 문장에서 생뚱맞게 '우리'를 언급하는 게 이상할 수 있습니다. we를 번역하지 않고, 마지막 문장을 어떻게 일반화할 수 있을까요? 힌트는 '일반적인 we'는 수동 구문에서 사라진다는 겁니다. 어떻게 하면 자연스럽게 수동 구문으로 변형할 수 있을지 생각해 보십시오. 우리는 일상생활에서 이른바 '피동' 혹은 수동 구문을 의외로 자주 사용하고 있습니다. 그 결과는 제안 번역을 참조하도록 하십시오

not only ~ but (also) ...라는 상관어, 또 거의 같은 뜻으로 사용되는 as well as도 눈에 띕니다. 이 둘을 '~뿐만 아니라 ...까지'라고 똑같이 번역하면, 하나의 문장에 동일한 표현이 반복되므로 표현에 변화를 주는 약간의 요령이 필요합니다. 그 요령에는 정답이 없습니다. 제안 번역은 하나의 예에 불과하다고 생각하시고, 각자 나름의 표현법을 만들어가는 것도 재밌을 겁니다.

The Tale

조지프 콘래드

품사를 구분할 수 있어야
번역이 편합니다

(1) Outside the large single window the crepuscular light was dying out slowly in a great square gleam without colour, framed rigidly in the gathering shades of the room.
It was a long room. The irresistible tide of the night ran into the most distant part of it, where the whispering of a man's voice, passionately interrupted and passionately renewed, seemed to plead against the answering murmurs of infinite sadness.
At last no answering murmur came. His movement when he rose slowly from his knees by the side of the deep, shadowy couch holding the shadowy suggestion of a reclining woman revealed him tall under the low ceiling, and sombre all over except for the crude discord of the white collar under the shape of his head and the faint, minute spark of a brass button here and there on his uniform.

커다란 통유리창 밖에서는 석양 빛이 방에 모여드는 어둠으로 테두리를 이루며, 아무런 색도 없는 정방형의 희미한 빛으로 서서히 죽어가고 있었다.
길쭉한 방이었다. 밤의 물결이 방에서도 가장 구석진 곳까지 거침없이 달려들었고, 그 구석에서 한 남자의 속삭이는 목소리가 격하게 끊어졌다 격하게 다시 이어지며, 무한한 슬픔의 웅얼거리는 응답에 항변하는 듯했다.
마침내 웅얼거리는 응답이 들리지 않았다. 그림자의 윤곽이 비스듬히 기댄 것처럼 보이는 여인을 붙잡고, 짙은 어둠에 싸인 긴 소파 옆에 무릎을 꿇고 있던 그가 일어섰다. 낮은 천장에 비해 키가 컸고, 흐릿한 얼굴 윤곽 아래의 하얀 목깃과 제복의 여기저기에서 희미하게 반짝이는 작은 놋쇠 단추가 촌스러울 정도로 어울리지 않는다는 걸 제외하면 전반적으로 침울한 모습이었다.

(1) Outside the large single window the crepuscular light was dying out slowly in a great square gleam without colour, framed rigidly in the gathering shades of the room.
It was a long room. The irresistible tide of the night ran into the most distant part of it, where the whispering of a man's voice, passionately interrupted and passionately renewed, seemed to plead against the answering murmurs of infinite sadness.
At last no answering murmur came. His movement when he rose slowly from his knees by the side of the deep, shadowy couch holding the shadowy suggestion of a reclining woman revealed him tall under the low ceiling, and sombre all over except for the crude discord of the white collar under the shape of his head and the faint, minute spark of a brass button here and there on his uniform.

°**Outside the large single window the crepuscular light was** dying out slowly in a great square gleam without colour, framed rigidly in the gathering shades of the room. 이 첫 단락에서 어떤 장면이 머릿속에 그려집니까? 여기에서는 머릿속에 그려진 장면을 충실히 풀어내는 게 번역일 수 있습니다. 또 the large single window → in a great square gleam → framed rigidly가 관련있다는 걸 알면, frame은 '테두리를 이루다'로 번역할 수밖에 없을 겁니다.

Outside the large single window ...에서 부사구(결국 전치사구)가 문두에 쓰였지만, 주어-동사가 도치되지 않았습니다. outside the large single window가 동사를 수식하는 부사(구)가 아니라, 문장 전체를 수식한다는 뜻입니다.

°**the most distant part of it, where the whispering of a man's voice**에서 it은 the long room입니다. the most distant part of it은 '최상급 of ...'란 패턴을 기억하면 쉽게 번역됩니다. 문제는 distant에 적합한 번역어를 찾는 것이지만, 약간의 상상력을 동원하면 그다지 어려운 선택도 아닙니다. 그냥 아는 대로 번역하면 '방에서 가장 멀리 떨어진 부분'일 겁니다. '길쭉한 방에서 가장 멀리 떨어진 부분'이 어디일까요? 저는 '방에서도 가장 구석진 곳'이라 보았습니다.

, where는 그야말로 관계절의 계속적 용법에 충실히 번역했습니다. 여기에서 주의할 점은 관계 대명사와 마찬가지로 관계 부사도 고유한 의미를 갖는다는 것입니다. 달리 말하면 where를 일종의 대부사(pro-adverb)로 번역해야 한다는 뜻입니다. 여기에서는 where를 어떻게 번역하는 게 가장 좋을까요? 이미 답은 나왔습니다. 직접 번역한 뒤에 제안 번역과 비교해 보십시오.

° **he rose slowly from his knees**는 어떻게 번역할까요? 이른바 직역을 하면 '그는 무릎으로부터 서서히 일어섰다'가 됩니다. 무슨 뜻인지 아시겠습니까? 아무리 문학이라지만 도무지 이해할 수 없는, 혹은 이해하기 힘든 표현을 나열하는 게 문학은 아닐 겁니다. 또 지적 교양을 어느 정도 갖춘 영국인이나 미국인이면 이 문장의 뜻을 이해할 수 있듯이, 한국 독자도 상당한 지적 교양을 갖춘 이라면 '그는 무릎으로부터 서서히 일어섰다'가 어떤 모습인지를 머릿속에 대략 그릴 수 있을까요? 그럴지도 모르겠습니다. 하지만 제가 이해하는 이 문장은 '무릎을 꿇고 있던 그가 서서히 일어섰다'라는 뜻입니다. 영어로도 그렇게 이해됩니다. 그런데 굳이 '이른바' 직역이란 틀을 지키겠다고 '그는 무릎으로부터 서서히 일어섰다'라며 사디스트적으로 번역할 필요가 있는지 모르겠습니다. 1장에서도 말했듯이 이런 번역은 직역이 아니라, 단어를 그냥 옮겨 놓은 번역에 불과합니다.

° **holding the shadowy suggestion of a reclining woman**은 he를 주어로 하는 분사구문으로 보면 충분할 겁니다. holding 앞에 쉼표가 찍혔다면 훨씬 더 이해하기가 쉬웠을 겁니다. 여하튼 이 V-ing를

(1) Outside the large single window the crepuscular light was dying out slowly in a great square gleam without colour, framed rigidly in the gathering shades of the room.
It was a long room. The irresistible tide of the night ran into the most distant part of it, where the whispering of a man's voice, passionately interrupted and passionately renewed, seemed to plead against the answering murmurs of infinite sadness.
At last no answering murmur came. His movement when he rose slowly from his knees by the side of the deep, shadowy couch holding the shadowy suggestion of a reclining woman revealed him tall under the low ceiling, and sombre all over except for the crude discord of the white collar under the shape of his head and the faint, minute spark of a brass button here and there on his uniform.

번역하는 데 문제는 the shadowy suggestion of a reclining woman이라는 명사구입니다. 이 명사구도 '문장' 형식으로 번역하는 게 가장 좋습니다. 그 [suggest a reclining woman]이 주어지고, 남은 문제는 shadowy입니다. 일반적으로 명사가 동사로 바뀌면, 명사를 수식하던 형용사는 부사로 바뀌는 게 원칙입니다. 그런데 shadowy가 shadow's로 쓰였을 가능성도 있습니다. 그렇다면 소유격이므로 shadow가 suggest의 주어로 번역되어야 합니다. 이런 가능성을 조합하면, shadow = a reclining woman인 것을 suggest한다는 뜻이 함축된 번역이 필요합니다. 번역에 필요한 모든 정보가 갖추어졌습니다. 이제 그 조각들을 어떻게 결합하느냐만 남았습니다. 직접 해 보시겠습니까? 제가 생각해 낸 답은 제안 번역에 있습니다.

° **sombre all over** ~는 [His movement ~ ... revealed him] tall under the low ceiling과 등위 접속된 것으로 봐야 할 겁니다. 여기에서 crude discord of ...도 앞의 경우처럼 '문장'을 번역하는 방법으로 해결할 수 있습니다. 다만 of 뒤에 등위 접속된 두 명사구를 주어처럼 처리하는 요령을 발휘하고, crude discord에서 crude는 동사화된 discord의 부사로 번역될 뿐이지, 소유격으로 분석될 수 없다는 게 다를 뿐입니다. 끝으로 the faint, minute spark of a brass button은 '놋쇠 단추의 희미하고 작은 불꽃'이겠지만, '희미하게 반짝이는 작은 놋쇠 단추'

로 약간 비틀어 보았습니다. 단추가 작으니까, 반짝이는 빛도 작은 게 아니겠습니까?

(2) He stood over her a moment, masculine and mysterious in his immobility, before he sat down on a chair near by. He could see only the faint oval of her upturned face and, extended on her black dress, her pale hands, a moment before abandoned to his kisses and now as if too weary to move.

He dared not make a sound, shrinking as a man would do from the prosaic necessities of existence. As usual, it was the woman who had the courage. Her voice was heard first—almost conventional while her being vibrated yet with conflicting emotions.

"Tell me something," she said.

The darkness hid his surprise and then his smile. Had he not just said to her everything worth saying in the world—and that not for the first time!

"What am I to tell you?" he asked, in a voice creditably steady. He was beginning to feel grateful to her for that something final in her tone which had eased the strain.

"Why not tell me a tale?"

"A tale!" He was really amazed.

"Yes. Why not?"

These words came with a slight petulance, the hint of a loved woman's capricious will, which is capricious only because it feels itself to be a law, embarrassing sometimes and always difficult to elude.

"Why not?" he repeated, with a slightly mocking accent, as though he had been asked to give her the moon. But now he was

feeling a little angry with her for that feminine mobility that slips out of an emotion as easily as out of a splendid gown.

그는 그 여인을 옆에서 내려다보았다. 미동조차 않는 몸짓이 남성다우면서도 신비롭게 보였다. 잠시 후, 그는 옆에 놓인 의자에 앉았다. 올려다보는 그녀의 달걀형 얼굴과 검은 드레스에서 빠져나온 창백한 두 손만이 희미하게 보일 뿐이었다. 더구나 조금 전까지 그의 입맞춤에 내맡겼던 두 손은 이제 피곤에 지친 듯 움직이지 않았다.

그는 그저 존재하기 위해 움직이는 사람처럼 몸을 움츠리며 감히 소리조차 내지 못했다. 늘 그랬듯이, 이번에도 용기를 낸 쪽은 여자였다. 그녀의 목소리가 먼저 들렸다. 그녀가 모순된 감정에 흔들리고 있을 때는 거의 언제나 그랬다.

"뭐든 말해 봐요." 그녀가 말했다.

그는 놀랐고 곧 미소를 지었지만 그런 변화는 어둠 덕분에 감추어졌다. 이 세상에서 언급할 가치가 있는 것만을 그녀에게 말했던 게 아니라면, 그것도 처음으로 그랬던 게 아니었다면!

"무얼 말해 달라는 건가?" 그는 무척 차분한 목소리로 말했다. 그녀의 말투에는 압박감을 덜어주는 뭔가가 있었기 때문에 그는 그녀가 고맙다는 생각이 들기 시작했다.

"왜 나한테는 이야기를 해 주지 않는 거죠?"

"이야기라니!" 그는 정말 놀란 것 같았다.

"그래요. 왜 이야기를 해 주지 않는 거죠?"

사랑하는 여인의 변덕스러움이 엿보이는 약간 앵돌아진 말투였다. 원칙에서 벗어나는 게 때로는 당혹스럽고 항상 까다롭게 느껴진다는 이유에서 변덕스럽게 보였을 뿐이다.

"왜 이야기를 해 주지 않는 거냐고?" 그는 그녀에게 달을 따 달라고 요구받은 것처럼 약간 조롱하는 투로 되물었다. 그러나 아름다운 드레스를 벗는 것만큼이나 쉽게 어떤 감정에서 벗어나는 여성의 변덕 때문에 그는 그녀에게 조금 부아가 치미는 것 같았다.

(2) He stood over her a moment, masculine and mysterious in his immobility, before he sat down on a chair near by. He could see only the faint oval of her upturned face and, extended on her black dress, her pale hands, a moment before abandoned to his kisses and now as if too weary to move.
He dared not make a sound, shrinking as a man would do from the prosaic necessities of existence. As usual, it was the woman who had the courage. Her voice was heard first—almost conventional while her being vibrated yet with conflicting emotions.
"Tell me something," she said.
The darkness hid his surprise and then his smile. Had he not just said to her everything worth saying in the world—and that not for the first time!
"What am I to tell you?" he asked, in a voice creditably steady. He was beginning to feel grateful to her for that something final in her tone which had eased the strain.
"Why not tell me a tale?"
"A tale!" He was really amazed.
"Yes. Why not?"
These words came with a slight petulance, the hint of a loved woman's capricious will, which is capricious only because it feels itself to be a law, embarrassing sometimes and always difficult to elude.
"Why not?" he repeated, with a slightly mocking accent, as though he had been asked to give her the moon. But now he was feeling a little angry with her for that feminine mobility that slips out of an emotion as easily as out of a splendid gown.

° **masculine and mysterious in his immobility**의 앞에 being이 생략된 형태로 보면, He가 '남성적이고 신비롭다'는 것은 어렵지 않게 파악할 수 있을 겁니다. 문제는 이때 being이 생략되었다는 걸 어떻게 알아낼 수 있느냐는 겁니다. 물론 영어 문장을 웬만큼 읽어 본 사람이라면, 이 구절이 being이 생략된 분사구문이란 걸 거의 본능적으로 찾아낼 수 있을 겁니다. 생략이 적용된 문장의 공통점은 그 자체로는 불완전하다는 것입니다. 따라서 문법적으로 불완전한 문장은 생략이 적용된 사례로 보면 됩니다. 결국 생략은 생략되더라도 문장 구조를 파악하는 데 문제가 없는 경우에만 생략되는 것이고, 또 생략된 부분은 언제든 복원할 수 있어야 합니다. 이 원칙만 머릿속에 담고 있으면 생략을 찾아내는 게 그다지 어렵지 않을 겁니다.

° **before**를 살펴볼까요. A, before B를 번역하는 방법을 생각해 봅시다. 이때 before는 접속사입니다. 따라서 학교에서 배운 대로 번역하면, 습관적으로 before B부터 번역하기 마련입니다. 물론 Before B, A라

(2) He stood over her a moment, masculine and mysterious in his immobility, before he sat down on a chair near by. He could see only the faint oval of her upturned face and, extended on her black dress, her pale hands, a moment before abandoned to his kisses and now as if too weary to move.
He dared not make a sound, shrinking as a man would do from the prosaic necessities of existence. As usual, it was the woman who had the courage. Her voice was heard first—almost conventional while her being vibrated yet with conflicting emotions.
"Tell me something," she said.
The darkness hid his surprise and then his smile. Had he not just said to her everything worth saying in the world—and that not for the first time!
"What am I to tell you?" he asked, in a voice creditably steady. He was beginning to feel grateful to her for that something final in her tone which had eased the strain.
"Why not tell me a tale?"
"A tale!" He was really amazed.
"Yes. Why not?"
These words came with a slight petulance, the hint of a loved woman's capricious will, which is capricious only because it feels itself to be a law, embarrassing sometimes and always difficult to elude.
"Why not?" he repeated, with a slightly mocking accent, as though he had been asked to give her the moon. But now he was feeling a little angry with her for that feminine mobility that slips out of an emotion as easily as out of a splendid gown.

는 형식을 띠었다면 당연히 그렇게 번역해야 할 겁니다. 하지만 저자는 before B를 뒤에 놓았습니다. 여기에는 그 이유가 있을 겁니다. 저자의 의도를 반영해서 번역하면, A부터 번역하고 B는 그 뒤에 놓게 됩니다. 이런 경우에 before를 어떻게 번역해야 할까요? 예컨대 "A ..., 그가 옆에 놓인 의자에 앉기 전에."라고 번역해야 할까요? 개인적으로는 우리말에서도 이런 표현이 자주 쓰이면 좋겠습니다. 하지만 현실에서는 그렇지 않습니다. 따라서 다른 방법을 동원해야 합니다. B가 있기 전에 A가 있으므로, A가 있은 후에 B가 있게 됩니다. 그렇다면 before는 '그 후', '잠시 후'라고 번역하면 좋지 않을까 싶습니다. 이런 식의 번역은 픽션에만 적용되는 건 아닙니다. I just checked she was out of sight before galloping up the stairs with the muddiest of shoes. (2 Oct 2023) (나는 그녀가 시야에서 멀어졌다는 걸 확인한 뒤에 진흙투성이의 신발을 신은 채 계단을 뛰어올라갔다)에서 보듯이 논픽션에도 그대로 적용됩니다.

° **the faint oval of her upturned face**를 어떻게 번역하면 좋을까요? 소설 번역, 이른바 문학성을 짙게 띠는 소설을 번역하는 게 결코 쉽지 않습니다. 일단 적절하다고 생각되는 번역어를 나열해 봅시다. '희미한 – 계란형 – of – 그녀의 – 위로 향한 – 얼굴'을 그대로 결합하면 '그녀의 위로 향한 얼굴의 희미한 계란형'이 됩니다. 이번에는 뜻을 바꾸지 않고, 번역어를 어떻게 조합하면 우리말답게 들릴까요? '...한 얼굴의 계란형'보다 ' ...한 계란형 얼굴'이 더 자연스럽게 들리지요? 그럼 '그녀의 위로 향한 계란형 얼굴'로만 바꿔도 훨씬 더 자연스럽게 읽힙니다. 번역어의 조절은 이렇게 하는 겁니다. 다른 경우도 직접 해 보도록 하십시오.

° **a moment before abandoned to his kisses and now as if too weary to move**가 her pale hands를 수식한다는 건 어렵지 않게 파악할 수 있을 겁니다. 그런데 이 구절을 번역할 때 무엇을 강조해야 할까요? 저자가 말하려는 요점을 파악해 번역에 반영하는 것도 무척 중요합니다. 제 생각에는 a moment before와 now의 대조를 명확히 드러내는 게 중요합니다. 다시 말하면 now를 대충 넘기지 말고, 반드시 번역해야 한다는 뜻입니다. 내친김에 더 이야기해 보면 her pale hands의 번역도 재밌습니다. '그녀의 손'이라 번역하면, 신체의 특성상 '한 손'만을 뜻하기 십상입니다. 그렇다고 '손들'이라 번역하면 정말 촌스럽겠지요. 이런 경우에는 two가 없더라도 '두 손' 혹은 '양손'으로 번역되어야 마땅할 것입니다. 이때 pale은 어떻게 번역하시겠습니까? 기계적으로 번역하면 '창백한'이 될 것이고, 크게 잘못된 번역도 아닙니다. 다만 표현의 다양함과 어휘력 향상에 도움을 주는 의미에서 덧붙이면 '핏기 없는'이란 번역어도 고려해 보시는 게 좋습니다.

(2) He stood over her a moment, masculine and mysterious in his immobility, before he sat down on a chair near by. He could see only the faint oval of her upturned face and, extended on her black dress, her pale hands, a moment before abandoned to his kisses and now as if too weary to move.
He dared not make a sound, shrinking as a man would do from the prosaic necessities of existence. As usual, it was the woman who had the courage. Her voice was heard first—almost conventional while her being vibrated yet with conflicting emotions.
"Tell me something," she said.
The darkness hid his surprise and then his smile. Had he not just said to her everything worth saying in the world—and that not for the first time!
"What am I to tell you?" he asked, in a voice creditably steady. He was beginning to feel grateful to her for that something final in her tone which had eased the strain.
"Why not tell me a tale?"
"A tale!" He was really amazed.
"Yes. Why not?"
These words came with a slight petulance, the hint of a loved woman's capricious will, which is capricious only because it feels itself to be a law, embarrassing sometimes and always difficult to elude.
"Why not?" he repeated, with a slightly mocking accent, as though he had been asked to give her the moon. But now he was feeling a little angry with her for that feminine mobility that slips out of an emotion as easily as out of a splendid gown.

°**as a man would do from the prosaic necessities of existence**를 번역할 때는 두 가지를 고민하게 될 겁니다. 하나는 would이고, 다른 하나는 바로 뒤에 쓰인 do입니다. 솔직히 말하면 would의 번역은 고민거리라 할 수도 없습니다. 이때의 would는 결코 will의 과거일 수 없고, 조건절로 가정할 만한 근거로 보이지도 않습니다. 따라서 이른바 '과거의 습관'이 될 겁니다. 그렇다고 '...하곤 했다'라는 식으로 고지식하게 번역할 필요는 없습니다. 그냥 과거로 보면 됩니다. 진짜 고민거리는 do입니다. 일반 동사로 쓰인 걸까요, 아니면 앞의 shrink를 대신하는 대동사로 쓰인 걸까요? 어떻게 번역해도 말은 됩니다. 일반 동사로 번역하면 '존재의 필요성 때문에 움직이듯이'가 될 것이고, 대동사로 번역하면 '존재의 필요성 때문에 움츠러들 듯이'가 될 겁니다. 어느 쪽이 더 맥락에 적합하다고 말하기 어렵습니다.
그런데 '존재의 필요성'이라 번역하면서 prosaic을 생략했습니다. 어떻게든 번역해 보면 '존재의 세속적인 필요성'이 됩니다. 세속적인 필요성? 형용 모순까지는 아니어도 맞아떨어지는 느낌은 아닙니다. 또 존재의 필요성이란 무엇일까요? 참으로 순문학 번역을 위해서는 견뎌야 할 것이 많습니다. 저는 개인적으로 이런 애매모호한 표현을 별로 좋아하지 않습니다. 게다가 이런 애매모호한 표현을 직역이란 이름으로 넘기는 것도 바람직하지 않다고 생각합니다. '존재의 필요성으로 움직이다'는 '존재하려고 움직이다'라는 뜻이 아닐까요? 또 prosaic은 케임브리지 사전에서 'without interest, imagination, and excitement'라고 풀이됩니다. 평범하기 그지없다는 뜻입니다. 이 뜻에 들어맞는 우리말 단어는 '그저'가 아닐까요? 그럼 '그저 존재하기 위해서 움직이다'로 번역하는 게 '존재의 필요성 때문에 움직이다'보다 더 와닿지 않나요? 어차피 번역은 선택의 문제이겠지만, 저는 전자를 선택하고 그렇게 번역합니다. 여러분도 각자의 선호에 따라 선택하십시오.

° **it was the woman who** ...는 강조 용법으로 쓰였습니다. it is ~ that ... 강조 용법을 번역할 때 ...을 먼저 번역하고 강조되는 ~을 덧붙이는 게 일반적이고, 학교에서도 그렇게 가르칩니다. 맞습니다. 그렇게 번역한다고 해서 잘못된 것은 전혀 없습니다. 더구나 단문으로 옮기는 번역 연습에서는 그렇게 번역하는 게 당연하게 여겨지기도 합니다. 하지만 단락을 중심에 둔다면, it is ~ that ... 강조 용법을 반드시 그렇게 번역해야 할 필요는 없습니다. 게다가 번역어를 문장의 앞에 두는 것만으로도 일종의 강조라면, ~을 먼저 번역하는 방법도 고려해야 합니다. 예를 들어 봅시다. The road to Yitzhak Rabin's assassination began in Oslo. It was there that two teams of negotiators, Palestinian and Israeli, met in secret. (31 Oct 2020) 이스라엘 수상 이츠하크 라빈은 이스라엘과 팔레스타인의 평화 협상을 주도한 공로로 1994년 노벨 평화상을 받지만, 1995년에 그 협상을 반대한 청년에게 암살을 당합니다. 따라서 첫 문장은 당연히 '이츠하크 라빈의 암살로 귀결되는 길

(2) He stood over her a moment, masculine and mysterious in his immobility, before he sat down on a chair near by. He could see only the faint oval of her upturned face and, extended on her black dress, her pale hands, a moment before abandoned to his kisses and now as if too weary to move.
He dared not make a sound, shrinking as a man would do from the prosaic necessities of existence. As usual, it was the woman who had the courage. Her voice was heard first—almost conventional while her being vibrated yet with conflicting emotions.
"Tell me something," she said.
The darkness hid his surprise and then his smile. Had he not just said to her everything worth saying in the world—and that not for the first time!
"What am I to tell you?" he asked, in a voice creditably steady. He was beginning to feel grateful to her for that something final in her tone which had eased the strain.
"Why not tell me a tale?"
"A tale!" He was really amazed.
"Yes. Why not?"
These words came with a slight petulance, the hint of a loved woman's capricious will, which is capricious only because it feels itself to be a law, embarrassing sometimes and always difficult to elude.
"Why not?" he repeated, with a slightly mocking accent, as though he had been asked to give her the moon. But now he was feeling a little angry with her for that feminine mobility that slips out of an emotion as easily as out of a splendid gown.

은 오슬로에서 시작되었다'가 될 것입니다. 그 뒤에 이어지는 강조구문은 어떻게 번역하면 될까요? '그곳에서 팔레스타인과 이스라엘, 양국의 협상팀이 비밀리에 만났기 때문이다'가 좋을까요, '팔레스타인과 이스라엘, 양국의 협상팀이 비밀리에 만난 곳이 그곳이었기 때문이다'가 좋을까요? there를 '오슬로'라고 구체적으로 말하지 않고 '그곳'이라 번역한다면, 오슬로와 가깝게 위치시키는 편이 더 낫지 않을까요? 그래도 강조라고 하기에 부족하다면, '바로 그곳'이라고 표현하면 되지 않을까요? 요컨대 it is ~ that ... 강조구문의 번역을 지나치게 경직적으로 처리하지 말라는 겁니다. 본문의 경우도 마찬가지입니다. 일반적인 원칙에 따라 '이번에도 용기를 낸 쪽은 여자였다'라고 번역하는 것도 괜찮지만, '이번에도 여자가 먼저 용기를 냈다'라고 번역하는 방법도 생각해 볼 직할 겁니다.

° **while her being vibrated yet with conflicting emotions**는 독립 분사구문에서 접속사를 살려둔 전형적인 예입니다. 또 주어가 일반 명

사인 경우에는 소유격으로 변하지 않지만, 인칭 대명사의 경우에는 소유격으로 변한다는 걸 알고 있으면, 이 문장을 분석하는 데 별다른 어려움은 없을 겁니다.

° **Had he not just said to her everything worth saying in the world**는 가정법이 도치된 형태라는 걸 어렵지 않게 알아냈을 겁니다. 다만 관련된 주절이 없고, 가정법으로 쓰인 종속절이 감탄문의 형태로 바뀐 것을 느낌표로 짐작할 수 있습니다. not just가 쓰였지만 everything이 함께 쓰여 부분 부정의 의미를 살릴 수 있게 번역하는 방법을 고민해야 할 겁니다.

° **What am I to tell you?**는 어떻게 번역해야 잘했다는 칭찬을 받을까요? 이 문장에 조동사 be to가 쓰인 것이 보이십니까? 설마 조동사 be to를 처음 들어본다고 하시지는 않겠지요? 주로 be to V의 형태로 쓰입니다. 이때 V는 항상 동사 원형이기 때문에 편의상 be to를 조동사라고 합니다. be to V는 흔히 5가지 의미(예정, 의무, 의도, 가능, 운명)를 갖는다고 설명되지만, 경험적으로 말하면 예정과 의무, 굳이 확대하자면 가능까지만 알아두어도 충분할 듯합니다. 물론 예정은 가까운 미래를 뜻하므로, 그렇게 번역하면 됩니다. 이렇게 의문문으로 쓰여 be to V가 제대로 눈에 들어오지 않으면, 평서문으로 바꿔보면 그 형태가 분명하게 들어옵니다. I am to tell you what? 가끔은 이런 요령을 피우는 것도 번역에는 도움이 됩니다.

(2) He stood over her a moment, masculine and mysterious in his immobility, before he sat down on a chair near by. He could see only the faint oval of her upturned face and, extended on her black dress, her pale hands, a moment before abandoned to his kisses and now as if too weary to move.

He dared not make a sound, shrinking as a man would do from the prosaic necessities of existence. As usual, it was the woman who had the courage. Her voice was heard first—almost conventional while her being vibrated yet with conflicting emotions.

"Tell me something," she said.

The darkness hid his surprise and then his smile. Had he not just said to her everything worth saying in the world—and that not for the first time!

"What am I to tell you?" he asked, in a voice creditably steady. He was beginning to feel grateful to her for that something final in her tone which had eased the strain.

"Why not tell me a tale?"

"A tale!" He was really amazed.

"Yes. Why not?"

These words came with a slight petulance, the hint of a loved woman's capricious will, which is capricious only because it feels itself to be a law, embarrassing sometimes and always difficult to elude.

"Why not?" he repeated, with a slightly mocking accent, as though he had been asked to give her the moon. But now he was feeling a little angry with her for that feminine mobility that slips out of an emotion as easily as out of a splendid gown.

° ... for **that something final in her tone which had eased the strain**은 grateful to somebody for ...로 봐야 할 겁니다. 다시 말하면 for + '명사구'라는 뜻입니다. 그렇다면 that something final이 '명사'로서 which의 선행사가 됩니다. 따라서 that something final in her tone which had eased the strain은 이른바 '분리 관계절', 즉 '선행사 + 부사절(전치사구) + 관계절'이 됩니다. 이런 경우에는 부사절을 먼저 번역하고 관계절 → 선행사의 순서로 번역하면 딱 맞아떨어진다고 했습니다.

그런데 궁금한 게 있습니다. something이 학교에서 배운 대로 대명사라면 that이란 지시 형용사로 수식이 가능할까요? 그렇지 않습니다. 이때의 something은 대명사가 아니라 명사로 보는 게 문법적으로 맞습니다. 실제로 사전을 자세히 참조하면 something이 명사로 사용되는 예가 설명되고 있습니다.

° **the hint of a loved woman's capricious will**은 a slight petulance와 동격입니다. 번역에서 동격을 항상 '즉, 다시 말해서' 등으로 처리

할 필요는 없습니다. 어차피 동격이 '더해지는 설명'이라면 제안 번역처럼 처리하는 방법도 얼마든지 가능하다고 생각합니다. 이런 파격을 인정하지 못하겠다면, 동격을 뜻하는 쉼표가 'that is'라고 생각하면 어떻습니까? a slight petulance (that is) the hint of a loved woman's capricious will이라고 생각해 보라는 겁니다. 이렇게 분석하면 제안 번역의 가능성을 인정할 수 있겠지요?

° **which is capricious** only because **it feels itself to be a law**, embarrassing sometimes and always difficult to elude.로 되어 있는 '계속적 관계절' 부분을 해결해 볼까요. 앞에서 '변덕'을 말했고, 관계절은 이처럼 '변덕'이라 생각하는 이유에 대해 설명하는 역할을 합니다. 제가 항상 말하듯이, 난해하거나 숨막히게 긴 문장을 만나면, 무조건 왼쪽부터 차근차근 번역해 두고 조합하는 방법을 시도하는 게 가장 좋습니다. '변덕스럽다 – 때문에만(→이유에서만) – 느껴지다 – 법이다(혹은 원칙이다) – 때로는 당혹스럽다 – 항상 어렵다 – 회피하다'가 됩니다. elude가 구조적으로 a law와 관련된다는 건 어렵지 않게 파악됩니다. 이렇게 해 놓은 뒤에, 나열된 단어들을 문법에 맞추어 조합해 보십시오. 그 결과가 무척 흥미로울 겁니다. 이 문장의 번역에서 관건은 only because를 '때문'에서 '이유'로 변환할 수 있느냐에 있습니다. 그렇게 변환하면 번역된 문장이 훨씬 더 깔끔하게 읽히니까요.

(3) He heard her say, a little unsteadily with a sort of fluttering intonation which made him think suddenly of a butterfly's flight:
"You used to tell—your—your simple and—and professional—tales very well at one time. Or well enough to interest me. You had a—a sort of art—in the days —the days before the war."
"Really?" he said, with involuntary gloom. "But now, you see, the war is going on," he continued in such a dead, equable tone that she felt a slight chill fall over her shoulders. And yet she persisted. For there's nothing more unswerving in the world than a woman's caprice.
"It could be a tale not of this world," she explained.
"You want a tale of the other, the better world?" he asked, with a matter-of-fact surprise. "You must evoke for that task those who have already gone there."
"No. I don't mean that. I mean another—some other—world. In the universe —not in heaven."
"I am relieved. But you forget that I have only five days' leave."
"Yes. And I've also taken a five days' leave from—from my duties."
"I like that word."
"What word?"
"Duty."
"It is horrible—sometimes."
"Oh, that's because you think it's narrow. But it isn't. It contains infinities, and —and so———"
"What is this jargon?"
He disregarded the interjected scorn. "An infinity of absolution,

for instance," he continued. "But as to this another world'—who's going to look for it and for the tale that is in it?"

"You," she said, with a strange, almost rough, sweetness of assertion.

He made a shadowy movement of assent in his chair, the irony of which not even the gathered darkness could render mysterious.

그래도 약간 불안정하게 헐떡이는 그녀의 억양에서 그는 나비가 펄럭이며 나는 모습을 불현듯 떠올렸다.

"예전에는 당신, 당신이 하는 일에 대한 이야기를 꾸밈없이 해 주곤 했잖아요. 나도 흥미있게 들을 만한 이야기를 해 주곤 했어요. 그 시절, 전쟁 전에는 당신에게 그런 재주가 있었어요."

"정말 그랬나?" 그는 자기도 모르게 의기소침해서 말했다. "하지만 당신도 알고 있듯이 전쟁은 지금도 계속되고 있어." 그렇게 덧붙인 목소리가 너무도 잔잔하고 무덤덤해서, 그녀는 오싹한 한기가 어깨에 내려앉는 기분이었다. 하지만 그녀는 고집을 꺾지 않았다. 세상에서 여성의 변덕보다 강한 것은 없으니까.

"이 세상의 것이 아닌 이야기가 있잖아요."

그가 놀란 표정을 형식적으로 지어보이며 물었다. "다른 세상, 더 나은 세상의 이야기를 듣고 싶은 건가? 그렇게 하려면 벌써 그곳으로 떠난 사람들을 되살려내야 할 텐데."

"아니에요, 그런 뜻이 아니에요. 하늘나라가 아니라 이 우주에 있는 다른 세상, 어떤 다른 세상을 말한 거예요."

"다행이군. 하지만 내가 겨우 닷새밖에 휴가를 받지 못했다는 걸 잊은 모양이군."

"그래요. 나도 닷새 휴가를 받았어요. 의무에서."

"난 그 단어가 마음에 들어."

"어떤 단어요?"

"의무."

"끔찍하고 지긋지긋한 단어예요. 때로는."

"그건 당신이 의무를 좁게 생각해서 그런 거야. 하지만 의무는 제한적이지 않아. 의무에는 무한한 것들이 많지. 그래서 ……."

"웬 무한?"

그는 그녀가 불쑥 내뱉은 냉소를 무시했다. "예를 들면, 면죄의 무한함이 있겠지. 하지만 그 다른 세계, 누가 그 다른 세계를 찾고, 그 세계에 있는 이야기를 기대할까?"

"당신이요." 단정적인 말투로 거칠었지만 이상하게도 감미롭게 들렸다.

의자에 앉은 그의 어둑한 윤곽이 인정한다는 듯 움직였지만, 얄궂게도 주변에 어둠이 모여들어도 그런 움직임은 전혀 신비롭게 보이지 않았다.

(3) He heard her say, a little unsteadily with a sort of fluttering intonation which made him think suddenly of a butterfly's flight:

"You used to tell—your—your simple and—and professional—tales very well at one time. Or well enough to interest me. You had a—a sort of art—in the days —the days before the war."

"Really?" he said, with involuntary gloom. "But now, you see, the war is going on," he continued in such a dead, equable tone that she felt a slight chill fall over her shoulders. And yet she persisted. For there's nothing more unswerving in the world than a woman's caprice.

"It could be a tale not of this world," she explained.

"You want a tale of the other, the better world?" he asked, with a matter-of-fact surprise. "You must evoke for that task those who have already gone there."

"No. I don't mean that. I mean another—some other—world. In the universe —not in heaven."

"I am relieved. But you forget that I have only five days' leave."

"Yes. And I've also taken a five days' leave from—from my duties."

"I like that word."

"What word?"

"Duty."

"It is horrible—sometimes."

"Oh, that's because you think it's narrow. But it isn't. It contains infinities, and —and so———"

"What is this jargon?"

He disregarded the interjected scorn. "An infinity of absolution, for instance," he continued. "But as to this another world'—who's going to look for it and for the tale that is in it?"

"You," she said, with a strange, almost rough, sweetness of assertion.

He made a shadowy movement of assent in his chair, the irony of which not even the gathered darkness could render mysterious.

°**heard**와 **made**를 먼저 봅시다. 첫 문장에서 지각동사 hear와 사역동사 make가 쓰인 것은 어렵지 않게 찾아낼 수 있을 겁니다. 특히 made him think suddenly of a butterfly's flight을 번역할 때 주의할 점은 suddenly라는 부사의 위치입니다. suddenly가 think를 수식하는 부사라는 겁니다. 예컨대 '그는 불현듯 나비가 펄럭이며 나는 모습을 떠올렸다'와 '그는 나비가 펄럭이며 나는 모습을 불현듯 떠올렸다'는 분명히 다릅니다. 전자는 나비가 갑작스레 행동하는 것이므로 a butterfly's sudden flight를 번역한 게 될 겁니다. 따라서 본문의 정확한 번역은 후자가 됩니다. 결론적으로, 부사는 관련된 동사 앞에 놓도록 하십시오.

°You **used to** tell—your—your simple and—and professional—tales very well **at one time**이라는 문장을 살펴봅시다. 과거를 뜻하는 부사를 '과거'로 명확히 번역하는

(3) He heard her say, a little unsteadily with a sort of fluttering intonation which made him think suddenly of a butterfly's flight:

"You used to tell—your—your simple and—and professional—tales very well at one time. Or well enough to interest me. You had a—a sort of art—in the days —the days before the war."

"Really?" he said, with involuntary gloom. "But now, you see, the war is going on," he continued in such a dead, equable tone that she felt a slight chill fall over her shoulders. And yet she persisted. For there's nothing more unswerving in the world than a woman's caprice.

"It could be a tale not of this world," she explained.

"You want a tale of the other, the better world?" he asked, with a matter-of-fact surprise. "You must evoke for that task those who have already gone there."

"No. I don't mean that. I mean another—some other—world. In the universe —not in heaven."

"I am relieved. But you forget that I have only five days' leave."

"Yes. And I've also taken a five days' leave from—from my duties."

"I like that word."

"What word?"

"Duty."

"It is horrible—sometimes."

"Oh, that's because you think it's narrow. But it isn't. It contains infinities, and —and so———"

"What is this jargon?"

He disregarded the interjected scorn. "An infinity of absolution, for instance," he continued. "But as to this another world'—who's going to look for it and for the tale that is in it?"

"You," she said, with a strange, almost rough, sweetness of assertion.

He made a shadowy movement of assent in his chair, the irony of which not even the gathered darkness could render mysterious.

건 당연하겠지만, 조동사나 동사의 시제에 숨어 있는 과거의 의미를 명시적으로 번역해야 할 경우도 있다는 점을 확인할 수 있습니다. 여기에서 at one time이 '과거의 특정 기간'을 뜻하기 때문에 이 부사를 명확히 번역하면 문제가 해결되지 않느냐고 의문을 제기할 독자도 있을 것입니다. 맞습니다. at one time을 과거로 정확히 번역하면 됩니다. 하지만 이 문장에서 at one time은 사족처럼 쓰인 부사라고 볼 수도 있습니다. 과거를 뜻하는 데는 used to라는 조동사로도 충분하기 때문입니다. 다음 예문을 보십시오. I used to do anything to avoid talking to people. But now I've stopped hiding my stammer. (20 Nov 2023)에서 now는 있지만 과거를 표현하는 부사는 없습니다. 과거의 뜻은 전적으로 used to에 숨어 있습니다. 따라서 now에 대조되는 '과거 부사'를 명시하는 번역이 한층 더 좋을 겁니다. "전에는 사람들에게 말하는 걸 피하려고 어떤 짓이든 했지만, 이제는 말을 더듬는 걸 감추기를 그만두었다" 이 번역을 보면, 본문에서 used to 를 굳이 '예전에는'이라 번역한 이유가 이해될 겁니다.

° **a sort of art**에서 a sort of는 앞에서 쓰인 a가 잘못된 걸 깨닫고, 곧바로 a sort of로 바꾼 게 아닌가 싶습니다. 다시 말하면, a를 말한 뒤에 art를 쓰려니까 an을 써야 했다는 걸 의식하고는 같은 뜻으로 a sort of를 썼을 것이란 추측입니다. 어차피 부정관사 a와 a sort of는 똑같이 '어떤'을 뜻할 수 있으니까요. a sort of는 '일종의'라는 뜻이라고요? 맞습니다. 우리가 정확히 모르는 것을 말할 때 쓴다는 점에서는 a = a sort of입니다. 여하튼 저자의 머릿속에 들어가, a—a sort of art라고 쓰인 이유를 짐작해 보았습니다. art의 번역어를 선택하는 것도 만만치 않을 겁니다. 제안 번역에서 어떤 번역어가 선택되었는가를 확인하기 전에 먼저 힌트를 드릴 테니 여러 사전을 뒤적이며 직접 찾아보십시오. 도움을 주자면, 케임브리지 사전은 An art is also a skill or ability라 설명하고 있습니다.

° **with involuntary gloom**을 번역하는 방법을 간략히 설명해 보겠습니다. 일단 with gloom을 먼저 번역하고, 여기에 involuntary의 번역을 덧붙이면 됩니다. 이때 with gloom이 전치사구로서 부사로 변했기 때문에 involuntary도 당연히 involuntarily라는 부사로 번역되어야 할 겁니다. 이걸로 끝!

(3) He heard her say, a little unsteadily with a sort of fluttering intonation which made him think suddenly of a butterfly's flight:
"You used to tell—your—your simple and—and professional—tales very well at one time. Or well enough to interest me. You had a—a sort of art—in the days —the days before the war."
"Really?" he said, with involuntary gloom. "But now, you see, the war is going on," he continued in such a dead, equable tone that she felt a slight chill fall over her shoulders. And yet she persisted. For there's nothing more unswerving in the world than a woman's caprice.
"It could be a tale not of this world," she explained.
"You want a tale of the other, the better world?" he asked, with a matter-of-fact surprise. "You must evoke for that task those who have already gone there."
"No. I don't mean that. I mean another—some other—world. In the universe —not in heaven."
"I am relieved. But you forget that I have only five days' leave."
"Yes. And I've also taken a five days' leave from—from my duties."
"I like that word."
"What word?"
"Duty."
"It is horrible—sometimes."
"Oh, that's because you think it's narrow. But it isn't. It contains infinities, and —and so———"
"What is this jargon?"
He disregarded the interjected scorn. "An infinity of absolution, for instance," he continued. "But as to this another world'—who's going to look for it and for the tale that is in it?"
"You," she said, with a strange, almost rough, sweetness of assertion.
He made a shadowy movement of assent in his chair, the irony of which not even the gathered darkness could render mysterious.

° **such a dead, equable tone that she felt a slight chill fall over her shoulders**는 이른바 'such a + 명사 – that ...'이란 구문입니다. 이렇게 숙어적 패턴을 찾아내면 번역이 한층 쉬워지는 건 당연합니다. 여기에서는 dead의 번역이 어렵습니다. 먼저 dead의 품사를 형용사로 보는 게 나을까요, 부사로 보는 게 나을까요? 먼저 부사로 사용된 경우를 보면, dead는 completely, extremely, very라는 뜻을 갖습니다. 게다가 'such a + 명사 – that ...'은 'so + 형용사/부사 – that ...'이므로, very의 뜻을 갖는 dead가 형용사(equable) 앞에 쓰인 게 충분히 납득됩니다. 지나친 비약일지 몰라도 '강조의 강조'로 보면 될 테니까요. 그런데 의문이 생깁니다. a dead, equable tone에서 쉼표는 왜 쓰였을까요? a dead가 부사로 쓰였다는 걸 나타내려고 쉼표를 썼을까요? 과문한 탓이겠지만 그런 예는 다른 곳에서 보지 못했습니다. 이번에는 dead가 형용사로 사용된 것으로 가정해 보겠습

니다. 명사를 앞에서 수식하는 형용사가 and로 접속되지 않은 경우, 즉 '관사 – 형용사1 – 형용사2 – 명사'인 경우에는 '관사 – 형용사 1 – [형용사 2 + 명사]'로 분석하는 게 원칙입니다. 이 경우에 dead를 일반적인 의미, 즉 '죽은, 기진맥진한, 무감각한' 등의 뜻으로 생각하면 equable tone(잔잔한 어조)과 어울리는지 의문입니다. dead가 equable tone과 맞아떨어지게 하려면 '죽은 것처럼 무덤덤'이라는 뜻으로 번역해야 할 겁니다. 원문이 구어인 점을 고려하면 쉼표가 and 역할을 하는 것 같기도 합니다. 제안 번역에서도 이 분석을 선택했지만, dead가 부사로 쓰였다는 가정이 완전히 틀렸다고 말하기에는 여전히 찜찜합니다.

° **"You want a tale of the other, the better world?" he asked, with a matter-of-fact surprise. "You must evoke for that task those who have already gone there."**는 맥락상 한 사람이 말한 것입니다. 이에 대한 번역 방법을 설명하기 전에 먼저 with a matter-of-fact surprise라는 전치사구, 결국 부사를 어떻게 번역하는 게 좋을지 고민해 봅시다. with surprise라면 그냥 '놀라서'라고 번역하면 충분할 겁니다. 그런데 matter-of-fact라는 수식어, 즉 '어떤 감정을 보일 거라고 예상되는 상황에서 아무런 감정 표현 없이, 사무적인'이란 뜻을 갖기 때문에 어떻게 생각하면 surprise와 전혀 어울리지 않는 수식어와 함께 쓰였습니다. '기계적으로 놀란 반응을 보이며'라고 번역하면 될까요? 아니면 '무덤덤하게' 혹은 '아무런 감정도 담기지 않은 사무적인 말투로'라고 번역할까요? 저자가 surprise라는 단어를 사용한 의도에 방점을 둔다면 '기계적으로/형식적으로 놀란 반응을 보이며'가 적합할 것이라 생각합니다.

(3) He heard her say, a little unsteadily with a sort of fluttering intonation which made him think suddenly of a butterfly's flight:
"You used to tell—your—your simple and—and professional—tales very well at one time. Or well enough to interest me. You had a—a sort of art—in the days —the days before the war."
"Really?" he said, with involuntary gloom. "But now, you see, the war is going on," he continued in such a dead, equable tone that she felt a slight chill fall over her shoulders. And yet she persisted. For there's nothing more unswerving in the world than a woman's caprice.
"It could be a tale not of this world," she explained.
"You want a tale of the other, the better world?" he asked, with a matter-of-fact surprise. "You must evoke for that task those who have already gone there."
"No. I don't mean that. I mean another—some other—world. In the universe —not in heaven."
"I am relieved. But you forget that I have only five days' leave."
"Yes. And I've also taken a five days' leave from—from my duties."
"I like that word."
"What word?"
"Duty."
"It is horrible—sometimes."
"Oh, that's because you think it's narrow. But it isn't. It contains infinities, and —and so———"
"What is this jargon?"
He disregarded the interjected scorn. "An infinity of absolution, for instance," he continued. "But as to this another world'—who's going to look for it and for the tale that is in it?"
"You," she said, with a strange, almost rough, sweetness of assertion.
He made a shadowy movement of assent in his chair, the irony of which not even the gathered darkness could render mysterious.

이번에는 이 문장 전체를 번역해 봅시다. 다만 요즘 소설 번역에서 자주 눈에 띄는 현상에 대해 먼저 말해두려 합니다. 헤밍웨이의 '킬리만자로의 눈'은 "The marvellous thing is that it's painless," he said, "That's how you know when it starts."로 시작됩니다. 이 소설의 번역서들에서는 대체로 이 문장을 ["놀라운 점은 통증이 사라졌다는 거야." 그가 말했다. "이제 시작되었다는 걸 알려주는 신호지."]라고 번역합니다. 제가 주목하는 점은 he said가 중간에 번역되면서 두 문장을 연결해 주고 있다는 겁니다. 그런데 번역이란 것이 '영어'로 쓰인 텍스트를 '한국어' 텍스트로 변환하는 것이라면, 그리고 이때 괄호 속의 언어가 단순히 단어와 문법만을 뜻하는 게 아니라 어법까지 뜻한다면, 우리말 소설에서 이런 구조를 쓰인 대화가 있는지 의문입니다. 우리말 소설이라면, [그가 말했다. "놀라운 점은 통증이 사라졌다는 거야. 이제 시작되었다는 걸 알려주는 신호지."] 혹은

["놀라운 점은 통증이 사라졌다는 거야. 이제 시작되었다는 걸 알려주는 신호지." 그가 말했다.]일 겁니다. 여하튼 어떤 이유인지는 몰라도 요즘에는 인용된 방식으로 번역하는 게 대세이기 때문에 "이런 번역은 틀렸다!"라고 말하기도 어렵습니다. 일각에서는 강조를 운운하며 이런 번역을 옹호하지만, 이런 옹호를 허물어뜨리는 건 문제도 아닙니다. 어쨌든 제 결론은 대세를 따르고 싶으면 따르십시오. 게다가 대세를 따르면 번역하기도 더 쉽습니다. 저는 어떻게 할 거냐고요? 저는 우리말 어법을 따를 겁니다. 그게 제가 천명하는 원칙에도 부합하니까요.

"You want a tale of the other, the better world?" he asked, ... 이제 본문을 다시 들여다봅시다. 이 문장을 대세대로 번역하면 ["다른 세상, 더 나은 세상의 이야기를 듣고 싶은 건가?" 그가 놀란 표정을 형식적으로 지으며 물었다. "그렇게 하려면 벌써 그곳으로 떠난 사람들을 되살려내야 할 텐데."]가 될 겁니다. '물었다'가 중간에 들어갔는데 앞 문장만 의문문이고, 뒤 문장은 평서문입니다. 머리가 좀 아프지요? 해결책으로 '물었다'를 '말했다'로 중성화해 버릴까요? 물론 우리말 어법으로 번역해도 비슷한 문제에 부딪힙니다. [그가 놀란 표정을 형식적으로 지으며 물었다. "다른 세상, 더 나은 세상의 이야기를 듣고 싶은 건가? 그렇게 하려면 벌써 그곳으로 떠난 사람들을 되살려내야 할 텐데."] 앞 문장은 의문문이고, 이어지는 문장은 평서문이니까요. 이래서 번역은 어려운 겁니다. 그래도 저는 우리말 어법을 선택할 겁니다.

You must evoke for that task those who have already gone there에 쓰인 동사 evoke는 타동사입니다. 타동사는 직접 목적어, 즉 전치사를 동반하지 않는 명사를 목적어로 취하는 동사입니다. 그럼 이 문장도

(3) He heard her say, a little unsteadily with a sort of fluttering intonation which made him think suddenly of a butterfly's flight:
"You used to tell—your—your simple and—and professional—tales very well at one time. Or well enough to interest me. You had a—a sort of art—in the days —the days before the war."
"Really?" he said, with involuntary gloom. "But now, you see, the war is going on," he continued in such a dead, equable tone that she felt a slight chill fall over her shoulders. And yet she persisted. For there's nothing more unswerving in the world than a woman's caprice.
"It could be a tale not of this world," she explained.
"You want a tale of the other, the better world?" he asked, with a matter-of-fact surprise. "You must evoke for that task those who have already gone there."
"No. I don't mean that. I mean another—some other—world. In the universe —not in heaven."
"I am relieved. But you forget that I have only five days' leave."
"Yes. And I've also taken a five days' leave from—from my duties."
"I like that word."
"What word?"
"Duty."
"It is horrible—sometimes."
"Oh, that's because you think it's narrow. But it isn't. It contains infinities, and —and so———"
"What is this jargon?"
He disregarded the interjected scorn. "An infinity of absolution, for instance," he continued. "But as to this another world'—who's going to look for it and for the tale that is in it?"
"You," she said, with a strange, almost rough, sweetness of assertion.
He made a shadowy movement of assent in his chair, the irony of which not even the gathered darkness could render mysterious.

you must evoke (for that task) those who have already gone there라고 쉽게 분석할 수 있을 겁니다.

No. I don't mean that. I mean another ... 이후의 대화는 번역하기가 그다지 어렵지 않습니다. 그런데 infinities에서 약간 망설이게 됩니다. infinity가 복수로 쓰인 경우를 본 적이 있나요? 아마 그런 용례를 보지 못한 사람이 더 많을 겁니다. 제가 이 책을 쓰며 인용하는 영국 신문, 『더 가디언』에서 '복수로 쓰인 infinities'를 검색하면, 놀랍게도 346회만 확인됩니다(2023년 12월 23일 기준). 그것도 우리나라에 『바다』로 번역된 2005년 부커상 수상작을 쓴 존 밴빌의 후속작이지만 우리나라에는 번역되지 않은 소설, Infinities가 다수를 차지합니다. 그렇다고 infinity가 복수로 쓰이지 못하는 건 결코 아닙니다. 콜린스 사전을 보면, 'Word forms: plural -ties'라고 설명됩니다. 사전을 열심히 뒤적이면 '무한한 것'(들)

이란 번역어를 찾아낼 수 있을 겁니다. It contains infinities에서 it = duty이고, contain이란 동사가 쓰여 '무한한 것'이란 번역어가 적절하다는 생각이 듭니다. 그런데 앞 문장의 번역과 연결해 보면, 전반적인 흐름이 어색해집니다. 만약 narrow를 '좁다'라고 번역하면 "그건 당신이 의무를 좁게 생각해서 그런 거야. 하지만 의무는 좁지 않아. 의무에는 무한한 것들이 많지."가 됩니다. 어떻습니까? 잘 들리고 읽힙니까? 그럼 그냥 넘어가십시오. 하지만 제 귀에는 '의무는 좁지 않다. 의무에는 무한한 것들이 있다.'가 자연스럽게 이어지지 않습니다. 영어에서는 둘째 문장에서도 narrow가 쓰였다는 뜻으로 생략되었더라도, 우리말로 번역할 때 두 경우가 똑같이 번역되어야 할 이유는 전혀 없습니다. 제가 문맥에 어울리는 우리말 단어를 찾는 작업이 번역이라 말한 이유도 여기에 있습니다. 케임브리지 사전에서 narrow는 'limited to a small area of interest, activity, or thought'라고도 정의됩니다. 우리말로 정리하면 '제한된, 한정된'이란 뜻도 갖습니다. 생략된 narrow를 '제한적'이라고 번역하면 뒤에 이어지는 '무한한 것'과 자연스레 이어지지 않나요? 적어도 제 귀에는 그렇게 들립니다. 제가 제안 번역에서 '제한적'이란 단어를 선택한 이유가 잘 설명되었는지 모르겠습니다.

° **What is this jargon?**이라고 여자가 빈정대는 대화문이 바로 이어집니다. 빈정대는 것인지 어떻게 아느냐고요? 바로 뒤에 the interjected scorn이라고 쓰였기 때문입니다. jargon은 '특정한 집단에서 쓰이기 때문에 대부분이 모르는 단어'라는 뜻입니다. 그래서 우리말로는 '전문어, 은어'로 번역됩니다. 따라서 "무한한 것이라니, 그건 또 무슨 말이야?"라는 정도로 번역하면 될 겁니다. 이 번역에도 '빈정대는 반응'

(3) He heard her say, a little unsteadily with a sort of fluttering intonation which made him think suddenly of a butterfly's flight:

"You used to tell—your—your simple and—and professional—tales very well at one time. Or well enough to interest me. You had a—a sort of art—in the days —the days before the war."

"Really?" he said, with involuntary gloom. "But now, you see, the war is going on," he continued in such a dead, equable tone that she felt a slight chill fall over her shoulders. And yet she persisted. For there's nothing more unswerving in the world than a woman's caprice.

"It could be a tale not of this world," she explained.

"You want a tale of the other, the better world?" he asked, with a matter-of-fact surprise. "You must evoke for that task those who have already gone there."

"No. I don't mean that. I mean another—some other—world. In the universe —not in heaven."

"I am relieved. But you forget that I have only five days' leave."

"Yes. And I've also taken a five days' leave from—from my duties."

"I like that word."

"What word?"

"Duty."

"It is horrible—sometimes."

"Oh, that's because you think it's narrow. But it isn't. It contains infinities, and —and so———"

"What is this jargon?"

He disregarded the interjected scorn. "An infinity of absolution, for instance," he continued. "But as to this another world'—who's going to look for it and for the tale that is in it?"

"You," she said, with a strange, almost rough, sweetness of assertion.

He made a shadowy movement of assent in his chair, the irony of which not even the gathered darkness could render mysterious.

이 느껴지나요? 그렇다면 다행입니다. 아니면 제안 번역처럼 '웬'이란 관형사를 사용하면 어떨까요? 여하튼 '그 은어'라고 굳이 번역할 필요는 없다는 겁니다.

°**with a strange, almost rough, sweetness of assertion**도 번역하기가 여간 까다롭지 않습니다. 여하튼 말(said)과 관련이 있는 건 분명합니다. 어떻게 번역하는 게 좋을까요? 제가 나름대로 생각해 낸 최선의 번역 방법을 제시해 보겠습니다. (1) with assertion(단정적으로) (2) strange(이상함) + sweetness(달콤함) (3) almost rough(거침). 이렇게 세 부분으로 나누었습니다. almost rough가 괄호로 분리되어, strange sweetness를 하나로 묶는 게 낫겠다고 생각했습니다. 그럼 assertion이 almost rough인 동시에 strange sweetness하다는 게 됩니다. 이 셋을 어떻게 조합할 것이고, 그 조합을 said와 어떻게 이어야 할까요? 제가 찾아낸 결론을 보기 전에 직접 해 보는 게 번역 능력 향상에 도움이 될 겁니다.

° **the irony of which not even the gathered darkness could render mysterious**는 관계절이 계속적 용법으로 쓰인 예입니다. 이때 관계사 which의 선행사는 movement가 되겠지만, 그 주변의 수식어까지 포함하므로 궁극적으로 앞 문장 전체로 보아 '그런 움직임'이라 번역하면 충분할 겁니다. 이때 the irony를 일단 배제한 채 번역하면 '모여든 어둠'(the gathered darkness)조차 '그런 움직임'(which)을 '신비롭게'(mysterious) '만들지 못한다'(render)가 될 겁니다. not even을 너무 심각하게 생각하지 말고, even the gathered darkness could not render mysterious로 보면 됩니다. 하지만 이렇게 순진하게 번역하면 '무생물'(모여든 어둠)이 무엇인가를 어떠한 상태로 '만들다'라는 형식이 됩니다. 이런 어법은 우리말에 어울리지 않습니다. 그래서 학교에서 '무생물 주어는 때때로 부사로 번역하라'는 말을 들었을 겁니다. 이 경우에 그 원칙을 적용하면, '어둠이 모여들어도 그런 움직임이 신비로워 보이지 않았다'가 됩니다. 이 원칙을 잘 읽어야 합니다. '때때로'라고 했습니다. 다시 말하면, 무생물을 주어로 번역할 때 어색한 기분이 들면 부사로 처리해 보라는 뜻입니다. 이제 the irony of ...를 어떻게 번역할 것이느냐는 문제가 남습니다. 곧이곧대로 번역해 보면 '어둠이 모여들어도 그런 움직임의 아이러니가 전혀 신비롭게 보이지 않았다'. '그런 움직임의 아이러니'라고 번역했지만, 적어도 저는 어떤 상황인지 전혀 이해가 되지 않습니다. 여러분은 어떤 상황인지 아시겠습니까? 그렇다면 대단한 문학인이 아닐 수 없습니다. 제가 지향하는 번역의 원칙 중 하나는 '내가 무슨 뜻인지 모르는 번역은 하지 않는다'라는 겁니다. 저처럼 평범한 사람도 이해할 수 있는 표현으로 어떻게든 바꾸려고 합니다. 그럼 의역이지 않느냐고요? 저는 그걸 의역이라 하고 싶지는 않습니다. 원문에 쓰인 단어의 뜻으로 더 적합한 것을 찾아내고, 문장의 구조에 약간의 변화를 줄 뿐입니다. 예컨대 I have

(3) He heard her say, a little unsteadily with a sort of fluttering intonation which made him think suddenly of a butterfly's flight:
"You used to tell—your—your simple and—and professional—tales very well at one time. Or well enough to interest me. You had a—a sort of art—in the days —the days before the war."
"Really?" he said, with involuntary gloom. "But now, you see, the war is going on," he continued in such a dead, equable tone that she felt a slight chill fall over her shoulders. And yet she persisted. For there's nothing more unswerving in the world than a woman's caprice.
"It could be a tale not of this world," she explained.
"You want a tale of the other, the better world?" he asked, with a matter-of-fact surprise. "You must evoke for that task those who have already gone there."
"No. I don't mean that. I mean another—some other—world. In the universe —not in heaven."
"I am relieved. But you forget that I have only five days' leave."
"Yes. And I've also taken a five days' leave from—from my duties."
"I like that word."
"What word?"
"Duty."
"It is horrible—sometimes."
"Oh, that's because you think it's narrow. But it isn't. It contains infinities, and —and so———"
"What is this jargon?"
He disregarded the interjected scorn. "An infinity of absolution, for instance," he continued. "But as to this another world'—who's going to look for it and for the tale that is in it?"
"You," she said, with a strange, almost rough, sweetness of assertion.
He made a shadowy movement of assent in his chair, the irony of which not even the gathered darkness could render mysterious.

two children을 '나에게는 두 자식이 있다'라고 번역한다고 해서 누구도 의역이라 하지는 않을 것 아닙니까. 또 앞에서 무생물 주어를 부사로 번역한다고 의역이라 말할 사람도 없을 겁니다. '그런 움직임의 irony'에서 irony를 밖으로 빼내 부사(ironically)처럼 번역하고, ironically를 '얄궂게도'라고 번역하면 어떻겠습니까?

(4) "As you will. In that world, then, there was once upon a time a Commanding Officer and a Northman. Put in the capitals, please, because they had no other names. It was a world of seas and continents and islands ..."

"Like the earth," she murmured, bitterly.

"Yes. What else could you expect from sending a man made of our common, tormented clay on a voyage of discovery? What else could he find? What else could you understand or care for, or feel the existence of even? There was comedy in it, and slaughter."

"Always like the earth," she murmured.

"Always. And since I could find in the universe only what was deeply rooted in the fibres of my being there was love in it, too. But we won't talk of that."

"No. We won't," she said, in a neutral tone which concealed perfectly her relief—or her disappointment. Then after a pause she added: "It's going to be a comic story."

"Well ..." he paused, too. "Yes. In a way. In a very grim way. It will be human, and, as you know, comedy is but a matter of the visual angle. And it won't be a noisy story. All the long guns in it will be dumb—as dumb as so many telescopes."

"당신 생각이 그렇다면야. 그 세계에는 옛날에 함장과 북유럽인이 있었어. 그들에게 다른 이름은 없었으니까 그렇게 부르도록 합시다. 그 세계는 바다와 대륙과 섬의 세계였지 ……."

"지구처럼요." 그녀는 쌀쌀맞게 웅얼거렸다.

"그렇지. 당신이라면 흔하디 흔한 흙을 괴롭혀서 만든 인간을 발견의 항해에 내보내 놓고 달리 무엇을 기대할 수 있었겠어? 그런 인간이 달리 무엇을 발견할 수 있었겠어? 당신이라면 달리 어떤 세계의 존재를 이해하고 사랑하며 느낄 수 있었겠냐고? 그 세계에는 희극적인 면이 있었지. 학살도."

그녀가 작은 목소리로 말했다. "지구와 똑같았겠죠. 언제나."

"그래, 항상. 우주에서는 내 존재의 세포 하나하나에 깊게 뿌리박힌 것만을 발견할 수 있었기 때문인지 그 안에는 사랑도 있었지. 하지만 그에 대한 이야기는 하지 말자고."

"그래요, 그에 대한 이야기는 하지 말아요." 그녀는 감정을 억제한 목소리로 말했다. 그녀 자신의 안도감, 어쩌면 실망을 완벽하게 감춘 목소리였다. 잠시 후, 그녀는 덧붙여 말했다. "재밌는 희극적인 이야기가 좋겠어요."

"글쎄 ...." 그도 말을 금세 잇지 못했다. "좋아. 어떤 면에서, 무척 암울한 면에서 재밌는 희극이 인간적인 이야기일 수 있을까? 당신도 알겠지만, 희극은 시각의 문제에 불과해. 게다가 희극은 나중에 시끌벅적한 소동을 불러일으키지도 않고. 희극에서는 모든 총이 벙어리가 되잖아. 그 많은 망원경만큼이나 벙어리가."

(4) "As you will. In that world, then, there was once upon a time a Commanding Officer and a Northman. Put in the capitals, please, because they had no other names. It was a world of seas and continents and islands ..."
"Like the earth," she murmured, bitterly.
"Yes. What else could you expect from sending a man made of our common, tormented clay on a voyage of discovery? What else could he find? What else could you understand or care for, or feel the existence of even? There was comedy in it, and slaughter."
"Always like the earth," she murmured.
"Always. And since I could find in the universe only what was deeply rooted in the fibres of my being there was love in it, too. But we won't talk of that."
"No. We won't," she said, in a neutral tone which concealed perfectly her relief—or her disappointment. Then after a pause she added: "It's going to be a comic story."
"Well ..." he paused, too. "Yes. In a way. In a very grim way. It will be human, and, as you know, comedy is but a matter of the visual angle. And it won't be a noisy story. All the long guns in it will be dumb—as dumb as so many telescopes."

° **as you will**에서 will은 be going to look for it ...을 대신한다고 봐야 할 겁니다. 이른바 대조동사라고 할까요? 이 용어에 대해서는 신경쓰지 마십시오.

° **Put in the capitals, please**를 번역하면 '대문자로 쓰다'가 될 겁니다. 그 이유로 다른 명칭이 없기 때문입니다. 그런데 영어와 달리, 우리말에서는 대문자와 소문자의 구분이 없습니다. 원문에서는 함장과 북유럽인이 대문자로 쓰여, 뒤에 오는 설명이 맞아떨어집니다. 하지만 우리말로 번역하면서 대문자 운운하는 건 그다지 바람직하지 않습니다. 따라서 '대문자'라는 단어를 언급하지 않고, 이 부분을 해결하는 것도 번역가의 몫입니다. 제안 번역을 보기 전에, 여러분도 직접 고민해 보십시오. 고민의 해결 방법은 항상 주변에 있다는 것만 힌트로 주겠습니다.

° **a world of seas and continents and islands**를 번역하라고 하면, 대부분이 '바다와 대륙과 섬의 세계'라고 번역할 겁니다. 물론 이 번역이 잘못된 것은 아닙니다. 하지만 이때 of가 어떤 뜻으로 사용되었는지 고민해 보면 다른 번역, 즉 더 구체적인 번역이 가능합니다. 예, 맞습니

다. 이른바 '재료의 of'라고 할까요? '바다와 대륙과 섬으로 이루어진 세계'로 번역하면, 단순히 '의'로 번역한 경우보다 더 명확하지 않습니까? 항상 이런 가능성을 열어두고 번역하는 것도 때로는 무척 중요합니다. 그런데 이 텍스트는 문학성을 띤 것이므로, 약간의 모호성을 살린다면, 게다가 뒤에서 '지구처럼요'라는 질문이 더해지기 때문에.
그런 가능성만을 열어두고, 여기에서는 '의'로 번역하는 것도 괜찮을 것 같습니다.

° **What else could you expect from sending a man made of our common, tormented clay** ...에서 what else가 expect의 목적어라는 건 굳이 말할 필요가 없을 겁니다. 여기에서 번역하기 어려운 구절은 a man made of our common, tormented clay가 전부일 겁니다. 이 구절도 a man made of our common clay가 되면 번역이 조금도 어렵지 않습니다. '흔하디 흔한 점토로 만든 인간'이면 충분할 겁니다. 그런데 여기에 tormented가 끼어들었습니다. clay(점토 혹은 흙)가 '괴롭힘을 당한다'? 대체 무슨 뜻일까요? 흙을 이리저리 주물럭거렸다는 뜻이 아닐까요? 어떤 흙? 예, '흔하디 흔한 흙을 괴롭혀서(혹은 이리저리 주물럭거려서) 만든 인간'이라 번역하면 어떤 뜻인지 대략 머릿속에 그려지지 않나요? 이쯤이면 괜찮은 번역이라 생각됩니다.

° What else could he find? What else could you understand or care for, or feel **the existence of** even?에서 앞의 질문은 번역하는 데 어려움이 없을 겁니다. 그런데 뒤에 이어지는 문장은 자칫하면 구조적 분석부터 꼬일 가능성이 있습니다. 얼핏보면 what else가 앞의 경

(4) "As you will. In that world, then, there was once upon a time a Commanding Officer and a Northman. Put in the capitals, please, because they had no other names. It was a world of seas and continents and islands ..."
"Like the earth," she murmured, bitterly.
"Yes. What else could you expect from sending a man made of our common, tormented clay on a voyage of discovery? What else could he find? What else could you understand or care for, or feel the existence of even? There was comedy in it, and slaughter."
"Always like the earth," she murmured.
"Always. And since I could find in the universe only what was deeply rooted in the fibres of my being there was love in it, too. But we won't talk of that."
"No. We won't," she said, in a neutral tone which concealed perfectly her relief—or her disappointment. Then after a pause she added: "It's going to be a comic story."
"Well ..." he paused, too. "Yes. In a way. In a very grim way. It will be human, and, as you know, comedy is but a matter of the visual angle. And it won't be a noisy story. All the long guns in it will be dumb—as dumb as so many telescopes."

우처럼 understand와 care for의 목적어로 쓰인 것처럼 보입니다. 그런데 feel the existence에 시선이 닿는 순간, "어, the existence는 뭐야?"라고 당황하게 됩니다. 하지만 the existence 뒤에 이어지는 of로 인해 모든 문제가 해결됩니다. could you understand or care for, or feel the existence of what else even?에서 what else가 문두로 이동한 경우로 보면 되니까요. 문장 끝의 even은 부사로 보면 됩니다.

° There was **comedy** in it, and slaughter. 이 문장에서는 comedy가 나옵니다. in it에서 it은 앞에 쓰인 a world ...를 대신한 대명사로 분석해야 할 겁니다. 그런데 comedy는 어떻게 번역해야 할까요? 이때 주목할 부분은 comedy가 무관사로 쓰였다는 겁니다. 다시 말하면 '불가산 명사'로 쓰였다는 뜻입니다. 그럼 단순히 '희극'이 아니라 '희극적인 면'(the humorous part of a situation)이 됩니다.

° **I could find in the universe only what was deeply rooted in the fibres of my being**에서 fibers를 어떻게 번역하는 게 좋을까요? 사전

에 쓰인 대로 그냥 '내 존재의 섬유들'이라 번역하면 될까요? '섬유'라는 단어가 금방 와닿지 않을 수 있겠습니다. 그래서 대한의사협회 웹사이트에 접속해 최신판 용어집에서 fiber를 검색해 보았습니다. '1. 섬유 2. 세포'라고 풀이되어 있더군요. '세포'를 선택하면 그 뜻이 훨씬 쉽게 느껴집니다. '내 존재의 세포'는 '내 몸을 이루는 세포'가 될 테니까요. 물론 '섬유'를 번역어로 선택한다고 해서 잘못된 번역이라 할 수는 없을 겁니다. 제가 '섬유'를 쉽게 선택하지 않고, 온갖 사전을 뒤적거려 '세포'를 찾아낸 이유는 제 성향과도 관계가 있을 겁니다. 무엇보다, 저는 저에게 신속하게 와닿지 않는 번역을 그다지 선호하지 않습니다. 어떻게든 평이하게 풀어보려고 애쓰는 편입니다. 그래서 어려운 전문 용어도 싫어하는 편입니다. 어느 쪽이 맞다고 말할 수 없겠지만, 여러분은 사디스트가 되더라도 쉬운(?) 길을 가십시오. 그게 편합니다.

° **in a neutral tone**은 어떻게 번역하시렵니까? 어려울 게 뭐 있냐며, '중립적인 어조로'라고 번역하겠지요? 그럼 묻겠습니다. 중립적인 어조가 어떤 건가요? 저는 이렇게 애매모호한 표현을 싫어한다는 겁니다. 순문학적 표현인데 각자 알아서 짐작해야 되지 않겠느냐고 반문할 사람도 있을 겁니다. 문학적인 것은 애매모호함을 허용하는 것인가요? 글쎄요. 사전을 열심히 찾아 우리말에 적합한 단어를 찾아내기 싫은 게으른 사람들이 만들어 낸 신화가 아닐까요? neutral의 뜻을 더 열심히 찾아보십시오. 롱맨 사전을 보면, 이 경우에 딱 들어맞는 풀이가 있습니다. 'VOICE/EXPRESSION: if someone says something in a neutral voice, or if they have a neutral expression on their face, they do not show how they are feeling.' 그럼 이때 neutral을 어떻게 번역하는 게 최선인지 답이 나오지 않습니까? '감정을 드러내지 않고, 감정을 억제하고'라는 뜻이 가장 적합하지 않을까요?

(4) "As you will. In that world, then, there was once upon a time a Commanding Officer and a Northman. Put in the capitals, please, because they had no other names. It was a world of seas and continents and islands ..."
"Like the earth," she murmured, bitterly.
"Yes. What else could you expect from sending a man made of our common, tormented clay on a voyage of discovery? What else could he find? What else could you understand or care for, or feel the existence of even? There was comedy in it, and slaughter."
"Always like the earth," she murmured.
"Always. And since I could find in the universe only what was deeply rooted in the fibres of my being there was love in it, too. But we won't talk of that."
"No. We won't," she said, in a neutral tone which concealed perfectly her relief—or her disappointment. Then after a pause she added: "It's going to be a comic story."
"Well ..." he paused, too. "Yes. In a way. In a very grim way. It will be human, and, as you know, comedy is but a matter of the visual angle. And it won't be a noisy story. All the long guns in it will be dumb—as dumb as so many telescopes."

°**It will be human**에서 it은 a comic story를 대신하는 대명사입니다. 제안 번역에서 저는 이 문장을 '가능성'으로 번역했습니다. 이 번역에 의문을 품을 독자가 있을지 모르겠습니다. will은 미래를 가리키는 조동사입니다. 미래는 결코 확정된 것이 아니라 '가능성'입니다. 이렇게 생각하면, "인간적인 이야기일 수 있을까"라고 번역한 게 조금도 이상하게 여겨지지 않을 겁니다. 역시 미래로 쓰인 And it won't be a noisy story에서는 will을 가능성이 아니라 '미래'로 번역하며 '나중에'라는 미래와 관련된 부사까지 덧붙였습니다. 그 이유는 뒤에 이어지는 문장과도 관계가 있습니다. noisy ↔ dumb의 대립을 보여주지 않습니까? 이때 long gun은 영영사전에서 A firearm, such as a shotgun or rifle, which is fired while braced against the shoulder라고 설명됩니다. 어깨에 기대어 쏘는 총이므로 '장총'쯤으로 번역하면 충분하지 않을까요?

(5) "Ah, there are guns in it, then! And may I ask—where?"
"Afloat. You remember that the world of which we speak had its seas. A war was going on in it. It was a funny work! and terribly in earnest. Its war was being carried on over the land, over the water, under the water, up in the air, and even under the ground. And many young men in it, mostly in wardrooms and mess-rooms, used to say to each other—pardon the unparliamentary word—they used to say, 'It's a damned bad war, but it's better than no war at all.' Sounds flippant, doesn't it."
He heard a nervous, impatient sigh in the depths of the couch while he went on without a pause.
"And yet there is more in it than meets the eye. I mean more wisdom. Flippancy, like comedy, is but a matter of visual first impression. That world was not very wise. But there was in it a certain amount of common working sagacity. That, however, was mostly worked by the neutrals in diverse ways, public and private, which had to be watched; watched by acute minds and also by actual sharp eyes. They had to be very sharp indeed, too, I assure you."
"I can imagine," she murmured, appreciatively.

"아, 그 이야기에 총이 등장하는군요! 어디였어요?"
"바다 위. 당신도 기억하겠지만, 우리가 지금 말하는 세계에는 여러 바다가 있었다고 했잖아. 전쟁은 바다에서 끊이지 않았어. 전쟁은 우스꽝스러운 데다 정말 끔찍하기도 했지. 전쟁은 육지에서, 바다 위에서, 바다 밑에서, 공중에서, 심지어 지하에서도 계속되었으니까. 전쟁에 참전한 많은 젊은이들이 주로 사관실과 식당에서—욕을 그대로 옮기는 걸 용서해줘—'정말 지랄같은 전쟁이야. 하지만 전쟁이 없는 것보단 낫지.'라고 말하곤 했어. 경박하게 들리지?"

소파에 파묻힌 곳에서 불안하고 초조한 한숨 소리가 들렸지만 그는 아랑곳하지 않고 계속 말했다.

"하지만 겉으로는 경박하게 들리는 말에도 그 이상의 것이 있지. 생각보다 현명한 말이란 뜻이지. 희극처럼 경박함도 시각적인 첫인상의 문제일 뿐이니까. 그 세상은 그다지 지혜롭지 않았지만, 그 세상에도 흔히 써먹을 만한 지혜가 그런대로 있었지. 하지만 공적으로나 사적으로 중립적인 사람들이 다양한 형태로 그런 지혜를 주로 발휘했던 것이고, 중립적인 사람들의 그런 행동은 관찰의 대상, 특히 예리한 머리, 또 정말로 날카로운 눈을 지닌 사람들에게 관찰의 대상이 될 수밖에 없었지. 그래서 중립적인 사람들도 약삭빠르게 행동할 수밖에 없었어."

"상상할 수 있을 것 같아요." 그녀가 이해한다는 듯 나지막이 말했다.

(5) "Ah, there are guns in it, then! And may I ask—where?"
"Afloat. You remember that the world of which we speak had its seas. A war was going on in it. It was a funny work! and terribly in earnest. Its war was being carried on over the land, over the water, under the water, up in the air, and even under the ground. And many young men in it, mostly in wardrooms and mess-rooms, used to say to each other—pardon the unparliamentary word—they used to say, 'It's a damned bad war, but it's better than no war at all.' Sounds flippant, doesn't it."
He heard a nervous, impatient sigh in the depths of the couch while he went on without a pause.
"And yet there is more in it than meets the eye. I mean more wisdom. Flippancy, like comedy, is but a matter of visual first impression. That world was not very wise. But there was in it a certain amount of common working sagacity. That, however, was mostly worked by the neutrals in diverse ways, public and private, which had to be watched; watched by acute minds and also by actual sharp eyes. They had to be very sharp indeed, too, I assure you."
"I can imagine," she murmured, appreciatively.

° **pardon the unparliamentary word**를 이른바 '직역'하겠다고 굳이 의회를 들먹일 필요는 없을 겁니다. unparliamentary word는 trash talk이고 '욕(설)'을 뜻합니다. 적어도 여기에서는 그 이상도 그 이하도 아닙니다. 다만 등장인물이 pardon the unparliamentary word라고 말했으니, 뒤에 쓰인 damned를 어떻게든 욕에 가깝게 번역해야 할 겁니다.

° **while he went on without a pause**는 주절 뒤에 쓰인 종속절입니다. 뒤에 쓰인 종속절을 먼저 번역하고, 앞에 쓰인 주절을 나중에 번역하는 게 정말 정통적인 번역일까요? 만약 그런 번역 순서를 지킨다면, 사전의 정의까지 따르지 않을 이유가 사라집니다. 사전의 정의에 따르면 while ~이 문두에 쓰이면 양보의 뜻을 갖고, 주절 뒤에 쓰이면 '... 하는 동안'이란 뜻을 갖습니다. 따라서 이 문장은 "그가 쉬지 않고 계속 말하는 사이에 소파에 깊이 파묻힌 곳에서 불안하고 초조한 한숨 소리가 들렸다"라고 번역되어야 마땅할 겁니다. 여기까지는 이렇게 번역하더라도 별문제가 없어 보입니다. 그런데 이 번역 뒤에 이어지는 말은 누가 하는 것이 되어야 할까요? 이런 의문의 답으로 예측되는 '말하는 사람'은 여자이지만 본문에서는 남자입니다. 이런 충돌을 어떻게 설명해야 할까요? 또 하나! '그가 쉬지 않고 계속 말하는 사

이'라는 번역에서 '계속'은 왜 있는 걸까요? 하지만 주절을 먼저 번역하고, while을 나중에 번역하면 모든 문제가 일거에 해결됩니다. 달리 말하면, '주절 – 종속절'을 그냥 순서대로 번역하는 게 좋을 때가 적지 않습니다. 이쯤에서 while은 주절의 뒤에 쓰일 때 but이란 뜻을 가지니까 그런 어순 번역이 가능하지만, when이나 as가 쓰이면 어떻게 하느냐는 의문이 생길지도 모르겠습니다. 이 경우도 다르지 않습니다. I left home when I was about 20. (15 Aug 2023)는 어떻게 번역하는 게 좋을까요? 대부분이 "나는 스무 살쯤에 고향을 떠났다"라고 번역할 겁니다. 하지만 "내가 고향을 떠났을 때가 스무 살쯤이었다"라고 번역하면 안 될까요? 다른 예를 봅시다. Ramla Ali was just a toddler when her family fled Somalia for the UK. (2 Dec 2023)도 대부분이 "람라 알리의 가족이 소말리아를 떠나 영국으로 향했을 때 람라는 걸음마를 배우는 아기였다"라고 번역할 겁니다. 하지만 저는 "람라 알리가 걸음마를 막 배우기 시작할 때 그녀의 가족은 소말리아를 떠나 영국으로 향했다"라고 번역할 가능성도 모색할 겁니다. 왜 그렇게 할 거냐고요? 그래야 본문에서 대명사로 사용된 부분이 자연스레 번역되고, 저자가 when–절을 뒤에 둔 이유도 어느 정도 고려하는 게 되니까요. 물론 제가 항상 이렇게 번역하는 건 아닙니다. 다만 어순을 충실히 반영한 번역이 우리말에서 조금도 어색하지 않아야 한다는 조건을 먼저 충족시켜야 합니다. 요점은 '주절 – 종속절'을 번역할 때 종속절을 기계적으로 먼저 번역하지는 말라는 겁니다.

° **there is more in it than meets the eye**에서는 두 가지를 해결해야 합니다. it이 무엇을 대신하는 대명사일까요? 또 than은 문법적으로 어떤 기능을 하는 걸까요? 첫째로 it은 '경박하게 들리는 말'이 아닐

(5) “Ah, there are guns in it, then! And may I ask—where?”
“Afloat. You remember that the world of which we speak had its seas. A war was going on in it. It was a funny work! and terribly in earnest. Its war was being carried on over the land, over the water, under the water, up in the air, and even under the ground. And many young men in it, mostly in wardrooms and mess-rooms, used to say to each other—pardon the unparliamentary word—they used to say, ‘It's a damned bad war, but it's better than no war at all.’ Sounds flippant, doesn't it.”
He heard a nervous, impatient sigh in the depths of the couch while he went on without a pause.
“And yet there is more in it than meets the eye. I mean more wisdom. Flippancy, like comedy, is but a matter of visual first impression. That world was not very wise. But there was in it a certain amount of common working sagacity. That, however, was mostly worked by the neutrals in diverse ways, public and private, which had to be watched; watched by acute minds and also by actual sharp eyes. They had to be very sharp indeed, too, I assure you.”
“I can imagine,” she murmured, appreciatively.

까요? 물론 그 경박한 말의 내용은 다음 문제입니다. 둘째로 than의 문법적 정체는 찾아내셨습니까? 그렇습니다. 유사 관계사로 쓰인 than입니다. 물론 선행사는 more가 될 겁니다. 이렇게 되면 이 문장은 ‘분리 관계절’의 원칙에 따라서 번역하면 좋습니다. 더 구체적으로 말하면, in it을 먼저 번역하고, 다음에 관계절 than ~을 번역한 뒤에 선행사 more를 번역하라는 겁니다.

meets the eye는 사전에서 ‘눈에 보이다’로 풀이됩니다. 따라서 “경박하게 들리는 말에도 (눈에 보이는 것) 이상이 있다”가 됩니다. 게다가 more than meets the eyes는 숙어로 ‘처음에 있는 것처럼 보이는 것 이상’이란 뜻입니다. 따라서 “경박하게 들리는 말에도 (눈에 보이는 것) 이상이 있다”로 번역될 겁니다. 청각과 관련된 것이 시각적으로 설명되니 당혹스럽습니다. 여기에서 약간의 재주와 상상력(?)이 필요합니다. ‘눈에 보이다’ = ‘겉보기’라고 하면 지나친 비약일까요? 제 생각에는 그렇지 않습니다. 그럼 “겉으로는 경박하게 들리는 말에도 그 이상의 것이 있지”라는 번역이 성립하는 이유가 설명되리라 믿습니다.

° **there was in it a certain amount of common working sagacity** 에서 it은 that world입니다. 문제는 a certain amount of common working sagacity입니다. 물론 a certain amount of는 떼어놓으면 쉽게 번역('어느 정도의')되므로, common working sagacity를 수식하는 어구로 생각하면 됩니다. 결국 남는 문제는 common과 working을 어떻게 sagacity와 짝짓느냐는 겁니다. 여기에서 common과 working이 등위접속사로 연결된 게 아니니까요. 이처럼 '형용사1 – 형용사2 – 명사'의 구조는 '형용사1 – (형용사2 + 명사)'로 분석해 번역하는 게 좋고, 문법적으로도 그렇게 설명됩니다. 그럼 '흔한 – (효과적인 지혜)'가 됩니다. 물론 우리말에서 동의어에 해당하는 다른 단어를 사용해도 되겠지요.

° **That, however, was mostly worked by the neutrals in diverse ways, public and private, which had to be watched; watched by acute minds and also by actual sharp eyes.** 이 문장을 번역하는 게 쉽지 않습니다. 번역의 어려움에 부딪히면, 제가 항상 말한 대로 왼쪽부터 차근차근 번역해 보십시오. '그것 – 주로 – 행해지다 – 중립적인 것(혹은 사람) – 다양한 방법으로 – 공적이고 사적인 –'이 됩니다. '그것'이 무엇일까요? 아무리 살펴봐도 common working sagacity 이외에 다른 후보는 없습니다. neutral은 '중립적인 것'일까요, '중립적인 사람'일까요? that이 sagacity(지혜)이므로 '중립적인 사람'이 될 겁니다. 그럼 "공적으로나 사적으로나 중립적인 사람들이 다양한 방법으로 그런 지혜를 발휘하다"가 됩니다. 이때 mostly(주로)를 놓는 위치에 주의해야 합니다. 이런 문장을 학생들에게 번역하라고 하면, 대부분이 "주로 공적으로나 사적으로 중립적인 사람들이 ..."라고 번역합니다.

(5) "Ah, there are guns in it, then! And may I ask—where?"
"Afloat. You remember that the world of which we speak had its seas. A war was going on in it. It was a funny work! and terribly in earnest. Its war was being carried on over the land, over the water, under the water, up in the air, and even under the ground. And many young men in it, mostly in wardrooms and mess-rooms, used to say to each other—pardon the unparliamentary word—they used to say, 'It's a damned bad war, but it's better than no war at all.' Sounds flippant, doesn't it."
He heard a nervous, impatient sigh in the depths of the couch while he went on without a pause.
"And yet there is more in it than meets the eye. I mean more wisdom. Flippancy, like comedy, is but a matter of visual first impression. That world was not very wise. But there was in it a certain amount of common working sagacity. That, however, was mostly worked by the neutrals in diverse ways, public and private, which had to be watched; watched by acute minds and also by actual sharp eyes. They had to be very sharp indeed, too, I assure you."
"I can imagine," she murmured, appreciatively.

이 번역에서 부사 '주로'가 무엇을 수식하고 있습니까? 그렇습니다. 원문과는 전혀 다른 것을 수식하고 있습니다. mostly는 분명히 동사 work와 관계가 있습니다.

, which had to be watched ...
이어서 생각해 볼 문제는 관계절 which의 정체입니다. 일단 선행사 후보에서 neutrals는 배제됩니다. 그럼 가능한 후보는 ways와 앞 문장 전체가 남습니다. 물론 '방법'(ways)은 관찰의 대상이 될 수 있습니다. 하지만 '중립적인 사람들이 지혜롭게 행동하는 방법' 자체가 관찰의 대상이 될 수도 있습니다. 문법적으로는 어느 쪽이든 상관없지만, 문맥적으로는 후자가 더 나은 듯합니다. 남은 문제는 which의 선행사인 앞 문장 전체를 어떻게 요약하느냐는 겁니다. which가 대명사라고 '그것'이라 번역하는 만행을 피해야 할 겁니다. 번역문은 결코 수능 국어 시험 문제가 아닙니다. 제안 번역에서 보듯이, '중립적인 사람들의 그런 행동'이라 번역하면, 바로 뒤에 쓰인 they(=the neutrals)도 자연스레 '중립적인 사람들'이라 번역할 수 있을 겁니다.

actual sharp eyes는 common working sagacity에서 설명한 방법대로 번역해야 마땅할 겁니다. 다시 말하면, 선불리 actual and sharp eyes

로 번역하지 말라는 겁니다. 그럼 sharp eyes를 수식하는 actual은 어떻게 번역하는 게 좋을까요? actual eye의 번역과는 달라져야 합니다.

(6) “What is there that you can’t imagine?” he pronounced, soberly. “You have the world in you. But let us go back to our commanding officer, who, of course, commanded a ship of a sort. My tales if often professional (as you remarked just now) have never been technical. So I’ll just tell you that the ship was of a very ornamental sort once, with lots of grace and elegance and luxury about her. Yes, once! She was like a pretty woman who had suddenly put on a suit of sackcloth and stuck revolvers in her belt. But she floated lightly, she moved nimbly, she was quite good enough.”

“That was the opinion of the commanding officer?” said the voice from the couch.

“It was. He used to be sent out with her along certain coasts to see—what he could see. Just that. And sometimes he had some preliminary information to help him, and sometimes he had not. And it was all one, really. It was about as useful as information trying to convey the locality and intentions of a cloud, of a phantom taking shape here and there and impossible to seize, would have been.

“당신이 상상할 수 없는 게 있을까?” 그는 무덤덤하게 그렇게 말하고는 덧붙여 말했다. “당신 안에 세상이 있는데. 여하튼 우리 함장 얘기로 돌아가자고. 물론 그저 그런 배를 지휘하는 함장이었어. 내 얘기에 당신이 방금 지적한 것처럼 종종 직업과 관련되긴 했지만 결코 전문적인 수준까지는 아니었어. 그래서 그 배가 한때는 우아하고 고상하고 호화롭게 보였던 무척 멋진 배였다는 정도로만 말해두자고. 그래, 한때는! 그런데 귀여운 여자가 삼베로 지은 옷으로 느닷없이 갈아입고 허리띠에 권총을 찼다고나 말할까? 여하튼 그 배는 가볍게 물에 떠서 날렵하게 움직였지. 정말 괜찮은 배였어."

"그게 함장의 생각이었나요?" 소파에서 들려온 목소리였다.

"물론. 함장은 그 배로 해안 지역을 감시하라고 파견되곤 했지. 감시할 수 있는 건 모두 감시하라고. 때로는 도움이 될 만한 사전 정보가 주어졌지만 아무런 정보도 없이 파견되던 때도 있었어. 실제로는 매한가지였지만. 사전 정보라고 해 봤자, 여기저기에서 형태를 갖추지만 포착하기는 불가능한 유령, 즉 구름의 위치와 의미를 전달하려는 정보 정도의 쓸모밖에 없었으니까.

(6) "What is there that you can't imagine?" he pronounced, soberly. "You have the world in you. But let us go back to our commanding officer, who, of course, commanded a ship of a sort. My tales if often professional (as you remarked just now) have never been technical. So I'll just tell you that the ship was of a very ornamental sort once, with lots of grace and elegance and luxury about her. Yes, once! She was like a pretty woman who had suddenly put on a suit of sackcloth and stuck revolvers in her belt. But she floated lightly, she moved nimbly, she was quite good enough."

"That was the opinion of the commanding officer?" said the voice from the couch.

"It was. He used to be sent out with her along certain coasts to see—what he could see. Just that. And sometimes he had some preliminary information to help him, and sometimes he had not. And it was all one, really. It was about as useful as information trying to convey the locality and intentions of a cloud, of a phantom taking shape here and there and impossible to seize, would have been.

°**What is there that you can't imagine?**은 이른바 it is ... that ~ 강조용법으로 쓰인 문장이 의문문이 되었다는 걸 어렵지 않게 파악했겠지요? 제가 굳이 이렇게 말하는 이유는, 이런 사실을 고려해 번역하면 좋겠다는 뜻입니다. 다양한 방법이 있을 겁니다. 제안 번역은 그중 하나에 불과합니다. 각자 최적의 번역을 생각해 보도록 하십시오.

°**, who, of course, commanded a ship of a sort**는 계속적 용법으로 쓰인 관계절입니다. 관계절 안에 of course가 쓰인 것으로 보아, 계속적 용법을 충실히 반영해 번역하는 편이 좋습니다. 여기에서는 '결과'로 번역하는 게 최선이라는 건 굳이 설명할 필요도 없을 겁니다. 이 관계절에서 그나마 까다로운 부분은 of a sort입니다. 'a sort of + 명사'가 아니라 '명사 + of a sort'입니다. 케임브리지 사전에서는 of a sort = of sorts로 설명하고, 그 뜻을 'Not of good quality'(신통찮은, 그다지 좋지 않은)라고 풀이합니다. 따라서 a ship of a sort는 '그저 그런 배'라고 번역하면 될 겁니다. 그런데 재밌는 현상은 of a sort와 함께 쓰이는 명사는 거의 언제나 '부정관사(혹은 무관사) + 명사'와 함께 쓰인다는 것입니다. It is no longer credible to suggest that what is happening now is a natural variation of a sort recorded in the last

2,000 years. (18 Oct 2006) (현재 일어나는 현상은 지난 2,000년 동안 기록된 고만고만한 자연적 변화라는 의견은 더 이상 신뢰하기 어렵다)

° **if often professional**처럼 문중에 들어가는 조건절은 거의 언제나 '양보절'로 번역됩니다. 이 조건절은 if my tales was professional이 생략된 형태로 보면 충분할 겁니다. technical과 대립적으로 쓰였기 때문에 professional을 '전문적'이라 번역하기는 불가능합니다. 우리는 흔히 technical을 '기술적'이라 번역하지만, 엄격히 말하면 '전문적'이란 뜻이 더 정확합니다. 케임브리지 사전에서도 technical은 'relating to the knowledge, machines, or methods used in science and industry'라 설명됩니다. 반면에 professional은 'relating to work that needs special training or education'이라고 설명됩니다. 따라서 work를 제외하면 '전문적'에 가깝지만, work를 강조하면 '직업과 관련된' 것이 됩니다. 이런 차이를 고려해서 번역할 수 있어야 합니다.

° **of a very ornamental sort**는 앞에서 언급한 of a sort와 전혀 다르게 사용된 경우입니다. 앞에 명사가 사용되지 않고, be of a sort로 쓰인 예입니다. 그런데 의문이 생길 겁니다. 'be – of + 추상명사'로 배웠고, 'of + 추상명사'를 관련된 형용사로 변형하면 된다고도 배웠을 겁니다. 하지만 본문은 the ship was of a very ornamental sort로, 버젓이 부정관사가 쓰였습니다. 그래서 저는 학생들에게 'be – of + 명사'를 '(명사)에 속하다'라고 번역하라고 가르칩니다. What was of importance was the "future of the game of cricket". (13 May 2009) (중요한 것은 크리

(6) "What is there that you can't imagine?" he pronounced, soberly. "You have the world in you. But let us go back to our commanding officer, who, of course, commanded a ship of a sort. My tales if often professional (as you remarked just now) have never been technical. So I'll just tell you that the ship was of a very ornamental sort once, with lots of grace and elegance and luxury about her. Yes, once! She was like a pretty woman who had suddenly put on a suit of sackcloth and stuck revolvers in her belt. But she floated lightly, she moved nimbly, she was quite good enough."

"That was the opinion of the commanding officer?" said the voice from the couch.

"It was. He used to be sent out with her along certain coasts to see—what he could see. Just that. And sometimes he had some preliminary information to help him, and sometimes he had not. And it was all one, really. It was about as useful as information trying to convey the locality and intentions of a cloud, of a phantom taking shape here and there and impossible to seize, would have been.

켓 게임의 미래였다) 이 경우도 그 예에 해당하겠지요. 바꿔 말하면, '소속의 of'가 쓰인 예라고 설명합니다. 그럼 '그 배는 무척 장식된 종류에 속한다'가 됩니다. 물론 이렇게 번역해 두고 만족하는 번역가는 없을 겁니다. 손질이 들어가야지요. 앞에서 예로 든 문장도 '중요한 것에 속하는 것' → '중요한 것'이 됩니다. 쉽지요?

° **with lots of grace and elegance and luxury about her**는 문법적으로 어떻게 분석했습니까? 앞에 쓰인 the ship was of a very ornamental sort once,는 그 자체로 완벽한 문장입니다. 따라서 with lots of grace and elegance and luxury about her는 부사구가 되겠지요. 그런데 어떤 부사구일까요? 단순한 전치사구일까요, 아니면 [with 명사 (being) 전치사구]로 분석할까요? 단순한 전치사구로 보면 about her를 어떻게 번역해야 할지 난감해집니다. 반면에 후자로 보면 '명사가 배의 주변에 있다'라는 번역이 가능해집니다. 이때 her가 the ship을 대신하는 대명사라는 걸 모르는 독자는 없겠지요(뒤에 계속되는 she도 마찬가지입니다). 이렇게 분석할 때 with + 동명사절은 독립적으로 번역하거나, 앞에 쓰인 동사와 결합해 번역하는 게 좋습니다. 물론 적절히 버무리는 방법도 있지만, 그렇게 버무리기 위해서는 'with + 동명사(절)'이란 분석이 우선적으로 가능해야 합니다.

° **a suit of sackcloth**에서 suit는 그냥 '옷'으로 번역해도 충분합니다. 물론 여기에서 쓰인 of가 '재료의 of'라고 분석할 수 있다면 더욱 더 좋겠지요. 그럼 '삼베 옷' 혹은 '삼베로 지은 옷'이 될 테니까요. 이 표현은 요즘에도 여전히 자주 쓰입니다. Clothes are like a suit of armour when you're young. (6 Feb 2011) (어릴 때는 옷이 갑옷처럼 느껴진다) a suit of armour는 '갑옷'으로 번역되지만, 구체적으로 따지면 '철갑으로 지은 옷'입니다. armor가 '철갑'이란 뜻이니까요.

° **It was.** ← It was (the opinion of the commanding officer)로 봐야 할 겁니다.

° **He used to be sent out with her**에서 her는 당연히 ship을 대신하는 대명사이겠지요. used to는 과거의 습관을 뜻하는 조동사일 것이고요. '그는 때때로 해안 지역으로 파견되었다'(He used to be sent out along certain coasts)라고 써도 충분하겠지만, with her가 더해지면서 파견된 수단이 명확히 표현되었습니다. 따라서 with her의 번역을 섣불리 생략하는 실수를 범해서는 안 될 것입니다.

° **It was about as useful as information trying to convey the locality and intentions of a cloud, of a phantom taking shape here and there and impossible to seize, would have been.**의 번역도 처음에는 난감하게 보일 수 있습니다. 하지만 이런 경우에 유용한 비법이라고 제가 말했던 요령을 기억에 떠올려 보십시오. 예, 맞습니

(6) "What is there that you can't imagine?" he pronounced, soberly. "You have the world in you. But let us go back to our commanding officer, who, of course, commanded a ship of a sort. My tales if often professional (as you remarked just now) have never been technical. So I'll just tell you that the ship was of a very ornamental sort once, with lots of grace and elegance and luxury about her. Yes, once! She was like a pretty woman who had suddenly put on a suit of sackcloth and stuck revolvers in her belt. But she floated lightly, she moved nimbly, she was quite good enough."
"That was the opinion of the commanding officer?" said the voice from the couch.
"It was. He used to be sent out with her along certain coasts to see—what he could see. Just that. And sometimes he had some preliminary information to help him, and sometimes he had not. And it was all one, really. It was about as useful as information trying to convey the locality and intentions of a cloud, of a phantom taking shape here and there and impossible to seize, would have been.

다. 성급히 주어-동사부터 찾지 말고, 왼쪽부터 차근차근 정복해 가는 방법입니다. [그것 – about – 유용하다 – 만큼 – 정보 ... would have been]으로 요약할 수 있을 겁니다. 먼저 '그것'에 해당하는 it이 문법적으로 어떤 기능을 할까요? 비인칭 it으로 쓰였을 가능성은 전혀 없다는 걸 쉽게 파악할 수 있을 겁니다. 그렇다면 인칭 대명사 it으로 볼 수 있습니다. 무엇을 대신할까요? preliminary information(사전 정보) 이외에 다른 후보를 생각하기는 어렵습니다. 다음 단계는 about의 정체를 밝히는 겁니다. 어렵게 생각할 것이 없습니다. 사전을 보면, about은 두 종류의 품사, 즉 전치사와 부사로 쓰입니다. 먼저 전치사의 가능성을 볼까요? 전치사가 되려면, 뒤에 무조건 명사가 있어야 합니다. 이때의 명사는 이동만 허락될 뿐 생략조차 허용되지 않습니다. 그런데 명사가 없습니다. 비교의 대상으로 쓰인 useful이 전부이고, useful은 형용사입니다. 그렇다면 이때의 about은 전치사가 될 수 없습니다. 남은 가능성은 부사이고, 뒤에 useful이 있어 부사로 쓰인 게 분명합니다. 뜻은 '거의'(almost)가 될 겁니다. 이쯤에서 일차적으로 번역해 보면 "사전 정보는 ... 만큼 유용했다".

이번에는 as information trying to convey the locality and intentions of a cloud, of a phantom taking shape here and there and impossible to seize, would have been을 계속해서 번역해 봅시다. 역시 왼쪽부터 번역합니다. [정보 – 전달하려는 – 위치와 의미를 – 구름의 – 즉 여기저기에서 형태를 띠고 – 도착하기가 불가능한 유령 – would have been] 먼저 앞부분을 적절히 조합해 보십시오. would have been은 가정법 동사이고, 뒤에 useful이 생략된 형태로 봐야 할 것입니다. 그 이유까지 시시콜콜 설명할 필요는 없겠지요. 조건절을 대신해 쓰인 게 무엇일지만 궁금할 뿐입니다. 주어로 쓰인 information ...이 가장 유력한 후보일 겁니다. 이때 비교의 대상이란 것도 드러내면서 가정법적 냄새를 풍기는 번역을 해 낼 수 있겠습니까? 번역은 이렇게 어렵습니다. 그래도 노력을 해 보아야겠지요.

(7) "It was in the early days of the war. What at first used to amaze the commanding officer was the unchanged face of the waters, with its familiar expression, neither more friendly nor more hostile. On fine days the sun strikes sparks upon the blue; here and there a peaceful smudge of smoke hangs in the distance, and it is impossible to believe that the familiar clear horizon traces the limit of one great circular ambush.

"Yes, it is impossible to believe, till some day you see a ship not your own ship (that isn't so impressive), but some ship in company, blow up all of a sudden and plop under almost before you know what has happened to her. Then you begin to believe. Henceforth you go out for the work to see—what you can see, and you keep on at it with the conviction that some day you will die from something you have not seen. One envies the soldiers at the end of the day, wiping the sweat and blood from their faces, counting the dead fallen to their hands, looking at the devastated fields, the torn earth that seems to suffer and bleed with them. One does, really. The final brutality of it—the taste of primitive passion—the ferocious frankness of the blow struck with one's hand—the direct call and the straight response. Well, the sea gave you nothing of that, and seemed to pretend that there was nothing the matter with the world."

"전쟁이 발발한 초기였지. 처음에 함장을 놀라게 했던 건 주로 바다의 변하지 않는 모습이었어. 평소보다 더 우호적이지도 않고, 그렇다고 더 악의적이지도 않은 눈에 익은 모습이었어. 화창한 날에는 태양이 푸른 수면에서 눈부시게 반짝거리고, 멀리에서는 연기가 여기저기에서 평화롭게 피어오르지. 그래서 그처럼 눈에 익은 맑은 수평선이 우리가 원형으로 커다랗게 두른 매복의 끝자락이라는 게 믿기지 않아.

"그래, 믿어지지 않을 거야. 당신이라도 어떤 함선, 당신이 탄 배가 아니라 옆에 있던 배가 갑자기 폭파되고는 어떤 일이 닥쳤는지 파악하기도 전에 바닷속으로 침몰하는 걸 볼 때까지는. 그때서야 믿기 시작할 거야. 그 후로는 어떤 일이 있었는지 살펴보겠지. 또 눈에 들어오는 것이면 놓치지 않으려고 애쓰겠지. 언젠가 제대로 보지 못한 것 때문에 죽을 수도 있다는 생각에. 종국에는 얼굴에서 땀과 피를 닦아내고 자기 손에 죽은 적군의 수를 헤아리며 황폐하게 변해 버린 벌판, 자신과 함께 고통받고 피를 흘리는 듯한 찢어진 땅을 바라보는 육군들이 부러울 거야. 정말 부러울 거야. 육군에게는 야만성의 끝, 원시적 격정, 손으로 내리치는 타격의 노골적인 흉포함, 직접적인 부름과 즉각적인 반응이 있지. 그래, 바다는 그런 낌새를 전혀 보여주지 않고, 세상과는 아무런 관계도 없는 척하는 것처럼 보이지."

(7) "It was in the early days of the war. What at first used to amaze the commanding officer was the unchanged face of the waters, with its familiar expression, neither more friendly nor more hostile. On fine days the sun strikes sparks upon the blue; here and there a peaceful smudge of smoke hangs in the distance, and it is impossible to believe that the familiar clear horizon traces the limit of one great circular ambush.

"Yes, it is impossible to believe, till some day you see a ship not your own ship (that isn't so impressive), but some ship in company, blow up all of a sudden and plop under almost before you know what has happened to her. Then you begin to believe. Henceforth you go out for the work to see—what you can see, and you keep on at it with the conviction that some day you will die from something you have not seen. One envies the soldiers at the end of the day, wiping the sweat and blood from their faces, counting the dead fallen to their hands, looking at the devastated fields, the torn earth that seems to suffer and bleed with them. One does, really. The final brutality of it—the taste of primitive passion—the ferocious frankness of the blow struck with one's hand—the direct call and the straight response. Well, the sea gave you nothing of that, and seemed to pretend that there was nothing the matter with the world."

° **with its familiar expression, neither more friendly nor more hostile**을 어떻게 번역하겠습니까? 아마 대부분이 간단히 전치사구로 번역했을 겁니다. 그럼 무엇을 수식하는 전치사구로 번역할 겁니까? 쓸데없는 걸 묻는다고 짜증을 낼 분도 있을지 모르겠습니다. 하지만 번역가는 문장 내 단어 하나하나가 어떤 기능을 하는지 정확히 파악한 상태에서 번역해야 한다는 게 제 지론입니다. 여하튼 그렇게 물으니까 대답하기가 난감하지요? 게다가 its familiar expression에서 its는 어떻게 분석할 겁니까? its가 the unchanged face of the waters라는 걸 알게 되고 with ...를 전치사구로 분석하게 되면 문장 전체를 수식해야 하는 걸 봐야 합니다. 점점 이상해지지요? 하지만 앞에서 보았듯이 'with + 동명사(절)'로 분석하면 모든 게 술술 풀립니다. with its familiar expression (being) neither more friendly nor more hostile로 보라고 했습니다. 이렇게 번역된 것을 앞에 위치한 동사를 수식하는 식으로 번역하거나, 독립적으로 번역하라고 했습니다. 여기에서는 독립적으로 번역하는 쪽을 선택하는 편이 나을 겁니다.

° **strikes sparks upon the blue.** the blue가 the face of waters, 즉 바다의 표면을 뜻한다는 것은 쉽게 파악됩니다. 이른바 '직역'을 하면 "태양이 푸른 수면 위에 불꽃을 때린다"가 됩니다. 제가 생각하는 직역, 즉 맥락에 맞는 번역어를 선택하면 "햇빛이 푸른 수면 위에서 반짝거리다"가 됩니다. 어떻게 이런 번역으로 바뀌었을까요? the sun과 spark를 연결해 보고, 그 결합이 strike upon the blue에 적용되는 결과를 상상해 보십시오. 그럼 답이 나올 겁니다.

° **the familiar clear horizon traces the limit of one great circular ambush**를 번역해 봅시다. 얼핏 보면, '단어 조합이 대체 뭐야?'라는 생각이 듭니다. 더는 직역이니 의역이니 이런 구분에 얽매이지 말고, 왼쪽부터 차근차근 번역을 해 봅시다. '친숙한 – 뚜렷한 – 수평선 – 긋다 – 한계(선) – 하나의 커다란 원형의 매복'이 됩니다. 다른 단어들은 맥락에 맞게 번역어를 조절할 수 있을 것 같은데 '매복'이 뜬금없어 보입니다. 게다가 '원형'(circular)은 대체 무엇일까요? 이 문장을 번역하는 데는 약간의 상식이 필요합니다. 일단 the familiar clear horizon은 '뚜렷한 수평선'이고 그런 수평선은 맑은 날이면 흔히 보이지 않습니까? 따라서 이런 느낌이 물씬 풍기도록 이 명사구를 번역하면 됩니다. 이번에는 one great circular ambush를 생각해 봅시다. 수평선이 great한 것은 이해가 됩니다. 그런데 수평선이 circular(원형)? 맞습니다. 끝없이 펼쳐진 수평선은 양끝이 약간 아래쪽으로 기울어져 보입니다. 동해안 바닷가에 가셔서 저 멀리 뻗은 수평선을 보십시오. 그럼 제 말이 맞다는 걸 확인할 수 있을 겁니다. 이제 수평선이 circular라는 것도 알게 되었습니다. ambush는 대체 무엇일까요? ambush는 '매복', 즉 '보이지 않게 숨은 상태'를 뜻합니다. 수평선 너머는 보이지 않

(7) "It was in the early days of the war. What at first used to amaze the commanding officer was the unchanged face of the waters, with its familiar expression, neither more friendly nor more hostile. On fine days the sun strikes sparks upon the blue; here and there a peaceful smudge of smoke hangs in the distance, and it is impossible to believe that the familiar clear horizon traces the limit of one great circular ambush.

"Yes, it is impossible to believe, till some day you see a ship not your own ship (that isn't so impressive), but some ship in company, blow up all of a sudden and plop under almost before you know what has happened to her. Then you begin to believe. Henceforth you go out for the work to see—what you can see, and you keep on at it with the conviction that some day you will die from something you have not seen. One envies the soldiers at the end of the day, wiping the sweat and blood from their faces, counting the dead fallen to their hands, looking at the devastated fields, the torn earth that seems to suffer and bleed with them. One does, really. The final brutality of it—the taste of primitive passion—the ferocious frankness of the blow struck with one's hand—the direct call and the straight response. Well, the sea gave you nothing of that, and seemed to pretend that there was nothing the matter with the world."

습니다. 따라서 수평선은 일종의 '매복선'이라 할 수 있지 않겠습니까? 그럼 수평선 → the limit of one ambush가 된다는 게 이해될 것이고, 적절한 단어의 조합만이 남게 됩니다. 그 조합은 여러분의 몫입니다.

° **blow up all of a sudden / plop under almost before you know what has happened to her**에서 blow와 plop은 지각동사 see가 쓰여, 각각 to가 없는 원형 동사로 쓰였습니다. 여기에서 핵심은 under가 부사로 쓰였다는 걸 파악하고, 그에 걸맞는 번역을 찾아내는 겁니다. 이렇게 품사를 먼저 파악하면, 번역어를 찾는 시간도 대폭 줄어들기 마련입니다.

° **go out for the work to see**는 go out for / the work to see로 번역하는 게 좋을 겁니다. go out for something이 something을 '구하려고 애쓰다'라는 뜻이면, the work to see는 something에 해당할 겁니다. '눈에 보이는 것을 찾으려고 애쓰다'라고 번역하면 최상일 겁니다. 재밌는 것은 뒤에 '대시'(—)가 쓰이며, 구체적인 설명이 덧붙여진다는 겁니다. what you can see, and you keep on at it에서 it은 당연히 what you can see일 겁니다. 그럼 and는 일종의 '조건'으로 번역하면 됩니다.

° **at the end of the day**는 사전에서 '결국은, 결론적으로'라고 풀이됩니다. 따라서 그렇게 번역하는 게 가장 무난합니다. 케임브리지 사전에서도 '숙어'라며 'something that you say before you give the most important fact of a situation'(어떤 상황에서 가장 중요한 것을 말하기 전에 내뱉는 표현)으로 설명되니까요. 그런데 숙어라는 게 어차피 자주 쓰인 결과로 그 표현과 의미가 굳어진 것이라 해도 원래의 의미가 완전히 사라진 것일까요? 저는 항상 이런 의문을 갖습니다. 가령 at the end of the day를 '하루가 끝날 즈음에'라고 번역하면 어떻게 될까요? 그날 하루도 무사히 넘긴 육군이라고 상상하면 지나친 비약일까요? 여하튼 이런 생각도 해 보았습니다.

° **the torn earth that seems to suffer and bleed with them**은 앞에 나온 the devastated fields와 동격으로 쓰이며 '황폐해진 땅'에 대해 덧붙인 구체적인 설명쯤으로 여기면 될 겁니다.

° **One does, really.**에서 does는 대동사로 보아야 마땅할 겁니다. One envies the soldiers ...에서 동사구(envies the soldiers ...) 전체가 대동사 does로 쓰였습니다. 대동사의 번역도 대명사의 번역과 크게 다르지 않습니다. 쉽게 '그렇다'라고만 번역하지 말고, 가능하면 원래의 동사구에 담긴 뜻을 함축적으로 번역해 주는 게 좋습니다.

° Well, the sea gave you nothing of that, and seemed to pretend that **there was nothing the matter with the world.**는 얼핏 보면 좀 당혹

(7) "It was in the early days of the war. What at first used to amaze the commanding officer was the unchanged face of the waters, with its familiar expression, neither more friendly nor more hostile. On fine days the sun strikes sparks upon the blue; here and there a peaceful smudge of smoke hangs in the distance, and it is impossible to believe that the familiar clear horizon traces the limit of one great circular ambush.

"Yes, it is impossible to believe, till some day you see a ship not your own ship (that isn't so impressive), but some ship in company, blow up all of a sudden and plop under almost before you know what has happened to her. Then you begin to believe. Henceforth you go out for the work to see—what you can see, and you keep on at it with the conviction that some day you will die from something you have not seen. One envies the soldiers at the end of the day, wiping the sweat and blood from their faces, counting the dead fallen to their hands, looking at the devastated fields, the torn earth that seems to suffer and bleed with them. One does, really. The final brutality of it—the taste of primitive passion—the ferocious frankness of the blow struck with one's hand—the direct call and the straight response. Well, the sea gave you nothing of that, and seemed to pretend that there was nothing the matter with the world."

스럽습니다. 영어에서는 명사를 연속해 쓰지 않는 게 원칙이지 않습니까? 그렇게 쓰인 경우에는 생략을 비롯해 여러 문법적 쓰임을 생각해 봐야 합니다. 여기에서도 nothing과 the matter라는 두 명사가 연속으로 나열되었습니다. 둘 사이에 어떤 문법적 관계가 있을지 머리를 짜내 봐도 도무지 풀리지 않습니다. 더구나 nothing the matter만 있는 것도 아닙니다. You look worried. Is there anything the matter?(걱정하는 표정인데, 무슨 문제가 있는 거야?) / She had something the matter with her back.(그녀의 등에는 약간의 문제가 있다) 이 세 경우의 공통점을 찾는다면 –thing the matter라는 겁니다. 케임브리지 사전에서도 there's something/nothing the matter를 일종의 숙어로 소개하며 '어떤 문제가 있다/없다고 말할 때 사용하는 표현'이라 설명할 뿐입니다. 이에 대한 문법적 분석이 전혀 없습니다. 따라서 그냥 외우는 수밖에 다른 도리가 없습니다. 그렇다고 요즘에 안 쓰이는 표현도 아닙니다. Nothing the matter with him except he's a bit cracked. (14 Mar 2014) (그가 약간 돌았다는 걸 제외하면 그에게는 아무런 문제가 없다)

(8) She interrupted, stirring a little.

"Oh, yes. Sincerity—frankness—passion—three words of your gospel. Don't I know them!"

"Think! Isn't it ours—believed in common?" he asked, anxiously, yet without expecting an answer, and went on at once: "Such were the feelings of the commanding officer. When the night came trailing over the sea, hiding what looked like the hypocrisy of an old friend, it was a relief. The night blinds you frankly—and there are circumstances when the sunlight may grow as odious to one as falsehood itself. Night is all right.

"At night the commanding officer could let his thoughts get away—I won't tell you where. Somewhere where there was no choice but between truth and death. But thick weather, though it blinded one, brought no such relief. Mist is deceitful, the dead luminosity of the fog is irritating. It seems that you *ought* to see.

"One gloomy, nasty day the ship was steaming along her beat in sight of a rocky, dangerous coast that stood out intensely black like an India-ink drawing on gray paper. Presently the second in command spoke to his chief. He thought he saw something on the water, to seaward. Small wreckage, perhaps.

"'But there shouldn't be any wreckage here, sir,' he remarked.

"'No,' said the commanding officer. 'The last reported submarined ships were sunk a long way to the westward. But one never knows. There may have been others since then not reported nor seen. Gone with all hands.'

그녀가 몸을 약간 뒤척이며 그의 말을 가로막고 나섰다.

"어련히 그렇겠어요. 신실함, 솔직함, 격정, 이처럼 겉과 속이 다르지 않음을 뜻하는 단어들이 당신에게는 복음과도 같겠죠. 하기야 잘못된 생각은 아니죠!"

"생각 좀 해 봐! 그런 게 우리가 공통적으로 믿는 게 아닌가?" 그는 초조하게 물었지만 긍정의 대답까지는 기대하지 않았던지 곧 이어 덧붙였다. "함장의 느낌이 그랬어. 밤이 바다에 내리며 오래된 친구의 위선처럼 보이는 것까지 감춰버리자 안도할 수 있었지. 밤은 우리를 완전히 맹인으로 만들어 버리지만, 낮에는 햇살이 거짓만큼이나 혐오스럽게 느껴지는 경우가 있잖아. 밤에는 그런 게 없어.

"밤이 되면 함장은 잠시라도 생각의 나래를 마음껏 펼 수 있었지. 어디라고 당신에게 말할 수는 없지만, 진실과 죽음, 둘 중 하나를 선택할 수밖에 없는 곳이었어. 하지만 안개가 자욱하게 낀 날에는 똑같이 우리를 맹인으로 만들었지만 밤과 같은 안도감은 허락되지 않았어. 옅은 안개는 기만적이어서, 짙은 안개 속에 감추어진 흐릿한 빛은 우리를 짜증나게 하지. 안개를 뚫고 뭔가를 봐야만 한다는 압박감이 있으니까.

"날씨가 험악한 날, 우리 함선은 바위투성이인 위험한 해안이 보이는 곳에서 순찰 구역을 따라 항해하고 있었어. 해안이 잿빛 종이에 먹물을 뿌린 것처럼 무척 검게 보이더군. 그때 부함장이 함장에게, 바다쪽의 수면에서 뭔가를 본 것 같다고 말했어. 표류물인 것 같다고,

"그런데 부함장이 말하더군. '하지만 이 부근에는 표류물이 있을 리가 없습니다, 함장님.'

"함장이 말했어. '그렇지. 최근에 받은 보고서에서도 잠수함의

공격을 받은 군함이 서쪽으로 한참 떨어진 곳에서 좌초됐다고 했었지. 하지만 알 수 없잖아. 그 이후로 보고되지 않거나 눈에 띄지 않았지만 잠수함의 공격을 받은 군함들이 있었을지도 모르잖나. 선원들까지 모두 죽어서.'

(8) She interrupted, stirring a little.
"Oh, yes. Sincerity—frankness—passion—three words of your gospel. Don't I know them!"
"Think! Isn't it ours—believed in common?" he asked, anxiously, yet without expecting an answer, and went on at once: "Such were the feelings of the commanding officer. When the night came trailing over the sea, hiding what looked like the hypocrisy of an old friend, it was a relief. The night blinds you frankly—and there are circumstances when the sunlight may grow as odious to one as falsehood itself. Night is all right.
"At night the commanding officer could let his thoughts get away—I won't tell you where. Somewhere where there was no choice but between truth and death. But thick weather, though it blinded one, brought no such relief. Mist is deceitful, the dead luminosity of the fog is irritating. It seems that you *ought* to see.
"One gloomy, nasty day the ship was steaming along her beat in sight of a rocky, dangerous coast that stood out intensely black like an India-ink drawing on gray paper. Presently the second in command spoke to his chief. He thought he saw something on the water, to seaward. Small wreckage, perhaps.
"'But there shouldn't be any wreckage here, sir,' he remarked.
"'No,' said the commanding officer. 'The last reported submarined ships were sunk a long way to the westward. But one never knows. There may have been others since then not reported nor seen. Gone with all hands.'

° **Don't I know them!**은 대체 문법적 구조가 어떻게 된 것이고, 그 뜻은 무엇일까요? 물론 사전을 뒤적이면, 똑같은 표현은 아니지만 Don't I know it!이란 숙어가 보입니다. 이때 it은 앞 문장을 가리키는 경우가 많고, 그 뜻은 '방금 말한 것에 동의한다고 말할 때 사용되는 표현'이라 설명됩니다. 이렇게 뜻을 알고 나면, Don't I know them!의 구조가 더 쉽게 분석됩니다. 일단 them은 앞의 세 단어가 될 것이고, Don't I know them!(감탄문)을 Don't I know them?(의문문)으로 바꿔 쓰면, 이 문장의 구조가 머릿속에 그려질 것입니다. 이런 분석을 기초로 Don't I know them!을 다시 번역하면, "내가 그걸 모를 것 같아!"가 되지 않을까요? 그럼 '앞에서 말한 것에 동의하는 표현'이란 뜻풀이가 이해될 겁니다.

° **Isn't it ours?**에서 ours는 무엇을 대신하는 대명사일까요? 쉽게 짐작되지만, 뒤에 나오는 believed도 확신을 더해 줍니다. our gospel → ours인 게 분명합니다. '우리가 함께 믿는 복음이 아닌가?'라는 번역이

(8) She interrupted, stirring a little.
"Oh, yes. Sincerity—frankness—passion—three words of your gospel. Don't I know them!"
"Think! Isn't it ours—believed in common?" he asked, anxiously, yet without expecting an answer, and went on at once: "Such were the feelings of the commanding officer. When the night came trailing over the sea, hiding what looked like the hypocrisy of an old friend, it was a relief. The night blinds you frankly—and there are circumstances when the sunlight may grow as odious to one as falsehood itself. Night is all right.
"At night the commanding officer could let his thoughts get away—I won't tell you where. Somewhere where there was no choice but between truth and death. But thick weather, though it blinded one, brought no such relief. Mist is deceitful, the dead luminosity of the fog is irritating. It seems that you *ought* to see.
"One gloomy, nasty day the ship was steaming along her beat in sight of a rocky, dangerous coast that stood out intensely black like an India-ink drawing on gray paper. Presently the second in command spoke to his chief. He thought he saw something on the water, to seaward. Small wreckage, perhaps.
"'But there shouldn't be any wreckage here, sir,' he remarked.
"'No,' said the commanding officer. 'The last reported submarined ships were sunk a long way to the westward. But one never knows. There may have been others since then not reported nor seen. Gone with all hands.'

제 생각에는 가장 적합하지만, in common에는 '함께'라는 뜻이 없다고 항의할 독자가 있을지 몰라 '공동으로, 공통적으로'도 쓰일 수 있다고 해 둡시다. 또 하나. 본문에서 (소유)대명사로 쓰인 것을, 관련된 명사를 굳이 찾아서 명사로 번역할 필요가 있느냐고 의문을 품는 분도 있을 겁니다. 적어도 이 문장에서는 대명사를 명사로 풀어내지 않아도 크게 문제될 것이 없지만, 우리말에서 대명사가 영어만큼 자주 쓰이나요? 또 번역이 무엇입니까? 영어 단어를 한국어 단어로 옮기는 작업이 아닙니다. 영어 어법으로 쓰인 문장을 한국어 어법에 충실한 문장으로 바꾸는 작업이라는 걸 서문(1장)에서 말했습니다. 이때 '어법'이란 게 무엇입니까? 그 답이 기억나지 않으면 다시 1장으로 돌아가 찬찬히 읽어 보십시오.

°**When the night came trailing over the sea, hiding what looked like the hypocrisy of an old friend**에서는 V-ing가 뒤에 쓰였습니다. 이른바 '분사구문'으로 쓰인 V-ing입니다. 그럼 이 V-ing를 먼저

번역하는 게 좋을까요, 아니면 원문에 쓰인 순서대로 번역하는 게 나을까요? when-절 내에서도 상위절과 하위절이 구분됩니다. hiding what looked ...를 먼저 번역하고 the night came trailing ...을 나중에 번역하려고 하면 번역 자체가 꼬입니다. 그래서 저는 경험에 근거해서, V-ing를 원문에 쓰인 순서대로 번역하라고 권하는 편이고, 이런 번역이 경험적으로도 훨씬 낫습니다.
관찰력이 좋은 독자는 첫 번째 문장을 제시하며 대뜸 의문을 제기할 겁니다. 맞습니다. She interrupted, stirring a little.을 "그녀가 몸을 약간 뒤척이며 그의 말을 가로막고 나섰다."라고 번역했습니다. 역시 분사구문으로 쓰인 V-ing를 먼저 번역했습니다. 하지만 제가 말한 원칙에 따라 "그녀는 그의 말을 가로막으며 몸을 약간 뒤척였다."라고 번역하더라도 별다른 차이가 없습니다. 그런데 왜 순서를 바꿔 번역했느냐고요? 전체적으로 짧은 문장이어서 감각적으로 순서를 바꾸었다고 말하는 게 솔직한 대답일 겁니다.

° **it was a relief**에서 it은 무엇일까요? 문법책에서는 it이 앞에 쓰인 when-절의 내용을 대신하는 대명사로 설명합니다. 적어도 여기에서는 it이 대신하는 명사가 종속절, 즉 when-절에 위치하더라도 앞에 있기 때문에 타당한 설명으로 받아들여집니다. 그런데 다음 문장을 보십시오. It is a relief when Stoker at last begins to write. (15 Jun 2019)에서는 when-절이 뒤에 위치하고, 주절에 쓰인 it이 앞에 놓였습니다. 이런 구조에서 대명사 it은 종속절에 놓은 명사(구)를 결코 대신할 수 없습니다. 그럼 이때의 it은 무엇일까요? 무척 조심스럽지만, 비인칭 주어 it이라고 하면 어떨까요? 비인칭 주어가 아닌 다른 기능의 it을 제 머리로는 도무지 생각해 낼 수 없습니다.

(8) She interrupted, stirring a little.
"Oh, yes. Sincerity—frankness—passion—three words of your gospel. Don't I know them!"
"Think! Isn't it ours—believed in common?" he asked, anxiously, yet without expecting an answer, and went on at once: "Such were the feelings of the commanding officer. When the night came trailing over the sea, hiding what looked like the hypocrisy of an old friend, it was a relief. The night blinds you frankly—and there are circumstances when the sunlight may grow as odious to one as falsehood itself. Night is all right.
"At night the commanding officer could let his thoughts get away—I won't tell you where. Somewhere where there was no choice but between truth and death. But thick weather, though it blinded one, brought no such relief. Mist is deceitful, the dead luminosity of the fog is irritating. It seems that you *ought* to see.
"One gloomy, nasty day the ship was steaming along her beat in sight of a rocky, dangerous coast that stood out intensely black like an India-ink drawing on gray paper. Presently the second in command spoke to his chief. He thought he saw something on the water, to seaward. Small wreckage, perhaps.
"'But there shouldn't be any wreckage here, sir,' he remarked.
"'No,' said the commanding officer. 'The last reported submarined ships were sunk a long way to the westward. But one never knows. There may have been others since then not reported nor seen. Gone with all hands.'

°**The night blinds you frankly**에서 frankly를 어떻게 번역해야 잘했다는 말을 들을까요? 물론 기본적인 뜻은 '솔직히'입니다. 이 문장에서 frankly의 쓰임새는 그 앞에 쉼표가 없어, 문장 전체를 수식한다고 말하기는 어렵습니다. 그렇게 쓰였다면 '솔직히 말하면'이라 번역해도 되겠지요? '밤은 솔직히 우리 눈을 멀게 한다'라고 번역해도 괜찮게 들립니다. '솔직히' 때문에 시적으로도 들립니다. 그런데 frankly가 unreservedly, forthrightly 등으로 풀이되는 걸 보면 '조금도 남겨두지 않은 상태'를 뜻하는 반면, 우리말에서 '솔직히'는 말이나 느낌과 관련해 쓰입니다. 본문의 blind는 시각과 관련된 동사입니다. 그래서 저는 frankly를 '완전히'라고 번역하고 싶은데 너무 나간 것일까요?

°**At night the commanding officer could let his thoughts get away**에서 사역동사 let이 쓰인 건 금방 눈에 들어옵니다. 따라서 let + [his thoughts get away]라고 번역하면 됩니다. 이때 away는 부사로, get은 완전 자동사로 분석해야 마땅할 겁니다. 그럼 '생각이 멀리 가

다'가 기본적인 번역이 되겠지요. 이 표현을 어떻게 세련되게 다듬느냐는 번역가 개개인의 능력에 속하므로, 이에 대해서는 더 언급하지 않겠습니다. 제가 여기에서 덧붙이고 싶은 요령은 could와 관계가 있습니다. 물론 주인공 남자가 과거 이야기를 하고 있어 could가 쓰인 건 당연하게 여겨집니다. 따라서 (순진하게) 번역하면, '밤에 함장은 생각이 제멋대로 멀리 가는 걸 허락할 수 있었다'가 될 겁니다. 이때 could를 근거로, 가정법까지는 아니지만 at night를 단순한 부사가 아니라 조건문으로 번역하면 어떨까요? 이 정도는 충분히 규칙화해서 적용하면 재밌는 번역이 될 겁니다.

° **thick weather**는 날씨가 어떤 경우일까요? 케임브리지 사전에서는 thick를 'difficult to see through'라고 풀이합니다. 즉 '뚫고 보기 어려운' 날씨가 됩니다. thick smoke는 '짙은 연기'라고 쉽게 번역할 수 있겠지만 중립적인 뜻을 지닌 weather를 수식하고 있어 번역하기가 쉽지 않습니다. 그런데 뒤에서 mist와 fog가 비교됩니다. mist는 '옅은 안개'로 번역하면 될 것이고, fog는 dense나 heavy/thick과 같은 형용사와 함께 쓰이므로 '짙은 안개'라고 대조적으로 번역하면 될 겁니다. 그렇다면 thick weather는 '안개가 자욱하게 낀 날씨'가 되지 않을까요?

° **the dead luminosity of the fog**를 '짙은 안개 속의 죽은 발광체'라고 번역하면, 틀렸다고 말하기도 어렵습니다. 앞에서 blind you frankly를 '솔직히 눈을 멀게 하다'처럼 시적으로 번역했다고 우기면 어찌할 도리가 없습니다. 더구나 이 텍스트는 순문학적 소설이 아닙니까. 결국 선택의 문제이고, 번역에 대한 관점의 문제이겠지만, 저는 개인적으로

(8) She interrupted, stirring a little.
"Oh, yes. Sincerity—frankness—passion—three words of your gospel. Don't I know them!"
"Think! Isn't it ours—believed in common?" he asked, anxiously, yet without expecting an answer, and went on at once: "Such were the feelings of the commanding officer. When the night came trailing over the sea, hiding what looked like the hypocrisy of an old friend, it was a relief. The night blinds you frankly—and there are circumstances when the sunlight may grow as odious to one as falsehood itself. Night is all right.
"At night the commanding officer could let his thoughts get away—I won't tell you where. Somewhere where there was no choice but between truth and death. But thick weather, though it blinded one, brought no such relief. Mist is deceitful, the dead luminosity of the fog is irritating. It seems that you *ought* to see.
"One gloomy, nasty day the ship was steaming along her beat in sight of a rocky, dangerous coast that stood out intensely black like an India-ink drawing on gray paper. Presently the second in command spoke to his chief. He thought he saw something on the water, to seaward. Small wreckage, perhaps.
"'But there shouldn't be any wreckage here, sir,' he remarked.
"'No,' said the commanding officer. 'The last reported submarined ships were sunk a long way to the westward. But one never knows. There may have been others since then not reported nor seen. Gone with all hands.'

이런 번역을 별로 좋아하지 않습니다. 따라서 저라면 빛과 관련해서 dead의 뜻을 찾을 것이고, luminosity를 '발광체'라 번역하지 않고 더 보편적인 번역어를 찾을 겁니다. 그 결과는 제안 번역을 참조하도록 하십시오.

°**It seems that you *ought* to see**에서 갑자기 시제가 변했습니다. 이때 you가 앞에서 언급된 you일까요? '이 경우엔 '일반적인 사람'을 가리키는 you라고 보는 게 훨씬 나을 겁니다. 다시 말하면, you를 명시적으로 번역할 필요가 없다는 뜻이 됩니다. 또 뜬금없이 you *ought* to see와 같이 철자에 약간의 변화를 주었습니다. 마치 주인공이 이 문장을 또박또박 말한 듯한 기분입니다. 이것까지 신경써서 번역해야 한다면, *ought* to do를 단순히 '...해야만 한다'가 아니라, 이 조동사에 감추어진 뜻을 드러내는 게 좋지 않을까 싶습니다. *ought* to에는 duty나 obligation 혹은 prudence의 의미가 숨어 있습니다. 제안 번역은 한 예에 불과합니다. 여러분이 더 멋지게 번역할 수 있습니다.

° **along her beat in sight of a rocky, dangerous coast**는 사전을 열심히 검색하면 정확히 번역할 수 있는 구절입니다. 우리가 흔히 알기에 beat는 '박자'라는 뜻입니다. 그런데 along은 전치사로서 장소를 뜻하는 명사와 함께 쓰입니다. 그런데 '박자'는 결코 장소가 될 수 없겠지요. 섣불리 '문학적 표현'이라 짐작하지 말하고, 이처럼 원만한 쓰임새와 충돌이 생기면, beat에 다른 뜻이 있는지 사전을 반드시 검색해야 합니다. 그럼 '순찰 구역'이란 뜻을 찾게 되고, 자연스레 '순찰 구역을 따라서'라는 번역이 완성됩니다. in sight of something도 마찬가지입니다.

° **Gone with all hands.** 선박과 관련된 표현으로 lost with all hands가 있습니다. "destroyed or sunk, while all passengers and crew died"라고 풀이됩니다. '침몰하면서 승객과 승무원이 모두 죽었다'라는 뜻입니다. hands가 제유법(부분으로 전체를 나타내는 수사법)으로 쓰인 예라고 할 수 있습니다.

(9) "That was how it began. The ship's course was altered to pass the object close; for it was necessary to have a good look at what one could see. Close, but without touching; for it was not advisable to come in contact with objects of any form whatever floating casually about. Close, but without stopping or even diminishing speed; for in those times it was not prudent to linger on any particular spot, even for a moment. I may tell you at once that the object was not dangerous in itself. No use in describing it. It may have been nothing more remarkable than, say, a barrel of a certain shape and colour. But it was significant.

"The smooth bow-wave hove it up as if for a closer inspection, and then the ship, brought again to her course, turned her back on it with indifference, while twenty pairs of eyes on her deck stared in all directions trying to see—what they could see.

"The commanding officer and his second in command discussed the object with understanding. It appeared to them to be not so much a proof of the sagacity as of the activity of certain neutrals. This activity had in many cases taken the form of replenishing the stores of certain submarines at sea. This was generally believed, if not absolutely known.

But the very nature of things in those early days pointed that way. The object, looked at closely and turned away from with apparent indifference, put it beyond doubt that something of the sort had been done somewhere in the neighbourhood.

"그 사건은 그렇게 시작됐어. 그 함선은 그 잔해 쪽으로 항로를 바꾸었어. 눈에 띄는 게 있으면 자세히 살펴볼 필요가 있었으니까. 가까이 접근해도 만져볼 수는 없었어. 우연히 떠오른 것이라도 무작정 접촉하는 건 바람직하지 않았으니까. 또 가까이 접근하더라도 함선을 멈추거나 속도를 늦출 수는 없었어. 당시에는 한순간이라도 한 지점에서 지체하는 건 신중하지 못한 짓이었으니까. 그 물체 자체는 위험하지 않았다고 말할 수 있겠지. 그 물체가 어떻게 생겼는지는 말해도 소용이 없을 거고. 굳이 말하자면, 어떤 형태와 색을 지닌 통에 불과한 것처럼 보였어. 하지만 무시하고 넘어갈 수는 없었지.

"뱃머리의 파도에 그 물체가 수면 위로 올라와 좀 더 자세히 살펴볼 수 있었어. 그 후에 우리는 무심하게 뱃머리를 돌려 원래의 항로로 되돌아왔어. 하지만 갑판에서는 스무 쌍의 눈이 의심스런 게 눈에 띄는지 사방을 감시했지.

"함장과 부함장은 그 물체가 무엇일지에 대해 논의했지. 그들의 판단에는 그 물체가 치밀하고 조심스런 행동이 있었다는 증거가 아니라 중립적인 사람들이 아무런 생각도 없이 행한 행위의 결과물인 것 같았어. 바다에서 작전하는 잠수함의 창고를 다시 채울 때 주로 일어나는 현상이었어. 절대적인 것은 아니었지만 일반적으로는 그렇게 생각됐어. 적어도 초기에 그런 현상은 그렇게 해석됐어. 따라서 자세히 살펴보고 무심하게 돌아섰지만, 그 물체는 부근 어딘가에서 잠수함이 보급품을 전달받았다는 분명한 증거였지.

(9) "That was how it began. The ship's course was altered to pass the object close; for it was necessary to have a good look at what one could see. Close, but without touching; for it was not advisable to come in contact with objects of any form whatever floating casually about. Close, but without stopping or even diminishing speed; for in those times it was not prudent to linger on any particular spot, even for a moment. I may tell you at once that the object was not dangerous in itself. No use in describing it. It may have been nothing more remarkable than, say, a barrel of a certain shape and colour. But it was significant.

"The smooth bow-wave hove it up as if for a closer inspection, and then the ship, brought again to her course, turned her back on it with indifference, while twenty pairs of eyes on her deck stared in all directions trying to see—what they could see.

"The commanding officer and his second in command discussed the object with understanding. It appeared to them to be not so much a proof of the sagacity as of the activity of certain neutrals. This activity had in many cases taken the form of replenishing the stores of certain submarines at sea. This was generally believed, if not absolutely known.

But the very nature of things in those early days pointed that way. The object, looked at closely and turned away from with apparent indifference, put it beyond doubt that something of the sort had been done somewhere in the neighbourhood.

° **That was how** ...는 '그렇게, 그런 방식으로'라고 번역하면 됩니다. 영어에서 흔히 사용되는 that is why ...가 '그래서, 그런 이유에서'라고 번역되는 것과 다르지 않습니다. I was able to help a dying patient and her relatives, and that is why I nurse. (26 Apr 2017) (나는 죽어가는 환자와 그의 친척들에게 도움을 줄 수 있었다. 그래서 간호사가 되었다) To see friends and family taken away and never daring to complain. That is how the Iraqi people live. Leave Saddam in place and that is how they will continue to live. (18 Mar 2003) (가족과 친구들이 죽임을 당하는 걸 보고도 감히 불평하지 못한다. 그런 식으로 이라크 국민은 살아간다. 사담을 그대로 내버려두면 그런 식으로 이라크 국민은 계속 살아가야 할 것이다)

° **close**는 부사로 쓰였습니다. 우리가 흔히 부사 어미로 알고 있는 -ly가 여기에 더해지면 '자세히'라는 뜻이 됩니다. 하기야 말그대로 가까이에서 보는 게 자세히 보는 게 되겠지요. 하지만 부사로 쓰인 close는

'가까이'이고, closely는 '자세히'로 번역해야 한다는 건 학창 시절에 귀에 딱지가 앉도록 들었을 겁니다. While most of us who oppose his political project choose not to see him, he is watching us closely. (18 Oct 2023) (그의 정치 프로젝트에 반대하는 우리 대부분은 그를 보지 않는 쪽을 택하지만 그는 우리를 면밀히 감시한다)

° **whatever floating casually about**의 앞에 위치한 it was not advisable to come in contact with objects of any form은 그 자체로 완전한 문장입니다. 다시 말하면, whatever floating casually about은 부사 기능을 하는 구절이란 뜻입니다. whatever가 관계사로 쓰였다고 주장할 수도 없을 겁니다. 그 뒤로 동사처럼 보이는 게 존재하지 않으니까요. 결국 '양보'로 번역해야 한다는 결론에 이릅니다. about이 부사로 쓰였다는 건 상식이고, '주변에'라고 번역하면 충분할 겁니다.

° **for in those times it was not prudent to linger on any particular spot, even for a moment**의 쓰임새를 보면, 이 단락에서만 세 번째로 반복되는 종속절입니다. 앞의 두 경우와 어법이 똑같습니다. 명제를 던져놓고, 접속사 for를 이용해 그 이유를 설명하는 구조입니다. 이때 쓰인 for는 because와는 쓰임새가 다른 접속사입니다. Because와 달리, for ...가 쓰인 경우에는 " ... 때문에 ~이다"라고 번역하지 않도록 주의하는 게 좋습니다.

(9) "That was how it began. The ship's course was altered to pass the object close; for it was necessary to have a good look at what one could see. Close, but without touching; for it was not advisable to come in contact with objects of any form whatever floating casually about. Close, but without stopping or even diminishing speed; for in those times it was not prudent to linger on any particular spot, even for a moment. I may tell you at once that the object was not dangerous in itself. No use in describing it. It may have been nothing more remarkable than, say, a barrel of a certain shape and colour. But it was significant.

"The smooth bow-wave hove it up as if for a closer inspection, and then the ship, brought again to her course, turned her back on it with indifference, while twenty pairs of eyes on her deck stared in all directions trying to see—what they could see.

"The commanding officer and his second in command discussed the object with understanding. It appeared to them to be not so much a proof of the sagacity as of the activity of certain neutrals. This activity had in many cases taken the form of replenishing the stores of certain submarines at sea. This was generally believed, if not absolutely known.

But the very nature of things in those early days pointed that way. The object, looked at closely and turned away from with apparent indifference, put it beyond doubt that something of the sort had been done somewhere in the neighbourhood.

°**But it was significant.** it은 the object를 대신한 대명사일 겁니다. 앞에서 it이 별것이 아닌 것처럼 말했습니다. 하지만 곧바로 but이 쓰이며 significant로 바뀌었습니다. 이렇게 완전히 뒤바뀌는 판단을 어떻게 표현하는 게 좋겠습니까? 일단 주어(It)의 번역을 생략해 보십시오. 1장에서도 말했듯이, 우리말은 문장 중심이 아니라 단락 중심입니다. 다시 말하면, 같은 단락에 동일하게 쓰인 주어는 굳이 번역하지 않는 게 훨씬 우리말답게 들리는 경우가 많습니다. 이런 이유에서 제가 이른바 '한 줄 번역'은 번역을 연습하기에 좋은 방법이 아니라고 말한 겁니다. 기왕 번역을 연습할 바에는 단락 단위로 하는 게 더 좋습니다. 다음으로는 significant를 어떻게 번역하는 게 나을까요? '그래도 중요했어'라고 번역할까요? 물론 번역 자체가 잘못된 것은 아니지만 앞 문장의 번역과 자연스레 연결되는지 의문입니다. 제 생각에는 비유법이 쓰인 앞 문장에 비교하면 '그래도 중요했어'는 지나치게 직설적인 듯합니다. 하지만 본문에 쓰인 단어를 충실히 번역한 게 아니냐고 반문할 수도 있겠습니다. 그렇다면 왜 하필 저자는 significant를 썼을까요? '중요하다'로는 important도 있는데요. 영영사전이나 어원사전을 보면 significant는 'serving as a sign or indication'으로 설명됩니다. 어떤 징조를 띠는 것이란 뜻이 아닐까요? 이 뜻을 변형해서 번역어로 사용하면 어떨까요? 저는 가끔 이렇게도 번역을 합니다.

° **The smooth bow-wave hove it up as if for a closer inspection**에서 hove가 heave의 과거형이란 것을 잊은 사람이 적지 않을 겁니다. heave가 자주 쓰이는 동사는 아니니까요. 이때 up은 당연히 부사로 사용된 것입니다. The smooth bow-wave는 '부드러운 선수파'라고 번역할 건가요? 선수파(船首波)라는 단어의 뜻을 아는 독자가 얼마나 될까요? 원문에 그렇게 쓰였다고 핑계대면 안 됩니다. 원문의 bow-wave를 분해하면 bow + wave로 지극히 평범한 단어들이 결합된 복합어입니다. 따라서 '선수파'가 아니라 '뱃머리에 이는 파도'라고 쉽게 번역하는 게 훨씬 더 낫습니다. 내친김에 덧붙이면, '파도가 물체를 끌어올리다'보다 '파도에 물체가 올라가다'가 더 한국어답지 않습니까? 제가 자주 말했듯이, 무생물 주어가 부사로 번역된 경우입니다.

° **turned her back on it**에서 her는 ship을 뜻하는 대명사이고, it은 the object를 대신합니다. turn one's back on something은 '...에 등을 돌리다'이므로 '뱃머리를 돌리다'라고 번역하는 게 타당할 겁니다.

° **not so much a proof of the sagacity as of the activity of certain neutrals**를 여기에서 굳이 언급하는 이유는, 이 부분을 쓸 때 번역을 지망하는 학생(들)로부터 받은 질문 때문입니다. not so much A as

(9) "That was how it began. The ship's course was altered to pass the object close; for it was necessary to have a good look at what one could see. Close, but without touching; for it was not advisable to come in contact with objects of any form whatever floating casually about. Close, but without stopping or even diminishing speed; for in those times it was not prudent to linger on any particular spot, even for a moment. I may tell you at once that the object was not dangerous in itself. No use in describing it. It may have been nothing more remarkable than, say, a barrel of a certain shape and colour. But it was significant.

"The smooth bow-wave hove it up as if for a closer inspection, and then the ship, brought again to her course, turned her back on it with indifference, while twenty pairs of eyes on her deck stared in all directions trying to see—what they could see.

"The commanding officer and his second in command discussed the object with understanding. It appeared to them to be not so much a proof of the sagacity as of the activity of certain neutrals. This activity had in many cases taken the form of replenishing the stores of certain submarines at sea. This was generally believed, if not absolutely known.

But the very nature of things in those early days pointed that way. The object, looked at closely and turned away from with apparent indifference, put it beyond doubt that something of the sort had been done somewhere in the neighbourhood.

B라는 숙어를 모르는 학생이 의외로 많았습니다. 그래서 노파심에 여기에서도 언급해 두고 싶었습니다. 이 문장에서 번역하기에 가장 어려운 단어는 neutrals가 아닌가 싶습니다. 앞뒤 맥락을 보면 잠수함에 물품을 공급하는 사람들입니다. 그렇다면 '중립적인 사람들'이 가장 적합한 번역어일까요?

° **closely**는 '가까이'라는 부사가 아니라 '자세하게'라는 뜻의 부사로 쓰였습니다. 따라서 그 쓰임새가 look at이라는 동사와 맞아떨어집니다.

° The object ... **put it beyond doubt that something of the sort had been done somewhere in the neighbourhood**를 번역할 때 주목해서 볼 것은 that-절의 시제입니다. that-절 내의 행위가 주절의 행위(put)보다 먼저 행해졌다는 걸 명확히 드러내려는 시제의 사용입니다. 다음으로는 동사 put의 쓰임새입니다. it이 직접 목적어라면, that-절은 무엇일까요? that-절도 형태로는 직접 목적어입니다. 영어에서 이런 경우는 없습니다. 해법은 간단합니다. 이때의 it은 앞에 쓰인 it(=the object)과 달리, that-절을 대신해 목적어 자리를 채운 가목적어 it이 됩니다. 더구나 이 문장에서는 주어가 the object이니까요. 이제, 가목적어로 쓰인 it을 구분하고 찾아내는 법을 아시겠습니까?

(10) "The object in itself was more than suspect. But the fact of its being left in evidence roused other suspicions. Was it the result of some deep and devilish purpose? As to that all speculation soon appeared to be a vain thing. Finally the two officers came to the conclusion that it was left there most likely by accident, complicated possibly by some unforeseen necessity; such, perhaps, as the sudden need to get away quickly from the spot, or something of that kind.

"Their discussion had been carried on in curt, weighty phrases, separated by long, thoughtful silences. And all the time their eyes roamed about the horizon in an everlasting, almost mechanical effort of vigilance. The younger man summed up grimly:

"'Well, it's evidence. That's what this is. Evidence of what we were pretty certain of before. And plain, too.'

"'And much good it will do to us,' retorted the commanding officer. 'The parties are miles away; the submarine, devil only knows where, ready to kill; and the noble neutral slipping away to the eastward, ready to lie!'

"The second in command laughed a little at the tone. But he guessed that the neutral wouldn't even have to lie very much. Fellows like that, unless caught in the very act, felt themselves pretty safe. They could afford to chuckle. That fellow was probably chuckling to himself. It's very possible he had been before at the game and didn't care a rap for the bit of evidence left behind. It was a game in which practice made one bold and successful, too.

"And again he laughed faintly. But his commanding officer was in revolt against the murderous stealthiness of methods and the atrocious callousness of complicities that seemed to taint the very source of men's deep emotions and noblest activities; to corrupt their imagination which builds up the final conceptions of life and death. He suffered ..."

"따라서 그 물체 자체로도 의심스럽기 그지없었어. 하지만 그 물체가 증거로 남겨졌다는 사실 때문에 다른 의심들이 생겼지. 어떤 고약한 의도도 남겨놓은 게 아닐까? 그 물체에 관련해서는 곧 추측 자체가 쓸데없는 짓인 것 같더라고. 결국 함장과 부함장은 그 물체가 우연히 그곳에 남겨졌을 가능성이 크지만 어떤 뜻밖의 상황, 예컨대 황급히 현장에서 떠나야 할 돌연한 이유 등으로 괜스레 복잡하게 보였던 것이란 결론을 내렸어.

"그들은 논의하는 과정에서 간혹 간략하지만 설득력 있는 주장이 제기되면 말없이 오랫동안 머리를 감싸며 고민에 빠지기도 했지. 하지만 그들은 거의 기계적으로 경계심을 늦추지 못하고 수평선에서 눈을 떼지 않았어. 부함장이 진지한 목소리로 이렇게 말하더군. '그건 증겁니다. 바로 그겁니다. 우리가 예전부터 확신했던 것의 증거입니다. 분명합니다.'

"함장이 반박했지. '우리에게는 잘된 걸 거네. 그놈들은 이제 멀리 떨어졌을 거야. 잠수함은 악마만 어딨는지 아는 곳에 숨어 격침할 준비를 하고 있을 것이고, 중립적인 배는 동쪽으로 내빼면서 속여 넘기려고 하겠지!'

"부함장이 나지막이 숨죽여 웃었어. 중립적인 사람들이 그렇게까지 속임수를 쓸 필요는 없었을 거라고 생각했던 거지. 그런 놈들은 현장에서 붙잡히지 않으면 안전하다고 생각했거든. 그놈들은 낄낄거리기도 했을 거야. 이번 놈도 십중팔구 혼자 킥킥거렸을 거야. 그놈은 그런 일을 전에도 수없이 해서 증거가 조금 남는다 해도 전혀 신경 쓰지 않았을 거야. 한두 번 성공하면 대담해질 수밖에 없는 짓이거든.

"다시 부함장이 희미하게 웃었어. 하지만 함장은 남자의 마음에 존재하는 진한 감성과 고결한 행동의 근원을 더럽힌 듯한 잔혹하고 냉혹한 음모와 기만적인 살인 방법에 분노가 치밀었지. 게다가 그런 짓은 삶과 죽음이란 궁극적인 개념을 창조해 내는 남자의 상상력마저 타락의 나락으로 떨어뜨린다는 생각에 함장은 괴로웠어 ..."

(10) "The object in itself was more than suspect. But the fact of its being left in evidence roused other suspicions. Was it the result of some deep and devilish purpose? As to that all speculation soon appeared to be a vain thing. Finally the two officers came to the conclusion that it was left there most likely by accident, complicated possibly by some unforeseen necessity; such, perhaps, as the sudden need to get away quickly from the spot, or something of that kind.

"Their discussion had been carried on in curt, weighty phrases, separated by long, thoughtful silences. And all the time their eyes roamed about the horizon in an everlasting, almost mechanical effort of vigilance. The younger man summed up grimly:

"'Well, it's evidence. That's what this is. Evidence of what we were pretty certain of before. And plain, too.'

"'And much good it will do to us,' retorted the commanding officer. 'The parties are miles away; the submarine, devil only knows where, ready to kill; and the noble neutral slipping away to the eastward, ready to lie!'

"The second in command laughed a little at the tone. But he guessed that the neutral wouldn't even have to lie very much. Fellows like that, unless caught in the very act, felt themselves pretty safe. They could afford to chuckle. That fellow was probably chuckling to himself. It's very possible he had been before at the game and didn't care a rap for the bit of evidence left behind. It was a game in which practice made one bold and successful, too.

"And again he laughed faintly. But his commanding officer was in revolt against the murderous stealthiness of methods and the atrocious callousness of complicities that seemed to taint the very source of men's deep emotions and noblest activities; to corrupt their imagination which builds up the final conceptions of life and death. He suffered ..."

°The object in itself was **more than suspect.** 이 첫 문장에서 more than suspect처럼 more than ...이 be 동사의 보어처럼 쓰이고, more than 뒤에 쓰이는 단어가 suspect처럼 형용사이면 more than은 간단히 '무척, 매우' (extremely, to a great degree)로 번역하면 됩니다. 물론, 관련된 형용사를 최상급적 표현을 찾아 번역하는 방법도 있을 겁니다. Grosvenor believes their relationship was more than platonic. (16 Dec 2004) (그로브너는 그들의 우정이 지극히 정신적인 것이었다고 생각한다)

°**its being left in evidence**는 이른바 동명사절입니다. 소유격으로 쓰인 its가 당연히 주어로 쓰였고요. 이 동명사절은 the fact와 동격이고, 그 사이에 쓰인 of는 '동격의 of'가 됩니다. 번역에서 중요한 것은 동명사절도 '주어 – 술어'로 번역하면 된다는 겁니다. 따라서 its being left in evidence → it is left in evidence를 번역하면 될 겁니다.

(10) "The object in itself was more than suspect. But the fact of its being left in evidence roused other suspicions. Was it the result of some deep and devilish purpose? As to that all speculation soon appeared to be a vain thing. Finally the two officers came to the conclusion that it was left there most likely by accident, complicated possibly by some unforeseen necessity; such, perhaps, as the sudden need to get away quickly from the spot, or something of that kind.

"Their discussion had been carried on in curt, weighty phrases, separated by long, thoughtful silences. And all the time their eyes roamed about the horizon in an everlasting, almost mechanical effort of vigilance. The younger man summed up grimly:

"'Well, it's evidence. That's what this is. Evidence of what we were pretty certain of before. And plain, too.'

"'And much good it will do to us,' retorted the commanding officer. 'The parties are miles away; the submarine, devil only knows where, ready to kill; and the noble neutral slipping away to the eastward, ready to lie!'

"The second in command laughed a little at the tone. But he guessed that the neutral wouldn't even have to lie very much. Fellows like that, unless caught in the very act, felt themselves pretty safe. They could afford to chuckle. That fellow was probably chuckling to himself. It's very possible he had been before at the game and didn't care a rap for the bit of evidence left behind. It was a game in which practice made one bold and successful, too.

"And again he laughed faintly. But his commanding officer was in revolt against the murderous stealthiness of methods and the atrocious callousness of complicities that seemed to taint the very source of men's deep emotions and noblest activities; to corrupt their imagination which builds up the final conceptions of life and death. He suffered ..."

여기에서 또 하나 덧붙인다면 '... 라는 사실이 다른 의심들을 불러일으켰다'라고 번역하더라도 자연스럽게 들립니다. the fact가 무생물 주어라고 해서 억지로 부사적으로 번역할 필요가 없다는 뜻입니다. 거듭 말하지만, 무생물 주어를 부사적으로 번역하라는 것은 절대적인 원칙이 아닙니다. 맥락에 따라 선택하시고, 각자의 선호에 따라 적용 여부를 결정하면 됩니다.

°**As to that all speculation** ...은 어떻게 분석하셨습니까? 그렇습니다. 답이 보이면 단순하게 생각하는 게 좋습니다. as to something이란 어구가 있으므로 As to that, all speculation ...이라고 쓰였더라면 훨씬 좋았을 겁니다. 이때 that은 역시 the object를 대신하는 대명사, 더 구체적으로 말하면 'the object left in evidence'(증거로 남겨진 물체)를 대신하는 대명사가 될 겁니다. 다음에는 all speculation에 대한 번역입니다. speculation이 단수로 쓰인 것에 먼저 주목할 필요가 있습

니다. all speculation은 '모든 추측', '다수의 추측'이 됩니다. 그렇다면 저자가 all speculations라고 쓰지 않은 이유가 무엇일까요? 물론 '모든 추측, 온갖 추측'이라 번역해도 문장을 읽어가는 데 큰 문제가 없습니다. 하지만 저자가 단수를 사용한 의도를 반영하자면 '추측 자체'로 번역되어야 마땅합니다.

° **such, perhaps, as ...**에서 perhaps를 빼면 such as ...가 됩니다. 지금껏 말했듯이, 원문에 쓰인 어구의 순서를 번역에 반영한다면, '... 와 같은'이라 번역하는 것보다 앞부분을 먼저 번역하고 '예컨대 ...'라고 번역하는 게 훨씬 더 자연스러울 겁니다. 이 문장은 상대적으로 복잡한 경우에 속합니다. 제안 번역을 보고, 그렇게 번역된 이유를 곰곰이 생각해 보십시오.

° **Their discussion had been carried on // in curt, weighty phrases**로 구분해서 분석(번역)되어야 한다는 건 구태여 설명할 필요가 없을 겁니다. carry on은 'to continue to do what you have been doing, to continue despite problems'라는 뜻입니다. 쉽게 생각하면 '계속하다'로 번역하면 될 겁니다. 물론 여기에서 on은 부사로 '계속하여'라는 뜻이겠지요. 문제는 phrase와 함께 쓰인 형용사 curt와 weighty의 번역어를 선택하는 것입니다. phrase를 '구절'이라 번역해도 되겠지만 '어법'으로 번역하면 어떨까요? 이렇게 중심이 되는 명사의 번역어를 먼저 결정해 두면 앞에 쓰인 형용사의 번역어를 결정하기가 한결 쉬워질 겁니다.

(10) "The object in itself was more than suspect. But the fact of its being left in evidence roused other suspicions. Was it the result of some deep and devilish purpose? As to that all speculation soon appeared to be a vain thing. Finally the two officers came to the conclusion that it was left there most likely by accident, complicated possibly by some unforeseen necessity; such, perhaps, as the sudden need to get away quickly from the spot, or something of that kind.

"Their discussion had been carried on in curt, weighty phrases, separated by long, thoughtful silences. And all the time their eyes roamed about the horizon in an everlasting, almost mechanical effort of vigilance. The younger man summed up grimly:

"'Well, it's evidence. That's what this is. Evidence of what we were pretty certain of before. And plain, too.'

"'And much good it will do to us,' retorted the commanding officer. 'The parties are miles away; the submarine, devil only knows where, ready to kill; and the noble neutral slipping away to the eastward, ready to lie!'

"The second in command laughed a little at the tone. But he guessed that the neutral wouldn't even have to lie very much. Fellows like that, unless caught in the very act, felt themselves pretty safe. They could afford to chuckle. That fellow was probably chuckling to himself. It's very possible he had been before at the game and didn't care a rap for the bit of evidence left behind. It was a game in which practice made one bold and successful, too.

"And again he laughed faintly. But his commanding officer was in revolt against the murderous stealthiness of methods and the atrocious callousness of complicities that seemed to taint the very source of men's deep emotions and noblest activities; to corrupt their imagination which builds up the final conceptions of life and death. He suffered ..."

°**That's what this is**는 'someone is either confirming that something is what it should be'란 뜻으로 풀이됩니다. 따라서 '그것이 바로 그것이다'라고 번역됩니다. 심지어 이 문장을 That's that이라 설명하는 책도 있습니다.

°**much good it will do to us**는 it will do much good to us에서 much good이 강조되며 문두로 이동한 경우로 분석해야 마땅할 겁니다. 이런 이동이 있었는지를 어떻게 알 수 있을까요? 영어의 기본을 생각하면 됩니다. much good이 문두에 쓰인 이유가 주어이기 때문이라 생각하면, 주격 대명사인 it과 충돌합니다. 게다가 명사가 연속으로 나타날 수 없다는 영어의 원칙에도 어긋납니다. 따라서 much good의 정체를 의심하게 될 것이고, 동사 do와 연결할 수밖에 없을 겁니다. 그 결과로 do (much) good to someone이란 익숙한 패턴을 만나게 됩니다.

° **The parties are miles away.** miles의 정체에 대해서는 다른 곳에서 이미 설명한 바 있습니다. 다시 반복하겠습니다. The pond is 5 meters deep의 구조와 똑같다고 생각하면 됩니다. 따라서 '당사자들이 몇 킬로미터 떨어져 있다'가 될 겁니다. 결국 miles는 '양의 부사'라고 할까요? 여하튼 이때 the parties는 submarine + the neutral로 보는 게 타당할 겁니다. The parties are miles away (from us)라고 분석하면, 그 둘이 지금 우리에게서 멀리 떨어져 있는 게 됩니다. 이렇게 분석하는 게 타당한 이유는 세미콜론이 사용되면 submarine과 the neutral의 상황을 짐작하는 구절이 쓰이기 때문입니다. the submarine (which is), devil only knows where, ready to kill // the noble neutral (which is) slipping away to the eastward, ready to lie!가 생략된 형태로 보더라도, 번역은 동명사절처럼 번역하는 게 좋습니다. '잠수함 – 악마만 아는 곳에 있고 – 공격할 준비를 갖추고' + '중립적인 것 – 동쪽으로 내빼다 – 속임수를 쓰면서'로 풀어헤친 뒤 다시 짜맞추는 게 훨씬 쉬울 겁니다.

° **didn't care a rap for**에서 not care a rap for someone or something은 '...에 대해 전혀 신경쓰지 않다'(not care in the slightest about someone or something)란 뜻입니다. 요즘에는 정말 보기 힘든 표현입니다. 더구나 a rap이 부정문에 쓰이면 '조금도'라는 뜻을 갖는다는 어휘적 설명을 읽거나 들은 적도 없을 겁니다. 이 소설은 조지프 콘래드가 제1차 세계대전에 대해 쓴 유일한 단편으로 1917년에 쓰였다고 합니다. 거의 100년이 지났으니 오래전의 표현이기는 합니다.

(10) "The object in itself was more than suspect. But the fact of its being left in evidence roused other suspicions. Was it the result of some deep and devilish purpose? As to that all speculation soon appeared to be a vain thing. Finally the two officers came to the conclusion that it was left there most likely by accident, complicated possibly by some unforeseen necessity; such, perhaps, as the sudden need to get away quickly from the spot, or something of that kind.

"Their discussion had been carried on in curt, weighty phrases, separated by long, thoughtful silences. And all the time their eyes roamed about the horizon in an everlasting, almost mechanical effort of vigilance. The younger man summed up grimly:

"'Well, it's evidence. That's what this is. Evidence of what we were pretty certain of before. And plain, too.'

"'And much good it will do to us,' retorted the commanding officer. 'The parties are miles away; the submarine, devil only knows where, ready to kill; and the noble neutral slipping away to the eastward, ready to lie!'

"The second in command laughed a little at the tone. But he guessed that the neutral wouldn't even have to lie very much. Fellows like that, unless caught in the very act, felt themselves pretty safe. They could afford to chuckle. That fellow was probably chuckling to himself. It's very possible he had been before at the game and didn't care a rap for the bit of evidence left behind. It was a game in which practice made one bold and successful, too.

"And again he laughed faintly. But his commanding officer was in revolt against the murderous stealthiness of methods and the atrocious callousness of complicities that seemed to taint the very source of men's deep emotions and noblest activities; to corrupt their imagination which builds up the final conceptions of life and death. He suffered ..."

°**But his commanding officer was ...** 이 마지막 문장은 무지막지하게 장문입니다. 앞에서도 누차 말했듯이, 어떤 언어든 왼쪽부터 차근차근 의미가 더해지기 마련입니다. 그 언어(영어)를 우리말로 번역하는 방법도 똑같습니다. 왼쪽에 쓰인 단어 혹은 어구를 번역해 가며, 적절하게 결합하고, 적절한 순서로 배치하면 되는 겁니다. 일단 해 봅시다.

But his commanding officer(함장) – was in revolt against(...에 대해 분노했다/역겨움을 느꼈다) – the murderous stealthiness of methods(방법론의 살인적인 은밀함) – the atrocious callousness of complicities(공모의 잔혹한 냉담함) – that seemed to taint(더럽히는 듯했다) – the very source of men's deep emotions and noblest activities(남자의 깊은 감성과 고결한 행동의 근원) – to corrupt their imagination(남자의 상상력을 타락시키다) – which builds up the final conceptions of life and death(삶과 죽음이란 궁극적인 개념을 만들어내다).

이렇게 정리한 뒤에 번역어를 다듬는 과정에 들어갑니다. 방법론의 살인적인 은밀함 → 은밀하고 잔인한 방법론 / 공모의 잔혹한 냉담함 → 잔혹하고 냉혹한 공모(음모) / 남자의 깊은 감성과 가장 고결한 행동의 근원 →남자의 내면 깊은 곳에 존재하는 감성과 지극히 고결한 행동의 근원.
이처럼 차근차근 정리해 나가면 어떤 문장이라도 풀어낼 수 있을 것 같지 않습니까? 문학 작품이다 보니 단어의 쓰임새가 논픽션처럼 명쾌하지는 않지만, 집요하게 사전을 뒤적이는 끈기에 약간의 상상력만 보태면 못 해낼 번역이 없을 것이라 생각합니다.

° **to corrupt their imagination which builds up the final conceptions of life and death**는 쓰임새로 보아, seemed to taint ...와 연결된 것으로 볼 수 있습니다. 더구나 세미콜론이 앞에 쓰였습니다. 전체적인 맥락에서 이때의 세미콜론은 쉼표의 기능과 크게 다르지 않은 듯합니다.

이하에서는 이 작품의 나머지 원문과 제안 번역을 실었습니다. 지금까지 일러드린 번역의 방법과 요령을 참고해서 직접 번역해 보신 뒤 제가 옮긴 제안 번역과도 비교해 보십시오. 여러분의 번역 능력을 기르는 데 많은 도움이 되리라 생각합니다.

The voice from the sofa interrupted the narrator.

"How well I can understand that in him!"

He bent forward slightly.

"Yes. I, too. Everything should be open in love and war. Open as the day, since both are the call of an ideal which it is so easy, so terribly easy, to degrade in the name of Victory."

He paused; then went on: I don't know that the commanding officer delved so deep as that into his feelings. But he did suffer from them—a sort of disenchanted sadness. It is possible, even, that he suspected himself of folly. Man is various. But he had no time for much introspection, because from the southwest a wall of fog had advanced upon his ship. Great convolutions of vapours flew over, swirling about masts and funnel, which looked as if they were beginning to melt. Then they vanished.

"The ship was stopped, all sounds ceased, and the very fog became motionless, growing denser and as if solid in its amazing dumb immobility. The men at their stations lost sight of each other. Footsteps sounded stealthy; rare voices, impersonal and remote, died out without resonance. A blind white stillness took possession of the world.

소파에서 들려온 목소리가 그의 말을 끊었다.
"난 그의 마음을 이해할 수 있을 것 같아요!"
그는 허리를 약간 숙여 그녀를 바라보았다.
"그렇겠지. 나도 그랬으니까. 사랑과 전쟁에서는 모든 게 열려 있어야겠지. 대낮처럼 환하게. 사랑과 전쟁은 이상의 부름이지만, 승리라는 이름으로는 쉽게, 너무도 쉽게 타락하는 이상이니까."

그는 말을 잠시 멈추었지만 곧이어 계속했다. "함장이 자신의 감정에 그처럼 철저하게 몰입했는지는 모르겠어. 하지만 함장이 그런 감정에 시달렸던 건 분명해. 환멸에 빠진 서글픔이었다고나 할까. 함장이 자신을 어리석은 놈이라 생각했었을 수도 있지. 남자는 각양각색이니까. 하지만 함장은 자신을 깊이 성찰할 시간이 없었어. 남서쪽에서부터 어마어마한 안개가 그의 함정으로 밀려왔으니까. 구불구불한 거대한 증기가 함선에 밀려와서는 돛대와 굴뚝 주변에 맴돌며 금방이라도 모든 것을 녹여버리기 시작할 것 같았어. 그러고는 감쪽같이 사라졌어.

"함선이 멈추자 모든 소리가 끊어졌어. 안개는 꿈쩍하지 않았고 점점 짙어졌지. 아무런 소리도 없이 움직이지 않아야 단단해지는 것처럼. 각자의 위치에 있던 병사들도 서로 보이지 않을 정도였지. 발걸음 소리만 살며시 들렸어. 간혹 목소리가 들렸지만 인간의 목소리가 아닌 듯 멀리에서 들렸고 아무런 반향도 없이 곧 사그라졌어. 앞이 안 보이는 하얀 적막감이 온 세상을 집어삼켜 버렸어.

"It looked, too, as if it would last for days. I don't mean to say that the fog did not vary a little in its density. Now and then it would thin out mysteriously, revealing to the men a more or less ghostly presentment of their ship. Several times the shadow of the coast itself swam darkly before their eyes through the fluctuating opaque brightness of the great white cloud clinging to the water.

"Taking advantage of these moments, the ship had been moved cautiously nearer the shore. It was useless to remain out in such thick weather. Her officers knew every nook and cranny of the coast along their beat. They thought that she would be much better in a certain cove. It wasn't a large place, just ample room for a ship to swing at her anchor. She would have an easier time of it till the fog lifted up.

"Slowly, with infinite caution and patience, they crept closer and closer, seeing no more of the cliffs than an evanescent dark loom with a narrow border of angry foam at its foot. At the moment of anchoring the fog was so thick that for all they could see they might have been a thousand miles out in the open sea. Yet the shelter of the land could be felt. There was a peculiar quality in the stillness of the air. Very faint, very elusive, the wash of the ripple against the encircling land reached their ears, with mysterious sudden pauses.

"안개는 며칠 동안 계속될 것만 같았어. 그렇다고 안개의 밀도가 조금도 변하지 않았다는 뜻은 아니야. 때때로 안개가 신기하게도 옅어지면서, 병사들에게 함정의 모습이 유령처럼 드러나기도 했어. 바다 표면에 매달린 커다란 하얀 구름의 변화무쌍한 흐릿한 빛을 뚫고, 해안선의 그림자가 병사들의 눈앞에서 험악하게 밀려오는 때도 있었지.

"그런 순간을 이용해서 함선은 해안을 향해 조금씩 신중하게 이동했지. 그처럼 험악한 날씨에는 해안에서 멀리 있을 이유가 없었으니까. 함장과 부함장은 순찰 지역의 해안을 구석구석까지 알고 있었어. 그들은 함정이 안전한 만에 들어가 있는 게 낫다고 생각했어. 넓지는 않았지만 함정 하나가 닻을 내리고 있기에는 충분한 공간이 있었지. 안개가 걷힐 때까지 그곳에 있는 게 더 안전할 게 분명하기도 했고.

"천천히, 신중하고 또 신중하게, 또 끈기 있게 그들은 그 작은 만을 향해 조금씩 조금씩 향해 갔어. 함정의 앞머리에서 순식간에 나타났다가 사라지는 포말은 물론이고 저 앞의 절벽도 보이지 않았으니까. 닻을 내릴 때도 안개가 너무 짙어 그들의 눈에 보이는 모든 것이 수천 킬로미터나 떨어진 망망대해에 있는 것처럼 느껴졌어. 하지만 안전한 피신처라는 느낌이 있었고, 주변의 정적감에도 특별한 기운이 있었어. 반원형을 이룬 육지를 때리는 잔물결 소리가 희미하게 그들의 귀를 때렸다가도 이상하게 갑자기 멈추는 과정이 끝없이 반복됐고.

"The anchor dropped, the leads were laid in. The commanding officer went below into his cabin. But he had not been there very long when a voice outside his door requested his presence on deck. He thought to himself: 'What is it now?' He felt some impatience at being called out again to face the wearisome fog.

"He found that it had thinned again a little and had taken on a gloomy hue from the dark cliffs which had no form, no outline, but asserted themselves as a curtain of shadows all round the ship, except in one bright spot, which was the entrance from the open sea. Several officers were looking that way from the bridge. The second in command met him with the breathlessly whispered information that there was another ship in the cove.

"She had been made out by several pairs of eyes only a couple of minutes before. She was lying at anchor very near the entrance—a mere vague blot on the fog's brightness. And the commanding officer by staring in the direction pointed out to him by eager hands ended by distinguishing it at last himself. Indubitably a vessel of some sort.

"'It's a wonder we didn't run slap into her when coming in,' observed the second in command.

"'Send a boat on board before she vanishes,' said the commanding officer. He surmised that this was a coaster. It could hardly be anything else. But another thought came into his head suddenly. 'It is a wonder,' he said to his second in command, who had rejoined him after sending the boat away.

"닻이 내려졌고, 추가 해저에 박혔어. 함장은 자기 선실로 내려갔지. 하지만 선실에 들어간 지 얼마 되지 않아 갑판에서 그를 찾는 목소리가 들렸어. 함장은 '또 뭔 일이야?'생각하며, 안개와 씨름하러 또 불려나가야 할지도 모른다는 생각에 조바심이 났어.

"함장이 보기에 안개가 약간 옅어지면서 음울한 색을 띠었어. 그 뒤에 숨은 절벽은 여전히 형체도 없고 윤곽도 없었지만 함정의 주변을 완전히 뒤덮은 어둠의 장막 역할을 해서, 대해로 향하는 입구만이 유일하게 밝았지. 함교에서는 몇몇 사관이 그 입구 쪽을 바라보고 있었어. 부함장이 함장을 만나자마자, 숨도 쉬지 않고 만에 다른 선박이 있다고 보고했어.

"또 겨우 2분 전에야 몇몇 수병이 그 선박을 육안으로 확인했다는 보고도 덧붙였고. 그 선박은 입구 바로 뒤에 닻을 내리고 있어, 희뿌연 안개로 뒤덮인 장막에 어렴풋이 얼룩진 점으로 보였을 뿐이었어. 함장은 그쪽을 주시하며 그 선박의 형태를 직접 확인했지. 어떤 종류인지는 몰라도 선박인 건 분명했어. 부함장이 '우리가 여기에 들어올 때 저 배와 충돌하지 않은 게 기적이군요.'라고 말하더군. 함장은 '저 배가 사라지기 전에 병사들을 보내 확인해 보도록!'이라고 명령을 내렸어. 함장은 그 배가 연안 여객선일 거라고 추측한 거야. 하기야 다른 배일 가능성은 거의 없었으니까. 하지만 갑자기 다른 가능성이 머릿속에 떠올랐던지 함장은, 병사들을 그 배에 보내고 돌아온 부함장에게 '정말 이상하군.'이라고 말했어.

"By that time both of them had been struck by the fact that the ship so suddenly discovered had not manifested her presence by ringing her bell.

"'We came in very quietly, that's true,' concluded the younger officer. 'But they must have heard our leadsmen at least. We couldn't have passed her more than fifty yards off. The closest shave! They may even have made us out, since they were aware of something coming in. And the strange thing is that we never heard a sound from her. The fellows on board must have been holding their breath.'

"'Aye,' said the commanding officer, thoughtfully.

"In due course the boarding-boat returned, appearing suddenly alongside, as though she had burrowed her way under the fog. The officer in charge came up to make his report, but the commanding officer didn't give him time to begin. He cried from a distance:

"'Coaster, isn't she?'

"'No, sir. A stranger—a neutral,' was the answer.

"'No. Really! Well, tell us all about it. What is she doing here?'

"The young man stated then that he had been told a long and complicated story of engine troubles. But it was plausible enough from a strictly professional point of view and it had the usual features: disablement, dangerous drifting along the shore, weather more or less thick for days, fear of a gale, ultimately a resolve to go in and anchor anywhere on the coast, and so on. Fairly plausible.

그때서야 함장과 부함장은 불현듯 발견된 그 배가 무중신호(霧中信號)를 울림으로써 자신의 존재를 알리지 않았다는 사실을 깨달았지.

"부함장이 말했어. '우리가 무척 조용히 들어온 건 사실입니다. 하지만 그들은 적어도 우리 측연수들이 소리치는 걸 분명히 들었을 겁니다. 또 우리는 겨우 45미터의 간격을 두고 들어왔을 겁니다. 거의 충돌할 뻔한 거지요! 그들은 뭔가가 들어온다는 걸 알았을 테니 우리 존재를 파악하고도 있을 겁니다. 그런데 우리가 아무런 소리도 듣지 못한 게 정말 이상합니다. 선원들이 숨을 죽이고 있었던 게 분명합니다.'
함장은 '그랬을지도.'라고 대답하고는 생각에 잠겼지. 곧이어 그 배를 조사하러 갔던 병사들이 귀환했어. 안개 속에서 굴이라도 판 것처럼 갑자기 나타났지. 책임 장교가 보고하려고 올라왔지만, 함장은 그 장교에게 말할 틈도 주지 않고 물었어. '연안 연락선이던가?

"책임 장교가 대답하더군. '아닙니다, 함장님. 처음 보는 배, 중립적인 상선이었습니다.'
"'그럴 리가! 자세히 말해 보게. 여기에서 무얼하고 있는 거라던가?'
"젊은 책임 장교는 엔진 고장에 대한 복잡한 이야기를 들은 대로 지루하게 늘어 놓더라고. 하지만 전문가적 관점에서 보면 설득력 있게 들렸고 흔히 있는 일이었지. 엔진이 고장나면 해안 지역을 따라 위험하게 표류하고, 험악한 날씨가 며칠 동안 계속되고 강풍이 닥칠 위험이 있으면 해안 지역에 피신해서 닻을 내리는 경우가 흔히 있으니까.

"'Engines still disabled?' inquired the commanding officer.

"'No, sir. She has steam on them.'

"The commanding officer took his second aside. 'By Jove!' he said, 'you were right! They were holding their breaths as we passed them. They were.'

"But the second in command had his doubts now.

"'A fog like this does muffle small sounds, sir,' he remarked. 'And what could his object be, after all?'

"'To sneak out unnoticed,' answered the commanding officer.

"'Then why didn't he? He might have done it, you know. Not exactly unnoticed, perhaps. I don't suppose he could have slipped his cable without making some noise. Still, in a minute or so he would have been lost to view—clean gone before we had made him out fairly. Yet he didn't.'

"They looked at each other. The commanding officer shook his head. Such suspicions as the one which had entered his head are not defended easily. He did not even state it openly. The boarding officer finished his report. The cargo of the ship was of a harmless and useful character. She was bound to an English port. Papers and everything in perfect order. Nothing suspicious to be detected anywhere.

"함장이 물었어. '엔진이 아직도 고장난 상태이던가?"

"'아닙니다, 함장님. 지금은 제대로 가동되고 있습니다.'

"함장은 부함장을 한쪽으로 데려가 '어이쿠, 자네 말이 맞았군! 우리가 지나갈 때 그들은 숨을 죽이고 있었던 거야. 정말 그랬던 거야.'라고 말했지. 하지만 부함장은 이번에도 의심을 떨쳐내지 못했던지 이렇게 말하더군. '이런 안개에는 작은 소리가 들리지 않습니다. 대체 저들의 목적이 무엇이었을까요?'

"함장은 '우리 눈에 띄지 않게 빠져나가는 게 아니었을까?'라고 대답했지.

"'그럼 왜 그렇게 하지 않았을까요? 우리 모르게 빠져나갈 기회가 있었을 텐데요. 물론 우리에게 발각됐을 수도 있죠. 아무런 소리도 내지 않고 닻줄을 올릴 수는 없었을 테니까요. 하지만 조금 전까지 저 배는 전혀 보이지 않았습니다. 그래서 우리가 확실히 파악하기 전에 깨끗이 사라질 수도 있었습니다. 하지만 그렇게 하지 않았습니다.'

"함장과 부함장은 서로 얼굴을 멀뚱멀뚱 바라보았지. 함장이 고개를 설레설레 저었어. 그가 나름대로 추측한 의심들은 쉽게 설명되지 않아 입 밖에 내지도 않았지. 그 선박에 올랐던 책임 장교가 보고를 끝냈는데 화물은 해로운 게 아니라 오히려 유용한 거더라고. 게다가 영국의 어떤 항구가 목적지였고. 서류를 비롯한 모든 게 완벽해서, 의심할 만한 것이 어디에서도 발견되지 않았다는 거야.

"Then passing to the men, he reported the crew on deck as the usual lot. Engineers of the well-known type, and very full of their achievement in repairing the engines. The mate surly. The master rather a fine specimen of a Northman, civil enough, but appeared to have been drinking. Seemed to be recovering from a regular bout of it.

"'I told him I couldn't give him permission to proceed. He said he wouldn't dare to move his ship her own length out in such weather as this, permission or no permission. I left a man on board, though.'

"'Quite right.'

"The commanding officer, after communing with his suspicions for a time, called his second aside.

"'What if she were the very ship which had been feeding some infernal submarine or other?' he said in an undertone.

"The other started. Then, with conviction:

"'She would get off scot-free. You couldn't prove it, sir.'

"'I want to look into it myself.'

"'From the report we've heard I am afraid you couldn't even make a case for reasonable suspicion, sir.'

"'I'll go on board all the same.'

"책임 장교의 보고에 따르면, 갑판원의 수도 일반 화물선의 경우와 다르지 않았어. 기관사들은 상당히 유능해 보였고 엔진을 수리하는 데 여념이 없었다고 하더군. 항해사들도 물론이고. 선장은 민간인으로 북유럽인의 표본이었지만 술을 마신 것처럼 보였고. 그래도 술에서 깨어나고 있었다더군.

"책임 장교는 '제가 선장에게 항해를 허락할 수 없다고 말했습니다. 그랬더니 선장이 허락을 받든 받지 않든 간에 이런 날씨에는 선박을 움직일 생각이 없다고 했습니다. 그래서 돌아왔습니다.' 라고 말하더군.

"'잘했네.'

"함장은 이렇게 말하고, 자신이 생각하던 의심들을 잠시 숙고한 후에 부함장을 불러 나지막한 목소리로 물었어. '저 배가 지긋지긋한 잠수함이나 그런 것에 보급품을 공급한 배라면 어떻게 해야 하나?'

"부함장은 확신에 찬 목소리로 대답하더군. '우리가 어떤 제재도 가할 수 없습니다. 가겠다면 허락하는 수밖에 없습니다. 증명할 길이 없으니까요.'

"'내가 직접 조사하고 싶은데.'

"'저희가 받은 보고에 따르면, 함장님의 의심이 합리적인 것 같지는 않습니다.'

"'그래도 내가 직접 올라가서 확인하고 싶군.'

"He had made up his mind. Curiosity is the great motive power of hatred and love. What did he expect to find? He could not have told anybody—not even himself.

"What he really expected to find there was the atmosphere, the atmosphere of gratuitous treachery, which in his view nothing could excuse; for he thought that even a passion of unrighteousness for its own sake could not excuse that. But could he detect it? Sniff it? Taste it? Receive some mysterious communication which would turn his invincible suspicions into a certitude strong enough to provoke action with all its risks?

"The master met him on the after-deck, looming up in the fog amongst the blurred shapes of the usual ship's fittings. He was a robust Northman, bearded, and in the force of his age. A round leather cap fitted his head closely. His hands were rammed deep into the pockets of his short leather jacket. He kept them there while lie explained that at sea he lived in the chart-room, and led the way there, striding carelessly. Just before reaching the door under the bridge he staggered a little, recovered himself, flung it open, and stood aside, leaning his shoulder as if involuntarily against the side of the house, and staring vaguely into the fog-filled space. But he followed the commanding officer at once, flung the door to, snapped on the electric light, and hastened to thrust his hands back into his pockets, as though afraid of being seized by them either in friendship or in hostility.

"함장은 그렇게 마음을 굳혔어. 호기심이 증오와 사랑의 원동력이 잖아. 함장은 대체 무엇을 확인하려 했던 걸까? 함장은 누구에게도 명확히 말할 수 없었을 거야. 심지어 자신에게도.

"함장이 거기에서 확인하려 했던 건 분위기, 다시 말하면 기만적인 배신의 분위기가 있는지 둘러보고 싶었던 거야. 그의 철학에서 배신은 어떤 것으로도 용서되지 않는 것이었거든. 그의 생각에는 불의한 분노가 있었더라도 배신은 용납되지 않는 거였어. 하지만 그 분위기를 어떻게 알아낼 생각이었을까? 냄새를 맡아서? 맛을 봐서? 그의 의심을 확신으로 바꿔주며, 위험을 각오하고 행동을 취하게 만드는 신비로운 영감을 받아서?

"선장은 후갑판, 선박의 설비들이 어렴풋하게만 보이는 안개 속에서 불쑥 나타나서는 함장을 만났어. 선장은 수염을 기르고 건장하게 생긴 북유럽인이었고, 함장과 같은 또래로 보였어. 머리에 꼭 맞는 가죽 모자를 썼더군. 두 손은 짧은 가죽 재킷 주머니에 깊숙이 쑤셔넣고 말이야. 선장은 주머니에서 손을 빼지 않은 채 항해 중에는 해도실에서 주로 머문다고 설명하고는 해도실로 함장을 안내했어. 함교 아래에 있는 해도실 문 앞에서 선장은 약간 휘청거렸지만 곧 중심을 되찾고 문을 활짝 열어젖힌 후에 옆으로 비켜서서, 무의식적으로 문 옆에 기대는 것처럼 함장의 어깨에 기대고는 안개로 자욱한 주변을 멍하니 바라보더라고. 하지만 선장은 곧 함장의 뒤를 따라 해도실에 들어와 전등불을 켜고는 두 손은 다시 잽싸게 주머니에 쑤셔넣었어. 두 손이 호의적으로든 악의적으로든 해석될까 두려운 것처럼 말이야.

"The place was stuffy and hot. The usual chart-rack overhead was full, and the chart on the table was kept unrolled by an empty cup standing on a saucer half-full of some spilt dark liquid. A slightly nibbled biscuit reposed on the chronometer-case. There were two settees, and one of them had been made up into a bed with a pillow and some blankets, which were now very much tumbled. The Northman let himself fall on it, his hands still in his pockets.

"'Well, here I am,' he said, with a curious air of being surprised at the sound of his own voice.

"The commanding officer from the other settee observed the handsome, flushed face. Drops of fog hung on the yellow beard and moustaches of the Northman. The much darker eyebrows ran together in a puzzled frown, and suddenly he jumped up.

"'What I mean is that I don't know where I am. I really don't,' he burst out, with extreme earnestness. 'Hang it all! I got turned around somehow. The fog has been after me for a week. More than a week. And then my engines broke down. I will tell you how it was.'

“해도실은 답답하고 더웠어. 머리 위의 선반은 해도로 가득했고, 탁자 위에는 해도 한 장이 펼쳐진 채 있었어. 그 옆에는 흘린 듯한 검은 액체가 반쯤 채워진 접시 위에 놓여진 빈 컵이 있었고. 크로노미터(항해할 때 쓰는 정밀 시계/옮긴이) 위에는 조금씩 깨문 비스킷이 놓여 있었지. 긴 소파는 두 개가 있었는데 하나는 베개와 거의 바닥까지 내려온 담요가 있는 것으로 봐서 침대로 사용하는 것 같았어. 선장은 그 소파에 털썩 주저앉더라고. 여전히 주머니에 손을 넣은 채.

“선장이 ‘여기가 지금 내가 있는 곳입니다.’라고 말하고는 자기 목소리에 자기도 놀란 듯 야릇한 표정을 짓더라고. 함장은 다른 소파에 앉아, 빨갛게 달아오른 선장의 잘생긴 얼굴을 면밀하게 관찰했어. 안개의 방울들이 선장의 노란 턱수염과 콧수염에 매달려 있더라고. 눈살을 찌푸려서, 훨씬 짙은 눈썹은 서로 맞닿을 정도였지. 그런데 선장이 갑자기 벌떡 일어났어. 그러고는 아주 진지하게 말하더군, ‘내가 지금 어디에 있는지도 모른다는 뜻입니다. 정말 모릅니다. 제기랄! 왠지 모르지만 방향을 잃었습니다. 게다가 안개가 일주일 동안, 아니 일주일 이상 우리를 쫓아왔습니다. 설상가상으로 엔진까지 고장났습니다. 엔진이 어떻게 고장난 건지도 자세히 말씀드릴 수 있습니다.’

"He burst out into loquacity. It was not hurried, but it was insistent. It was not continuous for all that. It was broken by the most queer, thoughtful pauses. Each of these pauses lasted no more than a couple of seconds, and each had the profundity of an endless meditation. When he began again nothing betrayed in him the slightest consciousness of these intervals. There was the same fixed glance, the same unchanged earnestness of tone. He didn't know. Indeed, more than one of these pauses occurred in the middle of a sentence.

"The commanding officer listened to the tale. It struck him as more plausible than simple truth is in the habit of being. But that, perhaps, was prejudice. All the time the Northman was speaking the commanding officer had been aware of an inward voice, a grave murmur in the depth of his very own self, telling another tale, as if on purpose to keep alive in him his indignation and his anger with that baseness of greed or of mere outlook which lies often at the root of simple ideas.

"It was the story that had been already told to the boarding officer an hour or so before. The commanding officer nodded slightly at the Northman from time to time. The latter came to an end and turned his eyes away. He added, as an afterthought:

"'Wasn't it enough to drive a man out of his mind with worry? And it's my first voyage to this part, too. And the ship's my own. Your officer has seen the papers. She isn't much, as you can see for yourself. Just an old cargo-boat. Bare living for my family.'

"그러고는 선장의 말문이 터지더라고. 서둘지는 않았지만 오랫동안 이어졌어. 그렇다고 잠시도 쉬지 않고 계속된 건 아니야. 가끔 생각을 하는지 말이 수상쩍게 끊어지기도 했지만, 2초를 넘지 않았어. 그래도 말이 끊어질 때마다 끝없이 깊은 생각에 잠기는 것 같았어. 선장이 말을 다시 시작하면, 조금 전에 말을 멈추었다는 기색이 조금도 없었어. 시선은 움직이지 않았고 말투의 변화도 없었어. 선장은 정말 자기가 말을 잠시나마 멈춘다는 걸 몰랐어. 한 문장을 말하는 중간에도 그런 멈춤이 한두 번쯤 있었지.

"함장은 선장의 얘기를 조용히 듣기만 했어. 단순한 진실이 습관에 있다는 말이 더욱 그럴듯하다는 생각이 들었겠지. 하지만 어쩌면 그런 느낌은 편견이었을 거야. 선장이 말하는 내내 함장은 어떤 내면의 목소리를 들었으니까. 그 내면의 목소리는 그 자신의 깊은 자아에서 근엄하게 중얼거리며, 단순한 생각들의 근원에 있는 순박한 견해나 탐욕처럼 천박하게 분노와 노여움을 어떻게라도 억누르지 않으려고 다른 얘기를 하고 있었어.

"게다가 선장의 얘기는 한 시간 남짓 전에 책임 장교에게서 이미 들었던 거였어. 그래도 함장은 가끔 선장에게 고개를 살짝 끄덕여 보였어. 선장은 얘기를 끝내고서야 눈길을 딴 곳으로 돌렸어. 그러고는 나중에야 생각난 것처럼 덧붙여 말했지. '이 정도면 걱정으로 얼이 빠질 만하지 않습니까? 게다가 여기는 내가 처음 항해하는 곳이기도 합니다. 이 배는 내 개인 소유의 배입니다. 함장이 보낸 장교가 이미 서류를 봤습니다. 함장도 직접 보셨듯이 그다지 큰 배가 아닙니다. 오래된 화물선에 불과합니다. 내 가족을 먹여 살리기에도 급급합니다.'

"He raised a big arm to point at a row of photographs plastering the bulkhead. The movement was ponderous, as if the arm had been made of lead. The commanding officer said, carelessly:

"'You will be making a fortune yet for your family with this old ship.'

"'Yes, if I don't lose her,' said the Northman, gloomily.

"'I mean—out of this war,' added the commanding officer.

"The Northman stared at him in a curiously unseeing and at the same time interested manner, as only eyes of a particular blue shade can stare.

"'And you wouldn't be angry at it,' he said, 'would you? You are too much of a gentleman. We didn't bring this on you. And suppose we sat down and cried. What good would that be? Let those cry who made the trouble,' he concluded, with energy. 'Time's money, you say. Well—this time is money. Oh! isn't it!'

"The commanding officer tried to keep under the feeling of immense disgust. He said to himself that it was unreasonable. Men were like that—moral cannibals feeding on each other's misfortunes. He said aloud:

"'You have made it perfectly plain how it is that you are here. Your log-book confirms you very minutely. Of course, a log-book may be cooked. Nothing easier.'

"선장은 굵은 팔을 들어, 칸막이 벽에 일렬로 붙여놓은 사진을 가리켰어. 팔이 납으로 된 것처럼 아주 느릿하게 움직이더군. 함장은 무심코 '그러니까 이 낡은 배로 가족을 부양하려고 돈을 벌고 있다는 겁니까?'라고 물었어. 그 북유럽인 선장은 침울한 목소리로 대답했어. '그렇습니다. 이 배를 잃지만 않는다면.'

"함장이 다시 말했어. '그러니까 이번 전쟁에는 가담하지 않겠다는 뜻이군요.'

"선장은 이상하게도 아무것도 보지 않는 듯하면서도 관심있어 하는 모습으로 함장을 뚫어지게 쳐다보았어. 유난히 푸른 기운이 감도는 눈동자만이 뭔가를 볼 수 있는 것처럼.

"선장은 '그렇다고 화난 건 아니겠지요?'라고 묻고는 '함장님은 신사이십니다. 우리는 함장님을 탓하지 않았습니다. 우리가 자리에 앉자마자 울부짖었다고 해 봅시다. 그래 봤자 무슨 소용이겠습니까? 분란을 일으킨 놈들이나 울부짖게 내버려둡시다.'라고 말했어. 그러고는 '시간은 돈입니다. 그래요, 이 시간도 돈입니다. 그렇지 않습니까!'라고 소리쳤어.

"함장은 속에서 끓어오르는 역겨운 감정을 겉으로 드러내지 않으려고 애썼어. 말도 안 되는 소리지만, 인간은 워낙에 그런 존재, 다른 사람의 불운을 먹고 살아가는 도덕적 식인종이라고 혼잣말로 중얼거렸지. 그러고는 큰 소리로 '여하튼 선장이 어떻게 여기에 있게 됐는지 솔직하게 말씀하신 것 같군요. 항해 일지가 선장의 말이 사실인지 확인해 주겠지요. 물론 항해 일지도 조작될 수 있는 것이지만. 그것보다 쉬운 일은 없지 않습니까.'라고 말했어.

"The Northman never moved a muscle. He was gazing at the floor; he seemed not to have heard. He raised his head after a while.

"'But you can't suspect me of anything,' he muttered, negligently.

"The commanding officer thought: 'Why should he say this?'

"Immediately afterwards the man before him added: 'My cargo is for an English port.'

"His voice had turned husky for the moment. The commanding officer reflected: 'That's true. There can be nothing. I can't suspect him. Yet why was he lying with steam up in this fog—and then, hearing us come in, why didn't he give some sign of life? Why? Could it be anything else but a guilty conscience? He could tell by the leadsmen that this was a man-of-war.'

"Yes—why? The commanding officer went on thinking: 'Suppose I ask him and then watch his face. He will betray himself in some way. It's perfectly plain that the fellow has been drinking. Yes, he has been drinking; but he will have a lie ready all the same.' The commanding officer was one of those men who are made morally and almost physically uncomfortable by the mere thought of having to beat down a lie. He shrank from the act in scorn and disgust, which were invincible because more temperamental than moral.

"하지만 선장은 눈썹 하나 까딱하지 않더군. 선장은 바닥을 응시하며 함장의 말을 듣지 못한 척했어. 잠시 후, 선장은 고개를 들고 태연하게 말했어. '하지만 함장님은 의심할 만한 걸 찾아낼 수 없을 겁니다.'

"함장은 '굳이 이런 말을 하는 이유가 무엇일까?'라고 생각했어.

"곧 선장은 덧붙여 말했어. '난 화물을 싣고 영국 항구로 가는 길입니다.'

"그런데 선장의 목소리가 갑자기 허스키하게 변했더라고. 함장은 머릿속으로 생각했지. '맞는 말이야. 아무것도 없을 수 있겠지. 그를 의심할 만한 근거는 없어. 하지만 왜 이런 안개 속에서 증기를 뿜으며 있는 걸까? 또 우리가 만에 들어오는 소리를 듣고도 아무런 신호도 보내지 않은 이유는 무엇일까? 왜 그랬을까? 양심의 가책 이외에 다른 무엇이 있는 게 아닐까? 선장은 우리 측 연수들이 소리치는 걸 듣고, 우리 배가 군함인 걸 알았을 거야.'

"대체 왜 그랬을까? 함장은 계속 생각했어. '내가 단도직입적으로 묻고 그의 얼굴을 면밀히 관찰해 볼까? 틀림없이 그의 속내가 어떤 식으로든 드러날 거야. 선장이 술을 마시고 있었던 건 분명해. 맞아, 선장은 술을 마시고 있었어. 하지만 언제라도 거짓말을 할 준비가 돼 있었을 거야.' 함장은 거짓말을 용서해서는 안 된다는 순진한 생각에 정신적으로는 물론이고 거의 육체적으로도 불편을 겪던 사람이었어. 한마디로, 거짓말하는 걸 경멸했고 역겹게 생각하는 사람이었어. 그렇다고 함장이 도덕적인 사람이었다는 건 아니야. 기질적으로 그런 감정을 억누를 수 없었던 거야.

"So he went out on deck instead and had the crew mustered formally for his inspection. He found them very much what the report of the boarding officer had led him to expect. And from their answers to his questions he could discover no flaw in the log-book story.

"He dismissed them. His impression of them was—a picked lot; have been promised a fistful of money each if this came off; all slightly anxious, but not frightened. Not a single one of them likely to give the show away. They don't feel in danger of their life. They know England and English ways too well!

"He felt alarmed at catching himself thinking as if his vaguest suspicions were turning into a certitude. For, indeed, there was no shadow of reason for his inferences. There was nothing to give away.
"He returned to the chart-room. The Northman had lingered behind there; and something subtly different in his bearing, more bold in his blue, glassy stare, induced the commanding officer to conclude that the fellow had snatched at the opportunity to take another swig at the bottle he must have had concealed somewhere.

"그래서 함장은 갑판으로 나가 선원들을 소집하고 직접 조사하고 나섰지. 하지만 선원들은 책임 장교에게서 보고 받았던 내용과 크게 다르지 않았고, 함장의 질문에 대한 선원들의 대답은 항해 일지의 기록과 조금도 다르지 않았어.

"함장은 선원들을 해산시킬 수밖에 없었어. 하지만 함장은 선원들에게서 뭔가 꾸민 듯한 인상을 받았어. 예컨대 이번 일을 무사히 넘기면 상당한 돈을 약속받았다는 인상이랄까. 모두가 약간 불안해했지만 겁먹은 모습은 아니었어. 한 사람도 비밀을 누설할 것 같지는 않았어. 또 생명의 위협을 느끼지는 것 같지도 않았어. 한결같이 영국과 영국식 습관에 대해서도 무척 잘 알았어!

"함장은 막연하기 이를 데 없던 의심이 확신으로 바뀐 것처럼 자신이 생각하고 있다는 걸 깨닫고는 깜짝 놀라지 않을 수 없었어. 그렇게 추론할 합리적 근거가 전혀 없었으니까.

"함장은 다시 해도실로 내려갔어. 선장이 갑판으로 따라오지 않고 해도실에 계속 남아 있었거든. 그런데 선장의 태도에서 미묘한 변화가 엿보였어. 멍하게 보이던 선장의 푸른 눈빛이 한층 대담하게 변한 것 같기도 해서, 함장은 선장이 어딘가에 감추어 두었던 술병을 꺼내 다시 꿀꺽꿀꺽 마실 기회를 가졌던 거라고 생각했어.

“He noticed, too, that the Northman on meeting his eyes put on an elaborately surprised expression. At least, it seemed elaborated. Nothing could be trusted. And the Englishman felt himself with astonishing conviction faced by an enormous lie, solid like a wall, with no way round to get at the truth, whose ugly murderous face he seemed to see peeping over at him with a cynical grin.

“‘I dare say,’ he began, suddenly, ‘you are wondering at my proceedings, though I am not detaining you, am I? You wouldn’t dare to move in this fog?’

“‘I don’t know where I am,’ the Northman ejaculated, earnestly. ‘I really don’t.’

“He looked around as if the very chart-room fittings were strange to him. The commanding officer asked him whether he had not seen any unusual objects floating about while he was at sea.

“‘Objects! What objects? We were groping blind in the fog for days.’

“‘We had a few clear intervals’ said the commanding officer. ‘And I’ll tell you what we have seen and the conclusion I’ve come to about it.’

“He told him in a few words. He heard the sound of a sharp breath indrawn through closed teeth. The Northman with his hand on the table stood absolutely motionless and dumb. He stood as if thunderstruck. Then he produced a fatuous smile.

"또 함장은 선장이 서로 눈이 마주치자마자 꾸민 듯이 놀란 표정을 짓는 걸 놓치지 않았어. 꾸민 듯한 표정이 역력했어. 믿을 게 하나도 없다는 뜻이었지. 따라서 함장은 엄청난 거짓말, 벽처럼 견고한 거짓말에 부딪힌 기분이었어. 진실에 접근할 길이 전혀 없어, 냉소적인 미소를 지으며 그를 엿보는 흉측하고 잔인한 얼굴을 마주보고 있는 듯했어.

"그런데 함장이 느닷없이 말했어. '내가 기습적으로 방문해서 놀랐지요? 하지만 당신을 억류하지는 않을 겁니다. 설마 이런 안개에 움직이지는 않겠지요?'
"선장이 진지한 목소리로 대답했어. '지금 내가 어디에 있는지도 모릅니다. 정말 모릅니다.'

그러고는 선장은 해도실의 설비마저 처음 보는 것처럼 두리번거렸어. 함장이 선장에게 항해하는 동안 특이한 표류물을 보지 못했느냐고 묻자, 선장은 '표류물이요? 어떤 표류물을 말씀하는 겁니까? 우리는 지난 며칠 동안 안개 속에서 맹인처럼 더듬거리며 항해했습니다.'라고 말했지.
"함장은 '우리는 약간의 간격을 두고 여기에 들어왔습니다.'라며 '우리가 무엇을 봤고 그에 대해 어떤 결론을 내렸는지 당신에게 말해 주겠소.'라고 말하고는 표류물에 대해 선장에게 말해 주었어. 그런데 꽉 다문 이 사이로 급하게 숨을 들이마시는 숨소리가 함장의 귀에 뚜렷하게 들렸어. 한 손을 탁자에 짚고 서 있던 선장은 벙어리가 된 것처럼 아무런 대꾸도 하지 않고, 마치 벼락을 맞은 사람처럼 꼼짝하지 않았어. 잠시 후에야 얼빠진 미소를 지었지.

"Or at least so it appeared to the commanding officer. Was this significant, or of no meaning whatever? He didn't know, he couldn't tell. All the truth had departed out of the world as if drawn in, absorbed in this monstrous villainy this man was—or was not—guilty of.

"'Shooting's too good for people that conceive neutrality in this pretty way,' remarked the commanding officer, after a silence.

"'Yes, yes, yes,' the Northman assented, hurriedly—then added an unexpected and dreamy-voiced 'Perhaps.'

"Was he pretending to be drunk, or only trying to appear sober? His glance was straight, but it was somewhat glazed. His lips outlined themselves firmly under his yellow moustache. But they twitched. Did they twitch? And why was he drooping like this in his attitude?

"'There's no perhaps about it,' pronounced the commanding officer sternly.

"The Northman had straightened himself. And unexpectedly he looked stern, too.

"'No. But what about the tempters? Better kill that lot off. There's about four, five, six million of them,' he said, grimly; but in a moment changed into a whining key. 'But I had better hold my tongue. You have some suspicions.'

"여하튼 함장의 눈에는 그렇게 보였어. 어떤 의미가 담긴 미소였을까, 아니면 아무런 의미도 없는 미소였을까? 함장은 도무지 판단할 수 없었어. 그 사람이 죄책감을 느끼든 않든 간에 모든 진실이 그 극악한 악행에 빨려들어가 흡수된 것처럼 사라져 버렸으니까.

"잠시 침묵이 있은 후, 함장이 말했어. '중립을 이런 식으로 생각하는 사람들에게는 전쟁이 더할 나위 없이 좋겠지요.'

"선장이 '그렇습니다. 맞습니다.'라고 황급히 맞장구쳤지만, 곧이어 뜻밖에도 꿈꾸는 듯한 목소리로 '어쩌면'이라고 덧붙였어.

"선장은 술에 취한 척을 한 걸까, 아니면 술에 취하지 않은 것처럼 보이려고 애썼던 걸까? 선장은 함장을 똑바로 쳐다봤지만 눈빛은 약간 멍했거든. 또 입술의 윤곽은 노란 콧수염 아래에 뚜렷했지만 씰룩거리며 경련을 일으켰어. 정말 경련을 일으켰던 걸까? 왜 선장은 그처럼 맥없이 위축된 태도를 보였던 걸까?

"함장이 '어쩌면이란 표현은 어울리지 않는군요. 분명한 것이니까.'라고 단호하게 말했지.

"선장은 허리를 쭉 펴고 몸을 꼿꼿이 세웠어. 표정도 갑자기 굳어진 것 같더라고. '그렇습니다. 하지만 우리에게 죄를 짓도록 부추기는 사람들은 어떻게 해야 할까요? 그런 사람들은 죽여 없애는 게 아닐 겁니다. 그런 사람이 400만, 500만, 600만 명은 있습니다.'라고 험악한 목소리로 말했지만, 금방 징징대는 목소리로 바뀌며 '하지만 나는 입을 닫고 있으렵니다. 함장님의 의심을 사고 싶지 않으니까요.'라고 덧붙였어.

"'No, I've no suspicions,' declared the commanding officer.

"He never faltered. At that moment he had the certitude. The air of the chart-room was thick with guilt and falsehood braving the discovery, defying simple right, common decency, all humanity of feeling, every scruple of conduct.

"The Northman drew a long breath. 'Well, we know that you English are gentlemen. But let us speak the truth. Why should we love you so very much? You haven't done anything to be loved. We don't love the other people, of course. They haven't done anything for that either. A fellow comes along with a bag of gold... I haven't been in Rotterdam my last voyage for nothing.'

"'You may be able to tell something interesting, then, to our people when you come into port,' interjected the officer.

"'I might. But you keep some people in your pay at Rotterdam. Let them report. I am a neutral—am I not?... Have you ever seen a poor man on one side and a bag of gold on the other? Of course, I couldn't be tempted. I haven't the nerve for it. Really I haven't. It's nothing to me. I am just talking openly for once.'

"'Yes. And I am listening to you,' said the commanding officer, quietly.

"함장이 큰 소리로 말했어. '아닙니다. 난 선장을 의심하지 않습니다.'
"그렇다고 함장의 마음이 흔들린 건 아니었어. 오히려 그 순간 함장은 확신할 수 있었지. 해도실이 올바른 상식과 모든 인간적인 감정과 양심적인 행동을 거역하며 진실에 도전하는 범죄와 거짓의 온상처럼 보였어.

"선장은 한숨을 길게 내쉬며 말했어. '당신들 영국인은 신사인 걸로 알고 있습니다. 하지만 솔직히 말해서, 왜 우리가 당신들을 사랑해야 하지요? 당신들은 사랑받을 만한 짓을 한 적이 없습니다. 물론 우리는 다른 나라 사람들도 사랑하지 않습니다. 그들도 사랑받을 만한 짓을 한 적이 없으니까요. 한 친구가 황금 주머니를 갖고 동행하고 있습니다. …… 지난 로테르담 항해가 헛되지 않았던 셈이지요.'

"함장이 선장의 말을 끊고 끼어들었어. '선장이 영국 항구에 입항하면 우리 영국인에게 재밌는 얘기를 해 줄 수 있겠군요.'
"'아마 그럴 겁니다. 하지만 로테르담에 몇몇 사람을 심어두지 않았습니까? 그들에게서 보고를 받으십시오. 나는 중립입니다. 그렇지 않습니까? 함장님은 가난한 사람과 황금 주머니를 가진 사람을 한곳에서 본 적이 있습니까? 물론 나는 어느 쪽도 편들 수 없었습니다. 그럴 만한 배짱도 없습니다. 정말입니다. 어느 쪽도 나한테는 아무런 의미도 없습니다. 이번만은 정말 터놓고 말씀드리겠습니다.'
"함장은 나지막이 말했어. '알겠습니다. 말씀해 보십시오.'

"The Northman leaned forward over the table. 'Now that I know you have no suspicions, I talk. You don't know what a poor man is. I do. I am poor myself. This old ship, she isn't much, and she is mortgaged, too. Bare living, no more. Of course, I wouldn't have the nerve. But a man who has nerve! See. The stuff he takes aboard looks like any other cargo—packages, barrels, tins, copper tubes—what not. He doesn't see it work. It isn't real to him. But he sees the gold. That's real. Of course, nothing could induce me. I suffer from an internal disease. I would either go crazy from anxiety—or—or—take to drink or something. The risk is too great. Why—ruin!'

"'It should be death.' The commanding officer got up, after this curt declaration, which the other received with a hard stare oddly combined with an uncertain smile. The officer's gorge rose at the atmosphere of murderous complicity which surrounded him, denser, more impenetrable, more acrid than the fog outside.

"'It's nothing to me,' murmured the Northman, swaying visibly.

"선장은 탁자 너머로 몸을 구부리고 함장에게 얼굴을 가까이 가져가며 말하기 시작했어. '함장님이 의심하지 않는다고 확신하기 때문에 말씀드리는 겁니다. 함장님은 가난한 사람이 어떤 사람인지 모를 겁니다. 나는 압니다. 나 자신이 가난하니까요. 이 낡은 배는 그렇게 비싸지도 않지만 저당까지 잡혀 있습니다. 겨우 먹고 살 정도이지 그 이상은 아닙니다. 물론 나는 배짱도 없습니다. 하지만 배짱 있는 사람! 그런 사람이 실는 짐도 다른 화물과 겉보기에는 조금도 다르지 않습니다. 포장과 통, 통조림과 구리관, 뭐 그런 것들이 있잖습니까. 배짱 있는 사람은 그런 짐에 신경쓰지 않습니다. 그에게는 아예 존재하지 않는 짐입니다. 그는 황금만을 생각합니다. 정말입니다. 물론 나는 어떤 것에도 넘어가지 않습니다. 만약 넘어가더라도 지독한 속앓이를 할 겁니다. 불안감에 미쳐버릴 겁니다. 술을 미친 듯이 마실 겁니다. 위험이 너무 큽니다. 자칫하면 망합니다!'

"함장은 '죽음이기도 하지요.'라고 퉁명스레 내뱉고는 벌떡 일어섰어. 그런 퉁명스런 말투에 선장은 모호한 미소와 야릇하게 결합된 냉랭한 눈길을 보내더군. 함장은 주변에 감도는 악랄한 음모의 기운이 바깥의 안개보다 짙고 매캐해서 도무지 뚫고 들어갈 수 없어 속이 뒤틀렸어. 그런데 선장이 눈에 띄게 몸을 흔들거리며 중얼거렸어. '나에게는 아무런 의미도 없습니다.'

"'Of course not,' assented the commanding officer, with a great effort to keep his voice calm and low. The certitude was strong within him. 'But I am going to clear all you fellows off this coast at once. And I will begin with you. You must leave in half an hour.'

"By that time the officer was walking along the deck with the Northman at his elbow.

"'What! In this fog?' the latter cried out, huskily.

"'Yes, you will have to go in this fog.'

"'But I don't know where I am. I really don't.'

"The commanding officer turned round. A sort of fury possessed him. The eyes of the two men met. Those of the Northman expressed a profound amazement.

"'Oh, you don't know how to get out.' The commanding officer spoke with composure, but his heart was beating with anger and dread. 'I will give you your course. Steer south-by-east-half-east for about four miles and then you will be clear to haul to the eastward for your port. The weather will clear up before very long.'

"'Must I? What could induce me? I haven't the nerve.'

"'And yet you must go. Unless you want to ...'

"'I don't want to,' panted the Northman. 'I've enough of it.'

"함장은 흥분하지 않고 목소리를 낮추려고 무진 애쓰며 '물론 그렇겠지요.'라고 말했어. 하지만 함장의 확신은 결코 흔들리지 않았어. '하지만 즉시 이 해안을 떠나십시오. 당신이 먼저 출발하시오. 30분 내에 출발하십시오.'
"함장은 선장의 팔꿈치를 잡고 갑판으로 함께 올라갔지. 선장은 쉰 목소리로 소리쳤어. '보세요! 이 안개에서?'
"'예, 이 안개를 뚫고 출발하시오.'

"'하지만 지금 내가 어디에 있는지도 모릅니다. 정말 모릅니다.'
"함장은 선장을 쳐다보았지. 분노가 치밀어 올랐어. 두 남자의 눈이 마주쳤어. 선장의 눈동자는 겁에 질린 것처럼 보였어. '그렇군요, 어떻게 나가야 하는지 모르겠군요.' 함장은 침착하게 말했지만, 분노와 두려움으로 심장이 터질 것만 같았지. '내가 항로를 알려주겠소. 남동동 방향으로 6킬로미터쯤 간 후에 동쪽으로 항해하면, 당신이 가려는 영국 항구에 도착할 수 있을 거요. 오래지 않아 날씨가 좋아질 거요.'

"'꼭 가야만 합니까? 방향을 어떻게 가늠할 수 있지요? 난 그런 배짱이 없습니다.'
"'하지만 가야 합니다. 그렇지 않으면 ....'
"선장이 숨을 헐떡이며 말했어. '정말 출발하고 싶지 않습니다. 더는 위험을 무릅쓰고 싶지 않습니다.'

"The commanding officer got over the side. The Northman remained still as if rooted to the deck. Before his boat reached his ship the commanding officer heard the steamer beginning to pick up her anchor. Then, shadowy in the fog, she steamed out on the given course.

"'Yes,' he said to his officers, 'I let him go.'"

The narrator bent forward towards the couch, where no movement betrayed the presence of a living person.

"Listen," he said, forcibly. "That course would lead the Northman straight on a deadly ledge of rock. And the commanding officer gave it to him. He steamed out—ran on it—and went down. So he had spoken the truth. He did not know where he was. But it proves nothing. Nothing either way. It may have been the only truth in all his story. And yet... He seems to have been driven out by a menacing stare—nothing more."

He abandoned all pretence.

“함장은 그 화물선에서 내렸어. 하지만 선장은 갑판에 뿌리를 내린 듯 꼼짝하지 않고 서 있었지. 함장은 함선에 도착하기 전에 화물선이 닻을 올리기 시작하는 소리를 들었어. 얼마 후, 화물선은 안개 속에서 희미하게 움직이기 시작했어. 선장은 장교들에게 말했어. ‘됐네. 내가 쫓아 버렸네.’

이런 이야기를 해 주던 남자는 소파 쪽으로 허리를 굽혔다. 하지만 소파에서는 살아 있는 사람이 있다는 낌새를 보여줄 만한 움직임이 전혀 없었다. 그는 목소리에 힘을 주며 말했다.

“잘 들어! 함장이 알려준 항로대로 가면 화물선은 치명적인 암초에 부딪치게 돼 있었어. 함장은 선장에게 그런 항로를 알려준 거야. 선장은 순진하게 그 항로를 택했고, 결국 화물선은 암초에 부딪쳐 침몰하고 말았지. 따라서 선장이 진실을 말했다는 뜻이지. 선장은 정말 자기가 어디에 있는지 몰랐어. 그렇다고 입증된 건 하나도 없어. 선장이 중립이었는지 아니었는지가 입증된 건 아니야. 당시 위치를 몰랐다는 게 선장의 말에서 유일하게 진실이었을지도 몰라. 하지만 ...... 선장은 위협적인 눈초리에 쫓겨가는 듯했어. 그 이상은 아니었어.”

그리고 그는 모든 가식을 버렸다.

"Yes, I gave that course to him. It seemed to me a supreme test. I believe—no, I don't believe. I don't know. At the time I was certain. They all went down; and I don't know whether I have done stern retribution—or murder; whether I have added to the corpses that litter the bed of the unreadable sea the bodies of men completely innocent or basely guilty. I don't know. I shall never know."

He rose. The woman on the couch got up and threw her arms round his neck. Her eyes put two gleams in the deep shadow of the room. She knew his passion for truth, his horror of deceit, his humanity.

"Oh, my poor, poor —"

"I shall never know," he repeated, sternly, disengaged himself, pressed her hands to his lips, and went out.

“그래, 내가 그에게 그 항로를 가르쳐 주었어. 그렇게 하는 게 가장 효과적인 시험인 것 같았거든. 지금도 그렇게 믿어. 아니, 믿지 않아. 모르겠어. 하지만 당시에는 그렇게 확신했어. 화물선이 침몰해서 모두가 죽었어. 내가 가혹한 징벌, 살인을 저지른 건지는 모르겠어. 도무지 읽어낼 수 없는 바다의 바닥에 버려진 시체들에 정말 무고한 사람들의 시신을 보탠 건지, 아니면 비열한 죄를 지은 사람들의 시신을 보탠 건지 모르겠어. 정말 모르겠어. 앞으로도 영원히 모를 거야.”

그는 몸을 일으켰다. 소파에 누워 있던 여인도 허리를 펴고 일어나 남자의 목을 두 팔로 감싸 안았다. 짙은 어둠 속에서 그녀의 눈동자가 어슴푸레 빛났다. 진실을 향한 그의 열정, 속임수에 대한 그의 혐오, 그리고 그의 인간성에 대해 그녀는 잘 알고 있었다.
“가여운 사람, 가엾은 사람.”
“영원히 모를 거야.” 그는 단호한 목소리로 그렇게 말하고는 그녀를 떼어놓았다. 그리고 그녀의 손에 입을 맞추고는 방에서 나갔다.

Editor's Page

문장조감도

개인적으로 통번역 대학원을 다니면서 크게 배운 원칙이 두 가지 있다면, 소스 텍스트는 하나여도 타깃 텍스트는 번역자의 수만큼 생성된다는 것과 이 세상에 번역하지 못할 텍스트는 실로 없다는 것이었습니다. 설마 이런 텍스트도 번역할 수 있다고? 라고 되묻게 되는 다종다양의 텍스트를 번역해 가는 과제 연속의 시간을 보내면서 전문성과 일반성(?) 사이 뫼비우스의 띠와도 같은 끝없는 질문의 시작점을 보았던 것도 같습니다.

그런 의미의 일반적인 특성을 상기해 보니, 본 책의 시작점에서 처음 잡았던 가제가 생각납니다. 제너럴리스트의 번역방법론, 번역가 강주헌의 문장 조감도. 전문 분야의 번역을 하게 되기까지 여러 분야의 텍스트에 노출되는 그 여정은 번역을 하려는 이들이라면 누구나 겪는 입장일 것이기에, 그리고 그때 제너럴리스트라는 것은 전문성의 부재이기보다는 텍스트를 다루어 내는 근본적인 역량을 의미할 것이므로 무엇보다 요구되는 자질이 아닌가 싶었습니다. 또한 시각적으로 연상되었던 '조감도'는 앞서 『원서, 읽(힌)다』라는 도서를 진행하면서 선생님의 신택스에 대한 전문성을 누구보다 깊이 절감하였기에, 기준으로 삼는 원문 텍스트보다 한 층위 위에서 조망하며 번역문을 다루고 생산해 내는 관점을 암시하고도 싶었습니다. 선생님의 신택스 분석을 읽노라면 문법이라는 것은 '모든 현란한 문장을 뚫고 그 속에 가만… 존재하는 무게 중심'이 아닐까 라는 생각을 하게 됩니다. 번역자의 개성과는 별개로 원문에 대한 철저한 이해와 분석은 누구에게나 전제되어야 할 기준이 될 테니까요.

성격이 전혀 다른 텍스트를 접하면서 원문에서 번역문으로 이동하는 여정에 여러 질문이 떠오르실 것 같습니다. 깊은 오렌지색 사이로 담긴 본문을 읽어가시면서 그 어느 문장을 만나든 '왼쪽에서부터 차근차근 읽어내고' 자연스러운 한국어를 조합하다 보면 닿게 되는 도착어의 그 어느 지점에서, 독자 여러분께서도 '가까이서 듣고 떨어뜨려 볼 수 있는' 소중한 번역 조감도를 얻는 일독이 되셨기를 바랍니다.

편집자 김효정

지은이 강주헌

한국외국어대학교 불어과를 졸업하고, 같은 대학원에서 석사 및 박사 학위를 받았다. 프랑스 브장송대학교에서 수학한 후 한국외국어대학교와 건국대학교 등에서 언어학을 강의했으며, 2003년 '올해의 출판인 특별상'을 수상했다. 옮긴 책으로 『권력에 맞선 이성』, 『촘스키, 세상의 권력을 말하다』, 『촘스키처럼 생각하는 법』 등 노엄 촘스키의 저서들과 『문명의 붕괴』, 『어제까지의 세계』, 『대변동』, 『세상은 실제로 어떻게 돌아가는가』 등 100여 권이 있다.

노암 촘스키의 생성 문법으로 석사 논문과 박사 논문을 썼고, 프랑스 언어학자 모리스 그로스의 분포 문법으로부터도 많은 영향을 받았다. 두 이론은 상충되는 면이 있지만, 그로스의 분포 문법론과 촘스키의 생성 문법론을 결합해 보려는 시도로 문법 에세이 형식의 『원서, 읽(힌)다』를 집필했다.